- Éditions de la Cité
2-84410-040-6

Sciences économ
et sociales **lyc**

ISBN

Alain Cotta

Professeur à l'université Paris-Dauphine

Sciences économiques et sociales **lycée**

ÉDITIONS DE LA CITÉ

MANUEL+

DIRECTEUR DE LA COLLECTION :
Bernard Lecherbonnier,
Agrégé des Lettres, Docteur ès Lettres

CONCEPTION ÉDITORIALE
Original BD System
CONCEPTION GRAPHIQUE ET DIRECTION ARTISTIQUE
ELSE
CONCEPTION DE LA COUVERTURE
Atelier Didier Thimonier
Illustration de Patrick Morin

RÉALISATION ÉDITORIALE
Atelier d'édition européen,
sous la direction de Serge Cosseron

ÉDITION
Mokhtar Del Gada (Docteur d'État en sciences économiques,
professeur de sciences économiques et sociales)
en collaboration avec Sonia Delaunay

RÉDACTEURS
Béatrice Cessenat (professeur agrégé de sciences sociales),
Éric Durousset (professeur certifié de sciences économiques et sociales),
Danièle Jonckheere, Henrik Lindell (professeur de sciences économiques et sociales).

CORRECTION
Simon Kohn, Frédéric Perroud, Claude Pfeffer.

RECHERCHE ET GESTION DE L'ICONOGRAPHIE
Bernard Crochet, Joëlle Ostallier, Laurence Touffait

MAQUETTE
Anna Klykova,
assistée par Christian Fey, Carlos Sanchez

GRAPHIQUES ET TABLEAUX
Lyse Alvarez, Nicolas Fert, Christian Fey.

COORDINATION ET MARKETING ÉDITIONS DE LA CITÉ
Hélène Genin, Amélie Lambert, Agnès Jullien
PRÉSIDENT DIRECTEUR-GÉNÉRAL
Pierre Dutilleul

Avant-propos de l'auteur

L'économie a deux lointains ancêtres : *oikos*, en grec, signifie la maison, *nomos*, la règle, l'ordre. L'économie est l'étude de la cohabitation des êtres et des choses, des biens matériels et immatériels, à l'intérieur de toutes les organisations (familles, entreprises, villes et villages, nations) que l'espèce humaine a créées pour ordonner l'effort de tous ses membres.

L'économie est, donc, par nature, sociale. À l'intérieur de toutes ces maisons, les êtres créent, produisent, consomment, détruisent et opèrent entre eux la répartition des fruits de leurs efforts au terme de conflits, de négociations, quelquefois d'accords spontanés.

Cette économie sociale est donc aussi politique. Chacune de ces maisons est gouvernée sous l'égide d'un pouvoir parfois dictatorial, parfois démocratique, mais toujours exercé par des individus au nom d'une légitimité politique, morale ou religieuse, au nom de « valeurs » qui diffèrent selon les individus.

Cette économie, sociale ou politique, peut-elle être une science, et pas simplement un art, voire un ensemble de recettes pour assurer l'intendance des choses par les êtres ? Depuis deux siècles, certains le croient et s'efforcent, selon des voies souvent séparées, de comprendre et de faire comprendre à tous la complexité de leurs relations avec le monde qui les environne et entre eux. Puisse leur enthousiasme être fondé, communicatif et permettre à chacun d'améliorer sa vie.

Alain Cotta

Avant-propos de l'éditeur

La perspective du bac donne un objectif précis aux lycéens qui, de la Seconde à la Terminale, doivent consolider et approfondir leurs connaissances dans de nombreuses disciplines.

Pour bien maîtriser chacune de ces disciplines, qu'elles soient scientifiques ou littéraires, il faut avant tout bien en saisir l'esprit et les spécificités, appréhender les tenants et les aboutissants de leurs programmes, maîtriser les méthodes permettant de réussir aux examens. La seule compilation des savoirs ne suffit pas. Le lycéen doit clairement comprendre ce qu'on lui demande et savoir s'organiser en conséquence. Là est la clé du succès.

C'est pourquoi **Manuel+** constitue la démarche la mieux adaptée à ce but. Tout le programme du lycée, pour chaque discipline, y est développé dans **le fil rouge,** écrit par un auteur éminent. **Les points clés** traitent tous les sujets de cours et d'examen possibles et présentent des modèles d'exercices résolus. **Les fiches pratiques** vous donnent les clés pour réussir les épreuves du baccalauréat. **Le dictionnaire** contient tous les termes et noms indispensables : notions, idées, biographies... avec un renvoi systématique aux points clés.

Cet ouvrage est utilisable dès l'entrée en Seconde. Le jeune lycéen en appréciera alors particulièrement la première partie qui donne un résumé des connaissances fondamentales. Pour préparer le bac, ainsi que les concours administratifs et les examens professionnels, il est l'outil idéal puisqu'il réunit en lui toutes les fonctions des aides généralement disséminées entre plusieurs livres : mémentos, manuels classiques, grammaires, dictionnaires...

La caution d'une grande signature assure à **Manuel+** la garantie scientifique des contenus, la liaison avec l'enseignement supérieur.

Avec **Manuel+** vous aimerez les études secondaires parce que vous comprendrez enfin où elles mènent.

Bernard Lecherbonnier

Sommaire

Bases *Pour acquérir les notions fondamentales.*

Fil rouge *Pour comprendre le programme dans son ensemble.*

Sommaire

Points-clés

Pour maîtriser les sujets de cours.

(2) programme de seconde *(1) programme de première* *(T) programme de terminale*

Sommaire

2 *programme de seconde* 1 *programme de première* T *programme de terminale*

Sommaire

(2) programme de seconde (1) programme de première (T) programme de terminale

Fiches pratiques

Pour préparer l'examen.

Dico

Pour retrouver une définition, une notion.

BASES

Ce qu'il faut savoir
à l'entrée en 2e

Pour être prêt
à suivre les cours de
sciences et d'économie
au lycée.

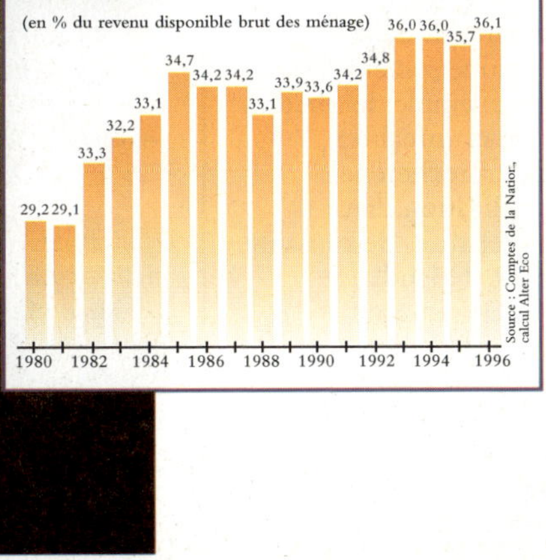

Les domaines des sciences économiques et sociales

Les sciences économiques et sociales couvrent des champs d'analyse extrêmement vastes qui recoupent les disciplines de l'économie et de la sociologie.

L'économie

L'économie analyse la façon dont les individus utilisent les ressources en vue de satisfaire au mieux leurs besoins. Son champ d'étude est donc très étendu : fluctuations des capitaux, mondialisation, investissements, etc. On distingue deux approches : la macroéconomie, qui étudie les phénomènes dans leur globalité (consommation des ménages, production d'un pays), et la microéconomie, qui s'intéresse à l'activité des individus dans la sphère économique (par exemple, le comportement d'un consommateur face à la variation du prix d'un produit).

La sociologie

La sociologie a pour objet l'analyse des actions et des faits sociaux. Il s'agit d'en comprendre les mécanismes sans porter de jugement de valeur. Ayant mis en évidence la régularité de certains événements dans une société (par exemple, le suicide ou la criminalité), elle en recherche l'explication dans des relations de causalité ou de dépendance. L'interprétation des faits sociaux passe (selon l'approche holiste) par l'étude de la société elle-même, un fait social en expliquant un autre, ou par l'étude des actions individuelles (c'est « l'individualisme méthodologique »).

Une approche spécifique des phénomènes

Sociologie et économie se distinguent essentiellement par leur manière d'aborder les phénomènes. Leurs champs d'étude se recoupent très souvent (catégories socioprofessionnelles, etc.) mais leurs approches diffèrent. Partant d'un même phénomène, par exemple le chômage, l'économiste s'interroge sur les solutions pour le résorber alors que le sociologue s'intéresse au processus d'exclusion qu'il peut générer et à ses conséquences d'un point de vue social.

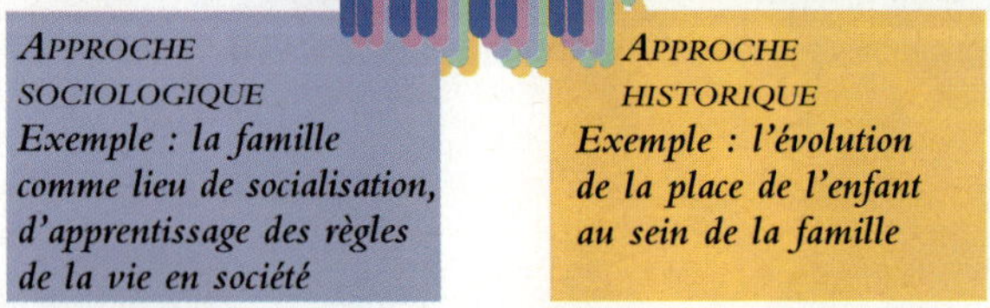

Les outils de l'économiste et du sociologue

En économie comme en sociologie, la statistique est un outil indispensable. L'économiste s'en sert pour analyser les phénomènes et le sociologue, dans une approche holiste, pour souligner certaines régularités dans les faits sociaux.

Les organismes économiques

Le statisticien prépare le travail de l'économiste. En France, l'Institut national de la statistique et des études économiques (INSEE) est chargé de recueillir, de traiter et d'analyser l'information économique et sociale. Ses études dressent, pour les politiciens, les économistes, les entreprises et les citoyens, un tableau de la situation économique et sociale française, et servent à établir des prévisions. Pour les données mondiales, l'OCDE et le FMI publient des statistiques très complètes sur l'évolution économique des pays.

Les méthodes d'investigation

Les méthodes d'investigation utilisées (recensements, enquêtes, sondages) sont complémentaires. Le recensement est une enquête exhaustive qui a lieu en France tous les sept ou huit ans. À cette occasion, toute la population est interrogée. La mine d'informations recueillie est analysée par les économistes. Cette méthode, satisfaisante par sa précision, est onéreuse et lourde à mettre en place. Les sondages ne consultent, eux, qu'un échantillon de la population. Tous les ans en mars par exemple, l'INSEE mène une enquête sur l'emploi auprès de 70 000 ménages. L'échantillon de la population doit être suffisamment représentatif pour que les conclusions du sondage soient significatives.

▼ *Le recensement de la population en 1999.*

▼ *« Croyez-vous que les journalistes sont indépendants, c'est-à-dire qu'ils résistent... »*

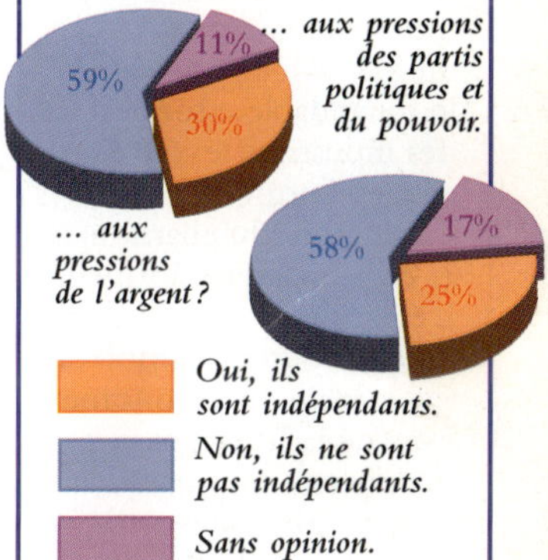

La statistique

Ces différentes méthodes ont en commun d'utiliser le même outil : la statistique. Celle-ci permet en effet d'analyser toutes les données numériques. On peut ainsi dégager des évolutions (taux de croissance), des structures et des probabilités sur lesquelles travaillent également les sociologues. Courbes, histogrammes et diagrammes sont autant de représentations visuelles de ces données statistiques.

Bases

L'impact économique et social de la révolution industrielle

En France, la révolution industrielle, qui constitue une rupture avec l'économie traditionnelle, marque l'avènement de la grande industrie. Elle entraîne de nombreux bouleversements dans les structures et les modes de vie.

La révolution des technologies

La première révolution industrielle (début du XIXe siècle) repose sur le formidable essor des industries textile et métallurgique grâce à l'utilisation du charbon et de la machine à vapeur. L'essor de ces deux industries a eu un effet moteur sur le reste de l'économie. Lors de la seconde révolution industrielle (1890-1914), ce sont la sidérurgie et la chimie qui jouent le rôle d'industries industrialisantes. Ces transformations technologiques s'accompagnent d'une révolution des transports. Ainsi, le développement des routes, des canaux et surtout du chemin de fer permet l'extension des marchés qui favorisent la croissance. Toutes ces innovations apparaissent de manière groupée, « par grappes », dans le temps.

Les mutations du système productif

Le système productif est bouleversé par le progrès technique, qui gagne, pour commencer, le secteur de l'agriculture. Les innovations technologiques permettent d'y dégager un surplus qui peut nourrir la population. L'industrie trouve dans les travailleurs agricoles supplantés par les machines toute la main-d'œuvre dont elle a besoin. Elle se développe progressivement à l'aide de la mécanisation. Les industries de transformation accroissent la valeur ajoutée de la production et entraînent l'ensemble de l'économie vers une croissance soutenue. La mise en place d'une nouvelle organisation du travail (taylorisme et fordisme) accentue les gains de productivité, objectif qui devient prioritaire dès le début de cette période.

▲*La machine à vapeur : une innovation majeure.*

Les bouleversements sociaux

Au début de la révolution industrielle, les conditions sociales se détériorent. Les retombées du mouvement ne commencent à devenir positives qu'à partir des années 1870. La hausse de la productivité, la baisse de la natalité le développement du monde ouvrier et du commerce international, ont des effets bénéfiques sur les salaires, qui augmentent rapidement. Ainsi, entre 1870 et 1900, le salaire moyen croît de plus de 60 % en France.

La comptabilité nationale

La comptabilité nationale est l'outil d'analyse privilégié des économistes. Elle dresse le panorama de l'évolution économique globale d'un pays. Les gouvernements s'en servent pour prévoir leur politique.

Un bilan macroéconomique de la France

La comptabilité nationale recense toutes les opérations effectuées pendant une année par l'ensemble des agents économiques. Afin d'offrir une vision claire et simplifiée de ces mouvements, elle définit différents comptes permettant de les synthétiser.

Synthétiser les échanges effectués

Le tableau des entrées et sorties (TES) recense les opérations concernant les biens et les services de toutes les branches de l'économie. Pour chaque secteur, il décrit l'origine des biens produits et des consommations intermédiaires. Le tableau économique d'ensemble (TEE) fournit une synthèse de toutes les opérations effectuées entre les divers secteurs institutionnels et permet de calculer les grands agrégats (PIB, consommation, etc.). Le tableau des opérations financières (TOF) regroupe, quant à lui, l'ensemble des mouvements financiers.

La partie double

Toute opération enregistrée par la comptabilité nationale représente un flux et donne donc lieu à deux écritures : c'est la partie double. Ainsi, chaque ressource d'un agent représente un emploi pour un autre agent. Le solde des comptes est obtenu par la différence entre les ressources et les emplois. Prenons l'exemple du compte de capital : l'entreprise recherche un financement lorsque l'épargne brute et les transferts de capitaux sont inférieurs aux investissements et aux variations des stocks. En règle générale, les ménages dégagent une capacité, et les entreprises ont un besoin de financement. Pour connaître la situation des agents économiques, il faut observer le solde de l'ensemble des comptes. Le besoin de financement d'une nation révèle une épargne intérieure insuffisante.

Les résultats de la France en 1998

Indicateur	En milliards FF constants aux prix de 1980
	1998
Produit intérieur brut	4 013,3
Importations	1306,5
Total des ressources	5319,9
Consommation des ménages	2399,3
Consommations des administrations	755,6
Investissement	790,0
dont entreprises	448,2
ménages[a]	185,7
administrations	131,7
autres[b]	24,4
Exportations	1369,7
Variations des stocks (en milliards)	5,2
Total des emplois	5319,9
Demande intérieure totale[c]	3950,2
Demande intérieure hors stocks	3945,0

Source : INSEE.

◀ *La comptabilité nationale synthétise toutes les opérations des agents réalisées en une année.*

a) Concerne seulement les logements. b) Essentiellement les institutions financières. c) Ensemble des emplois moins les importations.

Le rôle des agents économiques

Les revenus générés par l'activité économique se diffusent dans l'économie par le biais des ménages et des entreprises. Entre ces deux principaux agents, l'État joue le nécessaire rôle de régulateur.

Les ménages et les entreprises au cœur de l'activité économique

De façon très simplifiée, on peut dire que les échanges effectués entre les ménages et les entreprises dans une économie donnent lieu à des flux réels et à des flux monétaires. D'une part, les ménages vendent aux entreprises leur force de travail et apportent leurs capitaux par le biais du marché financier (flux réels). En contrepartie de la valeur ajoutée réalisée grâce aux facteurs de production (travail et capital), les entreprises versent aux ménages le revenu de leur travail, soit un salaire, et rémunèrent les capitaux investis, c'est-à-dire qu'ils distribuent des dividendes, des intérêts, etc. (flux monétaires).

Les revenus issus de l'activité productive circulent dans l'économie

Ces échanges génèrent d'autres flux. Les ménages consomment la plus grande partie de leur revenu en achetant des biens et des services aux entreprises – ce qui soutient l'activité économique – et épargnent le reste. Cette épargne, placée en partie sous forme d'actions et d'obligations, fournit aux entreprises les capitaux nécessaires pour soutenir l'offre et répondre à la demande des ménages.

L'État et les administrations publiques

L'introduction de l'État dans ce circuit simplifié met en évidence son rôle essentiel dans la redistribution des revenus de transfert (revenus sociaux) et de l'aide aux entreprises (financée par les impôts et les cotisations sociales). La comptabilité nationale classe les agents économiques en six secteurs institutionnels selon deux critères : leur fonction principale et leur type de ressource principal. Ces unités institutionnelles ont des comportements économiques similaires. Les ménages, les administrations publiques et les sociétés et quasi-sociétés sont les principaux agents économiques, auxquels s'ajoutent les institutions financières, les entreprises d'assurances et les administrations privées.

◂ *Les ménages et les entreprises sont au cœur des échanges économiques.*

La production

L'ensemble des revenus diffusés dans l'économie est directement ou indirectement issu de la production. Le processus de production met en œuvre deux facteurs essentiels : le travail et le capital.

Les facteurs de production

Pour produire, l'entrepreneur combine deux facteurs essentiels : le travail et le capital. Le travail (ensemble des personnes qui interviennent dans le processus de production) peut être de qualité très variable selon la formation des salariés, l'organisation du travail et la nature du capital fixe – le capital fixe étant l'ensemble des biens utilisés durablement par l'entreprise (machines, bâtiments, etc.). L'entrepreneur utilise également du capital variable (soit des consommations intermédiaires), qui n'est utilisé qu'une seule fois dans le processus de production.

▲ *Homme ou machine ? Travail ou capital ? Ces deux facteurs essentiels de production sont savamment combinés pour un profit maximal.*

Le calcul de l'entrepreneur

L'entrepreneur cherche avant tout à optimiser sa combinaison productive afin d'obtenir un profit maximal. Son premier critère est la faisabilité technique. Il détermine ensuite la quantité de chaque facteur à utiliser en fonction de son coût. Un coût du travail élevé l'incitera à utiliser davantage de capital, au détriment du travail.

Facteurs de production substituables ou complémentaires ?

Son choix est cependant limité par diverses contraintes : complémentarité ou substituabilité des facteurs de production, perspectives technologiques... Lorsque les facteurs de production sont substituables, l'entrepreneur peut remplacer du travail par du capital, ce qu'il ne peut faire que dans des proportions très limitées lorsqu'ils sont complémentaires.

La productivité des facteurs de production

Dans son calcul, l'entrepreneur doit également prendre en compte la productivité des facteurs de production pour mesurer leur contribution à la valeur ajoutée. La productivité est une notion essentielle car elle permet de réduire le coût unitaire de chaque facteur. Les gains de productivité peuvent être obtenus grâce à une meilleure organisation du travail et une plus grande qualification de la main-d'œuvre, mais ils reposent surtout sur l'intégration de nouvelles technologies.

Bases

Le cadre juridique et institutionnel de la société

Dans *Du contrat social* (1762) de Jean-Jacques Rousseau, chaque individu renonce à son indépendance et à tous ses droits naturels pour se soumettre totalement au souverain (la volonté générale). Le fonctionnement de la société repose ainsi sur un ensemble de règles qui fondent l'équilibre social.

Les règles implicites et explicites

La régulation sociale passe par le respect de règles sociales implicites (non écrites) et explicites (écrites). Ces règles précisent les comportements à adopter pour s'intégrer dans une société et en respecter les valeurs (principes moraux qui régissent les actions des hommes dans une société donnée).

Les règles implicites sont dominantes dans les sociétés traditionnelles, où la conscience collective est forte. Dans les sociétés industrielles, les règles sont consignées dans des textes de loi (Constitution, Code civil), et le contrôle social formel passe par des institutions spécialisées, comme la police et la justice.

▲ *Le Code civil regroupe l'ensemble des règles sous forme de lois.*

Les institutions

Aux sens juridique et politique, les institutions recouvrent l'ensemble des règles (lois, coutumes, prescriptions) qui organisent la société (le droit, les lois fondamentales, la Constitution) ou certaines de ses instances (la famille, l'école, par exemple). Dans une société complexe, les institutions sont souvent structurées en organisations. L'institution définit ce qui est socialement légitime et les contraintes sociales auxquelles il convient de se soumettre. Pour le sociologue Marcel Mauss, c'est « *un ensemble d'actes ou d'idées tout institué que les individus trouvent devant eux et qui s'impose plus ou moins à eux* ». La modification des lois traduit le dynamisme de la société. L'institution participe à la reproduction sociale mais également à la production des rapports sociaux.

Un système codifié

La sphère de production est également concernée par un ensemble de règles. Le statut juridique des sociétés réglemente la responsabilité des propriétaires de l'entreprise face à des dettes éventuelles. Les relations dans l'entreprise sont codifiées par le droit du travail. Le fonctionnement de la société repose ainsi sur le respect global de tout un ensemble de règles.

La stratification sociale

Les inégalités entre individus génèrent un système de différenciation sociale. À ce titre, l'entreprise, organisée selon une hiérarchie, est source de différenciation mais aussi de clivages sociaux.

La stratification sociale crée une hiérarchie dans la société

La stratification sociale repose sur un système de différenciation qui reflète l'inégale répartition des ressources et des positions entre les individus.
Il existe une multitude de formes de différenciation sociale et les individus sont hiérarchisés selon les critères sociaux retenus par chaque société. De même, la mobilité sociale varie. Le système le plus fermé est celui qui prévaut en Inde, en dépit de sa suppression légale. Les castes constituent en effet des groupes fermés et endogames, c'est-à-dire en dehors desquels il est interdit de se marier.

La nomenclature des professions et catégories socioprofessionnelles

L'INSEE a établi une nomenclature des professions et catégories socioprofessionnelles selon différents critères. Les éléments retenus – métier, statut et qualification entre autres –, déterminent une classification de la population active en six groupes : agriculteurs exploitants ; artisans, commerçants, chefs d'entreprise ; cadres et professions intellectuelles supérieures ; professions intermédiaires ; employés ; ouvriers. Ces six principaux groupes sont divisés en 31 catégories socioprofessionnelles, redivisées en 455 professions. Cette grille permet aux économistes de dénombrer les individus et d'étudier leurs comportements.

La définition du rapport social

« L'unité d'analyse de la sociologie est la relation sociale entre les individus ou les groupes ; lorsque cette relation dérive de la position qu'occupent ces individus ou ces groupes au sein de la structure sociale, on peut parler de rapport social ; le rapport salarial est un bon exemple de rapport social : il relie tout en les opposant ceux qui possèdent les moyens de production et ceux qui ne possèdent que leur force de travail ; il est inscrit dans la structure du mode de production capitaliste et ne dépend pas de la volonté des individus. »

Sciences économiques et sociales (Nouveau manuel), © La Découverte & Syros, 1999.

Les classes sociales : une stratification plus complexe

Contrairement à celle des castes et des ordres socialement codifiés, l'existence des classes sociales est controversée. Par opposition aux catégories socioprofessionnelles, fruit du travail des statisticiens, la notion de classes sociales traduit, selon l'analyse marxiste, la représentation conflictuelle de la société et caractérise les rapports sociaux en montrant qu'ils sont définis par la place qu'occupent les individus dans le processus de production.

Les conflits dans l'entreprise

Les hiérarchies liées au pouvoir, à la fonction et à la qualification au sein de l'entreprise génèrent des conflits professionnels entre les décideurs et les salariés.

◄ *Le conflit individuel oppose le plus souvent un salarié et son employeur.*

Les rapports d'autorité

Les rapports d'autorité et de pouvoir dans l'entreprise – qui traduisent la dépendance réciproque dans laquelle vivent les individus – exacerbent les conflits. Rappelons qu'un conflit est une situation d'antagonisme entre, au moins, deux acteurs sociaux. Selon le sociologue R. Dahrendorf, l'autorité, soit la probabilité de se faire obéir, est la première cause de l'apparition des conflits, d'où leur grande diversité dans les sociétés industrielles.

Conflits individuels et collectifs

Dans le monde du travail, les conflits sont de deux sortes : individuels ou collectifs. Dans le premier cas, un individu s'oppose à un autre, ou à un groupe. C'est le plus souvent un salarié qui formule des revendications auprès de son employeur, au sujet de son salaire, de ses relations avec la hiérarchie ou de son contrat de travail par exemple. À l'inverse, un dirigeant peut aussi s'opposer à l'un de ses employés qui manque à ses obligations. Dans le second cas, il s'agit d'un groupe qui cherche à défendre des intérêts communs ou des fins partagées. Le conflit collectif prend notamment la forme de grèves ou de manifestations et varie suivant l'importance et l'intensité du litige.

Le rôle des conflits

Un mouvement social est un phénomène collectif qui, en remettant en cause l'ordre existant, est source d'innovation. Le conflit n'est pas, pour Simmel, le signe d'un dysfonctionnement de la société, mais plutôt un mode de fonctionnement vital. Selon Durkheim, le conflit est « normal » : rien ne peut le supprimer définitivement car il est inhérent aux agents sociaux. Cependant, l'élaboration de règles connues par tous réduit la fréquence des crises et des situations d'antagonisme.

Les nouveaux mouvements sociaux

Les conflits dans la société industrielle ont été analysés par Marx comme le fruit des rapports de production tels qu'ils sont définis par le système capitaliste et les classes sociales. Aujourd'hui néanmoins, les « nouveaux mouvements sociaux » s'éloignent de la sphère de production pour s'orienter vers d'autres champs, proches de la culture et des valeurs morales. Ils prennent le pas sur le mouvement ouvrier, en perte de vitesse.

Le statut juridique des sociétés commerciales

Les SA et les SARL sont des sociétés commerciales aux statuts juridiques particuliers. À l'inverse de la SARL, dans une SA l'accès aux capitaux et aux investissements d'envergure est facilité.

Le statut juridique des SA et des SARL

Une société est une entreprise constituée par l'association de plusieurs personnes qui apportent des capitaux en vue de créer une activité productive et d'en tirer profit. Unité indépendante de ses créateurs, elle dispose d'un patrimoine qui lui est propre.

Il existe plusieurs formes de sociétés mais les deux plus courantes sont la SA (société anonyme) et la SARL (société à responsabilité limitée). Elles offrent toutes deux l'avantage d'une responsabilité limitée aux apports, à l'égard des dettes de l'entreprise.

Le fonctionnement d'une SA

Le statut de la SA fut élaboré en 1867 pour répondre aux besoins en capitaux des grandes entreprises en pleine expansion. Les apporteurs de capitaux, soit les actionnaires, doivent être au nombre de sept au minimum. Le capital, d'une valeur d'au moins 250 000 francs, est divisé en actions qui peuvent être librement revendues. L'actionnaire majoritaire est celui qui possède plus de 50 % des actions (et autant de voix à l'assemblée générale). Un actionnaire minoritaire peut posséder suffisamment de titres (et donc de voix) pour bloquer des décisions, notamment lorsque le capital est éclaté entre un très grand nombre de porteurs d'actions.

La SARL

Créé en 1925, le statut de la SARL concerne les sociétés de taille moyenne. Le capital, d'au moins 50 000 francs, est divisé en parts sociales qui ne peuvent être revendues sans l'accord des autres associés (au nombre de deux au minimum et de cinquante au maximum).

L'action, un titre financier

Une action est un titre de propriété d'entreprise rémunéré éventuellement par un dividende (redistribution des bénéfices aux actionnaires). Lorsqu'un propriétaire revend son action à un cours supérieur à celui de l'achat, il réalise une plus value.

◄ Le capital d'une SA est divisé en titres de propriété, c'est-à-dire en actions.

La Bourse

Le marché financier finance l'essentiel de l'économie. Les agents possesseurs des capacités de financement (les ménages) y rencontrent ceux qui en sont demandeurs (les entreprises).

Le fonctionnement du marché financier

Le marché financier (celui des fonds prêtables à long terme) est composé de deux marchés : le primaire et le secondaire. Les titres (actions, obligations, etc.) nouvellement émis sont cotés sur le marché primaire. Le secondaire, la Bourse, est celui de « l'occasion » où s'échangent et se renégocient les valeurs mobilières déjà émises. Les deux marchés sont indissociables puisqu'un épargnant n'achètera de nouveaux titres que s'il est sûr de pouvoir les revendre à la Bourse.

Le financement de l'économie

Le marché financier joue un rôle croissant dans l'économie. Les ménages apportent leurs capitaux aux entreprises en quête de financement. Attirés par le rendement des titres, les particuliers y placent de plus en plus leur épargne, malgré le risque de perte. Le financement de l'économie est aujourd'hui « désintermédié », c'est-à-dire que les entreprises et les ménages se rencontrent directement sans passer par le système bancaire réduit au rôle de guichet. Cette évolution a contraint les banques à proposer de nouveaux services à leur clientèle.

▼ *L'évolution de l'indice CAC 40 de la Bourse de Paris en 1998.*

Les OPA et OPE

La stratégie de concentration des grandes entreprises est facilitée par les OPA (offres publiques d'achat) et les OPE (offres publiques d'échange). La Bourse permet les alliances, les restructurations, les fusions et les rachats de sociétés. La concurrence conduit alors ces dernières à adopter une conduite offensive. Les OPA consistent à racheter les actions d'une entreprise à un cours plus élevé que celui du marché. Les OPE proposent des titres financiers en contrepartie de ceux désirés. Ces deux techniques ont un seul et même objectif : prendre le contrôle d'une société cotée en Bourse.

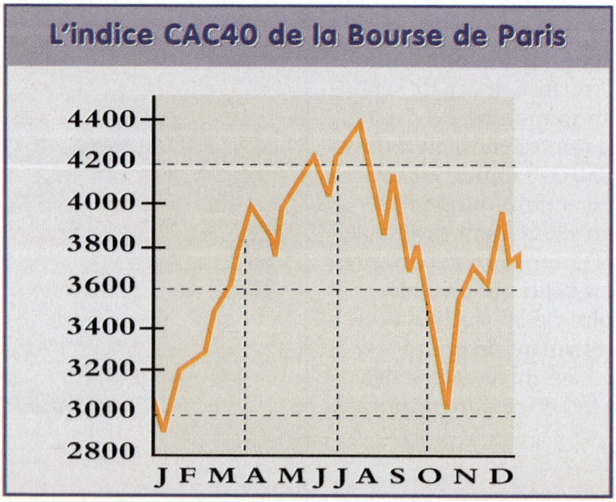

La travail, facteur d'intégration

Face à la crise du marché du travail, au développement des emplois précaires et à la montée de l'exclusion, le travail joue-t-il encore son rôle intégrateur dans la société ?

◄ *Les agences d'intérim, qui proposent des emplois précaires, connaissent un regain d'activité depuis 1998.*

Emploi et intégration

Le travail favorise l'intégration d'un individu dans la société par les relations sociales qu'il permet de nouer. La division du travail a, selon Durkheim, développé dans le monde industriel une nouvelle forme de solidarité, générée par la spécialisation des métiers.
En se singularisant dans une fonction particulière, chacun devient complémentaire des autres. Cependant, la fonction sociale du travail semble remise en cause par le développement des emplois précaires.

Le travail produit-il encore du lien social ?

À l'heure où prolifèrent les statuts atypiques et précaires, le travail semble plus prompt à exclure qu'à intégrer.
De surcroît, occuper un poste n'est plus suffisant pour être intégré, encore faut-il que la rémunération soit suffisante pour couvrir les besoins de première nécessité, ce qui n'est pas toujours le cas.
Néanmoins, être exclu de l'emploi, c'est toujours être mis en marge d'une société dont les fondements et les réseaux de sociabilité dépendent encore fortement du marché du travail.

L'intervention de l'État

L'action de l'État n'est pas toujours suffisante pour pallier les insuffisances du marché de l'emploi. Face au chômage, le gouvernement élargit ses interventions : allégement des charges sociales sur les bas salaires, création du RMI (revenu minimum d'insertion). En dépit du nombre croissant de bénéficiaires, ces actions ne permettent pas d'intégrer tous ceux qui sont en marge, notamment les chômeurs de longue durée.
Elles suscitent de plus des critiques car elles sont perçues par certains comme une source de dysfonctionnement (manque d'incitation au travail), responsable du développement du chômage.

Le développement des emplois qualifiés

Les révolutions technologiques successives bouleversent le système productif. La mécanisation qui s'accentue sous l'effet de la recherche des gains de productivité contraint l'homme à apprendre de nouveaux métiers.

◀ *Le développement des métiers de surveillance est lié à la forte mécanisation de la production.*

L'effet de la division du travail

L'apport essentiel de la révolution industrielle provient de la mécanisation du travail : le progrès technique permet l'utilisation de machines. L'organisation du travail subit alors des transformations et la division du travail s'accentue. Dans un premier temps, une nouvelle catégorie d'actifs se développe : les ouvriers spécialisés. Chargés de répéter un geste simple dans une chaîne de production, ils sont au cœur du développement du taylorisme et du fordisme. Sans formation spéciale, ils viennent gonfler les rangs d'une industrie en expansion.

L'homme remplacé par la machine

Dans un second temps, le progrès technologique permet de se passer de ceux qui effectuent un geste facile à mécaniser. Grâce aux techniques modernes, une machine peut imiter un geste humain : des capteurs transmettent simultanément toutes les données concernant le geste à un ordinateur qui les analyse afin de programmer un robot. Les opérations les plus fatigantes – porter des pièces lourdes ou encore peindre des pièces – sont désormais effectuées automatiquement.

Le développement des emplois qualifiés

Cette évolution technologique favorise tous les emplois liés au contrôle et à l'encadrement. La part des ouvriers non qualifiés est sur le déclin tandis que les techniciens supérieurs occupent une place plus importante dans la population active. Le nombre des emplois qualifiés dans l'industrie augmente au détriment des emplois non qualifiés (550 000 postes ont disparu en dix ans). Le processus de division du travail crée de nouveaux métiers, liés notamment à la surveillance : les hommes doivent veiller au bon fonctionnement des machines. Les métiers de l'informatique se développent également très rapidement pour faire face à la demande de tous les secteurs d'activité.

La gestion des conflits

Aujourd'hui, la crise du marché du travail a mis en sourdine les revendications de certaines catégories de salariés dont les représentations syndicales sont en perte de vitesse. Aussi les conflits professionnels changent de forme et les stratégies de lutte s'adaptent à l'évolution des conflits.

Le conflit collectif et la négociation

Une situation de conflit est une relation antagoniste entre différents acteurs sociaux. La négociation a pour but de l'éviter ou de lui apporter une solution. Au cours de cette négociation, un troisième acteur, un médiateur, peut intervenir afin de réduire la dimension affective du conflit. Les sociétés modernes se caractérisent par l'institutionnalisation des conflits et par la création d'instances représentatives et de procédures de négociation entre les deux parties en conflit.

Le paradoxe de l'action collective

Les revendications des salariés ne provoquent plus guère de mouvements collectifs massifs. Comment expliquer que des individus raisonnables et intéressés ne s'emploient pas volontairement à défendre les intérêts du groupe auquel ils appartiennent ? Selon Mancur Olson, l'explication de ce paradoxe réside dans le fait que l'action collective produit des biens collectifs : des biens ayant la particularité de profiter à tous sans distinction, que les agents économiques aient collaboré ou non. La participation à l'action collective dépend donc de l'arbitrage que les salariés vont effectuer entre les coûts (salaires non payés pendant la grève) et les avantages attendus.

La crise du syndicalisme

Un syndicat est une association de personnes dont le rôle est de défendre les intérêts communs et d'organiser des actions en commun. Le droit syndical n'est reconnu en France que depuis 1884. Son développement répond alors à une contrainte de régulation sociale et transforme progressivement les conflits, qui deviennent moins virulents. On assiste depuis une vingtaine d'années au déclin continu du syndicalisme français. Le taux de syndicalisation est ainsi passé de 41,8 % en 1950 à moins de 10% aujourd'hui. Cette crise s'explique par certains facteurs économiques, tels que l'augmentation du chômage, la destructuration du pôle ouvrier, le développement des emplois précaires, et par certains facteurs sociaux, comme la féminisation du travail et la montée de l'individualisme.

Les conflits du travail en France (1952-1997)

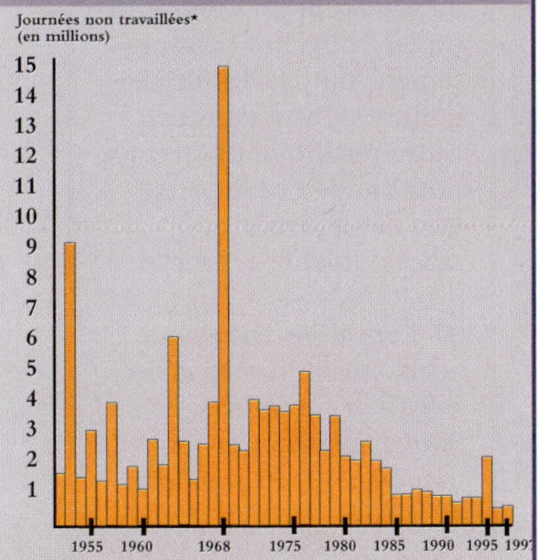

* Hors fonction publique (conflits généralisés et localisés).
Source : ministère du Travail et des affaires sociales - DARES, in *État de la France* 1999-2000, © La Découverte & Syros, 1999.

Bases Le fonctionnement du marché du travail

Sur le marché du travail, les demandeurs d'emploi ont affaire à des recruteurs. Leur rencontre, lors d'un entretien d'embauche, peut aboutir à la signature d'un contrat de travail.

De la théorie à la réalité

Le marché du travail est au cœur de nombreuses théories économiques aux conceptions divergentes. Pour les néoclassiques, ce marché fonctionne comme les autres : le salaire, soit le prix du travail, permet d'équilibrer l'offre et la demande. Pour les keynésiens, il s'agit d'un pseudo-marché, dont le fonctionnement est particulier. La variation du salaire ne permet pas en effet d'équilibrer le marché, c'est-à-dire de réduire le chômage.

Le chômage, fruit d'un déséquilibre

Les difficultés d'ajustement du marché de l'emploi ont pour conséquence de produire du chômage. Pendant les Trente Glorieuses, il était équilibré et offrait à tous un poste. Après les chocs pétroliers et le ralentissement de la croissance, les difficultés, que l'on croyait conjoncturelles, se sont installées et aggravées. La situation s'améliore cependant à la fin des années 1990. En 1993, 12,6 % de la population active était au chômage, contre 10 % en 2000.

Les étapes du recrutement

Dans la course à l'emploi, les étapes du recrutement se font de plus en plus longues et complexes. Après avoir analysé le *curriculum vitae* du candidat pour vérifier si son expérience correspond à la définition du poste proposé, le recruteur évalue sa motivation lors d'un entretien. L'entreprise peut également faire appel à un cabinet de recrutement qui se chargera de ces premières étapes auxquelles il ajoutera éventuellement des tests psychologiques ou une analyse graphologique. La signature du contrat de travail constitue l'aboutissement du processus. Le contrat définit dans un cadre juridique un certain nombre de conditions que l'employeur et le salarié doivent respecter.

◄ *Lors d'un entretien d'embauche, le recruteur vérifie les compétences professionnelles et les motivations du candidat.*

La mobilité sociale

Depuis la révolution industrielle, la structure des trois secteurs d'activité s'est considérablement modifiée. Aujourd'hui encore, la mobilité sociale reste essentiellement structurelle.

Définition et évaluation

La mobilité sociale représente l'évolution de la position dans la société d'un individu (ou d'un ensemble d'individus) au cours de sa vie ou par rapport aux générations précédentes. Dans la mobilité horizontale, il y a changement de profession mais non de statut. La mobilité verticale suppose, elle, un changement de statut vers le haut de l'échelle (mobilité ascendante) ou vers le bas (descendante). Ce sont les tables de destinée ou de recrutement qui permettent de mesurer ces évolutions sociales. Elles révèlent le dynamisme ou l'inertie d'une société. Ainsi, lorsque la mobilité est inexistante ou très limitée, on parle de reproduction sociale.

Les changements structurels

Les vagues d'innovations technologiques ont balayé certaines activités et les gains de productivité qu'elles ont générés ont engendré un exode rural massif. La tertiarisation de l'économie et le développement des emplois qualifiés réduisent le nombre de postes dans les secteurs industriels traditionnels. En 1998, 72 % de la valeur ajoutée proviennent ainsi des activités de services. Les ruptures de contrats, faute de commandes, et les licenciements économiques exigent des reconversions souvent difficiles à réussir. La mobilité sociale est généralement imposée par des transformations structurelles qui dépassent les projets professionnels individuels.

> « Dans quelle mesure un fils est-il, aujourd'hui, lié à son milieu d'origine ? [...] un peu plus d'un tiers des Français de 40 à 59 ans occupent en 1993 la même position que leur père sur l'échiquier social. Ce sont des cadres fils de cadres ou des ouvriers fils d'ouvriers. Les deux tiers restant ont changé de catégorie, ce qui peut paraître considérable. Néanmoins, pour apprécier ces données, il faut se mettre dans l'hypothèse [...] où la situation des fils aurait été complètement indépendante de leur origine sociale. Dans ce cas, moins d'un actif sur cinq se trouverait dans la même catégorie que son père. »
>
> D. Goux et E. Maurin, « Changer de place en France aujourd'hui », dans *Sciences humaines*, décembre 1994.

En France, mobilité ou reproduction sociale ?

On constate une augmentation sensible de la mobilité nette, mais elle concerne surtout les classes moyennes. Lorsqu'il y a mobilité, les trajectoires sociales se limitent souvent aux catégories socioprofessionnelles les plus proches. La mobilité est souvent plus importante lorsqu'elle s'étale sur plusieurs générations. Chez les ouvriers et les cadres, elle reste faible, et la reproduction sociale domine.

Les biens libres et les biens économiques

Face à la rareté, aux ressources limitées et aux besoins illimités, les hommes se trouvent sans cesse confrontés à des choix.

◄ *L'eau, bien libre ou économique? La pollution rend nécessaires les stations d'épuration.*

La rareté, une contrainte économique

Les hommes produisent des biens et des services afin de satisfaire leurs besoins (primaires et secondaires). Un bien est rare lorsque la demande est supérieure à l'offre. Le concept économique de rareté est donc relatif: le bien ou le service n'est rare que par rapport au besoin exprimé. La notion de rareté évolue au gré de l'apparition de nouveaux produits. Elle n'est cependant pas prise en compte quand la demande est insolvable : par exemple, lorsqu'un excédent de denrées alimentaires dans un pays coexiste avec la pénurie dans un autre.

Les besoins et les ressources

Les besoins se définissent comme un sentiment de manque par rapport à un bien ou un service désiré mais non possédé. La création de besoins dans l'économie est illimitée. Dès qu'un produit nouveau est proposé sur le marché, les producteurs envisagent déjà d'en créer d'autres. Le sentiment de manque croît avec le décalage entre les besoins exprimés et les ressources disponibles pour les satisfaire. Dans toute société, les biens et les services sont présents en quantité limitée. Les hommes doivent donc faire des choix dans leur consommation, source de frustrations et d'insatisfaction. Ce sentiment s'exacerbe dans une société où les besoins évoluent très vite.

Comment mesurer la rareté ?

La rareté traduit un déséquilibre entre l'offre et la demande. En règle générale, l'évolution de cette dernière est inversement proportionnelle à celle du prix du produit. En effet, les agents économiques réclament moins un bien lorsque son prix augmente. Pour certaines marchandises, notamment les produits de luxe, la demande et le prix évoluent dans le même sens. Si le prix d'un bien constitue un indicateur de sa rareté au sens économique, il mesure également la quantité de travail nécessaire à sa fabrication. L'amélioration de la productivité permet d'économiser du temps, donc de réduire le coût du produit. La baisse de prix engendrée le rend alors accessible au plus grand nombre.

Production et consommation de masse

La production et la consommation ont dynamisé l'économie durant les Trente Glorieuses. Le développement des capacités productives accentue la guerre des prix.

Une conjoncture spécifique

Pendant les Trente Glorieuses, les gains de productivité sont redistribués dans l'économie. L'augmentation des profits favorise les investissements de productivité et de capacité. Ils permettent aux entreprises d'accroître leur production dans des proportions très importantes et de réduire leurs coûts de fabrication. Ces économies d'échelle engendrent des baisses de prix et les ménages voient leur pouvoir d'achat augmenter. La consommation « de masse » est lancée.

Les stratégies commerciales innovantes

L'objectif d'une stratégie commerciale consiste à faire venir le consommateur dans un magasin grâce à des « produits d'appel », dont les prix sont très bas. Ensuite, elle doit l'inciter à acheter d'autres marchandises. Les études de merchandising montrent que la façon de disposer les produits d'un rayon peut faire monter les ventes. On utilise alors la psychologie comme technique de vente.

La guerre des prix

La guerre des prix incite les divers centres de distribution à se concentrer – Carrefour a racheté Promodès en 1999 par exemple – et à varier leurs ressources. Les hypermarchés développent ainsi de plus en plus de services à l'intention de leur clientèle : assurances vie, prêts à la consommation, agences de voyages, développement de photos, etc. En dépit d'une conjoncture difficile, ils savent se démarquer. Pour preuve : leurs résultats les classent en tête du palmarès.

▼ *Les hypermarchés, symbole de la consommation de masse.*

Les réseaux de distribution

Aujourd'hui, le contexte de la consommation et de la production de masse a fortement évolué. La production n'est plus standardisée, mais au contraire très diversifiée. Les réseaux de distribution se multiplient pour répondre à une clientèle toujours plus exigeante. Les hypermarchés, les discounters et autres magasins d'usine se livrent une guerre commerciale qui engendre une baisse des prix. Très concurencé par le développement massif de ces grandes surfaces, le petit commerce de proximité perd du terrain.

Crédit et surendettement

Face aux mirages de la société de consommation, les situations de surendettement se sont multipliées.

Le crédit

Le crédit permet d'accroître les capacités d'un ménage à se procurer des biens et des services. Il rend ainsi possible la dépense sans épargne préalable. Le coût de l'emprunt dépend du niveau des taux d'intérêt réels (taux d'intérêt nominal [celui contracté auprès de la banque] – taux d'inflation). Plus ce niveau est faible, moins l'emprunt coûte cher.

Son expansion

Pendant les Trente Glorieuses, les taux d'intérêt réels très faibles ont largement contribué au développement du crédit, favorisé aussi par le contexte de l'après-guerre (forte croissance économique et démographique, émergence de l'État-providence, généralisation du salariat, chômage quasi inexistant, hausse des gains de productivité et baisse des prix des biens d'équipement).

La diversité des moyens de paiement

Parallèlement, les moyens de paiement se sont développés et simplifiés. L'essentiel des transactions s'effectue désormais par carte bancaire et virements de compte à compte. L'argent circule de plus en plus virtuellement dans l'économie.

La proportion des ménages endettés en 1992 (en %)

Au moins un emprunt immobilier	29,8
Au moins un autre emprunt ni immobilier ni professionnel (voiture et autres biens durables)	21,9
Au moins un emprunt professionnel	2,0
Au moins une autre forme de crédit (par cartes bancaires et privatives, découverts bancaires)	18,7
Au moins un leasing	2,0
Ensemble des ménages endettés	**51,3**

Le même ménage pouvant avoir contracté plusieurs prêts, la somme des % par type de crédit est donc supérieure à 51,3 %.

Source : D.R.

De l'endettement au surendettement

Une situation de surendettement est caractérisée par un ensemble de charges qui dépasse les 60 % du revenu du foyer. La montée de la précarité et la multiplication des crédits ont favorisé le phénomène de surendettement. Les années 1980 marquent un tournant, radical en matière de conditions d'emprunt. La conjoncture défavorable (taux d'intérêt réels élevés, baisse du pouvoir d'achat des ménages, politique de rigueur et d'austérité salariale) a incité les ménages à s'endetter pour maintenir leur niveau de vie et à accumuler des prêts immobiliers importants et des crédits à la consommation. Le surendettement peut également être causé par un facteur extérieur à la charge de l'emprunt, tel que la maladie, la perte d'emploi, un divorce ou un accident.

Les besoins primaires et secondaires

Quelle est la nature réelle de nos besoins ? Et comment les satisfaire alors que les ressources dont nous disposons ne sont pas toujours suffisantes ?

La définition des besoins

Les hommes produisent car les biens dits « économiques » ne sont disponibles qu'en quantité limitée. Le besoin se définit par un sentiment de manque accompagné du désir de le combler. Traditionnellement, les économistes distinguent deux types de besoins : les primaires, qui correspondent à la satisfaction de nécessités physiologiques (se nourrir, s'habiller, se loger), et les secondaires, nommés ainsi car ils sont moins impérieux que les premiers (par exemple, se divertir).

Une distinction pertinente ?

Cette approche est incomplète dans la mesure où les besoins sont, pour l'essentiel, définis par les normes sociales. Très peu correspondent à des impératifs physiologiques : la société de consommation de masse crée des besoins en nombre illimité. Les producteurs utilisent la publicité pour offrir des débouchés à leurs nouveaux produits. L'essentiel de la consommation (alimentaire, vestimentaire, etc.) dépasse alors largement le critère physiologique. Enfin, la distinction entre les besoins primaires et secondaires ne prend pas en compte l'aspect culturel. C'est pourtant lui qui explique principalement les différences de consommation entre des individus qui éprouvent la même nécessité de se nourrir et de se vêtir.

▼ *Se nourrir est un besoin primaire. La manière dont on le fait est déterminée par des normes culturelles.*

La contrainte sociale

L'intégration des individus dans une société passe principalement par la possibilité de respecter ses règles de consommation. Ces normes (principes implicites ou explicites qui s'imposent aux êtres et qui varient dans le temps et dans l'espace) exercent une pression si forte qu'elle exclut ceux qui ne peuvent les respecter.

Bases

La publicité

Spots publicitaires, prospectus dans les boîtes aux lettres, relances téléphoniques... Les entreprises utilisent tous les moyens pour convaincre le consommateur potentiel d'acheter leurs produits.

L'objectif de la publicité

Le rôle de la publicité est-il d'informer ou d'inciter à la dépense ? La publicité transmet au public un message sur un bien (produit ou service) dans le but de déclencher un acte d'achat. Son objectif est donc essentiellement commercial. Mais elle informe également les consommateurs de l'existence de nouveaux biens. Les données concernant le produit lui-même restent très limitées car la communication publicitaire tend essentiellement à développer la dimension symbolique.

Un rêve qui coûte cher

La publicité vend du rêve mais elle le vend cher : son coût se répercute sur le prix du produit, qu'il majore de 20 %. Déclencher un acte d'achat exige une stratégie extrêmement ciblée. La demande des ménages est segmentée en fonction de différentes variables sociales : âge, sexe, catégorie socioprofessionnelle. Selon la population visée le message, qui s'appuie sur des phénomènes d'imitation et de différenciation, diffère.

▼ *La publicité joue plus sur l'aspect symbolique du produit que sur ses qualités.*

La filière inversée de J. K. Galbraith

La création de produits suscite elle-même les besoins des consommateurs. Ce phénomène renverse le schéma traditionnel selon lequel les entreprises répondent à une demande. Désormais, ce sont les producteurs qui créent la demande en proposant de nouveaux produits et en suscitant l'acte d'achat par la publicité. Ces innovations font naître des besoins jusqu'alors latents mais ignorés par le consommateur, que la publicité se charge de faire émerger de son inconscient.

L'impact réel de la publicité

Tous les producteurs s'accordent pour dire qu'une bonne publicité fait vendre. Mais la grande difficulté est de mesurer son impact sur les ventes. Quand les annonceurs s'arrachent à prix d'or les espaces publicitaires lors de certaines manifestations, quelles en sont les répercussions sur leur chiffre d'affaires ? Les sommes dépensées justifient-elles un bénéfice sans doute réel mais impossible à évaluer ?

Commerce international et dynamisme de l'économie

Le dynamisme des échanges internationaux reflète l'ouverture des économies, et le commerce mondial entraîne la croissance des PIB. Cette tendance, qui domine depuis 1945, favorise la concurrence internationale.

La polarisation des échanges mondiaux

Les relations internationales s'organisent autour de trois pôles principaux : l'Amérique du Nord, l'Europe et l'Asie. Ainsi, 80 % des échanges sont réalisés entre 15 pays. Dans ce système hiérarchisé, où les pays leaders négocient les accords commerciaux, les PED sont marginalisés. Leur poids dans le commerce mondial (entre 1/4 et 1/5) ne doit pas masquer leurs importantes difficultés.
Les produits qu'ils exportent connaissent une stagnation de la demande ou, au mieux, une lente augmentation, et les prix de certains baissent sur le long terme.
La dégradation des termes de l'échange oblige les PED à exporter davantage pour obtenir le même volume d'importations, sinon à réduire leur production pour augmenter les prix.

Commerce international et PIB mondial depuis 1950

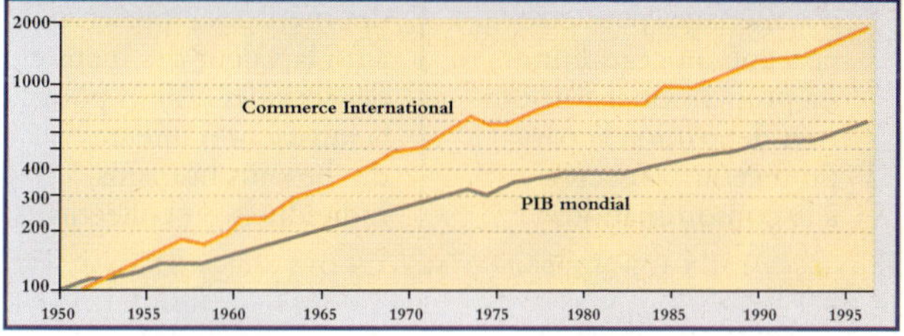

▲ *L'évolution du commerce mondial et de la croissance des PIB.*

Libre-échange ou protectionnisme ?

Le principe du libre-échange est la suppression de toute entrave aux échanges de produits et de capitaux entre les nations. La zone de libre-échange (droits de douane et barrières non tarifaires abolis entre les pays signataires) représente le niveau le plus faible de l'intégration économique. Chaque État participant conserve en effet sa propre politique douanière à l'égard des pays non membres. À l'inverse, l'insertion dans un marché commun (unification des politiques économiques) correspond au degré le plus élaboré de l'intégration et suppose la comparabilité des coûts.

La mondialisation : une nouvelle contrainte ?

La notion de contrainte économique traduit la dépendance d'une économie par rapport aux autres. Elle se manifeste par la difficulté à concilier forte croissance et équilibre de la balance des transactions courantes. L'échec des négociations de l'OMC à Seattle en décembre 1999 illustre les problèmes d'entente entre les États-Unis et l'Europe sur les termes de la libéralisation des échanges, notamment dans le domaine agricole.

La consommation des ménages

La consommation des ménages détermine en grande partie la production des entreprises. Mais elle représente aussi *« un signe de distinction sociale »*, selon Pierre Bourdieu.

L'approche économique

Le revenu disponible des ménages peut être épargné ou consommé. La propension à consommer détermine la part du revenu consacrée à la consommation.

La consommation finale des ménages représente ainsi la valeur des biens et des services utilisés pour la satisfaction directe des besoins humains, individuels ou collectifs.

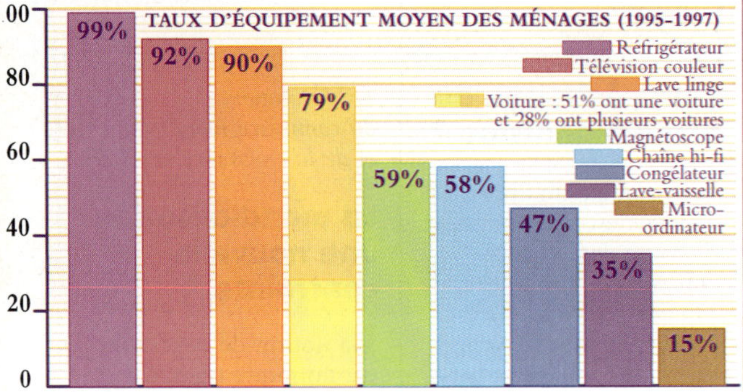

L'évolution de la consommation

L'évolution de la consommation a été très forte depuis les Trente Glorieuses. Actuellement, le taux d'équipement des ménages en biens durables a généralement atteint une quasi-saturation. Réfrigérateur, téléphone, téléviseur équipent déjà tous les foyers, et leurs prix ont considérablement baissé. Certains foyers sont même multiéquipés : ils possèdent plusieurs biens du même type (téléviseur et voiture notamment). En cinquante ans, la consommation a presque quadruplé. Cette augmentation a entraîné un changement des structures sociales et des disparités importantes.

La loi d'Engel

On remarque que la part du budget consacrée aux postes alimentation, habillement et équipements de la maison baisse au profit des dépenses de santé, de loisirs, de transports et de logement. Cette évolution est théorisée par la loi d'Engel, qui stipule que la proportion des dépenses d'alimentation diminue quand le revenu augmente.

◀ *Seulement 1 % des ménages français ne possèdent pas de réfrigérateur !*

Les inégalités sociales et culturelles

Les clivages au sein de la société se creusent, notamment pour l'accès aux soins ou au logement. La consommation est un signe distinctif très puissant.
Les disparités reflètent les inégalités sociales, et les postes budgétaires d'un ménage trahissent sa situation. La structure des dépenses de chaque foyer évolue ainsi en fonction de l'importance de son capital économique et culturel.

Les besoins exclus

Tous les besoins n'intéressent pas l'économie de marché. Lorsqu'il les juge prioritaires, l'État y pourvoit gratuitement, ou presque.

Les limites de l'économie de marché

L'économie de marché ne prend pas en compte certains biens étrangers aux critères « classiques ». Elle repose sur le profit et la notion de prix (qui résulte de la confrontation de l'offre et de la demande sur un marché), or ces deux éléments n'ont aucune signification en matière de biens collectifs. Financés et pris en charge par l'État dans un souci de justice sociale, ils représentent « les besoins exclus ».

L'économie non marchande, une logique différente

L'économie non marchande inclut dans les coûts de production tous les services rendus par les administrations. Son importance traduit les priorités des gouvernements. Cependant, le pacte de stabilité des dépenses publiques, signé à Dublin en 1996 dans le cadre de la monnaie unique, limite la marge de manœuvre, d'autant que la majorité de ces dépenses (salaires des fonctionnaires par exemple) sont reconduites automatiquement d'année en année. Le poids de l'économie non marchande en France, bien que marginal au regard du PIB, enregistre une augmentation supérieure à celui de l'économie marchande.

L'intervention des pouvoirs publics

Certains ménages surendettés ou dont le revenu est trop faible, voire inexistant, sont insolvables. Si l'État ne finançait pas, grâce aux prélèvements fiscaux et sociaux, les services jugés prioritaires (l'enseignement, la santé...), ces ménages n'y auraient pas accès. Même les économistes classiques, pourtant opposés à l'intervention de l'État, en reconnaissent l'utilité dans le domaine de l'éducation notamment (voir l'ouvrage d'Adam Smith *Recherches sur la nature et les causes de la richesse des nations*, 1776).

> « La demande solvable intéresse toute l'économie privée et l'économie publique concurrentielle. Tandis que la demande insolvable – implicitement les besoins exclus – relève en partie de l'économie publique non concurrentielle, qui se chargera de la satisfaire selon des critères conçus par les experts. Lorsqu'on passe [...] à celui [l'exemple] du logement, on comprend ce que signifie un "besoin exclu" du marché. Il s'agit de demandes de logement émanant de familles dont les revenus sont tellement faibles qu'aucun loueur n'est capable d'y répondre [...] alors ces familles sont contraintes de vivre dans des baraquements [...] en attendant un logement social ou une HLM. »
>
> M. Lakehal, *Concours administratifs cat. B et A. Principes d'économie contemporaine*, Vuibert.

Bases

Les besoins collectifs

Les biens collectifs, destinés à tous les individus, sont essentiellement pris en charge par l'État dans un souci de justice sociale.

◄ *Ce pont est un bien collectif « pur », indivisible.*

Le bien collectif

La caractéristique d'un bien ou service collectif est qu'il peut être consommé simultanément par plusieurs personnes sans que la consommation d'un individu supplémentaire ne réduise celle d'un autre. Il est dit pur lorsqu'il est indivisible (la lumière d'un lampadaire public, qui profite à tous, est un bien collectif pur car on ne peut en exclure ceux qui ne l'ont pas payée). Dans cette logique, chaque consommateur a intérêt à attendre que les autres paient à sa place, adoptant ainsi une attitude de « passager clandestin ».

Prix et marché

Le bien collectif se distingue aussi des autres biens par un coût marginal nul. Le coût d'une unité de consommation supplémentaire est insignifiant : un train qui circule coûte presque la même somme qu'il transporte une ou cent personnes. On sort ici du cadre d'analyse néo-classique de concurrence pure et parfaite. Le prix ne peut être fixé d'après le coût marginal. Dans le cas d'un bien collectif pur, la discrimination par le prix est également impossible puisque le bien est indivisible.

Le financement des biens collectifs

Les entreprises privées n'ayant pas le pouvoir de coercition, la production des biens publics revient en général à l'État, qui a le monopole de la contrainte physique légitime, c'est-à-dire qu'il peut obliger les individus à participer au financement des biens publics essentiellement au moyen de l'impôt. Certains produits divisibles reposent également sur un financement collectif car ils sont jugés fondamentaux. Par souci de justice sociale, ils sont mis gratuitement à la disposition des citoyens. La consommation des biens collectifs est en forte hausse, notamment dans le domaine médical, où l'explosion des dépenses pose le problème du financement de la Sécurité sociale.

Pauvreté, exclusion et déviance

Les « nouveaux pauvres » doivent désormais faire face au problème de l'exclusion. Les plus démunis sont aujourd'hui souvent privés de tout lien social.

Les normes de consommation

Les emplois atypiques (CDD, temps partiel involontaire, intérim) ont remis en cause le travail comme agent intégrateur. Avoir un travail n'est plus suffisant pour être intégré dans la société de consommation, encore faut-il que sa rémunération offre la possibilité de respecter certaines normes de consommation.

L'émergence d'une nouvelle pauvreté

La pauvreté absolue (situation d'extrême indigence) et la pauvreté relative (ressources inférieures à la moitié du revenu moyen) ont aujourd'hui dans les pays industrialisés de nouvelles causes, et notamment l'augmentation du nombre de familles monoparentales. La pauvreté n'est plus héréditaire et limitée à un groupe social spécifique (les ouvriers, par exemple). Elle touche des personnes qui, jusqu'alors, vivaient dans l'abondance.

L'exclusion, un processus complexe

L'exclusion sociale définit une situation dans laquelle un individu est privé du lien social parce qu'il n'a pas de ressources. La pauvreté n'était pas jusqu'à présent corrélée à l'exclusion (l'ouvrier pauvre, par exemple, profitait de la solidarité développée par son groupe social). La crise du marché du travail favorise l'exclusion. Exercer une activité professionnelle assure en effet aux individus un revenu, des relations sociales, mais aussi une identité.

La déviance, une notion relative

La déviance caractérise les conduites et les opinions qui s'écartent des normes sociales dominantes d'un groupe. Elle est donc relative dans la mesure où elle varie en fonction de règles existantes. Un comportement déviant dans un pays ne l'est pas forcément dans un autre. La déviance a pour autre caractéristique de produire de l'innovation sociale. La pauvreté et l'exclusion n'entraînent pas forcément la déviance mais peuvent y conduire.

▼ *La nouvelle pauvreté favorise souvent l'exclusion sociale.*

La concurrence économique et sociale

La concurrence mondiale que se livrent les pays a des répercussions sur les entreprises et les individus. La loi du marché les pousse à une compétitivité accrue.

Une société d'abondance

Les gains de productivité générés par l'agriculture lors de la révolution technologique ont permis de dégager un surplus agricole. La majeure partie de la main-d'œuvre devenue inutile s'est alors tournée vers les secteurs secondaire et, plus encore, tertiaire (3/4 de la population active). Ce changement structurel s'est accompagné d'une amélioration des modes et des niveaux de vie : augmentation des revenus primaires et de transferts des ménages, équipements massifs en biens durables, amélioration de l'état de santé, de l'espérance de vie, et réduction du temps de travail au profit du temps de loisirs.

La compétitivité

Cette amélioration du bien-être ne doit pas faire oublier une réalité pas si idyllique. La concurrence économique internationale, notamment celle des NPI, menace la cohésion sociale en exacerbant les inégalités sociales et économiques. L'abondance n'est en effet pas partagée par tous. La course à la compétitivité se retrouve à tous les stades de la vie économique et a des répercussions microsociales importantes. Face à cette évolution, les plus fragiles sont aussi les exclus de cette « société-abondance ». Les moins qualifiés, qui subissent de plein fouet cette rude concurrence, forment les rangs des laissés-pour-compte.

▼ *Les pays riches concentrent plus de 70 % des échanges mondiaux.*

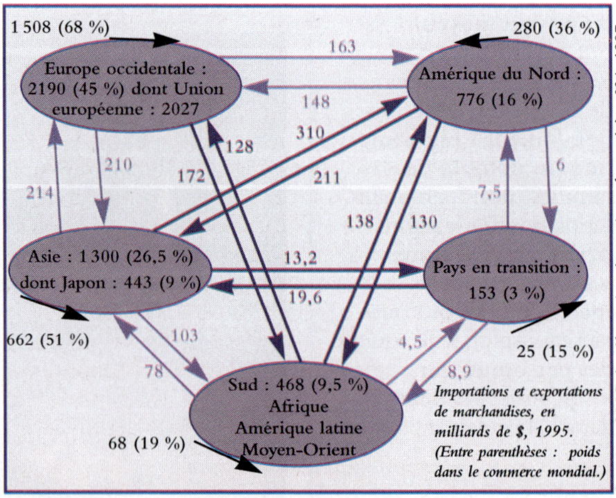

Importations et exportations de marchandises, en milliards de $, 1995. (Entre parenthèses : poids dans le commerce mondial.)

Source : OMC, in *Alternatives économiques*, hors-série n°34, 1997.

L'exclusion

Les enjeux de la productivité renforcent la compétitivité entre les salariés et accroissent l'individualisme. La récession de la croissance a renchéri le coût des places sur le marché du travail. Le « chacun pour soi » se développe, notamment face au risque du chômage. Corrélé à ces attitudes, un repli sur la sphère privée s'opère. La baisse du taux de syndicalisation en est un exemple, parmi d'autres. La montée de l'individualisme s'accompagne de la fragilisation du lien social et de l'augmentation des risques d'anomie.

Les revenus primaires

Le terme générique de « revenus primaires » (liés à l'activité productive) masque de grandes disparités entre l'évolution des revenus du travail et celle des revenus du capital. Cependant, ces inégalités sont atténuées par la redistribution.

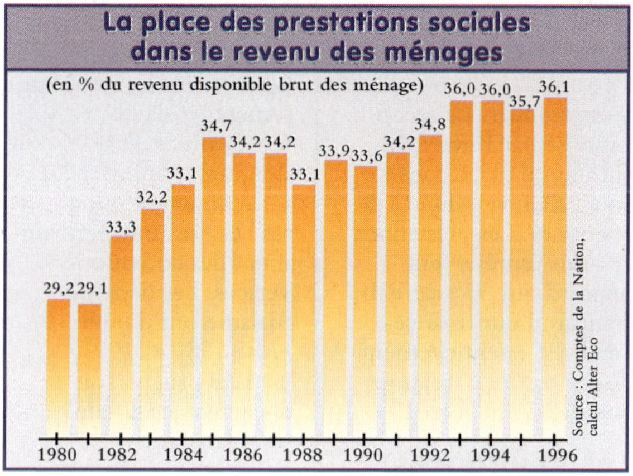

▲ *Le salaire social dépasse le tiers des revenus.*

Des définitions

Les revenus primaires rémunèrent les facteurs de production. Ils proviennent de la participation directe à l'activité économique (revenus professionnels : salaire, bénéfice) ou d'une contribution indirecte (revenus de la propriété ou du patrimoine). L'analyse des inégalités des revenus du travail montre que les écarts se creusent depuis le milieu des années 1980. Les revenus mixtes, perçus par les entrepreneurs individuels ou les professions libérales, sont, quant à eux, extrêmement disparates d'une profession à l'autre.

Des évolutions inégales

Les revenus du patrimoine contribuent, pour l'essentiel, à accroître les clivages entre les ménages.
Ils évoluent à un rythme supérieur aux autres et permettent à des individus, ayant déjà un revenu élevé de dégager une épargne importante. Cette dernière est réinvestie dans d'autres placements qui augmentent encore la valeur de leur patrimoine et leur procurent de nouveaux revenus de la propriété (c'est « l'effet Matthieu »).

La redistribution

La redistribution (prestations sociales, offre de biens publics collectifs gratuits ou semi-gratuits) vise à atténuer les inégalités résultant des revenus primaires. Son financement est assuré par les prélèvements obligatoires (impôts et cotisations sociales) et les contributions volontaires. Cependant, la charge repose essentiellement sur les revenus du travail salarié.
La contribution sociale généralisée (CSG) élargit l'assiette (base sur laquelle repose l'impôt) en frappant également les revenus de la propriété.

Le revenu disponible

Le revenu disponible des ménages représente la part réellement disponible pour la consommation ou l'épargne, après les prélèvements obligatoires et augmentée des prestations sociales. Aujourd'hui, environ un tiers du revenu disponible des ménages provient des opérations de redistribution.

Les revenus de transfert

Le revenu disponible des ménages comprend les revenus de transfert (allocations familiales, RMI, etc.). La redistribution répond à une logique d'assurance et de solidarité.

L'État-providence et la redistribution

Face au développement des tensions et des inégalités, l'État-providence intervient dans le domaine de la redistribution qui, historiquement, en France, était pris en charge par l'Église. Le système français s'inspire des modèles allemand et anglais.
Le premier, imposé dès la fin du XIXe siècle par Bismarck, fut conçu pour protéger les travailleurs et leurs familles. Le second, proposé par Beveridge, fut mis en place dans un souci d'universalité et de solidarité. Les prestations sociales représentent aujourd'hui 35 %du PIB français. Leur financement est essentiellement assuré par les cotisations sociales (75,9 % en 1997).

«Entre le fait d'avoir un travail et le fait de ne pas en avoir et d'être au RMI, il y a des éléments qualitatifs en termes d'identité, d'utilité, d'autonomie, de reconnaissance sociale et de sens donné à sa vie [...]», dit l'ex-commissaire au Plan, Jean-Baptiste de Foucauld [...]. Le travail répond à d'autres mobiles qu'à des motivations purement pécuniaires.

Denis Boissard, «Indispensable du RMI», *le Nouvel Économiste*, n°1019, 1995.

Les assurances sociales

Les assurances sociales couvrent les risques retraite et chômage et représentent 50 % des prestations totales. Selon la logique assurantielle, chacun reçoit plus ou moins selon les cotisations qu'il a versées. Cependant, le vieillissement de la population conjugué à l'allongement de la durée de vie remettront en question, vers 2010, le système actuel du financement des retraites par répartition. En 1997, le poids des prestations sociales pour la vieillesse a atteint 43,4 %.

Les prestations universelles

Les prestations universelles ont pour ambition de couvrir l'ensemble de la population. Parmi celles-ci, les allocations familiales et les remboursements maladie représentent 35 % des prestations sociales. Chacun reçoit selon ses besoins, indépendamment des cotisations versées. Les dépenses maladie ont doublé entre 1981 et 1997, et cette progression a aggravé les difficultés de financement de la Sécurité sociale.

Les prestations solidarité

Les prestations solidarité sont versées sous conditions de ressources. Depuis sa création, en 1988, le RMI a bénéficié à plus de 2 millions de personnes (avec les ayants-droit). Les allocataires, en échange de ce revenu de subsistance, s'engagent à participer aux actions ou aux activités nécessaires à leur insertion sociale ou professionnelle. Au total, les prestations solidarité atteignent 15 % des prestations sociales.

▲ *Le ministère de l'Économie et des Finances.*

Qu'est-ce que l'État ?

L'État, au sens strict, est représenté par les institutions centrales (les ministères et les grands organismes publics). Au sens large, s'y ajoutent les administrations publiques locales et les organismes de sécurité sociale. Dans sa spécificité politique, l'État se définit par « un territoire, un peuple, un gouvernement ». La question du pouvoir (gouvernement, domination) et la conception particulière de son étendue sont à la base de la notion d'État. L'État moderne s'est émancipé du pouvoir religieux. Désacralisé, il s'est bâti sur des valeurs profanes.

La notion d'État

Les économistes s'interrogent sur le rôle de l'État. Les analyses classiques divergent de celle marxiste et keynésienne concernant sa place dans l'économie.

La conception classique

Adam Smith préconisait une intervention minimale de l'État, limitée aux fonctions d'État protecteur et d'État-gendarme. Cette conception s'appuie sur le principe suivant : la recherche de l'intérêt personnel de chacun conduit spontanément à l'intérêt général. C'est l'ordre naturel réglé par la « main invisible ». Cependant, l'État peut remédier aux manques du marché. Les biens collectifs et les externalités négatives (nuisances non sanctionnées, comme la pollution) nécessitent son action.

L'analyse keynésienne

Dans la conception keynésienne, l'intervention de l'État se justifie par les insuffisances du marché et par l'inexistence de la main invisible. Dans une situation de crise ou de sous-emploi sur le marché du travail, l'État doit agir pour éviter que la situation ne s'aggrave. Son intervention (politique de relance de la demande par une augmentation des déficits publics ou par une baisse des taux d'intérêt) permet de briser le cercle vicieux d'une demande atone, responsable du chômage.

L'analyse marxiste

L'approche marxiste prône la disparition de l'État. Marx, contrairement à une idée répandue, ne défendait pas l'idée d'un État tout-puissant, tel qu'il fut érigé dans l'ancienne URSS. Selon lui, cet organe, aux mains des bourgeois propriétaires des moyens de production, constitue un outil de domination pour les capitalistes. La révolution menée par les prolétaires en vue d'un partage des moyens de production sonnera le glas de l'État, et cette disparition marquera la fin du système d'exploitation capitaliste.

L'école classique

La doctrine de l'école classique repose sur l'analyse de la place du marché dans l'économie. Elle marginalise les interventions de l'État en prônant l'autorégulation et le libéralisme économique.

Les représentants de l'école classique

Les économistes dits « classiques », dont les pères fondateurs sont Adam Smith (1723-1790) et David Ricardo (1772-1823), ont défendu les avantages du libéralisme économique. Les néo-classiques, Stanley Jevons (1835-1882), Carl Menger (1840-1921) et Léon Walras (1834-1910), ont repris leurs idées en adoptant néanmoins une démarche nouvelle, souvent qualifiée d'« individualisme méthodologique ». Ils partent ainsi de l'individu pour expliquer les phénomènes économiques et sociaux. Ils défendent le principe d'autorégulation par le marché et introduisent le concept de rationalité.

L'autorégulation par le marché

Il existe, selon l'expression d'Adam Smith, une *« main invisible » :* tout en ne cherchant que son intérêt personnel, l'homme travaille ainsi souvent d'une manière bien plus efficace pour l'intérêt de la société que s'il avait réellement l'intention d'y travailler. À partir de cette idée, Léon Walras montre que les mécanismes d'ajustement permettent à l'ensemble des marchés de s'équilibrer simultanément et d'atteindre ainsi une utilisation optimale des ressources.

◄ *L'économiste britannique Adam Smith est considéré comme le fondateur de l'école classique.*

Le commerce international et la croissance

Selon Adam Smith, l'ouverture d'une économie aux échanges mondiaux lui procure de nouveaux marchés. Elle provoque aussi la naissance d'autres divisions du travail, source de productivité, et oblige à rechercher le perfectionnement de l'industrie.

La rationalité des individus

La théorie néoclassique part du principe que les individus sont rationnels, c'est-à-dire qu'ils utilisent au mieux les ressources dont ils disposent (en réalisant notamment un arbitrage entre les coûts et les avantages procurés).

La pensée marxiste

Dans un contexte social difficile lié à la révolution industrielle en Grande-Bretagne, Marx remet en cause le capitalisme, condamné, selon lui, à une mort certaine.

L'approche du déterminisme historique

Dans son œuvre, Karl Marx (1818-1883) cherche à montrer que le système capitaliste porte en lui, de façon intrinsèque, la lutte des classes. Le capitalisme détermine en effet les rapports de production et exacerbe l'antagonisme entre prolétaires et bourgeois. Les rapports sociaux s'imposent aux individus.

> «L'histoire de toute société jusqu'à nos jours n'a été que l'histoire de luttes de classes. Homme libre ou esclave, patricien et plébéien, baron et serf, maître de jurande et compagnon, en un mot oppresseurs et opprimés, en opposition constante, ont mené une guerre qui finissait toujours soit par une transformation révolutionnaire de la société tout entière, soit par la destruction des deux classes en lutte.»
>
> Karl Marx et Friedrich Engels, *Manifeste du parti communiste* (1848).

La lutte des classes

Selon Marx, l'histoire de toutes les sociétés est celle de la lutte des classes. La société va ainsi se bipolariser progressivement, les classes sociales existantes se concentrant autour des deux principaux pôles : les capitalistes (propriétaires des moyens de production) et les prolétaires. La production capitaliste repose sur l'exploitation des prolétaires aliénés, dépossédés à la fois des moyens de production et du fruit de leur travail.

L'exploitation repose sur la plus-value

La plus-value est la quantité de travail effectuée par les prolétaires et non payée, extorquée par les capitalistes. Elle est au cœur du système capitaliste car elle le fait vivre. Or l'accumulation du capital et la division sociale du travail participent à la fin programmée de ce système. En effet, dans la guerre que se livrent les capitalistes pour accroître leurs profits, l'accumulation du capital réduit la part du travail humain, sur laquelle repose justement la plus-value.

Une fin inexorable

Marx pronostique une révolution prolétarienne qui mettrait en commun les moyens de production, ferait disparaître les classes et l'État. En prenant conscience qu'ils partagent le même intérêt, les prolétaires se mobiliseront pour lutter contre leur exploitation et obtenir le partage des moyens de production. *« La condition d'affranchissement de la classe laborieuse, c'est l'abolition de toute classe »* (extrait du *Manifeste du parti communiste*). La société devrait être débarrassée des conflits avec la disparition de la bourgeoisie et de l'État, organe aux mains des dominants.

Le keynésianisme

Contrairement aux libéraux, opposés à l'intervention de l'État dans l'économie, les keynésiens défendent l'idée que, en période de sous-emploi, le gouvernement doit relancer la demande avant qu'elle ne s'effondre.

Les hypothèses keynésiennes

Keynes a élaboré des hypothèses qui ont bouleversé le mode de pensée économique. Considérant un circuit macroéconomique fermé, il insiste sur le rôle d'anticipation des entrepreneurs. Selon lui, les incertitudes liées à la production créent un déséquilibre inhérent à l'emploi. L'intervention de l'État devient souhaitable pour éviter qu'une situation de sous-emploi ne s'aggrave.

La place centrale de la demande effective

La notion de « demande effective », au cœur de la théorie de Keynes, correspond en fait à la demande globale anticipée des entrepreneurs. En effet, ces derniers déterminent le taux de l'emploi en anticipant le niveau de production présent et futur. Dans une situation de sous-emploi, la demande effective doit donc être soutenue. Cette tâche revient à l'État qui, grâce à des interventions appropriées, peut réamorcer la croissance économique (baisse des taux d'intérêt, etc.).

Les répercussions d' une politique de relance

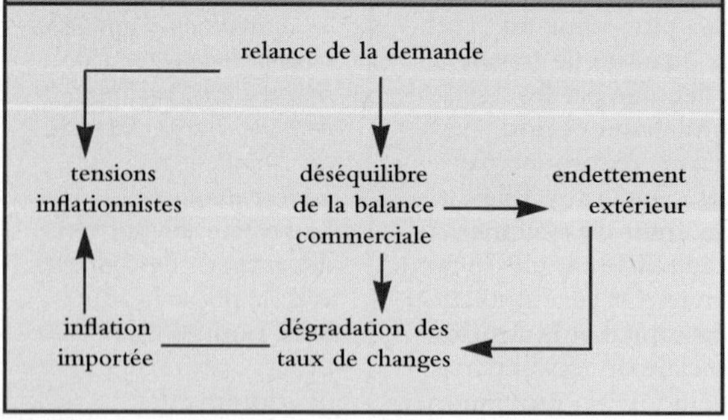

Source : © *Keynes et les keynésiens,* collection Brémard, Hatier, 1987.

L'effet du multiplicateur

Selon Keynes, une augmentation du déficit public (accroissement des dépenses de l'État) génère une hausse amplifiée du revenu national due à l'effet du multiplicateur. Les revenus ainsi injectés se diffusent dans l'économie par vagues successives qui créent de nouveaux revenus. L'épargne et les importations peuvent cependant en limiter la portée.

La politique de relance

Keynes préconise une intervention du gouvernement pour résorber le sous-emploi, par le biais d'une politique budgétaire expansionniste. Le déficit public qui en résulte ne doit être que temporaire dans la mesure où les revenus et la croissance générés augmenteront les recettes fiscales.

◀ *Le schéma de la politique de relance.*

Holisme et individualisme méthodologique

Les sociologues s'opposent quant à la démarche à adopter pour analyser les faits sociaux. Faut-il partir de la société elle-même ou des acteurs sociaux et de la logique des actions individuelles ?

Un même constat pour deux méthodes

Les études statistiques montrent que les inégalités scolaires persistent. Aujourd'hui encore, la réussite scolaire dépend de l'origine sociale. L'allongement de la durée des études pour les enfants des classes populaires ne traduit pas un effacement des disparités. Leurs trajectoires (types de bac par exemple) restent spécifiques. Face à ce constat, deux sociologues proposent une interprétation différente.

▲ *Comment expliquer l'inégalité des chances à l'école?*

Le holisme, ou déterminisme méthodologique

Les inégalités scolaires illustrent la reproduction des inégalités sociales. Selon Pierre Bourdieu, elles sont produites par le système scolaire lui-même, qui légitime cette situation en évaluant les élèves selon un ensemble de critères extrascolaires (expression orale, etc.) ou à l'aide d'un type d'épreuve spécifique (dissertation, par exemple). Les disparités sociales sont liées alors aux différences de dotation en capital global (montant du capital possédé) et de structure (capital culturel, social, économique et symbolique).

L'individualisme méthodologique

Pour les individualistes méthodologiques, la stratégie des acteurs économiques et les effets de système entraînent les inégalités scolaires. Raymond Boudon considère que l'explication réside dans le calcul que font les familles pour déterminer la scolarité de leurs enfants. Ainsi dans les classes populaires, les familles estiment souvent que le coût des études prime sur les avantages qui en sont attendus. La dévalorisation des diplômes (paradoxe d'Anderson) et l'absence de relations sociales pénalisent encore davantage ces enfants.

FIL ROUGE

Pour comprendre le programme dans son ensemble

Le sens des programmes de la 2e à la terminale leur objectif, leur intérêt au travers d'un récit d'Alain Cotta.

Les sciences économiques et sociales

Poser l'existence de sciences économiques et sociales au point d'en faire le contenu d'un programme d'enseignement est une invention française dont notre pays conserve le monopole. Pour les Anglais, les Allemands, encore plus pour les Américains, il existe « une » science économique – et non plusieurs –, une science sociale, peut-être même des sciences sociales, mais sûrement pas « des » sciences qui soient les deux à la fois (« et »). Quel est le sens de cette originalité française ? Et quelle est sa justification ?

Comment répondre sans préciser ces termes qui imposent le contenu de trois années d'études au terme desquelles de nombreux adolescents entreront dans un monde économique et social qui les attend avec patience et certitude de les recevoir ?

Il nous faut d'abord prendre le temps de nous interroger sur ce que nous entendons par la science, *« cette nouvelle noblesse, le progrès »,* écrivait Rimbaud voici beaucoup plus d'un siècle. Science vient directement du latin *scientia,* la « connaissance », banale si l'on peut dire, mais aussi la connaissance plus élaborée, le savoir théorique, que les Grecs appelaient l'*epistêmê* – d'où l'épistémologie, le savoir sur la science elle-même.

Si le pourquoi de l'effort qu'implique la connaissance scientifique est évident, au moins d'un point de vue collectif, le savant lui-même pouvant se suffire du plaisir, voire de l'ivresse, de sa recherche, il n'en est pas de même de son objet, de ses voies et moyens. Que chercher ? Qu'essayer de comprendre et comment ? Voici deux questions aux réponses suffisamment délicates pour qu'elles aient constitué la trame de l'histoire du savoir scientifique et donc celle de nos vies quotidiennes.

Quelles sciences?

L'histoire du savoir scientifique est le résultat des deux réponses que les êtres humains ont données à l'orientation de leur effort et à sa spécificité. Qu'étudier et dans quel ordre ? À partir de quel moment un ensemble de connaissances mérite-t-il de donner naissance à un domaine scientifique spécifique reconnu comme tel ? La réponse à la première interrogation est claire et fort compréhensible : les êtres humains ont choisi « l'ordre du plus pressé ».

Les premiers balbutiements de la physique

Le premier souci des hommes fut de se prémunir contre une nature hostile dont les intempérances leur étaient totalement incompréhensibles au point qu'ils étaient amenés à y voir des manifestations divines. Dans la religion sumérienne, il n'y avait pas moins de 650 dieux, un pour tout souffle de vent, toute pluie, toute culture... Une centaine encore dans la religion égyptienne, un peu moins encore sous les Grecs, dont la réflexion scientifique commence tout naturellement par interroger les astres, afin d'expliquer ou de tempérer les sautes d'humeur de la nature. L'astrologie, la cosmologie, constituent les premiers domaines d'une interrogation sur l'environnement matériel qui va donner naissance aux sciences de la nature dominées, en leur noyau, par une physique de plus en plus impériale.

Les êtres humains s'intéressent donc en premier lieu aux « choses », à tout ce qui les entoure, qui les menace ou qui les contraint, qu'ils voudraient bien maîtriser, ce qu'ils feront précisément en mettant en œuvre une révolution industrielle qui va de la soupière de Denis Papin à Internet, en passant par les matières textiles, les convertisseurs Bessemer, l'électricité, l'atome et le transistor. Autant de biens qui n'auraient jamais pu être produits sans des développements extraordinaires, imprévisibles,

L'IDÉE MODERNE DE LA SCIENCE

À partir de la révolution industrielle (vers 1750), lorsque les communautés humaines commencent à transformer la nature qui les entoure autrement qu'en cultivant la terre, l'idée s'impose que la science est un corps de connaissances qui permet de comprendre l'origine des phénomènes qui favorisent la satisfaction de nos besoins ou s'y opposent. Connaissance théorique, certes, mais aux objectifs des plus pratiques. Comprendre pour agir, pour mieux aménager la nature, afin que chacun puisse connaître cet « âge d'or » qui est la plus vieille des utopies humaines.

– aujourd'hui encore – d'une science physique qui avec le temps unifiera autour d'elle d'autres connaissances spécialisées, la chimie, l'astronomie, et même la biologie. Ainsi la plus ancienne des sciences est-elle aujourd'hui reine – ce qui n'est pas sans provoquer l'envie de toutes les autres.

La naissance de la science économique

La seconde étape fut, une fois notre environnement matériel mieux compris, et même partiellement maîtrisé, d'étudier les relations entre les êtres humains et ces « choses », d'autant que la nature pouvait être utilisée, « exploitée » pour fournir les matières première nécessaires à la production des biens. Avec l'avènement de la production commence l'accumulation des biens, celle des machines et des biens d'usage, qui changent la vie. L'économie naît alors très officiellement.

François Quesnay, médecin et économiste français (1694-1774).

Le terme existait depuis que les Grecs l'avaient constitué à partir de deux mots : *oikos* (« maison) et *nomos* (« norme »). À la charnière du monde des choses et des êtres, la réflexion était également concernée et attirée par ces deux univers. Et qui s'intéresse aux êtres comprend aussitôt la nécessité d'un ordre.

L'économie n'est pas seulement la connaissance de tous les objets qui peuplent l'*oikos*, la « maison ». Elle doit aussi se préoccuper de l'ordre qui y règne, le *nomos*. Et là commencent les vraies difficultés : compter les biens, les évaluer, les localiser, les affecter à telle fonction ou à tel être n'est certes pas immédiat, d'autant que les maisons sont nombreuses, que certaines sont grandes – aujourd'hui le monde en est une –, que les évaluations sont multiples et que les êtres humains sont discrets. Mais venir à bout de ces difficultés est affaire d'efforts, de travail, de coûts. Bref, l'économiste demeure dans son domaine propre. Il compte, il cal-cule, il recense… Mais dès qu'il lui faut se préoccuper de l'ordre qui règne, ne règne pas ou devrait régner dans une maison quelle qu'elle soit – entreprise, ville, nation, famille –, sa réflexion devient beaucoup moins facile. Qu'est-ce donc qu'un ordre dans chacune de ces maisons ? Peut-on en donner un contenu objectif de façon à voir immédiatement si la maison est bien ordonnée ou non et, dans ce cas, comment la remettre en ordre, par quels moyens et par qui ? La réponse est, elle aussi, évidente mais, hélas ou heureusement pour l'économie, négative. Qui dit ordre dit lois mais aussi, de façon souvent cachée, classement, rang et, surtout, distribution des avantages et des peines, inégalité des conditions entre les êtres et, donc, pour les imposer, pour les maintenir ou pour les modifier, désigne un « pouvoir ». Tout ordre ne peut donc qu'attirer des jugements différents, voire contradictoires. Ce qui est « en ordre » pour le roi ne l'est pas forcément pour chacun de ses sujets. Ce qui est ordre accepté pour le plus fort ne l'est pas pour le plus faible.

Le désordre, en revanche, peut se constater objectivement et d'abord dans ses manifestations politiques. La famille se désunit. La ville connaît des violences. La nation traverse des troubles sociaux durables qui mettent en cause toutes les activités, à commencer par la production des biens. Ces troubles traduisent la volonté des êtres qui composent la société de ne plus vivre ensemble selon les mêmes règles. Le désordre est politique dans ses manifestations – sinon dans ses causes –, ce qui suffit pour faire la différence entre des situations sociales « en ordre » et d'autres qui ne le sont pas. Le désordre politique est bien un critère objectif d'un « manque d'ordre ».

Mais les situations sans désordre politique sont fort nombreuses. Elles constituent même le cas habituel, tout désordre général ayant un coût élevé pour chaque membre de la société. Plus souvent le désordre se suffit de certaines formes de l'agita-

LA RÉFLEXION SUR L'ÉCONOMIE

Durant le XVIIIe siècle, Condillac, Quesnay, Montesquieu en France, Locke et Hobbes en Angleterre ont étudié la circulation des biens artisanaux et des produits agricoles entre les citoyens d'une même nation. Mais c'est bien avec la révolution industrielle et les travaux d'Adam Smith (1776) que se développe la réflexion économique, auxquels succèdent ceux de Ricardo et de James Mill en Angleterre, et de J.-B. Say en France. Cette réflexion était alors à l'intention du pouvoir politique. L'économie était politique. À ce titre, elle ne pouvait être davantage sociale au sens où l'objet de la politique est bien de s'interroger sur les conditions d'une vie en commun qui soit heureuse.

L'ÉCONOMIE FUT IMMÉDIATEMENT POLITIQUE
Pour politiques qu'ils soient, les désordres ne peuvent être ignorés par l'économiste, tout simplement parce qu'ils traduisent l'existence d'un mauvais fonctionnement de toute la société. Comment produire et distribuer biens et services si les rues sont envahies de manifestants désireux de « faire la révolution ». D'autant que ce désordre politique peut avoir des causes économiques directes – insécurité et inégalités insupportables. Aussi l'économie doit être politique, ce qu'elle fut dès sa naissance.

tion sociale : les êtres qui produisent, estimant que leur sort est trop précaire, s'arrêtent de travailler, provoquant grèves et autres interruptions de l'activité. Ceux qui consomment se mettent à douter de la qualité des produits qui leur sont offerts et s'abstiennent. Et surtout, ce qui fut un cas fréquent dans nos sociétés et l'est aujourd'hui, certains êtres sont condamnés au chômage, veulent travailler mais ne trouvent pas d'emploi ; ils n'ont donc pas de ressources financières pour « vivre comme les autres », pour être intégrés à la société dans laquelle ils vivent. Ils en sont exclus.

Ces désordres sociaux sont, eux, beaucoup plus fréquents que les désordres politiques, un tout petit nombre d'entre eux, seulement, se prolongeant en désordre politique. Or ces désordres présentent des aspects économiques difficilement contestables. Les grèves naissent souvent d'une insuffisance des salaires ou de conditions de travail jugées trop pénibles. Les machines demeurent inutilisées, faute d'une demande pour les biens qu'elles produisent. À l'évidence, il s'agit là de phénomènes économiques provoquant des troubles sociaux qui, à leur tour, créent des effets économiques qui, à leur tour... Plus encore que politique, l'économie est sociale, d'autant qu'il faut aussi traiter de situations encore plus fréquentes où n'existent ni désordre politique ni désordres sociaux.

Situations très souvent heureuses pour les êtres, mais incroyablement délicates pour l'économiste. Peut-il affirmer pour autant que règne l'ordre économique ? L'absence de contestations ouvertes, visibles, lui permet-t-elle d'affirmer que tout est pour le mieux dans le meilleur des mondes ? La réponse à cette question, d'apparence anodine, est à l'origine de la pire des difficultés qui s'attachent à la définition de l'objet de l'économie, et à la condition du métier d'économiste.

Compter les êtres et les biens, matériels et immatériels, n'est, en fait, qu'un préalable à la mise en évidence de l'affectation des uns aux autres, de l'« application » des biens vers les êtres diraient les mathématiciens, de la distribution des richesses disent les économistes, qui distinguent avec soin la production des biens de leur répartition entre tous ceux qui y ont contribué. Or considérer la distribution des revenus revient à constater les inégalités majeures qui prévalent en toute société humaine. De tout temps et en tout lieu, quel que soit le niveau de développement, riches et pauvres coexistent ; en 1998, aux États-Unis, un individu aura gagné 600 millions de dollars, soit l'équivalent des revenus additionnés de 70 000 « pauvres », selon le critère retenu par les statisticiens américains. En 1999, alors que l'obésité devient une maladie inquiétante dans les pays industrialisés, des enfants meurent de faim aux quatre coins du monde.

Tout désordre social est le révélateur d'un désordre économique et réciproquement, et tout remède à ce désordre présente un contenu économique. On ne peut donc pas séparer l'économique et le social.

Or ces inégalités extrêmes ne créent pas de désordres politiques ou sociaux notables. Méritent-elles de ce seul fait d'être considérées comme l'expression d'un ordre. Une question identique s'était de tout temps posée aux politologues : une dictature où personne ne bouge, ni même ne conteste de peur d'être mis en prison, voire exécuté par le pouvoir en exercice, est-elle simplement un ordre ? Un bon ordre ou un mauvais ordre ? C'est-à-dire un ordre juste.

Voilà le mot prononcé, celui de justice, qui « empoisonne » l'économie. Car l'interrogation qui jaillit quelquefois des lèvres de l'observateur de la condition politique d'une nation ou d'une famille s'impose en permanence à l'économiste, qui

L'INÉGALITÉ SOCIALE, VUE DE DEUX CÔTÉS
« J'assure l'ordre social et n'ai cure de jugement moral », tonnera le dictateur, d'autant plus qu'il aura besoin de police ou d'armées pour durer et qu'il puisera dans la caisse. D'autres soutiendront que la pauvreté et le chômage sont insupportables au nom de la solidarité que se doivent les habitants d'une même nation. Ils jetteront l'opprobre sur celui qui ose se sentir heureux entouré de misère.

observe simultanément la production des biens et leur attribution, propriété ou usage, entre tous ceux qui appartiennent à la même « maison » ; et qui, de son poste d'observation, ne peut pas ne pas se demander si l'ordre est bien juste, si ceux qui produisent reçoivent la rétribution qu'ils méritent, s'il n'en est pas qui reçoivent beaucoup plus qu'ils ne devraient et d'autres beaucoup moins. Toute réponse conduit automatiquement à un jugement sur la qualité de l'ordre et, si cette qualité paraît médiocre, à préconiser une politique économique et sociale qui rende cet ordre meilleur et, si possible, le meilleur qui soit.

Or il n'existe a priori aucun critère objectif pour fonder un tel jugement dont la subjectivité est la règle. En dehors de quelques exceptions, chacun pense qu'il mérite plus qu'il ne reçoit, et, donc, que beaucoup d'autres, sinon tous, perçoivent plus qu'ils ne méritent. Chacun sent, plus ou moins confusément, que le « gâteau » collectif, qu'il s'agisse des revenus, de la fortune, et même du pouvoir est très peu extensible et, donc, qu'il faut bien essayer de prendre à d'autres pour avoir plus, et qu'il vaut mieux alors légitimer ses exigences.

Ces légitimations trouvent dans l'ordre moral un abri d'autant plus efficace qu'il est le seul à pouvoir être invoqué. Même si l'inégalité des revenus ou des fortunes est socialement tolérée, même si elle ne donne lieu à aucun désordre politique et social, elle n'en est pas moins discutable, sujette à opinion favorable ou défavorable de nature morale.

Or qui dit morale dit valeurs que l'on accorde aux comportements, au sien et à ceux d'autrui ; cela suppose aussi système de valeurs, hiérarchie entre ces valeurs. Et cet ordre, divers selon les individus, ne saurait objectivement se justifier – comme ne peut l'être un ordre divin par exemple. Il trouve toujours ses origines dans un fond culturel où règne en maître depuis des millénaires la religion, ou plutôt les religions, c'est-à-dire la diversité des croyances. Dans le monde judéo-chrétien, la foi, on le sait, a peu de relations avec la raison. Elle se veut, elle-même, d'un autre monde. Comment, alors, l'ordre social jugé au travers d'un système moral pourrait-il être objectivement apprécié, bon ou mauvais, amendable ou pas, par l'observateur extérieur d'une société « calme » où chacun discute, cherche à améliorer son sort, même aux dépens des autres, mais que personne ne songe à quitter ?

Cette intrusion inévitable de considérations morales accroît encore la perplexité de l'économiste. L'ordre économique, déjà indissociable, souvent, de l'ordre politique, toujours de l'ordre social, le devient aussi d'un ordre moral qui contient, en lui-même, toutes les pratiques sociales, conscientes ou inconscientes, dont certaines plongent dans un passé lointain. Cette impossibilité à séparer les ordres fait que le *nomos* se pose comme l'objet même de l'économie, un *nomos* total, un vaste ensemble de règles sociales, y compris celles qui président au jugement sur ces règles. À cette difficulté s'ajoute, assez rapidement, celle de définir avec plus de rigueur son domaine propre face à la montée de toutes les autres sciences qui entendent limiter leur champ à la seule étude des êtres.

L'AMBITION DE L'ÉCONOMIE
Définir et juger les règles sociales est une difficulté qui n'est pas de nature technique. On ne peut pas le faire avec des ordinateurs de plus en plus puissants. Cela constitue à la fois la force la plus grande, mais aussi la plus grande faiblesse de l'économie, venant s'ajouter à l'étendue de son domaine d'observation et à la multiplicité des connaissances nécessaires à la qualité de son observation. L'économie paie de ses difficultés méthodologiques l'ampleur de son ambition d'autant qu'elle fut longtemps seule à se préoccuper du social.

L'émergence de la sociologie

La troisième étape du développement scientifique commence près d'un siècle après la naissance de la science économique. Il s'agit de toutes les sciences « purement » sociales au sens où elles ne sont concernées que par les dispositions des êtres humains à vivre ensemble plus ou moins sereinement – ou à s'y refuser.

Dès le début du XIXe siècle, Alexis de Tocqueville poursuit et renouvelle la réflexion politique en étudiant *De la démocratie en Amérique*. Mais c'est à Auguste Comte que l'on doit en 1839 la volonté de créer une science « uniquement » sociale – la sociologie –, non sans manquer d'ambition. La sociologie doit être pour Comte la « science des sociétés », destinée à

UNE VIEILLE INTERROGATION
La réflexion sociale – qu'est-ce qui fait que les hommes vivent en société – avait été de tout temps l'apanage des philosophes, à commencer par Platon, Aristote et leurs successeurs, en particulier ceux postérieurs à la Renaissance, et précurseurs de la Révolution française, Montesquieu, Voltaire et Rousseau notamment. Sans pour autant restreindre la portée de leurs réflexions, la révolution industrielle devait modifier suffisamment les communautés humaines, en particulier à travers la formation des nations modernes, pour expliquer l'avènement d'une réflexion sur le caractère « social » de tout être humain.

couronner tout le système de la connaissance scientifique au même titre que la physique pour les sciences de la nature. D'ailleurs, la sociologie doit être une « physique » sociale. Avec Comte, la sociologie éprouve, dès sa naissance, la séduction de la physique, ce à quoi les économistes ne seront sensibles qu'au milieu du XXe siècle. L'objet de la sociologie est de découvrir les « vraies » relations générales qui lient entre eux tous les faits sociaux et, dans l'ordre moral, de développer le sentiment social afin que l'espèce humaine constitue une immense et éternelle unité sociale. La sociologie doit être une science positive en un sens qui anticipe le néologisme très actuel associé à un grand magasin. Pour Comte, la sociologie doit « positiver ».

L'ambition d'Auguste Comte est telle qu'il y a effectivement quelque chose du grand magasin, voire du supermarché, dans la sociologie naissante. Quel est son article de base sinon le « fait social », que Durkheim veut identifier et que, en continuateur de Comte, il veut considérer comme une « chose », sans préjugé ni subjectivité, tout en adoptant une vision dite holiste, qui postule l'existence d'une société ayant sa vie propre, au-delà des individus qui la composent, avec sa conscience collective de ses solidarités mécanique et organique ?

Avec Tarde apparaît la notion qui va occuper dans la sociologie une place éminente : le groupe social, qu'il définit comme une *« collection d'individus en tant qu'ils sont en train de s'imiter entre eux ou en tant que, sans s'imiter actuellement, ils se ressemblent et que leurs traits communs sont des copies anciennes d'un même modèle »*.

Il incombait à Max Weber d'apporter les derniers outils de base à la sociologie en définissant l'action sociale et l'idéal type. L'action sociale n'est autre que l'objet même de la sociologie. Il s'agit d'un comportement lié à celui d'autrui, conditionné par cette relation significative et explicable de manière compréhensible. La sociologie se doit d'être encore plus compréhensive que positive. Avec l'idéal type, Max Weber accède à la macrosociologie, trouvant d'ailleurs son inspiration dans la théorie économique. Les sociétés étudiées peuvent être mieux comprises si on les compare à des sociétés utopiques, abstraites, dont le fonctionnement obéit à des lois qui en expriment la nature. Ces idéaux types seraient des cadres de référence fort utiles pour classifier la diversité des communautés humaines : la société capitaliste, la société collectiviste...

Ainsi, dès la fin du siècle dernier, les notions fondamentales de la sociologie étaient en place. Étude des comportements humains, individuels ou collectifs, en communautés ou en groupes, à l'origine d'actions donnant leur dynamisme à des sociétés dont le modèle privilégié se limitait à la nation. Il paraissait donc que le domaine de la sociologie était aussi fini que celui de l'économie.

Durant le siècle suivant, il fallut déchanter. Emportée par l'élan de son ambition, la sociologie allait donner naissance à des disciplines diverses, et y perdre son identité. Les disciples de Weber devaient évoquer des faits sociaux totaux (Mauss) et des lois suprêmes de la sociologie (Scheler). L'insistance mise, à juste titre, sur l'étude des comportements ne pouvait que déboucher sur la psychologie, individuelle et collective. La sociologie, en moins d'une trentaine d'années (1900-1930 environ), cédait la place à des sciences humaines plus étendues que les sciences sociales. Elle avait alors d'autant plus de mal à asseoir son domaine propre que, sous l'influence américaine, le pragmatisme commençait à délaisser les constructions abstraites de ses fondateurs pour multiplier les recherches sur des phénomènes bien précis.

En chacune de ces investigations, le recours à de nombreux outils propres à de multiples sciences humaines se révélait nécessaire. Le sociologue, déjà cerné par ceux-là mêmes dont il avait favorisé l'éclosion, se trouvait, de surcroît, concurrencé par tout individu – fût-il grand reporter – ayant

GABRIEL DE TARDE ET L'IMITATION

L'imitation est placée au cœur même du groupe et, par extension, de toute société. L'être humain est un animal social parce qu'il est un imitateur. Les recherches biologiques sur le cerveau primaire (dit reptilien) ont, près d'un siècle plus tard, confirmé ce sentiment.

LA MULTIPLICATION DES SUJETS D'ÉTUDE

L'ambition des programmes devenait telle que la frontière entre sociologie et anthropologie s'effaçait, comme avec l'ethnologie, vieille discipline scientifique, devenue l'étude des groupes humains, avec une préférence pour ceux des civilisations préindustrielles.

LES RECHERCHES SPÉCIFIQUES
La prison pour Foucault, la bureaucratie pour Crozier, les lobbys et les sondages politiques pour Stoetzel, les loisirs pour Veblen, l'entreprise pour Simon, le travail pour Friedmann et Becker...

suffisamment d'intelligence et d'intuition, et surtout d'informations pour analyser et comprendre un « phénomène social ». Et comme les sociologues étaient – et sont toujours – nourris au lait de la philosophie, leurs préoccupations ne pouvaient échapper à des références morales. Comment améliorer les sociétés existantes, selon quelles voies et, surtout, dans quel objectif ?

Certes, l'ambition macroscopique demeurait ; analyse comparée des démocraties, des différentes sociétés capitalistes, sans compter aujourd'hui l'insistance mise sur une mondialisation qui constitue la pire des gageures pour les tenants d'une vision englobante des faits humains. L'espèce humaine compte tellement de cultures, de religions, de modes de vie, de diversité sociale qu'on ne voit guère comment la soumettre à une quelconque vision synthétique. Celle-ci, d'ailleurs, ne pourrait pas être sociologique mais seulement anthropologique. Aujourd'hui, la situation des sciences économiques et des sciences sociales est fort différente. Domaine nettement délimité pour l'économie, même si ses frontières sont heureusement perméables, champ de plus en plus flou pour une sociologie englobée dans des sciences sociales, elles-mêmes en-serrées dans des sciences humaines. Puis-qu'on ne saurait trouver dans leurs domaines respectifs de justification à reconnaître l'existence de scien-ces économiques et sociales, est-il possible d'invoquer celle de la méthode pour y parvenir ?

Le sociologue et ethnologue français Marcel Mauss (1873-1950).

Avec quelles méthodes?

Trouve-t-on dans les méthodes propres aux sciences économiques et aux sciences sociales – voire humaines –, assez de similitudes pour justifier leur association ? Pas de réponse sans un bref survol de l'évolution extraordinairement chahutée des méthodes de la recherche scientifique, autrement dit de l'épistémologie.

La tentation du déterminisme

L'ambition originelle de la connaissance économique à être une science (et donc à être considérée par la société comme telle) n'a fait que croître. Les pères fondateurs de la science économique – Smith, J.-B. Say, Ricardo, Malthus – avaient des fonctions sociales et des préoccupations très diverses. Ils étaient banquiers, pasteurs, fonctionnaires. Ils avaient simplement envie d'observer les débuts de la révolution industrielle. Mais, très vite, naît l'ambition de dégager, de la diversité des situations où cette « grande transformation » s'opère, des enchaînements constants, entre causes et effets, des « lois », bref, une « vraie science » utile à tous sans distinction de race, de langue, de nationalité.

Cette vérité devait être « vraie » en tout temps et en tout lieu : partout l'objet lâché dans l'air tombe vers le centre de la Terre avec une accélération constante. Cette vérité était telle que l'imaginait un des pères de la physique, Laplace, pour qui un strict déterminisme régit les lois de la nature. Tout phénomène physique a une cause (au moins) qui agit avec une constance qui explique que le mot doit être lâché : une invariance. Trouver ces invariances, cette vérité, est le rôle que s'assignent les physiciens dés le début du XIXe siècle. Et l'attraction exercée par la méthode de la physique est sans retenue. Les économistes se veulent aussi scientifiques qu'eux.

LE RESSORT DES PREMIERS ÉCONOMISTES
La conception déterministe du monde, de son évolution, est inséparable de la révolution industrielle et de la révolution scientifique qui l'accompagne et la précède. Les premiers scientifiques sont soulevés par un credo commun : à tout phénomène une ou plusieurs causes dont il est l'effet. Qui connaît les causes peut prévoir les effets et agir en les empêchant ou en les transformant. Le savant est celui qui trouve la nature exacte de ces enchaînements de « causes à effets ». Il découvre ce que personne n'avait vu avant sa découverte. Et chacun lui sera reconnaissant de ce que la science change le monde.

L'ÉCONOMIE SE VEUT ÊTRE LA PHYSIQUE DU SOCIAL

Vraie science, c'est-à-dire connaissance semblable à celle qui constituait la physique, définitivement née avec le progrès technique et entretenant avec lui une relation de couple très uni. Il était alors admis que la physique établissait « la vérité » qui permettait de construire les machines qui commenteraient à changer les conditions de la vie humaine.

La science économique ira alors son bonhomme de chemin pendant près de cinquante ans, qu'il s'agisse des « classiques » – fin du XVIIIe et début du XIXe siècle – ou de Marx – milieu du XIXe siècle –, chacun essayant de découvrir sous la diversité des situations historiques « l'invariant » qui en fait un savant. L'induction règne alors en maître. Chacun observe l'accumulation des machines, leurs performances, les activités qui changent, le travail qui envahit le champ social, les inégalités sociales qui croissent, elles aussi, pendant que le droit de propriété essentiel n'est plus celui de la terre mais celui des machines, du « capital ».

Un « hic », un gros « hic » cependant : de cette observation, chacun ne tire pas la même vérité. Un schisme total oppose même les marxistes, hétérodoxes, des classiques, orthodoxes. Pour les premiers, la vérité est que la société nouvelle – capitaliste – est scientifiquement condamnée à mort. Le marxisme tire sa fierté d'être la première science économique et sociale. Double ambition : établir une vérité scientifique – au sens de la *Physique* de Laplace – en l'étendant à tout le champ social. Non seulement science mais science économique et sociale, confondues.

Pour les seconds, les classiques orthodoxes, ces affirmations ne sont pas vraies. Le marxisme est une fausse science, un peu comme les guérisseurs ou les astrologues le sont pour la médecine et l'astronomie. Il doit être combattu au nom même de la vérité scientifique dont il se réclame. Ce combat n'en laisse pas moins que la méthode adoptée par les deux camps est la même et qu'elle va le rester longtemps, bien qu'aux alentours des années 1870 une évolution méthodologique très nette se manifeste, notamment chez les orthodoxes, avec l'entrée en usage massif des mathématiques.

La science économique connaît alors une nouvelle jeunesse. Jusque-là, il s'était agi d'observations auxquelles les classiques s'étaient attachés à trouver un contenu général. Désormais, la puissance de l'outil mathématique allait la dépoussiérer de toutes ces inductions. Elle allait mettre à jour des lois jusqu'alors invisibles. Et, accessoirement, tordre le cou, définitivement, aux impertinences inconséquentes du marxisme. Le néoclassicisme était né et allait envahir la science de l'économie pour près d'un siècle. La science économique pouvait, enfin, se présenter sur un rang analogue à celui de sa consœur admirée, la physique, qui, elle aussi, pouvait revendiquer un statut de connaissance reine, expliquant le monde de plus en plus intimement, trouvant l'atome, le disséquant, et faisant de l'électron une nouvelle source d'énergie à l'usage de tous. Les économistes n'avaient toutefois pas un rang social à cette hauteur. Ils demeuraient en petit nombre, « distingués », à l'écart de la vie sociale. Mais ils pouvaient se considérer comme des savants... ce qui suffisait à la plupart d'entre eux.

C'est très exactement la même voie qu'empruntent avec cinquante ans de décalage les fondateurs des sciences sociales. Auguste Comte, polytechnicien de formation, l'avoue explicitement : il veut élaborer une « physique » sociale, découvrir « l'ensemble » des lois fondamentales propres aux phénomènes sociaux ; trouver les « vraies » relations générales qui lient entre eux tous les faits sociaux. En cette première moitié du XIXe siècle, son ambition ne paraît pas démesurée. Avant lui, Condorcet avait affirmé la possibilité d'appliquer les mathématiques à l'étude des phénomènes sociaux. Puis Saint-Simon, dont Comte fut le secrétaire personnel, avait évoqué l'existence d'une physique sociale, en la définissant en des termes qui contiennent en condensé toute l'évolution des sciences sociales jusqu'à nos jours. Quetelet, lui aussi mathématicien de formation, va plus loin dans cette voie. Les fait sociaux obéissent à des régularités que le calcul des probabilités peut mesurer pense-t-il. Les lois du corps social ne sont pas invariables mais elles ne changent que graduellement si bien que, une fois découvertes, elles permettent de prévoir.

À la fin du XIXe siècle, Durkheim va tenter d'individualiser la sociologie dans l'ensemble des sciences humaines en proposant une méthode objective de recherche scientifique. Il faut

WALRAS, L'UN DES PIONNIERS DE LA MATHÉMATISATION DE L'ÉCONOMIE

L'économiste français Léon Walras a joué un rôle de pionnier : les titres de ses deux œuvres essentielles sont révélateurs : *Éléments d'économie pure* et *la Théorie mathématiques de la richesse sociale*. Il s'agit pour lui de revendiquer très clairement la pureté d'une science nouvelle, l'économie, dont le domaine d'investigation est la richesse sociale et de changer radicalement de méthode en faisant de la déduction et du recours aux mathématiques les moyens presque exclusifs de la découverte de la vérité. D'ailleurs la physique n'est-elle pas dévoreuse de mathématiques ?

L'ÉCHEC DU DÉTERMINISME
Il y a dans Spencer toutes les raisons de l'échec du déterminisme dans les sciences sociales, excepté celle qui est sans doute, du point de vue pratique, la plus forte : l'absence de mesure des faits sociaux et, plus généralement, celle de tous les concepts accumulés durant près d'un siècle, groupe social, interaction, mouvement social, idéal type. Comment bâtir une science sur des notions ne se prêtant à aucune vérification expérimentale d'autant qu'elles sont vagues et donnent lieu à d'interminables débats entre « spécialistes » fort « éloignés » de toute politique ? Et comment, d'ailleurs, une quelconque action politique aurait-elle pu se fonder sur une base de connaissances aussi floues ?

considérer le fait social comme une « chose », détaché des sujets conscients qui se la représentent. Il faut les étudier du dehors et trouver leurs causes. Ainsi du suicide sous ses différentes modalités, égoïste, altruiste, anomique et fataliste. Pour Weber, comprendre sera aussi trouver les conditions d'apparition et d'évolution des phénomènes sociaux.

Cet enthousiasme, analogue à celui des fondateurs de la science économique, trouve assez vite quelque tempérance ou critique chez Spencer, sans doute plus lucide que ses collègues de formation mathématique, en reconnaissant très vite que « la science sociale » rencontre des obstacles plus grands que ceux qui se trouvent sur le chemin de tout autre science pour des raisons objectives qui tiennent à la nature intrinsèque des faits qui constituent son domaine. Les faits sociaux ne sont pas perceptibles directement. Ils sont constitués d'un ensemble de détails qu'il est bien difficile de rassembler et dont on n'est jamais sûr qu'ils soient exhaustifs. Comment peuvent-ils être transformés, comme le voudrait Durkheim, en faits objectifs, indépendants des dispositions philosophiques, émotionnelles, politiques de l'observateur ? Et, d'ailleurs, (Spencer est en avance de près d'un siècle sur l'évolution de l'épistémologie), comment séparer la société du sociologue qui l'étudie, comment ce dernier pourrait-il se défaire des sentiments et des idées qu'il doit à son environnement social ?

Le contraste de la sociologie avec les sciences économiques ne devait alors que s'accuser avec la généralisation des procédures de recensement et d'évaluation inhérentes à l'usage de la comptabilité dans les entreprises. Les économistes disposaient des outils, prix et quantités des biens, qui leur permettaient justement une mesure qui allait, avec la comptabilité nationale, déboucher sur l'économétrie. Certes, ils demeuraient fort éloignés des physiciens, qui pouvaient, eux, se livrer à toutes sortes d'expériences. Mais ils disposaient déjà des statistiques relatives aux biens, aux choses matérielles qui constituaient leur domaine d'observation privilégié.

La méthode des sciences sociales s'écartait donc progressivement de celles des sciences économiques. Le fossé devenait tel que les sciences économiques pourraient traiter du social sans même faire référence à la réflexion de ceux qui y consacraient la totalité de leurs efforts. Et la situation aurait pu encore empirer si le début du XXe siècle n'avait pas connu une révolution aussi brutale que celle de la mise en cause du déterminisme.

Le début du XXe siècle : du déterminisme au positivisme logique

Deux événements majeurs devaient, dans le premier tiers du XXe siècle, exercer une influence considérable sur les positions relatives des sciences économiques et sociales.

Le premier est purement historique : la crise de 1929, considérée aujourd'hui comme majeure et systémique, alors qu'elle s'estompe dans notre mémoire collective. La période 1929-1935, certains vont jusqu'à 1939, fut la plus noire du capitalisme industriel. Baisse de la production de près d'un tiers, baisse des prix de 30 à 40 % et, surtout, chômage de même ampleur à une époque où le chômeur était menacé de mourir de faim. Toutes les constructions, abstraites ou non, des économistes en furent ébranlées avant même que ne surgisse la révolution de Keynes dont l'objectif était exclusivement social : supprimer ce chômage, plaie sociale, source de tous les désordres.

Le second événement est purement épistémologique. Au cours des années 1920, le statut de la connaissance scientifique allait changer de façon totale et pour longtemps. Comme toujours, cette crise eut la physique pour berceau. Il s'agissait de mettre définitivement en cause le déterminisme qui avait depuis deux siècles guidé la recherche scientifique.

En 1924, il apparut au physicien français Louis de Broglie qu'on ne pouvait pas déterminer avec certitude la place

LE DIAGNOSTIC KEYNÉSIEN
L'économiste keynésien devient tout à la fois un observateur social et, surtout, l'un de ses acteurs de choc, le médecin qui va guérir la société de sa longue et grave maladie, avec une trousse à médicaments toute neuve, contenant une comptabilité nationale qui étendait les vertus de cet instrument de mesure à toute la société. Il semblait alors que les sciences économiques allaient absorber les sciences sociales, d'autant que celles-ci souffraient d'une multiplicité de courants et de méthodes, sans parvenir à dénicher des concepts mesurables.

d'une particule dans l'espace à un moment donné du temps et que, de surcroît, cette particule pouvait être de la matière ou une onde, ou les deux à la fois… Bref, que l'on ne pouvait plus être « sûr » de rien, bien que l'on pût continuer à gouverner ces particules pour qu'elles servissent à satisfaire nos besoins et nos désirs. Einstein ne devait jamais accepter cette révolution de la science physique. Aujourd'hui, la méthode d'une physique de plus en plus reine obéit à des postulats absolument différents de ceux qui, depuis Laplace, avaient, guidé ses incomparables progrès.

Ce fut l'œuvre de Karl Popper, physicien d'origine, d'établir les nouveaux principes de la connaissance scientifique. On n'entrera pas dans les détails des réflexions qui furent à l'origine de cette autre crise de la connaissance de la méthode scientifique. Le positivisme logique est, aujourd'hui, presque unanimement accepté par la communauté des savants de toute origine.

Ses principaux postulats sont au nombre de trois. Le premier, est fondamental et pas seulement sur un plan purement scientifique : l'Univers – c'est-à-dire aussi chacun d'entre nous, donc la société à laquelle nous appartenons – n'est pas strictement déterminé par son passé. Notre Univers est « irrésolu » (selon le titre d'un ouvrage de Karl Popper). Il peut, à chaque instant, décider de lui-même – comme nous. Il est doué d'une faculté d'émergence, comme nous d'une dimension de liberté. Le futur est – peut-être – prévisible mais demeure détachable du passé et du présent pour tout ce qui est inerte, encore plus pour le vivant. D'ailleurs, qui aurait pu prévoir que toutes les espèces vivantes puissent naître d'une poussière de galaxie ?

Le second postulat est plus spécifique à la connaissance scientifique, puisqu'il fonde son nouveau statut. Si l'univers matériel, physique, social est indéterminé, quelle est donc la fonction sociale du savant ? Si tout est possible aujourd'hui comme il l'était hier et le sera demain, que reste-t-il à étudier qui puisse jamais avoir vocation de généralité et servir de levier à l'action ? Bref, le savant a-t-il quelque légitimité ? Question qui prolonge directement l'interrogation sur l'existence de la connaissance scientifique.

Karl Popper, philosophe et épistémologue britannique d'origine autrichienne (1902-1994).

La réponse est aujourd'hui claire. Certes, « la » vérité n'existe pas. Mais l'erreur existe bel et bien – puisqu'elle se constate – et se définit justement dans son constat. L'erreur est ce qui ne marche pas. On « fait » erreur. On croit à la vérité. Ces deux animaux ne font pas partie de la même espèce. Ils ne se contrarient pas non plus. L'erreur se voit. La vérité se suppute.

La fonction du savant n'en est que plus évidente : elle consiste à dénoncer l'erreur ou, plutôt, les erreurs, à faire la part entre ce qui est sûrement faux et ce qui ne l'est pas, non pas « la » Vérité, mais le vaste domaine de ce qui n'est pas – pas encore ? – pas pour toujours ? – sûrement faux. Aurait-il fait d'autres hypothèses qu'elles eussent été équivalentes si le résultat avait été atteint. Au plus haut niveau de la connaissance se retrouve l'attitude commune à l'égard de tous nos objets usuels. On ne veut pas savoir comment ils fonctionnent mais seulement constater qu'ils fonctionnent sans connaître de panne.

Est-ce pour autant que le non-faux se présente à nous sans effort ? Ne serait-ce que par la précision de tous les faux observés après expériences et tâtonnements ? Oh que non ! et voici le troisième postulat : la découverte du non-faux n'est pas simple. Elle implique une vision du monde telle que soient justifiées, expliquées si l'on veut, les actions nécessaires à sa transformation. Elle implique un paradigme, soit, plus simplement, une « façon de voir », une « représentation » de ce que l'on observe.

RÉALITÉ-VÉRITÉ
Pour évoquer une dernière fois la physique, le fameux atome de Niels Bohr où l'on voit les électrons circuler en orbite autour d'un noyau fait de protons et de neutrons n'est qu'une représentation géométrique d'une « réalité » qui se cache derrière et dont nous ne saurons jamais quelle elle est. Les électrons existeraient-ils si nous ne pouvions les nommer, si le langage et l'écriture nous faisaient défaut comme à toutes les autres espèces animales ? Et pourtant, les animaux vivent dans le même monde que nous. Et l'atome, que serait-il, lui aussi, si nous étions aphones ?

Telle est la finalité spécifique d'un paradigme social. Pouvoir interpréter la réalité sociale, la rendre intelligible, donc en prévoir le futur et trouver dans cette prévision le moyen – le seul moyen (le positivisme logique) – de savoir, non s'il est idéalement « vrai », mais s'il marche, c'est-à-dire s'il permet aux êtres humains composant une société d'agir pour améliorer leur sort.

Cette révolution était neutre à l'égard d'une science économique depuis longtemps traversée de débats qui manifestaient la pluralité des points de vue et leur relativité. Mais elle était, en définitive, plutôt bien venue et favorable à des sciences sociales qui n'étaient jamais parvenues à établir les causalités claires nécessaires au déterminisme. Après tout, les concepts traditionnels des sociologues pouvaient être utilisés, articulés pour avoir du monde social plusieurs visions différentes. Si aucune des innombrables écoles qui vont naître tout au long du siècle – les fonctionnalistes, les comparatistes, les partisans de l'individualisme méthodologique, les actionnistes et autres structuralistes – n'avait vraiment tort... peut être avaient-elles toutes d'une certaine façon raison ?

Mais il demeurait évident que toutes n'étaient pas positives au sens où les propositions pouvaient être soumises à l'épreuve de l'expérience. Pour qu'il en fût ainsi, encore fallait-il que l'on sût de quoi on parlait, et, surtout, que ces propositions pussent être raccordées à des entités réelles et non à des abstractions virtuelles, en particulier toutes celles dites macroscopiques qui étaient censées éclairer le fonctionnement des « sociétés », des « civilisations » et des « cultures ».

Peu à peu cependant ce désir de positivisme se faisait jour à travers la notion d'organisation au sens de « tout ensemble d'individus coordonnés par un pouvoir de commandement, essayant d'atteindre un ou plusieurs objectifs communs ». Ces organisations, entreprises, familles, religions, avaient une existence juridique, des moyens recensables et évaluables et des objectifs identifiables. Le rapprochement des économistes et des sociologues, pour peu qu'ils ne fussent pas enfermés à double tour dans leur chapelle respective, devenait possible.

Sciences économiques et sociales : pour quoi faire?

Délimiter les domaines propres des sciences économiques et des sciences sociales qui puissent être rapprochés fut et demeure difficile; les soumettre à une même méthode tient de l'utopie.

Au-delà de toute comparaison entre ces deux sciences, la question du pourquoi étudiée en économie et en sociologie s'impose, tant la réponse rend presque caduques toutes les considérations de domaine et de méthode. Si ces deux sciences avaient des objectifs franchement différents, leur rapprochement serait inutile quand bien même elles auraient les mêmes méthodes. Et si leur objectif était identique ou voisin, il serait facile de passer par-dessus les querelles de frontières et de concepts.

Telle est en définitive la seule justification de poids au rapprochement des sciences économiques et sociales. L'objectif des économistes et des sociologues, même dans les conditions les plus spécifiques et limitées de leurs enquêtes – animation de telle ville ou village, amélioration de la vie des banlieues des grandes agglomérations, distribution des soins de santé au plus grand nombre – est concordant : améliorer la vie sociale, faire que des individus vivent les uns avec les autres avec le moins de violence possible – y compris dans les établissements d'enseignement.

UN OBJECTIF COMMUN

En réalité l'objectif des sciences économiques et sociales est sinon identique du moins très voisin. L'ordre dans la maison que les économistes veulent étudier se manifeste concrètement sur le plan social. Le chômage tel que se le représentent les économistes peut difficilement être étudié dans ses causes et ses effets en négligeant les conséquences sociales d'un gâchis aussi évident. Si le travail est l'origine première – le moyen unique – de l'intégration sociale, le chômage est un désordre qu'il convient de supprimer dès que possible.

Les quatre paradigmes fondamentaux

Le paradigme n'est pas une pure « vue de l'esprit ». Encore faut-il qu'il permette d'agir, d'atteindre les objectifs que l'on s'assigne. Or ces objectifs ne sont jamais purement économiques. Derrière n'importe quel taux de croissance, de chômage, d'investissement..., des êtres humains sont en cause. Le monde économique n'est pas séparé du monde social. La science économique est même, qu'elle le veuille ou non, asservie au social. L'économiste n'intéresse qu'à la mesure des remèdes qu'il apporte à des situations sociales jugées difficiles, qu'il s'agisse du chômage, mais aussi de tous les désordres, tensions et autres mouvements sociaux. Point de théorie économique, point de paradigme économique qui ne soit aussi, par nécessité, un paradigme social.

Mais la dépendance est aussi forte dans l'autre sens. Il n'est pas de théorie sociale qui ait quelque chance de déboucher sur des actions positives si elle néglige les contraintes économiques. On ne compte plus les politiques sociales qui ont échoué, faute de faire à des considérations économiques la place qu'elles méritent. La négligence de cette dépendance par les sociologues est, sans doute, la raison essentielle de leur difficulté dans le domaine de l'action sociale. Aucune prescription sociale ne peut se suffire de bons sentiments. La diversité de culture ne saurait dissimuler le fond commun à tous les êtres humains qui est de rechercher le maximum de satisfactions ou le minimum d'efforts pénibles, et si possible les deux à la fois. Et il n'est pas de paradigme social qui ait la moindre chance d'être « positif » s'il néglige une vision purement économique de la société qu'il veut décrire ou améliorer. Aussi n'y a-t-il point de paradigme qui ne doive pas être à la fois propre à la réalité économique et sociale, et point de politique économique qui se justifie sans atteindre des objectifs sociaux.

Aujourd'hui, quatre paradigmes, quatre façons de « comprendre », de se représenter le fonctionnement du monde économique et social possèdent cette vertu et ont montré leur capacité à servir de guide à l'action.

Les trois autres expriment leurs oppositions successives au paradigme classique, jugé non seulement erroné mais rendu responsable de l'incapacité de l'économiste à prévoir et à corriger une évolution jugée, moralement ou non, à la fois défavorable et corrigible. Telle fut la position de Marx dés le milieu du XIXe siècle. Puis celle de Keynes après la crise de 1929, avant que la réaffirmation de plus en plus outrancière des « classiques » ne provoque l'avènement de la théorie des organisations.

LE PARADIGME CLASSIQUE ET LES AUTRES

Les quatre compréhensions ne sont pas exactement sur le même plan. Non qu'il en soit une qui ait plus de « valeur méthodologique » qu'une autre, mais la relation entre l'une d'entre elles, le paradigme dit classique, et les trois autres n'est pas neutre et renvoie au grand débat de la définition du domaine, de l'objet de la science économique. Le paradigme classique se veut gardien de l'orthodoxie et de la spécificité de la science économique à l'intérieur des sciences sociales. C'est la position des origines, celle de l'attirance qu'exercent le déterminisme et la science physique avec son indispensable aide de camp, les mathématiques.

L'économie de marché et le libéralisme social

Le paradigme classique demeure inébranlable depuis sa naissance. Les temps ont eu beau changer, le progrès technique transformant l'environnement naturel et industriel, les guerres déplaçant les frontières, les vieux régimes politiques (les monarchies) laissant la place à de nouvelles républiques et démocraties, le paradigme classique, lui-même, a eu beau utiliser de nouveaux concepts et s'enflammer de mathématiques incompréhensibles sinon d'une infime minorité d'individus, sa vision, sa façon de voir le monde n'aura pas changé depuis deux siècles et ne devrait pas le faire de sitôt, justifiant l'ambition de ses fondateurs : situer la science économique hors des circonstances historiques, à l'abri des contingences sociales et institutionnelles, faire l'étude d'une économie fondamentale sans frontières et sans âge. Quels sont donc les « points de vue » essentiels d'une pareille vision ?

L'IDÉAL SOCIÉTAL DU PARADIGME CLASSIQUE
Le concept sur lequel repose le paradigme classique de la société est fondé sur une nature humaine qui serait stable et s'imposerait à toutes les influences ou contraintes politiques, religieuses, affectives. Les «classiques» adoptent une vision dite naturaliste du monde.

Le premier déterminant de l'ambition classique est de faire de l'individu, de chacun de nous, le sujet essentiel, pour ne pas dire unique, de l'analyse de toute la réalité économique et sociale, en supposant, de surcroît, que cet individu adopte un comportement fondamental, naturel, indépendant de son milieu culturel.

Quel est donc cet être « naturel » ? Fondamentalement, un être qui effectue, en permanence, consciemment ou non, des choix de façon à toujours rendre maximales les satisfactions qu'il tire de ses efforts. Le paradigme classique se concentre sur l'étude des choix individuels qu'il éclaire, en donne les raisons, en tire explications sur l'état de toute la société ou en déduise les politiques économiques à suivre ou à ne pas suivre. Pour y parvenir, peu importent les concepts (utilité, satisfaction, travail, effort, besoins, désirs), ni que l'on utilise ou non un appareil mathématique qui devient de plus en plus lourd à mesure que le temps passe. La mécanique du choix reste identique quel que soit le domaine de l'action à décider : faire en sorte que l'on obtienne des satisfactions au moins égales aux désagréments dus aux efforts que l'on consent. Comportement rationnel et naturel qui justifie que ce paradigme soit jugé rationaliste et naturaliste.

Le second point de vue continue, d'une autre façon, à « faire le ménage », à réduire le champ de l'observation. Affirmer l'existence d'une nature humaine permet, en effet, de traiter par-dessus la jambe les institutions et leur diversité. Reste alors à se concentrer sur les raisons de l'incessante accumulation de tous les biens depuis la révolution industrielle. Biens de toutes natures, les récoltes, les matières, les biens industriels à usage individuel (la radio) et collectif (les stations d'émission), et tous les biens monétaires et financiers (pièces de monnaie, billets, comptes en banque, actions...). Les classiques font un pas supplémentaire dans l'« épuration » de l'univers économique et social, en prétendant que ces derniers présentent peu d'intérêt. Pour eux, les moyens de paiement et d'endettement ne servent qu'à l'échange des biens réels et des services. Ils n'interfèrent en rien sur les conditions de leur production et de leur répartition. La monnaie et tout ce qui va avec – les actifs financiers, les actions, les obligations... – constituent un univers monétaire, un monde financier que l'on doit oublier pour ne s'intéresser qu'au monde des biens réels, matériels ou immatériels, qui satisfont nos besoins et nos désirs. L'économie fondamentale se limite à l'économie réelle, à l'étude des conditions de la production, de l'échange et de l'usage de ces biens. Oublions donc le monde des créances et des dettes qui n'ont aucune autre finalité que de servir de moyens de nos choix et de miroir à nos décisions.

Ces deux difficultés – la diversité des institutions et le foisonnement des moyens de paiement – définitivement traitées... par le mépris, l'économie devient l'étude de la production et de la répartition des biens réels entre tous ceux qui y prennent part.

Le rôle capital des marchés est le troisième postulat de ce paradigme. Ce fameux marché est, pour les classiques, un concept à l'état pur. Il n'a pas de lieu ni de temps. Il n'existe pas. Il n'est qu'un outil, purement conceptuel, qui permet de suivre les biens de leur production à leur disparition.

Pourquoi offre-t-on ? Pour vendre, pour encaisser le prix de vente, faire un chiffre d'affaires ; et l'on produit d'autant plus, « on » offre d'autant plus, que ce prix est élevé. Comme l'offre augmente avec le prix et que la demande diminue, il existe un prix – dit prix de marché – tel que l'offre est égale à la demande – et tel que tout le monde est content, producteurs (les offreurs) et consommateurs (les demandeurs). Telle est, toute simple, simpliste en fait, la fameuse loi de l'offre et de la demande dont un « classique » contemporain disait : *« Donnez-moi la loi de l'offre et de la demande, je vous reconstruis le monde »*. En effet...

LA RAISON DE LA PRODUCTION

Pourquoi produit-on et pourquoi produit-on ce que l'on produit et non autre chose ? Parce que les produits créés satisfont un besoin ou un désir, parce qu'ils sont demandés d'autant plus que le prix de vente en est faible.

Il y a donc autant de marchés que de biens différents, chacun ayant son prix (une table vaut 100 F) ; chacun ayant donc avec tous les autres, par exemple une chaise qui vaut 25 F, un rapport d'échange – dit prix relatif, quotient d'un prix par un autre : une table vaut quatre chaises. Et pour les classiques, ce prix relatif ou plutôt ces prix relatifs sont les vrais prix, les prix fondamentaux, les prix absolus (100 F et 25 F) n'étant que pure convention, d'ailleurs sujets à des variations souvent provoquées par des augmentations intempestives de la monnaie en circulation, et, donc, sans effet sur le prix relatif. Une attention spécifique est portée à deux marchés d'une nature particulière, ceux des deux biens qui produisent tous les autres, dits facteurs de production, soit le travail et le capital (capital fixe : les machines; capital circulant : les matières premières)... Le prix du marché du travail est évidemment le salaire, et celui du capital le taux d'intérêt.

UN OU DES MARCHÉS ?
C'est du fonctionnement simultané de tous ces marchés que naît la production de tous les biens et que ceux-ci se répartissent entre tous. La question qui vient naturellement à l'esprit concerne ce mécanisme des marchés. Y en a-t-il un qui est plus important que les autres ou qui en déterminerait le cours ? Ou, à défaut d'une telle influence, peut-on admettre l'existence d'une certaine hiérarchie entre tous ces marchés ?

Le troisième postulat du paradigme classique est dans une réponse totalement négative. Aucun marché ne joue de rôle déterminant. Tous les marchés sont sur le même plan au sens où ils évoluent dans la plus stricte interdépendance. Si l'un d'entre eux connaît une modification, la plus légère soit-elle, de l'offre, de sa demande et de son prix, tous les marchés en seront affectés. L'équilibre est général ou il n'est pas. Or, comme à chaque seconde, il se passe quelque chose sur au moins un marché, tout bouge constamment. L'évolution économique et sociale naît de cette modification incessante de l'équilibre général, espace de référence abstrait qui ne se réalise jamais.

Le quatrième postulat est, sans aucun doute, le plus déterminant du rôle de la pensée classique dans la vie sociale. On y trouve, en effet, les fondements de la doctrine libérale, sorte de credo social, qui vaut pour toutes les sociétés à toutes les époques. Le libéralisme se présente avec la même force, quelque peu religieuse, que le marxisme avec lequel il est en lutte depuis un siècle et demi.

Sa légitimité s'établit au cours d'un raisonnement, de plus en plus mathématique, au terme duquel il existe un optimum économique, pour tous les acteurs de la scène sociale – entreprises, individus –, et pour la société dans son ensemble, optimum économique qui est aussi un optimum social.

Il ne convient pas de rentrer ici dans tous les détails de cette « démonstration », aux allures qui apparentent de plus en plus le paradigme classique à celui de la science physique. Abstraction mathématique telle que la réalité disparaît totalement sous des équations qui n'ont plus guère de relation avec ce que chacun d'entre nous peut observer. Mais il faut insister sur l'existence des conditions nécessaires à cette situation exceptionnelle, optimale pour tous et pour chacun. À dire vrai, l'une d'entre elles suffit à faire comprendre le paradigme libéral : il faut que sur tous les marchés, ceux des biens de consommation ou de production comme celui du travail et celui du capital, la concurrence règne, c'est-à-dire qu'il y ait beaucoup de vendeurs et beaucoup d'acheteurs, de telle sorte que personne ne puisse avoir d'influence sur le prix, que ce dernier soit « donné » par le marché et que chacun, acheteur ou vendeur, doive s'y adapter. Si cette seule condition est remplie, alors sur tous les marchés se fixeront des prix, y compris le salaire et le taux d'intérêt, tels que le « monde » sera le meilleur possible. La main invisible (Adam Smith) des marchés suffira à faire ce que personne ne peut faire – et ne doit pas essayer de faire.

Pour ses adeptes, la doctrine libérale ne se justifie d'aucune considération morale, elle se légitime « scientifiquement ». Elle est d'un extraordinaire optimisme – et d'une égale séduction. En tout temps et en tout lieu, une société humaine peut parvenir à un optimum social et économique avec pour seule condition la « concurrence », autrement dit que personne n'ait assez de pouvoir pour influencer les autres – et que tous doivent se battre pour survivre – au grand bonheur des survivants et de la collectivité.

LA LÉGITIMITÉ DU PARADIGME CLASSIQUE

Le paradigme classico-libéral fonde sa légitimité sur la preuve scientifique, exactement comme Marx, de l'existence d'une situation « indiscutablement » la meilleure pour la société dans son ensemble. La nature de cette démarche est essentielle. La légitimité du libéralisme n'est pas du domaine des préférences personnelles, de l'éthique religieuse ou laïque.

L'exploitation économique et la révolution sociale

Le paradigme marxiste porte le nom de son inventeur, Karl Marx, ainsi que la marque de l'époque où il fut conçu, le troisième quart du XIXe siècle, entre 1848, le Manifeste du parti communiste, *et 1867, lorsque parut le premier tome du* Capital *qui en fut l'œuvre fondatrice.*

La vision marxiste de l'« économie » fut donc celle d'un monde, à l'époque l'Angleterre et la France, qui vivait la première phase de l'industrialisation. On ne peut donc s'étonner que Marx ait adhéré à certains aspects de la conception classique tout en dénonçant avec autant de vigueur que possible une société qui connaissait les excès pour ne pas dire les horreurs de l'industrialisation. Le paradigme marxiste est plus qu'une réaction au paradigme classique : il en est le renversement, au terme d'une vision qui prend bien soin d'être aussi « scientifique » que l'objet de sa critique virulente. Ce renversement s'opère par l'énoncé de trois postulats, aussi « définitifs » que le sont ceux des classiques.

LE MARCHÉ PLUTÔT QUE L'ÉTAT
La légitimité scientifique d'une politique libérale tient dans ce que le pouvoir politique doit se garder bien d'avoir d'autre action que d'assurer a concurrence sur les marchés. Qu'il prenne donc des lois anti-monopole, anti-syndicats (ouvriers et patronaux), anti toute institution qui pourrait mettre en cause, détourner, fausser le jeu de la concurrence.

Le premier postulat marxiste, inséparable de la vie de son auteur, est le plus déterminant de l'« économie » vue par un marxiste. Marx commença ses études par celle des religions. Il consacra, ensuite, sa thèse à Démocrite, l'un des premiers physiciens de l'humanité, avant d'étudier la philosophie, en particulier, celle de son maître, Hegel, qu'il traita comme les économistes classiques, en le « renversant » lui aussi. Ce n'est qu'après avoir dû renoncer à une carrière universitaire qu'il se mit à l'étude de l'économie. Il ne s'intéressa à l'économie qu'à la fin de sa vie.

Est-ce pour autant que l'économie n'a pas reçu de Marx une attention particulière ? Que non ; au contraire. Marx voit, comme les classiques Smith, Ricardo et Say, que l'avènement de l'industrie modifie tout le statut des connaissances sociales et érige l'économie au rang de discipline majeure. Mais le premier postulat marxiste fait un pas de plus que les classiques de cette époque ne font pas – et qu'ils ne font toujours pas : l'économie est l'étude d'un ensemble de phénomènes d'une importance majeure, qui exercent sur tous les aspects de la vie sociale une influence particulière, et sans retour. À cet égard, on peut affirmer que Marx dissimule à peine sous ce postulat la vision impérialiste de l'économie, sa croyance dans la place centrale qu'occupe la connaissance économique dans la ou les sciences sociales. Raison de plus pour que la connaissance économique soit scientifique – et ne soit pas en reste sur le paradigme classique.

Tel est le second postulat : le caractère indiscutablement scientifique de la vision marxiste. Et, en 1850, le déterminisme règne encore, sans doute et sans partage. Qui dit scientifique dit que l'on découvre des lois de causalité strictes, irréfutables et compréhensibles. À cet égard, le marxisme n'y va pas par quatre chemins : le fonctionnement d'une économie, notamment celle des sociétés qui s'industrialisaient, est entièrement déterminé dans le présent et condamné dans le futur à un définitif « accident mortel ».

L'aspect prophétique est secondaire. Le contre-pied total au paradigme classique réside dans l'affirmation d'une causalité stricte, qui fait des phénomènes sociaux, de tous pour faire bonne mesure, rangés pêle-mêle dans des « superstructures », les religions, les institutions, les modes de vie, les coutumes, les modes de communication..., le résultat, l'effet, de ce que Marx appelle les infrastructures. Point d'interdépendance, d'évolution allant d'équilibre en équilibre de marchés mais bien une évolution déterminée par un petit nombre de phénomènes, économiques et sociaux, clefs de la compréhension de tout le reste du social.

Le décor est alors planté. Ne reste qu'à définir ce que sont les phénomènes qui composent les infrastructures. La définition qui en est donnée par Marx est d'une ambiguïté *géniale*. Parmi ceux-

MARX, UN HOMME-MONDE

L'itinéraire intellectuel de Marx n'est pas fortuit et n'a fait que traduire la force de son premier postulat : l'économie est inséparable du contexte historique dans tous ses aspects, qu'ils soient sociaux, culturels et institutionnels. Ce premier postulat établit l'ambition majestueuse de Marx – dont la vie intellectuelle témoigne directement – d'embrasser d'un seul coup toute la réalité sociale, sans la découper ainsi qu'elle commençait à l'être avant même que naissent la sociologie, la psychologie... Ainsi ce postulat initial heurtait-il de front ce que les marxistes allaient appeler l'économisme des classiques, qui allait, d'ailleurs, s'accroître de façon continue jusqu'à aujourd'hui.

LES INFRA-STRUCTURES
Les premiers phénomènes résident dans les techniques de production ainsi que le paradigme classique en avait déjà perçu l'importance. Les seconds sont hors du champ traditionnel de l'économie. Il s'agit des rapports sociaux de production – autrement dit de la nature des institutions et donc des contrats – qui codifient, contractualisent les opérations physiques nécessaires à la production. Ces rapports sociaux peuvent relever du don, de la mutualité, de la réciprocité. Or il se trouve que les débuts de l'industrie font de la propriété des machines, des biens de production, la relation juridique centrale qui préside à la production.

ci, à côté des techniques de production et des rapports de production, il y a le droit de propriété, qui vient du fond des âges, du temps où le sol était conquis par les armes ; il s'étend, avec l'industrie, de la terre aux machines et va continuer d'exercer son pouvoir sur les êtres, va modeler toutes les relations sociales après avoir imposé à l'évolution économique des fluctuations d'autant plus inutiles qu'elles se termineront mal. Les concepts de Marx ne sont pas significativement différents de ceux des classiques. Ils tournent autour du capital (dit capital constant) et du travail (capital variable), des machines et des ouvriers. Il était, à l'époque, difficile de ne pas faire de la distinction entre ces deux facteurs l'explication centrale de cette industrialisation qui allait transformer totalement les sociétés humaines.

L'originalité de Marx tient à la lumière dont il inonde, au détriment du reste de la scène, le marché du travail. La propriété des machines donne à celui qui la détient un pouvoir considérable, celui de ne pas donner aux ouvriers qui actionnent ces machines le salaire qu'ils méritent étant donné la valeur que leur travail ajoute aux biens qu'ils fabriquent. Le capitaliste (Marx ne parle guère d'entrepreneurs) exploite l'ouvrier, le prolétaire. Production et répartition n'appartiennent pas exactement au même monde. La production est affaire de technique. La répartition du revenu et des richesses est affaire de pouvoir et ce sont les capitalistes qui en sont les bénéficiaires. Ce sont eux qui offrent l'emploi comme, avant l'industrie, le faisaient les nobles, propriétaires des terres, aux paysans. Le pouvoir - les rapports sociaux de production – a changé de support mais ses effets sont identiques. Exploitation du travail et répartition injuste des revenus.

L'introduction au centre de la vie sociale du pouvoir ne pouvait pas être plus « révolutionnaire » par rapport à un paradigme classique qui ne parlait que de main invisible et abstraite – celle des marchés – sans d'ailleurs faire de place spéciale au marché du travail. En fait, ce second postulat, qui se veut le plus spécifique, n'est que l'étape qui précède immédiatement l'annonce de l'incapacité du capitalisme à survivre, non parce qu'il est « injuste » (jugement qui n'aurait rien de « scientifique »), mais parce que les inégalités dans la distribution des revenus et des richesses vont bloquer la production. L'industrie est faite pour produire à profusion, pour tous. Or le prélèvement des capitalistes au détriment des ouvriers réduit la demande des biens qui peuvent être produits. D'où des crises sporadiques et, surtout, le caractère inévitable d'une crise finale où le capitalisme sera terrassé par ses contradictions internes, la force de la technique se heurtant à l'égoïsme des propriétaires ne cherchant que davantage de profits et se condamnant, eux-mêmes, à chuter irrémédiablement.

Ainsi, le pouvoir des capitalistes (la propriété des machines découvertes par le progrès technique) doit se retourner contre eux comme si « trop était trop », comme si « trop de pouvoir » rendait inévitable sa contestation et sa défaite. Durant les dernières années de sa vie, Marx allait essayer de donner un coup de pouce à une prophétie qui paraissait n'en avoir pas besoin. Le paradigme marxiste était né et devait servir de référence théorique à la contestation sociale de la seconde moitié du XIXe siècle, jusqu'à la crise de 1929, indissociable de la naissance du paradigme keynésien.

L'homme d'affaires français Isaac Pereire (1806-1880).

L'économie, la monnaie et le réformisme social

Près de soixante-dix ans après le Capital *(1867), paraît* la Théorie générale de l'emploi, de l'intérêt et de la monnaie *(1936) de J. M. Keynes, personnalité aussi opposée que possible à celle de Marx. Pourtant, ils ont plusieurs points communs : être fondateur d'un paradigme durable, s'opposer à la satisfaction béate des adorateurs de la « main invisible », et, finalement, avoir tous deux des objectifs « sociaux » plus qu'économiques. Peut-être, d'ailleurs, est-ce leur goût pour les causalités simples et indiscutables qui est leur point le plus commun. Le paradigme de Keynes est, comme celui de Marx, la démonstration que le fonctionnement de l'économie présente des enchaînements de cause à effet facilement identifiables, donc modifiables.*

KEYNES
Peu avant sa mort, il représenta l'Angleterre à la grande conférence de Bretton Woods dont certains accords exercent leurs effets jusqu'à aujourd'hui. Keynes savait arriver à ses fins de façon élégante, en ayant l'air de ne pas trop y toucher. Avant lui, classiques et marxistes avaient insisté à grands coups de trompettes sur la nécessité de faire « scientifique ». Mais leurs concepts étaient soit abstraits (le marché, la demande, l'offre), soit même difficiles à définir (la valeur) mais toujours inévaluables, non mesurés parce que non mesurables.

Le premier postulat keynésien, sûrement le plus représentatif du personnage, est celui de la nécessité de concepts mesurables. Keynes, en effet, était aussi diplomate. Il ne fera aucune déclaration intempestive sur la science économique, ni la comparera à la science physique ; sans rien dire, il proposera, pour la première fois dans l'histoire des sciences sociales, un petit nombre de concepts mesurables et, de ce simple coup de baguette magique donnera à l'économie son statut social actuel et réduira définitivement l'écart entre les sciences sociales et les sciences de la nature.

Keynes est, en effet, le créateur de la comptabilité nationale qui, en cinquante ans, va s'imposer à l'ensemble du monde pourtant fort hétérogène.

Cette comptabilité nationale mesure les quatre principaux concepts keynésiens soit le produit national – totalité des biens finaux produits sur un territoire national pendant une période (l'année) –, la consommation nationale – ensemble des biens de consommation (les biens directs des classiques) –, l'investissement – ensemble des biens de production (les biens indirects des classiques) –, et l'épargne – revenu non consommé.

Ces quatre concepts sont définis « en termes réels », selon le sens des classiques. Ils sont évalués au prix courant mais aussi à prix constant – abstraction faite de la variation des prix entre deux dates. Ils permettent donc d'établir des taux de variation, en pratique des taux de croissance, dont nos médias font désormais état chaque jour. Ces quatre « agrégats » fondamentaux d'une économie nationale sont désormais découpés en composantes de plus en plus fines – par secteurs ou produits pour la production, en types de biens pour la consommation, en biens matériels et immatériels pour l'investissement, et en nature d'épargne (à long, moyen et court terme notamment). De surcroît, ces évaluations constituent un cadre d'ensemble cohérent tel que l'évolution de la production nationale soit évidemment égale à la somme des revenus qui en sont issus (salaires, profits, intérêts, rentes), ainsi qu'aux dépenses qui sont effectuées avec ces revenus. Ainsi, la production nationale est égale à la somme de l'investissement et de la consommation ; et l'épargne est égale à l'investissement, le finance si l'on préfère. En ajoutant à ces quatre variables réelles les plus révélatrices de l'activité économique d'une nation deux variables monétaires, soit la masse monétaire égale à la totalité des instruments de paiement (billets, pièces et comptes en banque et autres formes de dépot) et le taux de l'intérêt (la rémunération des prêts, revenus des prêteurs et dépenses des emprunteurs), Keynes affirme disposer de quoi « expliquer » le fonctionnement d'une économie nationale.

Son second postulat affirme l'existence d'une causalité stricte entre la quantité de monnaie et le produit national. Keynes est un « monétariste », à la différence des classiques et de Marx, au sens où ce sont pour lui des variables monétaires qui finissent par déterminer le montant du produit national et, par voie de conséquence, le niveau de l'emploi, donc le chômage, qui est l'objet essentiel des préoccupations de Keynes.

LA COMPTABILITÉ NATIONALE
Pour la première fois établie par la Grande-Bretagne au début de la guerre de 1939-1945, adoptée presque immédiatement dans les pays industrialisés, la comptabilité nationale est désormais l'instrument de mesure de l'évolution économique de tous les pays. Elle permet la comparaison entre nations et, additionnant leurs performances, conduit à la mesure de l'évolution de l'économie mondiale.

LE CHEMINEMENT KEYNÉSIEN
L'enchaînement successif – masse monétaire, taux d'intérêt, investissement – met en cause les comportements des consommateurs (la propension à consommer), ceux des chefs d'entreprise (leur incitation à investir) et des prêteurs de monnaie (leur préférence pour la liquidité), comportements individuels, certes, mais qui finissent par se manifester globalement, sur un plan national.

Le cheminement entre la masse monétaire et ce produit national est assez court. Plus il y a de monnaie en circulation, plus le taux d'intérêt est bas ; et plus ce taux est faible, plus les « entrepreneurs » (et non plus « capitalistes » de Marx ! – mêmes individus, nom différent) investissent, et plus le produit national est élevé et le chômage faible, voire inexistant.

L'hétérodoxie de Keynes se situe entre la béatitude des classiques et le pessimisme marxiste. Les comportements d'investissement ne sont pas, comme l'affirment les classiques, tels que le plein emploi est assuré par l'intermédiaire du produit national qui lui correspond. Il n'y a pas de main invisible qui garantisse l'optimum, pas même le plein emploi – ainsi que le montraient la crise de 1929 et toutes celles qui l'avaient précédée.

Marx faisait aussi une erreur en supposant que la propriété des machines, l'existence d'entreprises privées, condamnaient le capitalisme à mort. Crise n'est pas trépas. Mais il avait raison de *« parler pouvoir »*. Au centre du capitalisme, pas de marchés égaux, abstraits et interdépendants mais d'abord des hommes, les entrepreneurs, doués d'un pouvoir tout à fait spécial, celui d'investir, donc de déterminer le niveau de l'emploi national. Et encore au-dessus d'eux, un pouvoir monétaire, banque centrale et autres banques qui, en déterminant le taux d'intérêt, exerçait sur les entrepreneurs une contrainte financière à laquelle ils ne pouvaient guère se soustraire.

Keynes a quelque chose de Marx qui aurait mis beaucoup d'eau dans son vin. On ne peut traiter de l'économie sans éclairer le pouvoir de tous ceux qui prennent des décisions engageant toute la société. L'économique et le social sont bien indissociables. L'exercice du droit de propriété du capital peut conduire au chômage mais non à se mettre lui-même en cause. Ce droit ne se suicidera pas par entêtement. Il lui suffira simplement de donner à une main visible la permission de mettre un ordre que la main invisible est impuissante à assurer.

D'où un troisième postulat qui, à lui seul, justifie que l'on ait parlé de révolution keynésienne, bien réelle celle-là. « On » ne doit pas rester inactif lorsqu'une crise, comme celle de 1929 ou d'autres moins graves, se déclenche. Avec Keynes, l'intervention publique est légitimée non pas au nom d'une quelconque morale, politique ou autre, mais au nom de l'efficacité. Pourquoi le chômage puisqu'on peut l'éviter ?

La révolution keynésienne est, comme Keynes lui-même, d'une ambiguïté qui se révéla très efficace. Pas de révolution mais une réforme du système. Pas de condamnation du capitalisme mais un traitement médical (de choc) pour sa santé. Pas d'ostracisme à l'égard des entreprises privées mais un développement des organisations publiques. Pas de confiscation des biens ni de chasse aux riches mais une réduction des inégalités. Pas d'invectives sur le pouvoir des banques mais un contrôle de leurs activités au nom de la collectivité.

Programme d'autant plus indiqué qu'il est facile à réaliser. Il suffit d'augmenter la consommation en redistribuant les revenus, des riches qui consomment moins aux pauvres qui consomment davantage ; il suffira, aussi, d'inciter les entrepreneurs à investir plus, soit en les rendant plus optimistes, soit en diminuant leurs coûts d'intérêt. On pourra même obliger les autorités monétaires, la banque centrale surtout, à accroître la monnaie en circulation. Tant pis si cela cause quelque inflation. Ou plutôt tant mieux : entre l'inflation et le chômage, s'il faut choisir, Keynes choisit l'inflation.

Ces remèdes nouveaux vont être, après la Seconde Guerre mondiale, administrés pendant un quart de siècle à la presque totalité des économies développées. La reconstruction des années 1950 sera pour partie le fait d'entreprises publiques – jusqu'en 1973. Durant un bon quart de siècle, la politique keynésienne régnera sans partage et sera indissociable d'une croissance exceptionnelle dans tous les pays industrialisés et même

MARCHÉ ET PLEIN EMPLOI

« On » ne doit pas faire une confiance passive et aveugle au marché. Il faut agir avec pour objectif légitime de réaliser le plein emploi, condition nécessaire de l'ordre et de la justice sociale. Il faut donc une politique économique et sociale, soit un ensemble d'actions coordonnées et décidées par un pouvoir qui ne peut être que politique – puisque les marchés représentent déjà le pouvoir économique, celui des entrepreneurs et des banques.

L'ÉTAT, LA MAIN DE KEYNES
Les mesures keynésiennes ont un point commun : l'intervention de l'État, c'est-à-dire un engagement du pouvoir politique préalable à celui d'un corps de fonctionnaires compétents pour décider le détail des mesures envisagées (telle ou telle augmentation de l'impôt sur les revenus élevés, telle ou telle déduction accordée aux entreprises...), pour en contrôler l'exécution et pour sanctionner ceux qui renaclent. Cette intervention publique installe à côté ou au centre des marchés des institutions publiques au cœur de la vie économique et sociale : entreprises, organismes de contrôle, ministères, qui vont constituer entre elles un secteur public s'ajoutant au secteur privé.

dans les anciennes colonies. Les orthodoxes, les classiques, chassés par la crise de 1929, rentrent alors sous terre pour cinquante ans. Leur resurrection actuelle montre qu'aucun paradigme n'a vocation à l'éternité ni aucun à une mort définitive...

Organisations, systèmes et régulation sociale

Pendant trente ans, les tenants du paradigme classique vont laisser passer l'orage keynésien sans rester pour autant inactifs. Ils vont, comme déjà par deux fois, accentuer encore leur prédisposition à se vouloir des physiciens et des mathématiciens. Les dernières moutures du paradigme n'ont qu'une expression algébrique. Plus aucune « littérature », plus aucun langage mais des successions d'équations – logiquement inattaquables mais aussi dénuées de chair sociale que possible. On ne sait quelles institutions, quelles organisations, quels individus sont derrière ou sous les équations.

Ces outrances méthodologiques ne pouvaient manquer de susciter l'apparition d'un nouveau paradigme dont le titre ne doit pas, comme les deux précédents, à un seul individu (Marx puis Keynes) – encore que Commons, dès le début du XXe siècle, jette les bases en fondant l'économie institutionnelle – mais à la volonté commune d'un nombre croissant d'économistes de redonner un contenu vivant et identifiable à leurs analyses.

L'association des deux termes « théorie » et « organisation » suffit à montrer clairement les raisons et l'ambition de ce nouveau paradigme dont les deux postulats fondamentaux sont :

1. – la vie économique et sociale est le fait d'un ensemble d'organisations où se prennent les décisions qui déterminent l'affectation des ressources de toute nature (biens, connaissances,

êtres humains) à des fins qui sont celles de chacune d'entre elles ;

2. – La poursuite de ses objectifs par chacune de ces organisations se fait à l'intérieur du système qui les contient.

Le premier postulat affirme l'unité de base de toute vie économique et sociale, l'organisation, qui serait à la société ce que la cellule est au corps humain. La théorie des organisations se donne ainsi pour objectif d'intégrer scientifiquement toutes les caractéristiques sociologiques et institutionnelles, de ne pas se contenter d'en faire l'inventaire mais de disposer d'un concept – l'organisation – qui permette d'en traiter en même temps que des strictes considérations économiques. L'effort théorique consacré à la notion d'organisation débouche sur trois notions fondamentales, celles d'objectifs, de contraintes et de moyens.

La considération des objectifs a provoqué, ces dernières années, le développement d'une discipline nouvelle : la téléologie, ou « science des objectifs ». Une organisation a-t-elle un ou plusieurs objectifs propres distincts de ceux de ses membres ? Petite question à l'origine d'un débat qui s'apaise uniquement lorsqu'on reconnait à toute organisation la volonté de ne pas disparaître, de survivre – et de ne mourir que si elle y est forcée. Cette volonté de vivre tient plutôt de la finalité inconsciente. Dans la réalité, chaque individu appartenant à une organisation a son propre objectif et même, plus fréquemment, plusieurs, ce qui l'oblige à des arbitrages très fluctuants lorsque ces objectifs sont concurrents : travailler moins et gagner plus, par exemple, ou manger plus et garder la ligne.

Toute organisation présente donc d'autant plus de cohésion interne et de force propre que les objectifs de tous ses membres sont identiques, plus encore si chacun est tendu vers un seul but ; d'autant moins qu'elle est faite de sous-ensembles d'individus ayant des objectifs différents, voire antagonistes. Bref, l'enquête sur la nature des objectifs qui animent le comportement des membres d'une organisation

LA THÉORIE DES ORGANISATIONS ET LA SCIENCE

On s'éloigne ainsi de la physique pour se rapprocher de la biologie, ce qui rend d'autant plus nécessaire de faire la théorie de l'organisation sans se contenter d'en dresser les descriptions comme les historicistes ou les institutionnalistes l'avaient fait au milieu et à la fin du XIXe siècle.

LA THÉORIE DES ORGANISATIONS ET LE MARXISME

On se retrouve surun terrain déjà exploré par le paradigme marxiste. La notion d'organisation permet de se rapprocher de la « science sociale », sans le revendiquer avec les grands effets de manche de Marx.

L'HÉTÉROGÉNÉITÉ DES OBJECTIFS
Il est des objectifs inconscients, inavoués, honteux même. Et même s'ils sont conscients et légitimes, l'attitude à leur égard varie d'individu à individu selon le degré d'exigence de chacun. Certains sont tendus vers un optimum, d'autres se contentent d'atteindre un résultat qui les satisfasse sans se poser trop de questions.

est l'étape préalable, indispensable à la compréhension de son fonctionnement et de son évolution.

Et ceci vaut d'autant plus que l'on se rapproche du sommet de l'organisation, de ce que l'on appelle, pour simplifier, « les pouvoirs ». Toute organisation se définit à la fois par ses frontières – fixées par le droit – et par le pouvoir qui la dirige. Or ce seul terme mérite dans le premier postulat une attention d'autant plus fine qu'il n'était pas particulièrement éclairé par les autres paradigmes. L'étude du pouvoir fait pénétrer le politique dans tous les domaines de la vie sociale.

De quel type de pouvoir s'agit-il ? Centralisé, décentralisé, hiérarchique, dictatorial ? Comment ce pouvoir est-il désigné : par la voie héréditaire, l'élection, le mérite reconnu ? Et quel usage en est-il fait : est-ce à l'avantage exclusif de l'organisation ou, aussi, à celui des dirigeants ou d'autres parties contribuant aux performances de l'organisation ? Autant d'interrogations qui doivent être suivies de réformes à qui veut comprendre pourquoi telle organisation, qu'il s'agisse d'une famille, d'une entreprise, d'un village ou d'une religion, adopte telle ou telle attitude.

La seconde notion indispensable à l'étude d'une organisation est celle de ses moyens. Ses objectifs fixés – officiellement ou non –, l'organisation met ses moyens à la disposition de sa stratégie : ses biens matériels (de production ou de jouissance) et ses moyens financiers, ses biens immatériels (la compétence et la motivation des êtres qui la composent), et ses moyens en êtres humains (ses effectifs et leur volonté d'agir)...

Dans certaines organisations (l'entreprise), ces moyens font l'objet d'une évaluation aux règles multiples et changeantes, la comptabilité, avec tous ses spécialistes (contrôleurs de gestion, commissaires aux comptes, experts, fiscalistes, juristes). Leur évaluation est indissociable des performances de l'organisation dans une relation de causalité dite circulaire : plus les moyens sont importants et intelligemment utilisés, plus les performances sont élevées, et plus elles le sont, plus les moyens s'accroissent.

La troisième est celle de contraintes. Atteindre ses objectifs en y « mettant les moyens » serait simple s'il ne fallait faire droit, reconnaître l'existence de contraintes qui, justement, s'opposent à cette simplicité. Ainsi, l'entreprise doit tenir compte de ses concurrents, apprécier leur volonté de lui porter préjudice, et prévoir leurs réactions à ses propres actions. Ainsi, la nation qui ne peut fixer ses droits de douane sans envisager les mesures de rétorsion commerciale qui la menacent et peut même être contrainte par divers traités internationaux à y renoncer (Marché commun...).

Cette appréciation des contraintes est, sans doute, plus nécessaire encore que l'évaluation des moyens. À se tromper sur ses limites, on risque de gaspiller ses moyens. Or cette appréciation conduit à tenir compte des « autres », de ses amis mais surtout de ses ennemis. Elle conduit l'organisation à étudier « sérieusement » son environnement proche, soit le système dont elle fait, volontairement ou non, partie.

Tel est le second postulat : celui de la nécessité de situer l'évolution d'une organisation dans celle d'un « système ». L'environnement d'une organisation est composé d'autres organisations avec lesquelles elle entretient des relations plus ou moins lâches et conscientes. Dans les faits, une organisation – comme chacun de nous – ne considère avec une attention permanente et soutenue que celles dont les décisions – la stratégie – lui apportent des avantages ou lui causent des préjudices sensibles, ses « amis » et ses « ennemis », suffisamment proches pour qu'on tienne toujours compte de leur présence.

Toute organisation vit consciemment dans un système dont elle sait qu'elle fait partie, dans lequel elle situe son action et dont elle envisage et prévoit l'évolution en même

LA SOCIOLOGIE DES ORGANISATIONS

Toute organisation connaît ses contraintes spécifiques, d'ordre interne – et, surtout, externe. Toute organisation est « environnée » plus ou moins de façon éloignée. Cet environnement demeure vague, oublié même aussi longtemps qu'il n'interfère pas avec la stratégie. Mais s'il est proche, s'il faut en tenir compte dès le choix d'une stratégie : on le considérera avec attention avant de prendre les décisions qui déterminent l'évolution de l'organisation.

temps que la sienne. Ce système se définit, d'abord, par le nombre et la nature des organisations qui le composent. Une famille a ses amis ; elle vit dans une ville ou un village ; ses membres peuvent appartenir à une religion... Un système peut donc être composé d'organisations de différentes natures – affective, économique, politique... Tel est même le cas général du « système » qui entoure chacun d'entre nous : l'être humain n'est-il pas la plus petite organisation existante et ne vit-il pas dans « son » système ? Ce nombre et cette variété appellent quelques précisions sur leur rôle respectif. Pour une famille donnée, les amis comptent-ils plus que la communauté professionnelle du chef de famille, plus que l'éventuelle appartenance politique, etc ?

Une fois recensées les influences exercées par les organisations proches, il est nécessaire d'en évaluer l'intensité, de préciser la force de la relation – amicale ou inamicale – avec chacune d'entre elles. « On » définit alors la structure du système, soit l'ensemble des relations qui existent entre les organisations qui la composent. Cette structure donne au système sa forme, sa constitution et détermine la façon dont chaque organisation peut réagir, se modifier et modifier le système si elle agit. On voit alors se préciser clairement l'intimité du paradigme de la théorie des organisations, soit le fameux trois S : stratégie, structure, système. Trois instruments indispensables à la compréhension de l'évolution simultanée de l'organisation, de sa stratégie et du système dont elle fait partie et dont elle modifie la structure par ses décisions.

Ce quatrième paradigme porte ainsi, en lui, une ambition comparable à celle de Marx, l'ambition d'une science sociale totale, non sans que les moyens préconisés soient très différents puisque la « société »

est au préalable décomposée dans ses cellules fondamentales, des organisations aussi diverses que cette réalité. « L'économie » ne peut donc plus être dissociée du social. Toute organisation « économique » rétroagit avec des organisations à priori non économiques. Toute organisation – la famille par exemple – a un comportement économique et un autre, apparemment non économique. Et il n'est aucune organisation qui ne songe à accroître ses moyens pour atteindre mieux et plus facilement ses objectifs, quels qu'ils soient.

LE QUATRIÈME PARADIGME EST PLUS ATTACHÉ AU SOCIAL
La satisfaction – toujours – problématique de cette ambition conduit ceux qui voient le monde en « trois S » à toujours introduire dans leur vision des considérations psychologiques et sociologiques qui se trouvent ainsi intégrées à une appréciation purement objective de toute situation. Ainsi ce paradigme est-il plus proche du vivant et donc du social que les autres.

En guise de conclusion sur ces paradigmes

Ces quatre façons de voir le monde qui l'entoure constituent, aujourd'hui, la trousse à outils d'un économiste assez ouvert pour ne pas se contenter de l'une d'entre elles dispensée dans une chapelle dont il lui est, ensuite, bien difficile de sortir. Comment, certains, fort nombreux de surcroît, peuvent-ils s'enfermer ainsi, au mépris du simple bon sens voulant que personne ne peut avoir toujours tout à fait raison et tous les autres, toujours, tout à fait tort ? D'autant que les « vrais » intérêts, matériels et non intellectuels, savent reconnaître et fixer leurs adversaires comme leurs défenseurs.

Si ces visions se sont ajoutées les unes aux autres depuis deux siècles, leur champ d'application est demeuré à peu près identique. Les maisons soumises à l'observation n'ont guère changé. Depuis le début de la révolution industrielle, les individus en tant que consommateurs, les entreprises comme producteurs, la nation comme lieu de la vie économique et sociale, ont été les trois maisons en vue. Comment l'individu consomme et accumule un patrimoine ? Comment l'entreprise en produisant le lui permet-elle ? Comment consommateurs et producteurs vivent-ils ensemble à l'ombre d'un drapeau national ? Depuis près de vingt ans, une quatrième maison s'est ajoutée aux trois précédentes : la planète habitée par l'espèce humaine dans sa totalité.

La consommation et la famille

La consommation est l'objectif ultime de toute l'activité économique. Les êtres produisent et travaillent pour éprouver les satisfactions, de toute nature, tirées de tous les biens et services appelés très tôt directs par opposition à tous ceux (dits indirects) qui ne servent qu'à les produire.

La consommation aurait dû recevoir une attention, sinon exclusive du moins très particulière, de la part des économistes. Elle est bien le moteur de toute l'activité. Elle manifeste et détermine la vitesse de la croissance économique ainsi que ses modalités selon les biens et services qu'elle privilégie : avant hier, les biens alimentaires et l'habillement ; hier, la voiture et la télévision ; aujourd'hui, tous les moyens de communication dits multimédias. Or, paradoxe ou, au moins, curiosité, cette consommation n'a jamais attiré l'attention qu'elle mérite. Au point qu'elle est, aujourd'hui, étudiée avec plus de soin par ceux qui veulent la mobiliser et la retenir que par les économistes.

Cette relative carence est ancienne. Dans la première version du paradigme classique, on ne trouve presque rien sur la consommation. On peut le comprendre dans la mesure où, au début du XIXe siècle, il s'agissait surtout de satisfaire des besoins fondamentaux : nourriture, vêtements, logement. Rien non plus dans le paradigme marxiste. Moins encore, peut-être puisque l'ouvrier est rationné par le système capitaliste. Il ne consomme guère plus que la nourriture qui lui permet de sauvegarder ses muscles et de continuer, ainsi, à travailler.

Il faut attendre la seconde moitié du XIXe siècle pour que le « consommateur » reçoive quelque intérêt des tenants de l'orthodoxie, et presque la moitié du XXe siècle pour que, avec Keynes, la consommation soit mesurée et considérée comme une partie importante du produit national. Ces deux analyses de la consommation, l'une individuelle (dite microéconomique) et l'autre collective (dite macroéconomique), n'ont ensuite reçu aucun renfort ou ajout de la théorie des organisations. La « maison », famille et autres communautés de vie quotidienne, où nous recevons les satisfactions de nos efforts demeure étonnement virtuelle, même après avoir reçu, ces dernières années, plus de sang et de chair.

DES ABSENTS
Les associations de consommateurs et autres institutions ayant pour but de contrôler la consommation n'ont jamais été intégrées dans une vision d'ensemble de la consommation.

La consommation de l'«homo œconomicus»

La consommation, vue par les tenants de l'orthodoxie classique, est, comme il se doit, réduite à un « calcul rationnel » d'un individu n'ayant aucune attache affective particulière, d'un individu sans âge, sans famille et sans habitudes, ni désirs. Un individu qui n'aurait que des besoins fondamentaux.

Cet individu reçoit un revenu et doit, d'abord, décider de son usage entre la consommation et l'épargne. Une fois cette première décision prise, il lui reste à choisir les types de biens consommés, à déterminer la composition de sa consommation. Or cet individu est supposé tout connaître pour effectuer ces deux choix successifs, aussi bien le présent que le futur.

Pour décider de son épargne, donc de sa consommation totale, il est censé apprécier toutes les satisfactions qu'il retirera demain de renoncer à consommer aujourd'hui, c'est-à-dire la sécurité que lui assure une encaisse de précaution (l'argent disponible sur son compte de caisse d'épargne ou ailleurs) et le revenu de son épargne, l'intérêt qui lui sera versé au fil des jours.

LA CONSTITUTION DE L'ÉPARGNE
Les avantages de l'épargne valent que l'individu ne consomme pas tout son revenu, qu'il fasse l'effort de renoncer à tel ou tel achat dans l'immédiat. Et comme cet individu est rationnel, il fait la balance entre cette satisfaction et ce renoncement ; il épargne aussi longtemps que celle-ci est supérieure à celui-là et s'arrête lorsque l'égalité est atteinte, ce qui est inévitable, l'inconvénient éprouvé à ne pas consommer augmentant à mesure qu'il se prive.

Une fois son épargne déterminée, et, par différence avec son revenu, sa consommation totale, le consommateur doit décider de la quantité de chaque bien choisi ; la « ménagère » fait son marché et compose son fameux panier. En cette seconde étape, elle est supposée disposer de toutes les données dont elle a besoin pour utiliser au mieux son budget, soit de tous les prix de tous les biens disponibles – donc de ceux qu'elle envisage d'acquérir – qui lui sont donnés par les marchés propres à chacun d'entre eux. Ces prix ne varieront pas selon qu'elle achète ou non le bien en question, les achats de chaque consommateur étant trop faibles pour exercer une influence sur les étiquettes. Et c'est très bien pour elle. Il ne lui reste plus de ce fait qu'à comparer la satisfaction qu'elle tire de chaque achat avec son prix. Et son choix va alors de soi. Quel que soit le nombre des biens et des services achetés, il n'y a aucune « raison », au contraire, pour que le prix de chaque bien ne soit pas proportionnel à la satisfaction – le plaisir – qu'elle en tire ; il convient même qu'elle aille jusqu'à exiger que ceci soit vrai de la dernière unité de chaque bien acheté, à supposer que celui-ci soit divisible, presque à l'infini, et que l'on puisse ainsi n'en consommer qu'une infime quantité, la dernière étant dite marginale.

Cette égalité est au cœur de la décision individuelle de consommation vue par le paradigme classique. Telle est la condition pour que le consommateur tire le maximum de plaisir de son revenu disponible à la consommation. Et on ne doit pas douter de sa raison, même si son calcul économique n'est pas conscient. Chacun d'entre nous n'essaie-t-il pas d'obtenir le plus possible de ses ressources et de ceux qui l'entourent ? Le comportement du consommateur n'est, en définitive, qu'une manifestation supplémentaire de ce principe de « maximum de plaisir pour un effort ou une contrepartie (ici le revenu) donnés ».

Cette présentation très traditionnelle du choix du consommateur appelle au moins trois critiques définies ci-contre (page de droite dans la marge). À ces critiques, la réponse orthodoxe invoque, comme souvent, les limites du champ de l'économie. Celle-ci n'a pas à entrer dans le cerveau du consommateur, à savoir pourquoi certains aiment le sucre et d'autres pas, pourquoi certains éprouvent le besoin de séduire et d'autres non, pourquoi certains ne réfléchissent pas avant d'acheter et d'autres réfléchissent au point d'hésiter et de passer leur chemin. L'étude du consommateur doit s'en tenir au postulat selon lequel chacun essaie d'atteindre son maximum de satisfaction à travers « sa » consommation. Celle-ci révèle ses préférences subjectives et c'est bien assez de les constater sans essayer de les expliquer. Contentons-nous d'observer ce que fait tel ou tel consommateur et nous saurons qui il est.

Ceci serait tout à fait fondé si, seconde et plus sérieuse critique à la présentation d'un consommateur libre et souverain, une partie importante de ce que chacun d'entre nous consomme n'était pas, en fait, décidée pour nous à l'intérieur de multiples organisations dont, en tout premier lieu, la famille. Il est, à cet égard, très curieux de constater la défaillance de la théorie des organisations qui ne s'est pas beaucoup intéressée à cette institution pourtant capitale dans nos sociétés où la plupart des décisions de consommation sont prises à l'intérieur de cette instance collective et affective.

Dans la réalité, l'intermédiation familiale fait des consommations individuelles le résultat non d'un choix individuel égocentrique opéré en fonction des besoins, des désirs et des prix, mais d'un débat à l'intérieur de la cellule familiale, ou, plutôt, d'une négociation permanente de chacun avec chacun, sous l'arbitrage d'un pouvoir qui se sera de plus en plus partagé à mesure, justement, que son enjeu, la consommation de chacun, se sera accru. La dévolution du pouvoir de décision à l'intérieur de la famille joue ainsi un rôle considérable dans les modes de consommation en réduisant la liberté individuelle des choix au profit d'un choix collectif.

LES TROIS CRITIQUES

La première tient à l'hypothèse dite de rationalité. Le consommateur peut-il et veut-il prévoir avec précision les satisfactions qui vont suivre ses achats ? Et le souhaite-t-il vraiment ? Calcule-t-il ou est-il beaucoup plus souvent sensible à ces « produits d'appel » que l'on met en évidence à la porte d'entrée ou de sortie des magasins ? N'est-il pas, en réalité, beaucoup plus fragile que ne le suppose son metteur en scène classique ? Qu'en est-il de ses fameux coups de cœur ? Et de l'adage bien connu selon lequel l'homme dépense sans compter pour se procurer ce dont il a besoin, alors que la femme y regarde de très près pour acheter ce dont elle n'a pas besoin (adage évidemment sexiste).

PARTAGE ET FAMILLE
Quel que soit ce partage – différent selon les familles d'autant que leur diversité s'est accrue (familles sans règle religieuse, familles monoparentales, familles avec ou sans enfants…) –, les objectifs de consommation propres à chacun de ses membres ne peuvent, dans la majorité des cas, que s'entrechoquer. Le partage du revenu entre enfants et parents est sans doute la révélation privilégiée de l'intensité de l'amour filial mais aussi de sentiments plus complexes comme la compensation que certains parents offrent à leurs enfants pour se faire pardonner leur éloignement quotidien, forcé ou non, deux « brèches » dans lesquelles les enfants s'enfoncent avec détermination pour accroître « leur » consommation.

Une troisième critique de la décision « rationnelle » de consommer s'attaque au postulat de liberté. Est-on libre – et non pas plutôt forcé – de prendre les repas de midi à la cantine ? Est-on vraiment libre de ne pas consommer les médicaments préconisés par le médecin ? Est-on libre de sa tenue vestimentaire en telle ou telle circonstance comme, par notamment, les entrevues qui précèdent l'embauche ?

Dans la pratique de nos vies quotidiennes, la consommation comme l'épargne qui la précède sont de plus en plus engagées, contractuelles ou institutionnelles, toujours sociales. On s'engage pour longtemps et sans en percevoir toutes les conséquences à telle ou telle forme d'épargne réduisant l'épargne libre dans le futur, comme à telle ou telle forme de consommation qui, elle aussi, réduit pour longtemps la partie du revenu non engagé, vraiment disponible pour un choix.

Dira-t-on que la liberté n'en existe pas moins de savoir si l'on s'engage ou non pour longtemps ; que la liberté de choisir un « profil » de consommation à long terme n'en est pas moins laissée à chacun d'entre nous ? Ceci serait soutenable si nous étions doués d'une capacité de prévision parfaite et à horizon illimité. Mais tel n'est pas le cas. Les événements imprévus jalonnent notre existence et modifient totalement nos dispositions d'épargne et de consommation, en qualité et en quantité. Or nous ne pouvons pas nous dégager des organisations dans lesquelles nous vivons chaque jour et de celles qui nous entourent. Notre consommation est beaucoup moins libre qu'elle n'est « encadrée », presque déterminée, par les organisations sociales auxquelles nous appartenons – quelquefois aussi contraints et forcés.

En définitive, la composition du panier de la ménagère, ou si l'on préfère, celle du budget de l'unité familiale de consommation, varie relativement peu, du moins à l'intérieur des diverses classes de revenus. Telle pourrait être l'une des raisons de traiter la consommation ainsi que le fait le paradigme keynésien.

La consommation pour Keynes

Le traitement keynésien de la consommation est tout à l'opposé de la conception classique. Keynes ne met pas en scène « le » consommateur ou « un » consommateur face à son choix. Il ne traite que de la consommation d'une nation. Ce faisant, il va beaucoup plus loin que les classiques dans la distance qu'il prend à l'égard du consommateur. Les classiques ne veulent pas savoir pour quelles raisons, psychologiques ou autres, le choix d'un individu est ce qu'il est. Keynes veut même ignorer l'existence d'un tel choix. Non seulement parce que toute sa vision est macroéconomique, nationale, mais aussi, sans doute, parce qu'il considère que ces choix sont souvent identiques – ou voisins – à revenus comparables. À preuve son traitement nouveau de la consommation selon lequel celle-ci serait, en réalité, au moins à court et moyen terme, déterminée presque uniquement par le niveau du revenu. Pour Keynes, pas de choix réellement individuel, subjectif, ou choix sans grande importance, mais une consommation qui, en volume et en composition, serait linéairement dépendante du niveau de revenu.

La marge de liberté qui nous est laissée dans notre consommation est beaucoup plus limitée que la présentation d'un consommateur individuel et souverain voudrait nous en persuader.

Cette hypothèse de Keynes a été vérifiée, plus encore qu'il n'osait l'espérer, dès que la comptabilité nationale s'est développée. Il y avait, dans ce postulat keynésien, davantage que cette relation linéaire. La consommation était, pour Keynes, dépendante du produit national et non l'inverse. Il existait une relation causale, à sens unique, allant du produit national à la consommation. Il n'y avait, en quelque sorte, aucune « liberté » dans le volume et la composition d'une consommation nationale. Les Français étaient, en quelque sorte, condamnés à consommer ce qu'ils allaient consommer, une fois leur revenu national déterminé.

LE CALCUL DE LA CONSOMMATION
Dans les années 1950, consommation, investissement et produit national ayant reçu les premiers soins des comptables nationaux, on put constater que la consommation d'une nation était proportionnelle au revenu national et que ce coefficient de proportionnalité, aux alentours de 0,8 dans les nations déjà développées était quasiment constant à court terme. Assez vite, la mesure des différents types de consommation devint l'un des fleurons des instituts de statistiques, d'autant que les coefficients (dits « budgétaires »), évaluant l'importance relative de chaque type de bien ou de service dans la consommation totale, étaient eux aussi constants et pouvaient donc servir de base à la prévision.

Keynes s'éloignait donc doublement de la vision classique de la consommation. Aucune considération pour l'individu. Négation qu'il y ait place pour le moindre choix puisque le montant du revenu national conduisait aux différentes dépenses de consommation et que l'on vérifiait cette relation pour différentes classes de revenu. Aujourd'hui, l'importance croissante dans les économies développées de la classe moyenne, autrement dit des familles ayant des revenus voisins de la moyenne, permet, d'ailleurs, de vérifier la constance des coefficients budgétaires significatifs d'un mode de consommation majoritaire. Certes, les pauvres – exclus notamment – ainsi que les très riches ont désormais des coefficients différents mais de moins en moins significatifs de la réalité nationale. Ainsi se trouvait confirmé le postulat keynésien selon lequel « le consommateur » peut être ignoré et que la consommation nationale est le résultat de comportements passifs et stéréotypés, sur la nature et l'origine desquels on peut ne pas s'interroger.

Il faut cependant noter que depuis quelque cinquante ans de nombreuses modifications ont été apportées à cette vision de la consommation – dont certaines sont étrangères au paradigme keynésien. La première a été de chercher s'il n'existait pas d'autres phénomènes que le niveau du revenu qui agiraient sur celui de la consommation comme la variation des prix (l'inflation).

La seconde correction apportée à la vision keynésienne de la consommation a pour objet son oubli – méprisant – des ressorts intimes de la consommation, non seulement individuelle, mais aussi collective, globale, nationale. Certes, il faut se replacer, pour Keynes comme pour Marx, à l'époque où ils élaborèrent leur conception du monde économique et social. Pour Marx, le besoin des biens les plus indispensables à la survie régnait encore en maître sur les décisions de consommation. Il n'y a pas de clients mais des usagers – contraints par la pression de leurs besoins. Un siècle et demi plus tard, il reste d'ailleurs quelque relent de ce point de vue.

Pour Keynes, cette raison joue déjà moins. Près d'un siècle après Marx, les besoins étaient moins impérieux. La publicité était apparue au début du siècle. À partir de 1950, il devenait évident, à chaque coin de rue, que la consommation n'avait pas que le revenu pour détonateur. La publicité ne devait plus cesser d'accroître son champ d'exercice sur les produits les plus divers par l'intermédiaire de tous les médias.

Cette publicité agit sur plusieurs ressorts psychologiques. Elle s'est substituée à la force du besoin physiologique pour déclencher l'acte d'achat. Mais ses formes concrètes reposent sur deux piliers de la personnalité qui plongent très profondément dans l'inconscient. Le premier est dans la propension à l'imitation, précédée elle-même de la volonté de paraître et d'en imposer, de « frimer » en détenant tel ou tel bien ou en portant telle ou telle tenue vestimentaire avant les autres. Effet de démonstration, désir d'être envié pour les lanceurs de mode, effet d'imitation pour tous ceux qui vont n'avoir de cesse d'être à la nouvelle mode.

Le second est dans la prédisposition humaine à s'opposer à un être proposé en exemple, ou, au contraire, à lui vouer une admiration qui peut aller jusqu'à l'idolâtrie, lorsque ses exploits sont inaccessibles. Déjà, en Grèce, chaque jeune homme voulait ressembler à Hercule et chaque jeune fille à Diane ou à Vénus.

Ainsi, la mode, longtemps réservée à un petit nombre, s'est démocratisée au point de déterminer une consommation devenue ainsi un phénomène social, collectif, beaucoup plus qu'individuel, bien que le besoin d'être à la mode soit des plus personnels. Cette prédisposition à l'imitation et à l'idolâtrie est évidemment exploitée par les entreprises pour accroître, renouveler, diversifier et finalement imposer les modes de consommation.

Ainsi trouverait-on une autre raison que celle de Keynes pour tenir la consommation comme un phénomène collectif, très étranger à la rationalité des choix individuels. L'introduction

PLUS-VALUES ET CONSOMMATION

Les plus-values exceptionnelles faites ces dernières années sur le marché immobilier ou en Bourse sont très importantes. Elles sont de nature à accroître la consommation courante à travers des achats exceptionnels. Cette incitation à consommer en provenance de l'appréciation des patrimoines ne concerne cependant que les détenteurs de titres, qui ne représentent qu'une famille sur cinq en France et guère plus aux États-Unis. Ainsi, les plus values ne sont-elles pas à mettre sur le même pied que le revenu qui, lui, est perçu par presque tous.

LA PUBLICITÉ, NOUVEAU SUPPORT
Journaux, chaînes de télévision et autres supports, de plus en plus sophistiqués, vivent aujourd'hui de la publicité au point que les dépenses de publicité représentent plus de 3 % du produit national, soit plus que la recherche scientifique.
La publicité, en résonance avec l'idolâtrie (le maillot de Zinedine Zidane, la raquette de Steffi Graf, la voiture de Claudia Schiffer...), mènerait la danse des suiveurs de mode dans l'acquiescement passif du plus grand nombre, même si quelques marginaux font de la résistance, non sans parfois devenir, à leur tour, des supports de mode.

des facteurs psychosociologiques dans l'explication des phénomènes de consommation est des plus justifiée. Mais est-elle vraiment une critique à la conception de la consommation chez Keynes ? N'est-elle pas simplement de la même nature que celle faite au postulat classique d'un choix rationnel ?

Il apparaît que tel est bien le jugement qui s'impose. Les classiques ne veulent pas savoir quelles sont les dispositions psychologiques qui font que tel ou tel individu choisisse plus de beurre et moins de fromage dans ses pâtes ou plus ou moins de sucre dans son café. L'économiste classique considère ces goûts comme des données. Keynes préconise le même traitement des phénomènes psychosociologiques. L'économiste keynésien, certes, sait que la mode repose sur l'instinct grégaire, le souci de paraître, la séduction du renouvellement. Mais il doit considérer ces traits de l'homme – et de la femme –, « animaux-sociaux », comme des données, des « data », disaient les économistes autrichiens du milieu du XIXe siècle. À cet égard, Keynes est « classique », sans réserve ni nuances.

L'envahissement des services

L'étude de la consommation qui n'a cessé de s'intensifier ces dernières années, publicité et marketing obligent, a mis en lumière une évolution qui, elle, est parfaitement étrangère à la vision keynésienne. Keynes écrit en 1936. Et 1936 est, du point de vue de la consommation, beaucoup plus proche de 1867 – date de la publication du Capital *de Marx – que d'aujourd'hui. Depuis la reconstruction de l'Europe, dans les années 1950, l'évolution de la consommation s'est opérée de façon régulière, monotone, diraient les mathématiciens, le long de trois axes très précis et relativement fixes.*

Le premier de ces axes est celui de la substitution progressive des désirs aux besoins à mesure que le niveau de vie s'élève. Une partie croissante du revenu est épargnée ou est consommée selon les pulsions des désirs et non les contraintes des besoins.

Le second voit les services se substituer aux biens. L'éducation, la santé et les loisirs, notamment, ne figuraient même pas dans la consommation en 1850 ; à peine pour l'éducation à la fin du XIXe siècle. De nombreuses dépenses sont occasionnées par l'entretien et la réparation de biens nés de la révolution de l'information et de la communication.

Le troisième, directement branché sur les deux premiers, voit des biens de plus en plus sophistiqués et, surtout, durables, se substituer aux biens non durables, dits fongibles, notamment aux biens alimentaires. Cet incessant glissement fait littéralement échapper la consommation à l'univers keynésien – celui du revenu, de la dépense et de la production annuelles, l'univers dit des flux annuels – pour la plonger dans un autre univers, celui de ce qui s'accumule, se conserve et s'entretient, l'univers dit des stocks, plus prosaïquement du patrimoine.

Cette évolution ne met pas seulement en cause l'explication de la consommation mais la notion elle-même. Prenons un quelconque de ces biens de consommation durables qui ont été au cœur de la croissance exceptionnelle de la période 1950-1973, soit les machines à laver la vaisselle ou le linge, le réfrigérateur, puis plus tard le four à micro-ondes, tous ces biens d'intendance de la maison dont l'usage s'est substitué à l'activité domestique des femmes et leur a permis de devenir, sinon totalement indépendantes, du moins plus autonomes en exerçant des activités rémunérées.

LE BESOIN N'EST PLUS CE QU'IL ÉTAIT
Bien qu'il demeure, même dans les pays riches – en Europe ou aux États-Unis –, une partie importante de la population (entre 20 et 25 %) dont les besoins fondamentaux ne sont pas satisfaits, le reste de la population mange à sa faim – parfois trop, l'obésité est une maladie sociale –, s'habille sans trop de sacrifices, possède un logement au moins décent et est assurée contre la maladie, sinon la mort. Au XIXe siècle, époque, presque toute la consommation était constituée de biens, de produits agricoles ou industriels. Aujourd'hui, ces trois dépenses ne représentent plus que 30 % de la consommation totale.

L'achat de ces biens obéit à des considérations qui vont bien au-delà de celles des biens non durables. Il engage l'avenir à travers leur entretien et, surtout, le crédit qui est souvent indispensable à leur achat en étalant son coût sur une durée assez longue pour que les remboursements soient compatibles avec le niveau de revenu de la plupart des familles. Les traites devront être payées même si « on verra bien demain », et diminueront d'autant la consommation de demain. L'achat d'un bien de consommation durable aujourd'hui contractualise la consommation de demain, à la mesure de la durée du crédit. Celle-ci étend l'horizon du calcul des consommateurs à des distances inaccessibles pour certains et, pour tous, susceptibles de voir survenir des accidents imprévisibles. Le champ d'un choix ouvert se rétrécit alors que la publicité et la mode se joignent à l'indiscutable amélioration que ces biens apportent dans la vie quotidienne pour les propager.

Le même comportement vaut pour tous les biens durables qui assurent désormais la circulation de l'information entre les êtres : radio, télévision, téléphone portable ou fixe, ordinateur qui assure le branchement sur le fameux réseau Internet. Consommation contractuelle et consommation encore libre peuvent très difficilement faire l'objet d'un arbitrage rationnel et reçoivent des contraintes d'égale force de la part de la publicité et de la mode (nourriture macrobiotique, produits de la ferme).

Enfin, et surtout, tous ces biens durables n'ont guère de valeur résiduelle. Après usage, on les retrouve à l'encan ou sur les trottoirs. Il en est même dont on ne peut se débarrasser qu'en supportant soi-même le coût de leur enlèvement. Aussi sont-ils des éléments de confort, des biens d'usage qu'il n'est d'ailleurs pas nécessaire de faire figurer dans les déclarations de succession.

Avec l'automobile, le paysage commence à changer. Son achat procède d'un calcul d'une autre nature que celui qui aboutit à composer le panier de la ménagère – plus de carottes pour moins de jambon – comme celui qui décide de la machine à laver. Acquérir une automobile induit un coût d'entretien qui continue à pouvoir être comparé aux achats rendus possibles par son absence. Mais au moment de l'achat, il n'y a pas d'arbitrage possible entre carottes et automobile. Le bien durable est indivisible alors que le bien fongible l'est en général. Le bien durable induit une consommation discontinue. On achète une voiture en moyenne tous les six ans. Et cet achat peut toujours être avancé ou différé. Toute voiture peut être utilisée quelques mois, voire quelques années de plus ou de moins.

COÛT ET CRÉDIT
Pour être beaucoup plus « durables » que ne l'étaient les « anciens » biens de consommation, ceux du XIXe siècle, tous ces biens à usage individuel possèdent un statut finalement assez voisin. Le crédit à la consommation transforme leur coût initial en mensualités ou annuités qui sont considérées sur le même pied que les dépenses en biens non durables.

En y réfléchissant, c'est la notion même de consommation qui est en cause dans l'achat d'une voiture – pourtant considéré comme telle dans son évaluation par les comptables nationaux. Est-elle consommation, instrument de travail, élément du patrimoine, ou les trois (cas le plus général) ? Comment se fait-il qu'elle soit consommation si elle est achetée par une famille bien qu'utilisée dans l'activité professionnelle et qu'elle ne le soit pas si elle est acquise par une entreprise, même si elle est utilisée pour partir en famille passer le week-end à la campagne ? On voit bien que les conventions comptables s'expliquent souvent par l'impuissance de séparer ce qui correspond à de la consommation et ce qui est de l'accumulation du capital nécessaire à l'exercice d'un métier ou d'une fonction dans une entreprise.

Ce qui vaut pour l'automobile vaut plus encore pour tous les biens qui entrent dans le patrimoine des personnes qui, l'habitation une fois équipée, la ou les voitures achetées, disposent d'un revenu qui leur permet d'en affecter une partie soit à des placements financiers, soit à l'accumulation de biens « réels », dans le but, par exemple, de faire une collection. Ces biens sont assez souvent « anciens ». Sont-ils de la consommation ? On sait que la partie des revenus qui est convertie en actions, obligations ou autres biens financiers constitue de l'épargne ; mais celui qui achète de vieux timbres-poste, ou des meubles de style, ou des tableaux, consomme-t-il ? Sûrement pas si l'on s'en tient à la notion courante de la consommation. Pourtant, le collectionneur prend plaisir à son accumulation au point que celle-ci peut devenir névrotique et l'emporter sur des biens beaucoup plus nécessaires.

Cette accumulation obéit à des comportements qui ne sont pas ceux de la consommation étudiée par les classiques ou par Keynes. Se mêlent à des mobiles de prestige et de vanité l'espérance de plus-values spéculatives et des incitations collectives, de mode et d'imitation, comme pour les biens durables usuels. Cette accumulation n'obéit pas à la même logique que celle de la consommation des biens d'usage à vie plus ou moins longue. Elle est d'autant plus étrangère à la vision keynésienne que les biens sur lesquels elle porte ne figurent pas dans le produit national puisqu'ils ont été produits longtemps avant qu'ils ne soient achetés, sur des marchés dits d'occasion dont l'importance croissante traduit l'enrichissement général et, surtout, celui des plus riches.

L'évolution de la nature des biens de consommation depuis cinquante ans a eu pour conséquence l'obsolescence de la notion même de consommation. Lentement l'accumulation du capital s'est substituée à la vieille consommation – ce qui n'est pas sans conséquences sur notre compréhension de ce que nous appelons encore, indistinctement pour les riches, les moins riches et les pauvres, la consommation. Aussi n'est-il pas étonnant que nous soyons obligés de renoncer au postulat keynésien selon lequel « la consommation nationale » serait toujours passive, se contentant d'évoluer en proportion fixe d'un revenu national déjà donné.

Cette évolution récente de la consommation, faisant une place de plus en plus grande aux services et aux biens durables au détriment des biens fongibles, ne pouvait que modifier la nature des phénomènes pouvant l'influencer dans le court terme. Certes, le revenu demeure, pour chaque famille comme pour la communauté nationale, le plus fort de ses déterminants. Mais ce n'est plus le seul. La consommation est désormais sensible à plusieurs autres facteurs. Au niveau des prix, d'abord, dont on comprend fort bien qu'il ait été absent de la vision keynésienne parce

L'AUTOMOBILE, PATRIMOINE

L'automobile est un bien qui n'est pas simplement d'usage mais aussi un élément du patrimoine. La grosse voiture est désormais à peine plus confortable que la petite. Leurs services sont, en tout état de cause, comparables. Les deux transportent. Mais la première peut valoir beaucoup plus que la seconde. Elle est aussi un bien de prestige en ce qu'elle vaut richesse et donne une idée du patrimoine de son propriétaire. La machine à laver, même très chère, ne donne guère à supputer la fortune de son possesseur. D'ailleurs elle ne se montre pas. La voiture de luxe le fait. Son statut fiscal est révélateur. Elle est un signe extérieur de richesse et doit figurer dans l'évaluation du patrimoine du contribuable.

qu'à l'époque les prix baissaient. Mais tel n'est plus le cas depuis cinquante ans où l'inflation a régné pendant de longues années dans les économies comme la nôtre avant de connaître un ralentissement durable. Dans ces conditions et, comme toujours, après apprentissage de la situation, on comprend fort bien que la consommation s'accroisse lorsque chacun s'attend à voir les prix monter encore plus – mieux vaut acheter aujourd'hui que demain – et qu'elle baisse dans le cas contraire.

L'accumulation des patrimoines, en particulier sous la forme d'actifs financiers, explique que la consommation soit aussi devenue sensible à l'évolution des cours des Bourses. Si Wall Street monte, la Bourse de Paris le fait aussi, et les actionnaires, le soir venu, enregistrent leur enrichissement. Si celui-ci se confirme, ils vont, le jour venu, consommer une partie de leurs plus-values.

Enfin, à plus court terme encore, la consommation est devenue sensible au climat psychologique général désormais mesuré par le fameux « climat du consommateur » qui fait l'objet de sondages réguliers dont les résultats montrent à quel point consommer est devenu sensible à des considérations sociologiques plus encore qu'économiques ou sociales. Ces multiples relations s'ajoutent au revenu pour soustraire la consommation au statut keynésien de phénomène purement passif et pour en faire une variable active de la conjoncture. La consommation varie souvent de façon indépendante du revenu, quelquefois à un degré tel qu'elle provoque, elle-même, une variation en hausse ou en baisse du revenu national. La consommation est désormais considérée comme un acteur essentiel de la conjoncture au point que les autorités japonaises viennent de distribuer gratuitement des bons de consommation pour relancer leur économie – sans d'ailleurs y parvenir autant qu'elles le souhaitent. Cet échec relatif n'est pas sans prouver à quel point la consommation est devenue autonome. On ne force plus personne à consommer s'il n'en a pas envie… comme on le disait déjà, depuis longtemps, de l'entrepreneur ne voulant pas investir.

LE NOUVEAU VISAGE DE LA CONSOMMATION

La consommation connaît deux clivages nouveaux. D'une part, elle est de plus en plus engagée et de moins en moins libre. Par ailleurs, la part de liberté qui lui reste obéit de plus en plus au détonateur de la fête dont les manifestations sont désormais organisées et prosaïques. Moins de fêtes religieuses ou historiques mais des soldes, des foires, des semaines du blanc… La victoire des Bleus en juillet 1998 aurait provoqué l'accroissement de la consommation…

La production et l'entreprise

Tous les biens et les services que nous consommons trouvent leur origine dans des organisations aux statuts juridiques très divers – individuelles ou sociétés, petites ou grandes, privées ou publiques. Les entreprises y occupent une place prééminente, constituant les lieux où la création puis la circulation de toutes les œuvres du travail prennent naissance, avant de se répartir entre tous ceux qui y ont apporté leur contribution. Les entreprises irriguent toute l'économie nationale au terme d'un circuit qui constitue le squelette, « le disque dur», de toute société.

L'entreprise, cellule de base de la production

À ce titre, on pourrait s'attendre à ce qu'elle ait reçu un soin particulier de la part des économistes, et de chacun de leur quatre principaux paradigmes. Or il n'en est rien. Curieuse carence en effet. Alors que l'industrialisation commence en Angleterre avec le fer, l'acier et les machines textiles, que les premières entreprises anglaises attirent à elles les jeunes cadets des familles commerçantes et les paysans chassés de leur terre, que tout le droit du travail en est chamboulé, pas plus Smith que Ricardo, ou Malthus, les trois grands fondateurs de la pensée classique, n'accordent d'attention à l'entreprise, à l'exception des raisons pour lesquelles certains achètent une machine, c'est-à-dire investissent. Quant à savoir d'où viennent les chefs d'entreprise, comment ils ont appris à produire, comment ils vendent, pas un traître mot.

Et cette abstention se prolonge avec Marx. Comme les trois pionniers qui le précèdent de quelque cinquante ans, son seul intérêt va à l'investissement pour soutenir que la seule raison en est l'espoir de profit, et qu'il va ainsi à l'encontre de lui-même

SILENCE SUR L'ENTREPRISE
Et sans doute l'économie trouve-t-elle, dans son incompréhensible carence, la principale raison de sa désaffection auprès des dirigeants d'entreprise, ainsi que l'autonomie de l'enseignement dit de «gestion des entreprises».

puisqu'il condamne à mort le capitalisme qui trouverait dans l'entreprise – et l'entrepreneur individuel à l'époque – son assassin involontaire mais combien efficace.

Cette absence d'intérêt ne fera que s'affirmer à mesure que les classiques se renouvelleront. Et elle se réaffirmera chez Keynes, esprit pourtant attentif à tous les comportements, en particulier financiers, qui, à l'égard des entreprises est d'un silence total, et même méprisant à l'égard des entrepreneurs, censés investir – seule décision qui l'intéresse comme tous ses prédécesseurs – non au terme d'un calcul, mais parce qu'ils sont d'un « tempérament sanguin » les disposant à investir !

Pour les classiques, l'entrepreneur n'est pas exactement le mal-aimé. Mais il n'est pas réellement aimé. Le seul, le vrai bien-aimé est le marché. Et comme il n'est pas de marché sans offreurs, c'est-à-dire sans les entreprises et leur production, il faut bien les accepter mais au titre de condition nécessaire au jeu de l'offre et de la demande. Ainsi, même pour les classiques, le rôle de l'entrepreneur est réduit à sa plus simple expression.

L'ENTREPRENEUR MAL AIMÉ

À dire vrai, le traitement de l'entreprise chez Keynes et Marx est assez semblable. Un seul mobile pour l'entrepreneur : le profit, autrement dit l'argent, à court comme à long terme, qui provoque la colère de Marx – dont l'oncle était pourtant à l'époque le président d'Unilever – et une espèce de distanciation très aristocratique chez Keynes. Tous les deux ont, d'ailleurs, marqué pour de longues années le jugement de la majorité des Français. L'entrepreneur est le mal-aimé.

L'entreprise et l'entrepreneur selon les classiques

L'entreprise décrite par les classiques est tellement caricaturale qu'il serait possible de n'en point parler, n'étaient ce le rôle que cette fausse image joue dans l'idéologie libérale et, surtout, les réactions qu'elle a suscitées et qui renouvellent aujourd'hui la science économique.

Cette entreprise mythique ne dispose, en tout et pour tout, que d'un coût de production ou plutôt d'une courbe de coût, telle que celui-ci diminue jusqu'à un certain volume de produc-

LE FONCTIONNEMENT DE L'ENTREPRISE À COURT TERME

Le paradigme classique fait la différence entre le fonctionnement de l'entreprise à court et à long terme. À court terme tout d'abord, autrement dit dans l'instant, aujourd'hui, l'entreprise est présentée comme un espèce de « point » sans contenu, ni consistance, sans bilan, sans technique de production particulière – peu importe ce qu'elle produit, sans personnel ayant d'autre traduction que leurs salaires.

tion et augmente ensuite (rendements décroissants puis croissants) et d'un entrepreneur sans aucune personnalité, seul à bord et n'ayant aucun autre objectif que faire le maximum de profits.

Cette entreprise fabrique et vend un seul produit, semblable à celui offert par beaucoup d'autres, s'adressant, donc, à un même marché sur lequel la rencontre entre consommateurs et producteurs aboutit à un prix – dit prix de marché ou d'équilibre entre offre et demande. Or ce prix s'impose totalement à toutes les entreprises, comme, d'ailleurs, aux consommateurs. Aucune d'entre elles ne peut vendre plus cher que ce prix. Et pourquoi vendrait-elle moins cher puisqu'à ce prix elle peut écouler toute la production et même au-delà si elle l'augmente. Pourquoi cette possibilité ? Parce que chaque entreprise est « toute petite » par rapport au marché. Elle ne peut exercer sur le prix aucune influence sensible. Elle est totalement impuissante face au marché. Elle n'a aucun pouvoir propre sur la demande, l'offre et le prix du marché. Elle est entièrement au creux de la main invisible et bienveillante du marché.

Fait-elle un profit ? Oui, lorsque le prix du marché est supérieur à son coût de production, différence égale à sa marge de profit unitaire. Son profit total va être d'autant plus grand que cette marge l'est, de même que sa production. Mais pourquoi s'arrêterait-elle en chemin ? Pourquoi n'essaierait-elle pas de produire plus pour vendre plus à ce prix et faire encore davantage de profit ? En effet, pourquoi n'augmenterait-elle pas sa production, soit avec les installations qu'elle possède déjà, soit en les augmentant, c'est-à-dire en investissant.

À long terme, telle est bien son attitude. Elle va investir si le coût de ses installations nouvelles lui laisse espérer un profit équivalent à celui qu'elle a fait, et même si ce profit, bien que plus faible, reste plus élevé que le taux d'intérêt qu'elle verse à ses prêteurs si elle a besoin d'eux – ce qui est le cas habituel. On voit bien, alors, ce qui va se passer. Toutes les entreprises vont

faire de même, ne jetant d'œil que sur le marché et son prix. L'offre va donc augmenter et, à demande inchangée, les consommateurs ne changeant pas leurs goûts pour faire plaisir aux producteurs, le prix va baisser ainsi que le profit, pour toutes les entreprises. Jusqu'à quand ? Jusque au moment où il devient nul. Il peut même se produire que le prix, sous l'influence d'un fort accroissement de la production à la suite des investissements de toutes les entreprises, devienne inférieur au coût. C'est alors la faillite pour toutes celles qui n'ont pas de réserves financières, et en premier lieu pour celles dont les coûts sont les plus élevés.

C'est dans le long terme plus encore que dans le court terme qu'apparaissent, éclatantes, les vertus de la condition totalement passive des entreprises face au marché. Ces vertus sont au seul avantage du consommateur. En effet, le profit est nul. Les entreprises finissent par être tenues de « vendre au coût de production ». Point de profit durable, donc pas de rente, disent les classiques. Pas d'enrichissement, donc, dû à la propriété des moyens de production. Entreprise sans pouvoir au seul service – presque gratuit – de la collectivité.

Mieux encore, à long terme, leur rivalité les conduit à abaisser les coûts de production. Faillite – loi de la faillite – pour toutes celles qui n'y parviennent pas ou le font avec trop de retard. Ne survivent, donc, que celles où le progrès technique est constamment incorporé dans de nouvelles machines. Voilà, de surcroît, le consommateur assuré d'obtenir le prix le moins élevé que permet l'amélioration des techniques de production. Et voilà le consommateur totalement souverain. C'est lui qui a tout le pouvoir ; l'entreprise – et son chef – n'en ont aucun. Ils travaillent gratuitement pour chacun d'entre nous, trop

LA PERSISTANCE DE LA VISION CLASSIQUE DE L'ENTREPRISE
Cette présentation classique de l'entreprise était déjà très peu admissible au XIXe siècle, quand les entreprises étaient encore pour la plupart individuelles, qu'elles opéraient sur un petit espace, une région plutôt qu'une nation, qu'elles n'avaient qu'une taille modeste et qu'elles se géraient sans compétence particulière, les machines à vapeur étant simples à comprendre et à maîtriser. Mais aujourd'hui, cette vision de 'entreprise n'a plus ni queue ni tête. Or, à quelques variantes près, elle est maintenue par les tenants de l'orthodoxie.

contraints par la concurrence qu'ils se font. Concurrence entre des faibles soumis à leur multitude, au marché.

Cette présentation de l'entreprise est, évidemment, insoutenable. Il est deux raisons à cette attitude quelque peu incompréhensible. La première est, si l'on veut, historique : l'économie naissante est politique. Les premiers économistes pensent et écrivent pour le pouvoir politique et non pour les entrepreneurs, dont l'origine sociale est, à l'époque, plébéienne et non noble. En fait, ils ne s'intéressent pas à l'entreprise mais uniquement au progrès technique, à la révolution de l'industrie. Ils se situent pour partie volontairement, pour partie involontairement dans le cadre national, celui de l'Angleterre et de la France, les deux nations de l'Europe déjà constituées depuis longtemps où naît et se développe l'industrie. À sa naissance, l'organisation de prédilection de l'économie est la nation. La microéconomie, l'entreprise, le consommateur n'attirent guère d'intérêt. Cette disposition de naissance ne s'est jamais dissipée. Marx et Keynes eux-mêmes contribueront même à l'accentuer.

La seconde raison est beaucoup plus fondamentale : la pensée classique, et plus encore la politique libérale, repose sur l'existence d'un optimum économique et social qui implique l'existence d'un marché de concurrence effective. Car sans concurrence, il ne peut y avoir d'optimum. Il faut, donc, défendre une politique libérale dont le seul objectif sera d'assurer l'existence d'une vraie concurrence. D'où les lois antitrust aux États-Unis.

Cette éternelle référence à une concurrence « pure et parfaite» s'explique non par l'observation des faits, mais par la volonté de présenter un monde idyllique, à la portée de la main, non pas utopique mais réalisable.

Mais il convient de rappeler la légitimité profonde de la défense de la concurrence par la pensée classique et libérale. Il s'agit d'un choix social fondamental en faveur du consommateur et au détriment de l'entreprise. L'authentique pensée libérale se méfie comme de la peste du pouvoir de l'entreprise. Elle veut le réduire au minimum pour le plus grand avantage de chaque consommateur, de chacun d'entre nous. Nombreux sont ceux qui oublient le fond du libéralisme, dont ses détracteurs, bien sûr, mais plus encore les entreprises qui en font grand usage dans la plus grande contradiction entre les discours et les faits.

Le débat idéologique auquel donne lieu depuis deux siècles le libéralisme n'eut pas pour effet de combler le trou béant de la connaissance de l'entreprise. Au contraire, l'entreprise, l'oubliée de la science économique, était en quelque sorte abandonnée sur le bord d'une route qui devenait autostrade. On ne s'étonnera donc pas que cet auto-stoppeur ait été accueilli avec enthousiasme par la théorie des organisations.

UNE AUBAINE POUR LA THÉORIE DES ORGANISATIONS

La dénégation du rôle de l'entreprise est devenue de plus en plus ridicule à mesure que le temps passait et que les entreprises grossissaient, au point d'être aujourd'hui mondiales. Et ce ridicule explique que, à défaut de Keynes et de Marx, absents de la scène, la théorie des organisations ait trouvé dans l'étude de l'entreprise un champ totalement en friche qu'elle s'est empressée d'occuper.

L'entreprise en tant qu'organisation

L'entreprise, point abstrait, simple élément d'un ensemble national beaucoup plus vaste, ayant pour seule raison d'être de « produire », sans épaisseur ni fonction sociale, a vécu. Elle a commencé à mourir durant l'entre-deux-guerres lorsque l'institutionnalisme de Commons se présente en rival déclaré de la pensée orthodoxe (1931) et que les grandes entreprises américaines (Ford, etc.) deviennent l'objet d'études qui débouchent sur la nécessité de traiter l'entreprise comme une organisation complexe.

Nommons « stratégie » l'ensemble des décisions, plus ou moins bien coordonnées, qui sont prises par tous ses membres et « pouvoir » ce qui, justement, les coordonne autant qu'il est possible. L'objet de l'étude de l'entreprise n'est autre que la

L'ENTREPRISE, LA VRAIE ORGANISATION
Toute entreprise, même toute petite, ne s'appréhende jamais mieux qu'en tant qu'organisation. La trilogie objectifs, contraintes, moyens n'en concerne aucune mieux qu'elle. Pour la famille, la religion ou la nation, ces trois notions soulèvent d'interminables débats. Pour l'entreprise, ils sont clairs. L'entreprise est une communauté d'individus tendue vers un ou plusieurs objectifs aisément identifiables (profit, taille, richesses) devant pour y parvenir aménager des contraintes (les préférences des consommateurs, la vigueur de la concurrence, les réglementations publiques, les exigences de ses actionnaires...) en utilisant es moyens en personnel, en biens matériels et en biens financiers.

détermination à chaque instant, donc dans la durée, de cette stratégie. Derrière les évaluations comptables des moyens, le compte d'exploitation, le bilan, se cache une stratégie qui détermine leur contenu, que cette stratégie enregistre succès, échecs ou, ce qui est habituel, successivement les deux.

Quelle que soit l'entreprise en cause, il est une interrogation longtemps retenue et qui, pourtant, va de soi. Les physiciens se demandent : « Pourquoi y a-t-il quelque chose et non pas rien ? » Comment, donc, les tenants de la théorie des organisations ne se poseraient-ils pas la question, effectivement essentielle : « Pourquoi y a-t-il une organisation et non pas des êtres qui, tout seuls, se vendraient et s'achèteraient entre eux, sur des marchés, les activités qu'ils accomplissent dans l'organisation ? » Pourquoi a-t-il fallu des entreprises pour que l'industrie naisse et, surtout, se développe ? Et pourquoi plus le développement économique dure et s'accroît, plus les entreprises sont de grande dimension ?

Cette question n'a rien de métaphysique – comme, d'ailleurs, l'interrogation des physiciens. Pourquoi, donc, les êtres n'ont-ils pas décidé d'aménager l'environnement extérieur en s'aidant, certes, matériellement, mais sans pour autant créer des entreprises, des organisations ayant existence juridique, des frontières sociales, des relations hiérarchiques entre leurs membres, soit une somme de contraintes qui se traduisent par des coûts forts élevés, comme peut s'en apercevoir celui qui s'essaie à créer une entreprise ? Pourquoi un lycée alors que chaque élève pourrait s'adresser à un marché pour acquérir les connaissances qu'il désire ou celles d'un programme imposé ? Cette question prend chaque jour plus d'actualité. Pourquoi pas un enseignement par correspondance via l'Internet où l'on pourrait disposer des « fragments » de connaissance souhaités, et uniquement eux, en tenant d'ailleurs compte de leurs prix absolus et relatifs – en comparant leurs coûts avec leurs débouchés et en les choisissant en fonction des emplois auxquels ils donnent accès (à supposer qu'il soit possible de le prévoir longtemps à l'avance) ?

À cette question veut répondre aujourd'hui un ensemble de réflexions qui constituent l'économie des coûts de transaction. Pour l'éducation, la réponse est : parce que le lycée est la solution la moins chère. Aucune relation contractuelle n'est, en effet, sans coûts – coût d'information, coût de négociation, coût de surveillance et de contrôle, coût de contestation.

Le lycée Henri-IV, à Paris, est une organisation.

Cette économie des coûts de transaction se nourrit à trois domaines : l'économie dans sa définition stricte, mais aussi la sociologie et le droit. Certes, l'individu demeure la cellule constitutive de l'entreprise ; il y recherche son intérêt maximal ou satisfaisant ; il est capable de ruse, de mensonge, voire de trahison, mais il lui paraît « rationnel », autrement dit préférable, de coopérer avec d'autres plutôt que de se promener tout seul, être ce que l'on appelle aujourd'hui en « free lance ».

Une réponse qui se contenterait de vanter les avantages purement économiques de l'entreprise suffit-elle ? La simple observation de notre environnement quotidien montre bien que non. Nous ne sommes pas entourés par des entreprises mais par une multitude d'organisations fort différentes dans leurs objectifs, leur fonctionnement et l'usage que nous en faisons. Sans doute existent-elles toutes parce que nous préférons les avoir plutôt que nous adresser à des marchés. Mais sont-elles toutes équivalentes du point de vue de ces coûts de transaction ?

À cette nouvelle question la réponse passe désormais par la considération des droits de propriété. Qu'est-ce que ce droit sinon celui de garantir l'exclusivité de notre relation avec un bien et sa transférabilité par la vente ? À la réflexion, les marchés ne peuvent pas exister sans l'existence de ces droits aussi nécessaires à toute société que l'air ou l'eau. On ne peut vendre ce qu'on ne

L'ENTREPRISE MEMBRE D'UN RÉSEAU

Toute organisation, et toute entreprise, en particulier est un réseau de contrats entre ses membres, dont le coût est inférieur à ce qu'il serait si elle n'existait pas, s'il n'y avait que les marchés où s'adresserait chacun de ses membres pour acheter et vendre des compétences.

LA SITUATION RUSSE
Il y avait, il y a toujours, en Russie et ailleurs, des entreprises planifiées – dites autrefois socialistes – dont « personne » n'avait et n'a la propriété en droit bien que la transition de l'économie russe ait récemment montré que leurs propriétaires déclarés étaient nombreux...

possède pas (en règle générale). L'entreprise privée du XIXe siècle est tout entière bâtie sur ce droit. L'entrepreneur possède la propriété des machines et celle des biens qui sont produits avec leur concours. Mais cette entreprise n'est-elle pas un cas très particulier d'organisation, y compris parmi celles dont la fonction est de produire ? Il y a des entreprises privées, certes, mais aussi des entreprises publiques que ni leurs dirigeants ni leur propriétaire (l'État) ne peuvent vendre comme et quand ils le désirent.

Qu'en est-il de l'hôpital qui produit mieux qu'un bien, puisqu'il préserve la santé ? Et du bureau de la Sécurité sociale qui assure le remboursement des soins ? Et du lycée qui produit ce bien immatériel dont dépend souvent toute la vie ? Et des syndicats ? Et l'Internet, la plus mondiale de nos organisations, la seule qui le soit vraiment dès sa naissance. Quel est donc son statut du point de vue des droits de propriété ? Qui peut vendre l'Internet ?

Ces questions ne peuvent recevoir d'autre réponse que celle de l'existence d'une hiérarchie entre toutes nos organisations dont le critère est précisément le droit de propriété, son étendue, soit, très souvent, ses limites, et par là même son mode de direction et de fonctionnement. Plus le droit de propriété est affirmé (l'entreprise privée) et plus les propriétaires ont d'autonomie et les dirigeants de pouvoir. Plus ce droit est faible, non exclusif, non ou difficilement transférable, et plus leur stratégie est contrainte, quelquefois réduite à la simple intendance.

Cette considération du droit de propriété est désormais la première clef à utiliser pour pénétrer dans la spécificité d'une organisation – du pouvoir qui la dirige et de sa stratégie. Elle conduit à reconnaître la très grande diversité des « entreprises », au point de se méfier de ce terme et même de l'abandonner au profit de celui d'« organisations ».

L'entreprise privée « à la classique » n'a jamais vraiment existé. Mais l'entreprise privée qui demeure n'est plus qu'un type d'organisation parmi d'autres et sûrement pas le plus répandu. Les organisations sont donc bien le cadre de réflexion qui s'impose à la compréhension de toutes les instances productives

La diversité des objectifs dans les organisations de production

Dans la présentation « classique » de l'entreprise, la place exclusive faite à la recherche du profit est sans aucun doute celle qui mérite le plus d'attention et de débats, aussi bien d'un point de vue descriptif qu'idéologique.

Peut-on soutenir, aujourd'hui, que le profit est le seul objectif de toutes les organisations de production ? La réponse est évidemment non, et pour deux raisons très différentes, la seconde étant plus générale que la première.

La simple observation de la diversité des organisations de production conduit à conclure à celle de leurs objectifs. L'entreprise privée, individuelle ou collective, grande ou petite, spécialisée ou non dans une seule gamme de produits ou de services, a bien pour objectif le profit, à court comme à long terme. De ce profit dépendent son évolution, l'augmentation de ses moyens, celle de sa dimension et de son pouvoir.

L'entreprise publique a été créée justement pour imposer un autre objectif. Soit que le profit paraisse trop aléatoire ou les coûts d'investissement trop élevés pour que les entrepreneurs privés ne se risquent à exercer ces activités, soit que le contenu politique de la production – armements par exemple – n'oblige l'État à intervenir et à s'ériger en propriétaire – arsenaux, industries mécaniques militaires –, soit, enfin, pour ne prendre que les raisons les plus fréquentes de ce type de propriété, que d'autres objectifs (sécurité des consommateurs, emploi...) soient jugés plus fondamentaux que le profit au point de le rendre accessoire ou, même, inutile, voire préjudiciable à leur réalisation. Pour classer toutes ces

LES ENTREPRISES AUJOURD'HUI
Notre vie quotidienne est de moins en moins concernée par les entreprises à droit de propriété absolue du XIXe siècle. Les entreprises privées actuelles sont beaucoup plus complexes, les droits de propriété y étant partagés entre actionnaires, dirigeants... et quelquefois contestés. Des entreprises publiques ou mixtes ont fleuri durant le XXe siècle. Et, surtout, depuis que les services personnels ou collectifs se sont substitués ou ajoutés aux biens matériels pour satisfaire nos besoins et désirs, des organisations marchandes ou non marchandes, rémunérées ou non, se sont mises à fusionner pour constituer des ensembles imbriqués que les économistes appellent des groupes et ceux qui les dirigent des « usines à gaz ».

LES STRUCTURES SANS PROFIT
La considération du profit peut disparaître pour des raisons d'ordre proprement moral : ainsi de toutes les organisations de services à vocation collective, qui vont de celles qui gèrent des instances administratives du type caisse d'allocations familiales, caisse de sécurité sociale, ANPE... jusqu'à des institutions purement caritatives, Pèlerins d'Emmaüs, Armée du Salut. Que les services rendus par ces organisations soient marchands ou non, qu'ils soient vendus ou non, ne change rien au fait que la considération du profit est absente, voire interdite. On ne voit guère l'administration de l'ANPE faire un profit, même s'il ne s'agissait pas d'un service public.

organisations de production, il suffirait d'observer la place du profit dans leurs objectifs. Mais même dans l'entreprise privée, ce fameux profit est loin d'être le seul mobile des décisions.

Cette seconde constatation est de portée encore plus générale que la précédente : toute organisation est animée par plusieurs objectifs. Leur multiplicité est la règle, ne fût-ce que par l'hétérogénéité des membres qui appartiennent à la même organisation. Dans l'entreprise privée, on ne peut prêter à ses propriétaires, à son personnel dirigeant, et à son personnel d'exécution les mêmes objectifs. Les propriétaires, actionnaires ou non, désirent évidemment obtenir le profit maximal, certains, d'ailleurs, à des échéances différentes. Mais le personnel dirigeant, surtout s'il n'est pas « intéressé » à ce profit (stock-options ou toute autre procédure) ne peut avoir que d'autres mobiles (sécurité de la carrière, pouvoir tiré de l'augmentation de la dimension, voyages divers, beaux bureaux, voire yeux bleus de la secrétaire). Le personnel d'exécution, enfin, a surtout pour objectif de conserver son emploi, surtout en période de chômage, tout en travaillant d'autant moins, pour un même salaire, que les tâches sont subies et non choisies.

Autrement dit, il est tout à fait faux d'associer un seul objectif à une organisation de production. Il en existe toujours plusieurs et, de surcroît, différents selon les catégories d'individus que l'on considère, ce qui rend incroyablement complexe l'étude des relations entre l'évolution d'une organisation et la volonté de ceux qui la composent.

Dans l'entreprise publique, il en va de même. Le souci de la qualité du service public, ou plus exactement du rapport entre sa qualité et son prix, varie non seulement selon les principaux échelons de la hiérarchie, mais aussi selon la personnalité de ceux qui représentent chacun de ces échelons. Les dirigeants des entreprises publiques pensent « plus ou moins » à leur carrière et « plus ou moins » aux consommateurs ou aux usagers des activités de leurs entreprises. Et il en est de même du personnel d'exécution, qui fait « plus ou moins » passer ses propres avantages avant l'intérêt de ses usagers ou des contribuables, toujours sollicités pour combler les éventuels déficits financiers.

L'observation de la diversité des organisations de production révèle donc immédiatement la pluralité des objectifs possibles, leur relative spécificité selon les individus qui les composent et, pour tout compliquer, leur multiplicité pour chacune des principales catégories de personnel. Or, pour classiques qu'ils soient, tous ceux qui continuent à supposer que le profit est le seul objectif ne sont pas aveuglés. Ils savent ce qu'il en est. En réalité, leur position est idéologique ou, si l'on préfère, normative : ils prétendent que le profit doit être le seul objectif de toute organisation, prétention qu'il convient de soumettre à un débat qui ne peut être objectif comme tous ceux qui touchent à la répartition des revenus.

LA CONFUSION DES GENRES
Et, pour en terminer, les entreprises caritatives, qui elles-mêmes ne dérogent pas à cette loi d'une multiplicité d'objectifs à pondération variable. De récentes affaires judiciaires (l'ARC, conseil général de l'Essonne...) montrent bien qu'il peut exister des présidents utilisant la charité publique à des fins personnelles ou des élus consacrant l'argent des contribuables à la distribution d'emplois fictifs.

Les arguments des classiques tournent essentiellement autour de la notion d'efficacité collective, donc de gaspillage social. Le profit, certes, est un revenu qui va aux propriétaires et aux dirigeants mais c'est, avant cela, une différence entre coût et prix. En tant qu'objectif, il joue donc en puissant moteur d'abaissement des coûts, donc des prix ; il finit donc par jouer en faveur du consommateur, à supposer, bien sûr, que règne l'état de concurrence, condition indissociable de la défense du profit comme objectif unique. D'ailleurs, en concurrence, le profit doit disparaître après avoir joué son rôle. Cet argumentaire débouche sur la défense de l'entreprise privée, au point de vouloir qu'elle détienne le mono-pole dans les organisations de production. Entreprises publiques et institutions caritatives servent de paravent à un gaspillage social qui serait supprimé si elles étaient, elles-aussi, tenues de passer par les marchés.

Certes, mais est-il nécessaire de rappeler inlassablement les raisons qui expliquent la diversité des organisations et celle de

leur fonction sociale ? Il est des besoins à satisfaire qui n'ont pas de marché. Il est des marchés qui excluent au point de provoquer des désordres sociaux. Il est des marchés qui tuent (stupéfiants et autres). Il est des marchés qui exploitent le consommateur. Et l'entreprise privée n'est pas une organisation homogène du point de vue des droits de propriété, ce qui explique la diversité des objectifs de ceux qui la composent.

Il semble que ces rappels sont aujourd'hui nécessaires... tout comme il fallait dénoncer, voici quelques années encore, les infirmités constitutionnelles de l'entreprise planifiée...

L'aménagement des contraintes internes

Chaque type d'organisation possède ses objectifs. Il s'agit, en règle générale, du profit ou de la dimension pour l'entreprise privée, de la satisfaction des usagers et du statut du personnel pour l'entreprise publique, de l'image sociale pour les organisations non marchandes... Cette différence constitue et manifeste l'une des causes essentielles de leur diversité. Toutes éprouvent, en effet, la nécessité de bien fonctionner, autrement dit de combiner biens matériels, biens financiers et êtres humains pour produire dans les meilleures conditions de coût, avec le minimum d'efforts.

Les contraintes techniques

Aussi longtemps qu'il s'agit de biens matériels, les considérations purement techniques l'emportent et laissent peu de place à d'autres voix que celle de l'ingénieur. Tout produit a sa « fonction de production » technologique. C'est aussi le cas pour les biens d'investissement qui, pour un produit donné (par exemple l'acier ou le chlorure de polyéthylène, ou le sucre... bref, tous les biens matériels de base), évoluent et se succèdent afin de produire mieux, c'est-à-dire à coût plus faible, avec moins de pollution, et le plus automatiquement possible.

Quelles que soient les organisations en cause, l'agencement des matières premières constitutives du produit à la sortie de l'usine, ou du bureau, finit toujours par obéir à la loi de l'industrialisation voulant que l'emploi par unité produite diminue à mesure que la productivité du travail augmente. Toutes les considérations techniques ont été depuis longtemps laissées aux ingénieurs, ce qui explique en partie que l'économiste n'ait jamais cherché à empiéter sur ce domaine : les processus de production dans le présent, et leur évolution, ont été considérés comme des « données ».

Leur complexité croissante a, certes, provoqué des efforts nouveaux – la gestion des stocks pour en déterminer le niveau minimal, la surveillance des complexes de machines, leur entretien et la prévention de leur pollution (usines atomiques par exemple), la suppression des défauts de fabrication, etc. Mais ces tâches nouvelles demeurent sans histoires puisque déterminées pour une technologie donnée. Les ingénieurs en tout genre sont aussi nécessaires que leurs fonctions est simple, sans équivoque. Êtres au contact de la matière, ils savent que celle-ci obéit à des lois fixes. Dès qu'on s'éloigne de ces univers, les précautions à prendre deviennent moins techniques. Ainsi du soin à apporter à la circulation de la monnaie à l'intérieur de l'entreprise.

L'IMPACT DE LA ROBOTIQUE

La robotique doit nous permettre d'appuyer sur un bouton pour produire des biens de plus en plus complexes.
Au début du siècle, il fallait 1 933 heures de travail pour produire une automobile ; aujourd'hui, 135 heures suffisent.

La contrainte financière

Le développement économique a rendu de plus en plus difficile et coûteux l'aménagement de la contrainte monétaire et financière. Il y a cent cinquante ans, l'usage de la monnaie se limitait à des billets et à des pièces, la monnaie dite manuelle. Les ouvriers de l'entreprise industrielle étaient payés, le jour de la paie, en espèces ; les matières premières étaient achetées comptant ou à crédit court (un, deux, voire trois mois) et les ventes des produits l'étaient en général aussi, par l'usage des seuls instruments de crédit existant à l'époque, les lettres de change. Les machines – l'investissement de l'époque – étaient acquises, elles aussi, à crédit, sur une plus longue période, chaque année voyant leur remboursement partiel. La fonction de la monnaie et des instruments de crédit se limitait effectivement à celle de moyens d'échange.

UN PEU D'HISTOIRE
La comptabilité, nécessaire à l'évaluation du profit – le compte d'exploitation – et de la richesse de l'entreprise – le bilan, pouvait être sommaire et, souvent, discontinue. La comptabilité en partie double qui permet d'évaluer simultanément profit et bilan, bien que née au milieu du XIXe siècle, n'était pas appliquée partout au début du XXe siècle. Souvent il suffisait au chef d'entreprise de connaître l'évolution de sa « caisse » en début et en fin de journée.

Faisons un saut de cent cinquante ans et observons actuellement la circulation des flux monétaires dans une entreprise de moyenne importance. Les moyens de paiement sont d'une diversité inimaginable aux non-initiés. L'usage de la monnaie manuelle est limité au profit du développement des comptes en banque, cartes de paiement et, désormais, règlements par l'Internet. Dès que la production devient importante, il est indispensable que l'on puisse suivre tous les règlements, dépenses et recettes, dont l'entreprise est le siège non seulement pour en connaître les effets sur le profit et le bilan, mais aussi pour faire en permanence le point sur ce que l'entreprise a déjà comme monnaie et autres actifs financiers, ce qu'elle devrait recevoir aux échéances futures et ce qu'elle devra dépenser à ces mêmes échéances.

Tels sont, schématiquement, la fonction et le contenu de l'aménagement de la circulation des flux monétaires et financiers dans l'entreprise. Cette gestion financière n'a pas cessé d'être de plus en plus sophistiquée dans la mesure où son rôle n'est plus seulement de suivre les opérations financières mais de définir celles qui sont les moins coûteuses.

Cette gestion financière de l'entreprise industrielle – ou de services – ne fait que donner un avant-goût de ce qu'elle devient dans l'entreprise financière, celle dont la matière première n'est pas matérielle ou immatérielle mais monétaire, financière. Il ne s'agit plus aujourd'hui des seules banques mais d'une foule d'organisations dont la fonction est de traiter des instruments financiers de toutes sortes, actions, obligations, elles-mêmes dématérialisées et transformées. Là encore la poursuite du développement économique et social est le principal responsable de la création rapide, en particulier ces dernières années, des intermédiaires financiers en tout genre – courtiers, gérants de patrimoine, sociétés de Bourse...

La considération de ces entreprises financières est, d'ailleurs, nouvelle. Et ce n'est pas le moindre mystère que l'absence totale de leur étude par les économistes durant plus d'un siècle. Pourtant, les grandes banques existent depuis la première moitié du XIXe siècle, y compris des banques d'affaires (Crédit mobilier en 1843), et leur développement avec la création des sociétés anonymes (1867) en font des centres vitaux de décisions et de pouvoir dans les économies qui s'industrialisent. Marx le voit bien, d'ailleurs, qui très tôt évoque l'existence d'une sphère financière à côté, dominant plutôt la sphère réelle, celle de l'industrie. Keynes, avec moins d'insistance, diplomatie oblige, fera le même constat en 1936.

Or rien n'existe, jusqu'à une date très récente, sur ce qu'on appelle depuis quelques années la firme bancaire. Cette carence est très significative de la pensée courante selon laquelle la monnaie n'est qu'un instrument d'échange. Elle n'est pas sans plaire aux banquiers – et à leurs variétés actuelles – qui peuvent ainsi vivre dans la discrétion. N'empêche que cet oubli n'est pas à l'honneur des économistes.

Aujourd'hui le temps perdu a été en partie rattrapé. La banque notamment a, enfin, reçu toute l'attention que son rôle

LA FINANCE ET LA MONNAIE SONT PRODUCTIVES

À cet égard, les instruments monétaires et financiers sont devenus une matière première presque au même titre que les biens matériels. Leur gestion est même une source d'emplois de plus en plus florissante alors que celle des matières premières, de plus en plus automatisée, a vu se réduire le nombre de ses postes de travail. Les instruments de crédit, eux, se sont multipliés et spécialisés ; leur échéance peut être modifiée à chaque instant.

UN SAVOIR-FAIRE EN EXPANSION
La densité croissante des instruments financiers à l'intérieur de toutes les entreprises, financières et non financières, s'est encore accélérée ces dernières années pour plusieurs raisons internes à l'évolution actuelle des économies les plus développées. Aussi ne peut-on s'étonner que l'aménagement de la contrainte monétaire et financière ait provoqué la naissance d'un nombre considérable de nouvelles techniques et ait créé encore plus d'emplois spécialisés.

central dans le développement économique justifie. L'intéressant est de constater que la monnaie et tous les instruments financiers y sont, à juste titre, traités comme les matières premières de l'entreprise industrielle sauf pour ce qui concerne leur prix. Le profit d'une banque, sa croissance aussi, dépend, en premier lieu, de la différence entre le taux d'intéret qu'elle reçoit quand elle prête et celui qu'elle paie quand elle emprunte. Étant donné la profusion des créances (ses emplois) et des dettes (ses ressources) dont toute banque est le lieu d'émission et de réception, la diversité de leurs échéances, de leurs conditions et de leurs risques, la gestion d'une telle organisation implique désormais une armée de gestionnaires, comptables, contrôleurs, évaluateurs de risques, dont les activités concourent à un profit qui, assez curieusement, a pour nom « produit net bancaire », autre façon de ne pas user du terme de profit, l'entreprise industrielle l'appelant « résultat ».

La contrainte des êtres

Mais le domaine où l'aménagement des contraintes internes s'est le plus développé, au point de susciter de très nombreuses contributions d'horizons différents, est celui des activités humaines dont l'organisation est le siège. Sans doute est-ce là une occasion, d'une part, de vérifier le caractère pluridisciplinaire de l'étude de toute organisation et, d'autre part, de constater la spécificité du vivant sur l'inerte. Aussi longtemps qu'il s'agit de biens matériels, physiques ou financiers, la mise au point de techniques particulières suffit. Dès que l'être humain est en cause, la réflexion comme l'action deviennent beaucoup plus difficiles.

La question centrale qui se pose dans ce domaine n'est pas de s'assurer que les êtres savent comment traiter les biens matériels dont ils ont la charge. Leur compétence est rarement en cause car toute défaillance est trop visible pour n'être pas très vite corrigée, fût-ce par leur remplacement. En revanche, est-on jamais assuré qu'ils sauront participer activement à la réalisation des objectifs d'une organisation ? Les êtres humains sont ainsi faits qu'ils s'amusent ensemble plus facilement qu'ils ne travaillent. Chacun a ses propres objectifs et de nombreux moyens de ne pas contribuer au projet collectif d'une organisation autant qu'il le pourrait. Or ceci vaut d'autant plus que l'organisation est celle du travail, d'une activité souvent subie et non choisie.

Au Moyen Âge, la famille paysanne n'avait pas besoin que son activité communautaire fût organisée. Le chef de famille et la météorologie suffisaient. Avec l'usine de la révolution industrielle, tout change. Les ouvriers doivent être surveillés pour que leur travail soit coordonné et, surtout, pour qu'ils ne soient pas tentés, en raison de la pénibilité de leur activité, de « tirer au flanc ». Le contremaître y suffit, avant que le droit du travail ne s'en mêle.

Dans les organisations actuelles, la considération des activités humaines constitue une nécessité, une contrainte d'autant plus forte et difficile à aménager qu'il s'agit d'êtres humains, dotés d'objectifs propres, de réflexion, donc d'une capacité d'apprentissage. Or la dimension de certaines de ces organisations implique l'existence d'une hiérarchie, elle-même déterminée par l'exigence de délégation. Le ministère de l'Éducation nationale compte 1 200 000 personnes, dont 800 000 enseignants et 400 000 bureaucrates. Ford Automobile 372 000 et IBM 269 000. En France, il existe 1 510 entreprises de plus de 500 personnes. L'Église catholique compte une administration mondiale de 405 000 personnes.

Lorsque les communautés au travail atteignent cette dimension, la délégation ne suffit pas. Il faut que l'information circule, que les discussions aient lieu entre ceux qui, au sommet de la hiérarchie, demandent, ordonnent, ou conseillent et ceux qui, à l'échelon inférieur, exécutent ou, à leur tour, font descendre les ordres ou les informations. Il faut des « réunions », des « commissions », des comités, des rapports, autant de procédures nécessaires à la vie de l'organisation, indispensables à sa cohésion, à la participation de tous ses membres à ses objectifs.

Telle est, aujourd'hui, la fonction de toute une discipline, dite gestion des ressources humaines, qui cherche les voies d'une conciliation heureuse – ou la moins difficile – entre la nécessité communautaire et la finalité individuelle des organi-

RÉALITÉ ET DROIT
L'organisation est une entité juridique. Certes, elle a ses frontières, son pouvoir, son budget, son bilan..., mais elle demeure virtuelle, sur le papier. En revanche, les membres sont des êtres humains qui, eux, ont une exis-tence réelle – même s'ils rêvent. Comment concilier les deux aspects de la réalité sociale : la collectivisation de l'activité dans les organisations et l'individualisme des comportements et des conditions économiques et sociales ?

sations. On ne compte plus ses développements actuels. Certains s'essaient à définir les conditions de la cohésion des « équipes », sportives en particulier – un exceptionnel mental collectif selon le professeur Aimé Jacquet – et, en l'occurrence, une bonne condition physique. D'autres étudient le sort habituel des messages entre les êtres humains, les conditions de leur compréhension et de leur exécution.

La plupart étudient le mécanisme de la délégation des tâches, devenue l'expression et la trame de la hiérarchie qui structure toute organisation. Ils l'étudient sous le vocable d'« agence ». Comment être le plus sûr que la personne chargée d'une délégation fera ce pourquoi elle a été déléguée ? Comment répondre sans faire quelques hypothèses sur le comportement habituel (il y a toujours des exceptions) des individus en situation ?

La première règle veut que tout individu se préoccupe de tout ce qui est pour lui source de plaisir ou d'effort, d'avantage ou d'inconvénient, pas uniquement pécuniaire et qu'il le fasse lui-même sans pouvoir être influencé par les avis ou jugements de ses conseilleurs. La seconde est que nous agissons tous inspirés par une rationalité limitée, selon le schéma prêté aux organisations (objectifs, contraintes, moyens). La troisième est que notre comportement est influencé par le système social (autrement dit nous sommes, chacun d'entre nous, une organisation dans le système qui nous entoure). La quatrième comportement, enfin, retient que tout individu est capable d'être créatif et de s'adapter aux changements de son environnement – y compris en s'y opposant.

Ainsi l'organisation est-elle conçue comme un nœud de contrats d'agence, pour la plupart tacites, entre deux, voire plusieurs de ses membres. Ces relations d'agence doivent, donc, être définies et aménagées, si nécessaire, pour rechercher l'efficience maximale de l'organisation, non sans que l'on puisse se faire trop d'illusion : dans une organisation, comme dans le système social, l'identité des objectifs est la certitude d'une cohésion sans faille. Leur diversité, ce qui est le cas général, justifie les efforts consacrés à l'aménagement des relations (voir les discussions familiales entre enfants et parents). Si ces objectifs deviennent contradictoires, voire opposés, l'organisation demeure sous le règne de la violence (la plantation sucrière au temps de l'esclavage) ou bien éclate et meurt.

LE QUATRIÈME COMPORTEMENT
Ce système se caractérise par des normes (les revoilà) qui traduisent l'existence d'un processus de mémoire collective, indissociable de la morale ambiante (pensée unique ou autre) et représentant un atout majeur pour enseigner, apprendre, discipliner et récompenser les membres d'une organisation.

L'aménagement des contraintes de l'environnement

Pour toute organisation comme pour chacun de nous, l'idéal est de ne pas avoir de contraintes venues de notre environnement, de façon à être le plus libre possible, voire de recevoir de cet environnement des encouragements, de l'aide, des ressources – ce qui s'appelle preuves d'amour et d'amitié. Pour souhaitable que soit un tel environnement, chacun sait, même s'il ne croit pas, comme Sartre, que les autres soient l'enfer ou comme Hobbes que l'environnement est une jungle où il est difficile de survivre, combien rares sont les amis fidèles ou un amour éternellement partagé.

L'environnement des organisations, en particulier celui des entreprises, est peuplé au moins autant d'ennemis que d'amis, les indifférents ne comptant pas. Les entreprises peuvent, d'ailleurs, se distinguer selon la nature des contraintes qui leur sont infligées par les autres. Et c'est sans doute l'entreprise privée qui en éprouve le plus. Celle-ci connait la contrainte économique de la concurrence. Elle reçoit aussi la contrainte politique, issue de la volonté des pouvoirs publics de la voir prendre ou ne pas prendre, certaines décisions. Elle éprouve, enfin, des contraintes sociales, plus diffuses mais plus nombreuses, dont

LA SUPPRESSION DES CONTRAINTES
Entre l'entreprise soumise à la concurrence du grand nombre, surveillée par l'État et suspecte aux yeux du public et un monopole public (SNCF ou EDF), la différence est considérable. On conçoit donc aisément que la volonté d'aménager ces contraintes – leur suppression étant évidemment l'objectif ultime – soit d'autant plus forte que celles-ci sont intenses et difficiles à traiter.

toutes celles qui déterminent en partie l'attitude des consommateurs à son égard et, même, celle de son propre personnel.

La contrainte économique

La concurrence est sans doute la contrainte économique la plus forte à la stratégie de toute organisation. N'avons-nous pas, chacun, dans tous les domaines, y compris affectif, le désir de posséder un monopole, non par une quelconque volonté d'en tirer profit, mais, d'abord, par souci de sécurité. Un économiste anglais, Hicks, disait déjà, voici plus de cinquante ans, que le profit le plus tangible de tout monopole était la sécurité. Prévoir et organiser le futur après avoir vécu le présent sans la peur des dommages que peuvent infliger les concurrents, sans crier gare tel, est l'objectif le plus légitime qui soit.

Aussi n'est-il aucun doute sur l'attitude de toute organisation face à ce danger le limiter, voire le supprimer, si possible ; bref, rechercher une situation de monopole, au moins provisoire, où l'on puisse souffler.

Aussi est-ce le trait le plus idéologique du paradigme classique que de « supposer » un état de concurrence, dite pure et « parfaite » (en quel sens ?) où l'entreprise privée se trouve plus que limitée dans sa stratégie par le marché. Vendre à un prix, dit d'équilibre, variable, à chaque instant, où périr sous le coup de la faillite. Comment un entrepreneur, à peu près normal, ne ferait pas tout ce qui est en son pouvoir pour sortir de ce guêpier, certes idéal pour le consommateur, mais trop calamiteux pour lui ? Et c'est effectivement ce qui se passe. Pour survivre, croître et devenir grande, voire mondiale, l'entreprise, en particulier privée, doit impérativement se soustraire à la contrainte de la concurrence.

Ainsi, son aménagement a pour objectif de ne pas être obligé de vendre à un prix donné dit de marché, mais de pouvoir exiger et obtenir un prix différent selon la « qualité » conférée au produit ou à l'activité de service – plus grande proximité de réseau de distribution, « personnalisation » de la prestation, disponibilité... bref, activisme du producteur et du distributeur si celui-ci est indépendant.

Devenu actif, l'entrepreneur acquiert « son » marché, protégé des autres aussi longtemps que ces derniers ne mettent pas à mal ses éléments de monopole en le copiant ou en ajoutant, eux aussi, des qualités nouvelles au produit. La concurrence n'a donc plus rien d'une fatalité anonyme (le marché) mais devient une contrainte dont l'aménagement anime l'ensemble des organisations ayant des activités voisines au sens où elles répondent toutes à la satisfaction d'un même genre de besoins. Cet activisme n'a, en définitive, qu'un but : créer et conserver un marché captif, qui sécurise et permette d'envisager le futur sans trop d'appréhension. Et si elle y parvient, l'entreprise est assurée de survivre et même de croître car, d'autres ayant la même activité, vont échouer et disparaître, laissant leurs dépouilles qui vont être partagées entre les survivantes. Ainsi, cette situation de concurrence monopolistique est instable. Elle conduit naturellement à une réduction du nombre des entreprises, à un processus de concentration qui, lui-même, finit par déboucher sur ce que l'on nomme l'oligopole.

Oligopole signifie « petit nombre » d'éléments, ici des entreprises. Le terme, pourtant, ne doit pas être pris au pied de la lettre. Ce n'est pas le nombre 3, 4, 5 ou 6 qui caractérise cette situation concurrentielle mais le moment où chacun des acteurs devient conscient de la présence des autres. Chacun sait que chacun des autres peut lui porter préjudice au nom de la concurrence. Concurrence industrielle en ce que, si l'un investit, les autres peuvent ou non le suivre. Concurrence commerciale, en particulier sur le prix. Celui qui abaisse son prix sera

L'IDÉE DE CHAMBERLAIN

Lorsque l'entreprise est « petite », ses manœuvres ont été prises en considération par Chamberlain qui proposa d'étudier un état dit de « concurrence monopolistique ». À l'époque, en 1935, la proposition fit grand bruit au point que Chamberlain put passer sa vie à la défendre... alors qu'elle était évidente. L'entrepreneur se soustrait à la concurrence parfaite en dotant son produit ou son service de caractéristiques spécifiques, d'éléments de monopole. Il le différencie de ceux existants par la forme, le goût, la couleur, l'emballage. Il lui associe une publicité de lancement ou d'entretien qui lui assure une demande associée à son image plus qu'à son réel contenu.

LA GUERRE ÉCONOMIQUE
Une guerre qui tourne mal, notamment celle des prix, est telle que si l'un baisse son prix, les autres suivent. Bienheureux consommateurs certes mais, toujours la même histoire, malheureuses entreprises dont le profit baisse jusqu'à devenir négatif pour les moins biens portantes si les baisses de prix s'enchaînent. Avant ou après quelques morts, la sagesse veut que les entreprises restantes s'entendent sur un prix, d'autant qu'elles peuvent se faire concurrence avec d'autres armes.

sans doute gagnant si les autres ne le font pas. Il verra s'adresser à lui une demande supplémentaire. Sa part de marché va augmenter et sans doute son profit. Mais si les autres l'abaissent aussi, alors il y perdra. Sa part de marché restera constante, son chiffre d'affaires diminuera avec son profit.

L'oligopole est une situation d'interdépendance consciente des décisions et des stratégies. Aucune entreprise ne va agir – varier son prix, investir, diminuer son emploi – avant de s'être demandé ce que les autres feraient si elle agissait. Toute action – de chacun – est basée sur la prévision des réactions d'autrui. Prévision juste, fausse, peu importe. Mais toujours prévision. Pas d'action sans anticipation des réactions à ses décisions. Donc information préalable sur les stratégies de ses concurrents, espionnage si besoin et, surtout, si une guerre tourne mal, armistice inévitable.

On voit que le langage devient assez facilement guerrier : guerre, armes, mort, sont autant de termes qui révèlent l'intensité de la concurrence du petit nombre. Tout armistice est provisoire. Et même quand elles ne sont plus que deux – le duopole – chacune, bien sûr, désire rester seule, devenir un monopole, sauf si, ce qui est d'ailleurs le cas, l'autre le lui interdit ou si l'État, voire une organisation internationale, s'en mêle.

La contrainte politique

Toute organisation, économique ou non, vit désormais dans une communauté, elle-même organisée, depuis l'avènement des nations, sous l'égide des États, version spécifique du pouvoir dont chaque nation a besoin pour exécuter la politique définie par ses gouvernants. Vivre ensemble ne va jamais de soi. Il y faut des règles, des normes sociales quelquefois encore imposées – la dictature –, plus heureusement choisies par tous – la démocratie. Ces normes ne sont jamais respectées sans information, sans contrôle et sanctions pour les récalcitrants. Elles imposent des contraintes à tout individu et à chaque organisation au nom de l'avantage collectif que vaut de vivre ensemble, solidaires à l'intérieur de frontières bien délimitées.

Or les organisations de nature économique en particulier celles où se produisent les biens et les services, sont les plus concernées par ces règles. Leurs activités sont enserrées dans un treillis de contraintes de toute nature qu'on a souvent peine à imaginer.

Ensuite, et ce sont les plus nombreuses, toutes les contraintes légales ou réglementaires qui soumettent presque toutes les productions à des conditions particulières, hygiène (aliments), contrôle d'appellation (vins). Si certaines peuvent concerner les individus en tant que consommateurs (usage de l'automobile par exemple), la plupart ont modifié les conditions de la production d'un grand nombre d'entreprises (alimentaires, mécaniques...).

Plus nombreuses et anciennes encore sont toutes les normes qui président aux conditions de travail. Depuis le milieu du XIXe siècle, elles n'ont pas cessé de modeler et de modifier le droit du travail (durée légale – 35 heures aujourd'hui, interdiction du travail des enfants, conditions des licenciements, salaire minimum garanti...). Aujourd'hui, le respect de cette réglementation relève d'une administration particulière, l'Inspection du travail, dont la compétence et le pouvoir sont assez étendus pour qu'elle soit efficace.

Mais les plus générales encore sont les contraintes financières : il s'agit de la fiscalité et de la parafiscalité, impôts et charges sociales si l'on préfère, qui font de l'organisation de production le lieu privilégié de la perception par l'État des recettes qu'il redistribuera ensuite pour assurer la cohésion de la communauté nationale et/ou pour avantager tel ou tel groupe social selon les circonstances et les pressions qu'il reçoit à l'occasion

QUELQUES CONTRAINTES
D'abord, des contraintes visant à interdire certaines productions et distributions de substances jugées nuisibles ou dangereuses pour la collectivité : ainsi des stupéfiants en tous genres, des armes dont la fabrication était assurée en France par des entreprises publiques jusqu'à tout récemment.

L'ÉCOLOGIE
L'industrialisation poussée, au mépris des effets que les techniques et moyens de production pouvaient exercer sur le milieu naturel, fut à l'origine de la naissance puis du développement d'un mouvement écologiste qui, lui-même, est directement responsable d'un certain nombre de nouvelles normes destinées à mieux préserver l'environnement.

LOIS ET RÈGLEMENTS
Pas de jour sans que le *Journal officiel* n'en promulgue de nouveaux au point que les professions juridiques sont, aujourd'hui, parmi celles dont la croissance est la plus rapide. Aux États-Unis, elles absorbent plus de 4 % de toutes les activités économiques – biens et services confondus. L'internationalisation des activités de production a encore accéléré le champ des contraintes juridiques qui empruntent désormais à plusieurs systèmes juridiques nationaux, qu'il faut connaître avant que de les utiliser. Si les contraintes politiques qui pèsent sur les individus demeurent nationales, celles que les entreprises doivent aménager lui viennent désormais d'un droit international qui s'alimente aux décisions de la Cour européenne de justice, par exemple.

des élections qui scandent les jours d'une démocratie. Or ces différents prélèvements s'élèvent aujourd'hui à près de la moitié des recettes des organisations de production. Plus encore, leur diversité, taxes et impôts en tout genre, implique la tenue permanente et aussi précise que possible d'une comptabilité qui permette de les calculer avant qu'ils ne soient perçus. Ainsi, les activités d'aménagement de la contrainte financière n'ont pas cessé de se développer, à l'avantage des emplois, certes, mais non sans compliquer, quelquefois jusqu'à l'inutile, le fonctionnement des entreprises dont la fonction reste de produire.

Il faut, enfin, évoquer le droit – tout court –, la contrainte juridique qui régit tous les contrats, en particulier tous ceux qui sont conclus à l'occasion de la création des entreprises, de leur fonctionnement et de leur disparition, mort, absorption ou fusion. Le foisonnement de toutes ces dispositions juridiques est à peine croyable.

Dans l'amoncellement des textes juridiques, une petite place mais particulière est réservé, au droit de la concurrence, où se trouvent réunies toutes les dispositions dont le but est de préserver l'existence d'une concurrence effective entre les entreprises d'un même secteur d'activité. Il s'agit, essentiellement, d'interdire toutes les ententes, notamment sur les prix, qui laisseraient les consommateurs à la merci des producteurs. L'efficacité de ce droit varie selon les pays, très forte aux États-Unis, moins évidente en d'autres lieux – comme l'Europe.

La contrainte sociale

Considérons un monopole public, la SNCF ou l'EDF en France, par exemple. Une telle organisation serait à l'abri de toutes les contraintes que l'on vient d'énumérer. Monopole donc, pas de concurrence, sauf celle, éventuelle, du rival potentiel, de la création d'une entreprise similaire, ce qui, dans l'exemple choisi, n'est guère envisageable. Si pas de concurrence, aucun besoin de solliciter une demande considérée, à juste titre, comme composée d'usagers (des services publics) et non de clients. Public, donc pas de nécessité à « maximer le profit » ; au contraire même puisque le statut public est précisément justifié par la préoccupation d'atteindre d'autres objectifs : stabilité de l'emploi, salaires plus élevés, volonté d'innover, le choix entre ces différents objectifs pouvant induire des pertes – et non des profits. L'État, en cette hypothèse, assumera son rôle en subventionnant à due concurrence... l'entreprise en cause.

Point de contrainte politique non plus sinon à travers un éventuel refus politique de financer les déficits. Éventualité peu probable étant donné la dimension négligeable du déficit d'une entreprise, même grande, par rapport au budget de l'État ainsi que la capacité illimitée (ou presque) de la comptabilité à « habiller un déficit ».

Voici donc une entreprise qui paraît à l'abri de la contrainte économique sauf par extension internationale de la concurrence – et de la contrainte politique – sauf à attirer l'attention par d'éventuelles excentricités pouvant mettre en cause le statut d'entreprise publique.

Pourtant cette entreprise n'est pas immunisée contre la contrainte sociale, c'est à dire toutes les agressions physiques ou idéologiques dont elle peut être victime, pour quelque raison que ce soit, souvent sans rapport avec ses propres activités. Ainsi aujourd'hui de l'insécurité de certaines lignes qui ont conduit la SNCF à augmenter ses équipes de sécurité, donc ses coûts, et à envisager des dispositifs plus efficaces, donc à augmenter ses investissements. Or ces agressions ont une origine qui est totalement étrangère à la stratégie de la SNCF, manifestant ainsi que personne ne peut se soustraire à son environnement.

COMMENT AMÉNAGER LA CONTRAINTE SOCIALE ?

La contrainte sociale peut donc limiter la stratégie des entreprises, même puissantes. Elle est en effet la contrainte collective à l'état naissant, cherchant à s'affirmer assez pour que le pouvoir politique en reconnaisse le bien-fondé et la prenen à son compte en promulguant de nouveaux réglements, décrets ou lois. Comment l'entreprise pourrait-elle aménager cette contrainte sinon, elle aussi, en se situant sur le terrain politique et en s'en donnant les moyens (lobby, syndicat patronal) ou en se délocalisant, choisissant de développer ses activités dans les pays où cette contrainte sociale n'existe pas.

Le circuit économique et social

Trois phénomènes historiques sont indissociables : la révolution industrielle, la naissance des sciences sociales et la formation des nations. On voit bien pourquoi. Le progrès des connaissances scientifiques permet la production en masse de biens de production et de consommation. Le besoin de débouchés, d'espaces plus étendus que ne l'étaient les régions ou les provinces devient pressant. Les nations modernes – celles du XIXe siècle – traduisent un phénomène politique qui répond à des nécessités économiques.

Bienvenue, donc, aux nouvelles nations, l'Angleterre, l'Allemagne, l'Italie, qui s'imposent en Europe avec leurs frontières, leur monnaie et leurs armées qui sont leurs trois fondements de la nation. À l'abri de ses frontières, l'État d'une nation est souverain. Son armée lui permet de se défendre contre d'éventuels envahisseurs. Sa monnaie, enfin, donne à tous ses habitants le moyen d'échanger biens, services, travail et capitaux.

La nation ainsi érigée en organisation politique reine va imposer son cadre géographique à toutes les sciences sociales dont la naissance, elle-aussi, est déterminée, sollicitée par le développement économique. Il faut bien étudier, pour le plaisir et pour l'action, ces nouvelles sociétés nationales. La sociologie est la principale victime de ces circonstances. La « société » est, au fond, synonyme de « société nationale » ; l'économie aussi. Il s'agit toujours d'étudier en priorité l'économie française (Say) ou anglaise (Ricardo), allemande (List)... Et ce sont bien ceux qui gouvernent que chaque économiste reconnu veut éduquer, auquel Smith et d'autres veulent donner des recettes fiscales, que tous veulent enrichir. La nation est l'organisation favorite, quelquefois exclusive des économistes du XIXe siècle.

Elle l'est toujours aujourd'hui à deux réserves près. L'une est que le champ de l'économie est devenu mondial ; la seconde est que Keynes est passé par là. La comptabilité nationale keynésienne transforme la réflexion économique à partir de 1950.

La comptabilité nationale permet de suivre l'évolution de la production nationale, des revenus qui en sont issus et des dépenses auxquelles ceux-ci conduisent. La connaissance des prix permet de connaître ces évolutions sous leur aspect monétaire (nominales) mais aussi en volume (réelles), c'est-à-dire abstraction faite des variations de prix. Chacun peut consulter ces « comptes de la nation » préparés par une administration spécialisée, discutés par une commission des comptes de la nation, qui servent de référence à des débats politiques ne pouvant plus se réduire à des promesses échappant à toute vérification. De surcroît, les nations peuvent aujourd'hui comparer leurs évolutions.

Cette comptabilité possède un extraordinaire pouvoir d'éclairage de l'évolution de cette maison pour nous qu'est la nation, à la seule condition d'être suffisamment instruit de ses deux fondements : l'égalité de la production, du revenu et de la dépense nationale, d'une part, et l'existence d'un circuit, d'autre part.

L'ÉCONOMIE SANS CHIFFRE

Pendant plus de cent cinquante ans, les économistes réfléchissent en aveugles. Aucune statistique d'aucun ordre si ce n'est limitée à quelques prix à signification nationale (y échappent donc tous les prix locaux ou régionaux), à quelques variables financières (le stock d'or dans les caves de la banque centrale et la masse monétaire), et à quelques variables extérieures (les taux de change). Pour tout le reste, production, revenus, dépenses, salaires, rien ou presque sauf en Angleterre qui, déjà, affirmait la spécificité « économique » de sa culture sociale, surtout comparée à la nôtre, attirée presque uniquement par le politique.

Le circuit d'une économie fermée et sans État

Robinsonnades dans un circuit fermé

1.– Considérons la situation la plus simple que l'on puisse imaginer : une seule entreprise réduite à un seul individu (Robinson Crusoé si l'on désire) qui produit et consomme uniquement ce qu'il a produit. Imaginons même qu'il n'y a pas de

LA FIABILITÉ DES CHIFFRES

Le seul point sombre du tableau est, comme souvent, dans la prolifération constante des informations statistiques délivrées par des comptables nationaux désireux d'asseoir leurs compétences et leurs justifications. Il y a quarante ans, les comptes nationaux se limitaient à deux fascicules, déjà difficiles à consulter pour les non-initiés, donnant les caractéristiques essentielles de l'évolution passée et prévisionnelle de l'économie française. Aujourd'hui, le foisonnement est tel que l'on peut s'y perdre faute de connaissance et de temps. Trop d'informations peuvent tuer l'information.

monnaie. Notre Robinson fait pousser du blé qu'avec quelques outils faits à la main, il le transforme en pain dont il se nourrit exclusivement. Pas de difficulté, dans ce cas, à constater que :

Production = consommation = x kilos de blé ou de pain.

2.– Considérons le cas, à peine plus complexe (encore que...), où notre Robinson a besoin d'un seau pour arroser son blé et aller chercher l'eau pour faire son pain. Si ce seau ne dure pas plus que la période pour laquelle on calcule la production – disons, un an – Robinson doit, chaque année, produire son blé et son seau et, pour cela, travailler – disons 12 heures par jour, soit 4 380 heures par an. Sa production évaluée en heures de travail est faite de deux activités soit, par exemple 3 500 heures pour le blé et 880 heures pour le seau. On a donc :

Production totale =
production blé (3 500) + production seau (880) =
4 380 ht (heures de travail)

Or Robinson ne consomme pas son seau qui est un bien de production et non un bien de consommation, comme le blé. Appelons l'activité nécessaire à la production du seau son « investissement » ? Comment tenir compte qu'il va consommer (le blé) moins qu'il n'aura produit sinon en appelant épargne son travail utilisé non à consommer mais à produire le seau qui lui est nécessaire pour produire le blé qu'il consommera ensuite.

On aura, donc, pour illustrer la vie de Robinson :

Production totale =
production biens de consommation (3 500) +
production bien d'investissement (880) = 4 380

Cette production correspond à ce qu'il se sera procuré, en travaillant, comme revenu, « ce qui lui revient », après son effort. Et ce revenu sera consacré pour partie à consommer son blé et pour partie à ne pas consommer aussitôt tout son travail, soit à en épargner une partie en lui donnant le seau comme objet.

On a donc, pour caractériser la situation, l'égalité suivante :

Production annuelle (4 380) =
C (3 500) + I (880) = revenu (4380) =
dépense de consommation (3 500) + épargne (880)

Évidemment, les dépenses de consommation de blé sont égales à la production de ce même blé, du moins si l'on suppose que Robinson ne stocke pas son blé pour l'année suivante, stockage qui, d'ailleurs, équivaudrait à une épargne puisqu'il aurait travaillé pour ne consommer que l'année suivante.

Dans la situation présente on a donc :

X_b	=	C
Production de blé	=	Consommation de blé
I	=	S
Investissement (seau)	=	Épargne (travail non immédiatement « consommé »)

3.– Voilà maintenant que Vendredi aborde l'île et que Robinson l'accueille d'autant plus volontiers qu'il y voit l'occasion d'utiliser Vendredi à la culture du blé, se faisant ainsi aider jusqu'à, pourquoi pas, se mettre à la retraite.

Imaginons que Robinson garde pour lui la fabrication du seau mais obtienne de Vendredi qu'il le remplace sur le champ d'autant que Vendredi travaille aussi bien que lui et ne met pas plus de 3 500 heures pour obtenir la même quantité de blé que Robinson. La production va rester inchangée soit 4 380 heures de travail, 3 500 heures (blé) et 880 heures (le seau).

Pour les revenus, la situation change. D'abord parce qu'il y a désormais deux titulaires de revenu – Vendredi et Robinson –

LES DROITS DE ROBINSON

Sans Robinson, Vendredi se serait noyé ou aurait péri de faim sur la plage. C'est lui qui a mis l'île en culture et qui a construit le seau pour irriguer le champ. D'ailleurs, n'est-il pas plus encore propriétaire de son île, au titre du premier et du seul occupant. N'a-t-il, donc, pas le droit pour lui, notamment celui de traiter Vendredi en esclave – si l'esclavage est autorisé — (il n'a été aboli qu'en 1884) – et de le nourrir uniquement, pour qu'il puisse travailler, sans plus. S'il s'interdit l'esclavage, il en fera alors un salarié, en lui versant telle ou telle quantité de blé pour salaire. Quant à lui, le propriétaire, il prendra le reste du blé au titre de propriétaire du sol. Son revenu sera une rente.

et que leur statut social n'est pas le même, bien que Vendredi fasse le même travail que Robinson auparavant. Certes, Robinson pourrait être d'une parfaite objectivité économique et reconnaître à Vendredi le même traitement que le sien avant que ce dernier n'arrive. En l'occurrence, il lui laisserait tout le blé puisqu'il le produit dans sa totalité. Robinson a de nombreuses raisons de ne pas se montrer altruiste.

Dans le cas extrême où Vendredi « fait tout le travail », nous avons alors une égalité entre la production totale et, non plus un seul revenu, mais deux, celui de Vendredi (appelons-le un salaire en excluant l'existence de l'esclavage) et celui de Robinson. Robinson perçoit, en fait, l'équivalent des heures de travail qu'il consacre à faire le seau – soit 880 ; mais il perçoit aussi la différence entre les heures de travail de Vendredi – qu'il effectuait lui-même avant son arrivée – soit 3 500 – et ce qu'il va laisser à Vendredi en blé – heures de travail, par exemple 1 750. Robinson va donc recevoir une rente de 1 750.

On va donc avoir :

Production annuelle = 3 500 + 880 = 4 380

Revenus totaux = 1750 (salaire de Vendredi) +
880 (salaire de Robinson)+ 1750 (rente de Robinson) =
4 380

Les dépenses totales continueront à être pour partie celles occasionnées par la fabrication du seau. Robinson, affecte donc par identité ses heures de travail à l'investissement sur l'île ; mais il consomme sûrement ses 1 750 (avant il consommait 3 500) et Vendredi sûrement ses 1 750 (puisqu'il ne peut en faire aucun autre usage). Certes, Robinson consomme moins de blé qu'auparavant (1 750 au lieu de 3 500) ; mais il travaille beaucoup moins, ce qui est appréciable... Il est pour partie rentier : il consomme 1 750 et ne produit que 880. Vendredi, au contraire, consomme 1 750 et produit 3 500. Les différences (1 750) s'annulent évidemment. Entre Vendredi et Robinson, il s'agit d'une relation à somme nulle. L'un gagne ce que l'autre perd. On a donc :

Dépenses annuelles =
Dépenses de Robinson + Dépenses de Vendredi =
Consommation de Robinson (1 750) +
Épargne de Vendredi (880) + Consommation (1 750) = 4 380

Consommation des deux habitants (3500) +
épargne de Robinson (880) = 4 380

La triple égalité Production de l'île = Revenus des deux îliens = Dépenses des deux îliens est maintenue après l'arrivée de Vendredi, quelle que soit la rente que s'octroie Robinson. Il pourrait prélever au titre de propriétaire moins que 1 750, 1 000 par exemple, laissant davantage à Vendredi (2 500 en l'occurrence). Cela ne changerait rien à cette égalité bien que, évidemment, le sort des deux îliens serait fort différent. Vendredi serait moins « exploité » et Robinson devrait se remettre à travailler sur le champ, à concurrence de 750 heures.

4.– L'égalité de la production, du revenu et de la dépense de l'île est évidemment maintenue si l'on introduit la monnaie, dont la présence ne modifie en rien la circulation des biens mais leur donne simplement un prix, une évaluation monétaire de leur volume. La monnaie facilite l'échange, certes, mais n'est qu'un voile derrière lequel les phénomènes importants se cachent.

L'usage de la monnaie est tellement généralisé aujourd'huique son absence est difficile à comprendre. Pour l'introduire, il faut admettre l'existence dans l'île d'une autorité émettrice de la monnaie, une « banque centrale » qui donne à Vendredi et à Robinson des « précieux billets » qui leur permettent de « vendre » leur production donc de l'échanger contre d'autres biens. Telle est la première fonction de la monnaie : un instrument d'échange et, d'abord, entre le travail et les biens. Pour

UNE CONSTANTE, L'ÉVALUATION DE LA PRODUCTION
Ainsi, de Ricardo (1820) et de Marx (1850) jusqu'à Keynes (1936), tous les économistes s'accordent pour évaluer la production en termes « réels », soit en volume ou en travail. Toute activité humaine se doit de produire « quelque chose » pour se l'approprier et le dépenser.

émettre cette monnaie (pièces ou billets) la banque centrale doit demander des garanties. Elle doit gager son émission contre la production de l'île, en l'occurrence la récolte de blé et le seau.

Ainsi, le travail de Vendredi aura un prix, celui auquel il échange son heure contre de la monnaie puis cette monnaie contre le blé. Appelons cette monnaie le crusoé. Donnons-nous le prix du kilo de blé en supposant qu'une heure de travail suffise à produire 1 kilo de blé. Donc que :

1heure travail = 1 kilo de blé = 1 crusoé

La banque centrale va donc émettre 4 380 crusoés. Elle va en donner 3 500 à Vendredi et 880 à Robinson. Robinson va prélever, au titre du fermage, 1 750 crusoés à Vendredi à qui il en restera 1 750, qu'il va consommer, c'est-à-dire les rendre à la banque centrale qui fait office de marché unique, donnant ses crusoés contre des biens (le blé). Robinson va, lui aussi, consommer ses 1 750 crusoés que la banque centrale va encaisser contre 1 750 kilos de blé. Reste le seau que Robinson va vendre 880 crusoés à la banque centrale que celle-ci va lui revendre immédiatement pour qu'il puisse arroser son champ.

Ainsi, la monnaie permet l'échange. Elle crée le marché du blé que tient la banque centrale. Et ceci ne change rien ni à la production, ni au revenu, ni à la dépense ; rien non plus à leur distribution et, donc, à l'inégalité sociale évidente que révèlent les situations fort différentes de Vendredi et de Robinson. La monnaie est neutre conformément au paradigme classique.

Il n'est plus grand-chose à introduire dans cette robinsonnade pour établir le circuit d'une économie nationale fermée.

Le circuit d'une économie fermée

Le circuit existant entre Robinson et Vendredi est beaucoup moins « imaginaire » qu'on est en droit de le penser lorsqu'on le regarde avec nos yeux habitués aux échanges monétaires et aux nations peuplées de nombreux sujets aux métiers des plus divers. L'introduction dans le tableau des échanges des caractéristiques réelles de nos sociétés est aisée et ne change rien – ou presque – au squelette du circuit de l'île de Robinson.

5.– Introduisons d'abord les échanges monétaires, soit non seulement la monnaie, mais aussi tous les intermédiaires qu'impliquent les échanges des biens et des services dans nos sociétés. Jusqu'ici point d'intermédiaires, de commerçants entre la production et la consommation. Vendredi consomme son blé sur le champ. Et Robinson le prélève, en nature, lui aussi sur le champ, comme c'était, d'ailleurs, le cas dans l'Europe du Moyen Âge… Il est, cependant, beaucoup plus commode à Robinson de ne pas se déplacer et d'acheter son blé à un commerçant auquel Vendredi l'aura vendu. De même pour le seau que Robinson vendra avant de le racheter – si possible en mieux.

Le rôle de ces intermédiaires est donc de rendre possible quelquefois et toujours de faciliter l'échange. Certes. Mais que produisent-ils ? Et produisent-ils quelque chose ? Vaste question qui a mobilisé les économistes depuis les origines.

La valeur ajoutée de Vendredi est égale à 3 500 puisqu'il n'achète rien (le don de la terre) et produit 3 500. Le commerçant qui achète à Vendredi ces 3 500 crusoés de blé et qui les revend 4 000 va « faire une différence », va ajouter de la valeur au blé (en le déplaçant, en le mettant en sacs...) à concurrence de 500 (4 000 – 3 500). Autrement dit, l'évaluation d'un service se fait, aujourd'hui, comme celle de la production de biens réels, en termes de valeur ajoutée. Les productions de Vendredi et du commerçant sont donc strictement additives. À tous deux ils produisent 3 500 + 500 = 4 000 et, si l'on ajoute pour Robinson 880, le produit de l'île sera de 4 880 crusoés, composé pour 4 380 de biens réels et pour 500 de services.

LES INTERMÉDIAIRES PRODUISENT-ILS QUELQUE CHOSE ?
Les premiers classiques en débattent longuement. Marx soutient qu'ils ne produisent rien. Avec Keynes et la comptabilité nationale, la réponse définitive est donnée : ils « produisent » un service, le service commercial, qui s'évalue comme la production des biens réels, par la différence entre le prix du produit que le producteur vend et ceux des matières premières qu'il achète pour produire : ce qu'on appelle – justement – la valeur ajoutée.

Comme tout ce qui n'est pas « biens » est « services », le produit national se définit simplement comme la somme des valeurs ajoutées par les producteurs de biens et les fournisseurs de services, quels que soit leur nombre et la diversité de leurs activités.

La monnaie, pour circuler et pour être stockée, a besoin, elle aussi, comme tous les autres biens, d'intermédiaires. Ceux-ci seront « financiers » et leur ensemble va constituer le système bancaire et financier dont le développement ne se démentira plus à partir de la seconde moitié du XIXe siècle jusqu'à aujourd'hui où il paraît même être saisi par une ambition incoercible. On voit bien le service rendu par ce système bancaire et financier à tous les Robinson et à tous les Vendredi qui y trouvent tous les services requis par la gestion et la détention de leurs encaisses de transaction (acheter tous les jours ce dont ils ont besoin), de précaution (épargne en attente de placements) et encaisses de rendement ou de spéculation (achats d'actions et d'obligations).

Une autre question se pose alors sur l'évaluation de ces services, ou plutôt sur la nature de leur valeur ajoutée. Qu'est-ce donc que la valeur ajoutée par une banque ? À considérer « la matière première » de son activité, la réponse devient facile. La banque achète la monnaie que lui confient ses clients (les dépôts ou ressources), à un certain prix – le taux d'intérêt qu'elle leur verse, le moins élevé possible et qui est souvent nul comme en France, par exemple. Et elle leur vend toujours de l'argent (les prêts ou emplois) à un taux le plus élevé possible, tel qu'il détermine, par différence avec le taux des dépôts, la valeur ajoutée des services rendus, celle-ci tenant évidemment compte du volume des prêts et des dépôts assurés.

Les producteurs de biens et de services de toute nature déterminent, créent les valeurs ajoutées dont la somme définit le produit national. La définition même de la valeur ajoutée veut que leur somme égale aussi celle des revenus dégagés par la production. Ces revenus étant ou bien dépensés en biens et services ou bien conservés, épargnés, l'égalité stricte entre produit, revenu et dépense nationale permet de représenter la circulation des flux monétaires évaluant en monnaie la production, le revenu et la dépense nationale. Avant de le faire, il convient d'apporter une dernière précision à l'évaluation de cette réalité à trois visages qu'est l'activité économique d'une communauté humaine.

Il s'agit de la distinction entre le produit national brut et le produit national net. Sur l'île de Robinson, la seule production est agricole. La terre n'a pas besoin d'être, chaque année, remplacée en partie ni même entretenue par assolement ou engrais. La production est tout entière disponible. Comme chacun sait, dés que la production est industrielle – biens ou services –, elle implique l'existence de machines et équipement divers – dit capital de production – qui non seulement doivent être entretenus mais, surtout, s'usant à l'occasion de la production, doivent, donc, être remplacés au terme de leur durée de vie. Telle est la fonction de l'amortissement que de permettre ce remplacement le jour où il devient nécessaire. Ce qui est produit n'est donc pas entièrement disponible ; il faut en consacrer une partie pour faire face à cette exigence de maintien du capital. En réalité, entre les matières premières (capital circulant pour les classiques) et l'équipement (capital fixe), il n'y a qu'une différence de durée de vie, inférieure pour les premières, supérieure pour le second à la durée pour laquelle se calculent les valeurs ajoutées (l'année en pratique).

Les valeurs ajoutées que l'on constate sont des valeurs – brutes – dont il faut déduire les exigences du remplacement ou usure du capital – l'amortissement – pour obtenir les valeurs ajoutées réellement dégagées, soit les valeurs nettes. Il y a donc deux produits nationaux brut et net, donc deux revenus nationaux, eux-mêmes brut et net, et deux dépenses nationales, la différence étant constituée par un amortissement qui, en règle courante, correspond aux remplacements dont fait l'objet le capital.

LE RÔLE DES INTERMÉDIAIRES

Présents dans l'échange, ils assurent la circulation des biens (stockage, transports, conditionnement, distribution, publicité...) entre les membres d'une même communauté nationale et non plus, comme on l'avait supposé précédemment, la banque centrale dont la fonction se limite à émettre assez de monnaie pour faciliter les échanges. Mais suffit-elle pour assurer la circulation de cette monnaie et, surtout, pour que tous ceux qui la détiennent puissent la conserver sans risque, autrement que dans une lessiveuse... La réponse est négative : la monnaie – billets – est moins commode à manipuler que les comptes en banque et autres moyens de la faire circuler – virement et autres domiciliations d'effets de commerce.

L'APPORT DU SYSTÈME BANCAIRE
Le système bancaire et financier peut devenir des plus complexes par le nombre et le métier spécifique de chacun de ses membres – ce qu'il est aujourd'hui, sans que nous ne soyons gênés pour en évaluer son apport au produit national qui, dans certaines nations, peut même devenir plus important que celui des producteurs de biens et de services non financiers. Ainsi, par exemple, de la Suisse dont le produit national dû aux activités financières est sûrement supérieur à celui des producteurs de chocolat, de montres et autres biens réels.

S'il convient, donc, de représenter le circuit en partant des valeurs ajoutées brutes qui reflètent la réalité des trois flux en circulation (production, revenu et dépenses), il faut garder à l'esprit cette distinction entre le brut et le net qui concerne presque exclusivement l'investissement, le profit et l'épargne (brutes ou nettes), l'amortissement qui est le moyen de financer l'investissement de remplacement faisant la différence entre les deux.

Un tel circuit présente la qualité, recherchée par les classiques, d'être «fondamental», de s'appliquer à toute économie, nationale ou non, fermée sur l'extérieur, sans État, avec ou sans monnaie. Il demeure, bien entendu, que son application à nos économies nationales mérite une attention particulière, d'autant qu'elle permet d'en reconstituer l'histoire, en particulier à travers la nature des revenus en cause.

Considérons d'abord le circuit où coexistent Vendredi et Robinson et multiplions ces deux personnages. Le circuit, ainsi peuplé, devient clairement celui d'une économie agricole dont la terre est possédée par des « propriétaires du sol » qui l'ont occupée en premier et, plus souvent, qui en ont hérité. La petite différence entre la réalité et le circuit précédent réside dans l'activité de Robinson. En pratique, le seau est fabriqué par un artisanat qui se charge de produire tous les objets de consommation courante. Robinson, annobli, se consacre à la chasse, au marivaudage, et à faire – ou faire faire dès que possible – la guerre.

Un tel circuit est donc essentiellement à deux classes, pour user d'un terme qui, d'ailleurs, n'apparaîtra avec Marx que plus tard : la paysannerie et la noblesse. Les artisans, encore qu'ils jouent un rôle économique appréciable, ayant une existence sociale très subalterne. Un tel circuit a reçu une attention très soutenue à plusieurs reprises. D'abord des physiocrates français, Quesnay en tête, qui étudient précisément la circulation des produits des récoltes entre ceux qui les produisent, ceux qui les consomment et ceux qui en prélèvent assez pour vivre sans rien faire sinon passer commande aux artisans.

Circuit économique sans État et sans échanges extérieurs.

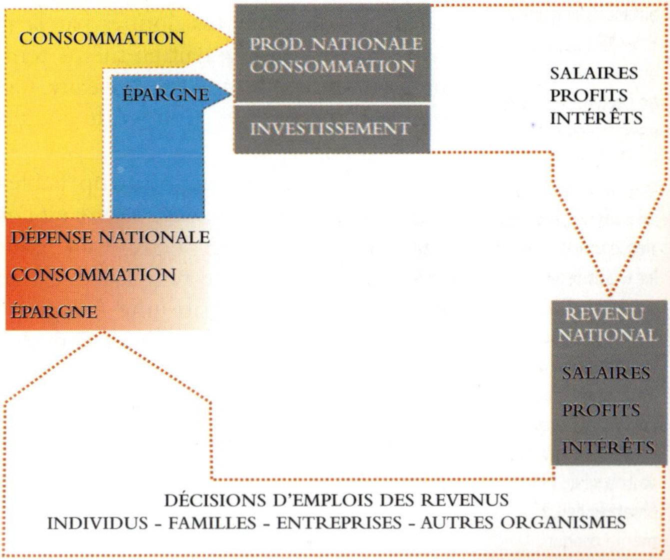

Dans ce circuit de l'économie agricole, la monnaie ne joue pas un grand rôle – ce qui explique la position des classiques. Les paysans se nourrissent sur place de leur propre production (auto-consommation) ; ils produisent eux-mêmes leur seau, leur araire ou leur charrue; ils élèvent leur machine de trait (cheval ou bœuf). Point besoin de monnaie donc ; la monnaie apparaît lorsque les nobles vendent le surplus agricole ou leur prélèvent ce surplus sous la forme d'impôts. Puis l'argent circule entre nobles et artisans devenus bourgeois des villes franches dès que possible. Point besoin, donc, de banque centrale ni de banques. Quelques pièces d'or suffisent, coulées par le roi qui, en chef de la noblesse, exerce ce pouvoir régalien par excellence, d'autant qu'il peut ainsi modifier la teneur en or de ces pièces quand il en éprouve le besoin. Le circuit d'une telle économie est bien « réel ».

Considérons, maintenant, le circuit d'une économie où l'industrie occupe une partie importante de l'activité, par exemple, celle des nations européennes. L'industrie implique une nouvelle forme de travail, le travail ouvrier, qui va, lui-même, pro-

UNE ÉCONOMIE TOUJOURS PRÉSENTE

Cette situation est celle de l'économie féodale des pays européens, et aujourd'hui – il ne faut pas l'oublier –, de la majorité de la population mondiale. La Chine et l'Inde connaissent encore une économie essentiellement agricole.

voquer la naissance d'un nouveau revenu, le salaire, et l'apparition d'une classe sociale, le prolétariat. Cette industrie met simultanément en scène les propriétaires des machines, forme nouvelle des moyens de production, qu'il faut désormais fabriquer, qui ne sont plus donnés par la nature comme l'était la terre. La bourgeoisie naît en même temps que le prolétariat ; le profit en même temps que le salaire. Ces deux nouveaux revenus vont modifier le contenu du circuit.

Le salaire est longtemps trop faible pour que les ouvriers puissent épargner. Tout leur salaire est consommé. Et le profit est trop important pour l'être tout entier. Au demeurant les machines doivent être remplacées ou améliorées – l'investissement – ce qui nécessite une épargne préalable, l'épargne des riches qui devraient donc le devenir de plus en plus.

Le nouveau circuit économique ne connaîtrait que deux revenus – profit et salaires – s'il pouvait fonctionner, comme le précédent, sans banque centrale et, surtout, sans tout un système bancaire d'intermédiation dont la fonction essentielle est de diriger l'épargne des capitalistes vers leur investissement. Apparaît alors un troisième revenu, l'intérêt, qui assure la vie des banques et celle des particuliers qui prêtent, les rentiers. Profit et intérêt constituent donc les revenus des propriétaires, soit du capital de production, soit de la monnaie ou des actifs financiers qui s'accumulent avec le temps. Comme les paysans continuent à vivre longtemps à l'écart de la circulation des flux monétaires (sinon en thésaurisant), le circuit connaît deux types de revenus, les salaires et les non-salaires (profit et intérêt), dont l'importance relative restera très longtemps, encore aujourd'hui, constante. Ce circuit économique ne dissimule pas l'inégalité fondamentale entre les deux classes, les ouvriers et les capitalistes, qui est au cœur du paradigme marxiste et qui va déterminer toute la vie économique, politique et sociale des nations européennes pendant près de cent ans, jusqu'à Keynes, au moins.

QUI PRODUIT ?
Quesnay appellera la noblesse la « classe stérile », sans pour autant la vilipender. Pour lui, seuls « produisent » les paysans, de l'activité desquels naissent les seuls biens réels. Pour le reste, même les artisans ne produisent rien, comme tous les « fournisseurs de services ». Quesnay ne fait que poursuivre la conception de la production qui avait cours chez les Grecs et précède la valeur de travail de Marx. Montesquieu, à la même époque, s'attachera justement, dans sa théorie du luxe, à éclairer la relation entre la noblesse et l'artisanat. Plus récemment, Ranis et Fei ont montré comment un tel circuit peut dégager un surplus agricole qui, s'il n'est pas intégralement « consommé » par les propriétaires du sol, permet un avenir meilleur.

Le circuit actuel est inséparable de son histoire industrielle, mais aussi de toute la période de développement rapide qui a suivi la Seconde Guerre mondiale. Pour l'essentiel, aucune modification dans son contenu économique. Les revenus sont toujours les trois qui apparaissent avec la naissance de l'industrie : salaires, profit et rente. Et l'affectation de ces revenus à la consommation et à l'épargne n'a pas fondamentalement changé. Certes, la part des salaires épargnés s'est accrue, de même que celle des intérêts dans les revenus non salariaux, mais les vieilles disparités économiques entre l'affectation des profits et des salaires demeurent.

LA RÉPARTITION DES REVENUS
Les salaires et traitements représentent environ 80 % des revenus totaux ; les autres profits et intérêts 20 %. La part des salaires épargnés s'élèvera lentement mais n'est encore que de 20 % alors que celle des « non-salaires » est de plus de 50 %.

Le circuit d'une économie fermée avec État

L'absence de l'État dans le circuit précédent n'est évidemment justifié que par un souci pédagogique. De tout temps l'État a été au centre de la vie politique, économique et sociale des communautés humaines.

Avant l'industrialisation, on peut même reconnaître que la vie politique domine tous les autres aspects de la vie sociale, l'économique inclus. Le chef de tribu du néolithique, l'Anax, concentrait sur sa personne tous les pouvoirs. Il possédait tout, distribuait ce qu'il voulait de la récolte, avait même droit de vie et de mort sur tous ses sujets.

Aujourd'hui, ceux qui détiennent le pouvoir politique, ici ou là, cèdent souvent à la tentation de l'enrichissement personnel. Et ils ont, partout, le pouvoir de donner à l'État plus ou moins de fonctions et de prérogatives dans les domaines économique et social. C'est même autour de ce choix que se définit, désormais, le fameux clivage européen entre droite et gauche.

L'IRRUPTION DU SOCIAL

La nouveauté se manifeste surtout dans le domaine social. À l'opposition de deux classes, prolétariat et capitalistes, a succédé un clivage social en trois populations : la majoritaire, les classes moyennes, caractérisée par des revenus peu différents et une structure de la consommation assez voisine – quelle que soit leur volonté d'affirmer leurs différence ; les intouchables (5 à 10 %), suffisamment riches pour se sentir invulnérables aux accidents personnels et aux incidents sociaux ; et les pauvres et les exclus qui comprend de 15 % à 25 % de la population totale. Cette disparité introduit dans le circuit économique, des éléments nouveaux : l'intervention permanente de l'État dans le domaine social.

Personne ne conteste, en effet, que l'État-nation doive exercer un certain nombre d'activités. La nation est une organisation sociale « nouvelle », caractéristique du XIXe et du XXe siècle où elle s'est généralisée à partir de l'exemple français et anglais. Aujourd'hui, la planète compte 195 nations, grandes et petites, qui, toutes, ont besoin, pour exister, d'un État, autrement dit d'une bureaucratie publique qui assure au moins trois fonctions. La première est de garantir la sécurité des biens et des personnes, faute de quoi il ne serait pas de communauté vivante. Ceci suppose une armée pour garantir les frontières et une police pour faire régner l'ordre à l'intérieur. La seconde est, autre variante de l'ordre domestique, de permettre la circulation des biens et des services et leurs échanges par l'intermédiaire d'une monnaie unique et « relativement stable ». La troisième est de construire et d'entretenir toutes les infrastructures composant le capital collectif, nécessaires à la vie nationale qui relèvent, ne fût-ce que par carence de tout autre acteur, de l'initiative publique. De tout temps, l'État s'est chargé de la construction des grands réseaux de communication, routes, voies ferrées, voies aériennes et, aujourd'hui, satellites et autres installations permettant le câblage mondial en vue de la circulation de l'information.

Ces trois fonctions sont d'ordre économique. Elles légitiment l'intervention publique dans ces trois domaines différents et, donc, ses moyens – armée, police, finance et travaux publics – avec toutes leurs implications. Elles constituent le cœur du secteur public dans toute nation, même dans les plus libérales où l'État est considéré comme un danger... public. Mais, à partir de ce cœur, tous les choix sont permis et ont été faits.

Aujourd'hui, le choix demeure entier bien qu'entre des bornes moins éloignées puisque personne – ou presque – ne défend plus une organisation économique et sociale de ce genre. Personne non plus – ou presque – ne défend le programme politique où l'intervention publique se limiterait aux trois fonctions précédentes, incompressibles. Entre ces deux extrêmes, l'État exerce désormais de nouvelles fonctions avec une plus ou moins grande présence selon les nations.

D'abord, une intervention d'ordre économique qui a beaucoup varié depuis la crise de 1929 et l'émergence du paradigme keynésien. L'État peut exercer, lui-même, des activités productives autres que les trois traditionnelles, qu'il s'agisse de biens ou de services. Déjà au XIXe siècle, les services d'éducation et de recherche furent le plus souvent assurés par la puissance publique. Ainsi de l'enseignement qui, en France, a été organisé puis développé par l'État, qui en assure encore aujourd'hui la plus grande partie. Avec le réformisme keynésien, un grand nombre d'entreprises privées sont nationalisées dans le secteur non financier (en France les chemins de fer, la compagnie d'aviation, et un grand nombre d'entreprises dans tous les autres secteurs – Renault, Thomson). Quant au secteur financier, il le fut presque totalement en France en 1945 et le sera resté jusqu'à une date très récente.

Mais c'est dans le domaine social que l'intervention publique aura connu un développement à peu près constant, le long d'un itinéraire dominé par des considérations politico-sociales inspirées par la volonté de réduire les inégalités de tous ordres indissociables du développement économique. Une communauté politique, la nation, se doit de ne pas connaître des inégalités qui mettent en cause l'ordre nécessaire à son bon fonctionnement et qui, si elles deviennent trop intenses, menaceraient sa vie. Ces inégalités sont au cœur de la fameuse question ouvrière de la seconde moitié du XIXe siècle dont le traitement fut à l'origine de l'évolution du droit du travail (aspect juridique), de celle de la redistribution des revenus en faveur des plus pauvres et de celui de tout le droit social (Sécurité sociale, retraites, congés payés).

Avec la crise de 1929 et Keynes, l'intervention publique trouve une légitimité économique. Redistribuer les revenus des riches aux pauvres devenait moins vertueux qu'efficace.

L'ÉTAT DOMINATEUR

L'omniprésence de l'État la plus extrême fut celle des pays de l'Europe de l'Est jusqu'à l'éclatement de l'Empire soviétique. Productions, revenus, dépenses étaient entièrement ou presque déterminés par l'État qui organisait la circulation des flux issus d'une production dite, alors, planifiée. Ce choix, désormais abandonné, attribuait une fonction claire à l'intervention publique.

AVANT L'ÉTAT, L'ÉGLISE OU LE PRIVÉ
Pendant longtemps, l'intervention publique sociale n'eut que des fondements moraux (la charité chrétienne laïcisée) ou politiques (prévention du désordre social). Elle resta assez limitée, la paix sociale devenant moins préoccupante que les guerres successives qui devaient emporter les nations européennes à partir de 1870.

Accroître la consommation des moins favorisés élevait le rythme du développement économique et allait aussi, en un second temps, enrichir les riches... Après la Seconde Guerre mondiale, cette redistribution sociale devint considérable et indissociable de sociétés indiscutablement renouvelés en termes de richesse et de revenu moyen. Sécurité sociale pour tous, retraites par répartition pour tous, allocations sociales de toutes natures (maternité, logement...) allaient faire de l'État une machinerie sociale à redistribuer, l'installant au centre même de la vie économique et sociale.

Le terme État devenait, d'ailleurs, de plus en plus insuffisant. Il ne s'agit plus aujourd'hui simplement de l'État, autrement dits, de ces organisations particulières que l'on nomme des ministères, chacun ayant droit de regard et de direction dans un domaine spécifique. La référence au budget de l'État ne suffit plus à apprécier le champ de la volonté politique. Depuis près de cinquante ans, on assiste à une floraison d'organisations nouvelles de plus en plus particulières au point que nul ne sait désormais très bien de quel droit elles relèvent.

Pour parfaire cette évolution, les collectivités locales se sont multipliées et ont acquis, elles aussi, un domaine propre de plus en plus étendu, leur budget augmentant au détriment de celui de l'État (la décentralisation). Enfin, ces collectivités locales traditionnelles – villes, conseils généraux et régionaux – se sont, elles aussi, démembrées, comme l'État lui-même (Commission des Opérations de Bourse et autres organisations d'arbitrage et de déontologie spécifique). Fleurissent aujourd'hui des communautés urbaines, des associations sans but lucratif en tout genre (leur budget en 1998 s'est élevé à 300 MF environ, soit 25 % du budget de l'État).

Pour un produit national équivalent en 1998 à 8 567 MF, le budget de l'État n'a été que de 1 673 MF environ. Or la redistribution des revenus (prélèvements obligatoires) soumet au filtre public près de la moitié de ce produit national, soit 3 924 MF. Le budget de l'État est donc désormais très inférieur au budget social.

L'introduction d'un « secteur public » dans le circuit est devenu absolument nécessaire. Cela implique que l'on distingue les deux fonctions économique et sociale de l'État. Pour la première, il convient de faire à l'État sa place en tant que producteur de biens et de services : l'État producteur investit (investissement public) et ses différentes agences (ministères, offices publics) consomment (consommation publique). Aujourd'hui, la proportion de la production publique dans la production totale varie selon les nations entre 10 % (Japon) et 25 % (France)… Pour la seconde, il convient de saisir la totalité du mécanisme de redistribution qui passe par le budget de l'État et d'autres budgets publics ou parapublics, soit les recettes fiscales et parafiscales qui les alimentent. Il est utile, d'ailleurs, de faire la part des recettes qui viennent des impots directs, des impots indirects et des autres formes de prélèvements fiscaux (en France, respectivement 38 %, 45 % et 17 % du total). Par ailleurs, il convient de faire la différence entre les dépenses ordinaires (rémunérations des fonctionnaires, interventions diverses et charges de la dette publique) et les dépenses en capital (investissement public), soit 85 % et 15 % du total.

Ces deux fonctions s'inscrivent de façon très différente dans le circuit. L'État producteur crée de la valeur ajoutée, donc participe au produit national, et, ainsi, au revenu national. D'autre part, ses revenus participent au financement de ses investissements et, indirectement, à sa consommation. L'État redistributeur se contente de ponctionner certains revenus pour en créer d'autres. Il n'aug-mente donc pas le revenu national sauf dans le cas particulier où son budget serait en déficit et où il le financerait en créant lui-même de la monnaie (ou obtenir de la banque centrale qu'elle la lui prête – ce qui revient en pratique au même). Mais, en ce cas, le déficit ainsi financé est dépensé,

LE SECTEUR PUBLIC

Les entreprises publiques sont semblables à leurs homologues privées, sauf que leur capital est public, que leur dirigeant est nommé par l'État, que leur objectif n'est plus le seul profit mais peut être l'emploi et/ou la qualité du service, quitte à faire des pertes comblées par l'État. On a vu naître et se développer des organisations chargées de distribuer des services publics ou d'opérer des redistributions des revenus, dont le statut était mixte ou paritaire. Il est même aujourd'hui des entreprises privées dans lesquelles l'État conserve un pouvoir de contrôle spécial matérialisé par la détention d'une « golden share » qui lui permet d'autoriser ou d'interdire certaines opérations comme des fusions avec des entreprises étrangères.

LA FONCTION DE REDISTRIBUTION DE L'ÉTAT
La redistribution « publique » des revenus n'a guère cessé d'augmenter depuis la Seconde Guerre mondiale, en ajoutant des modalités nouvelles aux traditionnelles. Elle atteint aujourd'hui près de 50 % des revenus en France. Autrement dit, 50 % des revenus, dits de ce fait « primaires », s'en vont dans le budget de l'État, qui les redistribue, créant ainsi pour cette même moitié des revenus indépendants du travail. Les revenus disponibles après impôts sont désormais très inférieurs au revenu national (60 % environ).

Introduction de l'État dans le circuit économique.

donc détermine l'augmentation de la production nationale, si celle-ci peut s'accroître, et, si elle en est incapable, l'inflation.

L'égalité entre production et revenus n'est donc plus une égalité directe mais bien une égalisation obtenue d'une transformation de la relation entre ces deux termes. Les revenus ne sont plus, pour leur moitié, la rémunération directe de l'activité. Et ceux qui sont directement liés à cette production sont pour moitié appropriés par les diverses organisations publiques.

Le circuit de la production, des revenus et de la dépense nationale est alors conforme à la représentation suivante qui tente de faire droit à l'importance de la redistribution publique :

Le circuit d'une économie ouverte

Une économie « ouverte » sur l'extérieur est celle d'une nation qui exporte une partie de sa production et qui importe une partie de sa dépense (de consommation et/ou d'investissement), qu'il s'agisse de biens ou de services. Pour tenir compte de l'existence de ces échanges extérieurs, il convient de modifier quelque peu les termes de l'égalité entre production, revenus et dépenses, pour lui ajouter celle de ressources et d'emplois.

Les ressources dont disposent les membres d'une collectivité nationale sont, en effet, égales à ce qu'ils produisent – leur produit national ou domestique – auquel il faut ajouter les importations, soit :

$$R = Y + M$$

Soit si :

C_p représente les biens de consommation produits sur le territoire ;

I_p représente les biens d'investissement produits sur le territoire ;

M représente les importations composées, elles aussi, de ces deux catégories de biens $M_c + M_i$, on a :

(1) $$R = C_p + I_p + M_c + M_i$$

Ces ressources sont utilisées à consommer, investir et exporter, soit :

(2) $$E = C_d + I_d + X$$

C_d étant les biens de consommation consommés sur le territoire ;

I_d étant les biens d'investissement investis sur le territoire ;

X étant les biens d'exportation, eux aussi composés de ces deux catégories, soit :

$$X_c + X_i$$

LA CORRESPONDANCE PRODUCTION-REVENU

Il y a deux modes de correspondance production-revenu, l'une économique, l'autre politique, puisque l'importance, les procédures et les modalités de la redistribution publique sont déterminées politiquement.

LA FAIBLESSE DU PARADIGME KEYNÉSIEN

Un des défauts les plus indiscutables du paradigme keynésien tient à l'absence de toute considération des échanges extérieurs. On sait que cette carence était volontaire. Keynes souhaitait que l'économie anglaise fût indépendante de l'extérieur, et se fermât progressivement à toute relation extérieure. Position défendable – bien qu'utopique – d'un point de vue doctrinal, indéfendable d'un point de vue descriptif. Aussi les comptables nationaux, pourtant formés aux concepts keynésiens, durent-ils très vite modifier certains aspects de leurs références afin d'introduire les échanges extérieurs dans leur mesure des flux de biens, de revenus et de dépenses constituant le circuit.

Par définition, la totalité des ressources est égale à celle des emplois.

Soit (3) $R = E$

Soit, donc, $Y + M = C_d + I_d + X$

ou $C_p + I_p + M = C_d + I_d + X$

ou $C_p + I_p + M_c + M_i = C_d + I_d + X_c + X_i$

La consommation domestique est égale aux biens de consommation produits sur le territoire plus ceux qui sont importés moins ceux qui sont exportés. De même, l'investissement domestique est égal à l'investissement produit sur le territoire plus les biens d'investissement importés moins ceux qui sont exportés, soit :

(4) $C_d = C_p + M_c - X_c$

(5) $I_d = I_p + M_i - X_i$

Si on appelle absorption ce qui est absorbé sur le territoire national, soit $C_d + I_d$, et production (ou somme des valeurs ajoutées), Y, ce qui y est produit, on a :

$$(6) = C_d + I_d$$
$$= (C_p + I_p) + (M_c + M_i) - (X_c + X_i)$$
$$A = Y + M - X$$

Et si B est le solde des échanges extérieurs = (M – X), on a :

(7) $A = Y + B$

Cette introduction des échanges extérieurs dans le circuit économique d'une nation conduit à révéler les caractéristiques spécifiques de son intégration dans la communauté mondiale.

D'abord, son ratio de dépendance, manifesté par le rapport entre ses importations et ses exportations au produit national. Le premier de ces ratios s'appelle la propension à importer ; le second l'incitation à exporter. Ils ne sauraient être longtemps très différents puisque, à moyen terme au moins, une nation ne peut importer beaucoup plus qu'elle n'exporte.

La mesure de cette dépendance est devenue d'autant plus nécessaire et utile qu'elle s'est accrue de façon spectaculaire pour la plupart des nations et, en particulier, pour le Japon et les États-Unis, qui étaient, voici un demi-siècle, très peu dépendants du reste du monde, presque autarciques, et qui, aujourd'hui, entretiennent des relations d'échange de plus en plus intenses avec le reste du monde et, constamment, entre eux.

Cette introduction des échanges internationaux conduit, en second lieu, à considérer avec une grande attention ce qu'il faut appeler la contrainte extérieure, dont on a pu apprécier la force et les effets en 1973 lors de la fameuse crise pétrolière. De quoi s'agit-il lorsqu'on invoque le jeu de cette contrainte sinon de faire droit aux exigences de la solidarité entre les nations ? Aussi longtemps qu'une nation est autarcique, qu'elle n'a pas d'échanges avec l'extérieur, elle ne dépend que d'elle-même – ce que, justement, voulait Keynes pour la Grande-Bretagne. Elle peut plus ou moins consommer, plus ou moins investir, accroître ou réduire les inégalités de revenu. Elle est libre de ses choix domestiques. Mais dès qu'elle doit importer une fraction importante de son produit national, elle doit le payer, donc exporter. On ne voit pas comment elle pourrait vivre indéfiniment des cadeaux ou des intérêts des autres nations. En termes plus comptables, sa balance extérieure – appelée balance des opérations courantes – doit être équilibrée. On doit avoir :

$$B = X - M = 0$$

soit :

$$Y = A$$

Ces deux expressions sont équivalentes. Dire qu'une nation exporte autant qu'elle importe signifie aussi qu'elle a absorbé (A) ni plus ni moins que ce qu'elle produit (Y). En termes plus courants, dans cette situation, elle ne doit rien à personne.

En toute autre situation, ou bien elle doit (elle est débitrice) ou bien les autres lui doivent (elle est créancière). Elle doit si elle exporte moins qu'elle n'importe, si sa balance

LES RATIOS DE DÉPENDANCE

Les ratios de dépendance sont très différents selon les pays. Ils n'excèdent pas 10 % pour les États-Unis et le Japon. Ils s'élèvent à près de 30 % pour l'Europe des Quinze et peuvent aller jusqu'à plus de 110 % pour des territoires assez particuliers comme Hong Kong. Plus la dépendance est élevée, plus la nation en cause a besoin d'importer pour se développer, donc, aussi, d'exporter. Elle est ainsi soumise aux accidents de l'évolution des pays avec lesquels elle commerce. Aussi cette dépendance se précise-t-elle en décomposant les importations et les exportations par pays ou grandes zones géographiques et par catégories de biens et de services – consommation et investissement notamment.

extérieure est déficitaire. Il lui faut donc emprunter puisque – ce qui revient au même – les autres lui font crédit. On lui doit si sa balance est excédentaire puisque, en ce cas, c'est elle qui fait crédit aux autres.

Or, à moyen terme, aucune de ces deux situations n'est tenable. On ne fait pas crédit indéfiniment à une nation, ce qui serait lui permettre de vivre aux frais des autres. Et pourquoi ferait-elle indéfiniment crédit aux autres qui ne la rembourseraient pas ?

Tel est, le contenu de la contrainte extérieure qui s'impose à toute nation. Sa balance des échanges extérieurs doit, à long terme, être en équilibre, et sa production doit, quel que soit le degré de sa dépendance extérieure, être égale à la somme de ce qu'elle consomme et de ce qu'elle investit (son absorption). Ceci implique, aussi, qu'elle épargne ni plus ni moins que ce qu'elle investit, puisqu'elle n'a pas besoin qu'on lui fasse crédit ($B < 0$) et qu'elle n'a pas à en faire ($B > 0$).

Il faut, en troisième et dernier lieu, bien qu'il s'agisse d'un domaine particulièrement difficile à explorer, mentionner l'existence d'échanges extérieurs d'un genre particulier, non plus ceux de biens ou de services, mais de « capitaux », autrement dit d'échanges purement monétaires et financiers, constituant les éléments de la balance des capitaux.

Il fut un temps où ces échanges n'existaient pas ou peu. Au XIXe siècle et jusqu'au premier tiers du XXe, l'or constituait le moyen de règlement des déficits extérieurs. La nation débitrice envoyait à la nation créditrice de l'or. Aujourd'hui, l'or ne joue plus ce rôle ; il n'en joue même plus aucun – ou presque. Les règlements se font en monnaie fiduciaire, les billets de banque, et, surtout, par virements entre les comptes en banque. De surcroît, les particuliers, individus ou entreprises, ont désormais la liberté, assez récente, de régler dans la monnaie qu'ils souhaitent et comme ils le souhaitent. Ils peuvent même déplacer leurs capitaux quand bon leur semble, indépendamment de tout règlement. Les mouvements de capitaux sont alors « autonomes », et non plus «induits» par des échanges préalables de biens ou de services dont ils assureraient le règlement. Et ces mouvements peuvent être instantanés et à toutes échéances (court ou long terme).

Introduction des échanges extérieurs dans le circuit économique.

Dans ces conditions, on comprend que ces mouvements de capitaux atteignent des volumes considérables, bien supérieurs à ceux des échanges de biens et de services, et qu'ils soient fort délicats à débroussailler. Il demeure, cependant, qu'ils doivent être pris en considération dans l'évaluation de la position d'une nation dans l'ensemble des relations qu'elle entretient avec le reste du monde, d'autant, d'ailleurs, que l'on ne se contente plus d'évaluer le circuit des flux à un instant donné mais que l'on envisage son développement dans le long terme.

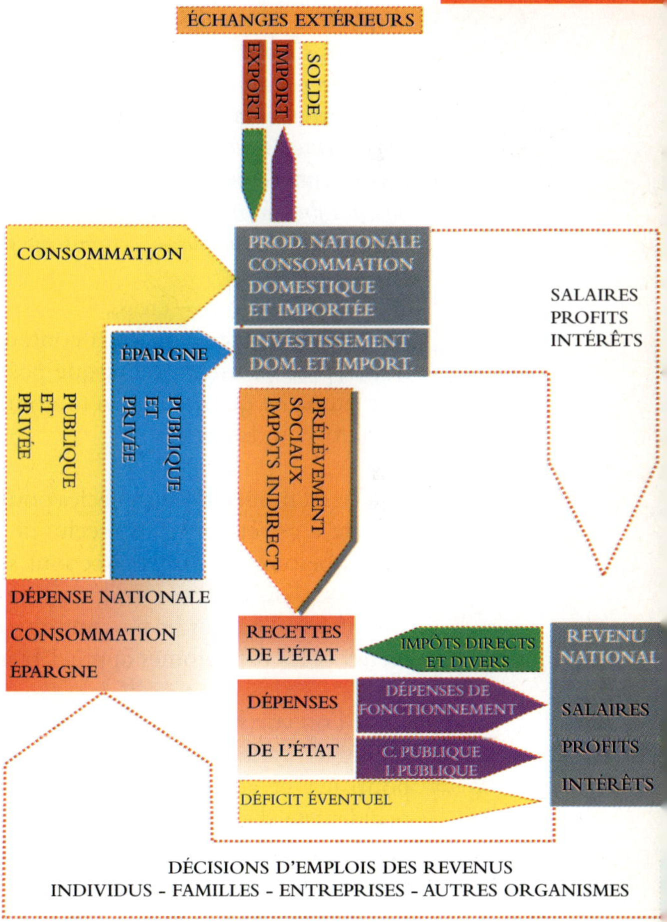

Le développement économique et social

Un circuit, comme son nom l'indique, pourrait servir indéfiniment de réceptacle à la circulation des flux de production, de revenus et de dépenses s'il n'était pas destiné à « s'ouvrir » sous la pression des forces qui poussent toute communauté humaine à se développer. Ainsi « le » circuit n'est-il qu'un procédé, une petite ruse, pour suivre les enchaînements qui vont des efforts à la satisfaction des besoins. Le phénomène que nous observons n'est pas la permanence, la stagnation des flux économiques, mais leur croissance, qui constitue le développement économique – certains ajoutent le progrès social.

Ces trois termes – croissance, développement, progrès – sont indissociables, bien que leurs contenus soient loin d'être identiques, pour résumer, autant que possible, l'extraordinaire aventure humaine qui se déroule toujours sous nos yeux, celle de la révolution industrielle.

Or, en moins de deux siècles pour les pays de l'Europe occidentale, à cet état a succédé celui de sociétés dites développées, où les besoins fondamentaux sont satisfaits, où la vie s'allonge sans cesse, où la durée du travail ne cesse de diminuer, où les conditions d'habitat et de confort sont devenues des plus correctes, et les patrimoines appréciables.

Si l'on voit bien dans tous ces progrès le ressort intime de ce processus continu de développement, l'objectif fondamental poursuivi et atteint par certaines communautés de l'Europe occidentale d'abord, suivie du continent nord-américain, puis par la totalité de l'espèce, ainsi que le montre aujourd'hui le réveil de toute l'Asie, les modalités de cette transformation économique et sociale nécessitent quelques explications et précisions. L'extraordinaire accumulation des biens arrachés par les êtres vivants à la nature en est l'origine, certes. Mais comment ceux qui l'ont réalisée en ont-ils réparti les avantages ? C'est à ces deux interrogations principales que les économistes essaient de répondre depuis... le XVIIIe siècle.

Les modalités du développement

Pour que le circuit se modifie, pour qu'il s'ouvre, pour que davantage de biens soient produits, il faut toujours deux conditions, pas toujours simultanées mais au moins assez rapidement successives. Il faut qu'il y ait plus d'offre et plus de demande. Chacune des deux « incitations » peut précéder l'autre, soit qu'un surcroît de demande, de dépenses – à partir de crédits par exemple – incite à un accroissement de la production, soit que cet accroissement de la production – l'offre – ait lieu de façon autonome et crée des revenus et des dépenses qui lui permettront de se vendre.

Comme il arrive souvent, les économistes ont eu pendant plus d'un siècle tendance à privilégier l'une de ces deux incitations au lieu de s'accorder définitivement sur leur complémentarité. Ce serait de leur part péché véniel à côté de leurs deux oublis fondamentaux : l'oubli durable des phénomènes démographiques au cœur de l'évolution de la demande sociale et celui de l'évolution de la connaissance scientifique en tant que déterminant de l'offre en dernier ressort. Aujourd'hui, cette carence est levée. Le développement économique et social, sa vitesse et ses accélérations trouvent leurs explications dans trois évolutions causales, trois dynamismes originels : le dynamisme démographique, celui de l'accumulation du capital et celui du progrès des connaissances scientifiques.

UN DÉVELOPPEMENT RAPIDE
Il n'est pas facile d'être conscient que les nations, aujourd'hui riches, connaissaient voici deux siècles et demi le même état – ou à peu près – qu'au néolithique et qu'une partie de l'espèce humaine le connaît encore aujourd'hui : une durée de vie moyenne limitée à 35 ans, des activités agricoles constituant l'essentiel de la production nationale, une consommation réduite aux biens alimentaires et à quelques services essentiels, des revenus pour la plupart non monétaires et un patrimoine composé de ces quelques biens d'usage que l'on voit encore aujourd'hui entassés sur les charrettes sommaires des réfugiés.

LA PUISSANCE DE LA DÉMOGRAPHIE
Son oubli eut pour seconde origine l'antériorité de la démographie sur l'économie et le caractère très étranger à l'économie – au moins il y a deux siècles – des phénomènes explicatifs de la variation du nombre des individus à l'intérieur des nations qui se formaient à l'époque. Les causes de la valeur des taux de natalité et de mortalité échappaient et échappent encore au domaine de la science économique. Pas tout à fait cependant dans la mesure où l'évolution des effectifs et de la composition d'une population est déterminante pour expliquer la « demande » et l'offre globale de biens et de services.

Le dynamisme démographique

Sans doute est-ce la considération du court terme, autrement dit du circuit, qui explique l'oubli par les économistes du dynamisme démographique. Pas seulement, d'ailleurs, mais aussi le soin exclusif dont bénéficie l'offre pour l'orthodoxie classique. La célèbre « loi des débouchés » formulée dès le début du XIXe siècle par J.-B. Say selon laquelle « les produits s'échangent contre les produits » postule qu'une fois l'offre (la production) réalisée, la demande (la dépense) sera « automatiquement » au rendez-vous, ainsi que le veut le circuit.

Considérons d'abord les relations existant entre population et demande. La première, la plus visible, est purement quantitative. Plus la population est importante et/ou croît vite et plus les besoins à satisfaire en feront de même. Le dynamisme de population est donc à la base même de celui de la demande mais aussi de l'offre de biens et de services puisque cette dernière implique l'existence du facteur travail. On aurait là comme une loi des débouchés démographiques : plus d'habitants provoque l'augmentation simultanée de la demande et de l'offre.

C'est bien ce phénomène qui caractérise, plus que tout autre à y bien réfléchir, la révolution industrielle. L'accroissement de la population mondiale, sur tous les continents, aura été considérable et sans aucun précédent.

La cause de cette évolution, au moins la plus apparente, réside dans ce que les démographes appellent l'ouverture du cycle démographique. Avant l'industrialisation, les communautés humaines connaissent une situation démographique caractérisée par une croissance très lente – toujours menacée par les épidémies et autres catastrophes naturelles – elle-même due à une quasi-égalité entre le taux de mortalité et le taux de natalité autour de 40 ‰, taux dit naturel que l'on peut encore observer dans certaines nations encore proches du néolithique. Or l'industrialisation a pour première conséquence la baisse très prononcée du taux de mortalité infantile par suite des progrès de l'hygiène et de la médecine. Le cycle démographique s'ouvre donc brutalement – hier pour nous, aujourd'hui pour des pays très voisins du nôtre (l'Afrique du Nord par exemple) –, au point que la population totale augmente à un rythme inconnu jusqu'alors pouvant s'élever jusqu'à 2 %, soit un doublement en trente-six ans, à peine plus qu'une génération.

On conçoit les effets d'une telle augmentation. La naissance d'un individu apporte, avec elle, une masse de besoins considérable : ceux de l'enfant, d'abord, qu'il faut nourrir, éduquer, protéger pendant de longues années ; puis ceux de l'adulte dont le travail aura besoin de moyens de plus en plus coûteux ; enfin ceux de l'individu vieillissant, à la retraite, sollicitant sécurité et soins de santé. En réalité, l'ouverture du cycle démographique, comme tout autre accroissement brutal de la population (immigration par exemple), provoque une croissance des besoins qui assure celle de la demande économique et sociale pendant une période d'autant plus longue que l'est la durée de vie moyenne.

Au contraire, toute chute du niveau de la population, qu'elle soit due à une chute de la natalité non compensée par celle de la mortalité, à des guerres que l'on a accusées justement de provoquer des « saignées », voit la pression des besoins et de la demande diminuer et rendre, ainsi, de plus en plus vulnérable la croissance à travers la santé des entreprises concernées par les consommations les plus touchées.

La démographie n'exercerait sur le développement économique que cet effet d'entraînement, positif ou négatif, plus ou moins intense, si le rythme de variation de la population restait constant. Or tel n'est pas le cas et nous en avons déjà deux exemples. L'un est ancien pour ce qui nous concerne (XIXe siècle). L'ouverture du cycle démographique par baisse du taux de mortalité a été suivie, dans les pays européens, par une

L'AUGMENTATION DE LA POPULATION

L'augmentation de la population mondiale se sera effectué à un taux, croissant d'ailleurs pendant un siècle, supérieur à 1 % par an alors qu'il était resté égal à 0,1 % durant les vingt siècles précédents. En fait, la population mondiale aura mis seize siècles pour doubler entre Jésus-Christ et la Renaissance, moins de deux siècles pour doubler à nouveau et atteindre 2 milliards en 1930, quarante-cinq ans pour atteindre 4 milliards. Aujourd'hui les 6 milliards d'individus sont dépassés et l'on devrait atteindre 8 milliards avant le premier tiers du XXIe siècle. De 1900 à 2000, la population mondiale sera passée de 1,6 à 6 milliards. Elle aura presque quadruplé en cent ans.

LA BAISSE RAPIDE DE LA NATALITÉ EN EUROPE
Depuis la fin des années 1960, pour une série de raisons sur lesquelles les démographes se penchent avec assiduité, les pays européens – l'Allemagne, l'Italie, l'Espagne particulièrement – ont connu une telle chute de leur taux de natalité que leur population commence à décliner. Si la situation actuelle se prolonge encore quelques années, l'Allemagne sans immigration verra sa population diminuer de moitié en 2050 alors que son taux de mortalité restera constant, ou continuera à diminuer.

chute du taux de natalité qui a pu faire croire que les communautés humaines allaient retrouver un régime quasi stationnaire à des taux de natalité et de mortalité très inférieurs (15 ‰) à leur niveau naturel. Nous offrons aujourd'hui un second exemple d'une chute brutale des taux de natalité faisant suite à celle du taux de mortalité.

Une telle évolution démographique ne se contente pas d'avoir sur la demande sociale un effet dépressif durable. Elle modifie aussi la composition de la population au bénéficie des « vieux » et au détriment des « jeunes ». Elle provoque un vieillissement de la population d'autant plus rapide que la durée de vie s'accroît. Or telle est bien la seconde caractéristique essentielle de notre démographie : un allongement de la durée de vie qui est aujourd'hui (mais ceci ne pourra pas durer éternellement...) de trois mois en moyenne tous les deux ans.

Un tel chamboulement de la démographie – le taux de reproduction nette de la population des pays européens étant passé de 2 (niveau où la population est constante) jusqu'à 1,2, voire 1 en Russie ou en Espagne – a sur le développement économique et social des effets que nous n'avons pas encore appréciés à leur réelle valeur. Baisse profonde de l'intensité des besoins, donc tendance dépressive constante certes, mais aussi, d'un point de vue économique, modification extraordinairement rapide de la nature des besoins et des moyens de les satisfaire. Les marchés porteurs ne sont plus ceux des enfants ou des adolescents et le seront de moins en moins à l'avantage de ceux satisfaisant les besoins des gens âgés, d'une toute autre nature. De surcroît, les moyens de les satisfaire impliquent une redistribution des revenus considérable puisque la proportion d'individus actifs – les adultes – dans la population totale ne va pas cesser de baisser d'autant que la durée du travail continuera à diminuer. Encore ne sont-ce là que les conséquences économiques d'un vieillissement, programmé, autrement dit certain, de notre population pour les cinquante ans à venir.

Les conséquences sociales en sont certainement aussi nombreuses que variées et sources de changements de nos habitudes de vie. Une société à quatre générations – les inactifs jeunes, les actifs adultes, les « inactifs encore actifs » et les inactifs définitifs – ne fonctionne plus du tout comme la société à deux générations qui a prévalu, pour nous, jusqu'au milieu du XIXe siècle, ni comme une société à trois générations, celle que nous connaissons aujourd'hui et que nous sommes en train de quitter.

Quel rôle vont jouer les grands-parents qui, à 75 ans, sont aujourd'hui dans le même état physiologique que leurs parents l'étaient à 60 ans au début du siècle ? D'autant qu'ils ont un revenu moyen supérieur à celui des actifs adultes. Quel mode de vie va-t-on réserver à la quatrième génération vivante ? Et comment les adultes actifs vont-ils supporter toutes ces charges, quelles que soient les mille astuces, fiscales et autres, dont ils sont l'objet pour qu'ils renâclent le moins possible ?

En 1800, l'espérance de vie moyenne à la naissance était de 34 ans ; elle est aujourd'hui, en France, de 76 ans pour les hommes et 82 ans pour les femmes. Nous sommes entrés déjà dans des sociétés à quatre générations puisqu'en 2025, le nombre des individus dont l'âge sera supérieur à 80 ans sera de 155 millions dans le monde et de 3,7 millions en France. Les centenaires seront environ 200 000 dans le monde et 50 000 en France.

Le dynamisme du capital

Il y a, au moins, un point commun à tous les paradigmes économiques : l'attention toute particulière apportée au capital, plus exactement à l'accumulation du capital de production, c'est-à-dire l'investissement, considéré comme le facteur essentiel de la croissance et du développement.

Le volume de travail, en effet, est déterminé par la population active, soit le nombre des individus en âge de travailler multiplié par la durée moyenne du travail. Or, au début de l'industrialisation, cette population est presque stagnante ; elle n'augmentera que plus tard. Et la durée moyenne du travail n'a guère de contenu. Ou un individu travaille pour vivre jusqu'aux limites de ses forces, ou il est au chômage, bien triste condition puisqu'on l'enferme, en Angleterre au moins, dans des sortes d'asiles spécialisés, les *workhouses*. Même aujourd'hui ces deux composantes de la quantité de travail (nombre de travailleurs et durée du temps de travail) varient très lentement ou pas du tout et se prêtent mal à une mesure qui permettrait d'en apprécier le rôle sur le rythme de la croissance. La durée du travail est devenue une norme légale qui varie – avec difficulté – de façon très sporadique et à termes lointains. Le temps de travail n'est pas égal à celui de la présence sur les lieux du travail, elle-même différente de celle qui est associée à l'emploi. Bref, on a toutes les raisons de contester la pertinence d'un indice du volume de travail dont les variations sont, en tout état de cause, de moins en moins reliées au volume de la production.

QUI ASSURE LA CROISSANCE ?
Chez les classiques, comme chez Marx, la croissance dépend exclusivement des deux facteurs de production, le travail et le capital.
Le volume de la production est d'autant plus élevé que le sont la quantité de travail – en heures (ou en masse salariale) – et celle du capital installé – en nombre de machines (ou en évaluation monétaire).
Assez vite, et on voit bien pourquoi, c'est le capital qui fut l'objet de toutes les faveurs.

En revanche, chacun voit bien que le développement est intimement lié à l'industrialisation, qui consiste justement à « faire travailler les machines », à remplacer l'effort humain musculaire et mental par l'énergie de la machine et par la rapidité de calcul des ordinateurs que la robotique lui associe désormais. L'industrie est faite pour accroître la quantité des biens produits, avec de moins en moins de travail humain – au risque d'un chômage dit justement technologique – et à un coût de plus en plus faible qui permet l'écoulement de la production de masse. Or le capital n'est autre, en langage plus technique, que la capacité de production. Croître, se développer, implique que celle-ci soit accrue, que l'on investisse. Les « travailleurs » suivront. Au demeurant, plus on investit, plus, la production s'élevant, leur productivité s'élèvera, elle aussi, et ils pourront travailler moins.

La version orthodoxe plus récente du rôle du capital et de l'investissement a le mérite de préciser l'importance d'un ratio que les classiques considèrent comme le rapport à tout faire du développement économique. Il s'agit du capital utilisé par chaque individu, soit le quotient du capital de production national par l'effectif de la population active.

Ce rapport, le capital par tête, est, à la fois, l'indice du niveau de développement et la cause déterminante de tous les autres indices significatifs du fonctionnement d'une économie nationale, soit la productivité du travail et celle du capital, et, surtout, le niveau de vie et de revenu par tête, par l'intermédiaire, évidemment, du salaire horaire ou annuel. Augmentons le capital par tête et le revenu suivra, presque proportionnellement. Et pour y parvenir il faut que l'investissement net, l'accroissement annuel du capital, soit le plus élevé possible, en valeur absolue (I) et, mieux, en valeur relative par rapport au produit national, soit I/Y.

À l'anichroche près du chômage, de courte ou de longue durée, cette conception orthodoxe du développement n'est guère contestable. L'investissement est bien la clef du progrès économique et social amené et conduit par l'industrie. Marx contestera que ce processus puisse durer longtemps, ce qui nuira grandement à sa crédibilité après que l'on eut attendu trop longtemps la réalisation de sa prévision catastrophiste sur la crise d'un capitalisme mourant d'avoir trop investi et de ne plus pouvoir continuer à le faire. Keynes, comme toujours plus prudent, fera droit aux vertus de l'investissement et sera suivi par ses disciples qui écriront le bréviaire de la politique de reconstruction et de croissance accélérée du troisième quart du XXe siècle. Les vertus de l'investissement furent alors sans limites. De remède au chômage pour Keynes, il devint la cause presque unique de la croissance et du plein emploi entre 1950 et 1973, avant que le choc pétrolier vînt empêcher la poursuite de ce moment exceptionnel de notre développement, en particulier celui de la France.

LA BAISSE DE LA DURÉE DU TRAVAIL

En France, il aura fallu plus de soixante ans pour la durée hebdomadaire du temps de travail passe de 39 à 35 heures ; encore n'est-ce pas vraiment décidé, sans compter que les normes légales ne sont pas respectées avec exactitude. Qui sait combien d'heures travaillent effectivement tous ceux qui n'y sont pas astreints par la cadence d'une machine qui n'attend pas ?

Durant ces vingt-cinq années, les disciples de Keynes établirent des « modèles de croissance » qui, tous, reposaient sur la vigueur de l'investissement. Que ce taux (I/Y) soit le plus élevé possible, qu'il dépasse 20 %, qu'il aille même, pour la France décidée à battre l'Allemagne, jusqu'au 24 %, et le rythme de la croissance du produit national et du revenu par tête suivra automatiquement.

L'installation de l'investissement au cœur du processus de développement économique et social est le seul point tout à fait commun à tous les paradigmes. D'où le nombre incalculable de recherches faites sur les déterminants de l'investissement : quelles sont les raisons qui poussent ceux qui investissent à le faire ? Les économistes n'ont pas eu aussitôt conscience qu'ainsi posée la question mettait aussi en cause la théorie des organisations. Car la réponse dépend évidemment de qui sont « ceux qui » investissent. La décision d'investissement n'a pas les mêmes déterminants selon qu'il s'agit d'une entreprise privée, d'une entreprise publique ou d'une institution à but non lucratif, pour ne prendre que ces trois organisations.

La décision d'investissement

1.– C'est l'entreprise privée qui a fait l'objet d'une attention particulière, justifiée si elle n'avait pas été quelquefois exclusive. Pourquoi un entrepreneur privé augmenterait-il la capacité de production de ses installations ? La réponse est en deux temps : il faut d'abord qu'il le souhaite, ensuite qu'il le puisse.

Pourquoi le voudrait-il ? Évidemment pour faire davantage de profit, ce qui implique simplement qu'il prévoit d'en faire s'il investit. L'investis-sement est donc, d'abord, une affaire de prévision optimiste. Certes, celle-ci repose sur quelques indices objectifs rationnels : la demande pour les activités en cause se fait pressante ; elle ne peut pas être satisfaite par la production courante ; les changements politiques sont favorables à l'entreprise privée ; la pression de la concurrence est forte et doit être aménagée par une baisse des prix ou une différenciation des produits qui implique de nouvelles machines.

Keynes, lui, comme toujours, est à la fois lucide et plus prosaïque : il met en cause l'existence de « tempéraments sanguins » comme détonateurs de décisions d'investissement, moins rationnelles que propres à des individus affirmant leur dynamisme, leur « santé », en construisant et accumulant du capital, des biens qui se voient et qu'il faudra ensuite utiliser pour le grand profit de tous dont le leur.

À supposer que les plus rationnels ou, simplement, les plus impétueux de ces volontaires veuillent passer à l'acte, encore leur faut-il les moyens financiers pour acquérir leur capital supplémentaire. Ou bien ils en disposent déjà, ou bien ils doivent les emprunter. Dans ces deux éventualités, il leur faut considérer avec attention la valeur respective du taux d'intérêt et du taux de profit espéré.

S'ils ont déjà les sommes correspondant à l'investissement envisagé, ils sont dans la situation où ils peuvent investir, certes, dans l'espérance d'obtenir un profit, soit un taux de 10 % par exemple, mais où ils peuvent se contenter de prêter ce qu'ils ont au taux de l'intérêt, par exemple 8 %. L'écart entre les deux taux (10 – 8 = 2 %) les incite à investir, à supposer que ces 2 % leur paraissent suffisants pour justifier l'éventuel surcroît de travail que l'accroissement de la dimension du capital de leur entreprise peut impliquer, sans compter le risque que leur prévision soit fausse et qu'il ne fasse que 6 % ou 4 % de profit, voire des pertes. Peut-être vaut-il mieux pour eux et, d'autant qu'ils sont riches, ne rien risquer, se contenter d'une rente.

ENTREPRENDRE EST UNE PRISE DE RISQUE

Mais il demeure qu'elle est un pari sur l'avenir et l'expression de la volonté de réussite d'une ambition, ce qu'ont bien vu, de deux façons complémentaires, Say et Keynes. Say évoque dès 1803 « la fonction d'entrepreneur », soit l'existence dans une communauté nationale d'un plus ou moins grand nombre d'individus prêts à risquer argent, temps et quelquefois santé pour, certes, gagner plus – s'ils réussissent. Avant même cette perspective du gain, Say met en avant le plaisir d'« entreprendre », de faire de sa vie un engagement, un risque, une gageure à travers la décision d'investissement. Or cette fonction est assumée de façon très inégale selon les pays et, pour chacun, selon les époques.

COMMENT ÊTRE ENTREPRENEUR
Tout individu suffisamment riche pour ne pas emprunter s'il crée une entreprise et la développe a un choix essentiel à faire pour sa vie, et déterminant pour la société dont il fait partie : être rentier ou entrepreneur. Et ce choix est loin de n'avoir qu'un contenu et une issue individuels. Il est aussi affaire d'institutions, de culture, d'environnement social et d'histoire.

S'il doit emprunter, le calcul est identique : il va investir, à moins d'être masochiste, suicidaire ou pilleur de banques, si et seulement si le taux d'intérêt qu'il paie pour emprunter est inférieur au taux de profit qu'il va recevoir après avoir investi. Du point de vue individuel, le contenu du choix est légèrement différent du précédent. Il devient : ne rien faire ou investir ; en fait : devenir salarié ou entrepreneur. Mais pour la collectivité le contenu est identique : l'investissement a lieu ou n'a pas lieu.

2.– Considérons, maintenant une entreprise publique ; les raisons de la décision d'investissement sont tout à fait différentes. Cette entreprise n'est pas soumise, par nature, à l'exigence d'un profit. Ceux qui décident n'y ont, en général, pas d'intérêt personnel, sinon de voir s'agrandir le champ de leur autorité. Les déterminants essentiels sont ailleurs : dans l'accroissement des besoins à satisfaire, affaire de démographie (transports) et de niveau de vie (consommation électrique par exemple) ; ils sont aussi dans la nécessité de s'adapter à une évolution des techniques qui permet de produire à moindre coût, donc de baisser les prix et d'accroître ainsi le bien-être des usagers.

Reste à financer un investissement à partir de moyens, par essence limités, puisque la firme publique ne fait pas, en général, de profit, et qu'elle peut même occasionner des pertes. Son statut lui assure en contre partie une source de financement particulier : celui du budget de l'État ou des collectivités publiques qui attribueront des subventions – appelées justement d'équipement – pour que ces investissements aient lieu. Ce financement public ne va pas sans négociations d'un tout autre type que celles qui précèdent tout emprunt bancaire. Certes, l'entreprise publique n'aura pas à « payer » sa subvention, ni même parfois à s'engager à la rembourser, tout engagement de cette nature n'étant jamais vraiment obligatoire. La négociation préalable à l'investissement ne sera pas « essentiellement financière ». Il ne s'agira pas de trouver une ou plusieurs banques prêteuses et de fixer un taux d'intérêt. Elle sera politique ou, plutôt, bureaucratique et politique.

Son président devra persuader les autorités politiques et leurs bureaucraties d'octroyer lesdites subventions. Et pour ce faire, il lui faudra consentir des monceaux d'efforts, moins chiffrables que des charges d'intérêt mais peut être aussi coûteux.

3.– Une décision positive d'investissement implique, en général, deux conditions. L'une est que l'organisation dispose de moyens financiers préalables qui lui permettent, au moins, d'emprunter. La seconde est que ses dirigeants, en général plusieurs, se soient mis d'accord sur cette occurrence, souvent pour des raisons diverses, certaines pouvant être étrangères au projet lui-même. Il faut, souvent, avant de passer à l'acte, le faire approuver par des instances délibératives, assemblées générales d'associations, comités directeurs de partis politiques, conseils d'administration de coopératives et autres congrès. Mais cette dernière autorisation n'est, en général, que de pure forme lorsqu'elle est sollicitée avec insistance. En quelque organisation que ce soit, pour passer du souhait, de la volonté, à l'accomplissement, une seconde condition est nécessaire. On doit disposer du nerf de la guerre. Le « financement de l'investissement doit être assuré ».

Le financement de l'investissement

L'investissement total réalisé dans une nation en un an, certes, a été, par définition, financé. Or il est deux modes de financement essentiels dont les effets sur le développement sont différents.

Le premier est de mobiliser les ressources financières dont disposent déjà ceux qui investissent, autrement dit l'autofinancement qui, de tout temps, a constitué le mode de financement privilégié de l'investissement, au point qu'il est quelquefois

LE TROISIÈME CAS
Certaines organisations ne sont ni franchement privées ni franchement publiques. Elles sont « para », sans que parfois l'on puisse savoir de quel « para » (privé ou public) il s'agit. Or ces organisations investissent, soit qu'on le leur demande, soit qu'elles y soient incitées par le développement de leurs activités, soit que leurs dirigeants en aient une envie, de la plus légitime jusqu'à la plus folle.

INVESTIR POUR MAÎTRISER LE LENDEMAIN
L'investissement est avant tout un acte d'avenir. À court terme, il accroît les capacités de production, le revenu de ceux qui le réalisent, et, donc, la dépense nationale. À moyen terme, il est le garant d'un niveau de vie sans cesse plus élevé. Et, à long terme, il permet, dans la communauté qui le reçoit, l'abaissement des coûts des produits anciens et la création de produits nouveaux. Il incorpore le progrès technique, modifie notre environnement selon l'accumulation de nos connaissances scientifiques et techniques.

supérieur à ce dernier. Les entreprises aiment financer ainsi leur croissance. Et on comprend aisément pourquoi : elles n'ont rien à demander à personne, pas d'intérêt à payer non plus ; et elles peuvent toujours attendre sereinement que leur investissement devienne rentable.

Le second implique le recours au marché financier, celui où les prêteurs (banques et autres prêteurs) offrent d'autant plus d'argent aux emprunteurs (entreprises et autres organisations) que ceux-ci sont prêts à leur verser plus d'intérêt, comme en n'importe quel autre marché, celui-ci étant consacré à l'échange d'argent contre des dettes. Mais une autre question se pose aussitôt : où les prêteurs trouvent-ils l'argent qu'ils proposent. La réponse est alors dans l'épargne préalable et/ou le crédit. Si la partie du revenu national non dépensée en consommation est confiée à des banques, celles-ci pourront proposer cet argent aux entrepreneurs qui veulent investir. L'épargne préalable finance donc un investissement qui la suit.

Keynes pense que l'inverse peut être aussi vrai et même qu'il est beaucoup plus fréquent. L'investissement une fois réalisé grâce au crédit crée des revenus dont la partie non dépensée, l'épargne, finira, après, par lui être égale. Il demeure que, si, avant, cette épargne est insuffisante, inférieure à l'investissement réalisé, il aura fallu que le crédit assure la différence, autrement dit que les banques fassent crédit aux entrepreneurs pour un montant supérieur à l'argent, aux liquidités qu'elles détiennent déjà.

Telle est la fonction des intermédiaires financiers que de permettre le financement de l'investissement. La responsabilité de leurs représentants principaux, les banques, est bien de prêter assez pour que l'investissement atteigne un niveau qui permette un bon rythme de développement mais « pas trop » car « trop de crédits » non gagés par une épargne préalable fait courir le risque d'une inflation éventuellement dangereuse.

Quels que soient le rôle déterminant qu'il joue sur la conjoncture et la croissance en tant que cause du développement, l'investissement ne vient cependant qu'en second. En premier il y a, en effet, le progrès technique qui fait charnière entre le progrès de notre savoir et l'accumulation de nos moyens de vie et de production.

Le dynamisme du savoir

L'investissement est un accroissement du capital qui peut prendre deux visages différents.

L'inventeur américain Thomas Edison (1847-1931).

Certains ne font qu'ajouter aux installations déjà existantes des équipements identiques, machines supplémentaires, mètres carrés de plus. Il s'agit alors d'investissement dit de capacité. Ils permettent de produire plus mais les mêmes produits, de la même façon. Si les moyens de production existants doivent être remplacés pour fait d'usure, l'investissement net, le véritable accroissement de la capacité, sera égal à la différence entre l'investissement total ou brut (par exemple dix machines) et l'investissement de remplacement (disons quatre machines), soit six machines.

Lorsque les biens de production nouveaux sont eux aussi identiques aux anciens – et que leur taux d'usure est une donnée technique précise –, l'investissement net qui est le vrai facteur de développement peut être aisément calculé. Si Robinson (seul ou avec Vendredi) fabrique un seau de plus chaque année, la durée de vie de ce seau étant de dix ans, l'investissement net est égal à 1 – 0,1 = 0,9 seau.

Mais heureusement pour nous et... malheureusement pour l'économiste, il n'en est jamais ainsi. Les équipements nouveaux sont différents, plus efficaces que les anciens, qu'ils permettent

SCHUMPETER, CHAMPION DE L'INNOVATION
Dès 1914, Schumpeter proposait la notion d'innovation dont le succès fut immédiat et durable. Sans doute est-ce parce que, à la charnière du XIXe et du XXe, les sociétés européennes avaient commencé à trop changer pour que la notion d'un investissement, confondu avec « une machine de plus », suffise à les décrire et à prévoir leur évolution. Avec la notion d'innovation, Schumpeter cherchait à dépasser la vieille notion d'accumulation pour lui substituer celle de nouveauté. Quittant le monde de la quantité, il pénétrait dans celui de la qualité.

de produire de nouveaux biens dont les consommateurs seront nombreux ou qu'ils conduisent à abaisser les coûts de production des biens anciens. Cette différence de qualité entre les moyens de production accroît les difficultés de l'économiste. Les biens de production ne sont plus strictement additifs, sinon à supposer que leur prix évalue exactement leur qualité respective. De surcroît, les machines anciennes sont dévaluées par les nouvelles. Elles se déprécient donc indépendamment de leur usure mais par obsolescence, souffrant de leur comparaison avec les dernières nées… au point d'être mises à la retraite alors qu'elles sont encore en pleine forme – enfin presque.

Comment calculer, alors, l'investissement net, d'autant que les machines anciennes vont se vendre d'occasion, à des prix mal connus ou inconnus. Mieux vaut, dans ces conditions, se contenter d'évaluer l'investissement brut, appelé formation brute de capital fixe, considérée, à juste titre, comme la cause la plus directe de la croissance économique et la plus déterminante du rythme du développement social.

Il reste cependant à interpréter des évaluations qui ne peuvent suffire à traduire toutes les caractéristiques des nouveaux investissements, notamment leurs effets durables sur le développement économique plus encore que sur le taux de croissance. En tout « investissement », Schumpeter conseillait de chercher d'abord les changements que celui-ci apportait et rendait possible : de nouvelles méthodes de production (plus de capital et moins de main-d'œuvre ou d'effort), de nouveaux produits, gage et condition de nouveaux modes de vie, des réseaux de distribution plus efficaces dans le rapprochement des biens et des individus.

Investir n'était plus seulement accroître la quantité, mais améliorer la qualité ; il incombait donc à l'entrepreneur de chercher les nouveautés qui assureraient le succès de son investissement et, pour Schumpeter, devenu ministre des Finances de l'Autriche, de favoriser plutôt la créativité que l'accumulation pure et simple.

Ce n'est pas diminuer la portée de son jugement que de replacer Schumpeter à son époque, celle où l'industrialisation changeait de visage. Du milieu du XVIIIe siècle, en Angleterre – cinquante ans plus tard en France – à la fin du XIXe siècle, l'industrie devait se limiter pour l'essentiel au développement du secteur de la métallurgie (charbon, fonte, acier) et à celui du secteur textile, permis par la découverte de la machine à vapeur. Cette première révolution industrielle se révélait, très vite, à travers la multiplication des modes et des réseaux de transport, les chemins de fer notamment. Dans ce contexte, la notion d'accumulation suffisait. Plus de voies ferrées, plus de métiers à tisser, plus de guichets de banque... et plus de biens de consommation qui ne changeaient guère d'aspect.

Mais, à la fin du siècle, deux découvertes scientifiques allaient changer le cours des temps économique et social. Une nouvelle source d'énergie apparaissait, aussitôt maîtrisée, aux qualités inespérées, l'électricité, immédiatement dénommée « fée ».

Ce passage du XIXe au XXe siècle faisait prendre conscience que l'innovation industrielle avait toujours pour origine de nouvelles connaissances scientifiques. Pour que l'électricité se développât, il fallait que les physiciens aient découvert l'électron (Helmholz, 1881). Et pour que fonctionnassent les moteurs électriques, il avait fallu que la connaissance de l'électromagnétisme se soit affirmée. Bref, les biens qui changeaient le contenu et amélioraient l'agrément de la vie quotidienne devaient leur existence à des avancées, même plus, à des sauts du savoir scientifique.

Assez vite, ce constat devait s'imposer à tous les acteurs principaux du développement économique et social, avant même qu'avec la troisième révolution industrielle que nous connaissons, celle de l'information et de la force atomique, la dépendance de nos modes de vie à l'égard des progrès de la connaissance ne devienne évidente au point d'inquiéter. Les quatre grandes découvertes (pour se limiter aux principales) de la

QUELQUES INNOVATIONS
Avec la création de la société anonyme (1867), celle du secteur bancaire (1843 pour le Crédit mobilier, 1863 pour le Crédit lyonnais et 1864 pour la Société générale), le début des grands magasins, sans oublier quelques innovations dans le domaine militaire, trouvent assez vite leur débouché.

LA FÉE ÉLECTRICITÉ
Son transport, ses utilisations très différenciées (de l'éclairage au moteur), son faible coût de production allaient provoquer, avec l'avènement de nouveaux moyens de transport, auto et avions, la naissance d'une société nouvelle, qui, hélas, dut connaître plusieurs guerres, en Europe, pour vivre enfin en paix.

LE POIDS DE LA SCIENCE DANS LE DÉVELOPPEMENT
Le rôle déterminant du savoir scientifique sur le rythme et les modalités du développement économique et social est désormais un fait acquis. On a même le sentiment que la révolution en cours, celle des médias, va exercer sur notre vie sociale des effets sans précédent en modifiant la nature des relations qui unissent les êtres en eux. L'abolition de la distance et du temps, à moindre coût, entre les êtres va les inciter à choisir comme ils n'avaient jamais pu le faire leurs domaines et centres d'intérêt. Prévoir les sociétés de demain constitue une gageure non dénuée d'intérêt.

seconde moitié du XXe siècle, soit la maîtrise de la force atomique, le transistor et sa « puce », qui prolongent l'usage de l'électricité dans tous nos appareils et instruments de communication – la télévision notamment –, la pilule, qui marque les débuts de la connaissance biologique dans notre vie quotidienne, et la commutation électromagnétique, qui permet le passage de l'image au son et vice versa, manifestent la présence au centre de notre vie sociale de la connaissance scientifique, physique et biologie en particulier.

D'ores et déjà, la création et la découverte scientifique (la recherche) puis, étape de plus en plus stratégique, la mise au point technique des applications de cette recherche (le développement) sont considérées comme les deux sources originelles de tout le système d'irrigation en biens et services nouveaux de nos sociétés, dites, à tort, postindustrielles alors qu'elles ont plus que jamais besoin de l'industrie pour continuer à se développer. Une inconnue demeure, cependant, sur la nature du processus, purement cérébral à son jaillissement, de la découverte scientifique telle que la récompense aujourd'hui le jury du prix Nobel. Comment se fait-il que, dans les mêmes conditions, certains « trouvent » et d'autres pas. Cette recherche qui anime les historiens des sciences est toute nouvelle.

Les retombées de la croissance économique

L'usage de trois termes, croissance, développement, progrès, pour évoquer ce phénomène sidérant de l'industrialisation qui se poursuit sous nos yeux possède une justification qui est au cœur même des difficultés rencontrées par la science économique, de ses hésitations, et même de son évolution.

Le terme croissance appartiendrait au strict domaine économique, presque statistique si la mesure d'un taux de croissance, élevé ou faible, ne débouchait pas aussitôt sur l'interrogation des raisons d'un niveau que chacun cherche à augmenter. Croissance et accumulation sont de même veine : accroissement de quantités, même si les biens de consommation ou de production ne sont pas identiques dans le temps. Or ces deux termes sont loin d'épuiser nos interrogations. Ils présentent même beaucoup moins d'intérêt que de savoir « à qui » cette accumulation profite, « de qui » elle améliore la vie et si elle le fait pour tous.

Dans la notion de progrès, un pas supplémentaire est franchi. Autour de ce terme flotte un parfum d'éthique, de morale. Les modalités du développement économique et social sont-elles « justes » ? Selon quelles normes en juger ? Et s'il apparaît que toute cette accumulation conduit à une absence de progrès social, même si certains y trouvent leur compte, pourquoi ne pas modifier les règles de passage de la croissance économique au progrès ? Et, en ce cas, comment ? Par la voie politique (le vote), la voie bureaucratique (la réforme), la révolution sociale… ?

Les inégalités économiques et sociales

Ce jugement sur le développement, son rythme, son contenu, et sur le progrès, son existence où ses défauts, tourne autour du thème des inégalités, non sans raison. Le taux d'accumulation du capital est une mesure qui n'a guère de signification pour chacun d'entre nous. Que ce taux soit de 2,5 % ou de 3 % ne changera pas grand-chose à nos vies quotidiennes et ne révèle rien de leurs inégalités qui, souvent, rendent très amers ceux qui occupent le bas de l'échelle et souvent cyniques ceux qui sont au sommet. À partir d'une valeur du taux de croissance, le développement social est affaire de répartition des revenus et des richesses, des inégalités en tout genre et de leur évolution. Ce constat ne facilite pas la tâche de l'économiste. Au contraire, tant les considéra-

À QUOI RENVOIE LE TERME DE DÉVELOPPEMENT ?
Il n'est ni d'ordre statistique ni strictement économique. Il appartient au domaine social. Se développer implique toute une transformation du mode de vie qui, certes, repose sur l'accumulation des biens mais ne lui est pas équivalente. Chacun est sensible à ses besoins, ses désirs, satisfaits ou non, à la fois dans l'absolu et le relatif. Il se compare aux autres ; il les imite ou s'y oppose mais toujours se situe par rapport à eux. Le niveau de vie « objectif statistique » n'est pas sans intérêt mais il est loin de suffire à notre compréhension du social. Le niveau de vie est toujours subjectif et apprécié dans la comparaison avec autrui. L'inégalité de sa situation est pour chacun un élément important de sa satisfaction.

LE SOCIÉTÉ FÉODALE
Avant l'industrialisation, la société féodale connaît une inégalité extrême entre ceux qui produisent en consommant peu – les paysans – et ceux qui consomment beaucoup en ne produisant pas grand-chose – les nobles. Entre ces deux communautés une toute petite minorité seulement s'intercale, composée des « bourgeois des villes », essentiellement des commerçants, et de quelques artisans regroupés en corporations. Cette inégalité majeure restera incontestée jusqu'à la révolution de 1789 sauf à provoquer quelques révoltes paysannes – les jacqueries – en cas de disette alimentaire.

tions affectives et morales sont toujours présentes et vives dans un domaine dont l'éclairage demande deux précautions liminaires.

Toute appréciation du développement exige une première précaution : se défier de tout jugement définitif sur l'intensité des inégalités et sur celle de leur évolution pour deux raisons, hélas complémentaires. Les inégalités sociales sont aussi nombreuses que peuvent l'être les critères envisagés : inégalités des revenus, des fortunes mais, plus important encore, inégalités devant la maladie, la mort ou le travail. Il s'agit donc bien d'une notion dite multidimensionnelle et, comme telle, bien difficile à manipuler étant donné que les inégalités sont toujours différentes selon le critère envisagé. Comment, donc, les pondérer ?

Cette difficulté serait mieux vaincue si la mesure des inégalités selon un seul critère – le revenu par exemple – allait de soi. Or il n'en est rien, ce qui rend nécessaire une seconde précaution. Il est autant de mesures qu'on le souhaite : on peut comparer le revenu moyen des 10 % les moins favorisés à celui des 10 % qui sont les plus favorisés ; ou celui des 1 % les plus pauvres aux 1 % les plus riches ; les statisticiens eux-mêmes ont dû imaginer on ne sait combien d'indices d'inégalité dont chacun a une signification, certes, mais limitée. Cette multiplicité de mesures est d'autant plus préjudiciable à tout jugement objectif que chaque « observateur » choisira évidemment l'indice qui plaide en faveur de sa thèse ou de sa « sensibilité ». Il faut, donc, être très circonspect dans l'appréciation des inégalités quels que soient le critère choisi et la communauté humaine en cause (nation, ville, catégorie sociale...).

Toutes ces précautions prises, le constat n'en demeure pas moins que les inégalités économiques et sociales sont une constante de l'histoire humaine, qu'il s'agisse de celle des communautés nationales ou, même, mondiales. À nous limi-

ter aux nations, on peut prendre la France comme exemple de la permanence des inégalités sociales alors que l'industrialisation transformait radicalement notre société.

Avec l'industrialisation apparaît une nouvelle inégalité qui va occuper la scène sociale durant plus d'un siècle. La naissance d'un monde ouvrier – ou d'une classe ouvrière –, qui va compter jusqu'à 40 % de la population active, modifie totalement le paysage social, d'autant que le niveau de vie général s'élève. La condition ouvrière est durant de longues années sans doute aussi « inégalitaire » que celle des paysans sous l'Ancien Régime, mais beaucoup plus pénible encore comme l'attestent divers rapports (Villermé par exemple) et notre littérature (Balzac, pour le début, et Zola pour la fin du XIXe siècle). L'ouvrier subit l'extrême dureté d'un travail physique (inégalités des efforts), qui l'use prématurément (inégalité des durées de vie) ; l'ouvrier vit quinze ans de moins que l'instituteur ou le commerçant urbain. Il connaît l'enfermement en usine, dans des locaux souvent insalubres. Il n'a aucune assurance contre la maladie et les accidents de travail presque jusqu'à la fin du siècle. Et pour couronner le tout, son salaire ne lui permet guère d'autre loisir que de survivre.

Les inégalités sociales ne reposent plus sur le type d'activité mais plutôt sur la position sociale, elle-même déterminée par le niveau des revenus, certes, mais de plus en plus par d'autres considérations proprement sociologiques : types de loisirs, religion, place de la famille dans le mode de vie.

Cette pitoyable condition ouvrière ne différait guère de celle des esclaves qui avaient, deux siècles plus tôt, permis de développer la culture de la canne à sucre aux Antilles. Aussi a-t-elle « empoisonné » la vie sociale de la France pendant près d'un siècle et parfaitement illustré la notion marxiste de « classe » et de lutte. Le monde ouvrier se trouvait collectivement en une situation d'inégalité difficilement supportable et supportée.

LES EXCLUS
Composé essentiellement de chômeurs, ce sous-ensemble contient tous ceux qui ne sont plus socialement intégrés, c'est- à-dire qui ne peuvent accéder au mode de vie de la « classe » moyenne. Revenus beaucoup moins élevés, pour la plupart pris en charge par le reste de la communauté, vies précaires, évidemment aucun patrimoine, menaces permanentes d'éviction définitive. Ces exclus ou « pauvres » – appellation américaine – représentent entre 15 % et 20 % de la population totale, soit un individu sur cinq environ, chiffre non « négligeable » pour des sociétés qui ont pris des mesures d'ordre politique pour réduire ou, au moins, limiter ces inégalités et dont certains de leurs membres vivent dans une opulence spectaculaire.

Aujourd'hui, la situation est fort différente. Après les deux révolutions de l'électricité et de l'atome, l'élévation considérable du niveau de vie et, surtout, la modification des activités et des conditions de travail, après la naissance et la prolifération du droit social, les inégalités sociales demeurent dans toutes les nations développées mais ne sont plus ce qu'elles étaient.

Quelles que soient les nations développées, leur histoire, leur religion dominante, la composition de leur population, minorités raciales nombreuses ou non, trois sous-ensembles sociaux apparaissent nettement et se discriminent justement à partir des inégalités dont ils témoignent. Au centre, une classe moyenne dont l'importance excède désormais deux individus sur trois : revenu familial assez peu différent de la moyenne nationale, mode de vie assez voisin (et pour cause de revenu...) en dépit de différences qui demeurent secondaires. À sa frontière haute, un sous-ensemble d'individus nettement plus riches que cette classe moyenne, au mode de vie atypique et, d'ailleurs, désormais discret, et assez insensibles à des normes qui sont faites pour le grand nombre, d'autant que les moyens de déplacement à leur disposition leur permettent de s'évader, assez facilement, des contraintes fondées sur l'appartenance nationale.

À la frontière basse, un sous-ensemble d'individus qui souffrent d'exclusion sociale plus encore que d'inégalité strictement économique. Avant même d'envisager les effets de ces inégalités et les remèdes qu'il convient de leur administrer, il faut en donner les raisons, du moins celles qui leur sont trouvées, très différentes selon leurs « lieux » idéologiques de provenance. Il serait étonnant en effet que les classiques et les marxistes en proposent la même explication et, donc, préconisent à leur égard la même politique.

Pour les ultra-libéraux, les inégalités économiques, celle de revenus notamment, jouent un rôle déterminant, presque exclusif dans toutes les autres (durée de vie, niveau de culture),

dont certaines ne sont pas jugées de leur compétence. Mieux, ces inégalités ne sont pas seulement justes. Elles sont efficientes : elles mettent chacun à sa place, évitent les prélèvements indus que constitueraient toutes les formes de subventions aux moins rémunérés et tout prélèvement aux récipiendaires de hauts salaires. Que les plus forts, plus intelligents, plus ambitieux, plus volontaires soient plus rémunérés et vivent mieux que les autres, quoi de plus juste et plus entraînant pour tous. On retrouve ici la légitimité scientifique de l'idéologie du rêve américain.

À l'opposé, évidemment, Marx, pour lequel les inégalités, en particulier celles qui condamnèrent un temps la classe ouvrière à la misère, traduisent cette extrême disparité de pouvoir que confère la propriété à ceux qui la détiennent sur ceux qui la subissent. Les salaires n'ont rien ou peu à voir avec la productivité du travail. Leur niveau tient au fait que les capitalistes entrepreneurs peuvent le fixer à leur convenance et qu'ils ont tout intérêt à ce qu'il soit le plus bas possible.

Cette position, tenable à la fin de la première moitié du XIXe siècle, le fut de plus en plus difficilement à mesure que le niveau de vie – de tous – augmentait. Bien que certains marxistes fanatiques soutinssent jusque dans les années 1950 que la paupérisation absolue attendait tous les travailleurs, aucun, aujourd'hui, ne maintient cette position extrême. Mais la considération des disparités de pouvoir économique en tant que cause essentielle des inégalités de toute nature n'en conti-

LA RAISON DES INÉGALITÉS

Pour les classiques, les inégalités de revenus sont fondées sur les différences de productivité des différents individus. Le salaire, disons la rémunération de toute activité, ne fait qu'évaluer cette productivité plus sociale encore qu'économique mesurant ce que tout individu, salarié ou non, entrepreneur ou rentier, apporte à la société tout entière par l'intermédiaire des biens et des services qu'il produit. Ces inégalités de revenus sont donc justes d'un point de vue social. Le marché du travail remplit sa fonction : il évalue le mérite de chacun d'un point de vue collectif et donne à chacun ce qu'il mérite.

KEYNES POUR LA RÉDUCTION DES INÉGALITÉS
C'est avec Keynes que la réduction des inégalités trouve la raison la plus populaire etla plus facilement acceptée par tous. Il convient pour cet économiste diplomate de réduire les inégalités de revenus afin d'élever le rythme de la croissance et de diminuer le chômage. Diminuer le revenu des plus riches qui épargnent beaucoup pour le donner aux plus pauvres qui épargnent peu (s'ils y parviennent) provoque un accroissement de la consommation qui, à son tour, induit celui du revenu national. On voit l'habileté de l'argument : chacun doit finir par trouver son compte dans la réduction des inégalités, les pauvres mais aussi les riches.

nue pas moins d'être affirmée avec plus de chance de retenir l'attention. Tout revenu naît à l'occasion d'un contrat, entre deux ou plusieurs individus qui ne sont jamais en situation d'égalité. Certains ont absolument besoin de travailler ; d'autres moins. L'entreprise qui possède un quasi-monopole local d'embauche a davantage de latitude dans la fixation des salaires que celle qui se trouve en situation de concurrence. À l'inverse, l'ouvrier syndiqué est moins « à la merci » que celui qui ne l'est pas. La notion de domination a désormais pénétré toutes les analyses économiques et juridiques des contrats entre les individus et les organisations. Les termes d'un contrat traduisent toujours le pouvoir respectif des cocontractants.

Entre ces deux positions extrêmes, à mesure que le niveau de vie augmentait et que les sociétés se transformaient, s'est imposée celle qui prend en considération toutes les raisons agissant sur la plus ou moins grande productivité sociale de chacun, qu'elles soient naturelles ou culturelles. Handicaps ou chances, d'origine familiale, ethnique, financière, sont désormais considérés avec l'attention qu'ils méritent pour localiser des inégalités spécifiques de plus en plus nombreuses alors que les inégalités d'une société à deux classes régressaient avec la montée des classes moyennes.

La politique de réduction des inégalités

La permanence des inégalités économiques et sociales, en tous temps et tous lieux, a toujours posé le même dilemme à ceux qui avaient le pouvoir de les modifier ou croyaient l'avoir. L'interrogation essentielle concerne l'opportunité de les réduire d'autant qu'elles n'ont que trop tendance à augmenter. Une fois cette décision prise, le choix des moyens devient secondaire, et affaire de techniciens ou d'opportunité politique.

La volonté de réduction des inégalités peut avoir trois justifications. La première est d'ordre économique, et se veut objective et neutre. Elle-même peut emprunter divers arguments. Celui des classiques est le moins cité, pour d'évidentes raisons sociopolitiques. On ne doit cependant pas oublier que la distribution des revenus est tenue pour une « donnée » dans la démonstration classique (Pareto), qu'il existe un optimum économique et social si on « laisse faire » les marchés. Pigou va plus loin en 1920 en affirmant que les deux situations optimales sont distinctes mais que l'optimum social existe et qu'il implique l'égalisation générale des revenus – et, par extension – des fortunes. L'égalitarisme, contrairement à toute attente, trouve sa légitimité la plus forte dans un théorème classique, souvent oublié (pour cause évidente).

La seconde justification est d'ordre politique. Toute communauté humaine se doit de connaître un ordre ou, si l'on préfère, une cohésion sociale telle que le respect d'un certain nombre de normes s'impose à tous, telle que la production puis l'échange soient possibles, et que chacun puisse vivre dans la sécurité des biens et des personnes. Certes, tout ordre social est conduit à évoluer ; mais le désordre est préjudiciable à la vie collective. Il existe, plus exactement, un certain niveau de désordre que tout organe de pouvoir de n'importe quelle organisation (entreprise, famille, religion, nation) ne peut tolérer sans faillir à sa fonction ou sans devoir démissionner – ce qu'aucun ne souhaite a priori.

D'un point de vue purement politique, la réduction des inégalités doit être menée jusqu'au point où, sans qu'elles aient disparu, elles ne menacent plus l'existence de l'organisation – ici la nation. Elle se justifie d'ailleurs d'autant plus que le pouvoir en place prend des engagements politiques dans ce sens et risque, s'il ne les tient pas, de devoir céder la place à quelque concurrent. Le régime démocratique constitue, à cet égard, une soupape de sécurité dont l'alternance actuelle est une illustration, bien pâle d'ailleurs.

La troisième justification est d'ordre moral. Même si les plus pauvres ne sont pas à même de provoquer des troubles sociaux inquiétants pour le reste de la communauté, ne convient-il pas,

L'INÉGALITÉ, SOURCE DE RÉVOLUTIONS

L'inégalité des conditions économiques et sociales peut justement être telle qu'elle provoque des troubles sociaux qui interrompent le cours souhaitable de la vie collective. Ainsi, sous l'Ancien Régime, de l'extrême pauvreté qui conduisit nombre d'individus aux délits de « faim ». Au début du XIXe siècle, on sait par Victor Hugo que l'on volait encore le pain dans les boulangeries et que ceci pouvait conduire au bagne. Ensuite, la « question ouvrière » fut la manifestation exemplaire d'un niveau d'inégalité sociale incompatible avec le bon fonctionnement d'une société. Trois révolutions en quarante ans (1830, 1848, 1870), des grèves et des tensions politiques qui durèrent jusqu'à l'amélioration de la condition ouvrière.

LA CHARITÉ ET LA PAUVRETÉ
Cette préoccupation est au cœur de toutes les religions, chrétienne comme musulmane, et a inspiré les comportements d'entraide et de soutien dans les organisations caritatives. Mais si celles-ci manquent de moyens pour faire reculer les inégalités les plus insupportables, n'est-il pas du rôle de l'État de prendre des mesures pour y parvenir quand bien même il n'y aurait pas de troubles de l'ordre public ? Dans la seconde moitié du XIXe siècle, la durée du travail est limitée puis réduite, le droit social se met en place ainsi que l'enseignement gratuit pour tous, des allocations sont attribuées aux familles et des secours aux indigents. Cette politique n'est pas suffisante pour régler la question sociale qui prend un tour politique.

au seul nom de la morale, de les assister et, mieux, de les arracher définitivement à leur condition d'infériorité?

La réduction des inégalités sociales à l'intérieur des communautés nationales fut au moins aussi permanente que les inégalités elles-mêmes. Ses modalités, en revanche, n'ont pas cessé de se modifier. Répression sous l'Ancien Régime, ce qui impliquait des forces de police considérables dont l'importance relative est sans commune mesure avec la situation actuelle. La répression diminue ensuite, de plus en plus relayée par des actions d'ordre politique dont le domaine presque exclusif est social.

Avec la crise de 1929, l'action politique prend un aspect résolument économique. Elle n'en avait, d'ailleurs, pas les moyens jusque-là. L' impôt sur le revenu n'est créé, en France, qu'en 1917 et ne deviendra réellement effectif qu'après la Seconde Guerre mondiale. Les troubles sociaux des années 1930 sont communs à toutes les sociétés développées et justifient une politique qui ne se contente pas d'améliorer le sort des plus démunis. Keynes légitime une redistribution des revenus qui, peu à peu, entre dans les mœurs et devient indissociable de l'intervention publique tout entière. Après l'enseignement gratuit, la sécurité devant la maladie devient l'objectif que justifie la plus vaste redistribution des revenus jamais connue. Les prélèvements sociaux (Sécurité sociale, assurances chômage, allocations familiales) croissent sans interruption pour atteindre des niveaux intermédiaires entre 30 % et 50 % du produit national selon les pays. La croissance exceptionnelle de la seconde moitié du siècle aidant, les désordres sociaux, sans disparaître, connaissent l'apaisement, notamment après 1968.

Le déclin de la politique économique de réduction des inégalités a plusieurs raisons complémentaires. Ce qui a été fait demeure et n'est plus à faire, en matière d'éducation, de sécurité à l'égard de la maladie et du chômage notamment, d'autant que ces acquis impliquent une redistribution de près de 50 % des revenus avec des effets pervers sûrement non négligeables. Aller plus loin dans la voie des prélèvements obligatoires se heurte, d'ailleurs, à des réticences multiples qui empruntent la voie politique pour s'exprimer. Il n'est pas sûr, enfin, que cette réduction, étant obligée d'emprunter des voies légales faites pour tous, ne contribue pas à pérenniser l'exclusion qu'elle veut combattre.

Enfin, et surtout, le niveau de développement atteint désormais par notre société industrielle réduit la portée des inégalités, notion par nature relative. Mieux vaut être beaucoup moins riche qu'autrui et manger à sa faim que d'être l'égal de celui qui meurt de faim. Aujourd'hui les pauvres aux États-Unis et les exclus en France, quelle que soit leur infériorité quand ils se comparent aux autres, ont, néanmoins, droit à un certain nombre de prestations qui leur permettent de survivre avec un niveau de vie qui est supérieur à celui de l'ouvrier du début du XXe siècle. Aussi ne défilent-ils plus dans les rues alors que, privés d'emploi, il ne sauraient faire grève.

Aussi la politique de réduction des inégalités a connu deux infléchissements très nets. L'un est d'avoir recours à la morale plutôt qu'aux idéologies ou aux arguments « rationnels ». Même si la société ne bouge pas, certains affirment qu'il n'est pas juste que certains soient incommensurablement plus riches que beaucoup d'autres. Vieux message que ce nouveau « Aimez-vous les uns les autres », certes. Mais, même privé de toute référence religieuse, message sans rival pour asseoir la cohésion sociale et prévenir la victoire totale de l'individualisme.

Le second infléchissement est l'abandon du nombrilisme. Il convient de quitter le domaine très privilégié des sociétés riches et développées pour s'intéresser au sort de ceux qui continuent à mourir de faim. Le champ de la morale s'élargit à la planète tout entière. Les droits de l'homme fondent une morale laïque qui fait de la responsabilité et de la solidarité deux vertus essentielles pour obtenir la cohésion d'un monde unifié par l'économie.

PARADOXE CONTEMPORAIN

Au cours du dernier quart du XXe siècle, les désordres disparaissent presque partout alors que les inégalités ont résisté à toutes les politiques. Aux États-Unis, la part des pauvres (moins de 3 000 F environ par mois) est restée constante alors que les revenus des 10 % des plus riches bondissaient au point que, en 1998, le gain le plus élevé a été équivalent à 70 000 fois le revenu du pauvre moyen. En France, la proportion des exclus a crû ainsi que l'indique le nombre des RMI et des chômeurs assistés. Or, dans chacun de ces deux pays, les désordres sociaux ont marqué le pas. Le recours à l'idéologie ou à la théorie pour légitimer la poursuite de la politique de réduction des inégalités économiques et sociales s'est interrompu. Le recours à la morale a pris le relais.

Vers une société mondiale

Il y a parfois d'étonnantes prophéties. Celle de Nietzsche annonçant vers 1880 que le XXe siècle sera le siècle de la nation. Plus encore celle de Saint-Simon qui prédit, au tout début du XIXe siècle, que « la Terre sera un jour l'habitat humain », ce qui, en langage aristocratique, anticipait la mondialisation des activités. Quelles qu'en soient les péripéties, cette mondialisation paraît bien devoir être la caractéristique essentielle du XXIe siècle dans tous les domaines, économique, donc politique et social.

ET LE XXIe SIÈCLE ?
Ce siècle, à peine commencé, devrait être une illustration supplémentaire d'un déterminisme économique qui s'est déjà manifesté lors des deux premières phases de la révolution industrielle. La mondialisation va très sûrement exercer ses effets dans tous les aspects de notre vie quotidienne, davantage sans doute que durant les deux siècles précédents, en touchant à nos normes politiques et sociales.

La mondialisation des activités économiques

On fait mine, aujourd'hui, de découvrir la mondialisation des activités économiques alors qu'il s'agit de l'ultime étape d'une évolution dont le sens est d'une clarté aussi aveuglante que la logique qui la provoque. On « découvre » que la logique de l'entreprise privée n'est autre que son expansion aussi longtemps qu'elle est possible. Pourtant, le sens de l'histoire est sans ambiguïté. La ferme du néolithique fait place, au Moyen Âge, au village, puis à la ville où les biens et services se différencient et se multiplient ; ces marchés locaux se fondent dans un marché national qui permet l'accumulation sans précédent qui a lieu lors des deux premières phases de la révolution industrielle. Quoi de plus naturel qu'en une étape ultime le marché passe au-dessus des frontières nationales pour accéder enfin à la dimension mondiale. En attendant, peut-être, de s'étendre hors de notre espace planétaire, ainsi que le suggère la science-fiction.

Le prologue se joue aux lendemains de la crise de 1929. Les États-nations sont alors maîtres du jeu, les seules organisations en qui les individus aient confiance, les seules capables de « faire quelque chose » pour « sortir de la crise ». Or que font-elles ? Éperdus d'égoïsmes nationaux, les pouvoirs publics prennent toutes les mesures protectionnistes possibles, y compris la dévaluation de leur monnaie, pour tenter, en exportant le chômage, de maintenir un semblant de santé à l'intérieur de leurs frontières. Les effets d'une telle conduite généralisée sont bien connus au terme d'une véritable expérience grandeur nature : la dépression se propage de nation en nation et devient mondiale.

Le premier acte de la mondialisation fut le plus discret et le plus long. Il commença dès la fin de la guerre et met en scène un seul acteur : l'entreprise privée. Ce quasi-monologue avait deux inspirations, un mauvais souvenir et la naissance d'un nouvel espace voulu par les chefs d'État fêtant leur victoire. Le monde développé était reconnu officiellement : quelque cinq cents millions d'individus au niveau de vie très supérieur à celui du reste de l'humanité, séparés, certes, par l'océan Atlantique, mais rapprochés par l'industrialisation. Ce nouvel espace s'offrait à des entreprises privées se souvenant qu'il n'était pas bon d'être enfermées dans des frontières nationales. Dès la fin des années 1940, en même temps que la reconstruction des pays européens entreprise sous l'égide du plan Marshall, l'entreprise privée adopte une stratégie de croissance qui le conduit à devenir multinationale.

En réalité, cette organisation particulière, qui n'avait pas à l'époque son statut actuel – pouvoir et notoriété notamment –, entreprend en une première phase, selon sa logique propre, d'accroître sa part de marché national. Puis, à mesure que celui-ci augmente, elle adopte, favorisée par l'existence de ce nouvel espace industrialisé, une stratégie d'exportation. Elle ne produit plus seulement pour les habitants de la nation où elle exerce ses activités mais pour qui voudra bien devenir ses clients où qu'ils se trouvent. Cette entreprise devient alors multinationale par ses

LA MONDIALISATION, ANCIENNE RÉALITÉ ÉCONOMIQUE

Pour déterminée qu'elle soit par la logique même du marché, la mondialisation n'est pas, comme on le présente habituellement, un phénomène récent, rapide de surcroît, qui nous aurait pris au dépourvu, quelque attentifs que nous soyons. En réalité, comme l'histoire en montre maints exemples, il s'agit d'une situation qui aura mis plusieurs décennies à se préparer, puis à naître avant de s'établir clairement. La mondialisation est une pièce en un prologue et trois actes qui se joue depuis plus de trois quarts de siècle.

ET SI LA SECONDE GUERRE MONDIALE N'AVAIT PAS EU LIEU ?
Aujourd'hui encore, nul ne sait ce qu'il serait advenu si la Seconde Guerre mondiale n'avait pas provoqué, à travers l'augmentation des productions militaires, le recul de la crise. Peut-être Marx aurait-il eu raison. Enfin… ce fut Keynes qui vint. Mais non sans que le souvenir de ces temps difficiles se soit gravé dans les mémoires des hommes politiques désormais convaincus que le « plus jamais ça ! » devait également inspirer leurs attitudes à l'égard du protectionnisme et du fascisme.

marchés. Elle vend dans plusieurs pays et demeure, donc, soumise aux spécificités des nations où elle exporte, monnaie et réglementations diverses notamment.

Or les dernières contraintes peuvent être levées si elle ne se contente pas d'exporter ce qu'elle produit « à domicile » mais si elle se met à produire à l'étranger. Une seconde phase de la stratégie s'impose donc à celles qui réussissent leur expansion par l'exportation. L'entreprise devient multinationale dans ses marchés et ses lieux de production. Plus besoin d'exporter pour croître en dimension, en profit et en chiffre d'affaires.

À partir du dernier quart du XXe siècle, une troisième phase stratégique apparaît, qui n'est que la sophistication de la précédente. Pourquoi ne pas accroître tous les avantages de la délocalisation en tronçonnant le processus de production du produit fini. Pourquoi ne pas faire produire la puce du transistor à Taïwan, le transistor à Hongkong, l'assemblage des éléments du poste de télévision en Thaïlande, l'écran en Grèce, et le poste « fini » en France ? Tout devient affaire de calcul de rentabilité : tout dépend des coûts de transport, du niveau des salaires dans ces différents pays, de la compétence de leur main-d'œuvre, des subventions qu'on peut y recevoir, des taux de change... Ainsi naît la stratégie dite de filière. Toute production est découpée en des phases techniques. L'entreprise devient transnationale, bénéficiant de tous les avantages comparatifs possibles et échappant à une contrainte politique qui ne peut plus concerner qu'une partie de sa production et peut être facilement levée si elle a pris soin de faire fabriquer tel ou tel élément de son produit dans plusieurs pays.

La logique de l'entreprise privée ne fait ainsi que s'affirmer. Le plus de profit possible, certes, sans considération des lieux où elle crée de l'emploi, mais à l'avantage du consommateur pour peu qu'elle demeure soumise à la contrainte de la concurrence. Dés le début des années 1960, le mouvement de mondialisation était lancé par cette organisation – l'entreprise privée – dont la fonction s'en trouvait affirmée et légitimée. Produire de plus en plus, si possible de mieux en mieux – à des prix de plus en plus bas, sans considération nationale. Dès le début du mouvement, il était clair que les hostilités étaient déclarées au plan mondial entre les deux organisations, entreprises privées et États-nations.

Alors commence un second acte aussi peu discret et long que l'avait été le premier. Il commence, dans l'imprévision totale, le dernier trimestre de 1973 lorsque les pays producteurs de pétrole décidèrent de multiplier par quatre le prix d'un pétrole qui était à l'époque la source essentielle d'énergie pour les pays du monde industrialisé. Cette augmentation de prix eut des conséquences incalculables, ou, plutôt, non appréciées à leur juste mesure. Ce pétrole était payé – l'est toujours – en dollars. Or tous les pays industrialisés – sauf les États-Unis – avaient d'autres monnaies que ce dollar (chacun la sienne). Ils devaient donc se procurer des dollars s'ils voulaient continuer à importer autant de pétrole qu'avant la hausse, ce qui leur était nécessaire s'ils voulaient croître aussi vite qu'alors.

Or comment se procurer ces dollars sinon en exportant ? Et comment exporter sinon en accroissant leur production nationale ou en diminuant leur absorption ? Seule la seconde solution était possible étant donné la croissance exceptionnelle qui avait cours en 1973, soit 6 % par an depuis 1968.

Tous les États-nations développés furent alors confrontés à ce même dilemme et ne purent que se consulter avant de reconnaître qu'ils ne pouvaient plus croître aussi vite. En moins de six ans, un second choc pétrolier (1979) ayant suivi le premier, la croissance de ces pays – dont le nôtre – chute de 6 % à 1 %. Une nouvelle époque était née : le dernier quart du siècle devait lambiner autant que le troisième avait gambadé. Mais les États-nations n'en avaient pas moins eu à se demander s'il ne leur fallait pas prendre des mesures pour augmenter leurs exportations à tout crin, même au détriment des autres, en dévaluant par

LA DÉLOCALISATION
Il suffit d'implanter ses usines dans le monde, pas forcément industrialisé, de se délocaliser, ce qui permet à l'entreprise de vendre où elle produit, donc de ne pas courir tous les risques et les coûts de l'exportation. Cette délocalisation est évidemment favorisée par les différences de salaire existant entre les différentes nations, et, en particulier, celles des pays développés et sous-développés. La localisation de la production dans les espaces à bas salaires devient de plus en plus fréquente.

LE PROTECTIONNISME, VOILÀ L'ENNEMI
Dès 1975, les dés sont jetés. Les États-nations ont la mémoire moins courte que les individus. Ils conviennent qu'ils ne prendront aucune mesure protectionniste, conscients qu'une telle attitude ne ferait que rendre presque impossible toute solution politiquement supportable de règlement de la facture pétrolière. La croissance sera amputée dans tout le monde industrialisé mais les frontières nationales ne seront pas renforcées. Au contraire, toutes les dispositions favorables au maintien de la libre circulation des biens, des capitaux et, même, des individus seront renforcées, aussi bien en Europe (l'Acte unique en 1975 puis Maastricht en 1991) que sur le continent américain, l' Alena, en 1992.

exemple ou en prenant des mesures protectionnistes pour réduire leurs importations. La situation, dès 1974, est assez voisine de celle de 1930-1933, en ce que chaque État-nation est tenté d'exporter ses difficultés vers ses voisins. Exporter la crise en 1930, exporter la facture pétrolière en 1974-1975, relevaient de la même volonté « d'exporter » la nécessaire réduction de la croissance, soit, comme quarante ans auparavant, le chômage.

L'avant-dernière scène de ce second acte « éclate », elle aussi, au tournant des années 1990, lorsque l'empire soviétique se déstructure, puisque tombe le mur de Berlin et que toute « planification » à la soviétique (ce fut un genre très particulier de planification) fait place à une sorte d'anarchie mercantile, manifestant la disparition de toute politique économique d'origine publique. L'espace libéral devient planétaire. La boucle est bouclée. Le champ de la mondialisation est aux entreprises qui voudront et pourront l'occuper.

Le troisième et dernier acte met en cause une troisième organisation, les individus eux-mêmes en tant que consommateurs, plus ou moins sensibles, indépendamment de leur appartenance culturelle, aux biens et services nés du progrès technique qui inaugure la troisième étape de la révolution industrielle. Il s'agit de celle de l'information à qui l'industrie des satellites en tous genres et des télécommunications offre un réseau illimité, plus encore que planétaire, puisque nous pouvons désormais communiquer à l'intérieur du système solaire. Avec l'Internet, le « consommateur » a d'ores et déjà montré tout l'intérêt qu'il apporte à pouvoir communiquer à un faible coût avec qui bon lui semble sur l'ensemble de la planète. On ne peut encore prévoir à quel point nos vies quotidiennes vont être transformées par l'usage de ces réseaux. Mais il paraît évident que nos habitudes d'achat et de vente, nos modes d'éducation, nos procédures de traitement et de soins médicaux, nos jeux, notre travail, vont être bouleversés dans un mouvement qui sera mondial comme ce fut le cas pour tout ce qui a touché à la santé.

Il n'y a d'ailleurs pas que la révolution de l'Internet à mettre en cause dans ce processus d'ouverture du monde au progrès technique. Un autre domaine, ayant pour l'heure reçu moins d'attention, est sans doute aussi riche de bouleversements à venir : la génétique, dont quelques application récentes ont déjà montré à quel point elle va modifier certains aspects de la démographie mondiale, notre façon de nous nourrir – les aliments transgéniques – et, même, de nous reproduire. La mise en vente d'ovules sur le réseau Internet est, à cet égard, un événement d'une portée sans précédent. On y décode, premièrement, la naissance d'un marché mondial de l'enfant (qui voudra, quelle que soit la couleur de sa peau, un enfant d'une autre couleur pourra l'obtenir s'il est assez riche) ; deuxièmement, la reconnaissance de l'eugénisme (on vend aujourd'hui les ovules de mannequins, pourquoi pas de sportive, de chanteuse ou autre) ; troisièmement, l'impuissance totale des États à réguler de telles pratiques (ils ne peuvent donc que « constater » la création et le développement de tels marchés – pas même créer des entreprises publiques de ventes – ou d'achats d'ovules) ; quatrièmement, la nécessité du recours à un droit international qui mettra au rencart les droits nationaux (quelle est la nationalité de l'ovule baladeur ? Qui est responsable de ses accidents éventuels ? Et le spermatozoïde ? Quel est son statut juridique...), et, cinquièmement, la création d'une organisation mondiale d'assurance contre les risques de telles pratiques. Bref, toute une foule de conséquences, chacune de portée vitale et mondiale.

Le progrès technique porte, en lui, dès le début du siècle une mondialisation des normes de production et de consommation comme, jamais, nous n'en avons connues. Et l'on voit déjà se dessiner au moins deux contenus quasi certains de cette évolution, l'un concernant les entreprises privées, le second les individus.

L'aventure planétaire des marchés ne peut que donner des ailes à la stratégie des entreprises qui peuvent envisager de conquérir le monde. Une nouvelle césure apparaît entre les entreprises qui demeurent locales, même nationales, et celles qui exercent des activités « apatrides », dont la clientèle est mondiale – produits industriels à l'usage des consommateurs (télé-

LA MONDIALISATION DES MODES DE CONSOMMATION
L'expansion mondiale des entreprises privées suppose, en effet, qu'elle soit validée par les individus en tant que consommateurs. Pour que Coca-Cola devienne mondiale – ce qu'elle est – encore faut-il que le Chinois comme le Bantou éprouve quelque plaisir à boire ce divin breuvage – ce qui est le cas. La mondialisation, au moins celle des entreprises produisant des biens de consommation, a besoin de la sanction positive des fameux goûts et désirs d'un consommateur auquel le câblage mondial d'Internet offre un moyen sans précédent d'exercer son pouvoir de choix – et, plus encore, de modifier son mode de vie.

vision, automobiles...) ou des producteurs (matières premières, équipements mécaniques et robotiques...) et services échappant aux barrières de proximité et de langue (services financiers). Pour ces dernières, la conquête de l'espace mondial devient l'enjeu stratégique comme naguère l'espace national.

La course à la concentration planétaire a déjà commencé

Voici un siècle, devenir une des grandes entreprises nationales était un objectif légitime qui a abouti à la constitution des oligopoles industriels et financiers français, allemands ou anglais. Cette étape est désormais terminée. Nul n'évoque encore la concentration à l'intérieur des frontières nationales, sinon en ce qu'elle peut favoriser la constitution d'oligopoles mondiaux que l'on voit poindre dans de nombreux secteurs : matières premières, automobile, audiovisuel… Renault achète Nissan, Daimler-Benz fusionne avec Chrysler. Demain, Fiat sera acheté par Ford, Mercedes ou General Motors. Les banques, qui avaient échappé au mouvement, rentrent en force dans ce jeu de la dimension à tout prix. Les États-Unis, eux-mêmes, qui, depuis leur origine, avaient interdit à leurs banques de s'installer dans plusieurs de leurs États, par crainte ancestrale du pouvoir financier, viennent d'abandonner leurs préjugés et ont modifié leur législation pour que les banques américaines puissent, elles aussi, élargir leur base nationale pour mieux conquérir le reste du monde.

Bref, partout où cela est possible, les fusions, concentrations et autres moyens d'accroître la puissance des entreprises privées se sont développés au point de devenir une activité reine de la finance. On en voit clairement l'évolution future : la naissance d'oligopoles mondiaux, limités d'ailleurs à trois entreprises (triopoles), l'une par continent, selon l'importance relative des coûts de transport dans le prix de vente, en situation relativement stable et détenant le pouvoir de fait dans les décisions relatives à l'orientation du développement mondial. Cette évolution ne fera que prolonger jusqu'à son terme la logique de cette organisation particulière qu'est l'entreprise privée : une logique de dimension aussi grande que possible avec tout ce qu'un tel accroissement implique : puissance, gloire, argent. L'ouverture du monde manifeste le succès de ceux qui éprouvent une telle ambition. La mondialisation est une forme d'ivresse des agents recruteurs et des metteurs en scène du progrès technique. Leur aventure serait sans limites s'ils n'étaient surveillés par les individus.

Mais, plus encore, cette évasion spatiale permet une mutation totale des pratiques affectives. Chacun pourra échapper à tous les pouvoirs qui, jusqu'ici, gouvernaient sa vie quotidienne. Il pourra chercher époux ou épouse ailleurs qu'en allant au bal du village... Il trouvera ses amis sur le réseau en cherchant tous ceux qui partagent ses goûts. Jusqu'où ira-t-il dans l'exercice de son autonomie ? On ne sait pas, mais sûrement plus loin que nous ne le pensons, notre mémoire étant encore encombrée par l'histoire des siècles de l'énergie de la communication.

L'INTERNET
L'Internet offre, en effet, à chacun l'opportunité de vivre en réseau, soit de se délocaliser ou, si l'on préfère, d'abolir – en tout cas de diminuer considérablement – la contrainte de l'espace. Or il est difficile de prévoir, non l'usage que tout individu va faire de ce nouveau moyen d'autonomie, mais jusqu'où ce changement peut aller. Se soustraire à la contrainte de l'espace veut que chacun puisse ne plus se déplacer lui-même dans la quête des produits ou des services – livraison à domicile (Amazon.com pour les livres), diagnostic médical sur écran, ordres financiers en instantané (Yahoo !), banque à domicile..., et ce à des coûts de distribution sans doute décroissants.

La mondialisation des pratiques sociales

Nul ne pourra plus mettre un terme à une mondialisation des activités économiques dont les avantages pour le consommateur seront aussi patents que l'ont été ceux des deux premières étapes de la révolution industrielle. Mais faut-il, pour autant, croire que cette mondialisation se fera sans difficultés et qu'elle aboutira à une société vivable, même si elle devient aussi hétérogène que l'est aujourd'hui celle des États-Unis d'Amérique ?

Cette éventualité n'est pas de pure imagination. Elle est même plus qu'évoquée. Elle est érigée en vrai projet mondial, par ceux-là même qui réalisent la mondialisation économique. Le marché mondial devrait, si l'on en croit certains grands prêtres du libéralisme, aboutir à une société mondiale faisant fi de toutes les spécificités historiques des actuelles communautés nationales. Et ce moins au nom d'un déterminisme de l'économique vers le social qu'à celui de la morale. Quoi de plus heureux qu'une démocratie à l'américaine, emportée par le marché dans sa gibecière, prenant ses assises sur toutes les terres habitées ?

La crise de l'État-nation

La perte du pouvoir, absolu et relatif, des États-nations n'a rien d'étonnant. Elle est la conséquence de l'établissement d'un marché mondial, effaçant leurs frontières et les empêchant, donc, de les défendre contre la circulation des biens et des capitaux, sinon des personnes. L'État-nation ne pouvait que souffrir du rôle croissant du marché. Entre l'organisation politique qu'est la nation et l'organisation économique qu'est l'entreprise privée, la lutte, inévitable, a tourné au grand avantage de la seconde – au point que celle-ci peut désormais être entièrement délocalisée et dirigée par des cadres de toutes nationalités, différentes de celle où est née l'entreprise, parfois même incluse dans de vastes groupes totalement apatrides.

UTOPIA
Le projet de démocratie à l'américaine tire ses forces, sinon sa légitimité, d'une part, de la perte constante du pouvoir des États-nations dans la conduite de l'évolution économique et sociale et, d'autre part, de la perméabilité croissante du monde entier à la culture nord- américaine.

Mais l'entreprise n'aura pas été le seul adversaire victorieux de l'État-nation. L'hégémonie des États-Unis, qui ont acquis, après l'effondrement de l'empire soviétique, un quasi-monopole de la force militaire, aura incité les États-nations européens à constituer des organisations plurinationales, la CEE d'abord, devenue une communauté de quinze États. Auparavant, les pays asiatiques avaient créé l'Asean puis les États-Unis, pour n'être pas en reste, une communauté économique de l'Amérique du Nord. Les nouvelles organisations internationales s'ajoutant à celles issues de la Seconde Guerre mondiale (ONU, FMI, Bird) ne pouvaient que mordre goulûment sur l'autonomie des États-nations, d'autant que ceux-ci étaient souvent attaqués de l'intérieur.

La décentralisation est la forme modérée de la contestation interne dont est victime l'État-nation. Les provinces en France et en Espagne, les Länder en Allemagne, les comtés en Angleterre, les trois Belgique – de superficie pourtant réduite – témoignent d'un pouvoir désormais très partagé entre les États centraux et les organisations politiques locales. On a pu constater ces dernières années, en Yougoslavie, en URSS ou en Tchécoslovaquie, que ces forces centripètes pouvaient conduire à un véritable démantèlement des vieilles nations.

La poursuite d'un tel mouvement pourrait-elle aller jusqu'à la disparition pure et simple des États-nations actuels, du nôtre par exemple ? Le pouvoir de ces organisations du XIXe siècle est-il condamné à continuer de régresser au XXIe siècle ? À constater que même les gouvernements des pays européens socialistes en viennent à « démissionner » officiellement dans le domaine économique (privatisations des entreprises publiques, abandon de la monnaie nationale, impossibilité de toute politique de change, etc.), et qu'ils abandonnent même leurs prérogatives dans le domaine hautement régalien du droit, on pourrait facilement le penser. Certains même le souhaitent. Mais d'autres s'y refusent. Le débat, des plus politique, est donc désormais ouvert en même temps que celui, secondaire, d'une nécessaire évolution de tous les États-nations vers la « démocratie ».

LA CRISE FINALE DES ÉTATS-NATIONS
Tous les empires européens du début du siècle (russe puis soviétique, ottoman, autrichien) sont doublement morts puisqu'ils ont donné naissance à des nations qui, elles-mêmes, ont engendré de plus petites nations. Les revendications indépendantistes ne nous épargnent d'ailleurs pas – Corse, Pays basque, territoires d'outre-mer – autant de manifestations d'un mouvement plus profond qu'on ne le dit d'habitude : celui d'un refus de tout pouvoir politique centralisé, fût-il démocratique.

La contagion de la démocratie

Pour les États-nations existants, la question du régime politique se pose. On sait que sur les 184 nations qui sont présentes à l'ONU, il n'en est qu'une minorité à vivre en démocratie, c'est-à-dire dans un régime où chacun peut exercer par son vote une influence sur les choix politiques majeurs ou mineurs dans le cadre de la décentralisation sans être poursuivi pour délit d'opinion. Des marchés devenus mondiaux vont-ils emmener avec eux une démocratisation des régimes aujourd'hui autoritaires, voire dictatoriaux, en tout cas irrespectueux des droits de l'homme ? On peut le souhaiter, évidemment, sans pour autant être optimiste sur une évolution qui, de toute façon, demandera beaucoup de temps.

L'optimisme repose sur la croyance en un déterminisme spécifiquement politique de l'évolution économique. Le marché mondial libérerait l'individu consommateur dans l'ordre économique et le rendrait donc plus exigeant dans l'ordre politique. Le marché ferait reculer la corruption des gouvernements avant de la supprimer. Le marché réduirait les prérogatives du pouvoir politique au point que son éventuel autoritarisme deviendrait insupportable. Enfin, le messianisme américain ferait le reste. Il échangerait volontiers du Coca-Cola à bas prix contre la libération de quelques prisonniers politiques – surtout en Chine – non sans qu'il y ait beaucoup d'autres raisons à cet échange.

Cet optimisme qui n'est pas sans contenu moral (une démocratie même mauvaise vaut mieux qu'une bonne dictature) se doit néanmoins de rester prudent. D'une part, de nombreuses dictatures sauront se préserver, par la violence ou par toute autre contrainte, des effets économiques et politiques de la mondialisation. Il n'est pas sûr, d'autre part, que la conception européenne, qui naît avec l'*Encyclopédie* de Diderot puis se développe avec Marx avant de s'exporter vers le Nouveau Monde, selon laquelle l'économique détermine le politique soit fondée, en tout cas qu'elle s'impose à tous les peuples quelles que soient leur histoire et leur culture.

Avec l'entrée de l'Asie dans l'espace de la mondialisation, le clivage culturel entre les deux mondes, asiatique et americano-européen, apparaît dans toutes ses dimensions et son intensité. Les droits de l'homme sont-ils exportables dans des communautés humaines n'ayant jamais vécu que dirigées par un pouvoir central – les mandarins et l'empereur en Chine ? L'avenir le dira. Pour l'instant, les peuples d'Asie maintiennent la supériorité absolue du politique sur l'économique et sont bien décidés à ne pas modifier leur sentiment, mondialisation ou non. Ils sont, à l'évidence, enclins à ne recevoir du marché que les bons côtés, profusion des biens, réduction de la durée du travail, élévation du niveau de vie, sans lui laisser, plus exactement sans laisser aux entreprises et à leurs dirigeants, un pouvoir jugé illégitime, dangereux et, surtout, contraire à leur culture.

Ce projet d'une démocratie à l'américaine étendu à toutes les nations du monde n'est qu'une manifestation d'une anticipation plus inquiétante pour certains, plus heureuse pour d'autres : l'extension à la planète du mode de vie actuel et futur des peuples industrialisés. Le progrès technique aurait raison par évolution économique interposée de toutes les différences sociales et, pour aller jusqu'au terme de ce déterminisme, de toutes les cultures.

Il paraît difficile non de le craindre mais de le penser, ne fût-ce qu'à constater avec quelle détermination chaque communauté humaine considère sa culture comme son bien le plus propre en tous les sens du terme, combien elle y trouve sa raison d'être et son identité, et à quel point elle revendique, au nom de cette culture, son indépendance. Certes, les progrès techniques déjà incorporés dans les biens matériels (XIXe et XXe siècle), ceux qui tout au long du XXIe siècle modifieront tous nos modes de communication, vont rogner les aspérités de nos différences culturelles.

Ce progrès technique que René Char vilipendait en évoquant ses « cosses de fer » va-t-il poursuivre son œuvre dévastatrice autant que créatrice ? Peut-être, mais il serait étonnant qu'il parvienne à momifier toutes les langues et littératures pour porter sur le pavois une langue dite anglaise faite d'un tout petit nombre de mots à l'usage mercantile. Il serait tout aussi étonnant de voir les religions se fondre rapidement dans un œcuménisme, avant que celui-ci ne devienne un espèce de code de bonne conduite sociale. Encore davantage que la diversité des climats ne perpétue pas celle des cuisines, des jeux, des travaux et des jours.

LA PROPHÉTIE AMÉRICAINE

Cette prophétie voudrait que disparaissent les spécificités des modes de vie et de pensée qui ont fait naître l'histoire des peuples ; qu'il en soit fini de l'originalité de leurs croyances religieuses et de leurs rites, de la particularité de leur langue parlée et écrite, des différences de leur organisation sociale, bref, de tout ce qui constitue une culture. Ce n'est pas par hasard, mais hautement symbolique que les manifestants chinois déclarent ne pas vouloir la civilisation du Coca-Cola, du McDonalds et du chewing-gum. La culture peut-elle se réduire aux pratiques alimentaires du Big Mac, au base-ball et à la publicité télévisée ?

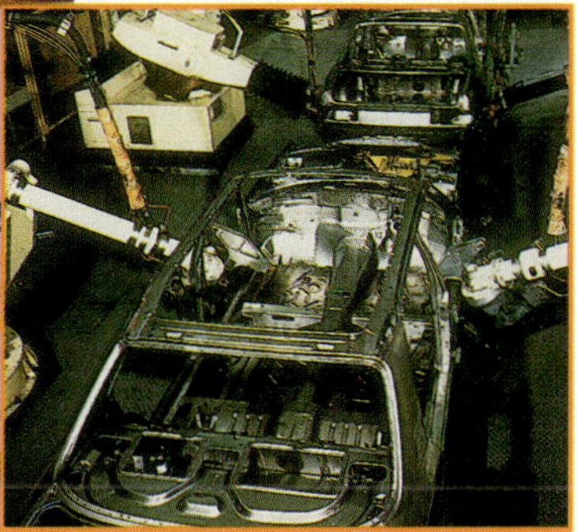

POINTS CLÉS

Pour maîtriser les sujets de cours

Le cours et ses difficultés dans le détail, sujet par sujet, classe par classe. La classe concernée est indiquée par un repère visuel : 2, 1, T ou TS. Les mots difficiles sont identifiés et expliqués dans le dico.

Points clés

2

Le circuit économique et les principaux agrégats de la comptabilité nationale

comptabilité nationale recense l'ensemble des informations ıiffrées de l'activité économique. Elle décrit les phénomènes .ondamentaux de la production, de la distribution, de la répartition et de l'accumulation des richesses.

Le circuit économique : une approche controversée

Les économistes classiques et néoclassiques rejettent l'approche de l'économie en termes de circuit. Selon eux, il n'existe qu'un ensemble de marchés interdépendants régulés par la variable prix. Toute intervention de l'État est source de dysfonctionnements et de rigidités susceptibles de bloquer l'équilibre naturel généré par le marché. Cette conception s'oppose aux analyses proposées par l'économiste français François Quesnay dans son *Tableau économique* (1758) puis à celles de l'Anglais John Maynard Keynes (1883-1946), considéré comme le véritable fondateur de la macroéconomie. ■

Agents et opérations économiques

La comptabilité nationale regroupe les agents économiques en six secteurs institutionnels (sociétés et quasi-sociétés ; institutions de crédit ; entreprises d'assurances ; administrations publiques ; administrations privées ; ménages) caractérisés par leurs fonctions et leurs ressources principales. Le secteur institutionnel appelé « reste du monde » retrace les opérations avec l'extérieur en comptabilisant les exportations et les importations. La production est l'activité économique socialement organisée consistant à créer des biens et des services s'échangeant sur le marché ou obtenus à partir de facteurs de production s'y échangeant. On distingue la production marchande (biens et services vendus à un prix permettant de couvrir les coûts de production) et non marchande (services gratuits ou quasi gratuits). L'activité productive nécessite des consommations intermédiaires (détruites ou transformées au cours du processus de production). La valeur ajoutée (VA) mesure la richesse réellement créée par l'activité de chaque unité de production. Elle s'obtient en déduisant les différentes consommations intermédiaires de la production. La consommation des ménages (C), la formation brute de capital fixe (FBCF) et les variations de stocks (VS) composent la demande intérieure. Dans une économie fermée, l'équilibre ressources/emplois repose sur l'égalité suivante : PIB = C + FBCF + VS. Les opérations de répartition comptabilisent la distribution et la redistribution des revenus entre les différents agents économiques. ■

Les principaux agrégats

Les agrégats sont des grandeurs synthétiques caractéristiques de l'économie nationale. Le produit intérieur brut (PIB) est obtenu par l'addition de toutes les valeurs ajoutées produites dans les différentes branches de l'économie, TVA incluse. Il devrait atteindre environ 2 000 milliards de francs en 2000. Le produit national brut (PNB) est calculé en additionnant au PIB les revenus du travail et de la propriété reçus du reste du monde et en ôtant ceux qui y ont été versés. En France, ces revenus (de l'ordre de 5 % chacun) s'équilibrent quasiment. ■

Les principaux ratios économiques

Un ratio est le rapport de deux grandeurs. Les comptes établis par la comptabilité nationale donnent des informations sur la situation des secteurs institutionnels. Le taux d'épargne des ménages ([épargne brute/revenu disponible] x 100) est un indicateur de conjoncture économique (il augmente généralement dans les périodes de récession). Le taux de marge des entreprises ([excédent brut d'exploitation/valeur ajoutée] x 100) mesure la part de la valeur ajoutée qui rémunère le facteur capital. Le taux d'investissement ([FBCF/VA] x 100) permet d'évaluer la proportion de la valeur ajoutée utilisée pour réaliser des investissements. Enfin, le taux d'autofinancement ([épargne brute/FBCF] x 100) détermine les capacités de financement d'une entreprise par ses bénéfices mis en réserve. S'il est supérieur à 100 %, il peut traduire une baisse des investissements de la société qui, face à une demande atone, préfère réaliser des placements financiers, plus rémunérateurs qu'un investissement productif. ■

Les ménages et les entreprises

(en %)	1996	1997	1998
Part des salaires dans la valeur ajoutée[1]	64,4	63,7	63,5
Taux d'autofinancement[2]	93,3	98,1	93,7
Taux d'investissement[3]	18,2	17,6	18,0
Taux d'épargne[4]	15,1	16,3	15,5

1. Rémunération des salariés, cotisations sociales incluses, rapportée à la valeur ajoutée des sociétés non financières.
2. Épargne des sociétés non financières rapportée à leurs investissements.
3. Formation brute de capital fixe rapportée à la valeur ajoutée.
4. Épargne brute rapportée au revenu disponible brut.

Dico → comptabilité

Points clés L'équilibre emplois et ressources

2

Les échanges avec le reste du monde occupent une place considérable dans le circuit d'une économie ouverte. Les importations (M) augmentent le total de l'offre de biens et services, et les exportations (X) expriment la demande extérieure. La demande intérieure se compose de la consommation des ménages (C) et de la FBCF, formation brute de capital fixe (I).

Les emplois et les ressources

Dans l'ensemble de l'économie, l'offre et la demande de biens et de services s'équilibrent. Les ressources (offertes sur le marché national grâce au PIB ou aux importations) sont donc égales aux produits réclamés à la consommation, à l'investissement et à l'exportation.
On peut donc écrire l'égalité suivante :
PIB + M = C + I + VS + X
ou encore :
PIB – (C + I + VS) = X – M, ou même :
PIB – demande intérieure = solde de la balance courante.
Un déséquilibre du solde de la balance courante (SBC) peut être réduit soit en maîtrisant la demande intérieure, soit en dégageant une épargne suffisante.
La différence entre les exportations et les importations est négative lorsque les agents économiques dépensent plus qu'ils ne produisent. La demande intérieure est donc supérieure au PIB. Rétablir l'équilibre exige de recourir à l'emprunt extérieur ou de dégager une épargne. L'épargne (E) étant la partie du revenu (ou PIB) non consommée, on obtient : E = PIB – C, soit PIB = C + E.
L'équation emplois / ressources peut s'écrire :
E – (I + VS) = X – M,
soit épargne intérieure – demande intérieure = SBC.
On peut donc conclure que le SBC est négatif lorsque l'épargne intérieure est insuffisante pour financer la demande intérieure ; il faut alors recourir à l'épargne étrangère. ■

Les sources de la croissance

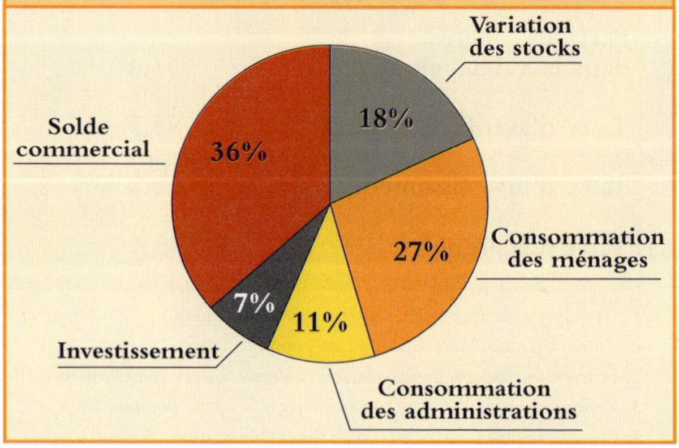

La structure de la balance des paiements

La balance des paiements comptabilise l'ensemble des flux réels, monétaires et financiers d'une économie pendant une année. Elle est composée de différentes balances qui s'emboîtent successivement les unes dans les autres. La balance commerciale, qui compare les exportations et des importations de marchandises et la balance des invisibles, qui recense essentiellement les services et les transferts unilatéraux, forment la balance des transactions courantes. La balance des capitaux rassemble l'ensemble des mouvements de capitaux à long terme, ceux à court terme du secteur privé non bancaire, ainsi que ceux à court terme des secteurs bancaire et officiel. La balance des paiements reprend toutes les opérations comptabilisées dans la balance des transactions courantes et dans celle des capitaux. ■

La structure de la balance des paiements

1. Marchandises	Balance commerciale	Balance des transactions courantes	Balance des paiements
2. Services 3. Transferts unilatéraux 4. Autres biens et services	Balance des invisibles		
5. Capitaux à long terme 6. Capitaux à court terme du secteur privé non bancaire 7. Ajustements		Balance des capitaux	
8. Capitaux à court terme du secteur bancaire 9. Capitaux à court terme du secteur officiel (réserves de change)			

Le mode de calcul des échanges de marchandises

Les exportations sont évaluées « franco à bâbord » (FAB), soit au prix de vente du bien sans prendre en compte les frais de transport jusqu'à la frontière. L'évaluation des importations inclut le prix du bien et le CAF (coût, assurance, frêt, soit les coûts de transport et d'assurance jusqu'à la frontière). Ces frais qui viennent s'additionner à la valeur réelle de la marchandise sont cependant plus proches de la catégorie des services. Pour quantifier les échanges de marchandises, certains préfèrent donc utiliser une évaluation FAB/FAB, plus proche de la réalité. ■

La financiarisation de l'économie mondiale

L'hégémonie de la sphère financière sur la sphère « réelle » est mise en évidence par les opérations recensées dans la balance des transactions courantes. Les flux financiers sont en effet cinq fois plus importants que les flux réels. La libéralisation et le décloisonnement des marchés financiers conjugués à la disparition du contrôle des changes ont encouragé cette progression. Le montant quotidien des opérations de change est estimé à plus de 1000 milliards de dollars. Les non-résidents détiennent un tiers de la dette publique et peuvent emprunter à court terme des sommes considérables dans le but de spéculer. Cette évolution traduit la suprématie des marchés financiers sur les politiques économiques. ■

Dico → croissance •

Points clés

2

La diversité des formes familiales et des relations de parenté

On se représente couramment la famille comme un ensemble naturel, défini par les lois biologiques. Or les formes de la famillle sont diverses et varient suivant les sociétés. C'est avant tout sur un fondement social que repose cette institution.

Liens de filiation et liens biologiques

De multiples exemples illustrent la dissociation qui existe entre les réalités biologiques et les fonctionnements sociaux. L'enfant adopté n'a pas de liens biologiques avec ses parents adoptifs, ce qui ne l'empêche pas d'être reconnu comme un fils à part entière. Les liens de filiation ne reposent donc pas systématiquement sur les liens du sang. De même, un père ou une mère peuvent ne pas reconnaître leur enfant. L'existence d'un lien biologique n'implique pas nécessairement la reconnaissance du lien de filiation. Si, bien évidemment, la procréation est à l'origine de la famille, chaque société a sa propre manière d'appréhender les liens biologiques, imposant ses propres règles, ses interdits, valorisant certains comportements et en interdisant d'autres. De ce fait, les formes familiales sont variées. ■

La polygamie, relativement rare en Afrique, est socialement valorisée car elle est un signe de richesse et de pouvoir.

Les formes familiales dans l'histoire

L'histoire fournit nombre d'exemples de structures familiales diverses. Dans la France de l'Ancien Régime, différents modèles coexistaient : la forme dominante, celle de la famille nucléaire (ou conjugale), composée du père, de la mère et des enfants non mariés, est ancienne (elle existe depuis le Moyen Âge). Mais on trouvait aussi des familles communautaires, dans lesquelles tous les enfants, même mariés, continuaient à vivre sous le même toit que leurs parents. Enfin, existait le modèle de la famille souche, où l'enfant héritier demeurait chez ses parents après son mariage tandis que les autres enfants ne restaient au foyer parental que tant qu'ils étaient célibataires. ■

Les règles d'alliance et de filiation

Le mariage est une institution : il se conforme à des règles sociales précises, qui peuvent varier d'une société à l'autre.

La comparaison entre différentes sociétés permet de mettre en évidence la pluralité des formes familiales. Ainsi, les règles de l'alliance, c'est-à-dire les lois qui régissent l'union des conjoints, varient grandement. En Occident par exemple, la règle est la monogamie (union d'un seul homme avec une seule femme). Ailleurs, le mariage peut être polygamique, un seul homme ayant plusieurs épouses ou, inversement, une seule femme ayant plusieurs époux (extrêmement rare). Les règles de filiation, c'est-à-dire celles qui régissent les rapports entre parents et enfants et qui fixent la transmission de l'identité et du statut social, se présentent aussi de différentes manières. La filiation peut être patrilinéaire (lorsque le père transmet son statut à l'enfant), ou matrilinéaire (lorsque la filiation passe par la mère), ou encore bilinéaire, quand la transmission se fait à la fois par le père et la mère. Enfin, la parenté est également définie par des règles sociales. Ainsi, dans certaines sociétés, l'oncle maternel peut jouer le rôle de père. De même, il arrive que, dans les mariages polygamiques, les enfants soient élevés indifféremment par chacune des épouses sans que la mère biologique soit privilégiée.
La structure de la famille occidentale d'aujourd'hui n'est pas universelle. Elle ne constitue pas un modèle de la famille « normale », même si c'est celui auquel nous sommes habitués. La diversité des formes familiales dans l'histoire et dans l'espace nous oblige à ne pas juger les autres sociétés en fonction de nos seules normes et valeurs, et donc à nous défaire d'un regard ethnocentrique. ■

La société fixe les normes qui encadrent les relations au sein de la famille.

Points clés

Le ménage

2

La famille est en perpétuelle transformation. La forme traditionnelle dominante du couple avec enfants, uni par le mariage et que seule la mort sépare, est en crise. Mais la crise de ce modèle ne constitue pas pour autant une menace pour l'institution familiale.

Les notions de ménage et de famille

Il faut bien dissocier la notion de ménage de celle de famille. L'INSEE définit le ménage comme l'ensemble des occupants d'une résidence principale, qu'ils aient des liens de parenté ou non. Selon cette définition, un ménage peut donc être composé aussi bien d'une famille que d'une personne seule. Enfin, il peut éventuellement être formé de plusieurs familles qui résident ensemble dans le même logement. La notion de famille peut s'entendre au sens large ou au sens étroit. Au sens large, il s'agit de l'ensemble des personnes qui ont entre elles un lien de parenté. Ces personnes ne vivent pas forcément dans le même foyer. On peut y inclure les parents, les enfants, les grands-parents, les oncles et les cousins... Au sens étroit, le terme « famille » s'applique à l'ensemble des personnes qui ont des liens de parenté et qui vivent sous le même toit. La famille au sens étroit peut être composée d'un couple, avec ou sans enfants. Cependant, depuis les années 1960, l'augmentation du nombre des divorces provoque l'apparition de nouvelles situations familiales. Les familles monoparentales (c'est-à-dire composées d'un seul parent vivant avec au moins un enfant) se multiplient. De même, les familles recomposées, qui réunissent un couple et un ou plusieurs enfants issus des unions précédentes de l'homme et/ou de la femme, sont de plus en plus nombreuses.

La famille nucléaire, composée d'un couple avec enfants, reste aujourd'hui encore le modèle dominant, malgré la multiplication des familles monoparentales et recomposées.

Peut-on parler de crise de la famille ?

Depuis les années 1960, la famille change. On se marie moins, et de plus en plus tard. La cohabitation hors mariage (ou concubinage), devenue un mode de vie, et la croissance du nombre de divorces laissent penser que la famille est en crise. Pourtant, ses fondements subsistent : la vie en couple reste la norme et la majorité des unions sont officielles.

La fragilité des couples et le développement de nouvelles formes familiales traduisent une idéalisation de la famille, perçue désormais comme un espace de réalisation personnelle, comme un lieu d'épanouissement psychologique plutôt que comme un cercle de stabilité. De plus, le couple a aujourd'hui pour base principalement le sentiment amoureux. Lorsque celui-ci fait défaut, on se sépare facilement. L'institution familiale n'est pas en crise, elle évolue.

Avec le divorce, les familles monoparentales se développent. Néanmoins, l'institution familiale n'est pas en crise.

Ces changements ont des répercussions sur le taux de fécondité. En France, l'indicateur conjoncturel de fécondité, qui mesure les taux de fécondité par âge, se situe aujourd'hui à 1,7, alors qu'il faudrait 2,1 enfants par femme pour renouveler les générations. Cette baisse s'explique en partie par une meilleure maîtrise de la fécondité, grâce à l'évolution des techniques contraceptives et des législations dans ce domaine. D'autre part, la place de l'enfant dans la famille a évolué. Celui-ci est l'objet d'un investissement éducatif croissant, donc plus onéreux. Enfin, le statut social des femmes a changé. Leur volonté d'accéder à un statut professionnel peut contrarier leur désir d'avoir des enfants. ■

Les principaux changements législatifs récents

1967
Loi Neuwirth libéralisant la contraception

1975
Loi Veil légalisant l'interruption volontaire de grossesse
Loi sur le divorce par consentement mutuel

1999
Loi sur le pacte civil de solidarité (Pacs)

Dico → famille • fécondité • parenté

Points clés

2

Actifs et inactifs, une distinction complexe

Le taux d'activité a fortement progressé ces dernières décennies. Mais la population active reste difficile à évaluer, en dépit d'une définition apparemment simple. La modification de sa structure soulève en outre quelques inquiétudes : le vieillissement de la population annonce des difficultés de financement des retraites.

La distinction entre actif et inactif

Au XVIIIe siècle, François Quesnay, économiste physiocrate et auteur du *Tableau économique* (1758) considère l'agriculture comme l'unique activité productive. Seul le travail de la terre crée de la richesse et un surplus, alors que les activités de services, par exemple, restent improductives. Depuis, le concept de production s'est progressivement élargi et englobe désormais le secteur industriel et celui des services. Étroitement liée à l'activité économique, la notion de population active s'étend aujourd'hui, selon l'INSEE, à toutes les personnes qui déclarent exercer une activité professionnelle salariée, aider professionnellement un membre de leur famille sans être salariées, être à leur compte, être apprenties ou stagiaires rémunérées ou enfin, être sans travail et à la recherche d'un emploi. Il s'agit donc des personnes qui exercent (ou recherchent) une activité professionnelle rémunérée. En 1998, la population active rassemble 25, 755 millions de personnes, soit 43,7 % d'une population de 58, 847 millions de personnes. ■

La composition de la population active

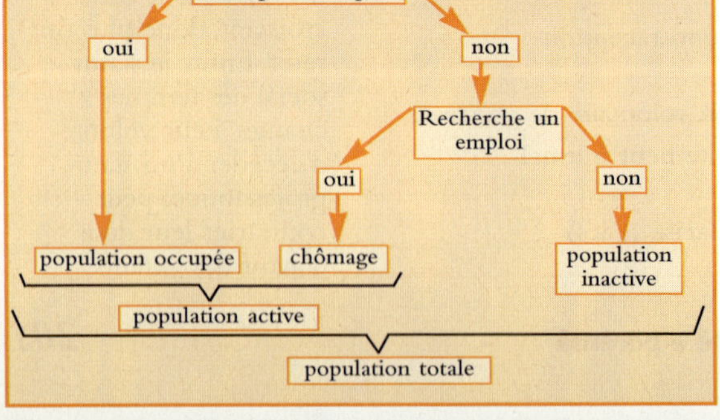

Source : Jacques Freyssinet, *le Chômage*, © La Découverte & Syros, 1998.

Une frontière floue

Le critère de distinction entre actifs et inactifs se réduit à l'existence, ou non, d'une rémunération. Ce critère, trop limité, crée une confusion entre les deux notions et fausse surtout les chiffres de l'activité. En effet, dans certains pays, notamment les PED, une grande partie du travail n'est pas comptabilisée car il n'est pas rémunéré, particulièrement dans le cadre des réseaux familiaux. L'économie informelle de ces pays minimise alors le montant du PIB et les taux d'activité. D'autre part, les échanges de travail, sous forme de rémunérations en nature, et le travail clandestin, ou « au noir », échappent aussi aux statistiques. L'évaluation de l'économie souterraine est d'autant plus incertaine que les frontières entre activité et inactivité sont floues. ■

L'évolution de la population active

En dix ans, de 1988 à 1998, la population active a augmenté de 1,2 point par rapport à la population totale. Son évolution dépend directement de celle de la population en âge de travailler. Natalité, flux migratoires, activité des femmes, avancement de l'âge de la retraite ou prolongement de la durée des études expliquent en grande partie sa progression. L'arrivée sur le marché du travail des générations du baby-boom (après la Seconde Guerre mondiale) a contribué à son augmentation significative. De même, l'impact du solde migratoire a été important dans les années 1960 : arrivée de l'immigration étrangère, encouragée par une croissance soutenue et par une insuffisance de main-d'œuvre, et retour de 1,8 million de rapatriés d'Algérie entre 1962 et 1963 (dont 600 000 actifs). Entre 1982 et 1990, la hausse du taux d'activité féminin explique, à 97 %, le nombre d'actifs supplémentaires. Ce taux a d'ailleurs progressé de 7,9 % de 1988 à 1998. Actuellement, 78,7 % des femmes âgées de 25 à 49 ans travaillent.

L'activité féminine

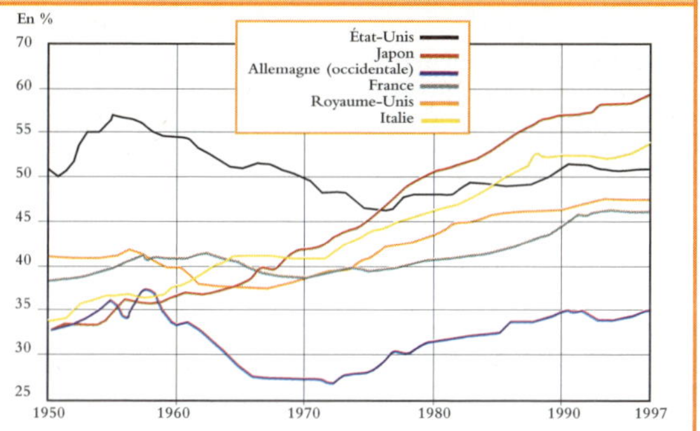

La dégradation du rapport actifs/inactifs

De 1988 à 1998, la part des plus de 60 ans dans la population totale est passée de 18,6 à 20,3 %. L'augmentation de deux ans de l'espérance de vie pendant cette même période contribue à expliquer cette évolution. Parallèlement, la part des jeunes de moins de 20 ans a enregistré une baisse de 2,5 points, passant de 28,3 à 25,8 %. Le constat du vieillissement de la population pose le problème de la pérennité du financement des retraites par répartition dans les années à venir, notamment à partir de 2005.

Les nombreuses situations de travail ou de non travail que peut rencontrer un individu.

Les chevauchements entre emploi, inactivité et chômage

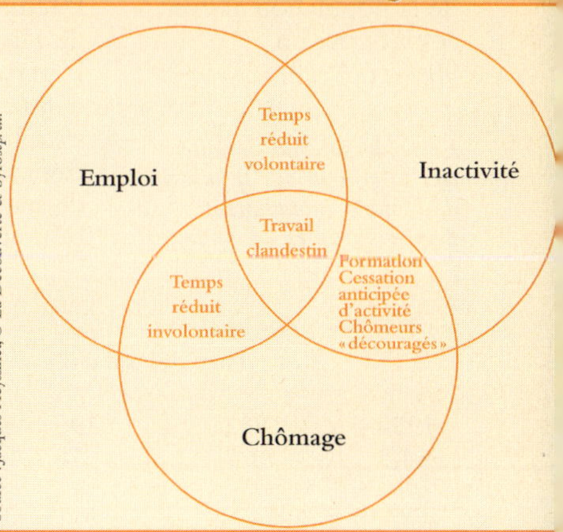

Source : Jacques Freyssinet, © La Découverte & Syros *op. cit.*

Points clés

2 T

Le salariat et les formes d'emplois salariés

Le salariat, sur lequel repose le mode de production capitaliste, concerne près de 90 % de la population active. Très diversifié, avec le développement des nouvelles formes d'emplois et des inégalités entre les CSP, il n'est plus vraiment un critère de différenciation dans le monde du travail.

Le salariat

Le salariat repose sur l'échange marchand. Le travailleur qui loue sa force de travail devient salarié de celui qui l'achète, c'est-à-dire l'employeur. Ce rapport de production caractérise le mode capitaliste, qui repose lui-même sur la division du travail et sur l'accumulation du capital. La montée du salariat a été extrêmement rapide au XXe siècle : sa part, qui ne représentait au début du siècle que la moitié de la population active, atteint environ 90 % en 1999. ■

Le mode salarial domine très largement sur le marché de l'emploi notamment depuis quelques décennies.

Une notion encore pertinente ?

La salarisation croissante de l'emploi a accompagné l'amplification des inégalités au sein de la population active. Au début du XXe siècle, les ouvriers représentaient 50 % de l'emploi salarié, contre seulement un tiers aujourd'hui. En revanche, les effectifs des employés et, surtout, des cadres (dont le nombre a été multiplié par trois entre 1962 et 1990) ont considérablement augmenté. L'actuelle hétérogénéité du salariat remet en cause la pertinence de sa définition. Les disparités s'expliquent désormais davantage par les différences de statut et de rémunération entre les salariés. ■

Le contrat de travail

Le statut de salarié repose sur un contrat de travail qui a bénéficié, pendant les Trente Glorieuses, de la mise en place d'un système de protection (maladie, vieillesse...) et de nouveaux avantages sociaux (évolution à l'ancienneté, 13e mois, prime...). Les emplois stables à durée indéterminée se sont multipliés au point de représenter la norme de la période d'après-guerre. Les revendications des syndicats et l'augmentation des richesses ont facilité l'instauration des acquis sociaux, qui ont cependant été dénoncés, par certains

Le développement du salariat

Part des salariés dans la population active occupée (en %)						
1954	1962	1968	1975	1982	1990	1996
64,8	71,7	76	82	83,1	85,6	86,9

Source : INSEE. Recensements (sauf 1996 : Enquête sur l'emploi).

économistes libéraux, comme autant de rigidités responsables du développement du chômage dès les années 1960-1970. Selon eux, l'ajustement de l'offre et de la demande sur le marché se heurterait à l'absence de fluidité du salaire et de l'emploi. La crise des années 1980 a progressivement remis en question l'avancée sociale. Les conditions d'indemnisation du chômage ont par exemple été durcies. Le contrat de travail perd peu à peu ses prérogatives. ■

Population active, emploi, emploi salarié (1973-1995)

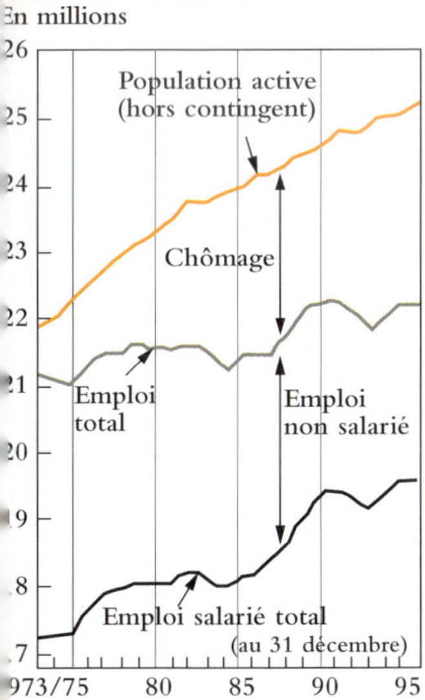

Source : INSEE, in *l'État de la France 1999-2000*, © La Découverte & Syros, 1999.

La montée des emplois atypiques

La diversification des formes d'emplois représente en réalité une constante du salariat. La période 1950-1970 n'est donc qu'une parenthèse dans son histoire. Le statut juridique de l'emploi typique est caractérisé par un contrat à durée indéterminée, à temps plein et signé avec un seul employeur, ce qui favorise la stabilité. Une conjoncture maussade conjuguée au développement massif du chômage ont contribué à l'émergence et à la recrudescence des formes d'emplois atypiques en opposition avec le CDI. La retour d'anciennes situations telles que les aides familiales et les travailleurs à domicile, accompagne l'expansion rapide de nouveaux statuts (CDD, intérim, temps partiel). Une meilleure conjoncture fera-t-elle ralentir cette progression ? Rien n'est moins sûr. En 1998, la croissance soutenue (+ 3,2 %) et l'embellie sur le marché du travail (+ 1,8 %) ont surtout profité aux emplois atypiques. Les effectifs dans l'intérim ont par exemple augmenté de 20 % durant cette période. ■

La part de l'emploi salarié progresse mais surtout au profit des statuts précaires (CDD, intérim, temps partiel).

Le contrat d'activité

La réflexion autour du contrat d'activité a été lancée par le commissaire au Plan, Jean Boissonnat. Ce contrat repose sur une modification des réglementations qui prendrait en compte les nouvelles donnes du marché de l'emploi afin de limiter le travail au noir et de garantir une certaine protection collective fondée sur la mutualisation des risques. Il est cependant controversé et ses détracteurs avancent qu'il légitimerait la précarité, ouvrirait la voie à de nombreux abus et repousserait l'espoir d'occuper un poste stable. Ses défenseurs argumentent qu'il permettrait, au contraire, d'encadrer une évolution inéluctable de l'emploi et de le repenser ainsi en termes nouveaux. ■

Points clés

2 T

Activité, emploi salarié et non salarié

L'évolution des taux d'activité traduit les bouleversements économiques et sociaux des dernières années. La frontière entre activité salariée et activité indépendante devient incertaine. Principaux motifs : l'externalisation des tâches et le développement des réseaux de franchisés.

Le taux d'activité masculin moyen baisse au profit de celui du travail féminin.

Travail, emploi et activité

L'activité consiste à participer à la production en contrepartie d'une rémunération. Cette définition exclut donc l'activité non rémunérée (travail domestique, « au noir », etc.). On peut en effet travailler sans être payé. Une mère au foyer, qui effectue en moyenne 70 heures de travail par semaine, est malgré tout considérée comme « inactive ». L'activité au cours du cycle d'une vie évolue et sort maintenant du cadre traditionnel « formation, emploi, retraite ». Le taux d'activité global mesure la part de la population active dans la population totale. Il peut être calculé par tranches d'âge et en fonction du sexe. ■

L'évolution du taux d'activité[1] masculin (1950-1997)

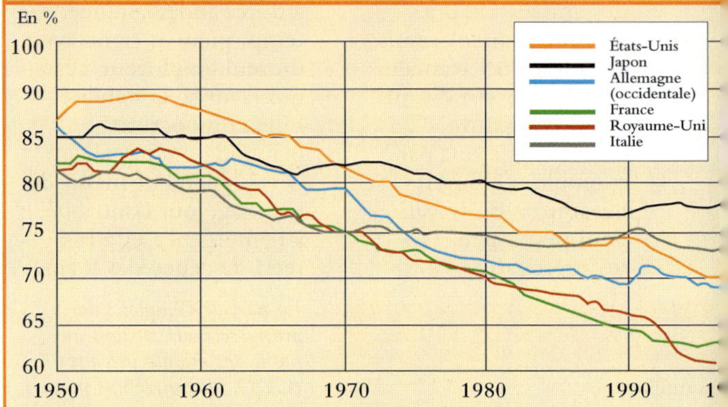

1- Rapport de la population active à la population de plus de 15 ans. Source : estimations OCDE.

L'évolution des taux d'activité

L'analyse des taux d'activité met en évidence les changements sociaux survenus dans la population ces vingt dernières années. Le taux d'activité maximal est atteint pour la tranche d'hommes âgés de 35-39 ans (97,1 %), et pour celle des femmes de 40-44 ans (80,4 %). Globalement, l'évolution des courbes traduit l'allongement des études et l'avancement de l'âge de la retraite. Les taux d'activité sont en effet inférieurs à ceux des années 1975 jusqu'aux tranches des 30-34 ans pour les hommes et des 25-29 ans pour les femmes. Les hommes âgés de 60-64 ans accusent une chute d'activité de 74 % par rapport à ceux de la catégorie des 55-59 ans, une baisse qui s'élevait seulement à 32 % en 1975. ■

Le statut comme critère de classement de la population active

L'évolution de la structure des professions et catégories socioprofessionnelles indique l'augmentation du salariat au détriment du travail indépendant. En 1962, les catégories « agriculteurs exploitants » et « artisans, commerçants, chefs d'entreprise » représentaient environ 30 % de la population active, contre 11,2 % en 1990. Cette régression est liée, principalement, à la réduction des emplois agricoles, due à la hausse des gains de productivité et à la baisse de la demande. En effet, la progression rapide de la productivité s'est conjuguée à la réduction de la part de l'alimentaire dans les dépenses des ménages. Autre cause de cette régression : la concurrence exacerbée des grandes surfaces qui mine le petit commerce et l'artisanat. La part des chefs d'entreprise dans la population active est restée, elle, quasiment stable, autour de 0,6 %. ■

Salarié ou indépendant ?

Les frontières entre salariés et indépendants deviennent de plus en plus théoriques. En effet, avocats et médecins, par exemple, travaillent souvent dans des cabinets de professions libérales. Leur statut rejoint presque celui du salarié. De même, bon nombre de commerçants intégrés dans un réseau de franchisés pourraient être considérés comme des salariés. À l'inverse, certains salariés occupent un statut équivalent à celui d'un indépendant. C'est le cas des agents commerciaux qui sont rémunérés sur la base du SMIC, puis au pourcentage de leurs ventes. La sous-traitance (très répandue dans les secteurs du transport et du bâtiment) accroît le nombre d'indépendants qui ne sont qu'artificiellement détachés de l'entreprise. L'objectif de cette pratique est de réduire les cotisations sociales et de profiter de la souplesse des horaires. ■

L'externalisation des tâches contribue à la baisse des effectifs dans les grands établissements.

L'évolution du nombre de salariés selon la dimension des entreprises

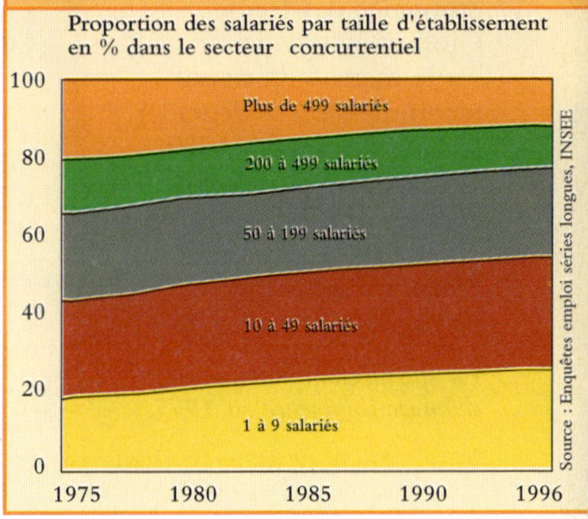

La protection sociale des indépendants

La réduction de la part des indépendants dans la population active pose le problème de la protection sociale. Les caisses de retraite se trouvent confrontées à un déséquilibre structurel, avec plus de retraités que d'actifs. Les « non-non » (non salariés, non agricoles) se trouvent particulièrement menacés par cette dégradation du taux de charges actifs sur inactifs. ■

Points clés

2 T

Le chômage, ses causes et ses formes

L'augmentation du nombre de demandeurs d'emploi est le fléau des années 1990. Et même si la situation sur le marché du travail s'améliore depuis deux ans, le chômage des jeunes et de longue durée (au bout d'un an d'inscription à l'ANPE) reste très préoccupant.

Un constat éloquent

En 1896, le recensement officialise pour la première fois une catégorie « chômeurs ». En 1936, le taux de chômage atteint 4,5 % de la population et touche 900 000 personnes. Malgré la période de croissance des Trente Glorieuses, la situation sur le marché du travail recommence à se dégrader à partir des années 1960 et se détériore progressivement dans les années 1980. Les années 1990 voient l'impuissance des politiques économiques face au développement du chômage de masse. En 1996, on comptabilise 3,16 millions de chômeurs, soit 12,4 % de la population active. ■

L'évolution du chômage en un siècle

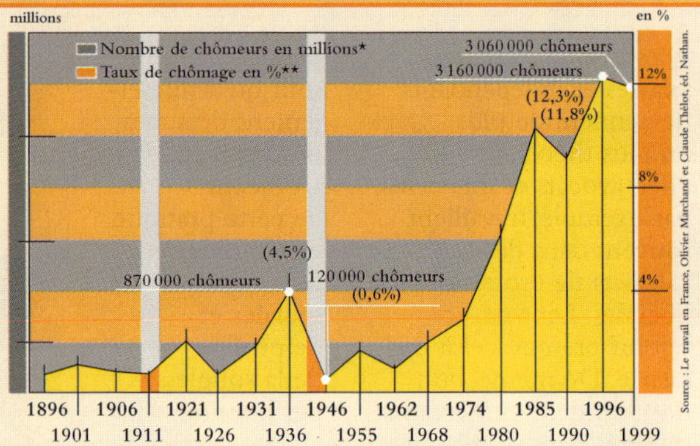

Source : Le travail en France, Olivier Marchand et Claude Thélot, éd. Nathan.

* Nombre de chômeur d'après les recensements effectués de 1896 à 1946, puis selon la définition du Bureau international du travail (BIT)

** Taux de chômage selon la définition du BIT.

Avertissement : les définitions retenues sont differentes avant et après la Seconde Guerre mondial.

La spectaculaire montée du chômage commence en 1975.

Un phénomène discriminatoire

Le chômage est un phénomène discriminatoire : il touche majoritairement les jeunes, les immigrés, les femmes, les moins diplômés et les catégories socioprofessionnelles « ouvriers » et « employés ». Progressivement, sa durée s'est allongée. L'effet de file d'attente (les employeurs préfèrent embaucher un demandeur d'emploi « récent ») pénalise ceux qui sont à la recherche d'un poste depuis plus d'un an, voire depuis plus de trois ans. Le prolongement du chômage réduit l'employabilité des actifs inoccupés. L'amélioration de la situation en 1998 (hausse de l'emploi de 1,8 %) profite essentiellement aux jeunes de moins de 25 ans, au détriment des plus de 50 ans. Le chômage de longue durée demeure le point noir. ■

Les causes du chômage

L'analyse du déséquilibre du marché de l'emploi oppose traditionnellement les approches libérales aux keynésiennes. Selon la théorie libérale, une rémunération du facteur travail supérieure à la productivité marginale de ce dernier pénalise l'emploi par un coût trop élevé. Pour Keynes, la demande effective (demande globale anticipée) est insuffisante pour atteindre le plein-emploi. D'autres approches, notamment celle de l'économiste Schumpeter, expliquent le chômage par l'effet ambivalent du progrès technique. Les innovations qui améliorent la productivité des facteurs de production dégraderaient, dans un premier temps, l'emploi. La complexité du phénomène interdit cependant toute analyse tranchée. Une croissance intensive repose en effet sur l'accélération suffisante de la demande pour compenser ses effets défavorables sur l'emploi. Selon une étude de l'UNEDIC, le seuil de croissance à partir duquel l'économie française crée des postes a chuté de 2,6 % dans les années 1970 à 1,5 % aujourd'hui. Cette baisse s'expliquerait par la tertiarisation des emplois, les aides publiques, le développement du temps partiel, des stages, des CDD et de l'intérim. ■

Les différentes formes du chômage

On distingue deux formes majeures de chômage : le conjoncturel, lié à un ensemble d'éléments temporaires dans une économie (par exemple, un ralentissement de la croissance) et le structurel, qui se développe avec les mutations de structures d'une société sur une longue période (par exemple un secteur ou une région en déclin). La distinction entre les deux est cependant délicate à établir. Ainsi, le chômage des années 1970 a d'abord été analysé comme un phénomène conjoncturel lié à une croissance ralentie par les chocs pétroliers. Vingt ans après, il était clairement devenu structurel. D'autres types de chômage existent : technologique, il résulte de l'utilisation d'innovations techniques qui économisent du travail (humain) au profit du capital, tandis que frictionnel (dit aussi de « mobilité »), il est généré par le délai de passage d'un emploi à un autre. Cette dernière forme de chômage correspond à l'ajustement de l'offre à la demande sur le marché du travail. ■

Une manifestation de chômeurs pour obtenir une prime de Noël en décembre 1998.

Dico → chômage • croissance • libéralisme

Points clés

T

Les formes de flexibilité de l'emploi

Les acquis sociaux, progressivement gagnés dans le monde du travail, sont remis en cause par le contexte de concurrence internationale exacerbée. La flexibilité est devenu le maître mot d'un marché transformé sous l'effet des mutations rapides imposées par le progrès technique.

Qu'est-ce que la flexibilité ?

La flexibilité de l'emploi comprend deux formes notables : externe et interne. Pour s'ajuster à la demande du marché, la première recourt aux licenciements, à des contrats temporaires et à des sous-traitants. La seconde s'appuie essentiellement sur les ressources propres à l'entreprise : variation du temps de travail et de la rémunération, polyvalence des salariés. À ces distinctions majeures s'en ajoutent deux autres : la flexibilité quantitative et qualitative. La quantitative a pour seul objectif de diminuer les coûts fixes au profit des coûts variables. Elle peut donc être externe ou interne et, dans ce dernier cas, elle correspond à l'adaptation de la durée du travail et de sa rémunération. La flexibilité qualitative est interne et s'attache à la polyvalence des salariés et des équipements techniques. ■

Le recours à des intérimaires constitue une forme de flexibilité externe.

La flexibilité pour être compétitif

Adapter rapidement et facilement le volume de l'emploi aux besoins de l'entreprise pour faire face au marché passe par l'évolution de la législation en matière de licenciements (suppression en 1986 de l'autorisation administrative de licenciement) et par la multiplication de contrats de travail temporaires et précaires (CDD, intérim). Une autre possibilité pour l'entreprise consiste à externaliser certaines de ses activités : elle fait appel alors à des sous-traitants. Ce prestataire extérieur, souvent de plus petite taille (moins de 50 salariés) a un mode de fonctionnement plus souple (pas de comité d'entreprise). L'entreprise peut aussi jouer sur la réduction du temps de travail et s'adapter aux variations conjoncturelles sans réduire le volume de l'emploi. Cependant, pour les dirigeants, c'est plutôt l'occasion d'augmenter la durée d'utilisation des équipements et d'en accélérer l'amortissement. La flexibilité de la rémunération, qui repose sur l'ajustement des salaires à la baisse, est plus difficile à instaurer. En effet, hormis le SMIC dont le montant est fixé, les salaires sont naturellement rigides à la baisse. ■

L'évolution de la proportion de salariés à temps partiel

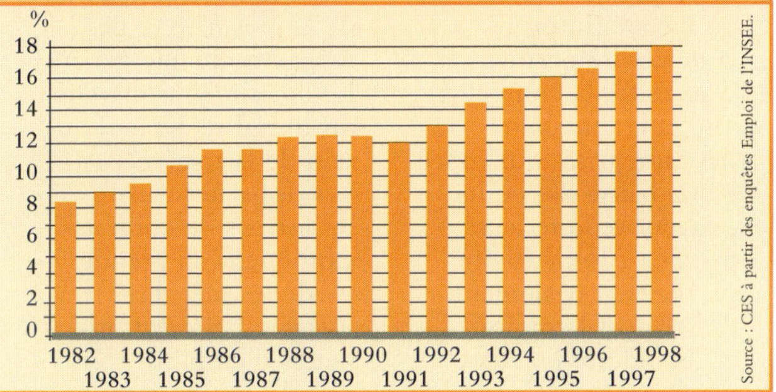

Les entreprises font varier la durée du temps de travail : la proportion de salariés à temps partiel ne cesse de croître.

La transformation des postes de travail

Le progrès technique, qui remplace l'homme par la machine dans toutes les tâches répétitives et simples, transforme les postes de travail. Ils deviennent peu à peu plus immatériels, davantage interactifs et autonomes et se déplacent vers le relationnel, l'innovation et la maîtrise de l'informatique, la réparation, etc. Peu à peu, les emplois non qualifiés disparaissent de l'industrie, au profit de postes d'ouvriers qualifiés, voire de cadres, dont le nombre est passé de 2 à 15 millions au cours de ce siècle. ■

La qualification des actifs s'améliore

Pour répondre à cette nouvelle donne, la qualification des actifs est en hausse. Entre 1962 et 1997, le nombre d'actifs n'ayant aucun diplôme a baissé de 45 %. Le nombre des travailleurs détenteurs d'un diplôme supérieur a été multiplié par 8,5 durant ces 35 dernières années. De fait, cette évolution répond à une demande réelle sur le marché du travail : le nombre de postes correspondant à la catégorie socioprofessionnelle des cadres et professions intellectuelles supérieures a enregistré une croissance de 67 % de 1982 à 1996, pour une progression de l'emploi toutes PCS confondues de 6 %. ■

Dico → chômage • emploi

Points clés

L'évolution de l'emploi : précarité et externalité

La population active, salariée à 90 %, est occupée à 70 % dans les services. Ces chiffres masquent cependant l'évolution réelle du marché du travail, principalement en hausse grâce à la précarisation et à l'intérim et essentiellement concentrée sur le secteur tertiaire marchand.

La précarité, préférable à l'exclusion du marché du travail

Le débat sur les conséquences de la flexibilité de l'emploi oppose les défenseurs d'une formule « à la carte » à ceux qui l'accusent de créer principalement de la précarité. Pour ses partisans, la flexibilité est un moyen de lutte contre le chômage. Elle freine les disparitions de postes, notamment grâce à la flexibilité qualitative, qui permet d'amortir les fluctuations. En effet, les entrepreneurs sont d'autant plus enclins à embaucher que la rémunération des nouveaux emplois est souple. L'insertion, même par un statut précaire, reste préférable à l'exclusion pure et simple du marché du travail. Enfin, la flexibilité permet d'accroître la compétitivité et la rentabilité des entreprises qui, grâce à une baisse des coûts, peuvent réduire leurs prix. La compétitivité permettrait également de relancer l'emploi et de réduire le taux de chômage. ■

Les statuts précaires, en progression, vont-ils devenir la norme ?

La montée de la précarité

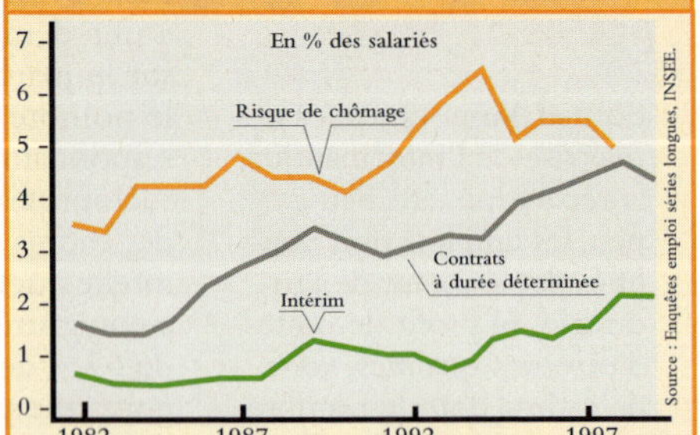

* Proportion des salariés qui avaient un emploi en année n-1 et qui se retrouvent au chômage en année n.

La précarité aggrave les inégalités sociales

Les détracteurs de la flexibilité mettent en avant le développement de la précarité et des inégalités qu'elle génère Le dualisme du marché du travail se déplace au sein de la société. Les disparités dans les formes de contrats expliquent en grande partie les inégalités sociales. Les créations nettes d'emplois dans l'économie sont essentiellement des formes atypiques. La flexibilité encourage en effet le remplacement des postes stables au profit des précaires. La reprise de la croissance en 1998 et l'augmentation des postes ont ainsi essentiellement profité à l'intérim et au secteur tertiaire marchand, favorisé de surcroît par la stratégie d'externalisation des entreprises. ■

Un lien social fragilisé

La fragilisation du salariat est une des conséquences de la flexibilité. La recrudescence des temps partiels, travail temporaire ou à forfait, ainsi que des pratiques de sous-traitances augmente d'autant le nombre d'emplois atypiques. Ces travailleurs ne peuvent plus compter sur un poste stable et durable au sein de la même entreprise, comme ce fut souvent le cas pour les générations de l'après-guerre. Ces nouvelles formes d'emplois posent la question de l'intégration sociale. Les *working poors* (travailleurs pauvres) se développent parmi la population active. Avoir un travail n'est plus suffisant pour accéder aux normes de consommation, véritables portes d'intégration de l'individu dans la société. ■

Les jeunes et les femmes, premières victimes de la précarité

La proportion d'actifs de 15-24 ans en contrat à durée déterminée et en intérim a plus que triplé entre 1982 et 1997. La part du temps partiel dans l'emploi féminin atteint désormais 30 %, contre 16,9 % en 1979. Face à la montée du chômage, les partenaires sociaux et l'État ont réduit les droits à l'indemnisation. Les actifs en situation de précarité représentent au moins 30 % de la population active si l'on compte les chômeurs officiels, les personnes en CDD, en temps partiel, les intérimaires, ainsi que les salariés en emplois aidés (notamment en emplois solidarité). ■

L'évolution de l'emploi précaire des jeunes

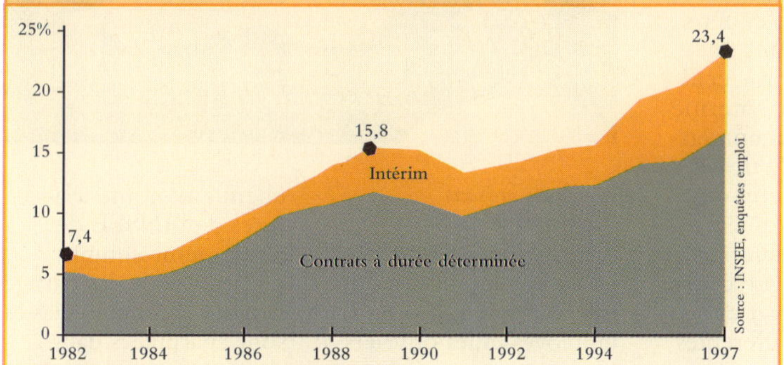

Les jeunes subissent de plein fouet les effets de la précarité.

Sous-traitance et essaimage

La tertiarisation de l'économie s'explique en partie par le développement de la sous-traitance des activités. Les entreprises l'utilisent de plus en plus pour moduler leur appareil productif. Elles externalisent des salariés qui y étaient auparavant intégrés, et amortissent ainsi les aléas de la conjoncture. La taille des établissements diminue et les acquis sociaux obtenus par les syndicats dans les bastions industriels sont remis en cause. ■

Dico → secteur

Points clés 2 1

Les catégories socioprofessionnelles

À l'initiative de l'INSEE, une nomenclature est établie en 1954 pour classer les actifs en catégories socioprofessionnelles (CSP). Sa modification en 1982 donne naissance à la notion de professions et catégories socioprofessionnelles (PCS).

Les principes de base

Le passage à la nomenclature de 1982 s'est traduit par un certain nombre de changements. Les catégories d'actifs sont passées de neuf à six. Les salariés agricoles, de moins en moins nombreux, ont été classés dans la catégorie « ouvriers ». Les cadres moyens, qui constituaient une CSP à part entière, se retrouvent dans une nouvelle catégorie, celle des « professions intermédiaires ». Pour la nomenclature des PCS, trois principaux critères ont été retenus : le métier, le statut et la hiérarchie professionnelle. Le critère du métier permet de distinguer les différentes professions. Le statut différencie les actifs des inactifs et les salariés des non-salariés. Enfin, la hiérarchie professionnelle classe les professions en fonction du niveau de la rémunération et de la qualification. Ainsi,

Les petits artisans et commerçants sont de moins en moins nombreux.

les cadres, les professions intermédiaires, les employés et les ouvriers occupent une position différente en termes de qualification et de niveau hiérarchique. Les catégories socioprofessionnelles ne doivent pas être assimilées à des classes sociales. D'ailleurs, les auteurs marxistes reprochent aux nomenclatures de l'INSEE de ne pas tenir compte de l'existence des clivages sociaux. Certaines classes sont éparpillées dans diverses catégories et certaines catégories regroupent des populations hétérogènes. Enfin, la grille des PCS ne permet pas de mettre en évidence les phénomènes d'exclusion et la précarisation de certains statuts. ■

Les évolutions récentes

Depuis les années 1950, les catégories qui se développent le plus sont celles qui ont le niveau de qualification le plus élevé. La part relative des cadres et professions intellectuelles supérieures ainsi que celle des professions intermédiaires ont augmenté. En revanche, les parts des agriculteurs exploitants, des artisans, des commerçants et des chefs d'entreprise tendent à diminuer. La PCS « ouvriers » suit une évolution plus contrastée. Pendant les Trente Glorieuses, cette catégorie connaît une expansion, mais les difficultés économiques du milieu des années 1970 provoquent une relative baisse du nombre d'ouvriers (qui représentent tout de même encore près de 30 % de la population active). Par ailleurs, la catégorie « employés », très féminisée, augmente. Les employés tendent à se rapprocher socialement des ouvriers. Les changements dans la structure de la population active peuvent s'expliquer par plusieurs facteurs. Les diverses activités ont des rythmes de croissance et de gains de productivité différents. Le secteur agricole, par exemple, a perdu beaucoup d'emplois depuis la Seconde Guerre mondiale. Sa modernisation lui permet de produire davantage avec de moins en moins de main-d'œuvre. Ces changements s'expliquent aussi par l'extension des besoins dans de nouveaux domaines. La tertiarisation des emplois, c'est-à-dire le développement des emplois de services, est liée à la hausse de la demande dans ce secteur. ■

L'effectif des « cadres et professions intellectuelles supérieures » grossit du fait d'une demande croissante de main-d'œuvre qualifiée.

Les effectifs des catégories socioprofessionnelles (en 1998)

Agriculteurs exploitants	685 000
Artisans, commerçants et chefs d'entreprise	1 670 000
Cadres et professions intellectuelles supérieures	3 151 000
Professions intermédiaires	5 107 000
Employés	7 611 000
Ouvriers	6 999 000
Chômeurs n'ayant jamais travaillé	354 000
Ensemble des individus actifs	25 577 000

Dico → cadre • catégorie socioprofessionnelle • secteur

Points clés

Les groupes d'appartenance

1 T

« Groupes primaires, groupes secondaires, groupes de référence » sont des concepts utilisés en sociologie. Ils permettent de comprendre l'influence de la collectivité sur la personnalité de l'individu.

L'individu et le groupe

La constitution de la personnalité d'un individu passe par l'insertion de celui-ci dans des groupes ou institutions divers : famille, groupe de pairs, école, lieu de travail, Église, parti politique, etc. Dans son ouvrage *l'Esprit, le soi et la société* (1934), le sociologue américain G.H. Mead a montré que la personnalité se construit à travers l'échange avec la collectivité, c'est-à-dire avec les individus qui composent les groupes sociaux. Ainsi, le développement de l'enfant s'opère par l'apprentissage du rôle et de la conduite d'autrui. En adoptant les différents rôles que lui proposent les autres, l'enfant, grâce à cet apprentissage, en adopte aussi les attitudes. ■

Groupe primaire, groupe secondaire

La distinction entre groupe primaire et groupe secondaire fut introduite par le sociologue américain C.H. Cooley en 1909. Le groupe primaire rassemble des individus proches. Les liens entre ses membres sont personnels et intimes et des valeurs communes s'y expriment, comme la solidarité et la loyauté. La division des rôles au sein de ce type de groupe est forte. Si la famille en constitue l'exemple type, tous les groupes restreints qui fonctionnent de cette manière peuvent être considérés comme des groupes primaires (une équipe sportive par exemple). Dans le groupe secondaire, ce sont des liens impersonnels qui relient les êtres. Les organisations modernes (entreprises, administrations, etc.) en constituent des exemples. ■

La famille constitue un « groupe primaire ». Les relations entre ses membres sont personnelles et intimes.

L'ascension sociale favorise l'identification à un « groupe de référence », en conflit avec la classe d'origine.

Groupe d'appartenance et groupe de référence

La distinction entre groupe d'appartenance et groupe de référence a été proposée par le sociologue américain Merton en 1949. Les comportements sociaux peuvent s'expliquer par l'identification à un groupe qui n'est pas celui auquel on appartient (groupe d'appartenance), mais celui auquel on espère appartenir (groupe de référence). On adopte en général les valeurs, opinions et attitudes d'un groupe socialement plus élevé que le sien. Dans une société où une certaine mobilité sociale existe, le processus d'identification au groupe de référence permet de comprendre les mécanismes de cette mobilité. Grâce à la distinction entre groupe d'appartenance et groupe de référence, il est possible, par exemple, d'analyser l'évolution de la classe ouvrière. Ainsi, même si la classe ouvrière a accédé à une certaine aisance matérielle, elle n'entre pas pour autant automatiquement dans un processus d'embourgeoisement. Le passage de la classe ouvrière à la classe moyenne ne s'effectue que lorsque les ouvriers rejettent les valeurs et normes de leur propre classe, résistent à la pression du conformisme dans leur groupe d'appartenance et disposent de réelles possibilités pour se faire accepter par la classe moyenne. Les individus en phase de mobilité sociale entrent en conflit avec les références culturelles de leur classe d'origine. L'identité héritée s'oppose alors à celle constituée lors de leur ascension sociale. ■

Le milieu social dont nous sommes issus représente notre « groupe d'appartenance ».

Dico → classe sociale

Points clés

La stratification sociale

T

Les inégalités et la hiérarchie sociale caractérisent la totalité des sociétés. Ces inégalités ont diverses dimensions et concernent, par exemple, le revenu, le patrimoine, le pouvoir, le prestige ou le savoir. Les hiérarchies sociales peuvent, elles, être fondées sur le sexe, l'âge, ou encore la parenté.

Classes, castes et ordres

Les inégalités de revenus, de considération, de prestige, etc. sont d'ordre social. En effet, elles ne reflètent qu'en partie les différences liées aux capacités et aux aptitudes particulières de tel ou tel individu. Elles trouvent leur source dans le fonctionnement même de la société. On les retrouve dans toutes les organisations mais leurs représentations et leurs mécanismes sont variés. Ainsi, il ne faut pas confondre les sociétés composées de castes avec les sociétés de classes.

La caste est un groupe héréditaire et fermé d'où il est impossible de sortir. La notion de classe renvoie, elle, à un groupe plus ouvert où la mobilité, même si elle est faible, est possible. Enfin, dans la société féodale, les ordres représentent les degrés de la hiérarchie. Au nombre de trois : la noblesse, le clergé et le tiers état, les ordres étaient en principe héréditaires, mais les roturiers pouvaient être anoblis et l'accès au clergé était ouvert à tous. ■

Les castes représentent un groupe social fermé et héréditaire.

Les inégalités sociales renvoient à des différences non seulement de revenu et de patrimoine, mais aussi de savoir et de prestige.

Deux problématiques

Deux grands types de problématiques guident l'analyse de la hiérarchie sociale. L'approche marxiste insiste sur la notion de classes sociales. Ces dernières sont des acteurs collectifs, des groupes en lutte, et leurs conflits expliquent la dynamique de la société. L'autre approche est centrée sur la notion de stratification. L'objectif est d'analyser de quelle façon est hiérarchisée une société. À la différence des classes, les strates ne forment pas nécessairement des ensembles d'individus mus par le sentiment d'appartenir au même groupe. Il ne s'agit plus que d'une collection d'individus. C'est le sociologue Max Weber qui a proposé une analyse de la hiérarchie sociale en termes de stratification. Il opère une distinction entre les différentes dimensions de la différenciation sociale. D'abord, il met en avant la notion de *« groupe de statut »* qui renvoie au prestige et à la considération que confère la position sociale. Ensuite, il prend en compte la hiérarchie liée au pouvoir politique. Enfin, il s'approprie le concept de classes pour désigner les individus qui occupent des situations similaires sur le plan économique. Ces personnes disposent ainsi du même type d'accès aux biens et partagent les mêmes conditions de vie matérielle. À la différence de Marx, les classes ne constituent pas, pour Weber, des groupes de personnes ayant forcément conscience de leurs intérêts communs. Et dans son analyse, le conflit entre classes n'occupe pas une place centrale. Une autre approche de la stratification a été proposée par l'américain Warner, qui dégage six strates : *upper-upper class* (l'aristocratie), *lower-upper class* (milieux fortunés), *upper-middle class* (classe moyenne aisée), *lower-middle class* (petite bourgeoisie), *upper-lower class* (classe inférieure), *lower-lower class* (populations au statut précaire). Cette classification s'appuie sur de multiples facteurs de hiérarchisation : le niveau du revenu, la profession exercée, le type d'habitat, le quartier habité. En fonction de ces critères, l'individu occupe une position particulière dans la société, plus ou moins prestigieuse. Ces analyses sont considérées comme « nominalistes ». La classe (ou strate) n'est plus qu'une collection d'individus qui vivent des situations similaires. Dans ce cas, l'émergence d'une conscience de classe reste improbable. ■

La classe sociale n'est-elle qu'une collection d'individus, réunis par des modes de vie similaires ou un acteur collectif en lutte ?

Dico → • caste • classe sociale • conscience

Points clés

La reproduction sociale

T

Lorsque l'on compare les positions sociales des pères et des fils, une forte reproduction d'une génération à l'autre apparaît, et plus particulièrement aux deux extrémités de l'échelle sociale. Ainsi, plus de la moitié des fils de cadres deviennent cadres eux-mêmes.

Capital économique, culturel et social

Pour certains sociologues contemporains comme Pierre Bourdieu, la société a tendance à reproduire les inégalités, malgré les perpétuelles transformations économiques qu'elle subit. Les individus sont ainsi dotés, au départ, d'un patrimoine inégal pour évoluer dans la société. On distingue trois grandes catégories de ressources : économiques, culturelles et sociales. Les premières, aussi baptisées *« capital économique »* par Bourdieu, sont représentées par les revenus et le patrimoine. Les secondes, ou *« capital culturel »*, illustrent l'inégale performance des enfants issus de différentes classes sociales. Les ressources culturelles peuvent se matérialiser par des diplômes ou par la possession d'objets culturels (une bonne bibliothèque, par exemple). Elles peuvent aussi être intériorisées, assimilées, et s'inscrivent alors dans le corps comme une façon durable d'être. Par exemple, aller au musée et aimer l'art relèvent de pratiques « culturelles » et requièrent certaines capacités spécifiques. Enfin, la dernière catégorie, appelée *« capital social »* par Bourdieu, désigne le réseau de relations qui est lié directement à l'appartenance au groupe d'origine. Si les inégalités économiques sont les plus visibles et les plus connues, elles peuvent aussi se cumuler avec des disparités culturelles ou sociales. Cette analyse offre une nouvelle lecture du schéma de la stratification sociale. Ainsi, la classe dominante est

Capital économique, culturel et social se combinent au sein de la classe dominante pour produire un capital symbolique élevé.

Espaces des positions sociales et espaces des styles de vie en France

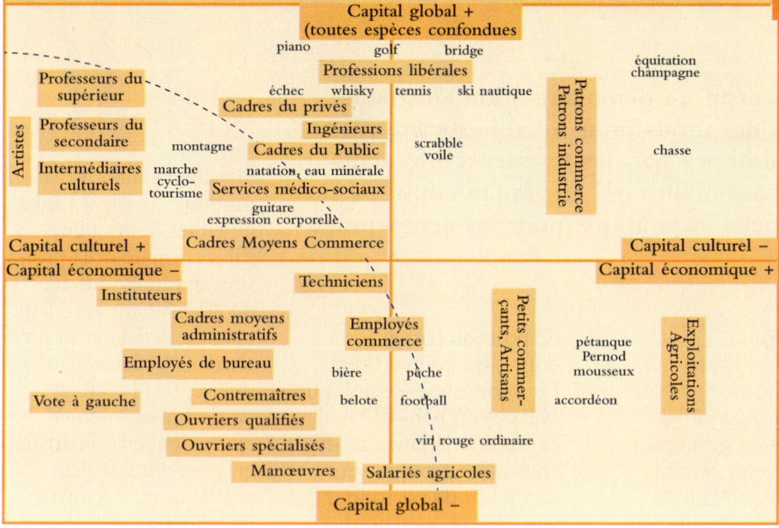

Source : Pierre Bourdieu, © Édition du Seuil, 1994.

bien dotée dans les trois catégories de capitaux. Les individus qui la composent disposent d'un prestige élevé, que Bourdieu nomme *« capital symbolique »*. D'autres groupes, tels les instituteurs, professeurs, le corps enseignant en général, possèdent des ressources économiques relativement faibles, mais ont un capital culturel plutôt élevé. Ils s'opposent aux petits patrons, mieux pourvus en capital économique, mais assez pauvres en capital culturel. Enfin, la classe dominée (ouvriers, salariés agricoles...) est la moins bien dotée en tout type de capital. ■

La reproduction

Les difficultés de progression sociale ne sont pas forcément dues à une incompétence individuelle ou à une absence de dons. L'empreinte du milieu social d'origine est permanente et, malgré la démocratisation scolaire, les inégalités se dupliquent d'une génération à l'autre. Ainsi, le fait d'avoir des parents diplômés assure une meilleure réussite scolaire. De même, disposer d'un réseau de relations influent permet de valoriser les diplômes et de transformer la réussite scolaire en réussite sociale. La socialisation au sein de la famille exerce ainsi un effet durable sur les destinées personnelles. La reproduction sociale se manifeste également à travers le choix du conjoint. On ne se marie jamais par hasard. Les couples sont majoritairement formés par deux individus du même milieu social. En 1994, 63,2 % des ouvrières ont épousé un ouvrier et on constate aussi que seulement 1 % des femmes cadres se marient avec des ouvriers. Les individus choisissent donc le plus souvent un conjoint socialement proche : cette pratique se nomme « homogamie sociale ». ■

Points clés

La mobilité sociale

T

Les processus de démocratisation affirment l'égalité des droits pour tous : la société n'est plus cloisonnée par des frontières infranchissables. La mobilité qui en résulte constitue un enjeu social et politique pour les démocraties.

Un clivage théorique

Les inégalités et les mécanismes de reproduction sociale perdurent malgré les occasions de promotion offertes, selon certains sociologues. D'autres, comme Tocqueville au XIXe siècle, affirment que les sociétés démocratiques sont entraînées dans un processus d'égalisation des conditions. À terme, chacun doit occuper une position sociale selon ses capacités et son mérite. La mobilité sociale, c'est-à-dire la possibilité pour les individus de changer de position sociale, doit donc s'intensifier. Pour l'économiste et sociologue V. Pareto (1848-1923), il existe une circulation des élites. Ces groupes sont composés de personnes aux qualités exceptionnelles. Mais, comme leurs capacités ne sont pas héréditaires, les élites doivent se renouveler à chaque génération. Cette théorie n'est pas vérifiée dans la réalité : les élites se trouvent essentiellement dans les classes supérieures et prouvent ainsi leur forte reproduction sociale. ■

La mesure de la mobilité

On peut mesurer la mobilité sociale à l'aide de tables de mobilité. Elles comparent la profession des individus âgés de 40 à 59 ans avec leur origine sociale et se présentent de deux manières différentes : les tables de destinées mettent en évidence la répartition en pourcentage des positions qu'occupent les représentants de chaque couche sociale (par exemple, les destinées de 100 fils d'ouvriers) ; les tables de recrutement indiquent, elles, la répartition en pourcentage des origines sociales des membres d'une même profession (par exemple, les origines sociales de 100 employés). ■

La destinée professionnelle des fils en fonction de la profession du père (1993)	sont agriculteurs exploitant	sont artisans, commercants, chefs d'entreprises	sont cadres	ont une profession intermédiaire	sont employés	sont ouvriers
Sur 100 fils d'agriculteurs exploitants :	24,6	7,7	10,3	14,5	8,0	34,9
Sur 100 fils d'artisans, commercants, chefs d'entreprises :	1,6	29,6	21,7	20,2	6,7	20,1
Sur 100 fils de cadres :	0,5	10,7	52,9	20,7	8,4	6,8
Sur 100 fils de professions intermédiaires :	0,8	8,8	35,5	30,1	9,6	15,3
Sur 100 fils d'employés :	0,2	7,4	22,2	32,2	11,0	27,0
Sur 100 fils d'ouvriers :	0,8	8,7	9,8	24,3	10,7	45,7
Sur 100 fils d'origine inconue :	2,2	9,8	11,1	22,4	10,3	44,2
Sur 100 fils, toutes origines confondues :	4,9	11,4	18,9	23,2	9,4	32,2

Source : INSEE, enquête FQP, 1993

La mobilité structurelle

Une partie de la mobilité sociale observée s'explique par l'apparition de mutations dans la structure des emplois. On utilise le terme de « mobilité structurelle » pour désigner ces transformations. Ainsi, entre les années 1950 et 1970, la diminution importante du nombre d'agriculteurs, liée à la modernisation, a conduit une grande partie des enfants d'agriculteurs à changer de catégorie socioprofessionnelle. Les professions qui voient leurs effectifs s'accroître, comme les cadres et les professions intermédiaires, connaissent, elles, un recrutement social plus diversifié. ■

La mobilité nette

La mobilité nette (ou « de circulation ») désigne les changements de position sociale autres que ceux liés à la mobilité structurelle. Ainsi, on s'aperçoit que les fils d'agriculteurs qui ont quitté la terre sont devenus principalement des ouvriers. Y a-t-il eu mobilité nette, c'est-à-dire promotion sociale ? D'une manière générale, lorsqu'il y a mobilité, celle-ci reste limitée. Les fils d'ouvriers qui changent de catégorie deviennent majoritairement employés ou accèdent aux professions intermédiaires. On observe surtout une mobilité entre des catégories proches. Enfin, il ne faut pas oublier qu'elle n'est pas toujours ascendante (un fils d'ouvrier qui devient cadre), elle peut être descendante (la place du fils dans la hiérarchie sociale est alors inférieure à celle du père). ■

Les enjeux

En France, la mobilité sociale a surtout augmenté pendant les Trente Glorieuses. Aujourd'hui, l'idée d'une « panne de l'ascenseur social » domine. Elle reflète, en réalité, la volonté de voir la mobilité se développer. Dans une société qui affirme des valeurs et des fonctionnements démocratiques, l'égalité des droits conduit logiquement à refuser les privilèges hérités. L'existence d'une certaine égalité des chances et la recherche d'une justice sociale apparaissent liées au système démocratique. ■

Le développement de l'enseignement a permis d'accroître la mobilité sociale. Celle-ci demeure cependant encore relativement réduite.

Points clés

Les classes sociales

1 T

Le concept de classe sociale est utilisé depuis la fin du XVIIIe siècle. Bien que des auteurs aux sensibilités diverses et aux approches théoriques différentes s'y réfèrent, il reste surtout attaché à l'œuvre de Marx.

Les classes sociales dans l'œuvre de Karl Marx

Marx propose plusieurs approches du concept de classe sociale. Dans le *Manifeste du parti communiste,* le terme désigne les groupes sociaux opposés en lutte, avec d'un côté les oppresseurs, de l'autre les exploités. Dans *le Capital,* le concept de classe renvoie aux grands types de revenus : le salaire, le profit et la rente foncière.

L'œuvre de Marx s'inscrit dans le contexte du XIXe siècle, en pleine mutation sociale et économique.

Les classes sont nées de l'organisation du travail et des rapports sociaux. Les prolétaires, obligés de travailler car ne disposant que de leur force de travail, reçoivent un salaire pour revenu. Le profit revient aux capitalistes, qui emploient les salariés. Les propriétaires fonciers, qui possèdent la terre mais ne la travaillent pas, perçoivent la rente foncière. C'est dans ce processus de production que se nouent les rapports entre classes. Celles-ci ne peuvent être appréhendées de façon isolée car elles n'existent que les unes par rapport aux autres. Elles sont en conflit. Dans *le 18-Brumaire de Louis Bonaparte,* Marx ajoute une condition pour que les classes existent. Il prend l'exemple des petits paysans qui ont des vies similaires et les mêmes intérêts. Ils ne constituent pas une classe car, malgré leurs intérêts communs, ils ne forment pas une communauté et ne sont pas organisés de façon politique. Le mode de vie et les intérêts communs ne suffisent donc pas : une classe ne naît que si elle prend conscience de son existence. Selon Marx, la lutte des classes constitue le moteur de l'histoire. À terme, le développement du capitalisme devrait entraîner une bipolarisation de la société (prolétaires contre capitalistes), et cette lutte devrait s'exacerber. ■

Des classes sociales en mutation

À la lumière des évolutions sociales depuis le XIXe siècle, les analyses de Marx se révèlent-elles pertinentes ? Au XIXe siècle et au début du XXe existaient deux grands clivages sociaux : entre la paysannerie, très nombreuse, et le monde urbain d'une part, et entre la bourgeoisie et le prolétariat d'autre part. Actuellement, les représentations de la structure sociale accordent une large place aux « classes moyennes » dites aussi « intermédiaires ».

La précarisation du statut de salarié et l'apparition d'un chômage « de masse » provoquent une nouvelle fracture sociale.

L'analyse de Marx paraît donc infirmée. La classe moyenne elle-même ne semble pas constituer une classe sociale au sens marxiste du terme. Une grande diversité domine : les couches moyennes sont majoritairement salariées, mais on y trouve aussi des indépendants, des petits patrons et des artisans. En somme, au regard de leur hétérogénéité, les classes moyennes n'arrivent pas à se structurer comme un acteur social organisé. Cependant, malgré ces évolutions et l'affaiblissement des clivages sociaux, on peut noter l'émergence de nouvelles inégalités

Si, des années 1950 jusqu'aux années 1980, les revenus ont globalement progressé et les modes de vie se sont uniformisés, une nouvelle fracture sociale est apparue, liée à la pauvreté, à l'augmentation du chômage, et à la précarisation du travail.

Malgré les mutations du monde ouvrier, la fragilité sociale des moins qualifiés et des moins rémunérés se traduit aujourd'hui encore par des luttes.

Dico → capital • classe sociale

Les mouvements sociaux

T

Le mouvement social est caractérisé par des comportements collectifs qui visent à transformer l'ordre social existant. Il se manifeste par différentes formes de mobilisation, telles que les grèves ou les manifestations.

Karl Marx et le changement social

Marx a proposé une théorie du mouvement social où le conflit est au cœur de l'analyse. Il a mis en évidence – et c'est là un de ses apports majeurs – que le conflit trouve son origine dans le fonctionnement même de la société. Le développement économique produit en effet ses propres contradictions qui, à terme, ne peuvent que conduire au conflit et au changement. Dans le schéma de Marx, le développement des forces productives (qui se caractérisent par les techniques utilisées par les hommes) entre en contradiction avec les rapports de production (soit la division du travail et les rapports de classes). Il en résulte des tensions, qui aboutissent au passage d'un mode de production à l'autre.

La grève générale de mai 1968 a paralysé la France. Ici, une manifestation ouvrière.

Générée par le système capitaliste lui-même, la lutte des classes devient le moteur des transformations. Elle oppose d'un côté ceux qui possèdent les moyens de production et, de l'autre, ceux qui ne les ont pas. Cette distinction forme le cœur du conflit. ■

Les conflits opposant le capital et le travail peuvent être régulés par la pratique de la négociation.

Les nouveaux mouvements sociaux

Au cours du XXe siècle, le capitalisme et les mouvements sociaux ont évolué. Les enjeux des conflits également. À côté des luttes traditionnelles dans le monde du travail, d'autres préoccupations émergent : l'écologie, le féminisme, etc. Face à ces transformations, les mouvements sociaux sont-ils encore déterminés par la lutte des classes ? Quelques auteurs ont proposé une réponse théorique à cette question.
R. Dahrendorf, dans ses travaux des années 1950, emprunte la thèse du conflit des classes comme source du changement social. Selon lui, la lutte des classes a changé de nature. Elle ne concerne plus la détention des moyens de production. Le capital n'est plus, en effet, la propriété de quelques familles de capitalistes, il s'est dissous à travers les sociétés par actions. De ce fait, les enjeux des conflits ont évolué et concernent désormais l'autorité, qui reste inégalement distribuée dans la société. Toujours associée à un rôle, à une fonction et à une position sociale, elle s'inscrit dans des relations de domination. Dans cette optique, les classes sont envisagées comme des regroupements d'individus en quête de maîtrise de l'autorité, et non plus seulement comme des groupes séparés par la possession ou non des moyens de production. À l'instar de Dahrendorf, le sociologue contemporain Alain Touraine considère que l'analyse de Marx, bien que pertinente au XIXe siècle, doit être reconsidérée.
Pour lui, la société a profondément changé. Il ne s'agit plus aujourd'hui d'un monde industriel marqué par un conflit central opposant capital et travail, mais d'une société postindustrielle dont l'évolution dépend moins de l'activité industrielle que de la maîtrise des connaissances. Dans ce contexte, les mouvements sociaux existent toujours et entraînent les transformations, mais ils ont évolué. Ils opposent des individus qui veulent exister face aux appareils de décision économiques et politiques plutôt que le capital et le travail. Cette approche permet de comprendre les nouveaux mouvements sociaux, tels que les revendications écologistes, la contestation des banlieues, etc. Ces mutations provoquent une pression sur le système politique et les institutions dans leur ensemble. Elles jouent également un rôle dans la transformation des représentations du social. ■

Dans la société postindustrielle naissent de nouveaux types de mouvements sociaux, non caractérisés par un affrontement entre classes sociales.

Dico → capital • classe sociale • mouvement social

Le développement

T

Le développement, c'est l'amélioration du bien-être. L'ONU le définit comme *« l'éventail des possibilités offertes à l'homme »*. C'est aussi un processus qui vise un meilleur bien-être pour tous. Le développement couvre un champ beaucoup plus vaste que la croissance économique.

L'alphabétisation est un facteur majeur de développement dans les pays du tiers-monde.

Un phénomène qualitatif

Le développement est défini comme l'ensemble des transformations techniques, sociales et culturelles qui permettent l'augmentation du niveau de vie et la croissance économique. Il s'agit plus précisément d'une combinaison de changements économiques et sociaux qui interviennent simultanément et qui améliorent durablement le bien-être de la population.
Par exemple, le lancement d'une vaste campagne de vaccination dans un pays pauvre, qui fera chuter le taux de mortalité infantile, ne suffit pas pour impulser le développement.
Il ne suffit pas non plus de moderniser l'agriculture. Mais si les deux sont réalisés, et si l'on améliore aussi l'éducation, les infrastructures, etc., il y a là développement. Il n'existe pas de taux maximal ou minimal de développement. Toute société peut connaître des transformations positives et qualitatives. Les pays les plus développés, comme la France qui possède l'un des meilleurs indices de développement humain (IDH) au monde, ne souhaitent pas stopper le processus d'amélioration du bien-être de leurs habitants. Ainsi, le terme « pays développé », qui incite à penser que le processus est terminé, n'a de sens que par rapport au terme « pays en développement » (PED). En réalité, tous les pays sont en voie de développement ou appelés à le devenir. Les économistes évoquent souvent divers stades de développement, à l'image des degrés de maturité. Les pays développés sont ainsi assimilés à des adultes, les pays en développement à des enfants (un pays est « développé » lorsque son PIB/habitant, indicateur qui ne prend en compte ni les inégalités internes ni la santé des habitants, dépasse les 10 000 $). ■

La croissance économique est-elle nécessaire ?

Quand on étudie les 48 pays les moins avancés (PMA), c'est-à-dire ceux dont le PNB par tête est inférieur à environ 800 $ (France : 26 000 $), on constate que la plupart d'entre eux connaissent aussi une forte croissance économique. Sachant qu'au même moment les conditions de vie s'y dégradent, on peut en déduire que cette croissance est inutile. Mais cela signifie tout simplement que la redistribution et, sans doute, la gestion des affaires du pays sont très mauvaises. Aucun pays n'a jamais pu se développer sans un minimum de croissance économique. Comment financer de meilleures infrastructures (routes, écoles, hôpitaux, etc.) sans croissance économique ? Comment augmenter les dépenses publiques si les ménages et les entreprises ne gagnent pas un peu plus que l'année précédante ? La croissance économique est bel et bien nécessaire pour qu'il y ait développement. ■

Le développement durable changerait tout

Depuis quelques décennies, le mode de développement économique des pays du Nord et des pays émergents (le Sud) menace la survie de l'humanité. À titre d'exemple, l'érosion massive des terres arables, la contamination des nappes phréatiques et des mers, la dégradation de la couche d'ozone et les pluies acides sont le résultat d'une mauvaise exploitation des ressources et d'une pollution massive imposées au nom de la croissance économique. Pis : des clivages dramatiques se creusent entre riches et pauvres. Quelque 800 millions d'êtres humains souffrent de malnutrition, alors que certains ne cessent de s'enrichir. Un autre modèle de développement pourrait réconcilier croissance économique, protection des êtres humains et écologie. La notion de développement durable, formulée en 1987 dans le rapport de l'ONU *Notre avenir à tous* remis par l'ex-Premier ministre norvégien Mme Gro Harlem Brundtland, vise une telle réconciliation. Ainsi, le développement durable n'envisage pas que les pays du tiers-monde rattrapent les pays riches en produisant encore plus et en adoptant le même mauvais modèle. L'équilibre naturel doit, au contraire, être préservé, tandis que les conditions de vie s'amélioreront. Le développement durable implique aussi une meilleure maîtrise de la croissance démographique dans les pays du tiers-monde. ■

New York : un modèle de développement économique insoutenable pour la Terre.

Points clés

Le développement extraverti

T

Le développement extraverti est un processus économique orienté vers l'exportation des biens et services. Cette extraversion entraîne des phénomènes d'acculturation. Ce modèle s'oppose au développement autocentré, qui vise l'autonomie nationale.

Le développement de l'agriculture et de l'industrie nationales

Le développement extraverti est le modèle le plus souvent mis en place aujourd'hui. Ce sont les pays asiatiques qui s'y adaptent le mieux.

La plupart des politiques de développement menées dans le tiers-monde mettent l'accent sur la croissance de la production. Les États cherchent d'abord à améliorer le rendement de l'agriculture puis s'attaquent au développement de l'industrie. Cette dernière suppose effectivement, à l'échelle nationale, une agriculture rationnelle, source d'épargne et donc de financement. Mais le financement peut aussi provenir de l'étranger, sous forme d'aide ou d'investissement direct. Pour l'américain W. W. Rostow, qui envisage le développement selon une série d'étapes, les PED doivent suivre l'exemple de l'Occident. Pour pallier leur *« retard »*, un *« décollage »* par une industrialisation massive et une intégration au marché mondial est nécessaire. Ce type de développement, dit extraverti, implique selon la tradition libérale une spécialisation en fonction d'avantages particuliers pouvant attirer les investisseurs étrangers. Le principe est de s'ouvrir à la concurrence étrangère en misant tout sur l'industrie exportatrice. Le rôle du marché devient alors fondamental. Ce modèle semble aujourd'hui faire l'unanimité auprès des institutions internationales, dont la Banque mondiale et le FMI. Mais il existe aussi un modèle autocentré. Appliqué en Allemagne au XIXe siècle, il séduisit de nombreux pays du tiers-monde dès les années 1930. Fondé sur une « industrie de substitution d'importation » (ISI), il vise l'autonomie nationale pour les biens de consommation. Par exemple, en Amérique latine et en Afrique, on a misé sur l'industrie légère, puis sur l'industrie lourde. Dans ce modèle, l'État est l'acteur principal, et le protectionnisme son instrument. ■

Trois types de situation économique

En 1996	Brésil	Corée du Sud	Nigeria
PNB/habitant en $	6 340	13 080	870
Taux d'investissement (FBCF/PIB en %)	19,5	36,8	18,7
Exportations de biens en % du PIB	5	22	14
Structure des exportations de biens en % *			
Produits agricoles	33,6	3,5	3,1
Produits énergétiques ou miniers	10,3	-	96,5
Produits manufacturés	53,8	91,5	-

* total inférieur à 100 (données manquantes)

Source : *l'État du monde*, © La Découverte & Syros, 1999.

Plus l'économie est diversifiée, plus le PIB par habitant est élevé.

L'intégration au commerce mondial

Le développement extraverti, qui dépend des possibilités d'exporter, nécessite une spécialisation dans des domaines porteurs sur le marché mondial. Cette division internationale du travail se traduit pour les pays du Sud, peu ou pas industrialisés, par la production de matières premières – caoutchouc, café ou sucre. Une fois les industries implantées, la priorité est donnée aux richesses naturelles des pays, par exemple le pétrole, le cuivre, l'aluminium, etc. Le problème est que la fixation des prix est établie au niveau mondial, et la tendance globale est à la baisse depuis le début du siècle. L'autre problème est le manque de diversification de la production : certains de ces pays ont tout misé sur l'agriculture. L'État, qui ne cesse de s'endetter en essayant de financer les investissements nécessaires, doit généralement demander une aide extérieure. Depuis la fin des années 1980, le FMI, qui peut accorder de nouveaux crédits, impose l'application des politiques d'ajustement structurel visant la réduction des dépenses publiques et une série de déréglementations. Les seuls pays qui tirent leur épingle du jeu sont les nouveaux pays industrialisés asiatiques, capables d'exporter des produits manufacturés. Ironie de l'histoire, ces pays avaient tous, pendant de nombreuses années, soigneusement protégé et diversifié leurs productions destinées au marché intérieur. ■

Points clés

L'acculturation est un échange souvent inégal

Le terme « acculturation » définit le processus résultant du contact entre des individus de cultures différentes. Les pays concernés par ce phénomène, notamment ceux qui ont été acculés au choix du développement extraverti, connaissent généralement une période de déstructuration, puis de restructuration à des degrés divers. À titre d'exemple, les relations avec l'ex-puissance française en Afrique subsaharienne ont permis le développement économique des côtes, où ont surgi des villes bien éloignées du modèle de la société traditionnelle. Dans ces villes, on a pu observer un certain syncrétisme (mélange ou métissage), une perte des repères culturels et parfois un mimétisme de la population, qui veut reproduire les attitudes de ceux qu'elle perçoit comme ses maîtres. En règle générale, l'économie locale est profondément dépendante de l'échange en question, toujours inégal. Mais l'acculturation conduit moins à une domination culturelle qu'à la création d'une autre culture. ■

Dico → • acculturation • investissement • prix

Points clés

Le rôle des valeurs

T

En étudiant le développement économique et social des pays, c'est essentiellement le capitalisme, système économique dominant, qu'on analyse. Né en Europe, le capitalisme est stimulé notamment par des facteurs non économiques.

Le calvinisme du XVIe siècle aurait, selon Weber, contribué à l'essor du capitalisme.

Le facteur religieux

Le capitalisme commence à s'étendre en Europe au XVIe siècle environ. Pourquoi ? Une des réponses les plus intéressantes est celle fournie par le sociologue allemand Max Weber (1864-1920). Dans sa thèse intitulée *l'Éthique protestante et l'esprit du capitalisme*, il détermine d'abord les facteurs non économiques qui modifièrent les comportements européens dans le sens exigé par l'économie capitaliste. Il trouve alors des correspondances entre l'esprit capitaliste, qu'il définit comme une combinaison d'ascétisme et de rigueur, et un type particulier du christianisme : le calvinisme, dans sa variante puritaine. En effet, le protestantisme, dont le calvinisme est issu au XVIe siècle, insiste sur la besogne que l'homme doit accomplir pour repérer les signes d'une éventuelle élection divine qu'il ignore.

Il en résulte le devoir moral de travailler et d'épargner afin d'obtenir ou de produire des richesses matérielles d'une façon rationnelle. Soit le propre de l'esprit du capitalisme. Weber, qui ne vise nullement à expliquer tous les facteurs du capitalisme mais seulement à prouver que des idées peuvent y jouer un rôle, est le premier à affirmer que la religion est un puissant facteur de développement économique (entre autres). Weber fut très critiqué, notamment par les marxistes, qui ont une conception plus matérialiste de l'histoire.
Il semble cependant difficilement réfutable que les religions suscitent des comportements spécifiques. Dans ce sens, certaines religions ou cultures, celles des Amérindiens par exemple, ignorent l'idée même de propriété privée. ■

Priorités individuelles ou collectives

Un autre facteur de développement du capitalisme, plus puissant que la religion, est l'individualisme. L'idée que l'individu, et non le groupe, forme l'unité fondamentale de la société, est elle aussi née en Occident au XVIe siècle. Elle trouve ses racines dans la Réforme protestante – en révolte contre les institutions –, et dans des courants philosophiques comme l'humanisme. Son impact donne naissance à un certain type d'homme : le bourgeois et le chef d'entreprise. Ses priorités correspondent à un idéal, devenu aujourd'hui quasi universel : la liberté d'entreprendre, de s'enrichir, de rendre le monde plus mobile qu'avant. Ainsi, le capitalisme repose en partie sur l'individualisme. Les sociétés aux priorités collectives ne sont pas pour autant promises à l'immobilité et à l'absence de développement. Les pays du Sud-Est asiatique, peu marqués par l'individualisme, se sont développés sur la croyance collectivement admise, voire imposée, qu'il fallait adopter à tout prix le mode capitaliste. ■

La rationalité instrumentale

L'essor du capitalisme moderne ne dépend pas seulement de certaines valeurs liées à l'individualisme et au calvinisme, mais surtout d'une rationalité qui vise avant tout l'efficacité et le profit. On peut même dire que sa dynamique est la recherche du profit, mais d'*« un profit toujours renouvelé, dans une entreprise continue, rationnelle et capitaliste »,* disait Weber dans son avant-propos à *l'Éthique protestante et l'esprit du capitalisme*. L'élément clé n'est donc pas la soif du gain ou l'avidité, mais *« la modération rationnelle de cette impulsion irrationnelle »*. C'est en Occident que le capitalisme commence à être organisé de façon rationnelle. Puisque la raison gouverne les sociétés modernes, on peut se livrer à des calculs et à des prévisions. On sépare la propriété du ménage de celle de l'entreprise, on invente une comptabilité et des techniques de gestion, etc. Une spécialisation des fonctions sociales et une émancipation des valeurs spirituelles contraignantes se mettent aussi en place. C'est l'invention des lois impersonnelles, que l'on retrouve aussi bien dans les entreprises que dans l'État moderne. En économie, cela s'appelle la rationalité instrumentale (ou de finalité) car le but est utilitaire : les moyens sont adaptés aux fins recherchées. ■

Le capitalisme moderne repose sur la prévision et la rationalisation du travail.

Dico → individualisme • travail

Points clés

Production, consommations intermédiaires et valeur ajoutée

2 1 T

**La valeur ajoutée correspond à la différence entre la production vendue et les consommations intermédiaires utilisées dans le cycle productif. Elle mesure la quantité de richesses d'un pays.
La reprise de la croissance en 1998 a donc augmenté son volume.**

La production totale

La production totale se décompose entre production marchande et non marchande. La première est mesurée par la valeur des biens et des services vendus sur le marché à un prix au moins égal aux coûts de production. Les services marchands sont tous ceux produits par une unité commerciale dont les ressources proviennent principalement de la vente de ses produits. La production non marchande représente les services mis gratuitement, ou presque, à la dispositions des usagers par les administrations (enseignement, défense nationale, éclairage public, etc). Ils sont essentiellement financés par l'impôt, l'Etat étant le seul à pouvoir obliger tous les membres de la collectivité à participer à leurs financements. La production non marchande est évaluée sur les coûts de fonctionnement des administrations. ■

Les consommations intermédiaires

Pour produire, l'entrepreneur utilise des consommations intermédiaires qui ont la caractéristique d'être entièrement consommées dans le processus de production, c'est-à-dire qu'elles ne servent qu'une fois. Elles forment le « capital circulant ». Les matières premières, par exemple, en font partie. ■

La valeur ajoutée est la richesse créée à partir des consommations intermédiaires.

La valeur ajoutée

La richesse nouvellement créée grâce à l'activité productive est mesurée par la valeur ajoutée. Dans son cycle productif, l'entrepreneur a utilisé des consommations intermédiaires qui ont été fournies par d'autres entreprises, il a donc détruit du capital circulant. La valeur ajoutée représente l'excédent de valeur des biens et des services produits, déduit de la valeur des consommations intermédiaires utilisées. On peut donc écrire la relation : valeur ajoutée (VA) = production (Q) – consommations intermédiaires (CI). La valeur ajoutée est brute lorsque qu'elle comprend les amortissements (qui correspondent à l'usure des machines, ou perte de valeur du capital fixe), soit l'écriture suivante : VA nette = VA brute – amortissements. En 1998, 72 % de la valeur ajoutée proviennent d'activités de services. Elle a enregistré une progression de + 3,2 % en volume, qui correspond à l'évolution du PIB. ■

Son partage

La VA permet de rémunérer les facteurs de production engagés dans l'activité productive, soit le travail et le capital. Elle sert également à payer les impôts qui financent, notamment, les services collectifs de la production non marchande. Les bénéficiaires de la valeur ajoutée sont les salariés (salaires et avantages), les prêteurs de capitaux (intérêts pour les banques sur les sommes prêtées et dividendes pour les actionnaires) et l'entreprise elle-même qui peut s'autofinancer grâce aux bénéfices mis en réserve. ■

Ses enjeux

Le partage de la valeur ajoutée est le résultat d'un rapport de force entre les salariés et les propriétaires des capitaux mis en jeu pour produire. Pour certains, seule la force du travail crée de la valeur dont les entrepreneurs profitent. D'autres pensent que ces derniers organisent la combinaison productive afin d'atteindre l'optimum économique. L'appropriation d'une partie de la valeur ajoutée se justifie alors, selon eux, par la nécessité d'accumuler du capital pour accroître la production ou son efficacité. ■

Son évolution

Depuis les années 1980, l'excédent brut d'exploitation dans la valeur ajoutée ne cesse d'augmenter au détriment de la part des salaires. La rémunération des capitaux dans une économie mondialisée et désintermédiée se traduit en grande partie par la distribution de dividendes aux actionnaires. Le marché financier ne s'est jamais aussi bien porté. Parallèlement, sous l'effet de la croissance en 1998, les revenus d'activité ont augmenté de 3,9 % en moyenne, ce qui a contribué à doper la consommation des ménages. ■

Dico → coûts

S

Production marchande et non marchande : deux logiques différentes

Dans une économie de marché, la production marchande représente plus de 80 % du PIB. Mais, ces dernières années, sa progression a été moins rapide que celle de la production non marchande. Parallèlement, la tertiarisation de l'économie se poursuit.

La production marchande, la logique du marché

En 1998, le PIB a atteint 8 564,7 milliards de francs après avoir enregistré une croissance de 3,2 % en volume et de 4,1 % en valeur (la différence d'évolution s'explique par une hausse des prix de 0,9 %). C'est le plus fort taux de croissance des années 1990. L'année 1993 avait, quant à elle, été particulièrement difficile, avec un taux d'évolution du PIB en valeur de – 1,5 %.
La production marchande repose sur la logique du marché (lieu où se confrontent une offre et une demande pour aboutir à un échange, achat ou vente, fixé par un prix).
Le PIB marchand s'évalue ainsi facilement grâce aux prix auxquels ont été vendus biens et services. La théorie néoclassique défend l'idée que le marché répartit au mieux les ressources grâce à la rationalité des individus. Selon Adam Smith, une *« main invisible »* conduit les intérêts individuels vers l'intérêt général. L'économie de marché, qui est gouvernée par ce principe, doit donc limiter l'intervention de l'État à la défense nationale, au respect de l'ordre public et à la prise en charge de l'éducation des citoyens. ■

Pour les libéraux, l'intervention de l'État est rarement souhaitable, sauf dans certains domaines tels que l'éducation.

La production non marchande, la logique d'équité

La production non marchande pose le problème de l'évaluation des biens collectifs. Les services mis gratuitement (ou quasiment) à la disposition des usagers par les administrations sont financés par l'impôt. Dans la comptabilité nationale, les coûts de production permettent d'évaluer ces services publics. En 1996, la production non marchande a représenté 17,5 % du PIB mais elle enregistre, ces derniers temps, une croissance supérieure à celle du PIB marchand. Elle répond à une logique de justice sociale et tend à réduire les inégalités liées aux revenus primaires en assurant l'accès de certains biens à tous. L'État prend ainsi en charge ce qui relève, selon lui, de priorités nationales, telles que l'éducation et la santé publique. ■

La tertiarisation de l'économie

Les principales activités du secteur tertiaire sont le commerce, la banque, les transports, les assurances, le tourisme et les services publics (enseignement, défense, police). La tertiarisation de l'économie se manifeste concrètement par la part de la population active occupée dans ce secteur (plus de 60 % en France) et par le dynamisme des activités de services qui en 1998 ont réalisé 72 % de la valeur ajoutée. Cette croissance provient essentiellement de la progression de l'intérim (+ 21 %) et de la forte demande de l'informatique et des télécommunications, en proie à la pression du changement de millénaire. Les dépenses de loisirs et de tourisme ont aussi accentué la consommation de services. ■

La croissance du secteur tertiaire

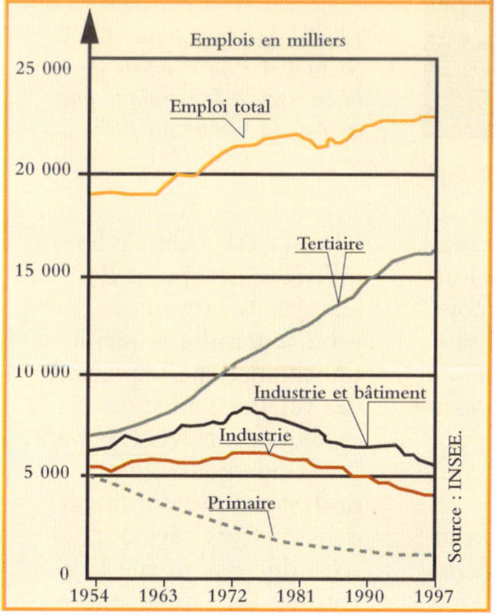

La répartition de la population active dans les secteurs d'activités.

L'externalisation des activités de services

La montée de la tertiarisation est également liée au développement des services dans l'industrie. De nombreuses entreprises externalisent en effet une partie de leurs activités, notamment la gestion, l'informatique, la publicité et le marketing, et font appel à des sociétés spécialisées afin de réduire leurs coûts de production. Dans certains pays en voie de développement, l'hypertrophie du secteur tertiaire est due à l'urbanisme accéléré, au développement du petit commerce et de la réparation et à l'augmentation des emplois dans la fonction publique (provoquée par le clientélisme de certains hommes politiques). ■

Points clés

La croissance et le développement

T

Le PIB et le PNB/habitant sont les deux données les plus utilisées pour évaluer la croissance d'un pays. Mais, en 1991, le programme des Nations unies pour le développement (PNUD) a mis au point un nouvel indicateur pour mesurer l'aspect qualitatif du développement : l'IDH, l'indice de développement humain.

Comment mesurer la croissance économique ?

Selon la définition de François Perroux, *« la croissance est l'augmentation soutenue durant une ou plusieurs périodes longues [...] d'un indicateur de dimension pour la nation : le produit global brut ou net en termes réels ».* La croissance est donc un phénomène durable qui se distingue de l'expansion (phase temporaire d'un mouvement de croissance). Elle est évaluée en termes réels, c'est-à-dire en volume. Une inflation élevée génère une hausse du produit global brut en valeur, mais ne correspond pas à une augmentation concrète du volume produit. ■

L'urbanisme moderne de Shanghai : un symbole de la croissance économique que connaît la Chine du Sud.

Le développement, une notion plus complexe

La transformation des structures démographiques, économiques et sociales qui accompagne la croissance amène le développement. Il repose fondamentalement sur une évolution des comportements et des mentalités d'une population *« qui la rend apte à faire croître cumulativement et durablement son produit réel global »,* selon l'expression de François Perroux. L'économiste W. W. Rostow insiste également sur la nécessité d'une modification des modes de pensée comme étape préalable au développement : le progrès ne peut se diffuser dans l'économie que s'il est admis, c'est-à-dire si les individus acceptent de changer la « routine », pour reprendre le terme de Schumpeter. L'importance des valeurs a aussi été expliquée par Max Weber. Les fondements du protestantisme dominant dans certains pays ont, selon lui, encouragé l'expansion du capitalisme. ■

Les indicateurs de développement et de croissance...

Le produit intérieur brut (PIB) est l'instrument privilégié pour évaluer la croissance économique d'un pays. Il correspond à la valeur des biens et des services produits pendant une année par les agents résidant sur le territoire national et il est obtenu par l'addition de toutes les valeurs ajoutées de l'économie. Le produit national brut (PNB) est un indicateur particulièrement intéressant pour les États qui investissent beaucoup de fonds à l'étranger ou qui en reçoivent. Il se calcule en ajoutant au PIB les revenus reçus de l'extérieur déduits de ceux versés. Le PNB rapporté à la population moyenne du pays au cours d'une année (PNB/habitant) permet de prendre conscience de la pauvreté de certains pays, comme l'Inde où la population, très dense, pèse fortement sur les richesses à partager. ■

... et leurs limites

Ces indicateurs restent limités car ils n'envisagent pas l'aspect qualitatif du développement. Ainsi, le PIB/habitant mesure imparfaitement le niveau de vie, ne comptabilise pas le secteur informel, le travail clandestin, et certains biens et services totalement gratuits inclus dans le niveau de vie. Les comparaisons entre deux pays nécessitent l'ajustement des taux de change à des niveaux fictifs qui permettraient d'acheter, à des conditions identiques, la même gamme de produits et de services dans les deux pays. ■

L'indicateur de développement humain

L'IDH a pour objectif de mesurer le développement humain, d'en apprécier l'aspect qualitatif en s'attachant à l'espérance de vie, au niveau d'instruction (taux d'alphabétisation des adultes et nombre d'années d'études) et au PIB/habitant exprimé en dollars. Son approche qualitative fournit une grille de mesure des inégalités entre pays riches et pauvres. Compris entre 0 et 1, l'IDH atteint 0,919 (en moyenne) pour les pays industrialisés en 1997, contre 0,430 (en moyenne) pour les pays les moins avancés. Cependant, il ne prend pas en compte la dynamique des structures économiques et sociales. Tous les indicateurs évoqués connaissent la même principale limite : aucun ne s'intéresse aux externalités négatives (pollution et gaspillage des ressources) dont le prix à payer pour les générations futures risque d'être très élevé. ■

IDH : les 11 premiers pays, les 11 derniers

1 Canada	0,932	164. Rwanda	0,379
2. Norvège	0,927	165. Centrafrique	0,378
3. États-Unis	0,927	166. Mali	0,375
4. Japon	0,924	167. Érythrée	0,346
5. Belgique	0,923	168. Guinée-Bissau	0,343
6. Suède	0,923	169. Mozambique	0,341
7. Australie	0,922	170. Burundi	0,324
8. Pays-Bas	0,921	171. Burkina Faso	0,304
9. Islande	0,919	172. Éthiopie	0,298
10. Royaume-Uni	0,918	173. Niger	0,298
11. France	0,918	174. Sierra Leone	0,254

Source : l'*État du monde 2000*, © La Découverte & Syros.

Dico → croissance • nation

Points clés

2 T

Taylorisme, fordisme et post-taylorisme

L'organisation scientifique du travail (OST) a permis de dégager d'importants gains de productivité pendant la période des Trente Glorieuses. La remise en cause du taylorisme et du fordisme, dans le courant des années 1970, a entraîné une diminution des rendements et ouvert la porte à d'autres types d'organisation.

La division du travail

Dès 1776, Adam Smith, dans son ouvrage *Recherches sur la nature et les causes de la richesse des nations*, analyse les conséquences positives de la division du travail. Il prend en exemple une fabrique d'épingles où le travail, parcellisé en tâches élémentaires, accroît la dextérité de chaque ouvrier, réduit les temps morts entre les différentes phases de fabrication du produit et favorise l'utilisation de machines. ■

L'organisation scientifique du travail

Les idées d'Adam Smith marquent l'émergence de l'organisation scientifique du travail. Développée concrètement à la fin du XIXe siècle par l'ingénieur américain F. W. Taylor (1856-1915), elle consiste à agencer et à coordonner les postes de travail en vue d'atteindre une productivité maximale. Ce système rationnel repose sur une double division : verticale (séparation entre les dirigeants, les « cols blancs », et les exécutants, les « cols bleus » regroupant les OS (ouvriers spécialisés) non qualifiés) et horizontale (parcellisation poussée des activités). Ainsi, chaque ouvrier spécialisé doit accomplir une tâche simple, répétitive, en un minimum de temps, et il perçoit un salaire aux pièces produites afin de stimuler sa productivité. Sur le plan technique, H. Ford (1863-1947) prolonge le taylorisme en inventant le convoyeur mécanique (la chaîne), qui transporte le produit en cours de fabrication vers l'ouvrier, assujetti à son poste de travail et à la cadence imposée par la vitesse de la chaîne. ■

La rupture du compromis fordiste

Une chaîne de montage du bloc moteur d'une voiture.

L'OST a bouleversé les modes d'existence et augmenté le niveau de vie. Mais, au début des années 1970, la parcellisation du travail, son caractère répétitif, la pénibilité et l'ingratitude des tâches ne sont plus acceptés. La déqualification qui résulte de ce type d'organisation est devenue incompatible avec les normes sociales et la hausse du niveau d'instruction. En conséquence, les grèves se multiplient, la qualité des produits est parfois volontairement détériorée, la production est freinée et l'absentéisme ainsi que le *turn-over* augmentent. C'est la « contre-productivité » : la diminution des gains remet en cause l'OST et, par suite, le compromis fordiste. ■

Le post-taylorisme

Les objectifs principaux du post-taylorisme sont de remédier aux dysfonctionnements liés au taylorisme et de constituer une nouvelle technologie économique offensive. Fondée sur la compétitivité-produit ou qualité, cette méthode de travail exige davantage de flexibilité des hommes et des équipements. Elle instaure donc la rotation des postes, l'élargissement et l'enrichissement des tâches, la constitution de groupes semi-autonomes permettant aux ouvriers de s'organiser librement pour réaliser une certaine norme de production (toujours fixée par la hiérarchie) et de cercles de qualité réunissant des volontaires pour améliorer la qualité des produits et des performances. ■

De nouvelles organisations du travail ou de simples aménagements ?

L'OST survit encore aujourd'hui au sein de nombreuses entreprises françaises. La rotation actuelle des postes et l'enrichissement des tâches ne traduisent souvent que de simples aménagements du travail à la chaîne. Au niveau mondial, les NPI appliquent à grande échelle les recettes du taylorisme et du fordisme, tandis que le Japon développe le toyotisme s'appuyant sur une production à flux tendus : le « juste-à-temps », qui vise à ne produire que les quantités réclamées par le marché. ■

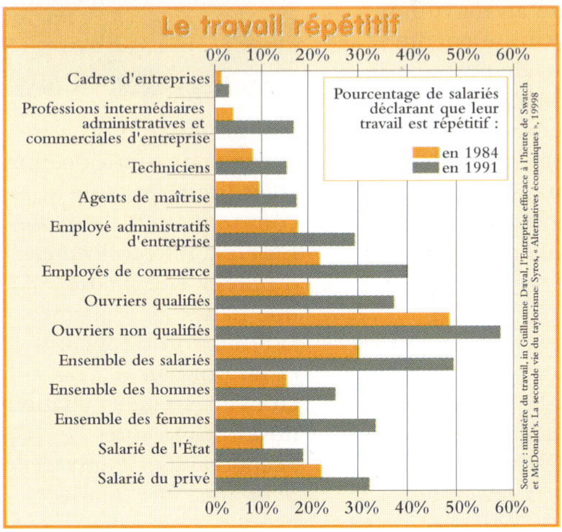

La progression du travail répétitif selon les CSP.

Dico → travail

Points clés

T

La division technique du travail et ses liens avec la croissance

Mise en place au début du siècle, l'OST représente, selon la définition de l'économiste Joseph Schumpeter, *« une innovation de procédé »* dont la phase d'expansion a généré une croissance soutenue. Le ralentissement de la conjoncture peut-il être attribué au déclin de cette innovation ?

Croissance et division technique du travail

L'analyse des conséquences de la division du travail sur la croissance est antérieure au taylorisme et remonte au XVIIIe siècle. Adam Smith, le premier, a en effet caractérisé les bienfaits de la division du travail sur la productivité : la parcellisation des tâches élémentaires permet d'accroître le nombre de pièces produites par ouvrier. C'est Taylor qui applique concrètement cette théorie et qui l'exploite au maximum. Ford optimise encore le processus de production en inventant le convoyeur : la chaîne augmente les rendements en réduisant les tâches de manutention et de déplacement, en imposant une cadence aux ouvriers et en utilisant au maximum les machines par la rotation des équipes de travail. Le fordisme, par le biais de la standardisation des produits, a développé une production de masse, le risque de surproduction étant limité par une consommation de masse. En effet, les économies d'échelle entraînent une hausse des salaires, la réduction des prix et un pouvoir d'achat croissant. La généralisation du fordisme après la Seconde Guerre mondiale peut ainsi être analysée comme le facteur fondamental de la forte croissance des Trente Glorieuses, caractérisée par l'augmentation de la production et par l'amélioration du niveau de vie des ménages. ■

Avec le fordisme naissent la production et la consommation de masse.

Un contrat rompu entre les travailleurs et l'OST

Le ralentissement de la croissance et des gains de productivité ont discrédité le fordisme et encouragé, voire imposé, certaines mutations (naissance du post-taylorisme). La baisse du pouvoir d'achat a rompu le compromis fordiste, à savoir l'acceptation d'un travail pénible contre une bonne rétribution. Les dysfonctionnements de ces modes de travail et la diffusion des nouvelles technologies ont rendu nécessaire la mise en place de nouvelles organisations. ■

Le bond de productivité durant les Trente Glorieuses

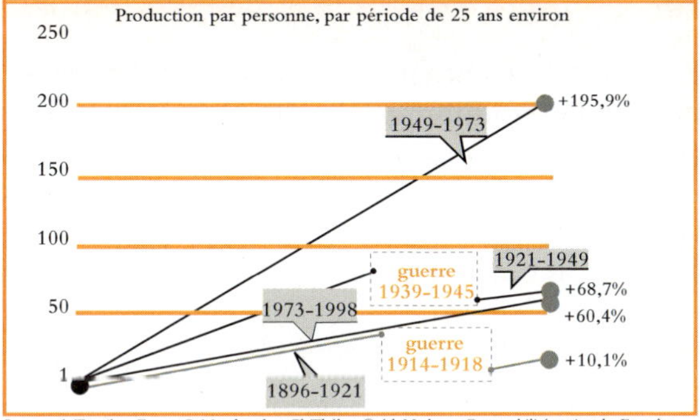

Source : *le Travail en France,* O Marchand et Cl. Thélot, © éd. Nathan ; Comptabilité nationale, Enquête emploi janvier 1999.

L'OST, une innovation obsolète ?

Les *« innovations majeures »,* que sont, selon Schumpeter, l'OST et le fordisme s'épuisent à la fin des années 1960. Ce phénomène se conjugue avec la saturation de la demande des biens traditionnellement produits dans les industries fordistes. La crise de cette organisation du travail serait le signe d'une nécessaire *« destruction créatrice »,* propre aux innovations majeures. L'apparition des nouvelles technologies, informatique et robotique, accélère la fin du fordisme. Elles économisent de la main-d'œuvre et favorisent une production plus capitalistique, au détriment du facteur travail. Pour relancer la croissance, le toyotisme, issu des méthodes japonaises, a parié sur une division du travail qui ne démobilise pas le travailleur. Néanmoins, les délais très brefs imposés par la production du juste-à-temps et les risques de défauts de fabrication génèrent un stress qui rend le pari difficile à tenir. Le maintien de l'OST dans de nombreuses entreprises industrielles permet d'affirmer, malgré tout, que la logique des gains de productivité et de la rationalisation du travail dominent plus que jamais. ■

La diffusion des gains de productivité dans l'économie

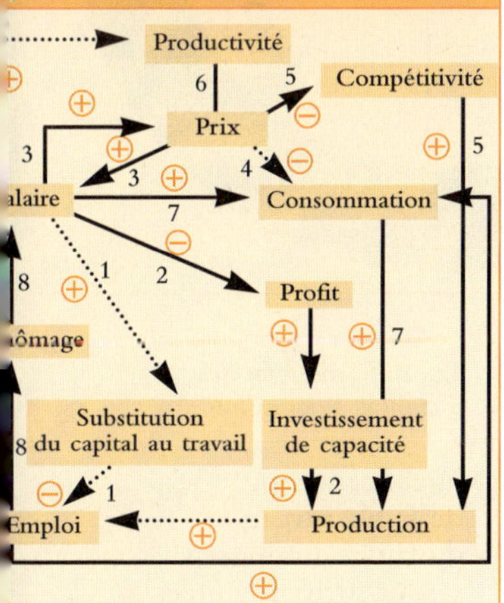

Le signe + (ou respectivement -) désigne une relation croissante (ou décroissante) entre les deux variables.

Dico → croissance • travail

Points clés

Le marché du travail, un marché comme un autre ?

T

Le bilan de la situation de l'emploi reflète le difficile équilibrage du marché du travail. Le chômage (2,5 millions de demandeurs d'emploi en 2000) et la précarité (les CDD atteignent en 1998 4 % de l'emploi total et le taux de temps partiel s'élève à 17,1 %) traduisent en effet son déséquilibre structurel.

La dualisation du marché du travail

Le marché du travail est constitué de plusieurs marchés. Le marché primaire (80 % des postes) regroupe les emplois stables et définis par des contrats à durée indéterminée. Les salariés y trouvent de nombreux avantages : évolution des salaires en fonction de l'ancienneté, promotion professionnelle interne, avantages sociaux et relative stabilité de l'emploi. Selon les statistiques, ce marché concentre des postes qualifiés exercés par des actifs de sexe masculin, de plus de 25 ans, de nationalité française et ayant déjà une expérience professionnelle.
En forte expansion, le marché secondaire est caractérisé par des emplois atypiques : intérim, contrats de travail à durée déterminée et temps partiels subis. Les travailleurs y cumulent les inconvénients : pas d'ancienneté possible, peu d'avantages sociaux et insécurité totale de l'emploi.
Les femmes, sans qualification ou de faible niveau et d'origine immigrée, y sont surreprésentées. ■

Les trois cercles de l'emploi

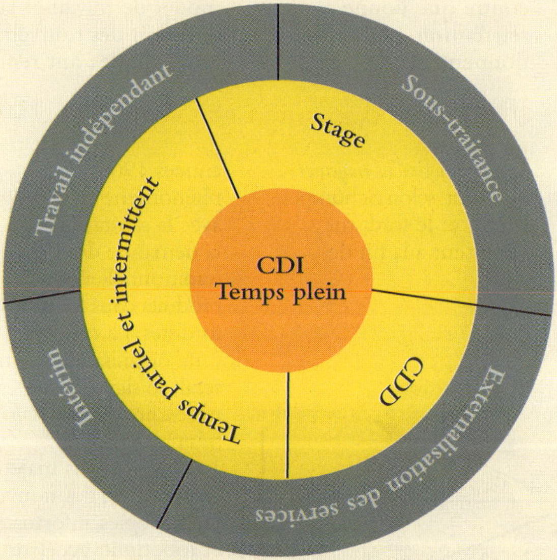

Les différentes formes d'emploi aujourd'hui.

La flexibilité : une solution pour lutter contre le chômage ?

L'exemple américain, une situation de quasi-plein-emploi, semble prouver que la flexibilité est une solution face au chômage (les formes d'emploi américaines sont établies essentiellement dans cette optique). Les différents types de flexibilité permettent de faire varier le volume global de l'emploi par le recours aux licenciements, à des sous-traitants et à des intérimaires pour amortir les chocs de la conjoncture, de moduler le nombre d'heures travaillées, notamment par une réduction du temps de travail (solution actuellement préconisée en France par le gouvernement Jospin) et d'accroître la polyvalence des salariés et des capitaux employés. Pour l'école libérale, il faut laisser le salaire se fixer librement en fonction de l'offre et de la demande et abandonner ainsi toute rémunération arbitrairement établie à un niveau supérieur à la productivité générée (abandon du SMIC notamment).

Progression des emplois atypiques en France (en milliers)

	1983	1991	1993	1994
Population active	23 968	24 605	24 978	25 137
Chômeurs	1 913	2 228	2 781	3 115
Actifs occupés	22 055	22 377	22 197	22 022
Intérimaires	113	215	171	210
Contrats à durée déterminée	263	550	624	614
Apprentis	189	189	180	185
Stagiaires	71	277	399	395
Total emplois précaires	636	1 231	1 374	1 404
Taux de précarité (en %)	2,6	5,0	5,5	5,6
Taux de chômage (en %)	8,0	9,1	11,1	11,3

Précarisation et exclusion

Dans quelles conditions diminuer le chômage ? Est-il possible de le réduire significativement tout en conservant les acquis sociaux ?

La situation américaine met en exergue le développement des conséquences négatives de la flexibilité : la pauvreté et la précarisation. La reprise de la croissance de l'économie française depuis 1998 a réduit sensiblement le chômage (moins 500 000) sans remettre en question le SMIC.

Le taux de chômage

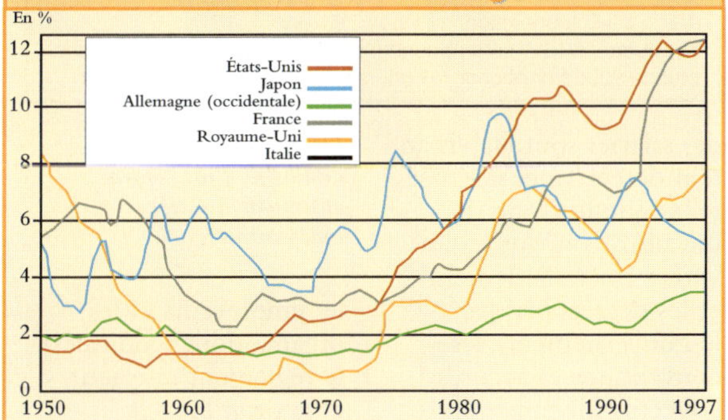

Le taux de chômage en France est l'un des plus élevés parmi ces quelques pays de l'OCDE.

Points clés

La hausse de la précarité

T

La diversification des contrats de travail est le résultat d'une conjoncture incertaine. Les employeurs signent de plus en plus de CDD et de contrats d'intérim pour éviter le sureffectif en cas de d'insuffisances de commandes. La reprise de la croissance marquera-t-elle réellement la baisse de ces emplois précaires ?

Le contrat de travail

Le contrat de travail lie deux parties, le salarié et l'employeur. Il existe dès qu'une personne travaille pour une autre en contrepartie d'une rémunération. Aucune loi ne le définit mais il détaille généralement les éléments de l'engagement : qualification professionnelle, poste et fonctions occupés, salaire, nombre d'heures travaillées, lieu de travail, convention collective applicable, avantages accordés dans l'entreprise (treizième mois, régime de retraite complémentaire, primes de congés payés, d'ancienneté, de résultats, etc.). Le statut de salarié ouvre certains droits que l'employeur doit respecter, notamment dans le domaine de la protection sociale : rémunération au moins égale au SMIC, réglementation protégeant la santé des travailleurs, droit aux congés payés, dispositions limitant le temps de travail. Les droits des salariés sont établis au sein de certaines instances telles que le Code du travail (regoupant les lois votées par le Parlement et les décrets pris par le gouvernement), les conventions et accords collectifs (négociés entre les employeurs et les organisations syndicales), le règlement intérieur et le droit local. ■

Contrat de travail à durée indéterminée

Entre les soussignés :
- La SARL Arc-en-ciel
dont le siège social est au 119, rue Vieille Pierre 75008 Paris,
Immatriculée au RCS sous le n°88 B 4223,
Représentée par M. Moncy Pierre en qualité de Gérant, ayant tous pouvoirs à l'effet des présentes,
d'une part

et

- M. Jouarret Michel n° SS : 1 72 08 94 029 356
demeurant 3, rue des Colombes 75019 Paris
d'autre part,

Il a été arrêté et convenu ce qui suit :

Article 1 - Engagement
La société Arc-en-ciel engage à compter du 1er février 2000 M. Jouarret Michel, en qualité de maquettiste.

Article 2 - Durée de l'engagement
Le présent contrat est conclu pour une durée indeterminée.

Article 3 - Rémunération
M. Jouarret Michel sera rémunéré sur la base d'un salaire mensuel brut de 9000 francs pour 169 heures.

Un modèle partiel de libellé d'un contrat de travail à durée indéterminée.

La diversité des contrats de travail, du CDI au CDD

Le contrat à durée indéterminé (CDI) ne donne pas d'indications sur la durée de l'engagement. Le contrat à durée déterminée comporte un terme fixé au-delà duquel il prendra fin. Le CDD est un contrat précaire, comme celui de l'intérim. Aucun des deux ne donne accès à un travail stable et les tâches proposées sont elles-mêmes temporaires. Depuis le début des années 1990, le travail à temps partiel se développe lui aussi ; il augmente d'environ 1 % par an en France et concerne essentiellement la grande distribution (plus de 60 % des effectifs). La faiblesse des rémunérations proposées engendre une précarité dont les jeunes sont les premières victimes. En 1997, 23,4 % des jeunes de 15-24 ans étaient en contrat à durée déterminée et en intérim. Cependant, en dépit de leur rapide progression, les emplois atypiques restent encore marginaux au regard de l'emploi total. Selon les résultats de l'enquête emploi de l'INSEE, 4 % des salariés étaient en CDD en 1998, 2 % étaient intérimaires et 17,1 % travaillaient à temps partiel. ■

La crise du marché du travail liée à la faiblesse de la croissance

Devant l'incertitude de la croissance, les entreprises utilisent de plus en plus le CDD comme alternative au sureffectif et non plus seulement comme un amortisseur conjoncturel. Cette évolution renforce le dualisme entre le marché primaire, où les contrats de travail sont stables et comprennent des clauses relatives aux avantages sociaux, et le marché secondaire, où la précarité domine. ■

Les contrats à durée déterminée

1988	546 000	**1994**	614 000
1989	625 000	**1995**	752 000
1990	593 000	**1996**	790 000
1991	550 000	**1997**	849 000
1992	576 000	**1998**	906 000
1993	616 000	**1999**	892000

Source : INSEE, enquêtes emploi et comptes nationaux. Données de mars de chaque série.

En douze années, le nombre de CDD a augmenté d'environ 70 %.

La procédure individuelle de licenciement

Depuis la loi du 13 juillet 1973, l'employeur désirant licencier un salarié est tenu d'invoquer une *« cause réelle et sérieuse »* et de respecter une procédure précise. Le licenciement personnel, pour faute ou insuffisance professionnelle, nécessite un entretien préalable. Si la décision est maintenue après l'entrevue, l'employeur doit notifier au salarié son licenciement par une lettre recommandée au plus tôt le surlendemain de l'entretien et y indiquer les motifs. Cette notification constitue l'élément de référence en cas de contestation. ■

Dico → chômage

Points clés

Le syndicalisme en crise

2 T

Les syndicats ont connu leur apogée à l'heure où les ouvriers, le secteur industriel et la croissance caractérisaient l'économie française. Aujourd'hui, la tertiarisation, la féminisation et le ralentissement de la conjoncture contribuent à la crise du syndicalisme.

La représentation des salariés

À partir de 1936 (date de la création des délégués du personnel), diverses instances de représentation des salariés se mettent en place progressivement. Les comités d'entreprise (pour plus de 50 salariés) voient le jour en 1945. Ils gèrent les œuvres sociales et sont informés des grandes décisions concernant la gestion de la société. Ils ont également un rôle consultatif (formation, durée et conditions de travail). Les délégués syndicaux apparaissent, eux, en 1968. Leur objectif est de transmettre à l'employeur les revendications individuelles. En 1982, les lois Auroux favorisent l'expression collective et individuelle dans les entreprises ayant une section syndicale (discussion annuelle obligatoire) et créent les comités d'hygiène, de sécurité et des conditions de travail (CHSCT). ■

Le taux de syndicalisation depuis 1950

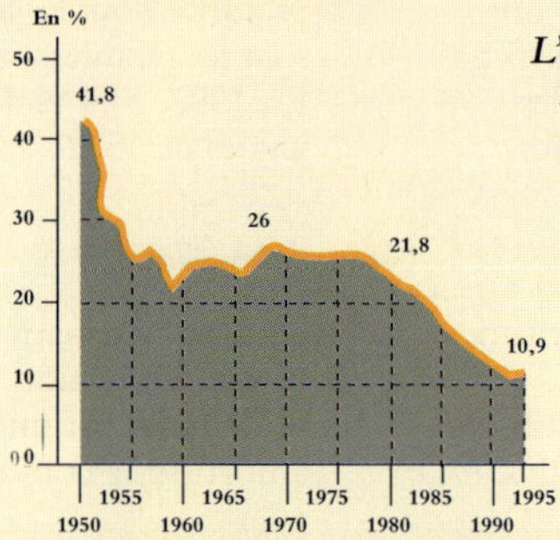

L'évolution depuis 1950 montre un désintérêt progressif pour l'activité syndicale.

Source : Alain Beuve-Méry, *« Les syndicats : redistribution des cartes »*, *« L'Année économique et sociale 1995 »*, Le Monde, janvier 1996

La diversité et la gestion des conflits

Malgré l'apparition de ces acteurs de la régulation sociale, des conflits (en moindre quantité néanmoins) continuent d'éclater au sein de l'entreprise. Manifestations, grèves, rupture des négociations et séquestration d'un dirigeant en sont les représentations majeures. Les conflits révèlent les tensions et les coalitions latentes dans l'entreprise. Leur gestion est actuellement institutionnalisée, comme le prouve le développement des procédures d'information, de négociation et d'arbitrage par un médiateur afin d'en faciliter la résolution. ■

La grève reste un moyen de lutte sociale d'actualité.

Le déclin progressif des syndicats

Les syndicats, légalement autorisés par la loi Waldeck-Rousseau en 1884, ont pour objet de défendre les droits et les intérêts professionnels, matériels et moraux, tant collectifs qu'individuels, de leurs membres, selon le Code du travail. Après avoir enregistré différentes vagues d'adhésions dans les années d'entre deux guerres (1919-1920, 1936-1938) et après la Seconde Guerre mondiale (en 1946, 50 % des salariés sont syndiqués), ils connaissent une longue période de déclin (en 1995, le taux de syndicalisation est globalement inférieur à 10 %). Les bouleversements de l'emploi (féminisation, tertiarisation, augmentation des emplois qualifiés) et le développement des instances favorisant la gestion des conflits ont contribué à ce recul. Cependant, ce taux global cache quelques disparités entre les branches d'activité. Par exemple, dans certains secteurs (les entreprises de transports publics, l'enseignement, la Poste, etc.), les taux de syndicalisation peuvent dépasser les 15 %. Inversement, dans la distribution, le commerce de détail et les services marchands aux particuliers, l'agro-alimentaire et le textile (soit pour 8,5 millions de salariés), ils ne dépassent pas les 5 %. ■

L'émergence de nouveaux mouvements sociaux

Alors que le nombre des conflits chute dans le monde du travail (le nombre des grèves a atteint ces dernières années son plus bas niveau depuis les années 1960), de *« nouveaux mouvements sociaux »*, ainsi nommés par Alain Touraine, émergent. Ils prônent certaines valeurs liées à l'environnement, aux droits de l'homme, à la paix dans le monde, etc., et défendent leurs droits auprès des tribunaux. Mieux organisés que ne l'étaient les ouvriers, ils s'approchent davantage de la pression institutionnelle que du mouvement social. ■

Après le record de 1968, le nombre de jours non travaillés n'a jamais été aussi faible depuis le début des années 1990.

Points clés

Les revenus primaires

1 T

Le revenu correspond à la part qui peut être consommée sans amputer la valeur du patrimoine. Il est généré par la production, au cœur de l'économie, et sert à acheter biens et services.

La répartition primaire issue de l'activité productive

Le revenu national représente l'ensemble des revenus issus de l'activité productive. Une partie sert à rémunérer les facteurs de production qui ont participé à la création de richesses (le travail et le capital). Une autre part est destinée à l'amortissement (soit au renouvellement des machines qui s'usent chaque année), au financement des biens publics et à la redistribution. Enfin, le reste revient à l'entreprise (bénéfice mis en réserve), qui l'utilise pour autofinancer ses investissements. Elle peut choisir ainsi d'accroître sa capacité de production ou sa productivité. ■

Le salaire rémunère le facteur travail dans l'activité productive.

Les catégories de revenus

On distingue trois catégories de revenus primaires : ceux du travail, du capital et les revenus mixtes. La rétribution du facteur travail prend essentiellement la forme d'un salaire dans la mesure où la population active occupée est salariée à près de 90 %. Les salaires représentent l'essentiel des revenus du travail et plus de 70 % du revenu primaire brut. Quant à la rémunération du capital ou de la propriété, on différencie les revenus immobiliers (loyer versé par un locataire, baux commerciaux...) des revenus mobiliers, qui sont issus de placements financiers. L'achat d'actions rapporte un dividende lorsque l'entreprise décide de distribuer ses bénéfices et l'obligation procure des intérêts. Les revenus mixtes correspondent, eux, aux bénéfices qui rémunèrent l'activité des entrepreneurs individuels. Non-salariés et propriétaires de leur entreprise combinent, pour produire, du travail et du capital. ■

Le salaire

Le montant du salaire est fixé par le contrat de travail. L'évolution à l'ancienneté détermine une hausse automatique de cette rémunération en fonction du temps passé dans la même entreprise. L'individualisation du salaire correspond à son augmentation selon les résultats individuels du salarié. En 1998, les salaires nets des cotisations sociales ont augmenté de 8,5 %. ■

L'évolution du salaire minimum horaire en termes réels en France

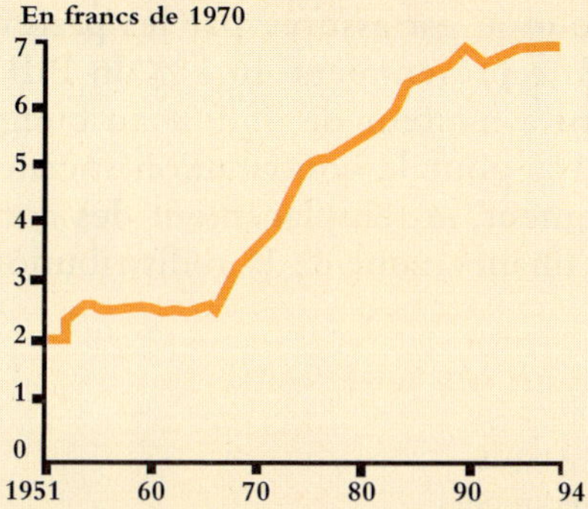

Source : ministère de l'Emploi et de la Solidarité, in Données sociales 1999, INSEE, 1999

Les inégalités de salaires

La comparaison des revenus à l'aide d'outils statistiques tels que l'indice de Gini, la courbe de concentration de Lorentz, la médiane, ou encore les déciles traduit la montée des inégalités. Elles se développent entre les catégories de revenus mais aussi à l'intérieur de chacune. Les salaires connaissent également un clivage marqué. De nombreux facteurs discriminatoires influent sur leur niveau (sexe, âge, qualification et CSP). En 1994, le salaire d'un cadre est ainsi 3 fois supérieur à celui d'un ouvrier non qualifié, contre un rapport de 1 à 2,5 en 1984. Sur le marché primaire, les rémunérations sont élevées et incluent des avantages (intéressement et participation par exemple) absents du marché secondaire (emplois atypiques). La crise a accentué les disparités entre les salariés en limitant plus fortement la progression des bas salaires. ■

Les disparités de revenus

Les inégalités sont encore plus fortes entre les revenus d'activité et ceux de la propriété. Entre 1984 et 1994, les salaires nets (en francs 1994) ont augmenté de 9 %, contre 61 % pour les revenus de la propriété. La financiarisation de l'économie a eu un impact important sur les cours du marché financier. Dans leur quête de capitaux, les entreprises semblent souvent privilégier la politique de distribution de dividendes à leurs actionnaires. En 1998, le solde des intérêts, dividendes et autres revenus de la propriété reçus et versés par les ménages a augmenté de 7,3 %. ■

Dico → capital • revenu • travail

Points clés

2 1 T

Les prélèvements obligatoires et les revenus de transfert

La redistribution est assurée par les prélèvements obligatoires. En 1997, ils représentaient 46,1 % du PIB et les cotisations sociales participaient à hauteur de 75,9 % au budget de la protection sociale, contre 12,1 % pour la contribution sociale généralisée (CSG). Progressivement, le remplacement des cotisations par la CSG fiscalise le financement de la redistribution.

D'où viennent les prélèvements obligatoires ?

Les prélèvements obligatoires réduisent de 23 % le revenu disponible brut. Les cotisations des salariés (9,6 %) et les impôts sur le revenu et la CSG (10 %) correspondent aux deux ponctions les plus importantes. La première, destinée aux organismes de protection sociale, est payée par le salarié et son employeur. La seconde est perçue par l'État et les collectivités locales. Les impôts sont « directs » lorsqu'ils reposent sur les revenus, et « indirects » quand ils sont prélevés lors d'un acte de consommation (TVA notamment). En 1998, les prélèvements obligatoires ont connu une croissance plus rapide (4,7 %, contre 3,1 % en 1997). ■

L'évolution des prélèvements obligatoires

En % du PIB		
1980 : 41,7	**1986 : 44**	**1992 : 43,6**
1981 : 41,9	**1987 : 44,5**	**1993 : 43,9**
1982 : 42,8	**1988 : 43,8**	**1994 : 44,3**
1983 : 43,6	**1989 : 43,7**	**1995 : 44,5**
1984 : 44,6	**1990 : 43,7**	**1996 :**
1985 : 44,5	**1991 : 43,7**	**1997 : 46,1**

Source : INSEE, comptes nationaux.

Les revenus de transfert

L'État et les organismes de protection sociale (Sécurité sociale, UNEDIC, etc.) redistribuent des revenus de transfert (ou revenus sociaux). Ces prestations sont soit contributives (lorsqu'elles sont liées au paiement préalable de cotisations, par exemple les allocations de chômage), soit non contributives (indépendantes de la notion d'assurance, elles répondent alors à une logique de solidarité, par exemple le revenu minimum d'insertion ou le minimum vieillesse). En 1998, la progression des prestations sociales a été identique à celle de 1997, soit + 3,3 %. ■

L'évolution du financement de la protection sociale

Les salaires nets de cotisations sociales ont augmenté de 8,5 % en 1998. L'écart de croissance entre le salaire brut et le net s'explique essentiellement par une modification du financement de la protection sociale. Les cotisations maladie ont été réduites mais la CSG a été relevée (elle est considérée comme un impôt pour la comptabilité nationale). Ce changement constitue les prémices d'un transfert des cotisations vers la CSG, dont l'assiette plus large (les revenus du capital sont également taxés) permet d'augmenter les rentrées fiscales tout en allégeant les charges du coût du travail. Cependant, cette évolution doit être mesurée dans une économie ouverte aux vents de la mondialisation financière. Les actionnaires ont en effet toute liberté de choisir la place financière la plus intéressante pour leurs capitaux. Or, la dette française étant financée en partie par les capitaux étrangers, toute réforme visant à alourdir les charges sur le capital peut entraîner la fuite de ceux-ci vers d'autres pays. ■

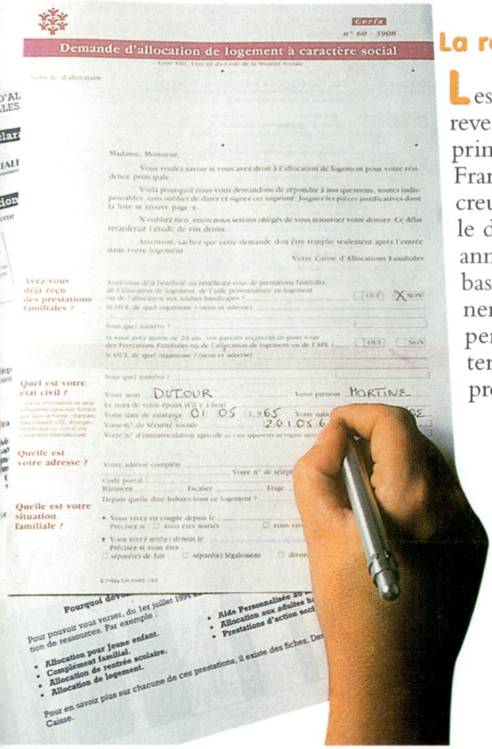

La perception de l'impôt sur le revenu est l'une des activités qui permettent à l'État d'assurer sa fonction de redistribution.

La redistribution est-elle efficace ?

Les inégalités des revenus primaires en France se sont creusées depuis le début des années 1980. Les bas salaires stagnent et perdent du terrain face à la progression des salaires élevés. Les revenus de la propriété accentuent ces disparités. En dépit de la mise en place du RMI, en 1988, les limites de la redistribution apparaissent face à la montée de la nouvelle pauvreté. Perte d'emploi et surendettement, perte de logement, etc. : la redistribution a du mal à faire face au phénomène complexe et cumulatif de l'exclusion. Répondant à une logique de justice sociale, les revenus sociaux atténuent néanmoins des situations économiques difficiles, dues notamment au développement des familles monoparentales. ■

Dico → revenu • salaire

Points clés

2 T

Le revenu disponible brut des ménages

Le revenu disponible brut (RDB) correspond à la somme, déduite des opérations de redistribution, pouvant être consommée ou épargnée par les ménages. En 1998, une conjoncture favorable a dynamisé sa croissance et a galvanisé la consommation.

La composition du RDB

Le revenu disponible brut est la part que les ménages peuvent réellement utiliser soit pour consommer, soit pour épargner. Ainsi, la baisse de la propension à consommer (part du revenu destinée à la consommation) entraîne automatiquement une augmentation de l'épargne. Pour calculer le RDB, il convient d'additionner l'ensemble des revenus du travail, du capital et de transfert, et d'en soustraire les prélèvement sociaux et fiscaux (23 %). En 1998, les salaires bruts couvraient 54 % du RDB, l'excédent brut des ménages 26 %, le revenu de la propriété et de l'entreprise et assurance 7 %, et les prestations sociales 36 %. En plus, les ménages reçoivent des transferts sociaux en nature (remboursement de soins de santé par exemple) qui représentent 21,2 % de la consommation effective. ■

Les composantes du RDB de 1994 à 1997

Composantes	1994	1995	1996	19
Salaires bruts	0,3	2,2	1,1	1,
Excédent brut d'exploitation des entrepreneurs individuels	- 0,7	0,6	- 1,2	0,
Prestations sociales	0,8	1,9	1,8	2,
Revenus nets de la propriété, de l'entreprise et de l'assurance	6,4	12,1	- 0,4	10,
Prélèvements obligatoires	1,7	2,5	4,2	2,
Revenu disponible brut	0,8	2,7	0,6	2,
Salaires nets (pour mémoire)	0,2	2,1	0,7	3,

Source : INSEE.

Les fluctuations entre les différentes composantes sont importantes.

L'évolution du RDB

En 1998, le revenu disponible des ménages affiche une hausse de 3,4 % et les salaires nets (salaires bruts moins les cotisations sociales) ont progressé de 8,5 %. Si les prestations sociales ont augmenté modérément (+ 2,7 %), les revenus du capital (intérêts et dividendes nets reçus) ont, eux, enregistré une croissance de 7,3 % accélérant le dynamisme du RDB. La progression du RDB a incité les ménages à consommer davantage (+ 3,8 % en 1998). ■

Le revenu nominal, approche keynésienne

Le revenu nominal correspond au revenu exprimé en francs courants, en valeur. Pour Keynes, seul le salaire nominal entre en compte dans l'offre de travail : les salariés et les entrepreneurs établissent les contrats de travail en salaires nominaux puisque l'inflation n'est pas connue à l'avance. L'analyse néoclassique se heurte ainsi, selon lui, au fait que l'offre de travail ne baisse pas lorsque les prix à la consommation augmentent (le salaire réel est la variable d'équilibre du marché) alors que cela devrait inciter les salariés à sacrifier du loisir pour un travail moins rémunéré (l'inflation ayant un effet corrosif sur le pouvoir d'achat des ménages). Face à un niveau de rémunération trop élevé au regard de la productivité – responsable du chômage pour les néoclassiques, et rigide à la baisse par l'action des syndicats selon Keynes – *« seule une baisse graduelle et automatique des salaires réels qui résulte d'une hausse des prix » (...) pourrait réviser les contrats à la baisse »* (extrait de la *Théorie générale* de Keynes). ■

Le revenu réel, approche néoclassique

Pour les néoclassiques, une dévalorisation du pouvoir d'achat des ménages provoquerait de leur part des revendications pour tenter de pallier la variation défavorable des prix et maintenir leur salaire réel. Une spirale inflationniste néfaste pour l'économie serait alors amorcée. Le pouvoir d'achat des ménages doit évoluer grace à la maîtrise de la fluctuation des prix et non pas par une inflation sur les salaires, qui alourdit les coûts de production. ■

La conjoncture face à la théorie

Le pouvoir d'achat des ménages a progressé de 3,5 % en 1998. La hausse des revenus d'activité et le tassement des prix à la consommation (+ 0,8 % d'inflation) ont contribué à accroître le salaire réel. La maîtrise de l'inflation joue donc actuellement en faveur des foyers, de la consommation et de l'économie. ■

La fluctuation des prix – en particulier celle des carburants – réduit le pouvoir d'achat des salariés.

Points clés

Les formes d'entreprises

2

Une grande diversité d'entreprises existe, depuis la petite boutique de quartier jusqu'à la multinationale. Leur structure juridique, fondée essentiellement sur les notions de propriété et de pouvoir de décision, les distingue.

L'entreprise individuelle et sociétaire

Dans une entreprise individuelle, le capital est apporté par une seule et même personne : le chef d'entreprise. Son patrimoine professionnel est confondu avec ses biens privés, jusqu'à une certaine limite. Les bénéfices de son activité lui reviennent directement. Il peut employer des salariés qui, souvent, sont des membres de sa famille. Les deux tiers des entreprises artisanales sont individuelles. L'entreprise sociétaire naît d'un contrat conclu entre plusieurs personnes. Elle a une autonomie patrimoniale qui lui permet d'être créancière ou débitrice, de conclure des contrats et même d'agir en justice. ■

Les artisans choisissent souvent le statut d'entreprise individuelle.

La responsabilité des dettes

La responsabilité à l'égard des dettes varie suivant le régime juridique adopté. Dans le cas d'une entreprise individuelle, le dirigeant en est le seul responsable d'une façon illimitée. S'il fait faillite, son patrimoine privé peut être saisi pour payer les créanciers. Les sociétaires ont eux aussi une responsabilité illimitée mais non solidaire (en cas de non-solvabilité d'un des membres, les créanciers peuvent se retourner vers les autres). Une société civile ne peut pas faire appel à l'épargne publique. ■

Les sociétés commerciales (SARL et SA)

Les deux formes de sociétés commerciales les plus répandues sont la société à responsabilité limitée (SARL) et la société anonyme (SA). Dans la SARL, la responsabilité des associés est réduite à leur apport. Le contrôle du capital est cependant assuré puisque toute cession de part est soumise à l'accord préalable des autres sociétaires. Les actionnaires de la SA ne sont responsables, eux, qu'à concurrence de la valeur de leurs actions, qui sont nominatives ou au porteur (anonymes) et qui peuvent être revendues librement sur le marché boursier. Ils élisent un conseil d'administration qui désigne celui qui va diriger l'entreprise. Un autre type de société commerciale est la coopérative. Privée, elle appartient à l'ensemble des coopérateurs adhérents et son objectif est de satisfaire tous ses membres sur une base égalitaire. ■

Les PME et les grandes entreprises

L'INSEE définit la petite et moyenne entreprise (PME) par sa taille : elle regroupe entre 10 et 500 salariés. Pour la CGPME (Confédération générale des PME), elle se caractérise avant tout par les responsabilités financières, techniques, sociales et morales qu'assure personnellement et directement son dirigeant. Le patron y est un véritable homme-orchestre, qui joue à la fois le rôle de propriétaire et de gestionnaire. Les PME ont souvent une gestion efficace, de par leur dimension, mais rencontrent des difficultés de financement. Les grandes entreprises présentent une organisation plus complexe et rassemblent diverses filiales avec une société mère qui les contrôle. Une multinationale est une grande entreprise nationale qui dirige plusieurs filiales de production à l'étranger. ■

Les effectifs des grandes entreprises françaises

LA POSTE	306 000
VIVENDI	235 600
SODEXHO ALLIANCE	232 600
SNCF	210 400
SUEZ LYONNAISE DES EAUX	201 000
FRANCE TELECOM	169 100
PSA PEUGEOT CITROEN	156 500
CARREFOUR	144 150
RENAULT	138 300
MICHELIN	127 200

Source : *Bilan du monde 2000,* le Monde.

Les entreprises publiques et privées

Une entreprise publique est contrôlée par l'État ou par une administration. Elle remplit souvent une mission de service public, service jugé si utile à la collectivité qu'il peut parfois bénéficier de financements publics lorsqu'il n'est pas rentable. Elle représente aussi un moyen pour l'État d'orienter plus efficacement sa politique économique. En France, le secteur public est prépondérant dans l'énergie, l'aéronautique et l'armement. Depuis 1982 et selon les gouvernements, on a assisté à une alternance de privatisations et de nationalisations. ■

Dico → entreprise

Points clés

② Les administrations publiques et privées

Certains organismes ont la mission particulière de fournir des services publics. Ce sont les administrations publiques (gérées par l'État) ou privées (de type associatif). Leur objectif premier n'est pas d'être rentables mais de faciliter la vie à l'ensemble de la collectivité.

Qu'est-ce qu'une administration publique ?

Les administrations publiques produisent des services non marchands destinés aux usagers. Gérées par l'État, elles répondent à des besoins collectifs dont la consommation ne peut être individualisée. Par leur financement, assuré par les prélèvements obligatoires (impôts et cotisations sociales), elles participent à la répartition et à la redistribution des revenus et des richesses. Elles se divisent en trois secteurs : les administrations publiques centrales, qui dépendent directement d'un ministère – comme la police, l'armée et l'Éducation nationale ; les administrations publiques locales, qui regroupent les régions, les départements, les communes, les bureaux d'aide sociale et les chambres de commerce et d'industrie ; et enfin les administrations publiques de sécurité sociale, représentées par les hôpitaux. ■

Le service public

Pour une meilleure organisation de la vie sociale, le service public repose sur les quatre principes suivants : la proximité (écoles, bureaux de police, etc.), l'égalité d'accès pour tous les usagers (aucun bien ne peut être exclu), la continuité (obligation d'agir régulièrement et sans retard) et la primauté (les intérêts privés s'inclinent devant l'inérêt général). ■

La Poste : un service public.

Les services non marchands

Certains services sont dits non marchands car ils ne s'échangent pas sur un marché et sont proposés gratuitement ou quasiment, à un tarif inférieur à 50 % de leur coût, à la collectivité. C'est le cas de toute la production des administrations publiques et cela concerne de vastes domaines, tels que la sécurité du territoire, l'éducation, l'éclairage des rues, l'entretien des parcs, etc. La gratuité de ces services doit permettre à tous les citoyens d'y avoir accès. Certains sont payants, comme les musées et les piscines, mais leur prix d'entrée ne couvre jamais la totalité des coûts de production. L'intervention de l'État, via les organismes publics, vise à améliorer l'efficacité de l'économie, le bien-être social et la justice. En contrepartie, les autorités doivent veiller à la bonne gestion des budgets et à lutter contre le gaspillage. ■

La sécurité du territoire national, service non marchand par excellence, est assurée par l'État.

Les administrations privées

Les administrations privées partagent le même objectif que les publiques : proposer des services non marchands à la population. Elles satisfont les besoins que ni le marché ni l'État ne prend en charge.
C'est par exemple le cas d'Emmaüs et de la Croix-Rouge. La majorité de leurs ressources proviennent de contributions volontaires de leurs membres et parfois aussi de subventions publiques. Elles fonctionnent sous forme d'associations sans but lucratif de type loi 1901 et peuvent être non déclarées, déclarées à but non lucratif, ou reconnues d'utilité publique. Même si elles pratiquent des activités économiques et commerciales, leurs dirigeants ne doivent recevoir ni rémunération ni avantage et elles ne peuvent redistribuer leurs bénéfices.
Leurs membres actifs sont ainsi souvent des bénévoles. ■

La répartition des activités des associations (en %)

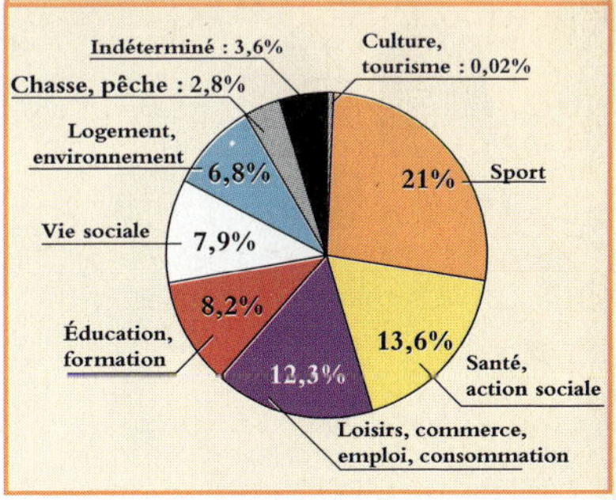

L'activité des associations est principalement tournée vers le sport, la santé et l'action sociale ainsi que les loisirs.

Les trois secteurs d'activité

2

Primaire, secondaire, tertiaire : trois secteurs pour trois types d'activités. Cette classification qui paraît simple n'est pourtant pas si facile à appliquer. Les mutations actuelles de l'emploi faussent en effet cette répartition classique et la notion de secteur quaternaire apparaît.

La classification de Colin Clark

Un secteur d'activité est composé de l'ensemble des entreprises ayant la même activité principale (sachant qu'une société peut en avoir plusieurs). C'est à l'Australien Colin Clark que l'on doit la classification actuelle des trois secteurs : primaire, secondaire et tertiaire. Le principal critère de distinction repose sur la nature de ce qui est produit dans chacun. ■

Cette ferme abandonnée témoigne de l'exode rural qui a marqué les régions agricoles en France depuis le début du XXe siècle.

Le secteur primaire

Le secteur primaire correspond à l'ensemble des activités productrices de ressources naturelles, telles que l'agriculture, la pêche et l'élevage. Il comprend également toutes les activités extractives (les mines et les carrières). Depuis le XIXe siècle, sa part dans la population active n'a cessé de régresser, notamment après la seconde révolution industrielle. Cette forte baisse s'explique par une moindre croissance de la productivité (le progrès technique y est peu développé) et par une faible demande. ■

Le secteur secondaire

Il regroupe toute l'industrie de transformation des matières premières, y compris l'énergie et le bâtiment, ainsi que les travaux publics. Durant les deux premières révolutions industrielles, le nombre d'actifs dans ce secteur croît régulièrement. Il s'est stabilisé à partir des années 1970 mais diminue 1990. Le progrès technique y est très rapide mais la demande ne progresse, elle, que moyennement. ■

La part de l'emploi dans les secteurs de 1901 à 1997 en France									
(en % du total)	1901	1926	1954	1962	1975	1982	1990	1995	1997
Secteur primaire	44	39,9	28	21	9,2	8,2	5,6	4,6	4,3
Secteur secondaire	29,5	33,6	36,8	39,5	38,5	34,2	30,1	25,7	24,9
Secteur tertiaire	26,5	26,5	35,2	39,5	52,3	57,6	64,3	69,7	70,8
Total	100	100	100	100	100	100	100	100	100

Source : INSEE.

Le secteur tertiaire

Le secteur tertiaire réunit traditionnellement les activités de services au sens large. On y trouve tous les services, qu'ils soient marchands (commerces, transports, communications) ou non marchands (santé, éducation), destinés aux entreprises ou aux particuliers. Les services des administrations publiques y sont aussi répertoriés. C'est un secteur qui se caractérise par un progrès technique assez lent mais où la demande est très forte. Sa proportion dans la population active grandit régulièrement. ■

Les limites de cette classification

Cette répartition classique commence à trouver ses limites. Le secteur tertiaire tend à regrouper toutes les activités qui ne sont pas classées dans les deux autres secteurs et devient très hétérogène. Les entreprises industrielles recourent de plus en plus à la sous-traitance pour assurer la comptabilité, le nettoyage, le gardiennage, la maintenance de leurs outils informatiques, etc. Ces services, classés jusqu'alors dans le secondaire lorsqu'ils étaient intégrés à l'entreprise, relèvent désormais du tertiaire. Inversement, certaines sociétés du tertiaire font appel à du matériel industriel classé dans le secondaire. Enfin, les nouveaux domaines propres à l'ère post-industrielle (la communication, l'information, la recherche-développement et l'informatique) sont souvent regroupés dans un nouveau secteur dit « quaternaire ». Son développement caractérise nettement les pays industrialisés par rapport à ceux en voie de développement. ■

Dico → secteur

Points clés

La concentration des entreprises

1

La concentration est le regroupement de plusieurs entreprises qui veulent accroître ainsi leur puissance sur le marché. Ce phénomène s'est amplifié depuis le début des années 1980 sous l'effet de l'ouverture au commerce mondial et de la libéralisation des réglementations.

Les facteurs

Le processus de concentration naît de la volonté des entreprises d'être toujours plus compétitives pour faire face à la concurrence extérieure. Il s'appuie sur des intérêts techniques et financiers : réaliser des économies d'échelle lorsque les mécanismes de production sont complexes et nécessitent un capital important, accroître le pouvoir de négociation pour obtenir des financements à moindre coût, ou encore créer un effet de domination vis-à-vis des concurrents, des fournisseurs et des clients. Certains facteurs psychologiques, comme le goût du pouvoir des dirigeants, peuvent également être à l'origine de concentrations. ■

Un exemple de concentration

« Le secteur français de l'édition est l'un des plus concentrés au monde. Hachette et le Groupe de la Cité contrôlent à eux seuls près de la moitié du chiffre d'affaires total du secteur, aux côtés de quelques maisons d'édition de taille moyenne et d'une multitude de petits éditeurs. Cette concentration s'est fortement accentuée au cours de la dernière décennie, sous l'effet de plusieurs facteurs. Tous les éditeurs possèdent en commun la recherche d'économies d'échelle. Gagner en taille permet de mieux négocier les achats à l'extérieur (fabrication, imprimerie, etc.). Mais c'est surtout la maîtrise des réseaux de distribution qui constitue la raison majeure du vaste mouvement de concentration de l'édition, en France comme à l'étranger. »

Sandrine Trouvelot, © *Alternatives économiques*, n° 125, mars 1995.

Les différentes formes

La forme de la concentration – horizontale, verticale ou conglomérale – dépend des objectifs recherchés. L'horizontale réunit des entreprises fabriquant le même bien ou situées au même stade de la production. Leur but est de réaliser des économies d'échelle et de renforcer leur pouvoir de décision vis-à-vis des partenaires extérieurs. La forme verticale regroupe des sociétés qui, placées à des stades complémentaires du cycle productif, recherchent la sécurité et la régularité des approvisionnements et des coûts. Enfin, la concentration conglomérale rassemble des filiales sans liens économiques apparents et prend la forme de groupes (holdings et trusts). Son objectif est de diversifier les risques et les profits de certaines activités pour compenser les éventuelles pertes temporaires subies dans le groupe. ■

L'annonce de la fusion entre Carrefour et Promodès en septembre 1999.

Les stratégies de concentration : les OPA et OPE

Plusieurs techniques permettent aux entreprises de se regrouper. La fusion de deux sociétés est réalisée lorsque chacune disparaît en tant qu'entité juridique indépendante au profit de la création d'une nouvelle entité. La méthode de l'absorption consiste pour la société acquéreuse à prendre sous contrôle l'entreprise achetée. Deux stratégies s'offrent à l'acheteur. Il peut promettre publiquement aux actionnaires de la société qu'il veut contrôler de racheter leurs actions à un cours plus élevé que celui du marché : c'est la stratégie de l'OPA (offre publique d'achat), dite amicale lorsqu'elle se fait avec l'accord des dirigeants, et inamicale dans le cas contraire. L'acheteur peut aussi offrir en rémunération les actions de sa propre entreprise au lieu de payer en espèces ; on parle alors d'OPE (offre publique d'échange). Que ce soit au niveau mondial ou national, le nombre d'OPA et d'OPE ne cesse de croître. L'augmentation de la dimension des entreprises par regroupement et par mise en commun de tout ou partie de leurs capacités de production, de leurs débouchés et de leur organisation constitue un mode de « croissance externe ».

Manifestation des salariés de la Société générale contre l'OPE de la BNP.

Points clés

① La tertiarisation des économies

Le phénomène de tertiarisation se traduit par l'augmentation de la part du secteur tertiaire dans le PIB au sein de la population active. La composition de ce secteur, trop hétérogène, tend à fausser la représentation réelle de l'activité économique d'un pays.

Les mécanismes de tertiarisation

Plusieurs facteurs ont favorisé le phénomène de tertiarisation. Le développement du machinisme depuis la révolution industrielle et les nouvelles méthodes de culture et d'élevage ont entraîné une diminution progressive et inexorable des emplois dans le secteur agricole. Dans l'industrie, l'importance des gains de productivité engendrés par la robotisation et l'organisation nouvelle du travail a provoqué une stagnation des postes. De surcroît, la demande très forte de certains biens (automobile et électroménager) dans les années 1960 connaît aujourd'hui une relative saturation. À l'inverse, les ménages, de plus en plus demandeurs de services (tourisme, santé, etc.), et le recours des entreprises industrielles à la sous-traitance (transfert d'une partie de l'activité classée dans le secondaire vers le tertiaire) ont contribué à la forte progression du secteur tertiaire. Ainsi, entre 1954 et 1995, sa part dans la population active est passée de 38 à 68 % et concerne plus de deux actifs sur trois. Ce phénomène n'est pas seulement français, il est observé dans tous les pays de l'Union européenne (le pourcentage le plus faible revient à la Grèce avec une part de 55 %). ■

L'évolution du poids des trois secteurs d'activité

En %	Part dans l'emploi			Part dans la valeur ajoutée		
	Agriculture	Industrie	Service	Agriculture	Industrie	Services
			Pays de l'OCDE[1]			
1870	49	27	24	39	26	35
1950	25	36	39	15	41	44
1987	6	30	64	4	36	60
			Amérique latine			
1950	50	22	28	23	30	47
1986	24	28	48	11	38	51
			Asie			
1950	73	8	19	49	15	36
1986	57	17	26	24	34	41

Source : Angus Maddison, « Explaining the Economic of Nations, 1820-1989 », *in* W. Baumol et alii, *Convergence of Productivity,* Oxford University Press, New York, 1994.

Les « petits métiers », ici un livreur de pizzas, contribuent au phénomène de tertiarisation, notamment dans les PED.

Un secteur très hétérogène

Le secteur tertiaire apparaît comme un véritable fourre-tout rassemblant toutes les activités qui ne peuvent être classées dans les deux autres secteurs. S'y trouvent mêlés les services financiers, de transport, de distribution des administrations publiques et privées (enseignement, hôpitaux, police, etc.). Une telle hétérogénéité ne permet pas une analyse très fine, d'autant que ce secteur, caractérisé traditionnellement par un progrès technique lent, rassemble désormais certaines activités à très fort degré de développement technique. L'idée d'un secteur quaternaire commence à s'imposer : il regrouperait tous les services « modernes » (communications, informatique, recherche, etc.) représentatifs du passage des sociétés à l'ère postindustrielle. ■

Une représentation parfois faussée

Le phénomène de tertiarisation est traditionnellement présent dans les pays industrialisés. Néanmoins, la structure de la population active de certains PED est très semblable à celle des pays développés. Loin de posséder les mêmes caractéristiques, la tertiarisation y est davantage le fruit de l'exode rural et du chômage, lié à l'hétérogénéité du secteur. Le cireur de chaussures ou le vendeur à la sauvette (activités de commerce) alimentent ainsi la part du tertiaire dans l'économie. ■

Les services de transport entrent dans la catégorie du tertiaire.

Dico → secteur

Points clés

T

Le cadre juridique et institutionnel de la production

Souvent l'entreprise n'est envisagée que sous son aspect économique alors qu'elle présente aussi des dimensions sociales et juridiques. Ainsi, les facteurs de production (travail et capital) sont soumis à des lois précises.

La production, une activité socialement organisée

Selon l'INSEE, la production est *« l'activité économique socialement organisée des unités résidentes, consistant à créer des biens et des services habituellement échangés sur le marché et/ou obtenus à partir de production s'y échangeant »*.

Le facteur travail fait l'objet d'une réglementation précise en ce qui concerne sa durée, ses conditions de sécurité, ses congés payés, etc. Le facteur capital est également soumis à des règles juridiques. ■

La législation française sur la rémunération du travail.

1946 Principe d'égalité des salaires masculins et féminins.
1950 Loi sur les conventions collectives. Naissance du SMIG (salaire mimimum interprofessionnel garanti).
1957 La loi indexe le SMIG sur l'indice INSEE des « 179 articles ».
1967 Ordonnance imposant la participation dans les entreprises de plus de 1 000 salariés.
1968 Le SMIG devient uniforme dans toute la France.
1970 Le SMIG devient SMIC (salaire mimimum interprofessionnel de croissance).
1972 Garantie de rémunération mensuelle.
1975 Loi sur l'égalité en matière d'embauche.
1980 Distribution d'actions aux salariés.
1982 Désindexation progressive des salaires.
1983 Loi Roudy sur l'égalité professionnelle hommes-femmes.
1988 Loi instaurant le RMI.
1990 Participation obligatoire pour les entreprises de 50 à 100 salariés.

Les règles institutionnelles

La durée de la journée de travail n'est pas précisée par la loi jusqu'en 1841, date à laquelle elle devient réglementée pour les enfants (par exemple, ceux de 8 à 12 ans ne doivent pas travailler plus de 8 heures par jour). Progressivement, le temps de travail en France va se réduire. En 1936, il est fixé à 40 heures par semaine puis à 39 heures en 1982. En 1999, les négociations portent sur une semaine de 35 heures. Parallèlement, en 1982 sont créés dans les entreprises de plus de 50 salariés, les comités d'hygiène, de sécurité et des conditions de travail (CHSCT) dont l'action permet de réduire le nombre d'accidents professionnels. Les inspecteurs du travail s'assurent du respect de la législation, notamment en visitant les entreprises. ■

Les règles juridiques des sociétés

Trois grandes catégories de statuts juridiques sont généralement distinguées : l'entreprise individuelle, la société civile et la société commerciale. Dans la première catégorie, un propriétaire unique est entièrement responsable des dettes de son entreprise. Si cette catégorie représente 85 % des entreprises françaises, son poids commercial se limite cependant à un quart des ventes totales. La deuxième, la société civile concerne surtout les artisans, exploitants agricoles et professions libérales. Enfin, les sociétés plus importantes adoptent des statuts restreignant la responsabilité de leurs dirigeants. Pour les sociétés à responsabilité limitée (SARL), le risque se limite aux capitaux apportés et pour les sociétés anonymes (SA), les actionnaires peuvent perdre la valeur de leurs actions. En somme, les sociétés de personnes (entreprises individuelles) se différencient de celles de capitaux (SA, SARL) par la responsabilité juridique de leurs propriétaires à l'égard des dettes. ■

La répartition des entreprises françaises selon leur taille et leur structure juridique

Forme juridique	Nombre de salariés par entreprise						
	0 à 9	10 à 49	50 à 199	200 à 499	500 à 999	> 1000	Total
Personnes physiques	1 712 879	10 101	325	11	0	0	1 723 316
SARL	622 587	64 218	3 581	361	66	27	690 840
SA	87 975	62 825	17 400	3 298	982	715	173 195
Total	2 423 441	137 144	21 306	3 670	1 048	742	2 587 351

Source : INSEE, 1996

La taille des entreprises et leur poids dans l'économie

L'INSEE définit une PME sur le critère du nombre de salariés (moins de 500). Mais une approche plus qualitative (celle de la CGPME, voir pp. 256-257) privilégie le rôle de son dirigeant, considéré à la fois comme le propriétaire et l'animateur. La dimension d'une PME est un atout important, notamment en période de crise, car elle permet une plus grande flexibilité. Cependant face à la concurrence internationale, une erreur de gestion peut lui être fatale, notamment pendant ses cinq premières années d'existence. En 1996, la proportion d'entreprises employant au maximum 499 salariés représentait 99,96 % du nombre total d'entreprises. Les PME sont donc très largement majoritaires dans le paysage économique actuel. Les grandes entreprises qui emploient, elles, plus de 500 salariés n'y représentent ainsi que 0,04 %. Celles-ci concentrent d'importants capitaux, nécessaires pour financer des projets d'investissements souvent chiffrés en milliards. ■

Points clés

2 T

Le coût du travail est-il trop élevé ?

Un taux de chômage de 11,7 % en 1998 est-il dû à un coût du travail excessif au regard de la productivité ? Le débat que soulève cette question est d'autant plus vif que les analyses divergent. Si le travail représente en effet un coût pour l'employeur, il constitue également un revenu pour les ménages. Alors, peut-on diminuer l'un sans réduire l'autre ?

La théorie des néoclassiques

Le travail est un facteur de production qui représente, pour les économistes néoclassiques, un coût à la charge de l'employeur. Il se compose de coûts directs (salaires et cotisations sociales) et de coûts d'ajustement. Le coin fiscal, différence entre le coût supporté par l'employeur et le revenu disponible du travailleur, mesure le poids des charges pesant sur le travail. Pour produire, l'entrepreneur combine du travail et du capital. Toute augmentation du coût du travail non compensée par des gains de productivité alourdit les charges, ce qui incite le dirigeant à remplacer du travail par du capital afin d'économiser le facteur de production le plus onéreux, au risque d'augmenter le chômage. ■

Un frein essentiel à l'embauche et à la compétitivité ?

Pour éviter cet arbitrage qui pénalise l'emploi, certains économistes d'inspiration libérale préconisent de laisser les salaires réels se fixer librement sur le marché du travail en fonction de l'offre et de la demande. Dans cette optique, le SMIC est accusé de détruire l'emploi en établissant

Le « coin fiscal » : définition et mesure

Différents prélèvements obligatoires pèsent sur les salaires. Ils introduisent une différence entre le coût supporté par l'employeur et le revenu correspondant dont dispose effectivement le travailleur pour sa consommation. Cet écart constitue le « coin fiscal », qui intègre les cotisations sociales patronales et salariales, l'impôt sur le revenu et les taxes sur la consommation, soit :

Coût du travail = cotisations patronales + salaire brut
Salaire brut = cotisations salariées + salaire net
Salaire net = impôt sur le revenu + taxes à la consommation + salaire disponible

et donc au total :
Coin fiscal = coût du travail - salaire disponible.

Le coût d'un ouvrier rapporté au produit intérieur brut

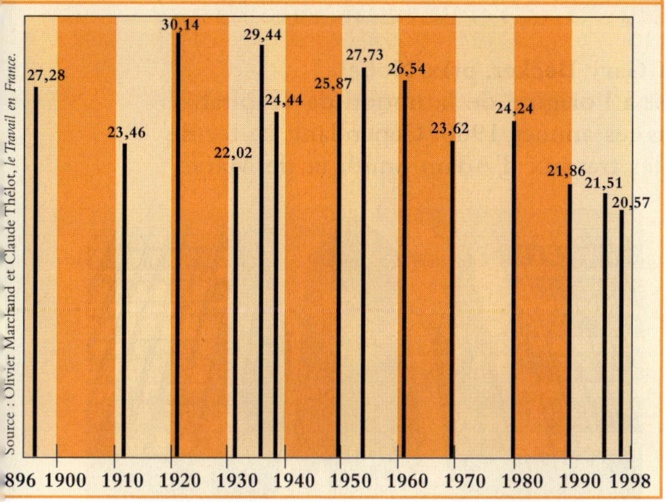

Source : Olivier Marchand et Claude Thélot, *le Travail en France.*

de façon arbitraire une rémunération du travail supérieure à la valeur des richesses créées par le smicard. La situation américaine semble confirmer cette théorie puisqu'elle conjugue une modération de l'évolution salariale depuis les années 1980 et un faible taux de chômage (environ 5 %). Mais le quasi-plein-emploi y est atteint au prix d'une forte précarisation. Remettre en cause le système de protection sociale et de minima sociaux est en effet lourd de conséquences, sur le plan tant social qu'économique. ■

Le travail : un revenu au cœur du circuit

Selon les keynésiens, la baisse des salaires nominaux risquerait de réduire la demande effective en pénalisant les « bas salaires » (qui ont une propension à consommer plus importante), de freiner la production et de réduire le niveau de l'emploi (du fait des anticipations pessimistes des entrepreneurs). Le salaire est ici considéré comme un revenu dépensé par les ménages et redistribué dans l'économie via l'effet du multiplicateur keynésien. ■

Points clés

L'évolution du coût d'un ouvrier rapporté au produit intérieur brut.

Comment soutenir la compétitivité des bas salaires ?

L'économiste Malinvaud constate que le chômage keynésien et le chômage classique coexistent et qu'il est devenu nécessaire de dépasser l'opposition entre les deux. Selon l'auteur, la distinction doit plutôt s'opérer aujourd'hui entre le travail qualifié, dont la productivité est élevée et le travail non qualifié, peu productif et soumis au jeu d'une concurrence internationale.
Des allégements de charges sociales sur le travail non-qualifié pourraient, dans une économie mondialisée, améliorer la compétitivité (menacée par les pays pratiquant le « dumping social »), tout en préservant le système de protection et les minima sociaux.
La solution réside sans doute dans une réforme qui réduirait le coin fiscal tout en redistribuant aux salariés les fruits de la croissance. ■

Dico → salaire • travail

Points clés

T

Le capital humain, une conception rénovée du facteur travail

L'économiste américain Gary Becker, prix Nobel d'économie en 1992, est à l'origine de la notion de « capital humain » introduite dans les années 1960. Cependant, ce terme était déjà évoqué dans les travaux d'Adam Smith et de Marx.

Le capital humain

Les études universitaires composent, en partie, le capital humain.

Le capital humain désigne l'ensemble des connaissances et des talents acquis par les travailleurs au travers de l'éducation, de l'apprentissage et de l'expérience. L'accumulation des compétences assimilées durant le parcours scolaire et universitaire ainsi que l'expérience professionnelle participent à la formation et à la qualification des actifs. Ce stock de connaissances est incorporé de façon durable dans une nation et permet à cette dernière de se redresser après un choc externe. Par exemple, à la suite de la Seconde Guerre mondiale, le capital physique de l'Allemagne était en majeure partie détruit mais son capital humain (qualification des travailleurs) a survécu et a été au cœur du phénomène qualifié de *« miracle allemand »*. On distingue le capital humain général, transférable d'une entreprise à l'autre, de l'individuel, lié aux qualités intrinsèques et personnelles d'un être. ■

Une notion déjà connue au XVIIIe siècle

La relation entre formation et salaire est établie depuis le XVIIIe siècle. Selon Adam Smith, dans son ouvrage *Recherches sur la nature et les causes de la richesse des nations* (1776), celui qui a été éduqué fournira un travail *« qui pourra lui rembourser le coût de sa formation avec au moins les profits ordinaires d'un capital de même valeur »*. Karl Marx développe aussi l'idée que la formation entraîne une plus grande efficacité et un meilleur salaire : *« La valeur marchande d'une force de travail complexe est un multiple de la valeur marchande d'une force de travail simple. »* Les personnes les plus instruites sont souvent celles qui occupent les postes les mieux rémunérés. ■

L'analyse de Becker

L'économiste Gary Becker exploite encore davantage cette idée Boudon rejoint en quelque sorte cette approche dans son analyse des inégalités scolaires (voir pp. 418-419). Les individus sont rationnels, c'est-à-dire que ceux qui pensent tirer un profit maximal d'études longues investiront dans la formation. À l'inverse, un jeune issu d'un milieu populaire envisagera toutes les difficultés d'une formation longue. Le risque d'échouer (soutien familial moins favorable) et le coût supporté (conditions financières) peuvent l'en dissuader. ■

La théorie de la croissance endogène

Les théories nouvelles de la croissance défendent l'idée que le progrès technique résulte d'investissements spécifiques en matière de recherche et développement ainsi que de l'accumulation de connaissances. La croissance endogène porte en elle son dynamisme. Aussi, les pays en tête du classement pour l'effort en recherche et développement rapporté au PIB enregistrent un fort taux de croissance : les États-Unis (3,9 %), l'Allemagne (2,8 %), la France (3,2 %) et le Japon (fait exception puisque son taux en 1998 est de -2,8 %). L'éducation semble être au moins aussi importante que le capital physique, notamment sur le long terme. L'investissement en capital humain a un coût (le prix de la formation, l'augmentation du nombre de jeunes inactifs qui entrent plus tard sur le marché du travail), mais il génère, en compensation, des externalités positives pour la collectivité. ■

La part de la recherche-développement dans le PIB de dix-sept pays (en 1996, en %)

Suède	3,4
Japon	2,8
Corée du Sud	2,7
États-Unis	2,6
Finlande	2,6
Suisse	2,3
France	2,3
Allemagne	2,3
Israël	2,2
Pays-Bas	2,1
Danemark	2,0
Royaume-Uni	2,1
Canada	1,7
Belgique	1,6
Australie	1,6
Italie	1
Espagne	0,9

La part que consacrent les États à la recherche et développement influence souvent leur taux de croissance.

Dico → croissance

Points clés

Capital et capitalisme

2

Dans son ouvrage *l'Éthique protestante et l'esprit du capitalisme* (1905), Max Weber a montré comment les valeurs protestantes (puissante incitation au travail et mode de vie ascétique) ont favorisé l'émergence du capitalisme. De nature technique, financière, comptable et humaine, le facteur capital est au cœur de ce mode de production.

Le capital

Derrière le terme « capital », apparemment si simple à définir, se trouve une diversité de concepts, économiques aussi bien que sociologiques. Ainsi, le capital comptable d'une entreprise recense ses capitaux propres et ceux empruntés inscrits à son passif. Le capital financier comprend l'ensemble de ses valeurs mobilières. Le capital juridique regroupe l'intégralité des apports de ses membres (associés, actionnaires...). Le capital technique ou matériel désigne les biens de production, d'équipement, et matières premières. Le capital fixe correspond aux matériaux qui participent à plusieurs processus de production (les machines et bâtiments), et le circulant, à ceux détruits ou absorbés lors de l'activité productive (les consommations intermédiaires). Enfin, ce terme recouvre également la notion de *« capital humain »* introduite par Gary Becker. ■

Le recul des machines

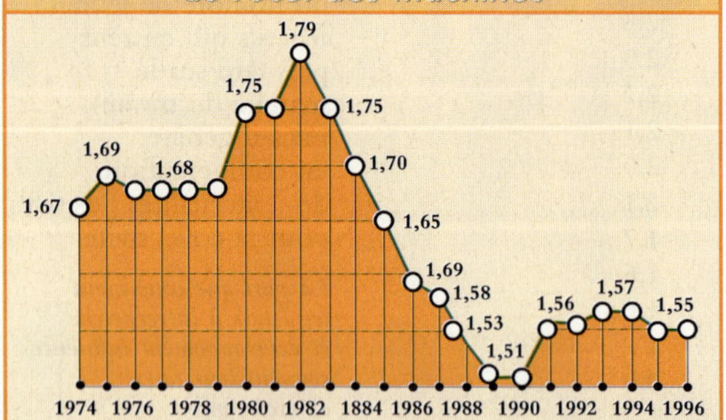

Lecture : il fallait 1,75 francs de machine pour produire 1 franc de valeur ajoutée en 1981

Source : Insee, comptes nationaux.

Un enjeu social

Karl Marx effectue la transition entre les approches économique et sociologique du capital. Dans son ouvrage, *le Capital* (livre 1, 1867), il expose l'importance de son accumulation dans le système capitaliste : *« Accumulez, accumulez, c'est la loi des prophètes. »* Selon lui, le capital est bien plus qu'un simple facteur de production, il en est le cœur. Il détermine les rapports sociaux qui opposent deux classes : les prolétaires dépossédés des moyens de production et les bourgeois. Pour Bourdieu, le *« capital global »* est l'ensemble des ressources économiques, culturelles, symboliques et sociales que possède un individu. Sa structure détermine la place de chacun dans la société. ■

Évolution du stock de capital fixe rapportée à la valeur ajoutée annuelle produite par l'ensemble des sociétés francaises.

L'évolution du capital technique

Les pays industrialisés augmentent l'intensité capitalistique de leur combinaison productive, c'est-à-dire qu'ils concentrent dans leurs activités de plus en plus de capital. Le coefficient de production mesure la part du capital dans la production. Le taux de marge (excédent brut d'exploitation/valeur ajoutée) progresse ainsi depuis le début des années 1980 : l'évolution du partage de la valeur ajoutée entre les salaires et les profits favorise le facteur capital au détriment de celui du travail. ■

La part du travail et du capital dans la valeur ajoutée des entreprises

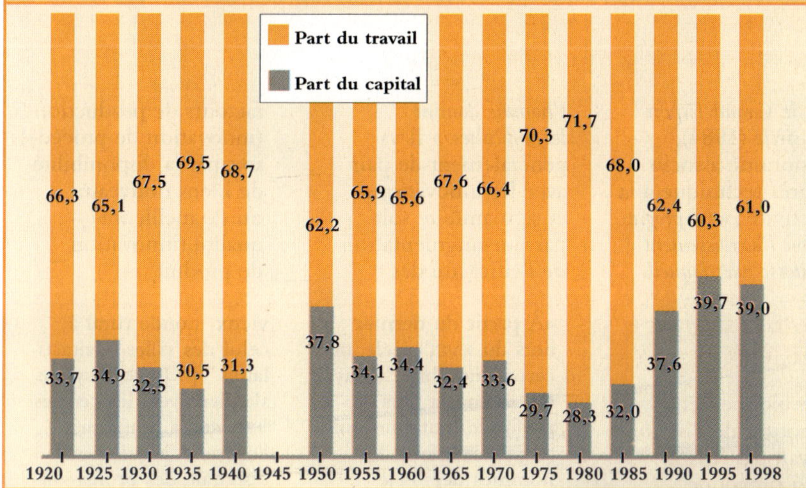

Source : Thomas Piketty, *l'économie des inégalités*, © La Découverte & Syros et Alternatives économiques.

Le coût du capital augmente

L'entrepreneur utilise du travail et du capital pour produire. La combinaison qu'il effectue entre les deux repose sur leurs coûts (s'ils sont substituables entre eux) et favorise souvent le capital dont, paradoxalement, le coût augmente avec le perfectionnement des techniques. Mais, pour comprendre cette évolution, il faut rapporter ce coût à la productivité qu'il engendre. Les générations de capital qui se succèdent incorporent l'amélioration des technologies et dynamisent la croissance. ■

Un symbole de haute technologie : la fusée Ariane.

Dico → capitalisme • socialisme

Points clés

2 T

Le progrès technique modifie l'ordre économique et social

En un siècle, les modes de vie, les moyens de production et les rapports sociaux ont été radicalement bouleversés sous l'effet du progrès technique. La rationalisation de la production a créé des externalités positives (la croissance) mais également négatives (la pollution).

Qu'est-ce que le progrès technique ?

Dans *le Grand Espoir du XXe siècle* (1984), Jean Fourastié associe le progrès technique à la productivité : *« Le progrès, c'est donc l'accroissement de la vitesse avec laquelle l'homme domine les difficultés.* » Il va généralement de pair avec les innovations et se manifeste soit par une augmentation de l'efficacité des facteurs de production (innovation de procédé), soit par la disponibilité de biens nouveaux ou de meilleure qualité (innovation de produit). ■

La révolution industrielle

Le développement de la notion de division du travail par Adam Smith a provoqué une mutation radicale des modes de production que la révolution industrielle et l'avènement de la machine ont accentuée encore davantage.
À partir du moment où l'on s'est rendu compte que le robot pouvait remplacer l'homme pour effectuer des gestes simples et répétitifs, la production a été entraînée dans un inévitable processus de rationalisation. ■

«À partir du dernier tiers du XVIIIe siècle, un certain nombre de pays ont connu la plus profonde mutation qui ait jamais affecté les hommes depuis le néolithique : la révolution industrielle. Pour la première fois dans l'histoire, le pouvoir humain de production y est libéré ; les économies peuvent désormais fournir, en les multipliant sans cesse jusqu'à nos jours, des biens et des services mis à disposition d'hommes toujours plus nombreux. On passe, parfois brutalement, le plus souvent par des transitions lentes et difficilement perçues, du vieux monde rural à celui des villes "tentaculaires" [...]. Des paysans s'exilent vers les centres industriels nouveaux, l'artisan s'inquiète ou disparaît, des professionnels surgissent, promoteurs, ingénieurs, techniciens ; une élite bourgeoise supplante les notables traditionnels de la terre, un prolétariat naît et combat. Peu à peu, tous les domaines de la vie sont atteints et transformés : travail quotidien, mentalités, culture.»

La Révolution industrielle, 1780-1880,
Jean-Pierre Rioux,

Un changement des mentalités est nécessaire

Cette rationalisation passe par l'acceptation de nouvelles techniques, donc par un changement des mentalités. La population doit nécessairement être prête à accepter toutes les mutations inhérentes au progrès technique. Pour l'Américain Rostow, cette étape est une condition indispensable au *« décollage »* économique des pays. ■

Les conséquences de la diffusion des gains de productivité dans l'économie

Le progrès technique permet de dégager des gains de productivité qui se diffusent dans l'économie. L'entreprise qui économise sur ses coûts de production peut choisir de baisser ses prix et/ou d'augmenter les salaires. Ces deux éléments génèrent une hausse du pouvoir d'achat qui se répercute de façon favorable sur la consommation. Parallèlement, l'entreprise voit ses profits croître et dispose donc d'une plus grande capacité de financement. L'augmentation de la puissance productive permet de faire face à la progression de la demande : la production et la consommation s'équilibrent. Ce mécanisme entraîne l'économie vers la croissance. La distribution de richesses supplémentaires transforme la demande des ménages selon la loi d'Engel (baisse de la demande alimentaire quand les revenus s'élèvent). Le secteur primaire décline tandis que le secondaire progresse jusqu'aux années 1960. Le secteur tertiaire occupe actuellement 70 % de la population active. Cependant, dans une situation d'atonie, les gains de productivité sont essentiellement utilisés pour économiser du facteur travail, soit par le licenciement, soit par la réduction du temps de travail. ■

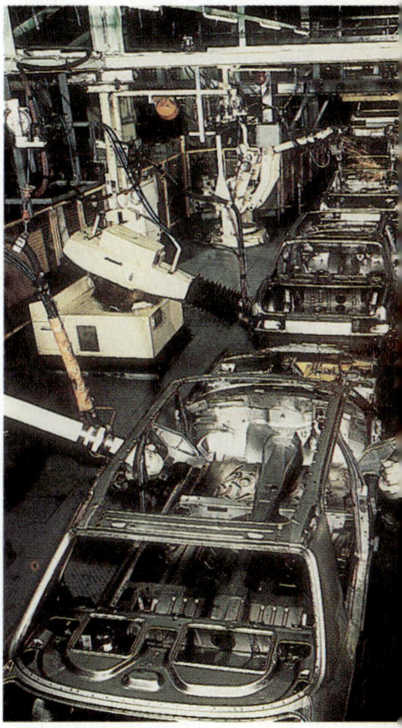

L'automatisation croissante permet de dégager des gains de productivité.

Les externalités négatives de la rationalisation

Le développement de l'urbanisation et de la consommation de masse ainsi que l'élévation du niveau de vie ont marqué l'avènement du progrès technique. L'espérance de vie ne cesse de croître, le degré de qualification des salariés d'augmenter. Parallèlement à ces évolutions positives, la hausse du chômage a accentué les inégalités, et le progrès technique a été accusé de générer précarité et exclusion. ■

Dico → invention

Points clés

T

Comment mesurer l'impact du progrès technique sur la croissance ?

Si l'on considère que la productivité est la manifestation apparente du progrès technique, on peut mesurer ce dernier en analysant la productivité globale des facteurs de production. On estime ainsi généralement que le progrès technique contribue pour moitié à la croissance.

Qu'est-ce qui, de l'offre ou de la demande, génère le progrès technique ?

Dans la théorie de Keynes, le progrès technique est largement déterminé par la demande, qui fixe le niveau de la production présente et future. Cela signifie que la croissance de la demande incite les entrepreneurs à investir dans des biens d'équipement dotés d'innovations. De nombreuses découvertes auraient ainsi été motivées par une demande à laquelle les chercheurs auraient répondu. L'approche classique et néoclassique envisage un mécanisme différent : selon elle, le progrès technique dépend avant tout de l'initiative des innovateurs, c'est-à-dire de l'offre. La loi des débouchés de Jean-Baptiste Say (1767-1832), stipulant que *« c'est la production qui ouvre des débouchés aux produits »*, donne une place déterminante aux conditions de l'offre. La production de nouveaux biens fait augmenter l'offre et crée des revenus supplémentaires qui permettent de les acheter. Dans son ouvrage *le Nouvel État industriel* (1967), J. K.Galbraith développe le concept de la *« filière inversée »* : les entreprises ne répondent pas à la demande que formulent les consommateurs mais la créent en offrant des produits nouveaux qu'ils vendent en partie grâce à la force de conviction de la publicité. ■

On estime que la productivité globale des facteurs de production participe environ pour moitié à la croissance.

La contribution du progrès technique à la croissance (1963-1972)

	Croissance	PGF[1]	Part de la PGF
États-Unis	3,7	1,5	41 %
France	5,4	3,0	56 %
Japon	9,3	5,5	59 %

Productivité globale des facteurs.

Source : A. Maddison, *l'Économie mondiale au XXe siècle*, OCDE, 1989.

Les modèles de croissance endogène : apports et limites

Les nouveaux modèles reposent sur « l'endogénéisation » des sources de croissance (c'est-à-dire qu'ils cherchent à expliquer la croissance sans recourir à des phénomènes externes tels que le progrès technique) et sur le rôle des externalités positives (bénéfice que tire un agent économique des actions d'un autre sans que ce dernier puisse obtenir une rémunération en contrepartie). Ils mettent ainsi l'accent sur les investissements réalisés par l'État en matière de recherche et développement, d'éducation et d'infrastructures qui sont autant d'externalités positives. Cependant, ces modèles négligent l'apparition des innovations par « grappes » (c'est-à-dire qui naissent de façon regroupée et irrégulière, au moment où la vague de progrès technique précédente cesse de faire sentir ses effets) et le fait que l'innovation et la productivité ne sont pas automatiquement liées. ■

Progrès technique et développement : des choix économiques et sociaux

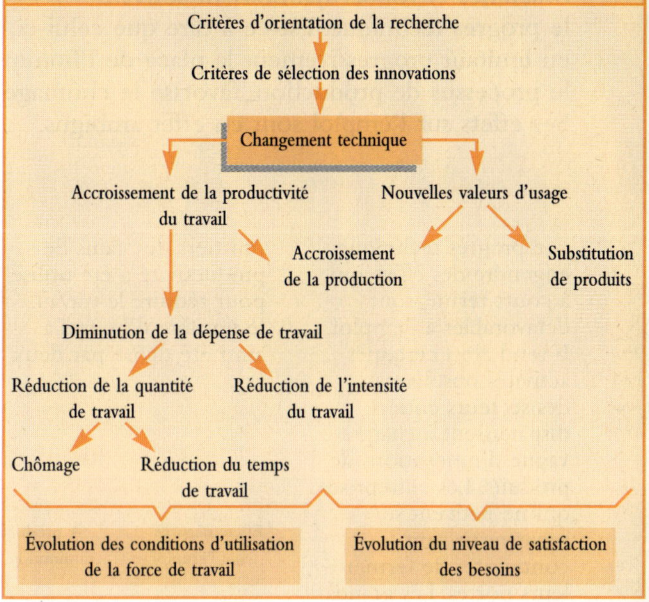

Source : A. Maddison, *l'Économie mondiale au XXe siècle*, OCDE, 1989.

La satisfaction des besoins est-elle obtenue ?

L'impact économique du progrès, d'un point de vue quantitatif, est indéniable. Selon Schumpeter, il a entraîné notamment une augmentation du niveau de vie, une amélioration du confort et un recul des maladies. Mais son effet qualitatif reste controversé car il a eu aussi des conséquences négatives, telles que la pollution et le gaspillage des ressources. Pour Aristote, la richesse n'amènera le progrès que si elle permet la satisfaction des besoins. Or, M. Sahlins, dans son livre *Âge de pierre, âge d'abondance* (1976), constate que la création illimitée des besoins remet en cause la notion même de « société d'abondance ». ■

Points clés

T

Le progrès technique : destructeur ou créateur d'emplois ?

Machines et robots symbolisent souvent le progrès technique. Est-ce à dire que celui-ci, en limitant progressivement la place de l'homme dans le processus de production, favorise le chômage ? Ses effets sur l'emploi sont en effet ambigus.

Des effets négatifs sur l'emploi à court terme...

Le progrès technique engendre des effets qui, à court terme, sont défavorables à l'emploi. Il rend ainsi certaines activités obsolètes : des secteurs entiers disparaissent à chaque vague d'innovations de produits. Les entreprises qui ne peuvent se reconvertir sont contraintes de fermer leurs portes. Les grands bastions industriels (mines, sidérurgie), concurrencés par de nouvelles sources d'énergie, sont minés par le chômage. Les innovations de procédés (matières premières, techniques de production, organisation du travail) créent d'importants gains de productivité qui se répercutent, hors du contexte original des Trente Glorieuses, le plus souvent par une économie du facteur travail et une réduction de l'emploi (un tiers des gains de productivité a été utilisé pour réduire le travail, le nombre d'heures a ainsi été divisé par deux en un siècle). Le chômage s'amplifie et les postes non qualifiés disparaissent progressivement de l'industrie.

Les effets supposés de l'informatisation sur l'emploi

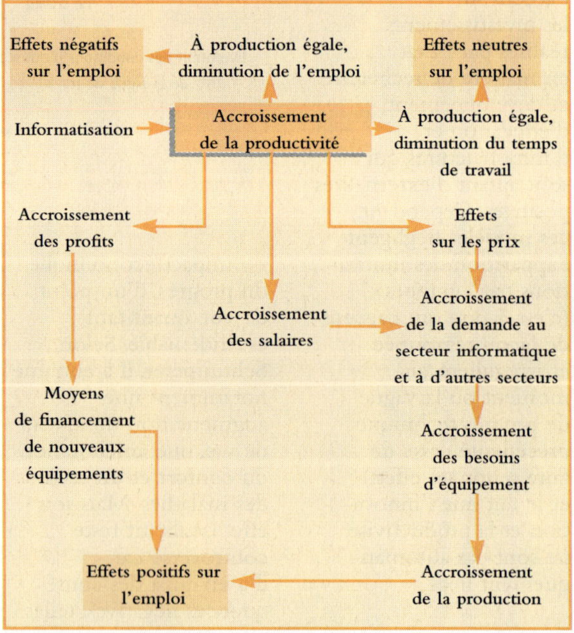

Source : G. Brémond, *la Révolution informatique*, éd. Hatier, 1982.

... aux effets positifs à long terme

Si l'aspect destructeur du progrès technique domine à court terme, il apparaît nettement qu'à long terme il est source de création d'emplois. La forte croissance de la productivité depuis 1810 n'a ainsi pas empêché la multiplication par deux des postes, dont le nombre a progressé particulièrement dans le secteur des biens d'équipement. Les entreprises se modernisent et relancent des cycles d'investissement. Les innovations de produits ne provoquent pas systématiquement la disparition de biens déjà existants, par exemple, dans de nombreux foyers, le four à micro-ondes et le four traditionnel se complètent. Elles ont un effet positif sur la consommation et amorcent un cercle vertueux de la croissance, via la distribution de revenus. Ainsi, la hausse des salaires dynamise la consommation des ménages, relance la demande globale et l'emploi. Les gains de productivité font diminuer les coûts de production, diminution qui se répercute sur les prix. Le pouvoir d'achat progresse sur le long terme. ■

Des emplois déplacés

Selon l'analyse d'Alfred Sauvy, le progrès technique génère un processus de *« déversement »*. Progressivement, sous son effet, les emplois se sont déplacés du secteur primaire vers le secondaire puis vers le tertiaire (multiplication des postes dans les loisirs, la santé et l'éducation). Les emplois non qualifiés disparaissent de l'activité secondaire au profit d'autres branches, notamment la restauration.

Le nombre d'emplois a augmenté de plus de 2 millions depuis trente ans mais, dans ce même laps de temps, l'effectif de la population active a progressé de 4,6 millions de personnes. Un déséquilibre s'est ainsi installé sur le marché du travail. Face à la concurrence internationale, les salaires ont été bridés, la consommation atone a limité les investissements, le cercle vertueux de la croissance s'est grippé. ■

La crise du déversement

« Traditionnellement, la croissance se nourrit de gains de productivité dans les secteurs en déclin, ce qui permet de libérer de la main-d'œuvre dans un cadre général de croissance du pouvoir d'achat global, ouvrant ainsi des débouchés pour des secteurs nouveaux créateurs d'emplois. Les rapports de l'agriculture et de l'industrie en offrent un schéma classique ; les gains de productivité de l'une offrent des perspectives nouvelles à l'autre, tout en libérant ici une main-d'œuvre excédentaire qui trouve à s'employer là. Ce schéma est aujourd'hui en crise et la France s'y est trouvée particulièrement exposée à un double titre.
Alors que l'agriculture continue de perdre des emplois, l'industrie, qui absorbait auparavant une partie de la main-d'œuvre rurale excédentaire, est elle-même destructrice nette d'emplois depuis 1974. Face à cette véritable Berezina de l'emploi, le tertiaire ne suffit plus à absorber ce double déficit. »

© *Alternatives économiques*, hors-série, n° 21, 1994.

Dico → crise

Points clés

1 T

Les innovations de produits et de procédés

La notion d'innovation, souvent définie comme une invention issue de la recherche et ayant des fins productives, joue un rôle décisif dans l'analyse de l'économiste Joseph Schumpeter (1883-1950). Elle est, selon lui, au cœur de l'évolution économique.

Le cycle des innovations

Selon Schumpeter, on peut distinguer deux types d'innovations : les innovations de produits (nouveaux biens) et celles de procédés (techniques, matières premières, sources d'énergie, organisation du travail). Le cycle de vie d'une innovation comprend quatre phases. L'introduction, pendant laquelle les ventes sont faibles, est suivie d'une période de croissance soutenue (+ 5 à 15 % par an). L'âge de maturité du produit correspond au ralentissement des ventes : les économies d'échelle et la concurrence accrue entre les entreprises entraînent une baisse des prix qui réduit les profits de ces dernières. La phase de saturation (marché de renouvellement) marque le déclin du produit techniquement dépassé. Une nouvelle innovation prend alors le relais et offre aux entreprises dynamiques un autre monopole temporaire. ■

Les innovations de produits favorisent la croissance

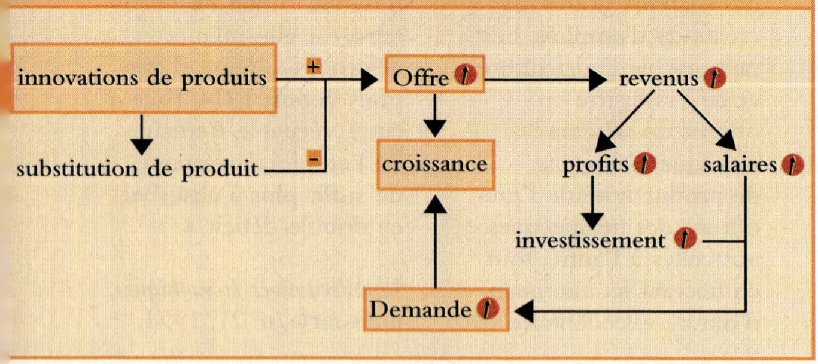

L'impact sur la productivité

Les innovations de procédés ont pour but, et généralement pour conséquence, d'accroître la productivité. Elles permettent d'économiser essentiellement le facteur travail, dont le coût est élevé. Pour une production identique (dans le cas où la demande n'augmente pas), on assiste à une diminution du volume de l'emploi (essentiellement répercutée par une réduction du temps de travail). La diffusion des innovations dans l'économie ne se fait pas de façon continue et linéaire mais par « grappes ». Les gains de productivité fluctuent au rythme de ces irrégularités et diminuent lorsque les innovations traversent la phase de déclin. ■

Schumpeter a démontré que l'innovation est un des facteurs essentiels de la croissance.

Points clés

Le ralentissement des gains de productivité

En poursuivant l'analyse de Schumpeter, on peut conclure que la dernière vague d'innovations (cycle pétro-électrique, automobile, aéronautique, énergie, électroménager), arrivée à maturité en 1968, a poursuivi son déclin jusqu'en 1995. Cette phase longue de cinquante ans environ (cycle de Kondratiev) a été marquée par le développement continu du chômage (12,4 % en 1996), le ralentissement de la croissance (en 1993, la croissance du PIB chute à - 1,3 %), et la réduction de l'évolution générale des prix (0,8 % en 1998). Parallèlement, la récente reprise de la croissance peut être interprétée comme le signe d'un nouveau cycle de Kondratiev, amorcé grâce à une nouvelle grappe d'innovations (biotechnologies, énergies renouvelables, développement de nouveaux réseaux de communication). ■

Les innovations de procédés, l'emploi et la croissance

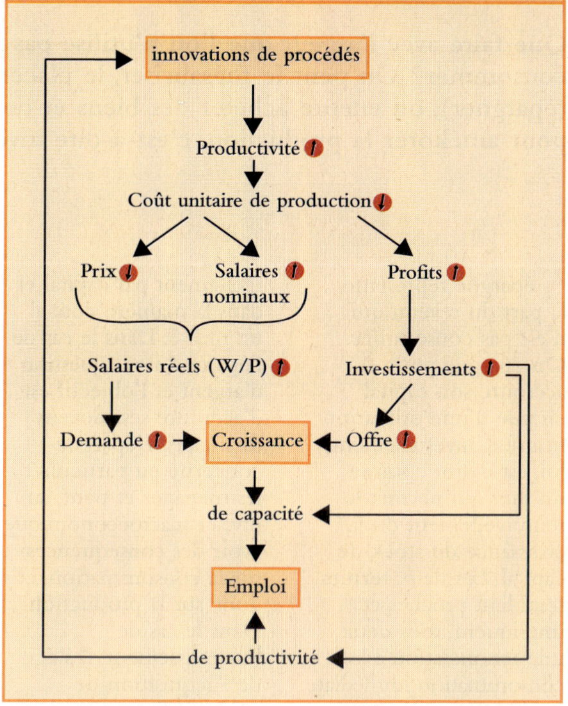

L'utilisation des gains de productivité

Jusqu'aux années 1980, les gains de productivité ont essentiellement profité aux salariés, qui, voyant leur pouvoir d'achat augmenter, ont accepté le compromis fordiste des Trente Glorieuses. Sous l'effet de la hausse de la demande des ménages et des investisseurs, ces gains ont été essentiellement utilisés pour accroître les capacités de production. Cependant, à partir des années 1980, ils ont connu un ralentissement. Le partage en faveur de la rémunération du capital n'est pas suffisant pour inciter les entreprises à investir, dans le contexte d'une demande trop faible. ■

Dico → innovation • productivité

Points clés

2 1 T

Formes d'épargne et formes d'investissement

Que faire avec l'argent que l'on n'utilise pas pour consommer ? On peut le thésauriser, le placer (épargner), ou encore acheter des biens et des services pour améliorer la production, c'est-à-dire investir.

Lien entre épargne et investissement

L'épargne représente la part du revenu qui n'est pas consommée. On épargne pour accroître son capital en vue d'une utilisation future. L'investissement, lui, est défini comme un flux qui permet le renouvellement ou la croissance du stock de capital. Les deux termes semblent proches et impliquent, tous deux, une renonciation à la consommation immédiate. Leur différence tient dans ce que l'on entend réellement par capital et dans la manière dont il est utilisé. Dans le cas de l'épargne, il est question d'argent et l'objectif est d'accroître ses moyens financiers. L'épargne concerne en particulier les ménages et peut, au niveau macroéconomique, avoir des conséquences sur la consommation, et donc sur la production. Dans le cas de l'investissement, il s'agit de l'acquisition de capitaux fixes, c'est-à-dire de machines, bâtiments, ordinateurs, etc. et de certains services, le but étant de mieux produire. L'investissement intéresse notamment les entreprises et l'État, et il influe directement sur la croissance économique d'un pays. La comptabilité nationale le définit comme la formation brute de capital fixe (FBCF). Ainsi, bien que très distinctes, les notions d'épargne et d'investissement restent liées, car un projet d'investissement dépend de ses conditions financières, c'est-à-dire notamment de l'épargne disponible. Plus fondamentalement, il nécessite de l'argent épargné qui provient soit directement de l'entreprise (autofinancement), soit des actionnaires ou des banques. ■

En économie, l'investissement signifie la formation de tout capital permettant d'améliorer la production.

La structure de l'investissement en France (en %)

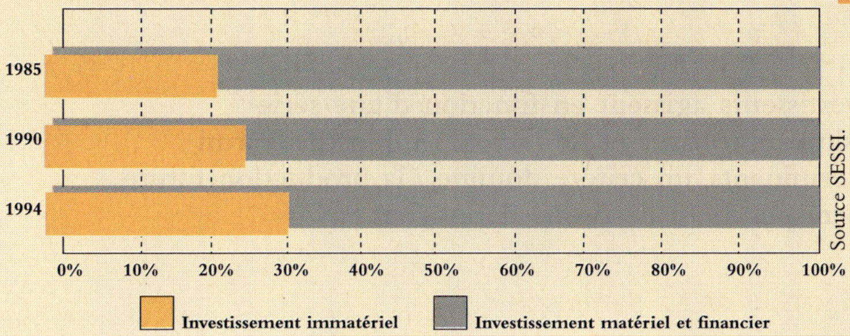

Les formes d'épargne

La forme d'épargne la plus simple et la plus ancienne est la thésaurisation. Elle signifie que l'on conserve tous ses biens chez soi, par exemple dans un coffre-fort. Toujours considérable dans le tiers-monde, elle joue un rôle mineur dans les économies développées où le placement, c'est-à-dire l'épargne financière, constitue la forme d'épargne la plus importante.
On dépose l'argent dans des institutions financières (les banques) ; on achète des actions, des obligations et des valeurs mobilières, ou bien on souscrit une assurance vie. Dans tous les cas, l'objectif est d'obtenir un gain.
Le placement permet aux ménages l'achat de biens immobiliers, mais il offre surtout la possibilité de financer les investissements des entreprises. ■

Les formes d'investissement

On distingue théoriquement trois formes d'investissement : celui de capacité, qui vise l'augmentation de la production ; celui de remplacement, qui a pour but de renouveler les capitaux fixes ; et celui de productivité, qui doit rendre la production plus efficace et plus rentable en permettant notamment de diminuer les coûts liés au facteur travail. En réalité, ces trois types d'investissement se recouvrent souvent. Par exemple, l'achat d'un nouvel ordinateur plus puissant que l'ancien permet à la fois d'augmenter la production, de renouveler les capacités antérieures et d'améliorer l'efficacité, voire de réduire le travail des hommes. Une autre distinction existe entre investissements matériels (les biens) et immatériels (les services).

La part des investissements immatériels ne cesse d'augmenter par rapport à celle des biens de production.

Ces derniers (la recherche et le développement, le marketing et la formation du personnel) ont tendance à croître en importance dans l'entreprise. La comptabilité nationale ne tient pas compte de la plupart de ces investissements car elle considère que les capitaux fixes concernent avant tout des objets.
Or investir, par exemple dans une meilleure formation du personnel, peut entraîner des gains de productivité considérables pour la société. Si l'investissement matériel par rapport à la valeur ajoutée (taux d'investissement) baisse légèrement en France depuis les années 1970, l'investissement immatériel connaît, à l'inverse, une forte hausse. ■

Dico → épargne • investissement

Points clés

Les déterminants de l'investissement

T

Les investisseurs agissent en fonction d'une série d'occasions objectives et de facteurs subjectifs. Parmi ces déterminants, un critère domine : la production future doit correspondre à de futurs débouchés.

L'anticipation de la demande

Tout entrepreneur suit avec attention l'évolution de la demande. L'avenir de sa société en dépend ! Si la demande diminue fortement, l'entreprise doit sérieusement se restructurer pour ne pas disparaître. Il n'est pas question alors d'investir, sauf si le PDG décide de modifier considérablement ses produits pour les adapter à la demande et qu'il possède les capacités financières nécessaires. Quand, au contraire, la demande augmente, l'entreprise peut avoir besoin d'amplifier sa capacité d'offre. Là, un investissement est à envisager pour accroître la production. Souvent, l'opération est coûteuse et l'entrepreneur doit s'endetter sur plusieurs années. Or il ignore si l'augmentation de la demandeest durable ou non. Il lui faut donc anticiper, c'est-à-dire essayer de prévoir l'avenir pour agir sans prendre trop de risques. Cet exercice, souvent délicat parce que fondé sur des critères subjectifs, constitue l'élément le plus important dans le choix d'investir. Si le décideur considère que les débouchés prévus sont suffisants, il investira éventuellement. ■

Le coût des facteurs de production

Le prix des capitaux fixes est déterminant pour tout investisseur. Mais le prix du travail humain, l'autre facteur de production, également. Considérons le cas, fréquent, où un entrepreneur est amené à peser le coût du travail humain par rapport à celui du capital (il le fait notamment lors d'une hausse des salaires par exemple). Ses comptes indiquent que le profit diminue, mais le prix relatif du capital accuse une baisse lui aussi. Le dirigeant est alors incité à miser davantage sur des techniques capitalistiques, c'est-à-dire qui nécessitent peu de travail mais beaucoup de capitaux. S'il peut remplacer le travail des hommes par des capitaux (des robots, par exemple), comme c'est souvent le cas dans l'industrie, il le fera. À l'échelle microéconomique (pour une entreprise), il s'agit donc d'un investissement de productivité. Au niveau macroéconomique, en revanche, on peut imaginer qu'une hausse des salaires entraînerait une progression de la demande globale. Les entrepreneurs seraient alors enclins à augmenter leurs capacités puisqu'ils vendraient davantage. ■

Le profit attendu et le profit réalisé

Le profit futur d'un investissement est forcément un déterminant majeur. *A priori*, aucun entrepreneur n'investira s'il n'envisage pas d'en tirer un profit net. C'est *a fortiori* le cas quand il doit emprunter de l'argent pour financer son projet. D'une part parce qu'il lui faut rembourser les dettes du gain attendu, d'autre part parce qu'aucun associé ou institution financière ne lui prêtera d'argent si son objectif n'est pas l'augmentation de ses bénéfices. Ces banques, ou investisseurs, n'observent pas seulement le profit attendu, mais aussi celui déjà réalisé. L'entreprise doit effectivement prouver qu'elle est viable et pas trop endettée. Elle doit donc maintenir une certaine proportion entre ses emprunts et son autofinancement, alimenté par ses bénéfices mis en réserve. En ce sens, le profit réalisé dans le passé peut devenir un déterminant de l'investissement, mais il ne l'engendre pas pour autant systématiquement. L'entrepreneur doit toujours être persuadé, pour commencer, que la demande va augmenter, sinon il placera tout simplement son argent. ■

L'achat d'un Airbus A320, très coûteux, constitue un investissement majeur pour toute compagnie aérienne. Avant de l'effectuer, l'entreprise aura anticipé la demande et persuadé ses créanciers que le projet est profitable.

Les facteurs financiers

Pour financer un investissement, l'entrepreneur recourt fréquemment à un emprunt. Les taux d'intérêt et la rentabilité financière deviennent alors décisifs pour son projet. En effet, plus les taux d'intérêt (soit la rentabilité pour les créanciers) sont hauts, plus le seuil de rentabilité des entreprises va s'élever et moins elles vont souhaiter investir. À l'inverse, s'ils sont faibles, les sociétés peuvent considérer qu'un investissement est préférable à un placement d'argent sur les marchés financiers. Le projet d'investissement doit alors être plus profitable que le placement. La rentabilité financière concerne, elle, les actionnaires (propriétaires), qui peuvent parfois être d'accord sur le principe qu'il faut financer l'investissement par des dettes. Cela peut, en effet, faire augmenter la rentabilité des capitaux propres à l'entreprise et donc profiter aux actionnaires. Il suffit que le taux de profit soit toujours supérieur au taux d'intérêt. On appelle ce mécanisme « l'effet de levier de l'endettement sur la rentabilité » (voir pages suivantes). ■

Dico → demande • investissement

Points clés

1 T

Les rendements et la rentabilité de l'investissement

Avant d'investir, l'entrepreneur doit s'assurer de la rentabilité de son projet. Il s'intéressera alors davantage au revenu de l'entreprise qu'à sa productivité. Et il devra prendre notamment en compte le poids des dettes engagées.

Tout investissement doit être rentable

L'entrepreneur cherche avant tout à accroître la rentabilité de sa production. Tout investissement qui vise l'augmentation ou le maintien de la productivité ou de la production doit donc lui paraître rentable avant que des fonds soient engagés. En réalité, l'entrepreneur s'intéresse exclusivement aux revenus de l'entreprise. Il considère généralement que la rentabilité prévisible de l'investissement doit être plus importante que ce que le placement financier rapporterait. Si tel est le cas, l'expérience montre que les chef d'entreprise français augmentent plutôt la productivité des capitaux fixes au détriment du poids des salaires dans la valeur ajoutée. Ils agissent donc selon des objectifs financiers, même si ceux-ci ne sont pas forcément favorables à la croissance économique du pays. ■

Taux de marge et taux d'investissement des entreprises*

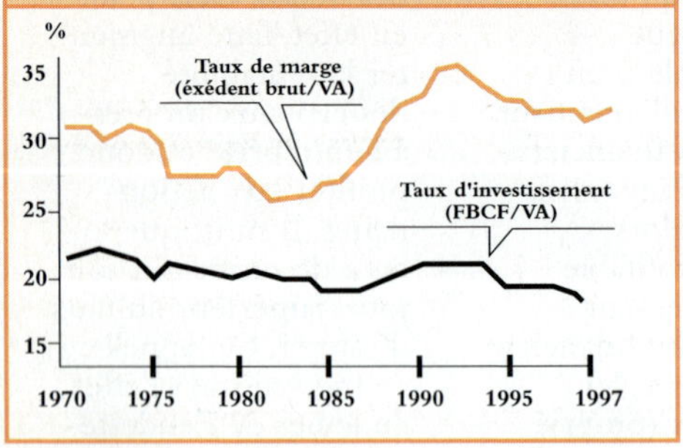

L'augmentation relative du taux de marge témoigne d'une baisse du poids des salaires dans la valeur ajoutée.

* Hors entreprises individuelles.
Source : INSEE, *Tableaux de l'économie française,* 1998.

L'excédent brut d'exploitation (EBE)

L'excédent brut d'exploitation est le revenu obtenu par l'entreprise, après paiement des consommations intermédiaires, des salaires et des impôts. Il correspond à peu près au profit, surtout si on en ôte l'amortissement économique (valeur du capital fixe usé). L'entrepreneur s'intéresse surtout à l'évolution de l'EBE et à sa part dans la valeur ajoutée (VA). En effet, ce rapport, appelé taux de marge, exprime la partie de la VA destinée à l'entreprise, ou plutôt à son propriétaire.
C'est une sorte de marge de manœuvre.
Si par exemple le poids des salaires augmente, le taux de marge baisse. Inversement, ce dernier augmente lorsque la productivité s'accroît.
La tendance actuelle est de tout miser sur l'augmentation de la productivité au détriment des coûts salariaux.
La baisse du taux d'investissement traduit parallèlement une certaine hésitation des entrepreneurs à investir. ■

La rentabilité de l'investissement

On entend par rentabilité économique la part de l'EBE dans le capital non financier KA (ou biens de production), soit EBE/KA. C'est un indicateur qui donne la performance des biens de production. Il dépend du taux de marge (EBE/VA) et de la productivité du capital (VA/KA). Soit : EBE/KA = (EBE/VA) x (VA/KA). La rentabilité de l'investissement peut être calculée de cette façon. Au-delà de 0 %, l'investissement est rentable, économiquement. Mais le chiffre qui intéresse le plus les propriétaires (actionnaires) de l'entreprise est celui qui correspond à la rentabilité financière. Celle-ci est définie par le rapport entre l'EBE moins les frais financiers (intérêts versés) et l'ensemble des capitaux financiers engagés (CF) déduit des dettes (D), soit : EBE – frais financiers/CF – D. Le propriétaire craint, bien sûr, pour les capitaux engagés et plus précisément pour le rendement de ses capitaux propres (CF – D). La rentabilité financière est déterminante pour l'investissement. L'actionnaire prendra la décision d'investir seulement si la rentabilité financière dépasse *a priori* le taux d'intérêt réel d'un possible placement non productif de son argent. Cette différence, appelée « profitabilité », doit, de plus, être assez importante en raison des risques liés à tout projet d'investissement. ■

L'effet de levier de l'endettement

$$RF = RE + \left(RE - \frac{\text{Frais financiers}}{\text{Dettes}}\right) \times \frac{\text{Dettes}}{\text{Capitaux propres}}$$

Pour comprendre le rôle de l'endettement, il est nécessaire d'étudier d'abord la relation entre rentabilité économique (RE) et rentabilité financière (RF) (voir la formule ci-contre). Ici, le profit pur est : RE – (frais financiers divisés par dettes). Le levier de l'endettement correspond aux dettes divisées par les capitaux propres (épargne et actions). On peut constater que tant que le profit pur est positif, la rentabilité financière est d'autant plus forte que le taux d'endettement est important. Mais dès que le profit pur devient négatif, le levier se transforme en massue. Cela signifie que l'entreprise a parfois plus intérêt à fonctionner avec de l'argent emprunté, qui permet d'augmenter la rentabilité des capitaux propres. Mais cette opération n'est possible que tant que les frais financiers sont inférieurs à l'EBE. Les banques, qui disposent de peu de fonds propres par rapport à l'argent qu'elles gèrent, font partie de ceux qui se servent systématiquement de l'effet de levier de l'endettement. Plus généralement, on considère que le capital emprunté permet de limiter l'impact d'une faillite et de maximiser la rentabilité des fonds propres, donc la rémunération des actionnaires. Mais l'effet de levier présente des risques énormes dès que le taux d'intérêt, imprévisible, dépasse la rentabilité économique. ■

Dico → endettement • investissement • rentabilité

Points clés

L'investissement et l'emploi

T

L'investissement agit de façon ambiguë sur le marché du travail. S'il permet généralement la création de postes, surtout en période de croissance, il peut aussi viser seulement une meilleure productivité et détruire des emplois.

L'investissement stimule l'activité économique

L'histoire économique de la France des Trente Glorieuses est marquée par trois phénomènes majeurs : une fabuleuse croissance, une hausse massive de l'investissement et un quasi-plein-emploi. Le lien entre ces trois données est évident : à l'époque, la France avait besoin de toutes ses forces productives pour se reconstruire, puis pour se développer. Aujourd'hui, la croissance se poursuit mais son taux est plus modeste. L'investissement suit cette évolution, parfois même la détermine en en exagérant les tendances (voir le graphique ci-dessous). Plus généralement, l'investissement, défini ici comme la formation brute de capital fixe (FBCF) qui vise l'accroissement ou l'amélioration de la production, stimule forcément l'activité. Inversement, la croissance économique, qui entraîne la hausse des revenus et donc de la demande, stimule l'investissement. Les deux facteurs sont interdépendants. Or l'emploi, lui, ne suit pas cette progression : le taux de chômage est passé de 2 % en 1972 à 12 % en 1997. Le lien entre investissement et emploi n'est donc pas si simple. ■

Taux de croissance de la FBCF (formation brute de capital fixe) au prix de 1980 et du PIB en volume

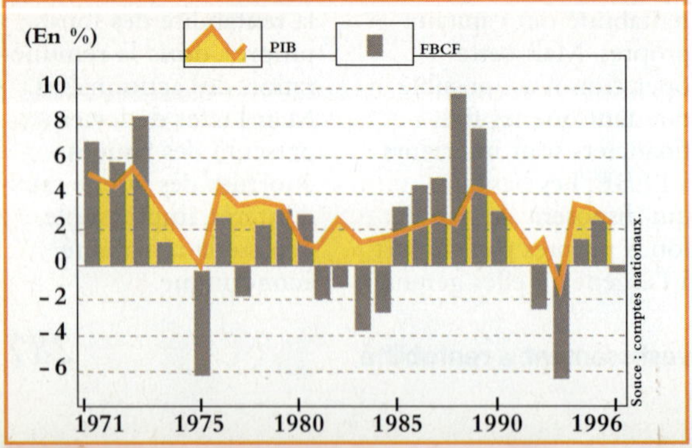

Le principe d'accélération

Lorsque la demande finale augmente, l'offre suit généralement, mais avec un retard. La hausse de l'offre exige en effet de nouveaux investissements qu'il faut d'abord mettre en place. Produire quelques unités supplémentaires d'un bien industriel, par exemple, nécessite parfois la construction d'un autre site, si l'ancien ne suffit plus. Ensuite, une augmentation plus que proportionnelle de l'investissement par rapport à la progression de la demande se produit. Elle correspond *a priori* à une importante création d'emplois. C'est le principe d'accélération : mais quand la demande est satisfaite, l'investissement s'arrête brusquement. ■

La croissance économique et l'investissement sont toujours en interaction, comme l'indique l'évolution de la FBCF de 1971 à 1996.

L'effet de multiplication

L'effet multiplicateur est celui par lequel la variation d'une grandeur économique (investissement par exemple) produit la variation amplifiée d'une autre grandeur (revenu par exemple). La théorie keynésienne repose sur cet effet. Appliquée à l'investissement, elle montre notamment que les richesses nouvellement produites sont supérieures à l'investissement initial. Le multiplicateur d'emplois montre, lui, que la création de postes suscite, en raison des nouveaux revenus attribués, la création d'autres emplois. Les grands travaux publics, qui engendrent à leur tour une augmentation de l'activité d'autres entreprises, illustrent particulièrement bien ce phénomène. Ce mode de fonctionnement prouve que l'État peut occuper un rôle prépondérant en choisissant d'effectuer des investissements qui ne correspondent à aucune demande. Si, et seulement si, les ménages commencent à consommer, en raison des revenus générés par la création de nouveaux emplois, ils provoqueront alors la demande nécessaire. ■

Pour l'agriculteur, un tracteur est un investissement de productivité peu créateur, voire destructeur d'emplois.

Investit-on pour la capacité ou pour la productivité ?

Si un investissement de capacité crée quasi systématiquement de nouveaux postes, l'investissement de productivité semble, au contraire, détruire des emplois. C'est particulièrement vrai à court terme. Citons telle entreprise automobile qui licencie des ouvriers car elle vient d'acheter un robot, par exemple. Les statistiques le prouvent : en France, la part des salaires dans la valeur ajoutée a diminué de presque 10 % (de 69 à 60 %) entre 1982 et 1998 au bénéfice de celle, croissante, des capitaux. Mais, à plus long terme, ces investissements de productivité ne sont pas forcément synonymes de chômage, sauf dans les cas particuliers de rationalisation pure (celle-ci visant la réduction des coûts sans augmentation de la production). L'histoire du progrès technique montre que nous nous trouvons face à une destruction créatrice et à un phénomène de déversement (hausse du pouvoir d'achat qui porte sur tous les produits, nouveaux ou anciens). L'investissement en ordinateurs, par exemple, tue des emplois mais en crée aussi d'autres. L'amplification de la demande de nouveaux biens d'équipement a le même résultat. Mieux : la progression actuelle de l'investissement immatériel (services), non prise en compte dans la FBCF, est très créatrice de postes (consultants, informaticiens...). En somme, il est avéré que l'absence d'investissement agit d'une façon globalement négative sur l'emploi. ■

Dico → demande • investissement

Points clés

T

Financement externe et autofinancement de l'investissement

Comment financer un investissement ? L'entrepreneur peut emprunter, augmenter son capital (émettre des titres) ou tout simplement utiliser ses propres ressources, c'est-à-dire son épargne (autofinancement).

Le financement externe : crédit bancaire ou émission de titres

Les dépenses en investissements des entreprises et de l'État sont très souvent supérieures à leurs revenus. Et lorsqu'ils dépassent leur épargne, ces agents ont besoin de financement externe. Il provient de ceux qui dégagent un excédent, soit généralement les ménages, en perpétuelle interaction avec les entreprises et l'État. Le financement externe se présente sous deux formes : l'emprunt et l'émission de titres. Le premier est un financement indirect : des intermédiaires financiers, le plus souvent des banques (qui vivent de la collecte des liquidités des agents à capacité de financement), interviennent. Si l'emprunt constitue un mode de financement sûr (les taux d'intérêt sont souvent connus d'avance), c'est aussi le plus cher. Les banques prennent effectivement des commissions et exigent un droit de regard sur les risques qu'elles courent. L'émission de titres est un système plus avantageux qui correspond à un financement direct : il n'y a ni intermédiaire, ni emprunt, ni frais financiers, ni perte d'autonomie, mais seulement l'obligation de partager en fonction d'un profit variable. L'entreprise émet soit des actions (titres de propriété), soit des obligations (titres d'emprunt). Dans le cas des actions, elle augmente son capital en ouvrant des droits de dividendes à un nombre accru d'actionnaires. Pour les obligations, elle ouvre des droits d'intérêts (ou coupons) sur des montants très variables. ■

L'autofinancement : réinvestir les profits

Autre possibilité de financement pour l'entreprise : utiliser ses propres ressources, c'est-à-dire son profit. Elle finance elle-même l'investissement (d'où le terme « autofinancement ») quand tous les partenaires ont été rémunérés (personnel, État, créanciers et actionnaires). L'autofinancement, qui est une forme directe, correspond aux bénéfices mis en réserve (non distribués aux actionnaires) et aux amortissements. C'est l'épargne de l'entreprise. Le taux d'autofinancement mesure le rapport entre l'épargne brute et la formation brute de capital fixe (FBCF). L'augmentation de ce taux traduit l'amélioration de la rentabilité des entreprises, mais il signifie aussi la diminution des efforts d'investissement. Actuellement, on assiste à ce double phénomène. ■

Le partage de la valeur ajoutée dans les sociétés françaises

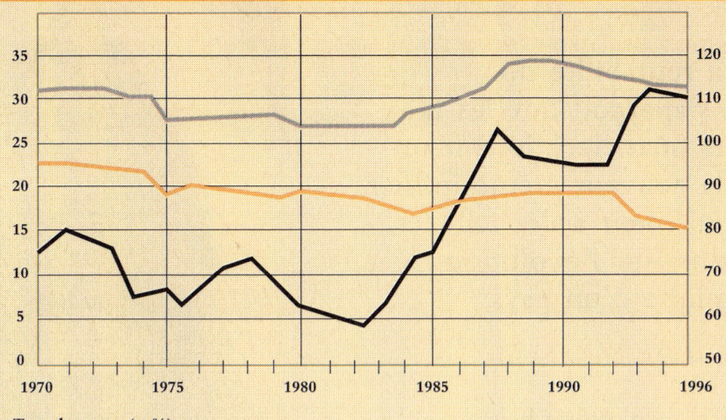

Globalement en baisse, les investissements sont de plus en plus financés par les entreprises elles-mêmes.

L'économie d'endettement se raréfie

Le choix entre financement direct et indirect peut être délicat. *A priori,* les entreprises préfèrent utiliser leurs fonds propres, c'est-à-dire l'épargne et l'émission d'actions. Ce type de financement direct présente, comme on l'a vu, de nombreux avantages. Depuis le milieu des années 1980, la finance directe se développe de plus en plus. La majorité des grandes sociétés françaises ont aujourd'hui un taux d'autofinancement qui dépasse les 100 %. Il y a désintermédiation, c'est-à-dire recul des institutions financières et des banques. On se dirige donc vers une économie de marchés financiers. Les actionnaires dominants vendent et achètent leurs titres sur les marchés, où les prix des actions sont extrêmement variables. Ils s'intéressent avant tout au profit à court terme et exigent une forte rentabilité au détriment des entreprises, qui en subissent les conséquences.
De surcroît, dans ce type d'économie, les taux d'intérêt réels dits « longs » (l'inflation prise en compte) sont assez élevés. À titre d'exemple, ils atteignaient en France 7,6 % en moyenne de 1991 à 1997 et seulement 2,2 % de 1960 à 1970. En somme, l'investissement, notamment de longue durée, n'est guère encouragé. À l'opposé, l'économie d'endettement, en plein apogée au début des années 1980, reposait sur le financement bancaire et sur un faible taux d'autofinancement. Grâce au contrôle exercé par les pouvoirs publics sur les banques – supprimé depuis – les taux d'intérêt réels étaient très faibles, parfois même négatifs. L'inflation était certes élevée, mais l'investissement était favorisé. L'économie d'endettement domine souvent dans les pays en forte croissance où les besoins d'investissement sont supérieurs à l'épargne. ■

Dico → banque • investissement

Points clés

Les taux d'intérêt

T

Lorsqu'on calcule la rentabilité de l'investissement, on s'aperçoit que les taux d'intérêt, ou les frais financiers, jouent un rôle fondamental. Ils peuvent même influer sur le taux d'investissement à l'échelle nationale et peser ainsi sur l'évolution de l'activité économique d'un pays.

La Federal Reserve Bank, la banque centrale américaine. Son taux d'intérêt directeur a une influence sur l'investissement.

Investissements et taux d'intérêt

Pour les entreprises qui souhaitent investir et qui ont besoin de crédits, le taux d'intérêt correspond au coût des emprunts. On peut dire aussi que c'est le coût de l'obtention du capital. Pour le prêteur – le plus souvent une banque –, il s'agit d'un revenu régulier ou d'un « loyer de l'argent ». Lorsque ce loyer augmente le capital emprunté de 8 à 10 % par exemple, les entreprises hésitent à investir, surtout quand l'emprunt court à long terme. Certains projets deviennent même non rentables car le taux d'intérêt dépasse, à terme, le profit attendu (voir p. 287). À moins d'une augmentation durable de la demande, seul le taux d'inflation – hausse globale des prix, donc dévalorisation des remboursements – peut infléchir son effet. En revanche, quand le taux d'intérêt baisse, beaucoup de sociétés investissent immédiatement. À l'échelle macroéconomique, le lien entre investissement et niveau des taux d'intérêt est évident. ■

La valeur actuelle nette

Dans tout projet d'investissement, il faut mesurer la valeur actuelle nette (VAN). Elle correspond à la valeur actualisée des profits moins l'investissement initial. La valeur actuelle est celle que le profit attendu dans *x* années a aujourd'hui. Imaginons un investissement de 288 000 F. Dans deux ans, on pense qu'il va rapporter 400 000 F, soit 200 000 F par année. C'est la valeur actualisée. La VAN est de 112 000 F (400 000 – 288 000). Cet investissement semble très rentable. Imaginons maintenant que les 288 000 F aient été empruntés avec un taux d'intérêt à 10 %. Il faut chaque année diviser le profit attendu par 1,1, soit le multiplier par 0,909 1 (le coefficient d'actualisation). On obtiendra l'an 1 un profit de 200 000 x 0,909 1, soit 181 820 F. L'an 2 : 181 820 F x 0,909 1, soit 165 292 F. Au total, la valeur actuelle est de 347 112 F. La VAN ne sera plus que de 59 112 F (347 112 – 288 000). ■

Le taux interne de rendement

Comme on le devine, il existe un taux d'intérêt à partir duquel la VAN tombe au-dessous de zéro. Dans l'exemple précédent, il est de 25 %. Avec un tel niveau, la valeur actuelle correspond exactement à l'investissement initial. On appelle ce taux d'actualisation le « taux interne de rendement ». Pour l'entrepreneur, tout consiste à négocier un taux d'intérêt inférieur à ce taux de rendement. Sinon, son opération ne sera tout simplement pas rentable. Mais quel taux d'intérêt faut-il accepter ? La réponse est difficile car, bien que le raisonnement explicité soit parfaitement logique, il repose aussi sur des données incertaines. L'investisseur, en calculant son profit futur, est susceptible de se tromper. Imaginons que le profit soit beaucoup plus élevé que celui attendu, par exemple dans le cas où l'entreprise augmenterait ses prix de vente considérablement : le taux d'intérêt va peser moins lourd que prévu. Inversement, si le profit est inférieur à celui attendu, le taux d'intérêt initial – qui, lui, ne diminuera pas autant – peut être source de perte nette. Ces chances (ou risques) progressent avec le temps. Plus un projet d'investissement court à long terme (y compris les taux d'intérêt), plus il est douteux. Et plus l'avenir est incertain, plus le taux d'intérêt doit être inférieur au taux interne de rendement. ■

Le rôle fondamental de l'État

L'évolution du taux d'investissement d'un pays joue un rôle important dans le développement des activités, et donc sur la croissance du PIB (voir les pp. 288-289). Les taux d'intérêt, qui influencent directement les investissements, concernent beaucoup l'État. En effet, ce dernier, qui est généralement l'investisseur le plus important d'un pays, est aussi le seul à pouvoir prendre des risques quand l'avenir est incertain. Si les taux d'intérêt augmentent, en raison par exemple d'une vague croissance de la consommation, les entreprises vont diminuer fortement leurs investissements. Elles seront aussi incitées à placer leurs capitaux afin de profiter justement de cette hausse des taux d'intérêt. C'est d'autant plus vrai que notre économie, qui s'appuie sur les marchés financiers, n'incite pas à l'investissement de longue durée. Le gouvernement doit alors peser de tout son poids pour faire baisser les taux d'intérêt.
Dans la plupart des pays occidentaux, il n'a cependant pratiquement plus la possibilité d'obliger la banque centrale, devenue indépendante, à réduire son taux d'intérêt directeur.
Il lui faut mener une politique qui stimule fortement la demande et qui pénalise éventuellement l'épargne. Il peut ainsi lancer de grands projets d'investissements aux effets considérables pour tous (infrastructures, nouvelles technologies, etc.). L'incertitude liée à la conjoncture se réduisant, les taux d'intérêt diminueront. ■

Dico → investissement

Points clés

Les transferts de technologie

T

Les techniques jouent un rôle majeur dans le développement économique d'un pays. Mais comment un pays, notamment un PED, qui ne bénéficie pas de techniques suffisantes, peut-il y accéder ? C'est le rôle des transferts de technologie.

Importer des techniques qui manquent

La technique et la technologie correspondent à un savoir-faire ou à une méthode, et non à des capitaux fixes. Un transfert de technologie correspond au mouvement de ce savoir-faire. Concrètement, il s'agit d'exporter des innovations de processus ou de produits vers un pays qui souhaite s'approprier une technique particulière pour mieux produire. On distingue trois formes de transferts de technologie : l'investissement direct à l'étranger (IDE), visant le contrôle ou la création d'une entreprise ; l'exportation des droits de l'inventeur (brevet ou licence), qui se transforment en droits d'utilisation, payants le plus souvent ; et enfin l'assistance technique, réalisée souvent d'un État à un autre. Les transferts de technologie, tels qu'ils sont effectués aujourd'hui, concernent essentiellement les pays développés. Ainsi, le volume de l'échange est considérable entre les pays européens, et l'apport des entreprises étrangères implantées en France, très important. On constate aussi que ces importations de techniques jouent un rôle majeur dans l'évolution technique des États et contribuent à leur développements. Les PED y aspirent aussi et ils sont aujourd'hui, pour des raisons évidentes, les plus gros demandeurs. Ces pays pauvres savent que tous les nouveaux pays industrialisés en Asie ou en Amérique latine ont massivement bénéficié de transferts de technologie ces dernières décennies et que c'est là une des clés de leur relative réussite. ■

Usine du constructeur automobile Renault en Slovénie. Un exemple de transfert de technologie à travers un IDE.

Attirer les investisseurs étrangers

Un premier constat, banal, mais fondamental : les transferts de technologie sont rarement gratuits ou fondés sur le principe d'équité, sauf dans le cas de certains projets de développement. Pour les IDE, c'est évident. Les entreprises, dont l'objectif même est le profit, cherchent d'abord à négocier leurs implantations avec les autorités du pays. Généralement, ces firmes sont en position de force car la demande mondiale d'IDE est largement supérieure à l'offre. Elles mettent même les États en concurrence. Pour les attirer, ces derniers proposent des conditions avantageuses. Privatisations – c'est-à-dire possibilité de rachat d'industries nationales –, simplification des réglementations et meilleure formation des techniciens sont les politiques adoptées le plus souvent. Le pays qui offre à l'entreprise les meilleures conditions remporte le marché. Les avantages prévus, notamment l'amélioration de la formation technique, sont souvent rendus possibles par l'assistance technique et les projets d'aide au développement. ■

Des résultats mitigés

Le transfert de technologie sans doute le plus important au monde est à l'origine de la « révolution verte » débutée en Asie du Sud en 1966. Il s'agissait de transposer le modèle de progrès technique utilisé par l'Occident au milieu du XXe siècle dans le paysannat tropical. Les pays concernés, notamment l'Inde et le Pakistan, finançaient, via des crédits d'aide publique, des projets d'irrigation massive, l'achat de quantités colossales d'engrais et de pesticides ainsi que l'utilisation de variétés de blé à haut rendement. La production intensive de blé a alors plus que quintuplé en moins de trente ans en Inde. Mais ce n'est pas une totale réussite car la monoculture intensive du blé a provoqué une dégradation de l'environnement et une régression des variétés naturelles de plantes, plus résistantes aux maladies que les plantes à haut rendement. Ainsi, dans le secteur primaire, les transferts de technologie impliquent des méthodes qu'il faut nécessairement adapter aux conditions locales. Dans les secteurs secondaire et tertiaire, plus maniables, le problème est différent. On constate que les IDE, par exemple dans les industries automobile et informatique, apportent des débouchés positifs sur les marchés des pays du Nord. ■

La révolution verte : un formidable accroissement de la production aux effets parfois pervers.

Dico → investissement

Points clés

Le processus de socialisation

1 T

La socialisation est le processus par lequel les êtres assimilent les normes et les valeurs de la société ou du groupe auquel ils appartiennent. Les façons de penser, de sentir et d'être propres à chaque culture sont ainsi intériorisées par les individus.

Théories générales de la socialisation

La socialisation est assurée par certaines institutions, principalement la famille et l'école. Mais elle s'effectue également hors de ces instances, dans d'autres environnements (avec les camarades d'école, de jeu, sur le lieu de travail, etc.) et se poursuit pendant toute la vie. La socialisation est au cœur d'un débat théorique. Deux approches ont en effet été proposées par les sociologues : la première insiste sur les mécanismes d'apprentissage et d'inculcation, la seconde met en valeur les capacités d'autonomie de l'individu. ■

Un processus d'inculcation

Comme l'a mis en évidence Gabriel de Tarde (1843-1904), la socialisation s'appuie sur la répétition et l'imitation des comportements d'autrui. Selon Émile Durkheim, cette culture se transmet au moyen d'une véritable contrainte sociale, à travers un processus autoritaire d'inculcation. En cas de non-respect des comportements attendus, l'individu est sanctionné par des punitions. Si ses attitudes sont conformes, il reçoit, au contraire, des récompenses. Normes et traditions passent ainsi d'une génération à une autre. Pour évoquer le processus d'apprentissage, P. Bourdieu propose le concept d'habitus.

L'école est un des principaux agents de socialisation. Elle vise à inculquer des connaissances et des valeurs mais aussi à développer l'autonomie de l'individu.

L'apprentissage : une contrainte

«Chaque société considérée à un moment déterminé de son développement, a un système d'éducation qui s'impose aux individus avec une force généralement irrésistible. Il est vain de croire que nous pouvons élever nos enfants comme nous voulons. Il y a des coutumes auxquelles nous sommes tenus de nous conformer ; si nous y dérogeons trop gravement, elles se vengent sur nos enfants. Ceux-ci, une fois adultes, ne se trouvent pas en état de vivre au milieu de leurs contemporains, avec lesquels ils ne sont pas en harmonie.»

Émile Durkheim, *Éducation et Sociologie*, PUF, «Quadrige», 1993.

Celui-ci désigne un système de dispositions durables, c'est-à-dire des façons d'être, de penser et d'agir que l'individu a intériorisées. L'habitus varie suivant la classe sociale à laquelle on appartient. De ce fait, les structures sociales, et notamment les inégalités entre les classes, ont tendance à se reproduire telles quelles. ■

L'autonomie de l'individu

L'école libérale affirme que l'individu n'est pas déterminé par les conditions de sa vie sociale. Acteur rationnel, il est capable d'entreprendre des actions en élaborant des stratégies qui dépendent de la situation dans laquelle il se trouve. En contrepartie, le contexte se trouve modifié par son action. Un certain nombre de sociologues, tels G.H. Mead, G. Simmel ou E. Goffman, ont proposé une perspective *« interactionniste »* de la socialisation. Les individus sont considérés comme autonomes et contribuent, par leurs actions, à modifier le contenu des normes. Les rôles sociaux évoluent en permanence en fonction des situations et des contextes. Les hommes doivent alors assumer ces multiples expériences au cours de leur existence. Ils ne sont plus de simples réceptacles mais disposent d'une capacité d'adaptation. Dans nos sociétés soumises à un changement social important, la culture se transmet d'une génération à l'autre mais la socialisation n'est jamais totalement un pur processus d'inculcation. Elle s'opère dans le cadre d'interactions, et l'individu dispose de capacités stratégiques et d'une certaine liberté face aux règles sociales établies. ■

La rationalité et la capacité d'adaptation de chaque individu lui garantissent une certaine liberté d'action.

Dico → culture • habitus

Points clés

Les agents de la socialisation

1

La socialisation a lieu au sein de certains groupes, tels que la famille, l'école, l'entreprise, ou bien encore dans les institutions religieuses, les partis politiques, etc. Hors du milieu familial, la socialisation permet à l'individu de conquérir son autonomie.

L'importance du milieu familial

La socialisation réalisée au sein de la famille pendant les premières années de la vie joue un rôle particulièrement important. Les types d'éducation varient fortement suivant les milieux sociaux. Les parents impriment leur marque sur les jeunes enfants à travers leur catégorie socioprofessionnelle, leur statut, leur niveau d'études, leur patrimoine et leur mode de vie. Ils leur transmettent également, de façon plus ou moins consciente, des attitudes, des valeurs et des normes de comportements. Par exemple, l'intérêt des jeunes pour la politique, la formation et l'expression de leurs choix s'expliquent en grande partie par l'héritage familial. Si la famille occupe une place si centrale, c'est parce qu'elle intervient très tôt, lorsque la personnalité de l'enfant est en formation. De plus, les relations affectives qui s'y nouent contribuent à la rendre plus marquante. Selon le sociologue américain Talcott Parsons (1902-1979), le mécanisme de socialisation s'arrête à l'adolescence.

Le cercle famililal est sans aucun doute une instance privilégiée de socialisation.

Bien que l'école et le groupe des pairs (camarades) y tiennent un rôle important, la famille demeure l'instance majeure où le processus s'opère. La socialisation est plus ou moins bien réussie, et en cas d'échec, l'individu n'est pas bien adapté à la société : il peut devenir déviant ou délinquant.

Socialisation primaire et socialisation secondaire

La famille serait donc l'agent prépondérant de socialisation. Ce n'est pas l'avis de tous les sociologues, parmi lesquels certains soulignent l'autonomie de l'individu, qui n'est pas définitivement prisonnier de son milieu familial. Par exemple, à l'adolescence, les jeunes cherchent à devenir autonomes et à se libérer de leur famille. Ils veulent acquérir une position personnelle et trouver leur propre chemin. D'une manière générale, la culture change dans nos sociétés et les individus sont capables de modifier les normes et les valeurs apprises durant l'enfance. Les sociologues P.L. Berger et T. Luckmann distinguent la socialisation primaire (effectuée durant l'enfance) de la socialisation secondaire. Cette dernière se déroule hors du cadre familial et continue tout au long de la vie. Elle peut parfois être en opposition avec la socialisation primaire. En effet, les multiples instances qui interviennent dans le processus (famille, école, groupe des pairs...) risquent de provoquer des contradictions. Par exemple, la culture du groupe des pairs, caractérisée par des habitudes de langage et des codes vestimentaires, peut être contraire à celle du groupe familial. ■

Un agent de socialisation « secondaire » : l'entreprise.

Lorsque, à l'adolescence, le groupe des pairs prend le pas sur la famille, ses normes linguistiques et vestimentaires peuvent s'opposer à celles transmises par les parents.

L'individu en jeu

La socialisation ne consiste pas uniquement en un processus de transmission : l'individu n'hérite pas d'une culture de façon passive. C'est aussi un mécanisme qui permet à l'homme de se construire à partir de ses propres expériences, de ses multiples références, de son identité, de ses propres représentations, valeurs et normes. ■

Dico → culture • éducation

Points clés

Lien et cohésion sociale

1 T

Comment nos sociétés de plus en plus complexes et diversifiées parviennent-elles à maintenir leur unité ? Quelles sont les sources de cohésion sociale ? Et comment une société produit-elle de la solidarité ?

Les théories du lien social

Plusieurs théories du lien social ont été proposées. Pour le philosophe J.-J. Rousseau, le lien social résulte d'un contrat. Il naît de la volonté des individus de s'unir, c'est-à-dire de vivre en société par un accord commun. Pour Adam Smith, le lien social est avant tout un lien marchand. Les hommes entrent en relation les uns avec les autres à travers le marché : ce sont les échanges économiques qui fondent le lien social. L'individu, en cherchant son intérêt personnel dans les relations économiques, contribue aussi à l'intérêt de la société dans sa globalité. Durkheim rejette, quant à lui, la théorie du contrat social et celle d'Adam Smith. Il considère que le lien social ne prend pas sa source chez l'individu mais dans la contrainte que la collectivité exerce sur lui. La société édicte des valeurs, des normes et des règles sociales qui s'imposent de façon autoritaire à chacun. Mais cette contrainte n'est pas ressentie en tant que telle. Elle est intériorisée et largement inconsciente, et c'est pourquoi les individus, dans leur majorité, l'acceptent. ■

Les rites des sociétés traditionnelles participent au maintien de la cohésion sociale.

Sources et formes du lien social

Le lien social se maintient au moyen des valeurs, des règles et des lois qui constituent les repères et assurent la cohésion d'une société. De formes diverses, il se tisse au sein de groupes restreints, comme la famille, ou plus larges,comme la nation. Le lien marchand peut également être considéré comme une forme de lien social. Pour caractériser les différents types de liens sociaux, Ferdinand Toennies a proposé en

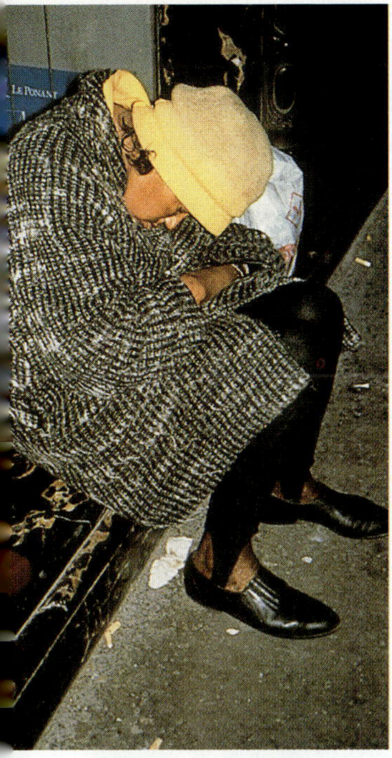

Les individus fragiles socialement risquent d'être entraînés dans la spirale de l'exclusion.

1887 une distinction, devenue célèbre, entre communauté *(Gemeinschaft)* et société *(Gesellschaft)*. Le lien communautaire est composé de relations personnelles et affectives tandis que celui véhiculé par la société est plus impersonnel et caractérise des relations fondées sur les intérêts personnels. ■

La problématique du lien social aujourd'hui

La problématique du lien social revient aujourd'hui en force avec l'apparition de l'exclusion. Jusque dans les années 1970, le thème des inégalités dominait. Il était représenté principalement par l'antagonisme entre les groupes sociaux. Avec la hausse du chômage, l'apparition de la marginalisation et des problèmes des banlieues, une autre représentation voit le jour : la société est désormais coupée en deux avec, d'un côté, les personnes intégrées et, de l'autre, les exclus. Le débat glisse ainsi des inégalités au lien social et à la solidarité. En réalité, l'exclusion est un processus. Elle ne correspond pas à un état permanent ou à une catégorie spécifique de personnes. Les individus ne sont pas définitivement des exclus. Mais, lorsqu'ils sont fragilisés, ils risquent de connaître une marginalisation liée à leur trajectoire.
Les problèmes sociaux ne se résument pas à cette distinction entre « insérés » et « exclus », d'autres tensions et contradictions existent. Selon le sociologue Robert Castel, le problème actuel n'est pas tant l'exclusion ou la menace d'une dissolution du lien social que la dégradation des conditions de travail et l'insécurité croissante du statut des salariés. ■

Le lien communautaire est caractérisé par des relations affectives.

Points clés

1 T

Valeurs, normes, statuts et rôles sociaux

Valeurs, normes et rôles sociaux : ces concepts désignent, en sociologie, les références et les codes intériorisés par les individus et qui leur permettent de vivre en société. S'ils visent à former un système cohérent, leur intériorisation plus ou moins complète par les individus entraîne des contradictions.

Les valeurs

L'ensemble des individus qui composent une société ou un groupe social ont en commun un certain nombre de valeurs. L'organisation dans laquelle on vit valorise des types de conduites et des manières d'être, certaines attitudes et opinions, et en rejette d'autres. Les valeurs désignent ainsi les références qui guident les comportements sociaux. Ces idéaux ne se réalisent pas tous concrètement dans la vie de chacun. Ainsi, dans la société française, les valeurs fondamentales de liberté, égalité, fraternité, sont partagées par une grande partie de la population mais ne dirigent pas pour autant systématiquement ses attitudes et ses conduites. Généralement intériorisées par les individus, les valeurs structurent les cultures. Elles sont régies par un mécanisme d'interdépendance dans lequel les contradictions ne sont toutefois pas absentes. Ainsi, le profit, la compétition ou la réussite sociale peuvent s'opposer à certaines valeurs humanistes telles que la solidarité. Le système que forment les valeurs n'est jamais totalement unifié ni complètement cohérent ; il est plus ou moins répandu et partagé par les individus. ■

Le choc des valeurs : les normes d'une même société sont rarement partagées par tous.

Les normes

Les valeurs qui motivent les actes des individus se traduisent par des normes qui précisent les comportements attendus en fonction des circonstances. Par exemple, dans notre société, les normes de politesse correspondent aux valeurs de respect d'autrui. Leur non-observance entraîne des sanctions sociales négatives. Cependant, les normes ne se réfèrent pas systématiquement à des valeurs. Le rythme des repas, par exemple, ne reflète *a priori* aucune valeur. Dans ce cas, les normes constituent simplement un cadre pour la vie collective. Quelques-unes d'entre elles sont observées par l'ensemble des membres du même groupe. D'autres concernent des cercles plus restreints, comme celles concernant les tenues vestimentaires, qui varient selon les âges et d'un groupe social à l'autre. Les normes constituent ainsi un système de référence commun qui fournit des repères aux individus. ■

Statut et rôle social

Chaque personne occupe une position dans la société qui se traduit par un statut : père, mère, enfant, homme, femme, médecin, ouvrier, etc. À chaque statut correspond un rôle social qui représente l'ensemble des conduites à respecter. Il s'agit, en quelque sorte, de l'aspect dynamique de la notion de statut. Selon les circonstances, un individu occupe différents rôles au cours d'une même journée : il passe souvent d'un rôle professionnel (celui de médecin par exemple) à un rôle familial (celui de père , ou de mari, ou d'oncle…, etc). Dans nos sociétés de plus en plus complexes, les rôles tendent à se multiplier et les sources de conflits entre eux sont de plus en plus nombreuses. L'exemple des contremaîtres, partagés entre les rôles d'ouvrier et de cadre, et celui des femmes, tiraillées entre leur devoir professionnel souvent exigeant et leur fonction de mère, illustrent bien ces conflits. Cependant, les individus gardent une marge de manœuvre et ne sont pas totalement prisonniers : il n'existe pas une seule façon d'être père ou mère, mais plusieurs. Les individus adaptent ainsi les rôles sociaux à leur cas personnel ■

Conjuguer profession et vie de famille demande parfois beaucoup d'ingéniosité.

Dico → valeurs

Points clés

La notion de culture

1

La notion de culture a une signification bien précise en sociologie et en anthropologie, notamment pour les auteurs qui se réfèrent au « culturalisme », une théorie qui affirme que les cultures élaborées par les sociétés influencent la personnalité des individus.

Un terme polysémique

Dans le langage courant, on dit qu'une personne est cultivée lorsqu'elle possède certaines connaissances littéraires, historiques, artistiques, musicales, scientifiques et autres. Cette conception de la culture n'est pas celle qui intéresse principalement les sociologues et les anthropologues. Pour eux, la notion de culture désigne avant tout l'ensemble des institutions, des valeurs et des normes partagés par les membres d'un même groupe. Elle se nourrit des expériences passées et de l'histoire du groupe et constitue une référence en fournissant aux individus des modèles de conduite et des règles sociales. Le terme « culture » était employé au Moyen Âge pour désigner les cultes religieux. Au XVIIe siècle, il définissait le travail de la terre (la culture des champs) puis, au XVIIIe, le savoir que les hommes acquièrent et qui les fait progresser. C'est l'anthropologue britannique Tylor qui, au XIXe siècle, proposa une définition ne se référant pas à l'idée de progrès. Selon lui, la culture comprend « *les connaissances, les croyances, l'art, le droit, la morale, les coutumes et toutes les autres aptitudes et habitudes qu'acquiert l'homme en tant que membre de la société* ». Si l'on s'en tient à cette définition, les membres des sociétés « primitives » ne sont pas moins cultivés que ceux de la civilisation occidentale. ■

Ceux qui fréquentent les bals populaires ont-ils moins de culture que ceux qui vont à l'Opéra ?

Pour Kardiner, la manière d'éduquer les enfants influence l'ensemble des institutions sociales.

Le culturalisme et la notion de « personnalité de base »

Le culturalisme est une école de pensée qui s'intéresse aux relations entre la culture et la personnalité des individus. Son hypothèse est que cette dernière est façonnée par la culture. Selon les anthropologues Kardiner et Linton, la *« personnalité de base »* est modelée par les éléments culturels inculqués durant la première période de la vie. Il en résulte que les membres d'une même société possèdent certains traits communs. Pour Kardiner, qui a analysé l'influence de la prime enfance dans la constitution de la culture, les premiers contacts des enfants avec la société sont le résultat des relations qu'ils ont avec leurs parents. L'éducation donnée finit par laisser son empreinte sur certaines institutions, comme la religion et, plus généralement, sur les modes de pensée. ■

La culture, facteur d'équilibre de la personnalité

Si la culture exerce une contrainte sur l'homme, elle est aussi un guide qui « sécurise » les comportements individuels. Pour Durkheim, lorsque les normes s'effacent, l'individu perd ses repères et se trouve plongé dans l'inquiétude et l'insécurité. Dans son étude sur le suicide, le sociologue indique que la morale et les valeurs d'une société servent à canaliser le psychisme de l'être. Quand elles viennent à manquer, l'individu entre en situation d'anomie, un des facteurs qui contribuent au suicide. Les normes n'étant plus définies, les désirs des êtres deviennent illimités. ■

L'individu ressent le manque de sécurité lorsqu'il perd ses repères culturels.

Points clés

La diversité culturelle

1

On a coutume d'opposer nature et culture. Pourtant, c'est une fausse opposition : les comportements les plus naturels (manger par exemple) prennent leur signification à travers la culture. Lorsque les attitudes varient d'une société à l'autre, on peut dire qu'elles s'inscrivent dans une culture spécifique.

Nature et culture : deux concepts opposés ?

De nombreux comportements qui nous semblent appartenir à la nature humaine s'expliquent en réalité par la culture. Les façons de se tenir, de marcher, les gestes dans leur ensemble sont différents d'une société à l'autre. Des phénomènes tels que la mort ou la maladie sont perçus différemment selon les cultures. On peut prendre l'exemple de la puberté. Ce stade de la vie biologique prend en Occident, le sens d'une contestation de l'autorité. Pour les Indiens Cheyennes, la puberté est marquée, au contraire, par un comportement très conformiste. Dès leur plus jeune âge, les garçons apprennent à être semblables à leur père. Ils n'ont donc jamais à s'affirmer contre leurs parents, et ce même lors de la puberté. Certaines attitudes qui nous paraissent spontanément « naturelles » peuvent prendre des significations différentes suivant les cultures. C'est le cas, par exemple, de la perception du temps. Au Moyen Âge, on évaluait l'heure en fonction de la position du soleil, variable suivant les saisons. Aujourd'hui, la mesure du temps est d'une grande précision. Cependant, le rapport au temps reste différent suivant les sociétés. Dans les pays latins, arriver en retard à un rendez-vous est un comportement en général admis. La durée du retard socialement acceptée est plus ou moins importante selon les cultures. ■

Les comportements pendant les repas varient suivant les cultures.

Diversité culturelle dans l'espace et dans le temps

La comparaison de différentes sociétés dans l'espace permet de montrer le caractère relatif des cultures. L. Wylie, ethnologue américain, a travaillé sur la société française. Du fait de son appartenance à la culture américaine, il a un regard particulièrement pertinent sur un certain nombre de traits de notre société qui, pour nous, sont difficilement perceptibles. Il a remarqué, par exemple, que les Français ont un rythme de parole différent de celui des Américains. En France, on se coupe facilement la parole, sans que cela soit nécessairement perçu comme un geste impoli, alors qu'aux États-Unis, il faut attendre que l'autre ait terminé sa phrase pour pouvoir parler. Ainsi, la culture s'inscrit au plus profond de l'inconscient. L'anthropologue M. Mead montre, quant à elle, que la différence entre les rôles féminin et masculin est déterminée par la culture et non par le sexe. Ainsi, chez les Arapesh, qui vivent en Océanie, les hommes, comme les femmes, refusant la brutalité et l'agressivité, ont des comportements que l'on pourrait qualifier de féminins. Dans d'autres sociétés, au contraire, les hommes comme les femmes refusent d'avoir des comportements « maternels » et sont agressifs. En réalité, c'est la culture qui influence la manière d'être homme ou d'être femme et non l'appartenance à un sexe. Ce que l'on appelle « nature humaine » est transformé par l'influence des normes sociales. Le détour par l'histoire permet aussi de relativiser notre propre culture. Ainsi, selon la philosophe É. Badinter, l'amour maternel n'a pas toujours existé tel qu'on le connaît de nos jours dans notre société. Aux XVIIe et XVIIIe siècles, il était beaucoup moins développé qu'aujourd'hui.

Une autre manière de vivre. La cérémonie du thé au Japon.

C'est la culture qui influence la manière d'être homme ou d'être femme et non pas tant l'appartenance sexuelle.

Dico → culturalisme

Culture, sous-culture et contre-culture

On évoque couramment la « culture française » ou « américaine », par exemple. Mais, en réalité, chaque nation est composée d'une mosaïque de sous-cultures représentées par des groupes sociaux et des ensembles régionaux plus ou moins homogènes.

Les groupes sociaux, telle la haute bourgeoisie, développent des modes de vie spécifiques dont l'ensemble forme une sous-culture.

La définition de la sous-culture

Une société se distingue par un certain nombre de traits culturels communs que l'on trouve peu ou prou chez tous ses membres. Par exemple, les personnes résidant en France utilisent la langue française pour communiquer, si l'on excepte les langues parlées par les immigrés, les patois et les dialectes. Quelques valeurs et normes majeures (la démocratie, par exemple) sont partagées par une grande partie de la population. Mais dans cet ensemble, des sous-cultures, c'est-à-dire des cultures spécifiques attachées à des groupes particuliers, se démarquent. Certaines sont liées à l'origine territoriale (Bretagne, Pays basque, etc.), d'autres à l'appartenance à une classe. Dans ce dernier cas, on peut parler par exemple de la culture ouvrière ou de celle propre à la bourgeoisie. ■

La culture catalane est présente à la fois en Espagne et en France.

Les sous-cultures de classe

La culture s'élabore à partir des relations entre les groupes sociaux, qui sont caractérisées par des inégalités. On observe donc des phénomènes de domination culturelle. Ainsi, la culture dominante est toujours celle véhiculée par la classe dominante. On peut dire que l'influence qu'exerce une sous-culture est liée à la force des groupes sociaux qui la véhiculent. Dans *la Distinction* (1979), P. Bourdieu montre comment les classes supérieures évoluent aisément avec leurs propres codes culturels (théâtre, musée, etc.) et de quelle façon elles mettent en œuvre des stratégies de distinction sociale. Il existe ainsi des pratiques culturelles distinguées (peinture, sculpture, cuisine raffinée, etc.) et d'autres en voie de légitimation (cinéma, photographie), préférées par les classes moyennes, qui cherchent à se distinguer de la classe ouvrière. Les populations socialement « soumises » ont également un domaine culturel de référence, considéré comme vulgaire par les autres classes. ■

La notion de contre-culture

La contre-culture représente une sous-culture qui s'est formée en opposition à une culture dominante. Elle devient alors déviante, rebelle. Dans son ouvrage *Outsiders*, le sociologue H. S. Becker a étudié les fumeurs de marijuana aux États-Unis dans les années 1950. Il montre qu'une contre-culture n'est jamais autonome par rapport aux valeurs et normes de celle qui la domine. Dans le cas des fumeurs de marijuana, la contre-culture se forme lorsqu'ils s'affranchissent des contrôles de la société pour tomber sous l'influence d'un groupe restreint. Un nouveau point de vue, acquis par l'expérience de la drogue en compagnie d'autres fumeurs, se substitue alors à l'ancien. Comme le souligne P. Bourdieu, la contre-culture peut aussi être une manière de se distinguer et de considérer avec mépris les modes de vie des ouvriers ou des petits-bourgeois. On peut considérer que sa formation n'est pas en soi une maladie sociale. Au contraire, elle constitue une source d'innovation produisant de nouvelles normes de comportements qui, parfois, se généralisent. Ses références sont d'ailleurs souvent récupérées par la publicité et l'économie marchande. Il suffit de constater comment l'écologie, hier encore revendiquée par un groupe restreint et élément d'une contre-culture, est aujourd'hui utilisée comme argument de vente. ■

La sous-culture générationnelle est souvent une contre-culture.

Dico → **culturalisme • nation • valeur**

Points clés

1 T

Acculturation et ethnocentrisme

Les différentes cultures entrent fréquemment en contact par le biais des échange commerciaux et du tourisme. Elles sont ainsi en interaction permanente et profitent chacune, mais de manière inégale, des apports des autres pour évoluer.

Un exemple d'occidentalisation : Coca-Cola implanté en Colombie.

L'acculturation

Lorsque deux cultures entrent en contact, l'une d'elles, ou les deux, se modifie. C'est ce que l'on nomme « acculturation ». Ces échanges sont souvent inégaux car une culture domine généralement l'autre. Cependant, ils peuvent s'opérer dans les deux sens, et la civilisation qui prévaut s'en trouve elle aussi transformée. Les cultures dominées ne sont d'ailleurs pas forcément passives et peuvent résister à l'acculturation. Le plus souvent, les nouveaux éléments introduits ne sont pas transférés tels quels. Ils sont transformés et réinterprétés en fonction des normes et des codes sociaux de la culture de référence. ■

L'occidentalisation du monde, une forme d'acculturation ?

Peut-on parler d'occidentalisation du monde ? Indiscutablement, si l'on observe la prédominance du modèle culturel occidental. Il s'impose à travers de nombreux produits (films, musiques, etc.) diffusés par la très puissante industrie des États-Unis. Il véhicule ainsi des valeurs qui peuvent détruire les traditions et les relations sociales non occidentales. Cependant, la diversité culturelle reste très forte et l'Amérique latine, l'Afrique, l'Asie ainsi que le Moyen-Orient savent conserver et inventer leurs propres références. D'ailleurs, l'industrialisation n'est pas nécessairement synonyme d'acculturation : le Japon s'est développé en conservant ses propres normes culturelles. Enfin, le modèle occidental n'est pas uniforme : au sein de l'Europe existent une grande variété de traditions. Le développement économique entraîne surtout une uniformisation des modes de vie au quotidien qui ne tue pas forcément la diversité culturelle. ■

L'ethnocentrisme

Dans son ouvrage *Race et histoire* (1952) l'anthropologue Claude Lévi-Strauss montre que le réflexe le plus commun est de juger les autres cultures en se référant à ses propres valeurs. Ce qui diffère est donc souvent traité avec mépris. Cette attitude qui consiste à considérer que sa propre culture est supérieure aux autres, est appelée « ethnocentrisme ». Les comportements étrangers aux normes auxquelles nous nous identifions sont rejetés et qualifiés d'« attitudes de sauvages ». Ce refus de la diversité culturelle peut conduire au racisme, à l'ethnocide (extermination d'une autre culture), voire au génocide. Les théories évolutionnistes en vogue au XIXe et au début du XXe siècle sont proches de l'ethnocentrisme. Elles partent de l'idée que la société est structurée comme un organisme vivant qui connaît, dans son évolution, plusieurs stades de développement. Il existerait donc des cultures plus ou moins avancées, sachant que celles dites « primitives » sont appréhendées uniquement en fonction des normes occidentales. ■

Appréhender les autres cultures sans préjugés exige un effort.

Certains rites traditionnels, étrangers aux normes occidentales, sont qualifiés, par rejet, de « primitifs ».

Le relativisme culturel

Le relativisme culturel est un courant de pensée qui rejette les approches évolutionnistes. Pour comprendre les comportements humains, il pose la nécessité de prendre en considération leur contexte culturel. Les comportements qui nous semblent illogiques ou barbares ne doivent pas être jugés d'après nos propres références. Dans ce cas, une hiérarchie entre les cultures est impossible à établir. Cependant, le relativisme culturel a aussi ses limites, car il peut servir à légitimer des pratiques contraires aux droits de l'homme (excision, autoritarisme, esclavage, etc.). ■

Points clés

L'offre, la demande et le prix

1

Un marché est le lieu où se rencontrent les offres des vendeurs et les demandes des acheteurs. De cette confrontation dépendent les prix des produits et les quantités fabriquées. Ce mécanisme, théoriquement autorégulateur, constitue la base de notre économie.

L'offre et la demande

Un marché suppose au moins un vendeur et un acheteur. Parfois ils se rencontrent réellement, par exemple lors d'une foire ou d'un salon. Mais, souvent, cette rencontre est totalement abstraite, aucun des deux n'étant présent physiquement, comme c'est le cas sur les marchés des matières premières, des changes (des monnaies) et de certains produits en provenance de zones particulières (ordinateurs en Amérique ou automobiles en Europe). De toute façon, le marché ne s'intéresse pas au vendeur et à l'acheteur en eux-mêmes mais à l'offre et à la demande qu'ils représentent. L'offre du vendeur ne correspond pas à toute sa production, mais à la quantité qu'il est prêt à vendre à un prix donné. De la même façon, la demande de l'acheteur est définie non pas selon ses besoins ou ses souhaits dans l'absolu, mais par la quantité qu'il est prêt à acquérir pour un prix donné en fonction de ses revenus. Ainsi, les besoins immenses des PED ne constituent pas une demande pour une offre qui viendrait, par exemple, des pays développés.

Le marché du centre-ville est l'un des rares lieux où acheteurs et vendeurs se rencontrent réellement.

La demande en économie doit en effet toujours être solvable. Un marché se définit donc par une confrontation entre une offre et une demande solvable qui aboutit à un échange de produits ou de capitaux. ■

Le prix d'équilibre

C'est sur le marché que les prix des produits sont établis. Ils dépendent de la loi de l'offre et de la demande, qui fonctionne ainsi : lorsque le prix augmente, l'offre tend à progresser alors que la demande s'affaiblit. Inversement, la baisse du prix engendre une diminution de l'offre et une hausse de la demande. Ce mécanisme constitue une règle générale qui n'est cependant pas valable pour tous les biens. Certains produits, comme le pain, ne seront pas davantage réclamés parce que leurs prix chutent. On dit alors que la demande des produits est plus ou moins élastique. Le graphique ci-contre illustre la loi de l'offre et de la demande : à un certain moment – c'est-à-dire à un prix et à une quantité donnés –, les deux courbes vont se croiser. C'est le résultat d'un ajustement progressif, mais automatique, qui s'opère entre les acheteurs et les vendeurs. Ce point de rencontre correspond au prix d'équilibre : toutes les quantités offertes sont vendues et toutes celles demandées sont achetées. ■

La régulation par les prix

Pour les théoriciens libéraux, comme Adam Smith et le Français Léon Walras, le prix déterminé d'après l'offre et la demande correspond à un équilibre qui satisfait de façon maximale tous les agents économiques d'un marché précis. L'équilibre macroéconomique serait obtenu si toutes les décisions microéconomiques d'un maximum de marchés étaient en relation. Et, plus le nombre de marchés serait élevé, plus ce principe fonctionnerait. Ce système autorégulateur ne requiert aucune intervention extérieure. L'État, en particulier, ne doit pas imposer par exemple un prix plancher car il fausserait le jeu entre les acteurs supposés libres. C'est l'apologie de la libre concurrence. Les agents, que l'on laisserait faire ainsi, satisferaient automatiquement les besoins de la population. D'évidence cette théorie libérale ne reflète pas la réalité. Certains acteurs, comme les salariés sur le marché du travail, ne peuvent pas indéfiniment baisser leurs prix (soit leurs salaires). D'autres sont parfois tellement puissants qu'ils imposent leurs propres prix. Les acteurs des marchés sont rarement à égalité. ■

Le prix d'équilibre est déterminé en fonction de l'offre et de la demande sur un marché.

Offre, demande et prix

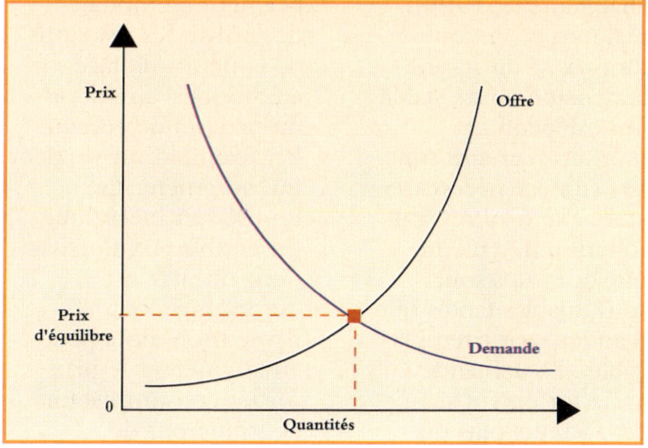

Dico → demande • prix

Les élasticités

1

La demande d'un bien dépend généralement du prix de celui-ci et du revenu de l'acheteur.Ce mécanisme fonctionne cependant différemment selon la nature du produit. L'élasticité mesure les variations des rapports et permet de mieux prévoir l'évolution du marché.

La demande de pain est assez inélastique par rapport au prix : elle peut diminuer en cas de hausse du revenu.

Qu'est-ce que l'élasticité ?

L'élasticité est un indicateur qui renseigne sur l'évolution de la demande d'un bien lorsque son prix ou le revenu de l'acheteur sont modifiés. En règle générale, la demande grandit lorsqu'il y a baisse du prix ou hausse du revenu. Inversement, la demande s'affaiblit quand le prix augmente ou quand le revenu diminue. Mais la baisse ou la hausse de la demande sont rarement proportionnelles à ces changements. Parfois, malgré l'évolution du prix et du revenu, la demande reste stable. Tout dépend des produits : certains sont absolument nécessaires alors que d'autres sont superflus. De même, quelques-uns sont substituables tandis que d'autres sont irremplaçables. La demande varie fortement selon ces facteurs plus ou moins subjectifs. Le calcul de l'élasticité permet notamment de prévoir les réactions de la demande face aux futures variations du prix ou du revenu. Par exemple, un vendeur qui commercialise un produit inélastique (insensible aux fluctuations du prix ou du revenu) dont il a le monopole peut en augmenter le prix car les consommateurs continueront de l'acheter. Mais il ne le fera guère si le produit est parfaitement élastique (très sensible aux fluctuations du prix ou du revenu). L'élasticité de l'offre, elle, peut dépendre du prix, sur des marchés très rentables. Les vendeurs sont alors incités à augmenter l'offre. Inversement, celle-ci n'a guère d'élasticité, même si les prix varient, lorsque la production ne peut être augmentée rapidement. ■

L'élasticité-prix

L'élasticité de la demande par rapport au prix se calcule de la manière suivante : élasticité-prix = variation de la demande (%)/ variation du prix (%). En général, l'indicateur élasticité-prix est de signe négatif. En effet, si le prix augmente par exemple de 2 %, on peut imaginer que la demande baisse de 2 % (selon la règle évoquée précédemment). Le résultat est donc de –1. La demande est élastique lorsque la variation de la demande dépasse celle du prix (<–1). Ainsi, pour certains biens, une baisse de prix très modérée entraîne une forte hausse de la demande (par exemple pour certaines voitures neuves). Mais parfois la demande est rigide ou inélastique (entre 0 et – 1). C'est le cas du tabac, du sel et du pain, qui sont des produits non substituables et/ou absolument nécessaires. Si l'on désire savoir si deux biens sont substituables (par exemple, le riz et les pâtes) ou complémentaires (par exemple, une caméra et un film), on mesure leur élasticité-prix croisée, ce qui revient à diviser la variation de la demande (en %) du premier produit par celle du second. Si l'élasticité est positive, ils sont substituables. ■

Les coefficients d'élasticité

	ÉLASTICITÉ-PRIX	ÉLASTICITÉ-REVENU
Parfaitement inélastique	ep - 0	er - 0
Inélastique	-1 < ep < 0	0 < er < 1
Élastique	-∞ < ep < -1	1 < er < ∞
Parfaitement élastique	ep = -∞	er = ∞

La demande est plus ou moins élastique ou inélastique.
N.B. : Si ep = – 1, l'élasticité est inversement proportionnelle.
Si er = 1, l'élasticité est proportionnelle.

L'élasticité-revenu

L'élasticité de la demande par rapport au revenu se mesure ainsi : élasticité-revenu = variation de la consommation (%)/variation du revenu (%). Elle est généralement de signe positif, car normalement la consommation augmente quand le revenu progresse. On distingue les biens « normaux » (entre 0 et 1), pour lesquels la hausse du revenu entraîne une augmentation (moins que proportionnelle) de leur consommation, des biens « inférieurs », dont la consommation chute lorsque le revenu croît. C'est notamment le cas de certains produits peu chers et substituables (viande de porc, certains types de pain, pommes de terre, etc.), qu'on délaisse au profit de biens « supérieurs », dont la demande s'amplifie plus que proportionnellement à la hausse du revenu (> 1). Les loisirs, les soins, la viande de bœuf, la pâtisserie, les objets de luxe, etc. sont concernés. Toutes ces tendances de consommation sont inversées en cas de baisse du revenu. ■

Dico → prix • revenu

Points clés

1 Concurrence pure et parfaite ou imparfaite

La concurrence entre les vendeurs (ou les acheteurs) d'un même produit confère au marché un caractère plus ou moins autorégulateur. Quand la concurrence est pure et parfaite, aucun des acteurs ne peut imposer ses prix et chacun est totalement soumis aux mécanismes du marché.

Le rôle fondamental de la concurrence

La concurrence constitue la base de l'économie de marché. C'est elle qui oblige les vendeurs à devenir toujours plus compétitifs en baissant leurs prix ou en améliorant la qualité de leurs produits afin de satisfaire la demande. Leurs motivations sont dictées par leur volonté de survivre et/ou d'augmenter leurs bénéfices. Selon les théories libérales, ils donnent ainsi le meilleur d'eux-mêmes pour le plus grand bien de tous et sans forcément le savoir. La compétition entre acteurs libres entraîne automatiquement l'invention des meilleurs produits, l'augmentation de la productivité et de l'efficacité. Elle stimule aussi la croissance et l'emploi, et surtout, grâce à une concurrence libre, chaque acteur économique se trouve soumis aux règles neutres et impersonnelles d'un marché autorégulateur. ■

Le marché des outils informatiques est-il caractérisé par une concurrence pure et parfaite?

La concurrence pure et parfaite

En économie, la liberté de la concurrence est plus ou moins respectée. L'idéal, rarement rencontré dans la réalité, serait la « concurrence pure et parfaite » des théoriciens libéraux. Celle-ci est définie par cinq critères fondamentaux, dont trois concernent la concurrence pure, c'est-à-dire l'absence de monopole.
Le premier évoque la nécessité d'une atomicité du marché, soit l'existence d'un nombre suffisamment important de vendeurs ou d'acheteurs pour que nul ne puisse exercer une influence sur les prix ou la production. Le deuxième se réfère à l'homogénéité du bien : les produits d'un même type doivent être à peu près identique et satisfaire le même besoin. Il ne faut pas

que l'acheteur ait une raison particulière de préférer le produit d'une société à celui d'une autre.
Le troisième exige que toute entreprise ait une libre entrée sur le marché. Celles qui y sont déjà présentes ne doivent pas empêcher les nouvelles de s'installer.
Les deux derniers critères visent la « concurrence parfaite ». L'un s'attache à la transparence des marchés (tous les acteurs, les acheteurs surtout, doivent avoir une information complète sur les traits significatifs du marché, par exemple sur la qualité des produits) ; l'autre réclame une mobilité des facteurs de production : le travail et le capital doivent pouvoir s'orienter librement d'un marché à un autre. ■

La concurrence imparfaite

Les conditions d'une concurrence pure et parfaite ne sont pratiquement jamais réunies. À titre d'exemple, l'homogénéité des biens est assez rare, puisqu'un producteur cherche logiquement à se différencier d'un autre. Il va, de plus, mettre en valeur, par la publicité, son image de marque, le caractère unique de son produit. Cette pratique courante suffit à perturber la concurrence pure et parfaite.
De même, les acheteurs disposent rarement d'informations complètes relatives au marché. Et, sur le marché du travail, certains salaires (prix), comme le SMIC, sont normalisés par l'État et non par la concurrence.
Beaucoup de marchés sont, de surcroît, caractérisés par un nombre limité de vendeurs très puissants (marché oligopolistique) et certaines entreprises étrangères en sont exclues d'office en raison d'une politique protectionniste. La concurrence est ainsi généralement imparfaite, mais les économistes libéraux n'y voient pas un problème dans la mesure où la concurrence pure et parfaite ne représente qu'un modèle. Ainsi, l'exemple des supermarchés qui livrent une bataille inégale aux petits commerçants – au nom de la libre concurrence – n'illustre pas un quelconque excès de libéralisme, mais permet simplement d'affirmer que la réalité est imparfaite.
En somme, l'instauration de la concurrence pure et parfaite exige, paradoxalement, une législative massive, c'est-à-dire un État régulateur. ■

La fixation par l'État du prix du travail, à travers le SMIC par exemple, limite la concurrence.

Dico → concurrence • prix

Points clés

1

Coûts et économies d'échelle

Une entreprise décide rarement des prix des produits sur le marché, auquel elle doit, au contraire, s'adapter. Elle va alors jouer sur ses coûts de production pour s'assurer un profit maximal et rechercher éventuellement des économies d'échelle en réduisant le coût unitaire.

Le calcul des coûts de production

Par coût de production, on entend toutes les dépenses qu'occasionne une production destinée à la vente. Le coût total est composé des coûts fixes, qui englobent les biens d'équipement et tous les autres investissements dont les prix n'augmentent pas tant que les quantités produites ne dépassent pas un certain seuil, et des coûts variables (salaires et consommations intermédiaires), qui dépendent étroitement des quantités fabriquées. On distingue aussi le coût moyen du coût marginal. Le premier équivaut au coût unitaire (coût total divisé par la quantité réalisée) ; il diminue tant que la production progresse jusqu'à un certain niveau et augmente ensuite, en raison notamment de charges d'organisation supplémentaires. Le coût marginal représente, lui, le coût de fabrication d'une unité supplémentaire et correspond au coût total de $x + 1$ unités diminué du coût total de x unités. Comme le démontre le graphique ci-dessous, il évolue de la même façon que le coût moyen, c'est-à-dire qu'il commence par baisser, puis grimpe ensuite lorsque les rendements diminuent. L'entreprise accroît ses profits tant que le coût marginal ne dépasse pas le prix de marché. Sur le graphique, ce niveau est illustré par P1 et correspond à la quantité Q1. C'est également à partir de ce point que la société fait un profit maximal. Si elle produisait moins d'unités, elle manquerait un bénéfice. Lorsque le prix de marché commence à chuter, par exemple en raison d'une concurrence accrue, il peut arriver qu'il ne corresponde plus qu'au coût moyen de production (ici P2) et, dans ce cas, le profit sera nul. ■

Coût marginal et coût moyen

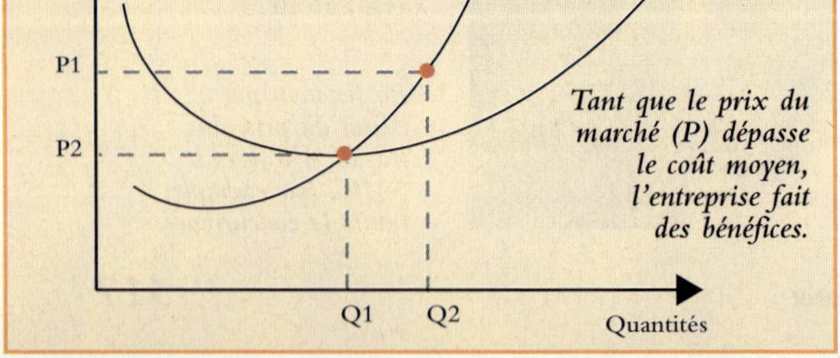

La production en masse des Ford T a permis des économies d'échelle énormes.

Les économies d'échelle

Les économies d'échelle correspondent à une diminution du coût unitaire engendrée par l'augmentation des quantités produites. Elles sont donc liées à la possibilité pour l'entreprise d'accroître ses ventes, surtout si le prix du marché baisse. Si celui-ci reste stable, les bénéfices par unité vont tout simplement grossir. Les économies d'échelle sont généralement le fait d'une hausse de la capacité de production et d'une meilleure répartition des tâches. Les entreprises doivent souvent embaucher du personnel, dont le coût sera absorbé par un rendement plus important. Elles augmentent aussi leurs coûts fixes en investissant dans des biens d'équipement et relèvent ainsi leur seuil de rentabilité (ou point mort), c'est-à-dire le niveau de production au-dessous duquel les coûts totaux dépassent les recettes. Dans les industries automobiles et dans toutes celles qui nécessitent de très lourds investissements matériels ou immatériels (la recherche et développement, par exemple), des économies d'échelle énormes peuvent être réalisées si les ventes progressent. ■

Le risque des déséconomies d'échelle

Le problème du coût unitaire est qu'il finit toujours par croître avec la hausse de la production au bout d'un certain temps. Les raisons sont multiples : l'augmentation des quantités fabriquées peut se traduire par un gaspillage des ressources, une organisation trop lourde avec des coûts de coordination supplémentaires, un manque de motivation, une dégradation des relations sociales, etc. Les biens d'équipement peuvent aussi tomber en panne ou bien perdre en efficacité. De plus, la progression des ventes entraîne une majoration des coûts de distribution, de publicité, d'expédition, etc. Si les dépenses dépassent les recettes, on dit alors que l'entreprise souffre de « déséconomies d'échelle ». Ce phénomène devient très pénalisant en cas de chute des ventes. La plupart des grandes entreprises industrielles en ont fait l'expérience et certaines en ont tiré la conclusion qu'il faut réduire alors l'importance de la production, ce qui se traduit, entre autres, par des licenciements. ■

Dico → coût

Points clés

Le monopole et l'oligopole

1

Le monopole est à l'extrême opposé de la concurrence pure et parfaite. Il est souvent pratiqué par une très grande entreprise qui impose ses prix. L'oligopole, moins extrême mais plus fréquent, est caractérisé par l'existence d'un nombre limité de vendeurs sur un marché.

Le monopole du « faiseur de prix »

En France, l'entreprise publique EDF dispose du monopole de l'électricité.

Lorsqu'on est seul à vendre un produit à un nombre important d'acheteurs, on peut imposer ses prix ; on devient un « faiseur de prix ». C'est le propre du monopole. Faute de concurrence, les mécanismes du marché (voir pp. 312-313) ne jouent plus alors leur rôle régulateur. Toutefois, l'entreprise ne peut pas imposer n'importe quel prix. D'une part, son offre doit correspondre à une demande solvable, sinon elle ne vendra rien. D'autre part, son produit ne doit pas être totalement substituable car ses clients risquent de se tourner vers le produit d'un autre fabricant qui sera à peu près identique et moins cher. En revanche, le producteur, s'il souhaite maximiser son profit, va pratiquer des prix plus élevés que s'il était en concurrence sur son marché. Il en résulte une situation sous-optimale, au détriment des acheteurs. Il n'y a plus de prix d'équilibre pour égaliser l'offre et la demande. Cette situation se retrouve notamment dans les monopoles d'État dits « naturels », qui, même s'ils ne cherchent pas tous le profit, érigent des barrières institutionnelles qui bloquent l'accès à des concurrents potentiels. Ainsi, en France, le marché de l'électricité est totalement dominé par EDF. Certaines entreprises privées peuvent exercer un monopole dit « innovant » en raison de leur supériorité technologique légalement protégée par des brevets. D'autres exercent un monopole qualifié de « prédateur » en rachetant leurs concurrents (bien que cette pratique soit parfois illégale). ■

L'oligopole

Un marché oligopolistique est caractérisé par la présence d'un nombre limité de vendeurs face à une quantité importante d'acheteurs. Chacun de ces vendeurs peut influencer les prix du marché, mais il doit impérativement considérer et prévoir les réactions de ses concurrents. Il peut ainsi choisir une stratégie offensive, en baissant par exemple ses prix pour gagner des parts sur son marché. Mais il peut aussi s'entendre avec ses rivaux, avec lesquels il partage l'objectif de dégager des profits. Cette entente (ou cartel) cherche à maintenir, voire à augmenter les prix au détriment des acheteurs. Le législateur interdit cette pratique puisqu'elle fausse les règles du jeu du marché libre, mais certaines de ses formes sont légales. Les pays producteurs de pétrole peuvent ainsi collectivement limiter leur production dans le but d'augmenter leurs prix. L'oligopole est beaucoup plus fréquent que le monopole et il est présent généralement dans des domaines très capitalistiques (qui exigent des investissements très lourds), comme l'automobile, l'industrie lourde et la haute technologie. ■

La concurrence monopolistique

Dans le monde de la concurrence imparfaite, il est parfois difficile de distinguer le marché monopolistique de l'oligopole. De même, la limite entre l'oligopole et la concurrence pure n'est pas simple à définir. Par exemple, à partir de quel nombre maximal de vendeurs peut-on parler d'oligopole ? Aucune limite n'existe. Le cas hybride, mais très fréquent, de la concurrence monopolistique, c'est-à-dire un marché composé de nombreux vendeurs de produits à peu près identiques, illustre cette situation : afin d'augmenter ses ventes, chaque producteur cherche à se différencier de ses concurrents en modifiant son produit ou en jouant sur son éventuelle image de marque. On passe ainsi d'une concurrence presque pure à une situation monopolistique (les politiques des vendeurs sont menées en fonction de celles de leur concurrent le plus important). En somme, le monopole, l'oligopole et la concurrence pure et parfaite constituent des formes « idéales » ou normatives. À partir de ces modèles, et en prenant en considération le fait que les acheteurs peuvent influer sur les prix au même titre que les vendeurs, on distingue neuf types de marchés différents (voir tableau ci-contre). Tous, sauf un, présentent une situation de concurrence imparfaite. ■

Les types de marchés

	Beaucoup d'acheteurs	Peu d'acheteurs	Un seul acheteur
Beaucoup de vendeurs	Concurrence pure et parfaite	Oligopsone	Monopsone
Peu de vendeurs	Oligopole	Oligopole mutuel	Monopsone contrarié
Un seul unique	Monopole	Monopole contrarié	Monopole mutuel

Points clés

Les limites du marché

1

Une économie gouvernée par les prix du marché est censée s'autoréguler. Mais en réalité, le marché ne gère pas toutes les demandes et toutes les offres, et leur confrontation n'aboutit pas nécessairement à l'équilibre général.

L'introuvable équilibre général

À en croire les théoriciens néoclassiques, les marchés s'équilibrent mutuellement et automatiquement pour le bien de tous. Cet équilibre dit « général » entre des marchés interdépendants est obtenu quand les conditions d'une concurrence pure et parfaite sont respectées. Or la concurrence est généralement imparfaite, entraînant l'apparition de situations sous-optimales. Cela signifie que l'offre et la demande ne sont pas équilibrées : des vendeurs n'écoulent pas toute leur production et certaines demandes des acheteurs ne sont pas être satisfaites. En imaginant que la concurrence soit vraiment pure et parfaite, l'équilibre n'est pas pour autant assuré. D'une part, parce que les marchés interdépendants ne se régulent pas instantanément. D'autre part, parce que la stabilité, si elle est réellement obtenue, est constamment menacée par des changements de prix. Sur le marché de travail, quand par exemple l'offre (nombre de travailleurs) est tellement importante que le prix (salaire) baisse, la diminution des revenus qui en résulte provoque une réduction de la demande des biens et services et de celle des capitaux. Une baisse des taux d'intérêt s'ensuit, qui incite à investir, ce qui entraîne une hausse de la demande sur le marché des biens et du travail, jusqu'au moment où les prix baissent à nouveau. En somme, l'équilibre général est introuvable. ■

Les actions des entreprises

Dans un système de marché libre où règne la concurrence, l'État n'intervient pas par définition (sauf pour faire respecter la loi et les règles de concurrence). Les déséquilibres du marché sont donc dus aux politiques des entreprises, dont l'objectif n'est pas de produire pour produire, mais de dégager un profit. Or, lorsque la concurrence est pure et parfaite, la pression sur les prix est telle que les profits (ou la marge) tendent à baisser. Théoriquement, ce mécanisme fait que les prix de vente correspondent à peu près aux coûts de production, ce que tout entrepreneur cherche à éviter. Mais, qu'il opte pour un autre marché, de préférence moins difficile pour lui, ou qu'il cherche à lutter contre ses concurrents en utilisant des méthodes discriminatoires ou monopolistiques, ses actes aboutissent systématiquement à des situations sous-optimales. ■

Comment satisfaire tous les besoins primaires ?

À partir de quel moment l'économie de marché permet-elle d'atteindre l'équilibre général ? Et pour qui ?

Peut-on réduire indéfiniment les salaires en fonction de l'offre et de la demande ? Non, car un salaire trop bas ne permet plus d'assurer la survie. Pourtant, selon les économistes néoclassiques, qui prônent le laisser-faire, il ne faut pas instaurer de salaires minimaux car ils perturbent le fonctionnement autorégulateur du marché. Les travailleurs doivent chercher des emplois là où les salaires sont plus élevés. Or l'expérience prouve que changer de métier est souvent impossible en raison d'un manque de formation, d'expérience, de compétences, etc. Ainsi, le marché ne peut pas résoudre à lui seul tous les problèmes économiques. Cela ne signifie pas pour autant que sa loi est celle de la « *bourgeoisie marchande* » qui sacrifierait tout dans « *les eaux glacées du calcul égoïste* », selon les propos de Karl Marx. Il satisfait assurément certains besoins fondamentaux, mais seulement ceux correspondant aux demandes solvables. Or, parfois, les besoins primaires ne correspondent pas à des demandes solvables. Une économie de marché au service des hommes doit donc impérativement être corrigée. ■

Dico → besoins • concurrence • marché

Points clés

1 T

Le rôle de l'économie non marchande

L'économie non marchande est essentiellement le domaine de l'État. D'une importance considérable en France, elle comprend les biens collectifs et publics dont peuvent profiter tous les citoyens, indépendamment de leurs moyens.

L'État corrige le marché

L'État agit à des degrés divers dans l'économie. Il intervient pour financer ses activités au moyen des impôts, pour veiller à ce que les agents économiques respectent les lois et pour corriger les déséquilibres qui menacent la cohésion sociale, dont il est le garant. Cette dernière fonction implique qu'il cherche à satisfaire les demandes non solvables des citoyens qui correspondent à des besoins primaires. Dans les domaines social et médical notamment, le marché ne peut assurer à lui seul le bien-être de tous. Il ne garantit pas les soins nécessaires à l'ensemble des malades mais seulement à ceux qui peuvent en régler les frais, par exemple en ayant souscrit une assurance privée. De même, certains équipements nécessitent des investissements si importants qu'aucun agent privé ne peut les réaliser alors qu'ils sont absolument nécessaires. C'est le cas des infrastructures routières ou ferroviaires, des télécommunications, etc., mais aussi de certaines externalités négatives liées à la production (c'est-à-dire les effets entraînant des coûts pour un tiers, comme la pollution industrielle ou les marées noires).

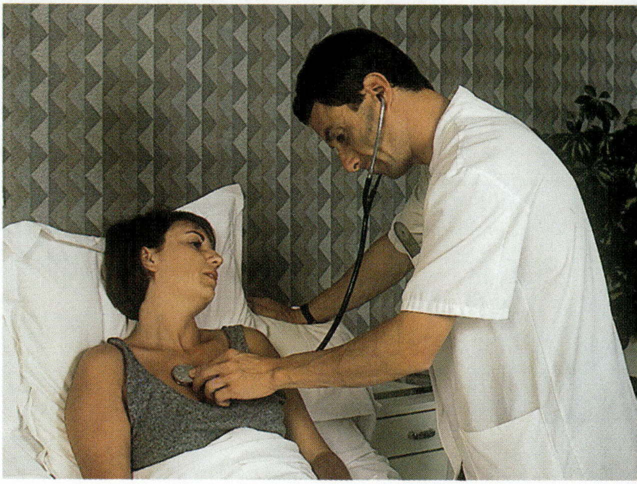

L'accès aux soins de tous les citoyens est l'un des premiers services publics pris en charge par l'État au nom de la justice sociale.

En assurant ces fonctions, l'État remédie aux défaillances du marché tout en le contrôlant. Il prend aussi en charge certains services rentables à long terme, en respectant des règles très rigoureuses, (éducation et santé, par exemple). ■

Quels sont les biens collectifs ?

La signalisation routière est un bien collectif par excellence. Aucune discrimination par les prix n'y est possible.

L'État, ou le secteur public, produit notamment des biens (ou des services) collectifs. Ils sont non divisibles, c'est-à-dire que leur usage n'est pas exclusif, mais destiné à tous de façon identique. Un bien collectif peut difficilement être privé, car son coût de production n'est pris en charge par aucun individu en particulier. C'est le cas de l'éducation, des signalisations et de la défense militaire du pays par exemple. Il est obligatoirement non marchand (le prix de son utilisation n'étant pas fixé par la loi du marché). Si certains biens collectifs sont produits et gérés par des administrations privées, l'immense majorité d'entre eux le sont par le secteur public. Cette situation est d'autant plus logique qu'un bien collectif n'a pas de coût marginal, c'est-à-dire qu'un consommateur de plus n'entraîne pas de coût supplémentaire pour le producteur. Or une entreprise privée oriente son activité en fonction du coût marginal (lequel, en situation optimale, correspond au prix). Le prix du bien collectif devrait donc être nul. ■

Le secteur public à la française

Le secteur public regroupe l'ensemble des activités, marchandes ou non, contrôlées juridiquement par l'État. En principe, elles peuvent engendrer un profit mais elles concernent généralement des activités sans but lucratif, comme l'éducation, les soins hospitaliers et la production des biens collectifs. La France se singularise par sa conception de « service public », qui recouvre à la fois l'ensemble du secteur, les garanties de continuité et d'égalité offertes aux usagers (au nom de la justice sociale notamment) et la manière de produire des biens collectifs. Ainsi, certaines entreprises publiques, comme EDF et la SNCF, bénéficient d'un monopole sur leurs marchés respectifs et sont censées fournir des services plus équitablement qu'elles ne le feraient dans un système concurrentiel. Ces monopoles ont été remis en cause dans le cadre de la construction européenne. La plupart des pays membres estiment en effet que l'électricité, les transports publics et les télécommunications pourraient être mieux fournis par des entreprises privées soumises à la concurrence, l'État continuant à garantir un service universel ou minimal. La France sera peut-être contrainte de s'adapter à ce point de vue. ■

Dico → secteur public

Points clés

L'économie informelle

T

Économie occulte, souterraine, illégale, informelle, parallèle... Tous ces qualificatifs renvoient à une même réalité : une production non prise en compte dans le PIB. Du travail au noir au trafic de drogue, ces activités représentent des richesses inestimables, bien que leur existence témoigne souvent d'une grande pauvreté.

L'activité économique non officielle

L'économie informelle désigne toute activité économique menée en dehors du cadre légal ou formel. Dans ce monde n'existent ni couverture sociale ni salaire minimal pour les travailleurs. Aucun impôt n'y est payé, et les réglementations n'y sont pas respectées. L'activité informelle n'entretient aucun rapport avec l'État et n'est pas comptabilisée dans le produit intérieur brut. En revanche, elle est généralement soumise aux règles du marché, et son développement dépend étroitement de la loi de l'offre et de la demande. Elle est souvent présente sur des marchés plus ou moins concurrentiels et neutres, même si son caractère illégal incite les producteurs et les acheteurs à entretenir des rapports personnels. Les activités non déclarées sont plus ou moins tolérées, comme le travail au noir à domicile, dans le bâtiment, dans l'agriculture, etc. Mais elles peuvent aussi être totalement illicites. C'est le cas du trafic de drogue ou de toute production et commercialisation de biens interdits (certaines boissons alcoolisées, armes, la pornographie infantile, etc.). Les rackets et les cambriolages n'y sont pas comptabilisés : non productifs, ils entrent dans la catégorie des transferts de capital (illégaux, bien sûr). En règle générale, l'activité informelle augmente quand l'activité légale recule. Une diminution de l'emploi formel (ou augmentation du chômage) engendre souvent une hausse du travail au noir. ■

Le secteur informel dans le tiers-monde

L'activité informelle occupe une place beaucoup plus importante dans le tiers-monde que dans les pays développés. Dans certains pays particulièrement peu développés, on peut même dire qu'elle structure la société. C'est notamment le cas de ces États d'Amérique latine ou d'Afrique subsaharienne où règnent la débrouillardise et la logique de clan, absolument nécessaires à la survie.
Il ne s'agit pas seulement d'employés à domicile non déclarés chez les « riches » des centres urbains ou de trafiquants, mais de vendeurs d'objets divers au marché local, de laveurs de voitures, d'artisans, de ramasseurs de déchets, de réparateurs sans licence, de médecins

fantaisistes prodiguant des soins miraculeux… Une myriade de sociétés familiales et de microentreprises fonctionnent ainsi parallèlement à l'économie officielle. Des systèmes d'entraide, fondés sur des liens personnels, contrecarrent plus ou moins le manque de protection sociale et assurent une certaine forme de redistribution des richesses. Mais derrière l'aspect parfois sympathique de ce marché souterrain – qui nourrit souvent plus de la moitié de la population – se cachent un État défaillant, peu crédible, ainsi qu'une économie formelle très exclusive, s'appuyant sur quelques industries. Dans un contexte de pauvreté massive, ces activités informelles peuvent amortir les crises, comme le démontre le narcotrafic colombien qui, au niveau local, a eu certains effets bénéfiques. Mais le plus souvent, elles ne sont malheureusement que de simples stratégies de survie. ■

Ces enfants des rues travaillent pour survivre.

Le secteur informel dans les pays développés

Dans les pays membres de l'OCDE – le club des pays les plus développés –, l'activité informelle (hors criminalité) correspondrait à environ 3 % du PIB cumulé. Dans certains pays du tiers-monde, elle peut en représenter 30 %. Les États riches n'évitent pas néanmoins le développement de l'économie informelle. Ils connaissent aussi la paupérisation, le chômage et l'incapacité du gouvernement à faire respecter certaines normes sociales, soit les principaux facteurs d'expansion de l'économie informelle. Celle-ci est ainsi répandue dans certaines banlieues françaises. Les pays de l'Est (dont certains font partie de l'OCDE) témoignent tous aussi d'une récente et rapide amplification de l'économie de survie et de ses effets : clientélisme, corruption et mafias. Et si l'économie formelle semble être en pleine expansion dans ces pays, elle est néanmoins dépendante de l'activité illégale et de ces entreprises sous-traitantes qui emploient massivement des travailleurs au noir. Cette stratégie, qui est utilisée pour accroître la compétitivité des industries exportatrices, augmente la pression sur les pays les plus développés. La flexibilité qui en résulte tend à y rendre l'emploi plus précaire. ■

Dico → **sous-développement**

Points clés

La réglementation des marchés

T

Les marchés sont plus ou moins réglementés par les pouvoirs publics. Depuis quelques décennies, des déréglementations en chaîne ont donné une liberté plus grande aux entreprises. Ce phénomène s'accompagne aussi, paradoxalement, d'une re-réglementation de certains marchés.

La nécessaire réglementation

La majeure partie du fonctionnement économique est réglementée, c'est-à-dire que l'État a imposé aux entreprises des lois et des règlements administratifs (parfois, par des décrets). Le principal objectif de ces contraintes est d'assurer un minimum de sécurité et de bien-être social. Ainsi, la production et la vente d'armes ou de certaines boissons alcoolisées ne peuvent être totalement libres. Les pouvoirs publics estiment aussi que chacun doit pouvoir bénéficier d'un niveau minimal de prestations absolument nécessaires, telles que l'eau, l'électricité, les soins médicaux, les transports, etc. Les autorités vont ainsi intervenir sur le marché pour imposer des prix, établir des normes sanitaires et accorder des subventions. Des sociétés privées peuvent assurer ces services « vitaux », mais l'État, en France, préfère souvent en être l'unique fournisseur, par le biais des entreprises publiques. C'est le service public à la française, caractérisé par des monopoles légaux et donc par une absence de concurrence. Au nom de la cohésion sociale, le gouvernement peut également soumettre des projets de licenciements massifs à des procédures administratives. Plus généralement, il peut bloquer les prix pour lutter contre l'inflation, instaurer des salaires minimaux, limiter (avec d'autres États) les exportations de capitaux financiers, etc. Parfois, il souhaite protéger ses propres intérêts ou ceux de la nation au détriment des pays voisins. Cette pratique abusivement dénommée « colbertisme » (du nom du ministre des Finances de Louis XIV) se concrétise par le monopole de certains marchés, comme celui du tabac ou de l'alcool, ou l'imposition de normes restrictives pénalisant les producteurs étrangers. ■

Les tarifs de transport pratiqués par la SNCF sont réglementés par décision de l'État. Le chemin de fer est un service public.

La déréglementation des marchés

Dans les années 1970, beaucoup d'entreprises industrielles en Europe et aux États-Unis ont dû affronter une crise de productivité. Les gouvernements ont alors décidé qu'il fallait déréglementer certains marchés jugés trop étouffés ou pas assez concurrentiels. Ils ont démantelé des monopoles étatiques ou nationaux pour faire place aux entreprises privées. La mise en cause des taux de change fixes, la suppression de certains droits de douane (en Europe) et surtout la déréglementation dans les années 1980 et 1990 des marchés financiers (c'est-à-dire la libre circulation des capitaux entre les pays) ont aussi accentué la concurrence internationale, censée stimuler la croissance. Les transactions boursières ont connu une hausse sans précédent, la compétitivité a été améliorée, tout comme la rentabilité, et les groupes industriels (moteurs de la croissance) ont cherché par tous les moyens à diminuer leurs coûts de production. De même, les pouvoirs publics ont fait preuve de rigueur budgétaire. L'ancien interventionnisme, si coûteux, devait laisser la place aux acteurs économiques sur des marchés désormais concurrentiels. L'Union européenne a énormément œuvré en faveur d'une telle évolution en souhaitant libéraliser, par exemple, les télécommunications, les transports aériens, la production de tout type de bien et même l'électricité. ■

La déréglementation des marchés financiers n'a-t-elle apporté que des avantages ?

La re-réglementation

L'introduction des mécanismes marchands semble facile à mettre en œuvre. Mais le marché doit quand même être contrôlé, comme le prouvent les récentes crises financières en Asie et en Amérique latine provoquées, de l'aveu même du FMI, par un manque de régulation. Le marché ne comble pas les besoins de tous, mais seulement ceux de la demande solvable. Ainsi, comment demander à des entreprises privées d'assurer des services d'intérêt général, qui visent la satisfaction de tous ? La solution préconisée par les libéraux est de laisser l'État fournir des aides directes aux nécessiteux. Ils envisagent aussi que les sociétés paient elles-mêmes soit un complément, soit une taxe pour alimenter un fonds (dit « de péréquation ») destiné à financer le maintien des services minimaux. Dans les deux cas, il s'agit d'une re-réglementation, imposée notamment en Europe. ■

Dico → change • marché

Points clés

1 Institutionnalisation et extension des rapports marchands

Pratiquement tous les pays développés ont adopté l'économie de marché. Institution naturelle d'après certains économistes, elle modifie néanmoins les rapports sociaux, et son extension connaît des limites.

L'économie de marché triomphante

L'économie de marché s'impose progressivement dans la plupart des pays du monde, notamment les plus développés. Ceux qui y échappent sont rares, d'autant que le seul système qui s'y oppose – l'économie planifiée, ou socialiste – ne s'est guère révélé efficace ni humain. Il existe certes des organisations traditionnelles encore puissantes dans certains PED, mais elles sont en perte de vitesse face à la marchéisation. Pour les théoriciens des écoles libérale et néolibérale, cette évolution est logique car le marché est tout simplement une institution naturelle, conforme à la nature humaine qui recherche avant tout le bonheur individuel et l'échange. Selon eux, le marché s'autorégule car il est soumis à la variation des prix qui suivent la loi de l'offre et de la demande. Il rend ainsi l'intervention de l'État inutile et n'exige aucune attitude particulière de la part des hommes, si ce n'est celle de se comporter en tant qu'être rationnels et libres. Mais le marché crée aussi des injustices sociales, notamment parce que ses acteurs ne sont pas tous égaux. De plus, en tant qu'institution centrale, il a généralement été imposé par l'État, et non pas spontanément par la société civile. ■

L'homme moderne vit dans une société envahie par les rapports marchands.

Le marché détruit-il les liens sociaux ?

Travailler constamment en concurrence avec autrui, devoir agir de façon rationnelle, considérer que tout bien peut être vendu sur un marché... Ces attitudes provoquent des changements dans les relations humaines. L'extension des rapports marchands menace ainsi parfois les liens sociaux. Certaines organisations africaines ou asiatiques, où la quête des intérêts personnels, longtemps inconnue, commence à dominer les rapports familiaux et religieux, sont déstabilisées. Chez les « marchéisés » de longue date, l'anonymat se développe, particulièrement dans les grandes villes. Des domaines comme celui du vivant, qui n'avaient jamais été exploités commercialement, le sont aujourd'hui (variétés de plantes brevetées et trafic d'organes humains). Si le marché modifie le monde et les rapports humains, ses effets ne sont pour autant systématiquement néfastes sur le plan social. Réduit à sa plus simple expression, à l'échelle locale, il est avant tout un lieu de rencontre entre les hommes. ■

Le besoin de se protéger contre le marché

Pour éviter les effets néfastes du marché, certaines règles contraignantes sont nécessaires. Le seul acteur à pouvoir les imposer est l'État, par le biais des institutions juridiques et politiques. C'est avec l'essor du capitalisme industriel qu'est né l'État-providence (ce phénomène est d'ailleurs paradoxal, car l'État fut aussi à l'origine de l'institutionnalisation massive du marché au nom de l'efficacité économique au XIXe siècle).
Les citoyens, devenus électeurs et bénéficiant de nombreux contre-pouvoirs (presse, syndicats, associations), ont en effet exigé des autorités une protection contre le marché dévastateur. La société civile peut aussi se prémunir contre ses risques en instituant des mécanismes de solidarité interpersonnelle au sein de coopératives, de mutuelles ou d'associations. ■

Les limites du marché

« *Tout n'est pas marché.* » C'est-à-dire que certains aspects de la vie ne relèvent pas du calcul rationnel et ne dépendent pas de la loi de l'offre et la demande. Les dons et les œuvres de charité se situent par définition hors marché. En sont aussi exclus les organisations caritatives, l'essentiel des activités des Églises institutionnelles, le travail effectué au sein de la famille, le don du sang (en France) et les fêtes. De même, une création artistique, indépendamment du fait qu'elle peut être rémunérée, dépasse généralement le cadre des rapports marchands. Les activités hors marché tendent à se multiplier dans une société pourtant de plus en plus envahie par les marchandises. ■

L'homme n'est pas mû uniquement par des intérêts égoïstes.

Dico → marché

Points clés

Libre-échange et protectionnisme

Les échanges entre les pays ne cessent de s'amplifier. Comme le commerce est souvent jugé bénéfique pour la croissance, les règles de protection des marchés internes ont tendance à disparaître au profit du libre-échange.

La nécessité d'échanger avec l'étranger

Les pays échangent entre eux des biens, des services et des hommes depuis toujours. Ils le font parce qu'ils ne possèdent pas tout ce dont ils ont besoin sur leur territoire. L'autarcie, c'est-à-dire l'isolement économique à l'échelle d'un pays, est rarement possible. Les quelques États qui s'y sont essayés étaient souvent totalitaires – à l'instar de l'Allemagne nazie et de l'Albanie communiste – et ont dû généralement imposer le rationnement de certains biens, quand ils n'ont pas tout simplement envahi ou annexé leurs voisins pour obtenir les ressources qui leur manquaient. Inversement, le commerce international renforce l'interdépendance entre les pays et limite ainsi les risques de conflits. En principe, il permet aussi à chaque pays de s'enrichir et de gagner en efficacité, selon la théorie des avantages comparatifs (voir pp. 338-339). ■

Il y a une corrélation entre la croissance des échanges et la croissance du PIB mondial.

Le commerce international et PIB mondial depuis 1950

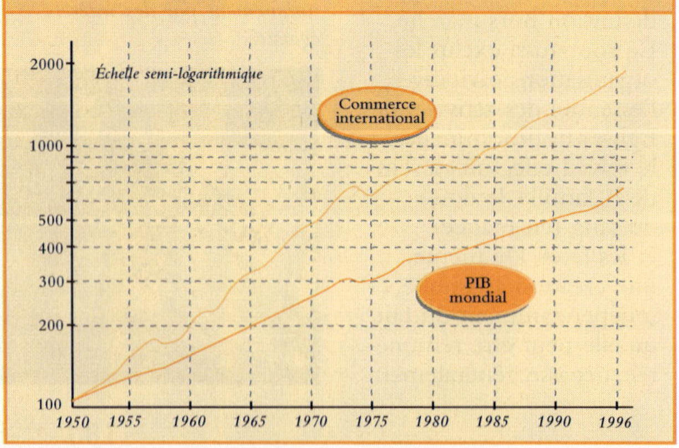

Libre-échange, une règle simple

« Libre-échange » signifie « liberté de circulation des biens économiques entre les pays ». C'est à la fois une pratique, rarement totale, et une doctrine prônée par les économistes libéraux, comme Adam Smith et David Ricardo. L'objectif essentiel est de supprimer les entraves à la liberté du commerce entre les nations, par exemple les droits de douane, et de laisser fluctuer le marché mondial. La hausse des échanges qui s'ensuit serait bénéfique pour la croissance de tous. Cette règle, simple et conforme *a priori* à une certaine réalité (voir le graphique ci-contre), a incité la plupart des États à s'ouvrir et à amplifier leurs échanges, mais seulement dans les secteurs qu'ils jugent porteurs. Les pays développés sont les principaux avocats du libre-échange au sein de l'OMC. ■

L'évolution des droits de douane et du commerce

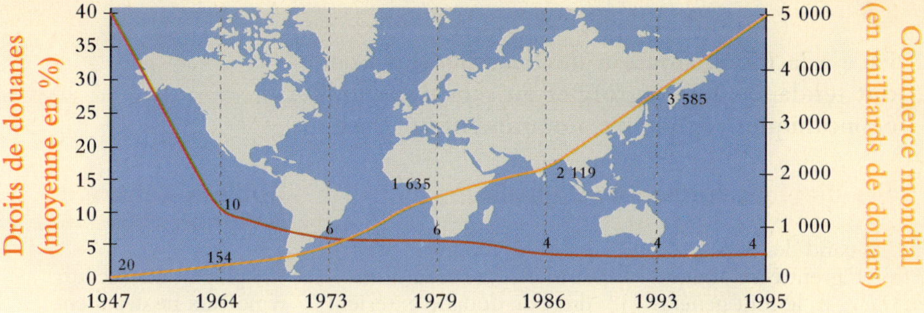

Les droits de douane sont en voie de disparition à la suite de l'action du Gatt/OMC.

Les obstacles au libre-échange

Lorsqu'un pays reçoit des biens ou des services de l'étranger, il peut imposer des conditions d'accueil particulières. C'est notamment le cas quand les produits en question sont moins chers que ceux fabriqués sur son territoire. Le gouvernement peut en effet considérer qu'ils risquent de tuer les producteurs locaux et, afin de protéger ces derniers, il instaurera des barrières tarifaires, soit des droits de douane qui représentent aussi une recette fiscale (leur tendance est nettement à la baisse, comme le montre le graphique ci-dessus), ou des barrières non tarifaires, plus fréquentes, qui correspondent à des quotas, c'est-à-dire à une limitation quantitative d'un certain type d'importation.
Les autorités peuvent aussi fixer des normes de qualité ou de contenu, ou même subventionner l'industrie nationale au détriment des concurrents étrangers. ■

Pourquoi recourir au protectionnisme ?

Le protectionnisme est une doctrine économique qui cherche à favoriser les activités nationales d'un pays. En ce sens-là, on peut dire qu'il s'oppose au libre-échange, dont les effets peuvent être destructeurs pour les producteurs nationaux. En pratique, il tend plus à corriger qu'à détruire le commerce international. Ainsi, l'économiste allemand Friedrich List prônait au milieu du XIXe siècle un protectionnisme temporaire pour les industries naissantes qui risquaient d'être victimes de la concurrence de celles déjà bien installées dans d'autres États. Cette idée a été reprise depuis par nombre de pays développés d'Europe et d'Asie du Sud-Est : le protectionnisme y règne notamment sur l'agriculture et sur certaines industries fragiles. Il s'agit surtout de défendre l'existence de secteurs entiers qui pourraient être balayés par la concurrence de produits beaucoup moins chers venus notamment des pays du tiers-monde. Le protectionnisme se justifie ainsi socialement. ■

Dico → marché

Points clés

L'intégration économique et l'euro

T

Face à la mondialisation des marchés, les États ont tendance à se regrouper au sein d'ensembles économiques régionaux, notamment en Europe.

Les diverses formes d'intégration

Quand des pays s'intègrent économiquement, ils le font généralement au sein d'un ensemble plus vaste qui favorise le développement des échanges entre eux. La mondialisation se caractérise ainsi par une forte augmentation des échanges intra-régionaux, notamment en Europe. Les économistes se divisent sur le sens à donner à cette régionalisation. Certains pensent qu'elle sert à établir une protection contre l'ouverture totale et mondiale des marchés, d'autres qu'elle stimule l'interdépendance.
Il existe plusieurs formes d'intégration, que l'économiste Bela Balassa a hiérarchisées en degrés. Le plus faible est représenté par la zone de libre-échange : les droits de douane et les quotas restrictifs y sont abolis pour les marchandises. Le deuxième niveau est l'union douanière, qui correspond non seulement au libre-échange entre les membres mais aussi à la création d'un droit de douane extérieur commun à l'égard des pays tiers. Le troisième est le marché commun, c'est-à-dire l'ouverture de tous les marchés (des pays membres) à la libre circulation des hommes et des capitaux. L'union économique, le quatrième degré, implique l'harmonisation des politiques économiques. Le dernier est l'union économique et monétaire, qui peut aboutir à une monnaie unique. ■

Du libre-échange à l'union douanière

La plupart des accords régionaux ne dépassent pas le cadre d'une zone de libre-échange. Mais certains pays poursuivent leur intégration vers une union douanière et un marché commun, comme le montre l'expérience réussie du Mercosur (marché commun de l'Amérique du Sud), créé en 1995 en brûlant les étapes. La zone de

L'instauration de l'euro est l'aboutissement d'un processus d'unification.

libre-échange la plus connue est issue de l'ALENA, Accord de libre-échange nord-américain, signé en 1992 entre les États-Unis, le Canada et le Mexique. Celle-ci est devenue un marché intégré où des pays très différents jouent sur leurs avantages comparatifs : le Canada fournit des ressources naturelles, les États-Unis des technologies modernes et le Mexique propose des salaires bas, donc des prix réduits. Les gains économiques n'y sont pas si importants, mais les relations politiques, parfois troubles, entre le Mexique et les États-Unis s'améliorent (ce qui était en réalité le véritable objectif). Toute intégration économique a ainsi des visées politiques stabilisatrices. ■

Signature du traité de Maastricht. L'intégration économique a surtout des visées politiques.

Du marché commun à l'union monétaire

Il n'existe qu'une seule union économique et monétaire au monde : la zone euro, dont font partie onze pays des quinze de l'Union européenne. L'intégration économique européenne avait débuté en 1957 avec l'instauration d'une alliance douanière entre six pays. Elle devait aboutir progressivement à un marché commun dont le processus s'est achevé en 1990 avec la libre circulation des capitaux au sein d'une communauté d'États sans cesse élargie. En 1985, avec le lancement de l'Acte unique, une union économique est envisagée puis opérée en 1993. Elle fixe la suppression de tout obstacle aux échanges et implique notamment une harmonisation des règles en matière de concurrence. En 1992, dans la petite ville de Maastricht, le passage progressif à la monnaie unique (l'euro) est décidé et sera pleinement accompli en juillet 2002. Cette Union économique et monétaire (UEM) suppose que ses membres se plient à des contraintes économiques. ■

Les objectifs de l'intégration économique européenne

L'intégration politique au sein de l'Union européenne vise fondamentalement le maintien de la paix et la constitution d'un bloc de pays démocratiques. Elle repose principalement sur l'intégration économique approfondie. Ainsi, en 1957, ses pères fondateurs pensaient que la guerre entre l'Allemagne et la France n'aurait pas eu lieu si les deux pays avaient coordonné leurs économies pour certains produits stratégiques (acier et charbon en l'occurrence). Aujourd'hui, l'objectif de l'intégration est à la fois politique et économique : concurrencer les deux autres pôles puissants que sont les États-Unis et l'Asie (le Japon et les « dragons »), ce qui suppose une grande stabilité dans une union sans cesse renforcée. ■

Dico → marché • monnaie

Points clés

T

Insertion internationale et développement

Le bien-être économique d'une nation dépend en partie de sa capacité à s'insérer dans le commerce international. Tous les pays développés y réussissent. Les pays du tiers-monde connaissent, eux, des difficultés, souvent faute d'investissements, d'échange égal et de culture capitaliste.

L'insertion des pays en voie de développement

Les pays en voie de développement souffrent d'une industrialisation insuffisante. C'est d'autant plus vrai dans le monde actuel, où le commerce international joue un rôle prépondérant pour le développement économique. L'expérience montre en effet qu'un pays qui peut se spécialiser dans la fabrication de certains biens dont il tire profit en les produisant et en les exportant à grande échelle arrive à financer des importations nécessaires à son propre développement, et notamment des technologies. Grâce au dynamisme de ses entreprises exportatrices, son économie se diversifie par effet d'entraînement (agriculture plus rationnelle, développement des entreprises de sous-traitance…). Mais, sans l'industrie, qui permet d'augmenter la part destinée à l'exportation, il risque l'isolement ou une forte dépendance vis-à-vis de l'étranger (aide et importations alimentaires). La stratégie de promotion des exportations est celle de l'industrialisation par substitution d'exportations (ISE). Opposée au modèle autocentré qui cherche à réduire la dépendance extérieure en développant son marché intérieur, elle se soumet totalement à la demande mondiale des produits primaires transformés ou manufacturés. Les nouveaux pays industriels (NPI) – Corée du Sud, Taiwan et Brésil – ont suivi cette voie. ■

La très faible insertion des PED dans le commerce mondial.

La matrice des exportations

Destination / Origine		Pays développés				Pays en développement					
	Année	Total	Europe	Amérique du Nord	Japon	Total	Afrique	Amérique latine	Asie	Europe de l'Est et ex-URSS	Mo
Pays développés	1980	891	650	166	40	316	65	76	165	42	[illegible]
	1997	2569	1708	638	135	897	66	211	598	126	[illegible]
Pays en développement	1980	401	186	123	82	155	15	45	92	23	[illegible]
	1997	856	3301	370	155	650	27	88	528	30	[illegible]
Monde*	1980	1336	876	291	124	504	84	126	270	144	[illegible]
	1997	3529	2101	1015	295	1584	95	302	1155	209	[illegible]

* y compris l'Europe de l'Est et l'ex-URSS.
(1980 et 1997, tous produits en milliards de dollars).

La croissance ne suffit pas

L'exemple des NPI laisse penser que l'existence d'une industrie exportatrice rentable permet à un PED de se développer.
Cette théorie est fausse puisqu'en réalité la plupart des PED sont exportateurs, notamment ceux dont l'indicateur du développement humain (IDH) est faible. Ils ont souvent trop misé sur un type de production quasi unique (monoéconomie) sans qu'il y ait ni diversification ni même industrie de transformation.
Le Niger, troisième producteur mondial d'uranium, en est un exemple type. Souvent, leurs exportations reposent sur une exploitation rentière de matières premières qui dépend des fluctuations des cours sur le marché mondial. Et, même s'il y a croissance, celle-ci n'a aucun effet sur les autres secteurs.
Les PED souffrent aussi d'une épargne intérieure insuffisante, d'un manque d'investissements directs et du protectionnisme des pays développés à l'égard de certains biens manufacturés. ■

Faut-il s'occidentaliser pour réussir ?

Épargne, investissement, rentabilité, commerce, adaptation au marché... Tous ces impératifs rappellent le modèle du capitalisme à l'occidentale. Il faut, outre le développement de l'individualisme et de la rationalité dite instrumentale, que de nombreux facteurs culturels et religieux jouent en sa faveur. Le libéralisme économique qui en résulte semble être devenu la référence mondiale pour réussir. Faut-il donc s'occidentaliser pour se développer ? L'expérience des Japonais, des Sud-Coréens et, plus encore, des Chinois, dont l'insertion dans le commerce international est incontestable, infirme cette hypothèse. Aucun de ces pays n'est particulièrement occidentalisé.

Le capitalisme asiatique, ici en Corée du Sud, n'est pas forcément calqué sur le modèle occidental.

D'ailleurs, le libéralisme économique est plus pur à l'extérieur de l'Europe – pourtant sa patrie de naissance – où règne souvent l'État-providence et un fort souci de justice sociale. « L'occidentalisation du monde » demeure néanmoins un sujet de débat : la restauration rapide, l'emploi quasi universel de l'anglais et les valeurs véhiculées par la télévision témoignent d'une culture unique mondiale fondée sur des critères d'efficacité à l'occidentale. Mais les spécificités socioculturelles persistent, et les modifications (dues à l'échange) qu'elles peuvent subir ne sont tout au plus que des hybridations culturelles. ■

Dico → sous-développement

La division internationale du travail

T

Le libre-échange incite les pays à se spécialiser dans les secteurs qu'ils jugent porteurs pour leurs exportations. Ils se répartissent ainsi les tâches en fonction des avantages particuliers que chacun y trouve. Cette division internationale du travail (DIT) a pour effet d'accroître leur vulnérabilité.

La définition de la DIT

La division internationale du travail (DIT) correspond à la répartition des tâches ou des différentes spécialisations entre les pays. Elle n'a pas été décidée formellement par une institution mais elle représente une réalité. Les pays qui désirent s'insérer dans le commerce mondial se concentrent sur certains produits qu'ils souhaitent exporter, quitte à importer ceux qu'ils ne peuvent pas ou ne veulent pas produire. L'exemple le plus éclatant et significatif est celui des pays producteurs de pétrole, un bien capital pour l'économie mondiale. Parce qu'ils possèdent cette ressource en abondance et qu'elle est si convoitée par ceux qui ne l'ont pas, ils se sont spécialisés dans son exploitation. Historiquement la DIT opposait les PED producteurs de matières premières ou de base (agricoles et minières notamment) et les pays industrialisés fabricants de produits manufacturés. Aujourd'hui, certains PED se spécialisent aussi dans les biens manufacturés bon marché tandis que les pays développés exportent des produits plus sophistiqués. ■

La matrice des échanges industriels mondiaux entre zones de niveaux de développement différents (1995)

Origine \ Destination	PD	ASD	AUD	EE	Monde	Solde
Pays développés (PD)	56	12	7	2	77	+ 6
Asie en dével. (ASD)	10	5	1	0	16	- 1
Autres pays en développement (AUD)	- 3	0	1	0	4	- 5
Europe de l'Est (EE)	2	0	0	1	3	0
Monde	65	17	9	3	100	0

(en % du commerce mondial de produits manufacturés)

Source : CEPII, in Jacques Adda, *la Mondialisation de l'économie*, © La Découverte & Syros, coll. « Repères », 1998.

Les avantages comparatifs

La théorie des avantages comparatifs est attribuée à l'économiste David Ricardo. Il démontra que tous les pays, même ceux qui n'ont pas d'avantages absolus (ressources naturelles par exemple) par rapport à d'autres, doivent se spécialiser dans les produits pour la fabrication desquels ils sont les meilleurs (ou les moins mauvais). Il prit pour exemple l'échange de vin et de drap entre le Portugal et l'Angleterre. Avec la même quantité de travail, le Portugal pouvait produire 20 mètres de drap et 300 litres de vin alors que l'Angleterre n'en fournissait respectivement que 10 et 100. Cette dernière ne devait pas pour autant abandonner ces deux productions car, si elle continuait à fabriquer des draps, elle pouvait en échanger 10 mètres contre 150 litres de vin portugais, soit 50 % de plus qu'avant. Le Portugal, lui, devait se spécialiser dans le vin, car avec ses 300 litres, il obtiendrait 30 mètres de drap anglais. Grâce à leurs avantages comparatifs, les deux pays étaient donc gagnants dans l'échange. ■

La place des pays en voie de développement (PED) dans les exportations de treize matières premières

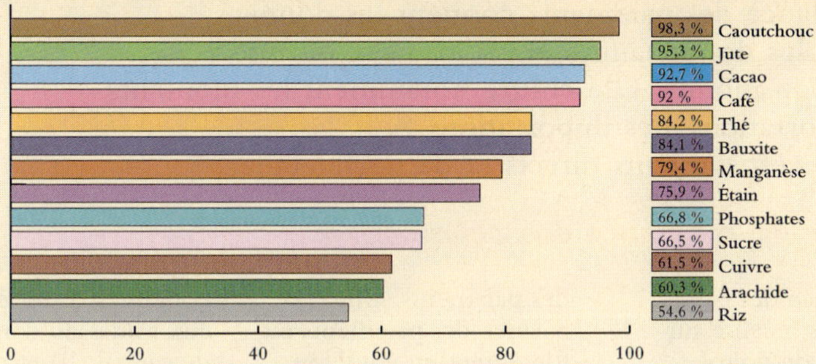

La course à la compétitivité

Fondé sur une DIT rationnelle et sur la théorie des avantages comparatifs, le commerce international peut paraître sain. En réalité, les échanges sur le plan mondial sont souvent inégaux et poussent les pays à la compétitivité. Lorsque les biens se vendent en raison de leur qualité, de leur réputation ou des services fournis par l'exportateur, on parle de compétitivité structurelle. Mais, lorsqu'il s'agit de vendre moins cher que les pays concurrents, on évoque la compétitivité-prix. Celle-ci amène les autorités à baisser les coûts des matières premières et des salaires. Dans les pays développés, les grandes entreprises multinationales, qui jouent un rôle majeur dans l'économie, peuvent délocaliser leur production là où les coûts sont les plus faibles. Le commerce international stimule ainsi la croissance des plus compétitifs. ■

Le lien entre croissance et équilibre extérieur

Une économie extravertie dépend de son commerce extérieur. Plus un pays est spécialisé dans l'industrie exportatrice, plus il doit maintenir l'équilibre entre ses exportations et ses importations. Même en phase de croissance, il ne peut rester en déficit commercial chronique et doit accroître ses exportations. On appelle ce phénomène la « contrainte extérieure ». La DIT classique entre PED, censés produire des matières premières, et pays industrialisés augmentait déjà la contrainte extérieure, pour les PED en particulier. La nouvelle DIT, caractérisée surtout par les flux entre les États du Nord et par le développement du commerce « intrabranche » (voitures allemandes contre voitures françaises, par exemple) dans des économies de plus en plus compétitives (en Europe notamment), rend aussi les pays industrialisés très vulnérables à la contrainte extérieure. En déficit commercial, ils doivent parfois limiter la demande interne, donc la croissance, et attirer à tout prix les clients étrangers. ■

Dico → croissance

Points clés

La balance des paiements

T

Une balance des paiements contient les données comptables des échanges entre un pays, ou une zone, et le reste du monde. Elle chiffre notamment les montants des exportations, des importations et des investissements directs et de portefeuille.

À quoi sert la balance des paiements ?

La balance des paiements recense sur une période donnée (souvent un an) l'ensemble des flux réels (marchandises, investissements directs, brevets) et monétaires entre les acteurs économiques d'un pays (les résidents) et le reste du monde (les non-résidents). Certaines zones, par exemple celle de l'euro, établissent aussi leurs propres balances des paiements. Une balance des paiements est forcément en équilibre, puisque l'écriture des opérations est effectuée en partie double, c'est-à-dire que chaque transaction donne lieu à un « plus » et à un « moins ». Par exemple, l'exportation d'un ordinateur entre à la fois au crédit des « biens » et au débit du « compte financier ». Plus globalement, le solde du compte des transactions courantes (I) est égal aux soldes du compte de capital (II) et du compte financier (III). Le principal intérêt d'une balance des paiements est qu'elle fournit l'analyse des balances intermédiaires – qui, elles, sont excédentaires ou déficitaires (par exemple celle des transactions courantes) – dont on peut tirer certaines conclusions révélatrices sur l'économie nationale. ■

Compte I : les transactions courantes

La balance des transactions courantes rassemble trois soldes : les biens et services (exportation et importation), les revenus et les transferts courants. Pour le premier, un solde positif des biens signifie que le pays (ou la zone) exporte plus de marchandises qu'il n'en importe. Le solde des revenus comptabilise les salaires et les revenus des investissements directs sur le territoire ou à l'étranger. La balance des transferts courants recense les aides versées par les administrations nationales à l'étranger (ou en sens inverse) et les envois de fonds des travailleurs vers l'étranger (ou en sens inverse). En consultant le tableau ci-contre, on constate que la France a un solde commercial très excédentaire (biens et services). Mais ce n'est pas obligatoirement le signe d'une bonne santé économique. Ainsi, aux États-Unis, pays dont nul ne conteste la puissance économique, le solde des biens est très déficitaire. ■

Compte des transactions courantes	
1.Solde des biens	154,1
2.Solde des services	110,9
3.Solde des revenus	23,0
4.Solde des transferts courants	-57,3
A. Solde des transactions courantes (1 +2 + 3 + 4) (en milliards de francs) 1998	230,7

Compte de capital	
5. Solde de compte capital	8,0
B. Capacité de financement de la nation (A + 5)	238,7
Compte financier	
6. Solde des investissements directs	-64,4
7. Solde des investissements de portefeuille	-318,8
8. Solde des autres investissements (dont 8a. Secteur bancaire)	236,6 (284,5)
9. Avoirs de réserves	
Solde du compte financier (6 + 7 + 8 + 9)	-262,3
Erreurs et omissions nettes	23,6
C. Solde à financer (B + 6)	174,3
D. Solde de la balance globale (tous les postes moins 8a. et 9)	

Source : *les Notes bleues de Bercy*, 16-30 avril 1999.

Une version simplifiée des trois comptes formant la balance des paiements française de 1998.

Compte II : le capital

Ce compte regroupe d'une part les transferts de capital des administrations publiques ou d'autres secteurs lorsqu'ils relèvent de l'aide à l'investissement (dans le cadre de l'aide au développement, par exemple) et, d'autre part, les acquisitions d'actifs non financiers (brevets) et les remises de dettes (renonciation à une créance). Pour la France, ce solde est relativement faible (le pays ne bénéficiant que de peu d'aides à l'investissement). En ajoutant le solde de ce compte à celui des transactions courantes, on obtient la capacité de financement du pays (ou de la zone). Si cette somme est négative, le pays a un besoin de financement. La France a, quant à elle, une capacité de financement relativement forte. ■

Compte III : les investissements financiers

Le compte financier recense tous les flux financiers. Si l'on en écarte les avoirs de réserve (variation des réserves de change, soit les flux de la banque centrale), son solde indique si le pays est globalement importateur ou exportateur de capitaux financiers. Les investissements directs sont des implantations sur le territoire (ou à l'étranger) par acquisition d'au moins 10 % du capital d'une entreprise, ainsi que le réinvestissement des bénéfices réalisés par une filiale d'une société étrangère. Les investissements de portefeuille concernent les achats ou les ventes d'actions et d'obligations. Les autres investissements correspondent à des opérations commerciales et à des emprunts entre résidents et non-résidents. Quant au solde à financer, c'est-à-dire celui des transactions courantes (qui regroupe le solde du compte de capital et celui des investissements directs), on y distingue les flux primaires (ou opérations « réelles » : biens, services, dettes, achats et ventes de brevets, etc.) et les flux de devises (dits secondaires), parfois spéculatifs. ■

Dico → balance • investissement

Points clés

Le régime de change

T

Fondamentales pour le règlement des échanges, les relations monétaires entre les pays obéissent essentiellement aux lois du marché. L'abandon des changes fixes à l'échelle mondiale a conduit à une instabilité économique généralisée.

Qu'est-ce qu'un régime de change ?

Un régime de change est constitué par l'existence ou l'absence de règles de variation des cours des monnaies entre elles. Le prix de chaque monnaie est égal à son taux de change et toutes s'échangent sur un marché où les changes peuvent être fixes, flexibles ou totalement flottants.
Le régime de change est l'un des principaux composants d'un système monétaire international, SMI (organisation des relations monétaires entre les pays). Étant donné qu'un SMI, comme celui de Bretton Woods (voir l'encadré), doit assurer une certaine stabilité des taux, il ne peut y être question de changes flottants où les cours varient uniquement en fonction de l'offre et la demande. La plupart des régimes de change étant flottants aujourd'hui, il n'y a plus de véritable SMI. Des fluctuations énormes s'ensuivent qui menaçent les économies fragiles. Seule l'Union monétaire européenne (UME) élimine, pour ses pays membres, ces risques d'instabilité. ■

Le système de Bretton Woods (1944-1971)

Bretton Woods est une petite ville des États-Unis qui, en juillet 1944, accueillit les représentants des 44 pays signataires de la charte de l'ONU. Ils créèrent un système monétaire international et un FMI qui devait veiller au respect des nouvelles règles. C'était un système de changes fixes avec une marge de fluctuation (1 %). Les parités étaient définies en or et par rapport au dollar (convertible en or). Il prit fin en 1971 avec l'abandon de la convertibilité du dollar, qui fluctuait trop, et laissa la place au flottement généralisé.

Les changes fixes

L'expérience et la théorie montrent que des changes totalement fixes excluent des politiques monétaires indépendantes. Ainsi, quand deux (ou plusieurs) pays s'accordent sur une non-fluctuation de leurs taux de change, ils deviennent très proches, voire solidaires, et ne peuvent plus effectuer entre eux de dévaluation compétitive, c'est-à-dire baisser le cours de leur monnaie pour devenir plus attractifs à l'égard des clients étrangers. C'est le cas de la zone euro, système unique au monde qui prévoit d'ici à juillet 2002 la disparition des monnaies nationales.
Un système de changes fixes « normal », comme l'ancien système monétaire européen (SME), permet généralement des fluctuations limitées. Les taux sont d'abord fixés par rapport à un étalon (à un poids d'or, par exemple) ou à

Évolution de la livre anglaise et de la lire italienne contre le franc

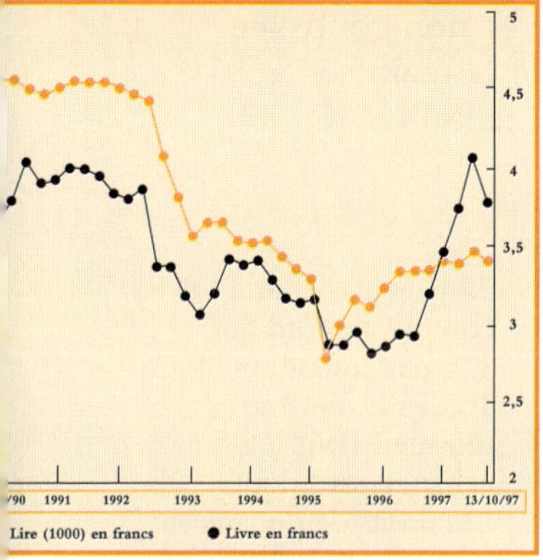

L'évolution de la lire et de la livre, sorties du SME en 1992, contre le franc avant l'instauration de l'UME.

une devise particulière, notamment le dollar, ou encore à une combinaison de plusieurs devises. Il en résulte donc une parité entre une monnaie et une autre, et le marché des changes est maintenu. Lorsque la parité d'une monnaie baisse, la banque centrale du pays concerné est obligée d'acheter sa propre devise pour stimuler la demande et en faire ainsi augmenter le cours. Une dévaluation est possible seulement si les autres pays membres du système sont d'accord. ■

Les changes flottants

Dans le système des changes flottants, la loi du marché règne. Plus une devise est réclamée sur le marché des changes, plus sa valeur augmente (ou s'apprécie). C'est notamment le cas lorsque le pays est en situation d'excédent commercial (les exportateurs veulent leur monnaie nationale). Inversement, quand il connaît un important déficit commercial (les importateurs veulent des devises étrangères), la monnaie est offerte (ou dépréciée). Dans un régime de flottement, les banques centrales ne sont pas obligées d'intervenir mais elles le font quand même si elles estiment que les fluctuations sont trop fortes. On parle alors de « flottement impur ». Le dollar américain et le yen japonais, soit les deux principales monnaies au monde (à côté de l'euro), flottent. De nombreuses crises liées à des mouvements spéculatifs sur le marché des changes flottants, par exemple en Asie en 1997, ont conduit le G7 et le FMI à envisager une nouvelle coopération monétaire. ■

Le système monétaire européen (1979-1997)

Lancé par sept pays de la Communauté européenne, ce système affichait des objectifs différents : l'Allemagne voulait stabiliser le taux de change du Mark alors trop apprécié, tandis que la France et d'autres pays souhaitaient une symétrie. La fixité des taux de change s'établissait par rapport à une moyenne des différentes monnaies (l'ECU, ou *European Currency Unit*). Des fluctuations trop fortes et des dévaluations compétitives ont fourni des enseignements utiles pour la création de l'UME, et notamment la nécessité d'une convergence des politiques monétaires.

Dico → change • monnaie

Points clés

T

Les institutions internationales : OMC et FMI

Pendant longtemps, les États ne se préoccupaient guère des effets parfois néfastes d'une ouverture accrue et non contrôlée des marchés mondiaux. Aujourd'hui, ils tentent de la maîtriser en se concertant au sein d'institutions mondiales, telle l'OMC.

Les institutions du libre-échange mondial

Les États sont de plus en plus conscients de la nécessité de réguler le marché mondial. Car si la « marchéisation » des économies et le libre-échange stimulent le progrès, les clivages entre Nord et Sud se creusent. En se regroupant au sein d'institutions internationales, on essaie donc d'instaurer plus d'équité, comme lorsque la Banque mondiale accorde une aide à un pays du tiers-monde. Mais on mise surtout sur des réformes structurelles pour libéraliser le marché. Car les déséquilibres sont justement dus à un manque de facilité de l'échange économique. Les meilleurs « facilitateurs » sont l'Organisation mondiale du commerce (OMC) et le FMI, seuls organes à même de dicter les règles du libre-échange. ■

L'Organisation mondiale du commerce

De toutes les institutions internationales, l'OMC est la plus récente. Créée en 1995 et basée à Genève, elle est peut-être aussi la plus importante : elle a charge de fixer des règles commerciales et de les faire respecter. Elle existe en fait depuis 1947 (sans instance d'arbitrage alors) sous le nom de GATT. Son principal objectif est d'étendre toute réduction tarifaire (ou obstacle au commerce) négociée entre deux pays à tous les autres pays. Ce principe se nomme la clause de « la nation la plus favorisée ». Réunissant 23 pays au début, l'OMC compte aujourd'hui 135 pays membres, dont 105 PED. Formidable réussite ? Pour le libre-échange, sans doute. Les droits de douane sur les produits industriels sont passées de 40 % en 1945 à 4 % aujourd'hui et le volume du commerce entre les pays a été multiplié par quinze. Mais de nombreux PED se sentent lésés par leur mise à l'écart au profit des pays développés, et la société civile veut contrôler la « marchandisation du monde ». ■

Des paysans français manifestent contre les intérêts américains et les règles de libre-échange de l'OMC.

Le Fonds monétaire international

Issu des accords de Bretton Woods, en 1944, le FMI (Fonds monétaire international) a pour rôle principal de prêter des devises à des banques centrales en déroute. Il doit aussi s'efforcer d'éliminer les déséquilibres durables des balances des paiements des pays. Chaque État membre de cette institution financière, soit pratiquement tous les États du monde, peut recevoir l'équivalent d'une partie de sa quote-part pour combler le déficit de la balance des paiements courants. Mais, au-delà de cette somme, le FMI subordonne l'obtention d'un prêt à l'application par le pays de recommandations plus ou moins contraignantes. Il représente une sorte d'ambulancier financier mondial, en particulier lors des crises financières internationales (Mexico 1994, Asie 1997, Brésil 1999) et en réponse au surendettement de certains pays du tiers-monde. Organisme bancaire basé à Washington, le FMI joue un rôle majeur, très actif, dans la mise en place des réformes structurelles – ou l'ajustement structurel – visant la dérégulation des marchés, notamment dans le tiers-monde. ■

Le débat sur l'ajustement structurel

Lorsque le FMI met des conditions à ses prêts, il impose de fait une politique économique. Dans la majorité des cas, il s'agit de pays du Sud, surendettés et en régression économique depuis les années 1980. Quand il accorde un rééchelonnement de la dette, le FMI décide de changer les prix relatifs pour rendre l'économie plus flexible, plus compétitive et provoquer une croissance. Comment ? Par l'ouverture au marché mondial, par une libéralisation interne (démantèlement et rationalisation des services fournis par l'État, privatisation des entreprises publiques) et par une réduction des déficits budgétaires. Pour valider cette politique, le FMI s'est fondé sur l'expérience des pays du Nord et sur la déroute des économies socialistes. Mais un plan d'ajustement structurel produit toujours, au début, une dégradation, parfois sévère, des conditions de vie. Cette « thérapie de choc » a fait des ravages au Mexique, en Russie (où la malnutrition est de retour) et dans la plupart des pays africains. De plus en plus de pays pauvres et d'ONG soulignent que l'ajustement structurel implique l'acceptation collective d'un modèle ultrarationnel, opposé aux traditions des pays concernés. Il n'y a pas de preuve que l'ajustement mène à de meilleures conditions de vie pour tous. ■

Après la thérapie de choc du FMI en Russie, la nouvelle pauvreté.

Dico → marché

Points clés

T

Termes de l'échange et intérêts nationaux

Un pays qui s'insère dans le commerce international peut être avantagé ou défavorisé. Tout dépend des termes de l'échange (TE), c'est-à-dire du rapport entre le prix et/ou le volume de ses exportations et de ses importations. Une détérioration de ce rapport peut conduire à l'endettement.

Comment mesurer les termes de l'échange ?

Les termes de l'échange indiquent le rapport entre les exportations et les importations. Cette mesure sert à évaluer si les exportations permettent d'acquérir plus ou moins d'importations à une date donnée. Différents types de calcul sont possibles. Si l'on se demande à combien de tonnes de céréales exportées correspond une quantité x de pétrole importée, on doit calculer les TE en volume de ces produits (ou TE « bruts »). On obtiendra alors un prix relatif, sur le modèle : « 1 tonne de céréales vaut 3 barils de pétrole ». Si ce rapport, ou pouvoir d'achat, change d'une année sur l'autre, cela signifie que les TE en volume s'améliorent ou se détériorent. Un autre calcul, plus pratique, consiste à mesurer les TE à partir des prix (ou TE « nets »). Le prix du produit exporté doit être divisé par le prix de celui importé. Le résultat mesure l'évolution du rapport.
Si l'on souhaite calculer les TE nets pour toutes les exportations et importations d'un pays, il faut utiliser les indices des prix, qui donnent l'évolution moyenne (on divise alors l'indice des prix à l'exportation par l'indice de ceux à l'importation). ■

Ces paysans doivent produire de plus en plus pour acheter des biens industriels.

Les termes de l'échange entre pays

Une amélioration ou une détérioration des TE nets ou bruts dans un État ne correspond pas nécessairement à son enrichissement ou à son appauvrissement. Un pays qui doit produire davantage de matières primaires pour obtenir une même quantité de biens industriels importés de l'étranger (situation typique des PED) n'est pas forcément défavorisé dans l'échange car d'autres facteurs entrent en compte, comme le pouvoir d'achat de la monnaie nationale, la qualité des produits et surtout la productivité. Si cette dernière augmente plus que les prix à l'exportation ne baissent (toute chose étant égale par ailleurs), le pays peut être gagnant. Pour évaluer l'éventuelle inégalité de l'échange, les taux de l'échange factoriel doivent être calculés. Il s'agit souvent de mesurer le rapport entre la quantité de travail exigée pour une production exportée et celle contenue dans les importations. Si, par exemple, 2 tonnes de café, produites en deux semaines, valent une voiture, fabriquée en seulement deux jours, il y a inégalité, et la dégradation des TE qui s'ensuit est synonyme d'appauvrissement. ■

Points clés

L'évolution des termes de l'échange des pays du tiers-monde à économie de marché entre 1876-1881 et 1989-1991[a]

	Tous pays	Pays exportateurs de pétrole[b]	Autres pays
1876-1880	66-77	-	-
1928-1929	89-96	-	-
1938	80	-	-
1950-1954	111	100	115
1960-1964	101	101	101
1965-1969	91	89	104
1970-1972	90	98	107
1973-1975	147	236	116
1976-1978	171	300	111
1979-1981	225	484	106
1982-1984	235	549	100
1985-1987	189	365	95
1989-1991	175	310	90

a. 1963 = 100.

b. Vingt pays représentant 17 % de la population des pays du tiers-monde à économie de marché.

Sources : Nations unies, Yearbook of International Trade Statistics, Nations unies (CNUCED), Unctad Handbook of International Trade and Development Statistics, *données de la CNUCED.*

La détérioration récente dans le tiers-monde

Les pays du tiers-monde extravertis dépendent généralement de leurs capacités à exporter des biens primaires ou faiblement transformés. C'est ainsi, et seulement de cette manière, qu'ils obtiennent des moyens de financement auprès des États industrialisés. Ces prêts leur permettent d'importer des produits sophistiqués et de se développer. Les PED en forte dépendance technologique et commerciale sont souvent spécialisés dans une production très limitée, voire unique, de biens comme celle du pétrole (voir pp. 338-339). Si les TE nets se détériorent, en raison d'une baisse des prix par exemple, leur dépendance peut devenir très pénalisante. En effet, le déficit de la balance des paiements courants qui en résulte non seulement réduit leurs possibilités d'importer, mais les conduit souvent à un endettement dramatique. Depuis les années 1950, ce phénomène est fréquent dans la plupart des pays du tiers-monde dont les TE se sont dégradés (voir tableau ci-dessus). Ce déséquilibre s'explique, d'une part, par le ralentissement de la demande des biens primaires (sauf pour le pétrole) alors que l'offre augmente et, d'autre part, par le fait que les gains de productivité dégagés du secteur primaire impliquent souvent une baisse des prix à l'exportation, alors que ceux issus de l'industrie, notamment dans les pays développés, font surtout augmenter les salaires et/ou les bénéfices. Enfin, les rares industries des PED, pétrolières ou autres, profitent très peu aux populations en raison d'une redistribution insuffisante. ■

Dico → sous-développement

Points clés

Consommation collective et privée

2 1 T

La consommation est un acte simple et quotidien. Mais en économie, c'est une notion assez complexe : la consommation peut en effet être finale ou intermédiaire, marchande ou non marchande, privée ou collective.

Consommation finale et intermédiaire

Consommer, c'est utiliser des biens et des services pour satisfaire ses besoins. L'utilisation dans le vocabulaire courant du terme « consommation » correspond à la notion économique de « consommation finale ». Celle-ci est qualifiée de « finale » car elle n'a pas pour objectif de participer à la fabrication d'autres biens, contrairement à la consommation des entreprises, dite « intermédiaire », qui nécessite, dans le processus de fabrication, l'utilisation d'autres produits qui peuvent être totalement détruits (l'énergie, par exemple) ou transformés (c'est le cas des matières premières). ■

Consommation privée et collective

Lorsqu'on consomme des biens et des services qui s'achètent sur un marché, il s'agit d'une consommation marchande. Les biens et les services qui n'y sont pas échangeables constituent la consommation non marchande. Il s'agit de services collectifs (éclairage public, police, éducation, etc.) qui sont gratuits, ou quasiment, puisque leur prix éventuel est souvent inférieur à leur coût de production. L'autoconsommation (lorsqu'un ménage utilise sa propre production, par exemple les légumes de son jardin) est aussi une forme de consommation non marchande, de même que les travaux domestiques et les services rendus entre voisins à titre gratuit. ■

Lorsqu'on utilise un bien ou un service gratuitement, à tarif réduit ou en étant remboursé, il s'agit d'une consommation collective, fournie en général par les administrations publiques.

Consommation marchande et consommation non marchande

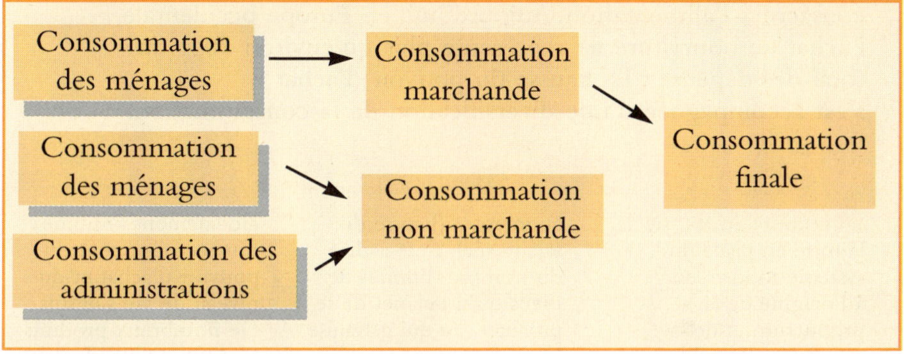

Les variations de la consommation

La consommation joue un rôle fondamental dans le fonctionnement de l'économie, et sa variation entraîne celle de la demande. Plusieurs auteurs ont étudié ce phénomène. Selon Keynes, la consommation totale des ménages s'accroît lorsque le revenu national augmente, mais pas de façon proportionnelle. En effet, lorsque le revenu s'élève, l'épargne progresse plus rapidement que la consommation. Keynes a aussi constaté que la propension moyenne à consommer (le rapport de la consommation au revenu) dépend de la situation sociale. Pour les populations aux faibles ressources, la quasi-totalité de leur revenu est absorbé par la consommation. Lorsque les ressources d'un ménage sont élevées, la consommation peut être forte mais sa part dans leur revenu est néanmoins décroissante. Ainsi, plus l'inégalité dans la répartition des revenus est grande, plus la propension moyenne à consommer est faible. Keynes suggère qu'il est possible d'accroître la consommation globale en augmentant le revenu national ou en réduisant les inégalités sociales. Critiquant cette approche, Milton Friedman avance que la consommation ne dépend pas du revenu courant des ménages (celui de l'année en cours) mais de leur revenu permanent, c'est-à-dire de l'ensemble des sommes qu'ils ont perçues les années antérieures et de celles qu'ils espèrent dans l'avenir. Pour l'économiste Modigliani, les variations de la consommation ne sont pas uniquement liées aux modifications du revenu. Il insiste sur l'importance des variables démographiques et du cycle de vie, et distingue trois périodes. Entre 20 et 35 ans, les ménages ont tendance à s'endetter ; entre 35 et 60 ans, ils préfèrent épargner et, après 60 ans, ils consomment plus qu'ils n'épargnent. ■

Dico → consommation • épargne • revenu

Points clés ② ①

Pouvoir d'achat et niveau de vie

Autrefois, le budget des familles était presque intégralement consacré à l'alimentation. Aujourd'hui, en Europe occidentale, l'achat de nourriture ne représente plus qu'environ 20 % du total des dépenses. La hausse du pouvoir d'achat s'est accompagnée d'une diversification de la consommation.

Le bond des Trente Glorieuses

Au cours du XXe siècle, la mise en place du système fordiste est à l'origine de la production et de la consommation de masse. La période des Trente Glorieuses, caractérisée par une croissance exceptionnelle, voit le revenu réel des ménages augmenter (hausse du salaire réel, c'est-à-dire du nombre d'unités de biens qu'il permet de se procurer), ce qui galvanise la consommation. D'autant qu'en même temps, les prix réels des produits (soit le nombre d'heures travaillées pour les acquérir) ont globalement diminué. Un accroissement du pouvoir d'achat et du niveau de vie s'ensuit. De nombreux produits se diffusent rapidement, et la grande majorité des foyers s'équipe d'un réfrigérateur, d'un lave-linge, d'une automobile, d'un téléviseur, etc. En 1857, le statisticien Engel a démontré que, lorsque le revenu s'accroît, la part des dépenses consacrée à l'alimentation diminue, celle destinée à l'habillement reste stable, tandis que celle dédiée à la culture, aux loisirs et à la santé tend à augmenter. Cette théorie est connue sous le nom de « loi d'Engel ». ■

Les élasticités transversales au revenu

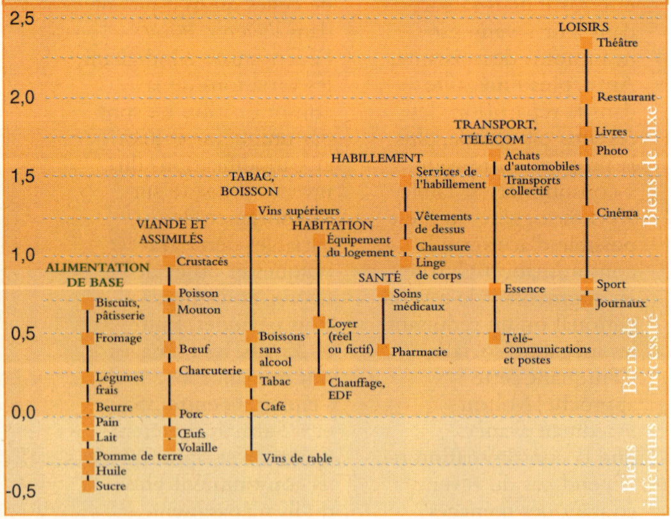

La consommation des biens de luxe augmente plus que proportionnellement à la hausse du revenu, celle des biens inférieurs diminue.

La structure de la consommation

Lorsqu'on étudie l'évolution des coefficients budgétaires (c'est-à-dire de la part relative de chacune des dépenses de consommation), la loi d'Engel se vérifie. Depuis les années 1970, on observe ainsi une baisse relative du poids de l'alimentation et de l'habillement. Les dépenses qui connaissent une croissance plus élevée que celle du revenu concernent les loisirs, le logement et la santé. Ce mécanisme s'explique en partie par l'évolution des revenus et des prix relatifs des différents produits. En général, lorsque les prix de ces derniers diminuent, leur consommation augmente. Cependant, cette baisse des prix n'entraîne pas systématiquement une hausse de la demande, celle-ci pouvant se déplacer vers des biens plus élaborés, au détriment des produits traditionnels, et vers ceux dont la publicité vante une image plus moderne. Des facteurs non économiques interviennent ainsi dans l'évolution de la consommation. ■

Les coefficients budgétaires de la consommation des ménages

	1970	1980	1997
Alimentation, boissons, tabac	24,5*	21,4	17,9
Habillement	9,6	7,3	5,2
Logement, chauffage, éclairage	15,3	17,5	22,5
Meubles, articles ménagers, entretien	10,2	9,5	7,3
Services médicaux et de santé	7,1	7,7	10,3
Transports et communications	13,4	16,6	16,3
Loisirs, enseignement, culture	6,9	7,3	7,4
Autres biens de services	13	12,7	13,1

* *En % de la consommation totale.*

La consommation : un phénomène social

Les mécanismes actuels de la consommation semblent liés aux transformations de la société (changements dans la famille, diffusion du modèle de la maison individuelle, augmentation de l'activité féminine et importance croissante des personnes du troisième âge). L'âge et le type de profession exercée expliquent les différences de structures de la consommation entre les individus. La consommation de masse et la standardisation des produits n'ont pas entraîné pour autant une homogénéisation des comportements. Si le niveau de vie a globalement augmenté, les disparités sociales sont toujours présentes et s'accentuent, notamment celles liées au statut social, qui s'accompagnent, chez certains, de la recherche d'une distinction. La consommation prend alors la forme d'un « effet de signe » et devient ostentatoire. ■

L'objet consommé peut devenir un symbole, permettant aux individus de se distinguer.

Dico → prix • revenu

Points clés

T

Les prestations sociales (mimima sociaux, RMI)

Les minima sociaux remplissent une fonction de redistribution, de lutte contre la pauvreté et d'insertion professionnelle auprès des plus démunis. Ils jouent également un rôle dans l'économie puisqu'ils permettent à la consommation de ne pas s'effondrer en cas de crise.

Les minima sociaux

Les minima sociaux consistent en des aides versées sous condition de ressources qui viennent compléter les revenus des allocataires. On estime aujourd'hui que plus d'une personne sur dix voit ses conditions de vie en dépendre. Leur montant est calculé d'après les ressources du foyer et leur attribution dépend de la situation de chacun.

Il en existe plusieurs types : le minimum vieillesse, le minimum invalidité, l'allocation adulte handicapé, l'allocation de parent isolé, l'allocation d'assurance veuvage, l'allocation de solidarité spécifique, l'allocation d'insertion, le RMI. ■

Un tiers des allocataires touchent le RMI durant moins de six mois, et plus de la moitié (54 %) durant moins de deux ans.

La durée maximale passée comme allocataire du RMI

Durée	Effectifs (en %)
6 mois	33
1 an	43
1 an et demi	49
2 ans	54
2 ans et demi	58
3 ans	61
3 ans et demi	64
4 ans	66

Source : INSEE, enquête RMI, 1998

Le revenu minimum d'insertion (RMI)

En France, le système de protection sociale vise à couvrir les risques de chômage, maladie, maternité, vieillesse ainsi que la famille. Or, à partir des années 1980 s'est développée une population très pauvre qui ne bénéficiait pas de cette couverture. Le revenu minimum d'insertion a été mis en place en 1988 pour lutter contre cette pauvreté et favoriser l'insertion. Il présente plusieurs originalités : d'une part, il est universel alors que, jusqu'à sa création, les minima sociaux étaient destinés à certaines catégories de population. N'importe quelle personne âgée de plus de 25 ans peut obtenir ainsi, sous condition de ressources, le RMI. D'autre part, son principe est novateur car il associe à une prestation (qui peut être considérée comme un droit) un contrat qui constitue une démarche volontaire d'insertion de la part du bénéficiaire. Le législateur a su proposer ainsi une aide intermédiaire, à la fois conditionnelle et inconditionnelle. Plutôt qu'un véritable engagement, le contrat que signe le Rmiste représente la reconnaissance de son droit à l'insertion sociale et professionnelle. Il peut s'agir d'insertion professionnelle mais aussi d'actions visant à « l'autonomie sociale » (stages, soins médicaux, etc.).

Article 37 de la loi de 1988

L'insertion proposée aux bénéficiaires du revenu minimum d'insertion et définie avec eux peut, notamment, prendre la forme :
- d'activités d'intérêt collectif [...];
- d'activités ou de stages d'insertion dans le milieu professionnel [...];
- de stages destinés à l'acquisition ou à l'amélioration d'une qualification professionnelle;
- d'actions destinées à aider les bénéficiaires à retrouver ou à développer leur autonomie sociale.

Les revenus minimaux sont-ils une forme de désincitation au travail ?

Les minima sociaux sont accusés par leur détracteurs de constituer un frein à l'efficacité économique et de « désinciter » au travail. Ils entraînent en effet une diminution de l'utilité du travail par rapport au loisir. Le fait de travailler peut engendrer une disparition de certaines allocations soumises à condition de ressources. Dans certains cas, il entraîne même une baisse du revenu disponible – on parle alors de « trappe à pauvreté ». Dans les pays anglo-saxons, on s'interroge sur la nécessité d'un engagement de la part du bénéficiaire de l'allocation, obligé de se soumettre à une contrepartie – traduit par le terme *workfare*, un néologisme formé de la contraction du mot *work* « travail » et de *welfare* « aide sociale ». Dans le cas du RMI, les débats sont moins vifs puisque celui-ci n'est ni un simple droit à l'assistance, ni une aide soumise de façon univoque à une contrepartie. Le contrat d'insertion est en effet discuté avec l'allocataire, et non imposé. Ce système traite chaque cas de façon individuelle : la population bénéficiaire n'est pas appréhendée de manière uniforme. De plus, le montant est toujours inférieur à un revenu d'activité. Le bilan de sa mise en place est positif : la rotation des allocataires dans le dispositif est assez rapide. Toutefois, la majorité des postes futurs sont des emplois aidés par les pouvoirs publics, des emplois précaires et/ou à temps partiel.

Pour l'attribution du RMI, chaque cas est individualisé.

Points clés 1 La monnaie, formes et fonctions

Les économistes s'interrogent sur la fonction de la monnaie : est-elle un outil pratique qui sert d'intermédiaire dans les échanges ou un instrument de cohésion sociale ?

Les fonctions de la monnaie

La monnaie peut être définie par ses différentes fonctions, dont les trois principales sont les suivantes :

- La monnaie est une unité de compte. Elle permet de mesurer la valeur des produits, des échanges et des revenus.
- La monnaie est un intermédiaire des échanges. Elle les favorise et résout les problèmes posés par le troc – cette transaction « donnant-donnant » qui limite les possibilités d'échanges économiques. Pour les théoriciens classiques et néoclassiques, la monnaie est neutre : elle sert simplement à faciliter les échanges. L'économiste Jean-Baptiste Say notait en 1803 que, même avec l'usage de la monnaie, *« les échanges terminés, il se trouve toujours qu'on a payé des produits avec des produits »*. La monnaie est « *un voile* » et ne modifie pas la réalité de l'économie (production et emploi).
- La monnaie est une réserve de valeurs. Lorsque les individus disposent d'argent, ils ne sont pas obligés d'acheter dans l'immédiat et peuvent choisir d'épargner. Selon Keynes dans son ouvrage *Théorie générale de l'emploi et de la monnaie,* en 1936, les agents utilisent la monnaie dans l'objectif de l'échanger (motif de transaction) ou de l'épargner (motif de précaution) lorsque l'avenir semble incertain. L'économiste évoque également un troisième usage possible : celui de la spéculation. La théorie keynésienne considère que la monnaie n'est pas neutre. Elle influence les comportements des individus, qui peuvent décider de reporter leur acte de consommation. La monnaie possède donc un impact sur l'économie. ■

Un fait social total

Pour les anthropologues et certains économistes, définir la monnaie par ses fonctions est trop réducteur. Ils rejettent en effet sa conception instrumentale. Pour eux, la monnaie est, selon l'expression donnée par M. Mauss en 1925, « *un fait social total* ». Elle participe au lien social, s'inscrit dans les croyances, la religion, symbolise le pouvoir, etc. Elle concerne la société dans son ensemble et ne peut être réduite à des dimensions économiques. La valeur de la monnaie repose sur des règles sociales et sur la confiance que l'on y place. Elle est aussi un signe de pouvoir : les économies affaiblies sont celles qui ont le plus de difficultés à conserver la valeur de leur monnaie, comme le prouve l'effondrement du rouble en Russie en 1998. ■

Les formes de la monnaie

La monnaie prend différentes formes à travers les époques et les sociétés. On en distingue essentiellement quatre :

- La monnaie marchandise; on paie avec des biens usuels, comme le bétail, les coquillages, etc.
- La monnaie métallique. Elle apparaît dans l'Antiquité sous la forme de pièces fabriquées en métaux précieux (cuivre, bronze, argent, or). Le développement des échanges a conduit à l'abandon du métal précieux, trop rare et peu pratique, pour la fabrication.

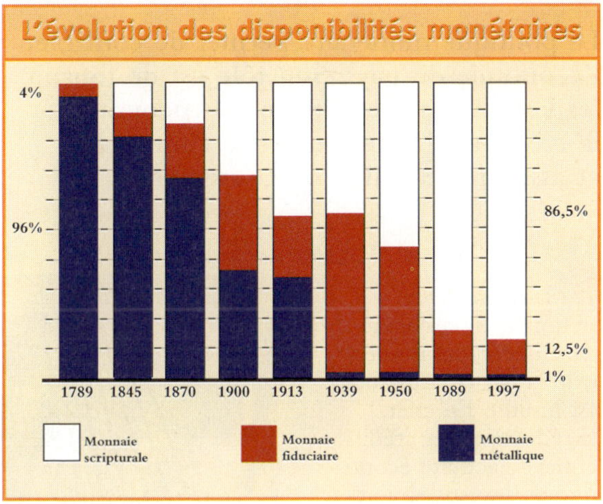

Depuis 1789, l'évolution des disponibilités monétaires a été considérable avec la disparition quasi totale de la monnaie métallique.

- La monnaie fiduciaire. À partir du XVIIe siècle, des banquiers privés commencent à émettre des billets. La faillite spectaculaire, en 1720, de la banque fondée par John Law oblige, par la suite, la banque centrale à garantir les billets par de l'or. Les pays vont émettre de plus en plus largement de la monnaie fiduciaire, de façon à mieux répondre aux besoins croissants du développement de l'économie.
- Enfin, la monnaie scripturale, récente puisqu'elle apparaît au XXe siècle. Elle circule à l'aide de supports comme les chèques ou les cartes de crédit. Aujourd'hui, cette forme domine largement et tend à dématérialiser peu à peu la monnaie. On passe ainsi de formes concrètes à d'autres, plus abstraites, de la monnaie. ■

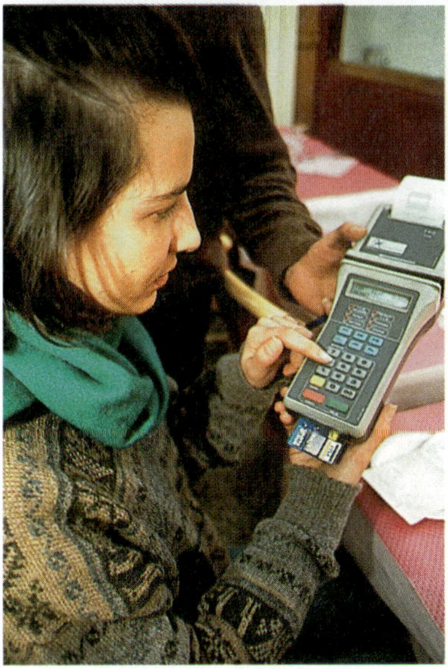

De nos jours, la monnaie scripturale est de loin la forme la plus répandue, comme en témoigne la généralisation des cartes de paiement.

Dico → monnaie

Points clés

La politique monétaire

1 T

La politique monétaire permet de contrôler l'économie du pays. Son rôle est de fournir les liquidités nécessaires pour encourager la croissance, lutter contre le chômage et assurer la stabilité de la monnaie.

Ses objectifs finals

Si la quantité de monnaie en circulation dans une économie est trop faible, la croissance est limitée. En effet, la réduction des crédits entrave l'activité économique (investissement, consommation, production). À l'inverse, lorsque la masse monétaire est trop abondante, des tensions inflationnistes peuvent apparaître. Les moyens de paiement dont disposent les agents sont alors supérieurs à la quantité de biens et de services offerts. La demande étant supérieure à l'offre, une hausse des prix s'ensuit. Une masse monétaire excessive provoque aussi des tensions sur le plan extérieur car elle engendre une demande importante de produits étrangers qui entraîne un besoin accru de devises étrangères. La valeur d'échange de la monnaie nationale risque d'en souffrir sur le marché international. À long terme, la politique monétaire consiste à promouvoir une croissance équilibrée. Ses objectifs sont résumés par le « carré magique » proposé par l'économiste N. Kaldor : stabilité des prix, plein emploi, croissance, équilibre extérieur. ■

Siège de la Banque centrale européenne à Francfort.

Ses objectifs intermédiaires

Pour atteindre une croissance équilibrée à long terme, une politique monétaire doit se fixer des objectifs intermédiaires, pour la gestion du niveau de la masse monétaire et le contrôle des taux d'intérêt. Elle établit également les objectifs de change. En fonction du taux de croissance du PIB et de l'inflation attendue, les autorités déterminent le taux de croissance de la masse monétaire pour l'année. Si la banque centrale souhaite limiter le recours au crédit, elle durcira les contraintes imposées aux banques et, par différents moyens, restreindra leur accès aux liquidités. À l'inverse, elle atténuera les contraintes si elle souhaite inciter les banques à multiplier les crédits. Pour stimuler ou freiner la croissance, les autorités monétaires ont également la possibilité de jouer sur les taux d'intérêt. Des taux faibles facilitent l'accès au crédit et incitent à l'investissement et à la consommation. Des taux élevés limitent l'accès au crédit, favorisent l'épargne et évitent les tensions inflationnistes. Une politique monétaire peut aussi être menée dans l'objectif de maîtriser le niveau du taux de change de la monnaie nationale. Le gouvernement cherche alors à faire apprécier la monnaie à l'aide d'une politique monétaire restrictive dont le but est de faire baisser les prix des importations et donc de réduire l'inflation. Au contraire, une politique monétaire expansionniste peut viser la dépréciation de la monnaie dans l'objectif d'encourager les exportations. ■

Les politiques monétaires récentes

Les exemples qui suivent illustrent différents types de politiques monétaires mises en œuvre ces dernières années.

- La politique menée par Paul Volker aux États-Unis à partir de 1979 avait l'objectif de contrôler rigoureusement la masse monétaire de façon à maîtriser l'inflation. Les liquidités des banques furent réduites et les taux d'intérêt augmentèrent de façon importante. Cette politique permit l'appréciation du dollar mais provoqua une hausse mondiale des taux d'intérêt et une crise d'endettement dans les PVD.
- En Europe, la politique de change prit une place de plus en plus importante à partir de la mise en place du système monétaire européen (1979). En France, une politique du « franc fort » fut mise en place en 1982. L'objectif de la rigueur monétaire était d'encourager la désinflation. Depuis, le projet de la monnaie unique en Europe a renforcé encore davantage la volonté de maîtriser l'inflation, et la stabilité des prix est devenue la priorité. On considère que les autres objectifs (croissance, emploi et équilibre extérieur) lui sont subordonnés.
- Au début des années 1990, les États-Unis ont assoupli leur politique monétaire tout en réalisant un effort d'assainissement budgétaire. Cette nouvelle politique a contribué à assurer la croissance durable de leur PIB durant la décennie 1990. ■

Dico → équilibre économique • inflation • monnaie

Points clés

Les taux d'intérêt

1

Lorsqu'un agent emprunte un capital pendant une certaine période, il doit payer un intérêt à son créancier, c'est-à-dire un «loyer de l'argent». Le niveau des taux d'intérêt est l'une des préoccupations majeures des autorités.

Taux courts et taux longs

La notion de taux d'intérêt renvoie à de multiples indicateurs. On peut notamment distinguer les taux d'intérêt à long, moyen et court terme. Les deux premiers concernent des emprunts sur une période relativement longue et servent en général à l'investissement. Pour le dernier, l'échéance porte sur quelques jours à plusieurs mois. En principe, les taux d'intérêt à moyen et long terme sont plus élevés que ceux à court terme. En effet, plus le risque pris par le créancier s'étale dans le temps, plus le niveau du taux est élevé. Il compense ainsi notamment les possibles défaillances de l'emprunteur et les incertitudes liées à l'inflation. Cependant, il arrive que les taux courts soient plus élevés que les longs, comme cela fut le cas au début des années 1990. ■

Taux réels, taux nominaux

On établit une autre distinction entre le taux d'intérêt nominal, qui correspond à celui fixé lors de l'emprunt, et le taux réel, qui est représenté par le taux nominal déduit du taux d'inflation. Cette différenciation prend toute son importance lors des période de forte inflation. Ainsi, au début des années 1970, les taux nominaux étaient élevés tandis que les taux réels étaient faibles, voire négatifs, car l'inflation était forte. Aujourd'hui, les taux nominaux sont plus faibles mais les taux réels sont relativement hauts, du fait d'une faible inflation ■

Les déterminants des taux

Les taux d'intérêt longs et les taux courts ne sont pas déterminés de la même façon. Les premiers sont établis d'après le marché des capitaux, donc en fonction du rapport entre l'épargne et l'investissement. Lorsque la demande de fonds est plus élevée que l'offre, ils sont plutôt à la hausse. Le niveau des taux à court terme résulte de la politique menée par les autorités monétaires. La banque centrale détermine leur niveau selon les objectifs de la politique économique. Ainsi, lorsque le gouvernement craint une augmentation de l'inflation, il augmente le niveau des taux d'intérêt de façon à ralentir l'activité. Cette démarche est aussi censée attirer les capitaux étrangers pour permettre une appréciation de

la monnaie nationale. En 1979, la politique menée par Paul Volker aux États-Unis visait à lutter de façon prioritaire contre l'inflation. Elle provoqua une majoration importante des taux d'intérêt, attira les investisseurs à la recherche d'une rémunération élevée et engendra une hausse du dollar ainsi qu'un redressement de la balance des capitaux. En revanche, l'endettement extérieur s'aggrava et le déficit de la balance des transactions courantes s'amplifia du fait de la hausse du dollar. ■

Un débat théorique

Pour les théoriciens classiques et néoclassiques, le niveau des taux d'intérêt est déterminé par l'équilibre entre l'offre et la demande des fonds prêtables. Ainsi, certains agents épargnent (souvent les ménages) pendant que d'autres ont besoin de capitaux pour investir (généralement les entreprises). Quand la demande de financement est forte, le taux d'intérêt s'élève et les agents sont enclins à épargner. Mais plus ce taux est haut, moins les investissements sont rentables et plus la demande de capitaux diminue. Le niveau du taux d'intérêt se forme donc au point d'équilibre entre ces deux mécanismes. Sa variation lui permet d'assurer l'équilibre entre l'épargne et l'investissement. Pour Keynes, il y a égalité entre épargne et investissement mais les décisions qui commandent l'une et l'autre sont de nature différente. L'épargne constitue un résidu qui correspond à la partie du revenu qui n'est pas consommée. Les taux d'intérêt reflètent, selon lui, le degré d'inquiétude des agents. Quand ces derniers manquent de confiance dans l'avenir, ils préfèrent posséder des liquidités, ce qui fait augmenter les taux d'intérêt. ■

Au cours des dix dernières années du XXe siècle, les taux d'intérêt à court et à long terme ont évolué de manière différente.

L'évolution des taux d'intérêt à long et court terme

Le graphe ci-dessous retrace l'évolution des taux d'intérêt à long terme (obligation d'État à dix ans) et celle des taux d'intérêt à court terme (taux à trois mois) en France depuis 1987

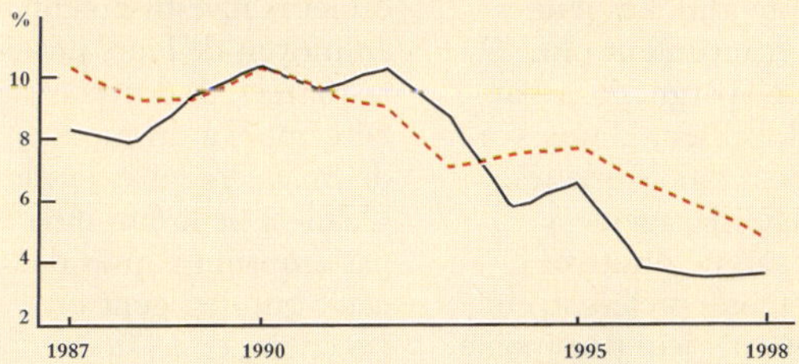

Source : © *Alternatives économiques,* hors série 4e trimestre 1998, d'après source OCDE.

Points clés

Le financement de l'économie

1 T

Dans une économie, certains agents ont des besoins de financement. C'est le cas des entreprises qui souhaitent investir, de l'État qui doit faire face à ses dépenses et des ménages qui désirent acquérir un logement ou un autre bien durable.

Besoins et épargne

Traditionnellement, l'État et les entreprises ont des besoins de financement. Le gouvernement tire ses ressources des impôts et des emprunts, mais son budget est rarement excédentaire. Les entreprises peuvent s'autofinancer en utilisant leurs profits, mais, cette forme de financement ne suffisant généralement pas, elles doivent rechercher des capitaux extérieurs. Dans l'ensemble, les ménages dégagent une épargne dont le pourcentage varie en fonction de leur âge et de l'efficacité du système de retraite. L'économiste F. Modigliani a ainsi émis l'hypothèse que le taux d'épargne évoluait parallèlement au cycle de vie des individus. Les jeunes actifs empruntent plus qu'ils n'épargnent (achat d'un logement, d'une voiture etc.) tandis que les plus âgés dégagent une épargne positive. Les retraités préfèrent, eux, consommer leur patrimoine et n'épargnent plus. ■

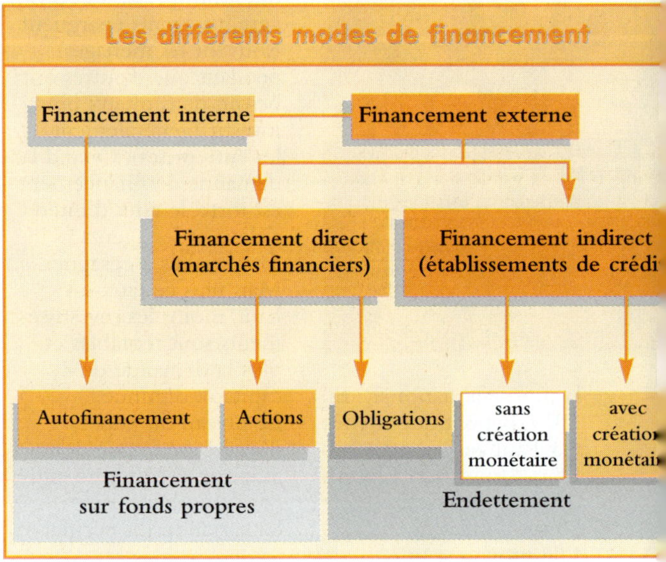

Financement externe et interne

Lorsque les agents économiques ne peuvent pas assurer leurs achats ou leurs investissements au moyen de leurs propres ressources, ils doivent faire appel à un mode de financement externe. Celui-ci peut être direct par emprunt auprès de ceux qui dégagent un excédent, et il s'opère alors généralement sur les marchés financiers où s'échangent actions et obligations.
Le financement externe peut aussi s'effectuer de façon indirecte, par le biais d'un intermédiaire financier. Ainsi, les banques collectent des ressources financières et les prêtent à ceux qui en sont demandeurs sous forme de crédits. ■

Un financement désintermédié

En France, pendant la période des Trente Glorieuses, le financement externe s'opérait essentiellement de façon indirecte : l'État octroyait des aides à divers agents économiques. Puis, à partir des années 1960, le système bancaire joue le rôle de principal intermédiaire. Lorsque le financement d'une économie s'effectue essentiellement de manière indirecte, on parle d'« économie d'endettement ». Les marchés de capitaux sont peu développés et restent cloisonnés, l'épargne y est globalement insuffisante et on doit recourir aux crédits bancaires (ce qui favorise la création monétaire). À partir de 1980, les marchés financiers deviennent déréglementés, désintermédiés et décloisonnés. Les réglementations en matière de change sont abolies de façon à laisser le capital circuler au-delà des frontières, et les entreprises peuvent se financer sur le marché sans passer par un intermédiaire. La part du crédit bancaire dans l'économie diminue de façon importante. Cette politique de déréglementation, influencée par les idées libérales de retour à cette époque, visait principalement à éviter l'inflation et à favoriser l'investissement grâce à une plus grande diversité des méthodes de financement. ■

La Bourse de Paris : un symbole du développement des marchés financiers.

Le développement des marchés financiers

Avec le décloisonnement, les marchés nationaux se sont ouverts. Le système financier international est devenu un immense marché interconnecté en permanence grâce à l'informatique. Cette ouverture a entraîné un risque important d'instabilité, appelé le « risque de système »: un accident localisé sur un marché particulier peut en effet se propager à l'ensemble du système. ■

Dico → épargne

Points clés

Contrat social, nation et pouvoir

P

Les pouvoirs publics sont les autorités qui possèdent le pouvoir exclusif d'imposer des décisions à tous les citoyens. L'État repose sur ces pouvoirs. Ils lui ont été théoriquement confiés par le peuple qu'il représente sur un territoire défini.

L'origine de l'État

L'État moderne est une forme d'organisation politique qui détient le monopole du pouvoir de contraindre. Il dispose d'une administration, ou bureaucratie, et de règles fondamentales. En général, un État repose sur une classe dirigeante. Ce type d'organisation émerge lentement vers la fin du Moyen Âge en Europe où l'essentiel des pouvoirs était toujours détenu par les seigneurs féodaux. Plus fondamentalement, l'État, depuis toujours, est censé reposer sur un pacte entre dominés et dominants. En philosophie politique, on appelle cela un contrat social : c'est en effet l'acte par lequel les individus abandonnent leur liberté à une collectivité souveraine qui doit garantir la sécurité et la protection de tous. C'est le passage, hypothétique, de l'état de nature à la société. D'après le philosophe anglais T. Hobbes (1588-1679), l'état de nature se caractérisait par une guerre de tous contre tous. Les individus ont donc accepté l'établissement du pouvoir absolu d'un souverain. John Locke (1632-1704), son compatriote, pensait, au contraire, que les hommes avaient donné au souverain un pouvoir limité par des droits fondamentaux. Jean-Jacques Rousseau (1712-1778), considérait, lui, que l'état de nature, idyllique, était abandonné au profit d'un État devant réaliser le bien-être général. Les trois philosophes ont ainsi donné une justification à trois régimes d'États modernes : le régime fort, la démocratie parlementaire soumise au droit et la démocratie populaire (voir les pages 368-369 et 372-371). ■

Signature de la déclaration d'indépendance des États-Unis en 1776, inspirée par les idées « civiques » de John Locke.

La problématique création de l'État palestinien a été négociée à Washington avec l'aide de la diplomatie américaine.

Les critères d'un État

Quand exactement y a-t-il État ? Quand il y a une population, pour commencer. Cette population correspond très souvent à un peuple uni par des liens différents. On l'appelle une nation. Ses éléments constitutifs sont notamment une langue, une religion, une ethnie, une histoire ou un rêve partagés. Quand l'État correspond à une seule nation, il s'agit d'un État-nation. Certains États européens sont des États-nations depuis le début, comme les pays scandinaves, d'autres le sont devenus, comme la France. De nombreux autres ne le sont pas, comme par exemple la Belgique. Le deuxième critère est géographique. Il faut un territoire clairement délimité par des frontières. À titre d'exemple, l'autorité palestinienne qui ne disposait pas de territoire délimité pendant longtemps ne pouvait pas être considérée comme un État. Le troisième critère concerne le pouvoir. Un État a une seule autorité politique qui exerce la souveraineté. Lorsqu'un pays connaît une guerre civile, il a sur son sol au moins deux autorités politiques en concurrence. La même situation prévaut quand ce pays est envahi par un autre État. La nécessité d'avoir un pouvoir exclusif ne concerne pas seulement les sujets : le monde extérieur exige un pouvoir unique comme partenaire afin de reconnaître l'État en question. ■

La notion de pouvoir

Peu de mots en sciences sociales sont aussi difficiles à cerner que le pouvoir. Beaucoup de sociologues, mais pas tous, envisagent le pouvoir comme une relation entre au moins deux personnes. Le pouvoir représente alors la capacité d'une personne à se faire obéir par d'autres personnes.
S'il s'agit forcément d'un rapport inégalitaire, le pouvoir suppose généralement un consentement ou une adhésion.
Le pouvoir politique, c'est-à-dire le pouvoir suprême, est l'objet d'une compétition entre groupes différents, mais doit toujours se situer au-dessus des intérêts particuliers. Cela signifie qu'il lui faut à la fois utiliser sa puissance (la police, par exemple) et montrer sa légitimité (soit qu'il se fonde sur des valeurs reconnues ; voir pages 364-365). Sans cette crédibilité, il ne peut exercer son pouvoir. Les pouvoirs publics sont puissants parce qu'ils sont en relation avec les citoyens. ■

Dico → nation

La légitimité du pouvoir

1

Sommes-nous d'accord sur l'essentiel avec ceux qui nous dirigent ? Sommes-nous majoritairement prêts à reconnaître leur pouvoir ? Si tel est le cas, ces autorités ont la légitimité, quel que soit leur régime politique ou leur éventuelle légalité.

Quel pouvoir est légitime ?

Le Général de Gaulle gagne la légitimité avant d'être légalement élu.

Le terme légitimité se réfère à ce qui est accepté et reconnu de fait dans une société. Ainsi, une autorité qui jouit de la reconnaissance, même tacite, de la plupart de ses sujets, est légitime. Cela ne signifie pas nécessairement que le pouvoir en question est légal, c'est-à-dire soumis à des règles d'un droit formel. Un exemple représentatif : la manière dont le Général de Gaulle acquière sa légitimité en 1944 à Paris ; ses actes et paroles au nom des Français sont manifestement acceptés et reconnus par la plupart des habitants, mais l'homme n'est alors légalement élu par personne. In extenso, on peut imaginer un pouvoir politique légitime qui n'est ni démocratique, ni légal, ni respectueux des droits de l'homme. C'est le cas de très nombreux États africains et asiatiques dirigés par des autorités autoproclamées, pas toujours respectueuses des lois qu'elles sont censées respecter. L'important est que ces autorités soient reconnues par leurs sujets et par l'étranger, représenté, par exemple, par les Nations unies. Lorsque cette légitimité s'effrite, en général parce que les sujets n'acceptent plus l'ordre qui leur est imposé, il y a renversement du pouvoir. Nombre de révolutions ont eu lieu en raison de cette crise de légitimité du pouvoir. La Révolution française de 1789 et l'effondrement du système soviétique en 1989-1991 en sont deux exemples célèbres. ■

Les trois types de domination légitime chez Weber

Le pouvoir doit généralement se justifier. Max Weber distingue quatre types de justification possibles : la tradition, les liens affectifs, les normes éthiques et la légalité. Mais comment s'impose-t-on effectivement ? Weber aborde trois modes de légitimité qui produisent trois formes de domination. D'abord, la légitimité charismatique : c'est le pouvoir exercé par un chef, et lui seul, qui s'impose par son charisme et/ou sa réputation d'homme sacré ou exemplaire. Il peut être prophète, leader politique ou sauveur. Le second type est la légitimité traditionnelle, exercée en vertu de la tradition, un peu à l'instar de nos anciennes sociétés féodales. La troisième forme est la légitimité légale ou rationnelle. Ici, le pouvoir repose sur des lois et des relations impersonnelles entre dominés et dominants. La plupart des États modernes ou « rationnels » s'imposent par leur légitimité légale. La forme la plus extrême est l'État bureaucratique où les règles s'appliquent à tous sans tenir compte des relations personnelles. Comme souvent dans ce type de distinctions, ces trois modes ne s'excluent pas mutuellement. Un État peut être dirigé par un « grand chef », souvent issu de la société traditionnelle, et qui obéit aussi à des critères de légalité. La légitimité est comme le pouvoir : floue, peu mesurable, voire insaisissable, mais toujours détenue par un acteur dans la société. ■

La chute du mur de Berlin en novembre 1989 : l'État de l'ex-RDA perd sa légitimité.

Légitimation et souveraineté

La légitimation est le processus par lequel reconnaissance et acceptation sont obtenues auprès des dominés. Elle a pour cadre habituel un pays, ou un territoire très circonscrit, où les populations partagent les mêmes valeurs et références. Lorsque les autorités d'un État concluent un traité avec d'autres États, en conférant certaines compétences à un pouvoir supranational, l'État abandonne de fait une partie de sa souveraineté. Ce phénomène pose parfois problème aux autorités concernées dans leurs relations avec les dominés. Ces derniers subissent les décisions d'un pouvoir supranational qu'ils peuvent ne pas considérer comme légitime. C'est le cas de certains pays européens où les populations n'ont pas été consultées sur l'acceptation de l'Union européenne et de l'euro. Les conflits de souveraineté suscitent souvent des problèmes de légitimation. ■

Dico → légitimation • légitimité

Points clés

1

Pouvoir central, pouvoir local et pouvoir communautaire

Les compétences des pouvoirs publics sont de plus en plus souvent réparties à des niveaux différents. Si l'État central détient toujours le pouvoir suprême, il est en concurrence avec les pouvoirs locaux et le pouvoir communautaire.

La nécessaire répartition des pouvoirs

Un État ne peut pas, de la capitale, tout contrôler dans un pays. Chaque gouvernement, aussi centralisateur soit-il, doit donc déléguer une partie de son pouvoir, sans pour autant l'abandonner. Il s'appuie sur des relais au niveau local ou régional.
La déconcentration – une forme moderne de cette pratique – consiste ainsi à donner des pouvoirs de décision à des agents qui, en travaillant « sur le terrain », comprennent mieux les besoins et les attentes des administrés.
La décentralisation – un autre type de répartition des tâches, d'une plus grande ampleur – vise l'indépendance des pouvoirs locaux, dont les compétences sont clairement définies par la loi ou la Constitution. L'État peut aussi transférer certains de ses pouvoirs à une entité supranationale, européenne par exemple. Il abandonne alors volontairement une partie de son pouvoir, souvent après avoir consulté ses citoyens. ■

Le pouvoir central

En France, le pouvoir central est exercé par le chef de l'État et le gouvernement, auxquels s'ajoutent les ministères et les administrations centrales. Toutes ces unités dirigeantes déterminent la politique nationale. Le Parlement, dont le pouvoir législatif s'impose à l'exécutif, peut y être inclus. En France, le pouvoir central fut longtemps associé à la personne du gouvernant (un homme fort, un roi, exerçant son pouvoir sans aucune légitimité). Il s'est institutionnalisé à partir du XVIe siècle et, désormais, les dirigeants à la tête de l'État représentent un système qui ne disparaît pas avec eux. En France, l'État central est traditionnellement plus développé que dans la plupart des autres pays occidentaux, qui acceptent plus facilement le principe d'une relative autonomie locale ou régionale. ■

Le Conseil européen, qui rassemble les gouvernants des quinze États de l'Union européenne, forme un pouvoir supranational.

Les pouvoirs locaux

En France, le pouvoir local, représenté par des élus, est indépendant de l'État central. Il correspond aux nombreuses compétences transférées aux communes, aux départements et aux Régions lors de la réforme sur la décentralisation, en 1982. Les collectivités locales et territoriales existaient avant cette date (pour les communes et les départements), mais les lois de 1982 ont accru leurs pouvoirs décisionnels et ont donné le même type de statut à la Région. Désormais, les conseils généraux des départements et les conseils régionaux – c'est-à-dire leurs « parlements » – élisent leurs autorités exécutives respectives (représentées auparavant par le préfet). Les collectivités locales ont ainsi acquis certaines compétences. La commune est chargée, par exemple, de l'urbanisme, des écoles maternelles et primaires et de certains services de proximité. Le département, au budget plus imposant, gère l'aide sociale et les collèges alors que la Région a la charge des lycées et de la formation professionnelle et accorde des subventions à certaines entreprises. ■

Le maire d'une commune représente le pouvoir le plus local et souvent le plus proche des électeurs.

Le pouvoir européen

Le pouvoir communautaire est exercé par l'Union européenne (UE) depuis sa naissance officielle, le 1er janvier 1993. Auparavant, ce pouvoir revenait à la Communauté économique européenne, instituée en 1957. L'UE repose sur trois piliers : une série de « communautés européennes » de nature commerciale, une politique étrangère et de sécurité commune, ainsi qu'une coopération en matière de justice. Elle porte également le projet d'une union politique, économique et monétaire à laquelle la France a adhéré. Les institutions européennes sont formées par le Conseil des ministres (principal organe de décision), le Conseil européen, le Parlement européen (aux pouvoirs très restreints), la Commission et la Cour de justice. La France, qui participe activement à ce pouvoir de type supranational, perd, de fait, une partie de sa souveraineté. Elle doit se plier, comme les quatorze autres États membres, à certaines décisions prises à la majorité et, plus généralement, aux règlements et aux directives édictés par l'Union européenne. ■

Dico → politique économique

Points clés

La démocratie

1 T

La démocratie est le règne du plus grand nombre de citoyens. Ce régime suppose des élections régulières, la séparation des pouvoirs et la liberté d'expression. Tous les États occidentaux peuvent être considérés comme démocratiques.

Le gouvernement du peuple

Le mot démocratie provient du grec *démos*, peuple, et de *cratos,* gouvernement ou règne. À l'origine, le peuple n'était guère respecté au sein des cités antiques grecques. C'est pourtant là, au Ve siècle av. J.-C., que les premières bases de la démocratie sont jetées. L'idée que les citoyens puissent être libres et égaux devant le pouvoir et que leurs décisions soient prises à la majorité des voix (sauf celles des femmes et des esclaves) s'impose. De nos jours, la démocratie repose sur la participation de tous sans distinction particulière, sauf celle de la nationalité. Il s'agit souvent d'un système représentatif, la démocratie directe étant difficile à organiser. Droit de vote et éligibilité dans des élections libres, universelles et régulières ; liberté d'expression et d'opinion ; équilibre des pouvoirs et possibilité d'alternance sont quelques-unes des pratiques démocratiques. Elle suppose aussi l'existence de contre-pouvoirs, (presse et syndicats) et une société civile forte. ■

L'exécutif est représenté par le président et le gouvernement; le législatif par l'Assemblée.

La séparation des pouvoirs

« Le pouvoir arrête le pouvoir », disait Montesquieu. En bon héritier de John Locke, il fonde la théorie de la séparation des pouvoirs au XVIIIe siècle. Il distingue la fonction législative, confiée à des assemblées représentatives, la fonction exécutive, assurée par le chef de l'État et le gouvernement, et enfin la fonction judiciaire, tenue par des juridictions. Ces trois organes, notamment le législatif et l'exécutif, doivent être indépendants. Ils permettent alors un équilibre des pouvoirs. Ce principe, essentiel dans toute démocratie moderne, exclut théoriquement l'abus massif du pouvoir d'un membre de l'exécutif, par exemple. Il vise fondamentalement la protection des libertés des citoyens. ■

La démocratie en France (Ve République), un régime semi-présidentiel

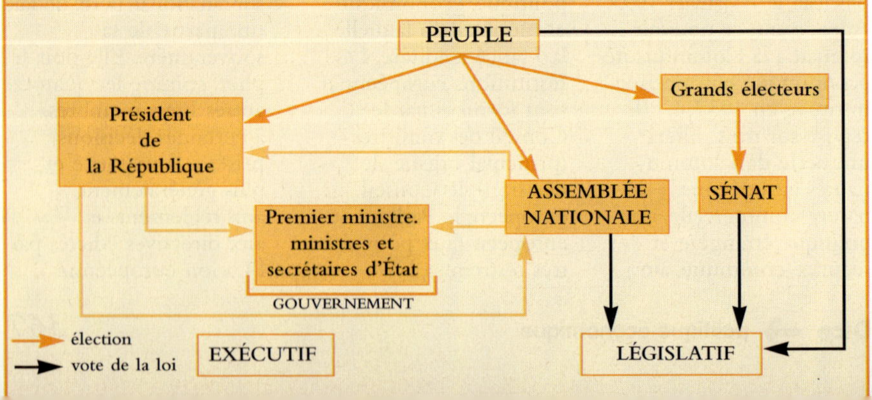

Les différents régimes démocratiques

Dans une démocratie, il existe deux méthodes pour obtenir l'équilibre des pouvoirs. La première est celle du régime parlementaire. Le chef de l'État – un roi ou une reine dans les monarchies parlementaires – a pour fonction principale, voire unique, de choisir le chef du gouvernement, qui représentera la majorité du Parlement. Ce dernier, le Premier ministre, et son gouvernement exercent le « vrai » pouvoir exécutif. Il est responsable devant le Parlement qui, en cas de rupture de confiance, peut obtenir la démission du gouvernement. Mais le Président possède aussi le droit de dissoudre le Parlement et peut alors provoquer de nouvelles élections. Le régime présidentiel constitue la seconde méthode.

Nelson Mandela, ancien président élu de l'Afrique du Sud, incarne la difficile démocratisation des pays du Sud.

Le président est ici le personnage principal. Chef de l'État et du gouvernement, il ne dépend pas du Parlement (qui peut être d'une coloration politique différente de la sienne), mais du peuple qui l'a élu. Le Parlement est totalement indépendant de l'exécutif, qui ne participe pas à l'activité législative. Le président ne peut pas dissoudre le Parlement et ce dernier ne peut obtenir la démission du chef de l'État, sauf en cas de faute majeure. Le modèle français de la Ve République est un système semi-présidentiel : le chef de l'État est élu et ses vastes pouvoirs exécutifs diffèrent de ceux du Premier ministre. Le Parlement français peut néanmoins provoquer la chute du gouvernement. ■

Un phénomène occidental ?

La démocratie existe surtout en Occident. À l'exception du régime à l'exécutif fort d'ex-Yougoslavie (Serbie), la démocratie est omniprésente en Europe. Mais également en Amérique du Nord, au Japon, en Australie et en Nouvelle-Zélande. Certains pays émergents en Amérique latine (Brésil) et en Asie du Sud-Est et l'Inde peuvent être considérés comme démocratiques, même si on y dénombre de très nombreuses insuffisances. Ailleurs, les démocraties réelles sont rares, notamment dans les PED. La démocratie est-elle le propre des pays riches et occidentaux ? Non, mais la pauvreté de masse empêche généralement le bon fonctionnement de la démocratie. Le pays africain qui semble réussir le mieux sa démocratisation est aussi l'un des plus riches : l'Afrique du Sud. Mais, après l'élection présidentielle, l'adoption d'une Constitution démocratique et l'application des libertés publiques, on constate une série de problèmes : corruption massive, abus de pouvoir et prolifération de mafias. Rappelons que les démocraties occidentales se sont établies après des siècles d'efforts. Les pays du Sud, décolonisés depuis peu, ne peuvent s'y employer que depuis trois à quatre décennies. ■

Dico → opinion publique

Points clés 1

Partis politiques et consultations politiques

Notre société est une communauté politique formée de citoyens. Ceux-ci s'expriment et se mobilisent à travers des partis politiques et des actions collectives et participent ainsi au bon fonctionnement de la démocratie.

La démocratie suppose la participation

En principe, tous les hommes sont des citoyens, ce qui signifie que chacun est doté d'un certain nombre de droits civiques et politiques au sein de la nation à laquelle il appartient. En réalité, la reconnaissance de ces droits n'existe que dans les démocraties et dans les sociétés où le pouvoir est légitime (voir pp. 364-365). La citoyenneté implique l'adhésion à une communauté nationale et l'accomplissement de certains droits. Elle confère notamment la capacité et le droit de participer aux décisions concernant la société civile et la sphère politique. La démocratie suppose et exige la participation des individus, notamment par l'acte de vote. La citoyenneté englobe aussi le droit à la protection de l'État, la possibilité de revendiquer ses droits et celle de rejoindre ou de fonder un mouvement social ou politique. ■

Les partis politiques

Un parti politique est un groupe de citoyens qui partagent une même opinion politique. Sa vocation est de présenter des candidats aux élections de façon à être représenté au sein des instances du pouvoir. Il s'agit d'une organisation durable dont l'espérance de vie dépasse celle des élus. Pour assurer sa propre survie, un parti politique doit chercher un soutien populaire. Il est donc toujours plus ou moins représentatif des citoyens. ■

Le mouvement social de décembre 1995 en France. Un moment important de mobilisation citoyenne visant à défendre la Sécurité sociale.

L'action collective

Les citoyens s'expriment individuellement en votant, en essayant de faire pression sur des élus ou en adhérant à un parti politique. Toutes ces démarches passent par un intermédiaire (un élu, un cadre politique, etc.). À l'inverse, l'action collective est menée par un groupe créé spontanément qui s'adresse directement, en tant que force sociale autonome, aux dirigeants. Ses revendications sont souvent en nombre restreint, ce qui permet de mobiliser d'autant plus facilement des individus motivés. Sa forme la plus emblématique est la manifestation où l'on clame publiquement, haut et fort, un message afin d'intéresser l'opinion publique et de produire un effet sur la classe politique. D'une ampleur plus large, le mouvement social implique non seulement la manifestation, mais aussi la grève (en cas de conflit social) et l'occupation de bâtiments par exemple. Ces phénomènes se multiplient actuellement au détriment de la participation conventionnelle. ■

Une favela au Brésil, pays où les citoyens n'utilisent pas leurs droits, pourtant légitimes, pour exprimer leurs revendications.

Qui s'exprime ?

Toutes les démocraties autorisent les citoyens à s'exprimer librement pour revendiquer leurs droits et mobiliser l'opinion publique. Pourtant, les plus défavorisés, ceux qui sont en bas de l'échelle sociale, n'utilisent pas ce droit. L'abstentionnisme politique illustre particulièrement bien cette situation : parmi ceux qui votent le moins, on trouve les pauvres, les ouvriers, les femmes au foyer, les chômeurs et les jeunes. La socialisation politique intègre mieux les cadres, les salariés et les diplômés, qui parlent généralement le langage des dirigeants, partagent leur culture, s'approprient facilement leurs références et s'estiment plus concernés par le politique que les autres. Ce dysfonctionnement, particulièrement présent dans les démocraties aux inégalités socioéconomiques importantes, comme les États-Unis et le Brésil, renforce encore davantage les disparités existantes. Un citoyen qui ne s'exprime pas et qui ne participe pas au monde politique s'exclut en effet lui-même de la société. ■

Dico → communauté • opinion publique

Points clés

①

Le totalitarisme et les régimes autoritaires

Le totalitarisme est un système politique qui repose sur une idéologie et sur l'omnipuissance de l'État. Les autres régimes autoritaires sont caractérisés par les tendances dictatoriales d'un pouvoir unique. Ils s'opposent à la démocratie et excluent le développement d'un État de droit.

La célébration internationale du 70e anniversaire de Staline : la force de séduction du totalitarisme.

Diriger sans partager

Dans un régime autoritaire, ou dit « fort », le pouvoir exécutif tend à s'accaparer tous les pouvoirs législatifs et judiciaires. Théoriquement, un tel gouvernement peut ne pas être illégitime, mais il l'est généralement de facto. Il s'impose aux administrés en usant de violence, en réprimant l'opposition et en limitant très fortement l'existence des contre-pouvoirs (presse, autres groupes politiques, etc.). Il vise son propre maintien au pouvoir et s'oppose donc à la démocratie et à l'État de droit. Contre toute attente, les régimes autoritaires auraient beaucoup de défenseurs à travers l'histoire des sciences et de la philosophie politiques. On cite souvent le Florentin Nicolas Machiavel qui, dans son ouvrage *Le Prince* (1513), délivre des conseils à ceux qui souhaitent garder le pouvoir. « Tous les moyens sont bons pour parvenir à cette fin », dit-il, en évoquant notamment « la nécessaire répression rapide et féroce ». Mais on oublie souvent que Machiavel prônait surtout l'installation d'un État organisé et républicain, qui n'existait pas alors. De même, le philosophe anglais Thomas Hobbes dans *Leviathan* (1651), défendait l'absolutisme des États monarchiques, mais il le faisait au nom de la nécessité d'installer un ordre soumis au droit. ■

L'origine du totalitarisme

Le totalitarisme est une forme extrême de despotisme ou de tyrannie.
Il repose sur la coercition des gouvernants qui agissent dans l'objectif de conserver le pouvoir. Dans un système totalitaire, les hommes sont réduits à des choses, manipulées par les dirigeants au nom d'une idéologie. Un tel régime n'est pas synonyme d'absolutisme, où les hommes sont des sujets dotés de certaines libertés et où le pouvoir n'est pas la propriété exclusive du roi. Selon la première théoricienne du totalitarisme, l'Allemande Hanna Arendt (1906-1975), ce système n'équivaut pas non plus à toute forme d'autoritarisme, car ce dernier ne repose pas forcément sur une idéologie. Le pouvoir totalitaire se singularise par sa capacité à détruire le lien social et l'autonomie du citoyen au profit d'un « ordre nouveau », parfois séduisant et donc d'autant plus diabolique, et par son extrême brutalité à l'égard de toute opposition, réelle ou imaginaire. Les deux formes de totalitarisme les plus connues sont aussi les plus récentes : le nazisme et le stalinisme. Ils ont tous deux prôné l'élimination systématique de peuples entiers et l'ont, en partie, réalisée. Le génocide d'environ six millions de Juifs perpétré au nom de l'idéologie aryenne, et les massacres et déplacements forcés de millions de paysans organisés par le pouvoir stalinien sont les illustrations les plus macabres du totalitarisme moderne. Pour Hanna Arendt, cette terreur vise l'application d'une idéologie basée sur des « lois » de l'Histoire. ■

Les régimes autoritaires modernes

Le monde d'aujourd'hui voit un certain développement des gouvernements pluralistes et démocratiques. Mais tous les États se revendiquant officiellement « démocratiques » ne le sont pas forcément. Par exemple, la « République démocratique du Congo » (l'ancien Zaïre) remplit tous les critères d'un régime fondé sur la force. De même, les républiques dites « populaires », souvent communistes (Chine par exemple), n'ont rien de très populaires. En réalité, la plupart des États actuels sont soumis à des gouvernements plus ou moins autoritaires.
Si les régimes totalitaires comme ceux de Corée du Nord ou de Birmanie se raréfient, on assiste néanmoins à une multiplication de fausses démocraties peu idéologiques, notamment en Afrique. Dans ces pays, dont la Tunisie, les pouvoirs créent eux-mêmes leur opposition tout en réprimant la vraie : ils contrôlent et censurent l'information des médias, s'immiscent dans des mouvements populaires, truquent les résultats des scrutins et leurs parlements sont dominés par des hommes issus de la «tendance présidentielle». Dans ces cas, on assiste souvent à un culte de la personnalité du chef organisé par les pouvoirs. ■

Ben Ali, président tunisien et autocrate moderne, réélu en 1999 avec 99,44 % des votes.

Points clés 1

État de droit : la protection de l'individu

En démocratie, les institutions publiques sont soumises au droit. Elles doivent respecter les lois imposées par le législateur et les décisions d'une justice indépendante. Un État de droit défend les citoyens et les libertés publiques contre l'arbitraire de l'État.

Les fondements juridiques de l'État

L'État démocratique repose sur des normes juridiques. Les plus importantes d'entre elles sont contenues dans la Constitution, écrite ou coutumière. Presque tous les États du monde en possèdent une, car cette loi fondamentale ne porte pas obligatoirement en elle-même un caractère démocratique. Un dictateur peut parfaitement écrire sa propre loi. En démocratie cependant, c'est le peuple qui élabore la Constitution. Ses règles définissent et limitent le pouvoir étatique. Citons, par exemple, l'article premier de la Constitution française du 4 octobre 1958 : « La France est une république indivisible, laïque, démocratique et sociale. Elle assure l'égalité devant la loi de tous les citoyens sans distinction, de race ou de religion ». Le changement d'une Constitution doit être voté par le Parlement à la majorité qualifiée. Les lois élaborées par le Parlement peuvent, elles aussi, limiter le pouvoir des dirigeants. La justice, par définition indépendante dans une démocratie, peut sanctionner un abus de pouvoir étatique ne respectant pas la loi. ■

La liberté de la presse, une liberté fondamentale dans une démocratie.

Quel droit ?

La notion de droit pose parfois problème. On distingue trois types de droit : le droit positif, écrit, voté et formellement valable ; celui de la majorité, imposé par la majorité parlementaire parfois contre une importante minorité ; et enfin le droit naturel, coutumier et hérité d'une tradition, comme certaines libertés publiques. En sciences politiques, le problème suivant se pose régulièrement : si le Parlement, représentant le peuple ou la volonté majoritaire, est considéré comme souverain, au nom de quoi peut-on lui opposer d'autres droits, dits fondamentaux, mais qu'il n'a pas votés ? Certains régimes parlementaires ne se posent pas la question et laissent le Parlement voter des lois en contradiction avec la Constitution. D'autres régimes prévoient un contrôle obligatoire de la constitutionnalité, par exemple les États-Unis. En France, le Conseil constitutionnel peut recommander une censure ou indiquer au législateur les conditions d'application de la loi. ■

Les libertés publiques

Quatre formes de libertés publiques existent : les libertés de la personne, de communication, d'entreprendre et enfin d'agir en groupe. Protégées par les Constitutions des régimes démocratiques, ces libertés figurent presque toutes dans la *Déclaration des droits de l'homme et du citoyen* de 1789. Elles représentent ainsi un principe immuable de la démocratie moderne : aucun Parlement n'en a jamais supprimé une. Formulées par nombre de philosophes (Locke, Tocqueville, Stuart Mill) au nom du droit naturel, les libertés publiques ne sont cependant pas évidentes. La liberté de la presse, par exemple, est de nature à gêner le pouvoir. Celle de constituer un parti, également. D'ailleurs ces deux libertés sont, historiquement, les plus réprimées et contrariées. Mais où s'arrête la liberté ? La liberté d'entreprendre risque, par exemple, de s'opposer à l'égalité, autre principe fondateur de la démocratie. Comment définir les limites ? Chaque démocratie résout ce problème en fonction de ses priorités politiques. ■

Quel recours face à l'arbitraire de l'État ?

Dans un État de droit, à l'inverse des régimes despotiques ou totalitaires, le législateur prévoit d'emblée que l'État peut ne pas respecter les droits des citoyens. C'est par exemple le cas lors d'un contrôle de la constitutionnalité des lois. Lors d'un abus de pouvoir public, le recours d'un citoyen reste le tribunal qui peut sanctionner le fonctionnaire fautif. Mais quand l'État lui-même sombre dans l'arbitraire, que faire ? La seule solution est de porter plainte auprès d'une organisation internationale dont fait partie l'État en question. En Europe, c'est la Cour européenne de justice qui peut trancher les cas individuels, en appliquant la Convention européenne des droits de l'homme de 1950 (ou la Convention signée par le pays). En cas de condamnation, l'État met un temps considérable à réparer sa faute, s'il la répare. C'est souvent le poids de l'opinion publique, relayée par la presse, qui l'oblige à reconnaître son erreur. Ainsi, en démocratie, la société civile, ou les individus, s'impose en s'exprimant librement. ■

L'attentat contre le Rainbow Warrior *de Greenpeace, exécuté par des agents français, a été dénoncé à la suite d'une campagne de pression.*

Dico → opinion publique

Points clés

État-gendarme et État-providence

1

Un État a des devoirs obligatoires que nul autre ne peut assumer. S'il se contente d'assurer des services minimaux, en laissant toute place au marché, c'est un État-gendarme. S'il intervient dans l'économie pour réduire l'injustice sociale, c'est un État-providence.

Les devoirs de l'État

Un État, démocratique ou autoritaire, doit remplir certaines charges qu'aucun autre acteur ne peut organiser à sa place. Ces cinq principaux devoirs sont liés à la souveraineté du pays et au respect de l'ordre et de la sécurité. Le premier concerne la défense du pays contre une menace extérieure. Les autorités disposent ainsi d'une armée et de services de renseignement extérieurs. Le deuxième intéresse l'ordre intérieur ou public. L'État, ayant le monopole de la coercition, forme des policiers ou des gendarmes et des agents de services de sécurité. Le troisième consiste à arbitrer des litiges entre citoyens, à juger des délits et des crimes et à veiller au respect des lois (en démocratie, le pouvoir judiciaire est obligatoirement séparé de l'exécutif). Le quatrième renvoie aux contacts et relations avec l'étranger et au monde diplomatique. Enfin, le cinquième réside dans le financement des services et des investissements par le biais de la fiscalité, c'est-à-dire par prélèvement des impôts et des taxes. Dans un pays démocratique, son budget doit obligatoirement être voté par le Parlement. Au-delà de ces domaines, existent de nombreuses autres possibilités d'intervention qui dépendent des priorités politiques des gouvernants : éducation, affaires sociales, politique d'emploi, etc. ■

Un des devoirs de l'État, qui a le monopole du droit de contraindre, est d'assurer l'ordre public à l'aide de policiers.

Les revendications populaires, comme les grèves de 1947, incitent fortement l'État à réguler l'économie.

L'État-gendarme

La forme la plus pure d'un État-gendarme se contente d'assurer les devoirs minimaux et obligatoires. Il laisse ainsi un champ ouvert, très vaste, aux initiatives des citoyens et au marché. Il ne s'occupe pas des problèmes causés par ce dernier, ni des injustices sociales. Les États occidentaux fonctionnaient tous ainsi jusqu'à la fin du siècle dernier. Le terme « État-gendarme » fait ainsi référence à une période historique, mais il évoque aussi une réalité contemporaine. Selon la théorie économique libérale, l'État doit laisser chacun poursuivre son intérêt personnel, car la résolution des problèmes sociaux et économiques se fait automatiquement, ou presque, par la « main invisible » du marché. Cette théorie du non-interventionnisme de l'État dans la régulation de l'économie et dans la redistribution justifie une politique actuellement menée dans certains pays occidentaux et asiatiques qui visent un État-gestionnaire. ■

L'État-providence

L'État-providence, en théorie économique, s'oppose à l'État-gendarme. Il ne se contente pas, en effet, de veiller au bon fonctionnement du marché, il redistribue des revenus en fonction des besoins et il régule l'économie. Pourquoi ? D'une part, parce que les gouvernants de ces pays considèrent qu'assurer le bien-être matériel des citoyens fait partie de leur devoir et nécessite donc une intervention. D'autre part, parce que l'État-providence trouve ses origines dans les revendications populaires de divers mouvements politiques imposants depuis la fin du siècle dernier et après la guerre, notamment en Europe. La représentation d'un gouvernement en lutte contre la pauvreté et le chômage et en faveur des minima salariaux est une idée assez populaire. C'est pourquoi il s'est fortement développé depuis 1945. Il véhicule aussi l'idée, de plus en plus contestée, que la démocratie, basée sur des droits civiques, doit aussi accorder des droits sociaux et économiques aux citoyens. Ainsi, si l'État-gendarme correspond à un besoin de liberté, l'État-providence vise assurément l'égalité. ■

Dico → libéralisme • marché

Points clés

État-providence et cohésion sociale

1 T

Sécurité sociale, indemnisation du chômage, redistribution des revenus…, l'État-providence a le rôle d'assurer une plus grande justice sociale. Grâce au développement de services collectifs, ce type d'État régule les tensions sociales.

L'État, acteur du progrès social

« La société doit subsistance aux citoyens malheureux, soit en leur procurant du travail, soit en assurant les moyens d'exister à ceux qui sont hors d'état de travailler. » Formulé en 1789 dans la *Déclaration des droits de l'homme et du citoyen* (article 21), ce principe mettra longtemps avant de devenir réalité. L'idée que l'État peut être acteur du progrès social est vraiment née au siècle dernier avec les revendications des mouvements syndicaux. L'État était alors le seul à pouvoir réguler les conséquences de l'industrialisation et de l'urbanisation (pauvreté et chômage). Plus tard, certains économistes, comme Keynes, envisagent l'État comme un régulateur bénéfique de toute la vie économique. Ces économistes joueront un rôle direct dans l'élaboration des politiques économiques. Ainsi, l'État-providence d'aujourd'hui vise à corriger le capitalisme mais pas à le remplacer. Ce type d'État est présent, à des degrés différents, dans tous les pays développés. ■

La Caisse primaire d'assurance maladie, symbole de l'État-providence à la française.

La redistribution des revenus

L'État-providence vise à protéger les individus contre les risques de l'existence. Deux types se distinguent : le premier, « bismarckien », du nom du chancelier allemand Otto von Bismarck (1815-1898), est issu directement de la délicate question ouvrière en Allemagne. Ce système prévoit la cotisation des actifs pour la maladie, la vieillesse et le chômage en fonction des revenus. La redistribution s'effectue sur le mode horizontal, entre catégories de salariés. Le second modèle, anglais, est appelé « béveridgien », de lord Beveridge (1879-1963), qui remit un rapport sur le *Welfare State* prônant les « 3 U » : universalité, uniformité et unité. Horizontal et vertical (tout le monde est couvert), ce modèle égalitaire, géré par un service public, lutte contre la pauvreté et la maladie. Le système français est à la fois bismarckien et béveridgien. ■

Le plein-emploi

L'État-providence vise traditionnellement le plein-emploi. Pour y parvenir, il utilise généralement une politique keynésienne. Au sens strict, cette politique ne repose pas sur le développement d'un secteur public puissant, mais prône le rôle régulateur de l'État. Celui-ci doit notamment inciter à l'investissement et donc à l'activité, et peut instaurer, dans cet objectif, une baisse des taux d'intérêt. Quand cela ne suffit pas, il intervient directement sur la demande en augmentant les dépenses, parfois au prix de l'alourdissement du déficit budgétaire. L'État peut aussi pousser à la consommation en augmentant les impôts des citoyens aux revenus élevés, particulièrement disposés à épargner. Dans ce modèle keynésien, les entreprises privées sont généralement les premières bénéficiaires, grâce à l'incitation à l'investissement. Cette politique a surtout été menée dans les social-démocraties nordiques, aux États-Unis et pendant l'après-guerre en Europe. ■

Les prélèvements obligatoires et le produit intérieur brut total (en milliards de francs)

Année	1983	1985	1987	1989	1991	1993	1995	1997
Produit intérieur brut total :	4 006,5	4700,1	5336,7	6159,7	6776,2	7077,1	7674,8	8169,7
Total des impôts :	990,5	1184,4	1353,3	1510,5	1671,4	1722,5	1935,6	2165,1
Total des cotisations sociales :	755,4	905,1	1019,2	1179,7	1304,2	1387,0	1479,8	1551,0
Total des prélèvements obligatoires :	1746,0	2089,5	2372,5	2690,2	2975,6	3109,5	3415,4	3716,1

Source : *Les notes bleues de Bercy*, projet de loi de finances pour 1997

En plus de quinze ans, le total des prélèvements obligatoires a plus que doublé. L'impôt a plus augmenté que les cotisations sociales.

Le prix de la justice sociale

L'État-providence suppose des prélèvements obligatoires, c'est-à-dire des impôts et des cotisations sociales. Ces derniers financent l'État et la Sécurité sociale (en France) qui peuvent alors redistribuer ou reverser aux citoyens des prestations sociales, des allocations, le RMI, etc. En période de croissance, avec un taux de chômage bas, ce système fonctionne sans causer de déficits. Mais dans une situation d'infléchissement de la croissance, les besoins augmentent alors que le nombre de cotisants tend à diminuer. L'État et les caisses sociales ont alors de plus en plus de difficultés à se financer sans écorner le système ou augmenter les prélèvements. C'est le cas en Europe depuis le milieu des années 1970.

En France, le PIB, par exemple, a augmenté moins vite que les prélèvements obligatoires au cours des deux dernières décennies. Cette crise relative du financement de l'État-providence intervient de surcroît dans un contexte de mutation profonde de l'économie mondiale. ■

Dico → • politique économique • sécurité sociale

Points clés

La crise de l'État-providence

1 T

La conception de l'État-providence traverse une crise en Europe depuis les années 1980. Les déficits budgétaires, la méfiance à l'égard des valeurs égalitaires et la redéfinition du rôle de l'État dans l'économie en sont à l'origine.

Les déficits

Jusqu'à la fin des années 1980, les différents États-providence améliorent les services et augmentent leurs dépenses de façon constante dans la plupart des pays occidentaux. Au terme de cette décennie, presque tous commençent à faire l'expérience d'un déficit budgétaire en hausse. De plus, la croissance, au début des années 1990, est faible et le taux de chômage augmente fortement. Parallèlement, les besoins sociaux grandissent. En France, la Sécurité sociale, dont les dépenses s'élèvent à 25 % environ du PIB, finit par afficher, comme le budget de l'État, un déficit d'environ 5 %. L'État-providence dépense tout simplement plus qu'il n'encaisse. L'Union européenne proclame alors des « critères de convergence » (pour une entrée dans l'euro), dont la réduction des déficits budgétaires. Pari réussi... au détriment de l'État-providence. ■

Le démantèlement de l'État-providence en Angleterre a provoqué une pauvreté de masse.

La grande transformation mondiale

L'idée d'une justice sociale comme priorité de l'État connut un rejet relatif au moment même où les déficits budgétaires apparaissaient. L'augmentation constante des prélèvements obligatoires pour des services qui ne sont pas toujours efficaces a contribué à renforcer ce rejet. À titre d'exemple, dans les pays occidentaux, où l'État-providence est le plus développé, le taux d'imposition (impôts/PIB) était supérieur à 50 % – et il l'est toujours – , alors qu'aux États-Unis, où l'État-providence pèse moins lourd, ce taux a avoisiné seulement les 30 %. Au total, la crise a favorisé l'émergence de valeurs individualistes. L'heure est maintenant à l'efficacité économique, au libéralisme triomphant et à la croissance des échanges commerciaux mondiaux. Les États dérèglementent l'économie, dont le droit du travail, et favorisent la croissance des entreprises. ■

L'accroissement des inégalités

Peut-on établir un bilan de cette relative remise en cause de l'État-providence ? Difficilement, car c'est un processus en cours dont l'issue reste incertaine. Mais globalement, les clivages socio-économiques tendent à s'amplifier en Europe. Cela ne signifie pas pour autant que les foyers aux revenus modestes s'appauvrissent : leur pouvoir d'achat augmente légèrement, en moyenne. Mais les ménages à revenus élevés s'enrichissent, à l'inverse, très nettement et l'évolution actuelle joue en leur faveur. Dans le cas, révélateur, de l'Angleterre, on observe un appauvrissement des familles déjà pauvres. L'État a procédé à une forte déréglementation de l'économie au début des années 1980 sous l'impulsion de Mrs Thatcher. Les privatisations, les réductions nettes de salaires, la suppression des aides sociales ont réduit le champ d'intervention de l'État-providence. Environ 30 % des enfants vivent dans la pauvreté, selon les critères officiels. Pourtant, Londres est la ville d'Europe qui offre le plus de perspectives aux jeunes cadres dynamiques. Des villes comme Manchester et Liverpool, exsangues il y a dix ans, connaissent un boom économique créateur d'emplois. Aux yeux des libéraux, l'Angleterre est devenue une référence pour l'Occident. ■

En Suède, l'État-providence, symbolisé ici par l'ANPE, a redéfini ses priorités. Les citoyens semblent l'apprécier.

Le retour de l'État-gendarme ?

Assiste-t-on au retour de l'État-gendarme, comme le laisse entrevoir le modèle anglais ? Sans doute, si l'on observe les États-Unis, encore plus avancés sur cette voie : les pouvoirs publics ne cessent de s'y restructurer tout en laissant le marché agir très librement. 40 millions de personnes n'y bénéficient d'aucune aide médicale garantie, mais parallèlement l'économie américaine bat tous ses records de productivité, de croissance et également de création nette d'emplois. Cependant en Europe, et surtout en France, ce modèle fait peur. L'État, porteur de tant de maux il y a quelques années, retrouve sa crédibilité au fur et à mesure que les déficits budgétaires baissent. Les sondages montrent aussi que le besoin d'État-providence augmente, et plus particulièrement dans les pays où il joue traditionnellement un rôle très important, comme en Scandinavie. Dans cette Europe du bien-être, le gouvernement réoriente ses priorités : avec un budget réduit, il intervient de moins en moins dans la production, mais maintient, voire augmente, ses missions de solidarité en faveur des nécessiteux. L'État-providence ne meurt pas, il se redéfinit. ■

Dico → libéralisme • marché

Points clés

1 Toute politique économique ou sociale est inspirée par une théorie

Les politiques économiques, constituées par les interventions de l'État, ont le rôle de modifier la conjoncture ou les structures économiques. Elles se réfèrent toutes à un cadre théorique.

Les fonctions de l'État

Les objectifs de la politique économique renvoient aux trois grandes fonctions de l'État définies ainsi par R. Musgrave :

- Une fonction d'allocation. L'État finance des services collectifs (école, police, etc.), réalise une politique industrielle, soutient la recherche et le développement, etc. Son intervention doit permettre une distribution des ressources meilleure que celle du libre jeu du marché.
- Une fonction de redistribution. Les pouvoirs publics peuvent modifier la répartition des revenus qui résultent du marché en versant des revenus de transfert et en développant la protection sociale.
- Une fonction de stabilisation. La politique économique régule la conjoncture afin d'atteindre un certain nombre d'objectifs, plus ou moins compatibles entre eux : stabilité des prix, équilibre extérieur, plein emploi, croissance. Pour chaque fonction, des choix collectifs doivent être réalisés. Ils traduisent l'orientation et les priorités de la politique économique. Le rôle de cette dernière fait d'ailleurs l'objet de deux approches théoriques opposées. Certains économistes considèrent qu'elle doit assurer une régulation plus efficace que celle du marché. À l'inverse, les libéraux, pensent qu'elle doit se limiter à soutenir le bon fonctionnement du marché (éviter les monopoles, etc.) et à prendre en charge les activités dont l'exploitation privée n'est pas rentable. ■

Le carré magique, défini par Nicholas Kaldor, représente la situation macroéconomique d'un pays, à travers quatre variables.

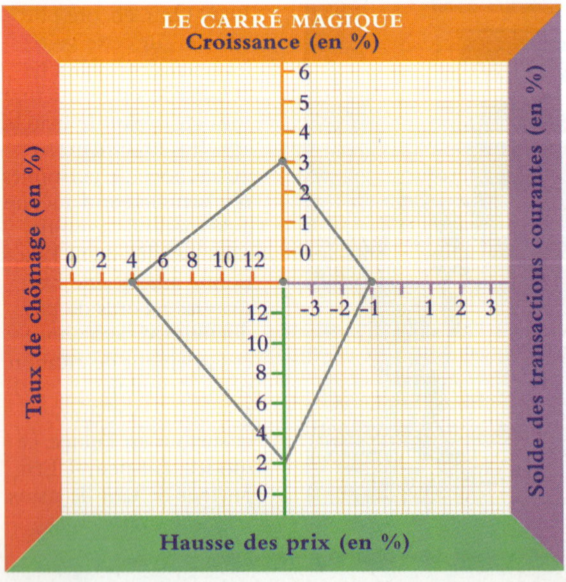

Les politiques conjoncturelles

Les politiques conjoncturelles visent le rétablissement des objectifs du « carré magique » définis par l'économiste N. Kaldor : croissance, faible inflation, chômage bas, équilibre extérieur. Elles peuvent être expansionnistes, lorsque le chômage est élevé et la croissance faible. On parle alors de politique de relance. Elles peuvent être restrictives lorsque les échanges extérieurs sont déséquilibrés et qu'on souhaite réduire l'inflation. On évoque dans ce cas une politique de stabilisation ou politique de rigueur. À partir de « la courbe de Phillips », l'existence d'un dilemme entre inflation et chômage a été mis en évidence. Cette courbe établit en effet une relation inverse entre le niveau des salaires (et donc celui des prix) et le niveau de chômage. Pendant les Trente Glorieuses, les gouvernants ont fait face à ce dilemme, en menant, au début, des politiques de rigueur pour lutter contre l'inflation. Comme elles engendraient du chômage, elles ont été alternées avec des politiques de relance. Ce système a été baptisé « politiques de *stop and go* ». ■

Les politiques structurelles visent à favoriser la croissance sur le long terme. Elles sont ciblées sur des domaines clés, comme ici l'infrastructure routière.

Les politiques structurelles

Les politiques structurelles s'inscrivent elles aussi dans un cadre théorique. Elles ont l'objectif de promouvoir durablement la croissance en favorisant les activités négligées par le libre jeu du marché. Ces politiques peuvent prendre la forme d'une planification indicative qui va favoriser des secteurs ou des régions (c'est l'aménagement du territoire). Elles peuvent aussi prendre la forme d'une politique industrielle : des subventions ou des réductions d'impôts bénéficiant à une branche particulière sont mises en place (par exemple, les nouvelles technologies). Enfin, les politiques d'éducation, de santé, de recherche ou de développement, et des infrastructures génèrent des effets externes positifs. Les théories de la croissance endogène ont effectivement prouvé que les investissements en formation, infrastructure et recherche engendrent un supplément de croissance que le marché n'est pas capable de provoquer à lui seul. Elles réhabilitent ainsi l'intervention de l'État, qui doit se concentrer davantage sur les structures de l'économie que sur la régulation de la conjoncture. ■

Points clés

T

Politique de l'offre, politique de la demande

Depuis les années 1980, les politiques fondées sur la demande sont en crise. Pourquoi? Parce que la contrainte budgétaire limite fortement leurs marges de manœuvre et parce qu'elles sont la cible de critiques théoriques.

La crise des politiques de la demande

Le niveau élevé des prélèvements obligatoires, et la concurrence des marchés financiers rendent aujourd'hui difficilement réalisables les politiques de la demande d'inspiration keynésienne.
Théoriquement, suivant l'approche de Keynes, les politiques de relance permettent à terme de réduire les déficits publics car la stimulation de l'activité conduit à l'accroissement des rentrées fiscales. Cependant, en période de conjoncture maussade, le déficit budgétaire entraîne en premier lieu l'augmentation de la dette publique. D'autre part, on a constaté que dans certains pays (Danemark et Irlande dans les années 1980) la rigueur budgétaire peut provoquer, contrairement à ce qu'on observe habituellement, une expansion économique. Les agents, probablement impressionnés par l'ampleur du redressement, ont repris confiance et ont modifié leurs anticipations dans le sens de la croissance. Ainsi, les effets des politiques expansionnistes sur l'activité paraissent limités et paradoxaux.
Une politique de la demande n'est véritablement efficace que si la confiance est au rendez-vous. ■

Les politiques de relance

	OFFRE	DEMANDE
Objectif	• Reprise de la croissance par la relance de l'offre	• Reprise de la croissance par la relance de la demande
Variables économiques favorisées	• Profit • Investissement • Épargne	• Salaires • Investissement • Consommation
Moyens	• Diminution des prélèvements obligatoires • Augmentation de la part du profit dans la valeur ajoutée • Diminution de la redistribution pour favoriser l'épargne	• Augmentation des dépenses de l'État • Augmentation de la part des salaires dans la valeur ajoutée • Augmentation de la redistribution pour favoriser la consommation

Source : M. Montoussé, 1999.

Les politiques de l'offre

Dans les années 1980, la nécessité de diminuer la part des prélèvements obligatoires s'est imposée dans la plupart des pays industrialisés. Mise en place par Mrs Thatcher au Royaume-Uni et R. Reagan aux États-Unis, cette politique est directement inspirée des travaux théoriques des économistes de l'offre. Selon ces derniers, une pression fiscale trop élevée décourage l'offre de travail, l'épargne et l'investissement. La courbe de Laffer illustre ce phénomène : lorsque les impôts sont trop importants, les rentrées fiscales tendent à diminuer. En effet, l'accroissement de la charge fiscale entraîne la diminution de l'activité des agents économiques. En somme, *« trop d'impôt tue l'impôt. »* Mais la politique de réduction des impôts instaurée aux États-Unis n'a pas permis de réduire le déficit budgétaire : elle l'a, au contraire, augmenté. La réduction des impôts a aussi engendré un surcroît de revenu disponible pour les agents. En 1983-1984, on a observé une relance de l'économie qui, en réalité, était liée à l'effet expansionniste du déficit budgétaire. La croissance du PIB s'est expliquée par l'accroissement de la demande. Paradoxalement, les politiques de l'offre ont provoqué une situation proche de celle des politiques keynésiennes. ■

La courbe de Laffer

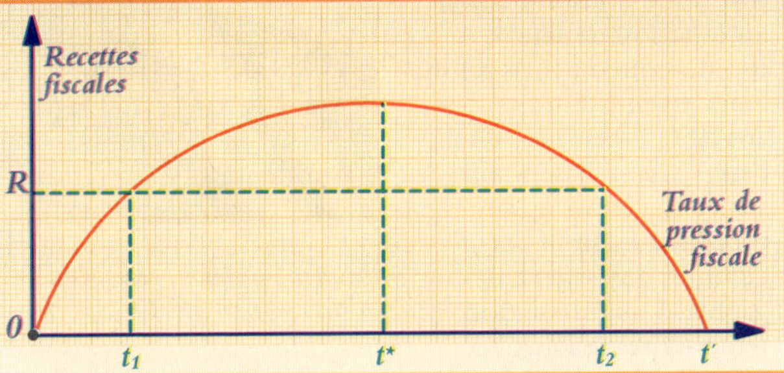

Quelles perspectives pour les politiques de la demande ?

La crise des politiques de la demande, due principalement à la montée en puissance de la contrainte internationale et du pouvoir des marchés financiers, risque de s'atténuer. De nouvelles perspectives peuvent effectivement naître grâce à l'intégration économique et politique européenne. Avec la Banque centrale européenne, les gouvernements sont privés de l'instrument monétaire mais conservent la politique budgétaire comme outil de régulation macroéconomique. Si les États européens se sont engagés à respecter en 1995 un « pacte de stabilité » limitant le déficit public à 3 % du PIB, les marges de manœuvre ne sont pas inexistantes. Cette situation exige néanmoins la coordination des politiques budgétaires : si un pays pratique la relance alors que l'autre privilégie la rigueur, les politiques sont non coopératives. Enfin, accroître le budget européen, d'un niveau très faible aujourd'hui, pour lui faire jouer un rôle plus dynamique représente une solution intéressante. Elle nécessite une volonté commune et un accord politique entre les différents États qui ne sont pas toujours faciles à obtenir. ■

Dico → demande

Points clés

La politique monétariste

T

**À la fin des années 1960, les politiques de relance d'inspiration keynésienne n'obtiennent pas les résultats escomptés en matière de chômage.
Le monétarisme s'impose alors, dix ans plus tard, à la fois comme une théorie et comme une politique alternative aux approches keynésiennes.**

Milton Friedman, prix Nobel d'économie en 1976.

La théorie économique

À la fin des années 1960, la théorie keynésienne paraît dépassée : elle ne parvient pas à expliquer la coexistence d'une forte inflation et d'un taux de chômage élevé (la stagflation). Devant ces impasses, Milton Friedman (prix Nobel en 1976) propose un cadre théorique fondé sur quelques idées fortes :

- L'inflation est, de tout temps et partout, un phénomène monétaire. Elle résulte d'une création monétaire excessive. Cette analyse de l'inflation, appelée «théorie quantitative de la monnaie», existe en réalité depuis le XVIe siècle. C'est effectivement à cette période que l'on a constaté que l'afflux de métaux précieux contribuait davantage à l'inflation qu'à l'accroissement des richesses réelles.
- Il faut distinguer le revenu courant du revenu permanent. Les ménages ne déterminent pas leur niveau de consommation en fonction de leur revenu courant mais selon leurs revenus futurs anticipés («revenu permanent»). Ils se basent ainsi sur ce qu'ils ont gagné précédemment et sur ce qu'ils envisagent de gagner. L'augmentation temporaire de leurs revenus n'est donc pas directement consommé. Cette théorie forme une critique des politiques keynésiennes de relance par l'accroissement des revenus distribués. Dans un premier temps, elles peuvent avoir un impact positif mais elles ne sont efficaces que si elles modifient les perspectives de revenus sur le long terme. Sinon, elles provoquent accroissement des impôts et inflation. Ces politiques peuvent éventuellement être efficaces à court terme si les ménages se trompent dans leurs calculs. Mais comme ces derniers vont progressivement adapter leurs anticipations à la politique de relance, l'inefficacité devient inéluctable.
- Un certain taux de chômage existe naturellement. Il s'explique par la nature imparfaite du marché du travail et peut difficilement être réduit, à moins d'améliorer le fonctionnement du marché du travail.
- Les taux de change doivent être flottants. ■

Une politique économique

Partant de ces constats, les monétaristes proposent notamment trois recommandations précises en matière de politique économique. Premièrement, la politique de relance budgétaire doit être évitée puisqu'elle est inefficace. Deuxièment, la politique monétaire expansive conduit à accroître l'inflation, elle doit donc rester neutre. La masse monétaire doit augmenter de façon stable.
Au cours des années 1980, la politique monétariste a été adoptée dans les pays anglo-saxons. Elle a provoqué une diminution du niveau de l'inflation mais elle a aussi engendré une hausse importante des taux d'intérêt au niveau mondial, augmentation défavorable à l'investissement et à la croissance. En France, face à l'échec de la relance de Pierre Mauroy en 1981-82, une politique de rigueur a été menée à partir de 1983. La priorité a été donnée à la lutte contre l'inflation grâce, d'une part, au contrôle de la masse monétaire et, d'autre part, à la rigueur salariale. La maîtrise de l'augmentation des salaires a permis une réduction des coûts et un partage de la valeur ajoutée plus favorable aux entreprises. L'objectif recherché : avoir un rythme d'inflation inférieur aux autres pays, de façon à améliorer la compétitivité et à réduire le taux de chômage. Les résultats de cette politique ont été mitigés. Si l'objectif en matière d'inflation a été atteint, un accroissement du chômage, provoqué au départ par la politique de rigueur, est devenu par la suite difficilement compressible. ■

Inflation et chômage dans les pays de l'OCDE période 1970-1990

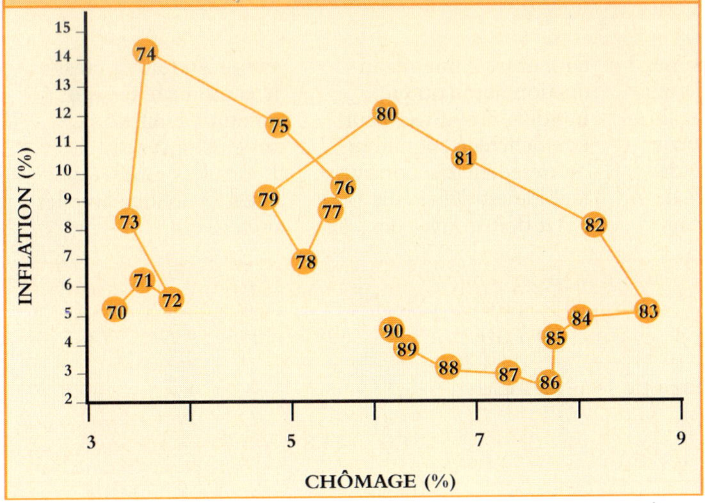

Pour les monétaristes, il existe un taux de chômage naturel que les politiques de relance de l'économie ne peuvent faire diminuer. Il n'y a pas d'arbitrage possible entre inflation et chômage. Dans les années 1970, l'instabilité de la courbe de Phillips (qui établit théoriquement une relation inverse entre inflation et chômage) semble donner raison aux monétaristes.

Points clés

La politique budgétaire

4

La politique budgétaire peut servir à freiner l'activité économique en cas de surchauffe, pour réduire l'inflation ou rééquilibrer les échanges extérieurs. Mais, elle a surtout été mise en œuvre pour relancer une économie en dépression.

Les recettes budgétaires

L'Etat tire principalement ses ressources des recettes fiscales (impôts et taxes) et des recettes non fiscales (emprunts). En France, l'essentiel des recettes provient des impôts indirects prélevés sur la consommation : la taxe sur la valeur ajoutée (TVA) et la taxe intérieure sur les produits pétroliers (TIPP). Ces impôts présentent l'avantage, pour les pouvoirs publics, d'être relativement peu visibles et indolores. Mais ils sont souvent critiqués car ils touchent toutes les populations, quel que soit leur niveau de revenu. Ils sont donc socialement injustes. Les impôts directs constituent une autre forme de recette. Il existe les impôts sur le capital et l'impôt sur les revenus des personnes physiques (IRPP), payés par les ménages. L'IRPP progresse plus que proportionnellement avec le niveau des revenus. Il varie aussi en fonction de la situation familiale (nombre d'enfants, etc.). L'impôt sur les sociétés forme un autre type de prélèvement direct, ponctionné sur le bénéfice des sociétés. ■

Dépenses et solde du budget

L'essentiel des dépenses de l'Etat concerne le traitement des fonctionnaires. D'une manière générale, modifier la structure de ces dépenses est difficile car une part importante fait l'objet d'une reconduction automatique.
Le solde du budget peut être déficitaire, équilibré ou excédentaire. Lorsque le solde est déficitaire, l'Etat doit trouver des ressources, soit en créant de la monnaie (ce qui conduit à l'inflation), soit en empruntant.
Il doit alors rembourser la dette publique avec les intérêts. ■

Les besoins en financement de l'État

Besoins en financement (en % du PIB)	1993	1994	1995	1996	1997
État et administrations de sécurité sociale :	- 5,7	- 5,8	- 4,9	- 4,1	- 3,0
État seul :	- 4,6	- 4,8	- 4,1	- 3,7	- 3,3

La politique budgétaire de régulation conjoncturelle

Jusqu'à la crise des années 30, l'approche libérale dominait. On recherchait un solde budgétaire équilibré. Les travaux de Keynes ont mis en évidence l'intérêt de la politique budgétaire pour relancer et stabiliser l'économie. Cependant, à partir des années 70, cette politique a buté sur la contrainte extérieure. Les relances n'ont pas provoqué la baisse du chômage et ont contribué à nourrir l'inflation. Elles ont aussi débouché sur un accroissement des importations et sur une dépréciation monétaire. Fragilisée par ces résultats négatifs, la politique budgétaire expansionniste a été l'objet d'une critique théorique. ■

Les critiques des politiques de régulation conjoncturelle

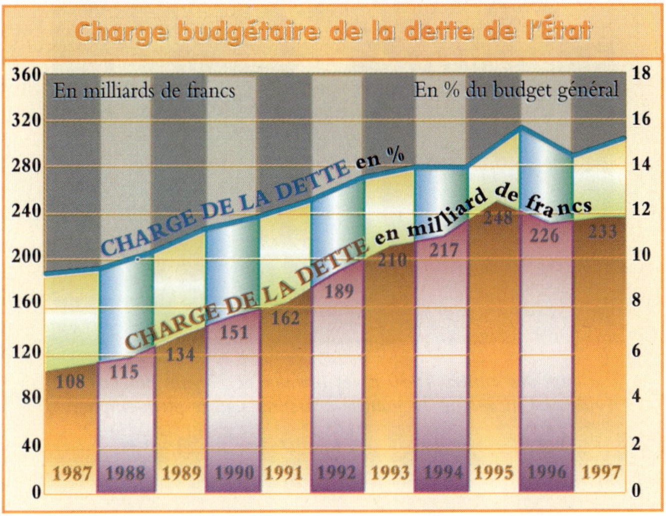

L'accroissement de la charge de la dette de l'Etat réduit les marges de manœuvre des politiques budgétaires axées sur la relance de la demande.

Une première critique insiste sur l'effet d'éviction financière : lorsque le déficit budgétaire est financé par des emprunts, il incite à accroître la demande de fonds et engendre une augmentation des taux d'intérêts. Cette hausse contribue à ralentir la consommation et l'investissement privé.

Les monétaristes, dont M. Friedman, ont démontré que les politiques de relance ne sont efficaces que si les agents sont victimes de l'illusion monétaire. Dans un premier temps, la relance conduit les entreprises à accroître leur production et les ménages à consommer davantage. Mais, dans un second temps, les agents s'aperçoivent que seules les valeurs nominales ont été modifiées et que leur salaire réel reste inchangé. La consommation diminue et les entreprises réduisent leurs effectifs. Le taux de chômage revient alors à son taux « naturel ».

La « nouvelle macroéconomie classique » de R. Lucas offre une critique encore plus radicale. Les agents économiques sont rationnels et prévoient les effets des politiques économiques. Ils ne sont plus victimes des illusions de ces dernières : ils savent qu'à terme la politique monétaire expansionniste conduira à l'inflation et que le budget provoquera des impôts supplémentaires. ■

Points clés

1 T

Relance, stabilisation et limites de l'intervention de l'État

Jusqu'au krach de 1929, la politique économique est influencée par les conceptions libérales de l'État. La crise des années 1930 et les travaux de Keynes remettent en cause ce libéralisme : les gouvernements peuvent intervenir sur la conjoncture économique.

La crise des années 1930 et les travaux de Keynes ont mis en évidence l'incapacité du marché à assurer seul le plein-emploi.

L'analyse libérale des politiques économiques

Jusqu'à la crise des années 1930, une conception libérale de la politique économique domine. Selon les économistes classiques et néoclassiques, le marché assure une allocation optimale des ressources. Lorsque la concurrence est pure et parfaite, les déséquilibres sont impossibles ; la politique économique est donc inutile. Une politique monétaire expansive n'entraîne pas d'effet sur l'économie, elle ne fait que provoquer l'inflation. La politique budgétaire doit donc simplement servir à fournir des services et des biens collectifs (éducation, justice, etc.). Le budget doit rester neutre et évoluer au même rythme que la croissance. ■

Les politiques de relance d'inspiration keynésienne

La crise des années 1930 a montré l'incapacité du marché à assurer seul le plein-emploi. À la même époque, Keynes affirme qu'une politique appropriée permet d'agir sur la conjoncture économique : les entreprises déterminant leur volume de production en fonction de leurs prévisions en matière de demande, pour réduire le chômage il faut augmenter la demande, donc relancer la croissance par le biais d'une politique économique. Cette politique peut être monétaire ou budgétaire. Dans le cadre d'une politique monétaire, les pouvoirs publics choisissent de baisser les taux d'intérêt, par exemple, pour relancer la consommation et l'investissement. Mais, si la dépression est trop forte, les agents économiques restent insensibles à cette baisse des taux d'intérêt et n'investissent pas. Les autorités doivent alors intervenir directement, à travers la politique budgétaire. En cas de sous-emploi, les pouvoirs publics peuvent instaurer un déficit budgétaire et relancer ainsi l'économie. Inversement, lorsque l'économie « surchauffe » et qu'il y a risque d'inflation, ils réduisent le déficit et recherchent un excédent. La relance budgétaire peut s'effectuer de deux façons : soit en diminuant les impôts tout en gardant un niveau de dépenses budgétaires inchangé, soit en augmentant les dépenses du budget sans faire croître parallèlement les recettes. Cette seconde forme de relance est généralement préférée car ses effets sont immédiats. ■

Selon la courbe de Phillips (1958), il existe une relation entre l'inflation et le chômage. Lorsque le chômage est élevé l'inflation est faible, et vice-versa. À partir des années 1970, la stagflation (stagnation combinée à la hausse des prix) a infirmé cette analyse.

L'effet multiplicateur

Si la relance par l'augmentation des dépenses publiques est souvent préférée à la diminution des impôts, c'est parce que l'accroissement des dépenses budgétaires entraîne un effet multiplicateur plus élevé. Les ménages ne consommant pas la totalité de leurs revenus, le surcroît de dépenses est en effet réduit. À l'inverse, lorsque l'État dépense plus, ces dépenses se traduisent immédiatement par un revenu distribué supplémentaire qui sera ensuite en partie dépensé. Ces dépenses se transforment en nouveaux revenus qui vont être en partie dépensés, etc. Un accroissement des dépenses publiques se traduit donc par une hausse du revenu national : l'effet multiplicateur.

La courbe de Phillips

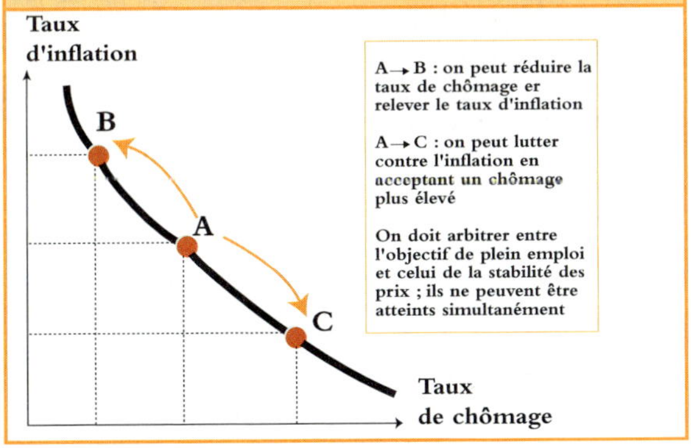

Les stabilisateurs automatiques

Le budget joue un effet stabilisateur sur la conjoncture économique. En période de ralentissement de l'économie, les recettes fiscales se réduisent. Les dépenses restant inchangées, le déficit budgétaire se creuse et soutient l'activité. En cas de croissance, les rentrées fiscales augmentent et, les dépenses restant inchangées, la réduction du déficit ou l'excédent budgétaire qui s'ensuit évite la surchauffe de l'économie. ■

La régulation conjoncturelle

Pendant les Trente Glorieuses, les politiques de régulation de la conjoncture semblent efficaces. Les gouvernements ont mis en place des politiques luttant contre le cycle : en cas de ralentissement, une relance est opérée ; en cas de surchauffe, des plans de stabilisation sont élaborés. À partir des années 1970, les politiques de relance se traduisent par une dégradation des grands équilibres : les importations augmentent, les taux d'inflation et d'endettement croissent. ■

Points clés

La politique sociale

1 T

Depuis la révolution industrielle, la conception de la solidarité a évolué. Elle reposait autrefois sur la philanthropie, c'est-à-dire sur l'aide individuelle aux pauvres. Mais, au cours du XIXe siècle, la pauvreté change de nature. Elle devient un problème social qui doit être traité par la collectivité, avec comme acteur clé l'État.

Les modalités de la politique sociale

Au cours du XIXe siècle, l'intervention de l'État dans le domaine social progresse en trois étapes majeures. Dans un premier temps, les problèmes sociaux sont observés et analysés : l'enquête de Villermé sur la misère ouvrière réalisée en 1840 conduit les pouvoirs publics à prendre conscience de la gravité de la question sociale. Ensuite, la protection des catégories les plus faibles (loi de 1841 relative au travail des enfants, loi sur le travail des femmes en 1892, etc.) commence à se développer. Peu à peu, la protection des plus démunis est étendue à l'ensemble de la population ouvrière et salariée. Enfin, le syndicalisme ouvrier est reconnu (loi Waldeck-Rousseau de 1884) et la négociation devient progressivement un outil de compromis. ■

L'invention du social

L'intervention croissante de l'État sur le terrain social s'inscrit dans un contexte politique et idéologique particulier. La sociologie de Durkheim et certains travaux juridiques, comme ceux de Duguit, légitiment l'intervention publique comme instrument de la solidarité sociale. Une nouvelle conception des rapports entre l'État et la société naît qui va permettre, selon l'expression de J. Donzelot, l'*« invention du social. »* La participation de l'État se fonde aussi sur une nouvelle technique, celle de l'assurance. Avec le progrès de la statistique, le risque d'accident devient prévisible. La responsabilité n'étant plus liée à la maladresse de l'ouvrier, le risque peut être géré collectivement. ■

Modèle bismarckien et modèle béveridgien

On distingue deux grands modèles d'assurance sociale. Le premier est qualifié de « bismarckien » à cause du rôle tenu par Bismarck dans la formation de l'État social allemand à la fin du XIXe siècle. Dans ce système, les cotisations sont prélevées sur les salaires et le niveau des prestations d'assurance dépend des cotisations versées préalablement.
Le second modèle a été baptisé « béveridgien », en référence au rapport de lord Beveridge publié en 1942 en Grande-Bretagne. Selon celui-ci, influencé par les idées keynésiennes, la sécurité sociale doit aussi servir à lutter contre le chômage et participer au plein-emploi. Son financement est assuré par l'impôt et les prestations sont uniformes, elles ne dépendent pas du niveau des cotisations versées antérieurement.

La répartition des recettes de protection sociale dans l'Union européenne (en %, en 1996)

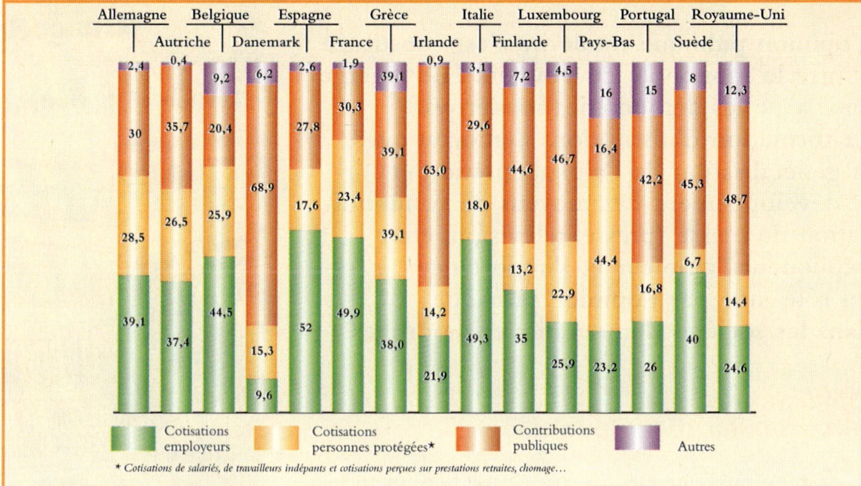

Les États de type béveridgien, comme le Danemark, le Royaume-Uni et l'Irlande, tirent leurs recettes principalement des contributions publiques.

L'ensemble de la population, y compris celle qui n'a pas cotisé, peut bénéficier des aides, et les prestations sont forfaitaires. Dans la pratique, les dispositifs en vigueur dans les pays européens mélangent les deux modèles. On peut dire néanmoins que le Royaume-Uni est davantage béveridgien tandis que la France et l'Allemagne sont plus proches du régime bismarckien. ■

La crise de l'État-providence

Le système bismarckien est aujourd'hui en crise. Tant que la croissance économique était soutenue et orientée vers le plein-emploi, la sécurité sociale pouvait se développer sans difficultés. Mais depuis la hausse du chômage, ce régime, fondé sur l'assurance, paraît inadapté. D'une part, il renforce le coût du travail et, d'autre part, il ne permet pas de protéger ceux qui sont exclus de l'emploi. Il est ainsi progressivement délaissé au profit du système béveridgien, fondé sur la fiscalisation de la solidarité. Selon le sociologue Pierre Rosanvallon, à cette crise financière de l'assurance sociale s'ajoute une crise philosophique de l'État-providence. La société est de plus en plus complexe et individualiste. Les techniques de l'assurance, bases de l'État-providence, fonctionnent de moins en moins face à la prise de conscience des inégalités au sein de la population. Le lien social doit être recréé : un nouveau sentiment collectif naîtra et de nouvelles formes de solidarité pourront alors se développer. ■

Dico → politique économique

Points clés 1

Opinion publique, sondage et rôle des médias

L'opinion publique moderne s'est constituée contre le monopole du pouvoir. Elle émerge ainsi avec les démocraties modernes. La formation d'institutions démocratiques, la généralisation de l'alphabétisation et le développement des moyens de communication de masse (presse, télévision, etc.) expliquent l'ampleur et l'importance du rôle joué par l'opinion publique dans les sociétés démocratiques modernes.

Opinion publique et communication de masse

L'opinion publique est-elle fortement influencée par les médias ? Pour certains auteurs, c'est une évidence. Ils insistent d'ailleurs sur la fonction d'agenda des médias. Les nombreux événements sont en effet sélectionnés par les médias en fonction de leur importance et de leur intérêt. En cela, on peut dire que les médias imposent leur vision du monde. Selon Marshall McLuhan, *« le message, c'est le médium. »* Il suggère que ce sont les médias, et non leurs messages, qui influencent la manière de penser. Dans cette optique, les médias ne sont pas de simples objets techniques, ils forgent l'opinion. Cependant, le public n'est pas si passif face aux médias, comme des études l'ont prouvé. Dans les années 1940, Paul Lazarsfeld démontre ainsi que les individus ne reçoivent pas les messages de façon uniforme. La réception d'une information dépend du groupe d'appartenance de l'individu (groupe ethnique, communauté religieuse, etc.). Le message est donc réinterprété par les relations sociales. Le sociologue E. Katz a également mis en évidence l'importance du rôle joué par les leaders d'opinion, qui reçoivent les messages et les diffusent ensuite au reste de la population.
Le processus de communication s'effectue alors en deux temps. ■

La presse est l'un des médias les plus anciens. Elle est apparue au XVIIe siècle et s'est constituée contre le pouvoir absolu.

Les sondages

Le sondage traduit le reflet de l'opinion publique sur tel ou tel sujet. Il s'agit d'une enquête réalisée auprès d'un petit échantillon de la population. En général, cet échantillon est choisi de façon à la représenter fidèlement. Un certain nombre de variables (l'âge, le sexe, la catégorie socioprofessionnelle) sont ainsi sélectionnées. Les résultats fournis par l'échantillon sont ensuite extrapolés à l'ensemble de la population. ■

L'opinion publique existe-t-elle ?

La multiplication importante des sondages dans les sociétés démocratiques modernes provoque un certain nombre de critiques. Pour Pierre Bourdieu, par exemple, l'opinion publique n'existe pas. Les sondages reposent en effet sur l'idée que tout le monde a une opinion, constat erroné dans la réalité. Lors d'un sondage, les individus sont aussi amenés à inventer des réponses ou à chercher la réponse à des questions que, bien souvent, ils ne s'étaient jamais posées. Pierre Bourdieu insiste également sur le taux de non-réponse aux questions (représenté par les rubriques « n'a pas d'opinion » ou « ne sait pas »), trop souvent négligé par les responsables des sondages. Or ils indiquent pourtant que toutes les personnes interrogées n'ont pas forcément une opinion sur la question ou ne se sentent pas autorisées à émettre un jugement. En réalité, les sujets des sondages reflètent en premier lieu, et principalement, les préoccupations des commanditaires des sondages et non celles de la population. Les sondages politiques sont donc subordonnés à des intérêts politiques. Ils ne reflètent pas l'opinion publique mais ils fabriquent l'idée que l'on doit avoir une opinion sur certains sujets. ■

Les outils de communication de masse et les sondages ont contribué à transformer les représentations de la vie politique.

La manière de mener une enquête influence les réponses

Pour une même question posée dans un questionnaire, la répartition des réponses que l'on obtient est très différente si le questionnaire offre de nombreuses réponses positives possibles (« oui certainement », « oui mais », « oui peut-être », etc.) ou s'il offre seulement une seule possibilité de répondre positivement.
La manière de poser les questions influence aussi la nature des réponses. Peu de personnes répondent positivement à la question : « Dieu existe-t-il ? » Les personnes sont poussées à donner ce qu'ils considèrent comme étant « la bonne réponse ». En revanche, si l'on demande « Croyez-vous que Dieu existe vraiment ? », le nombre de réponses positives est beaucoup plus élevé.

Dico → média • opinion publique

Points clés

La régulation sociale

T

En sociologie, la genèse de la régulation sociale suscite des controverses. Pour Émile Durkheim, les règles sont acceptées par la collectivité dans son ensemble, même si elles résultent d'une contrainte. Pour d'autres, les règles découlent des conflits sociaux et peuvent être le fruit de la négociation.

La non-conformité, source de règles

De nombreuses règles organisent la vie collective. On distingue les règles juridiques (le droit) des règles sociales (par exemple, la politesse). Pour Émile Durkheim, ces règles se manifestent sous la forme d'une contrainte aux dépens des membres de la société. Il existe en effet une *« conscience collective »*, formée de manières communes d'agir, de penser et de sentir, qui s'impose à chacun de nous. Globalement, cette conscience collective est acceptée de façon consensuelle. Si ces règles ont une certaine permanence, elles ne sont pas pour autant immuables. De nouvelles règles naissent constamment tandis que d'autres disparaissent. Pour Durkheim, le crime est une des manières de produire de nouvelles règles.

Dans les *Règles de la méthode sociologique* (1895), Durkheim note que tant que la criminalité ne dépasse pas un certain seuil, elle peut être considérée comme un fait social normal. Le crime est présent dans toutes les sociétés, il est d'ailleurs utile et, selon lui, a une fonction.

En effet, de nouvelles formes de criminalité obligent la société à ériger de nouvelles règles morales et/ou juridiques pour les contrôler.

Plus généralement,

« De nouvelles formes de criminalité, comme celles liées à l'informatique, naissent et obligent à créer de nouvelles règles juridiques. »

la non-conformité des comportements est une source de changement social. De nombreux exemples illustrent cette théorie. L'avortement fut pratiqué illégalement jusqu'en 1975. Les revendications féministes conduiront à la naissance d'une législation nouvelle (loi Veil, en 1975). Ainsi, la réalité sociale est constituée, d'une part, par une contrainte visant à assurer le respect des règles et, d'autre part, par des comportements déviants qui modifient les règles. ■

Le conflit, producteur de règles

Pour É. Durkheim, le conflit est un élément désorganisateur de la société. Face aux violents conflits dans le monde du travail au XIXe siècle, le sociologue propose de pacifier les relations sociales en développant les corporations, soit une institution commune aux salariés et aux patrons. D'autres sociologues considèrent que le conflit est un élément structurant et organisateur de la société. À l'issue des conflits, les protagonistes ont pu élaborer de nouvelles règles. Ce fut d'ailleurs le cas lors des conflits entre salariés et employeurs : le droit du travail s'est développé et les conflits ont été réglés par la négociation. De nouvelles normes ont donc été créées. Les règles sociales s'élaborent ainsi à partir de la rencontre entre des groupes séparés par des valeurs et des normes différentes. Dans son ouvrage *la Règle du jeu,* le sociologue J.-D. Reynaud engage une réflexion sur les règles mises en place dans une organisation (entreprise, administration, etc.). Il établit une distinction entre la régulation contrainte, constituée par les règles venant de l'autorité, et la régulation autonome, fondée sur des règles émanant de la base. Lorsque l'autorité veut imposer de nouvelles règles, les acteurs de l'entreprise fabriquent de façon autonome d'autres règles. Les deux formes de régulation se confrontent alors. De leur rencontre naît une négociation qui aboutit à une régulation conjointe. ■

« Les comportements en marge de la société peuvent être producteurs d'innovations sociales. »

Points clés

T

Actions collectives et institutionalisation des conflits

Pour Marx, l'action collective est au centre du changement social. Pourtant, depuis plusieurs années, les conflits sociaux ont évolué. Institutionnalisés, ils ne traduisent plus nécessairement une opposition entre classes sociales. Et ils peuvent même apparaître comme des éléments de cohésion sociale.

La régulation des conflits

Depuis le XIXe siècle, les conflits sociaux se sont institutionnalisés. Les syndicats, autrefois interdits (en 1791, la loi Le Chapelier déclare illégale toute association de travailleurs), sont aujourd'hui des partenaires reconnus et institutionnalisés du monde du travail. La grève, interdite jusqu'en 1864, constitue de même un mode d'action collective fréquent, reconnu par la loi. Elle n'est plus en soi un acte révolutionnaire. Au cours du XXe siècle se sont également développées des procédures de négociations collectives qui se traduisent par des accords entre les salariés et les patrons. Ainsi, les classes dirigeantes passent désormais des accords avec les classes dominées. ■

Autrefois interdites, les grèves ouvrières sont aujourd'hui en partie régulées par la pratique de la négociation.

Le conflit, facteur de cohésion sociale

Dans le contexte moderne, les conflits sociaux ne fonctionnent plus nécessairement comme des éléments transformateurs de la société. Ils participent davantage à la stabilité des liens sociaux qu'à leur remise en cause. Le conflit récent des infirmières, qui traduit surtout une demande de reconnaissance sociale, illustre bien cette nouvelle réalité. Le conflit se réclame plus d'une volonté d'intégration que de transformation de l'ordre social. Pour des auteurs comme Coser, le conflit assure une fonction de cohésion sociale. Il permet de renforcer l'identité du groupe qui entre en conflit avec un autre. Et comme le conflit est fondé sur un enjeu commun aux groupes en conflit, il tend à rapprocher les adversaires. ■

Les classes moyennes et le paradoxe de l'action collective

Le développement d'une vaste classe moyenne constitue une autre transformation révélatrice de l'évolution des conflits dans notre société. Ce groupe, numériquement très important, est devenu central dans la société et se compose de professions très hétérogènes (professeurs, artisans, petits patrons, etc.), aux intérêts divers. La classe moyenne n'est pas unifiée par une forte culture de solidarité, comme cela fut le cas pour la classe ouvrière, et n'est guère portée à manifester des revendications collectives.

Des théories de l'action collective ont été proposées par un certain nombre d'auteurs. Bonnes clés de lecture, elles permettent de comprendre la position de la classe moyenne. Selon Mancur Olson, dans *Logique de l'action collective* (1966), il existe un paradoxe de l'action collective. Ainsi, même si un groupe possède des intérêts communs, il ne s'ensuit pas nécessairement qu'il soit capable de mener une action collective.

M. Olson utilise le paradigme de « l'individualisme méthodologique » pour construire sa théorie : les individus et leur rationalité forment le point de départ de son analyse des phénomènes sociaux et de l'action collective. Selon lui, la mobilisation s'opère lorsque les individus y participant, trouvent un intérêt direct pour eux-mêmes. Lorsque le groupe est important en nombre, la pression d'incitation à l'action collective sur l'individu devient faible et ce dernier n'y trouve que peu d'intérêt. Dans ce contexte, l'individu préfère en général jouer le rôle du passager clandestin, c'est-à-dire qu'il laisse les autres s'investir dans une action collective et en profite ensuite sans pour autant avoir participé.

La faiblesse de mobilisation de la classe moyenne peut éventuellement s'expliquer par le fait qu'elle forme un groupe trop vaste pour être organisé et que les individus qui la composent ne voient pas d'intérêt immédiat à se mobiliser. ■

Les individus se mobilisent-ils uniquement parce qu'ils y voient des intérêts pour eux mêmes ?

Points clés

1 T

Les modifications des instances d'intégration

Les instances d'intégration (école, famille et État Providence) sont déstabilisées par le dynamisme de la société. En effet, l'augmentation des divorces, le développement de l'enseignement de masse et la crise du marché de l'emploi remettent en cause leur pouvoir d'intégration.

Les changements au sein de la famille

Traditionnellement, les solidarités familiales s'exercent au sein d'un système d'échanges qui est source de lien social et d'intégration. Prestations d'ordre domestique (garde d'enfants, ménage...), aide dans l'accès au travail ou au logement et transferts financiers en sont autant d'exemples. Mais la famille comme institution a fortement évolué ces dernières années. L'augmentation des divorces et des familles monoparentales et recomposées ainsi que la baisse de la natalité remettent en cause son rôle d'agent de socialisation primaire. La dépendance de moins en moins forte des conjoints entre eux et une plus grande liberté expliquent en partie la progression des divorces. Les familles monoparentales sont confrontées à des risques sociaux : en France, 17 % vivent en dessous du seuil de pauvreté, contre 50 % aux États-Unis. Mais, grâce aux transferts sociaux, à la politique sociale et au travail féminin, le nombre de familles pauvres parmi celles-ci a baissé de plus de 50 % depuis le début des années 1980. Ainsi, bien que fragilisée par certaines de ces évolutions, l'institution familiale continue, dans l'ensemble, à assurer la protection et l'intégration des individus dans la société. ■

L'enseignement de masse

Le développement de l'enseignement de masse a un impact social important. Aujourd'hui, dès l'âge de trois ans, l'enfant vit au sein du système scolaire.
La socialisation par l'école s'effectue hors de la famille et les jeunes trouvent parfois difficilement leurs repères lorsque les deux agents socialisateurs primaires (famille et école) entrent en contradiction.

La progression des divorces au XXe siècle

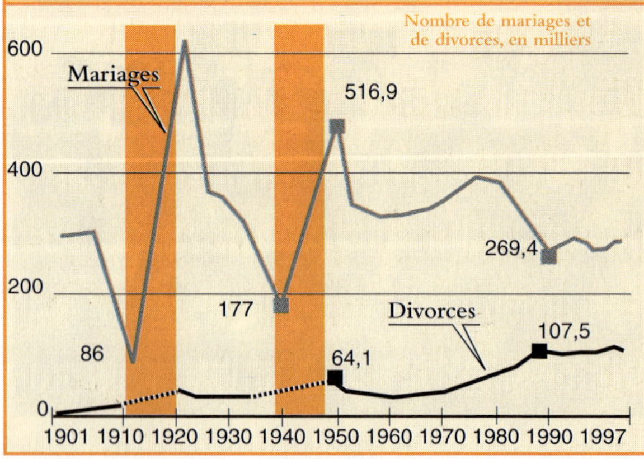

Source : INSEE, état civil, ministère de la Justice.

L'évolution du nombre d'élèves dans le système scolaire

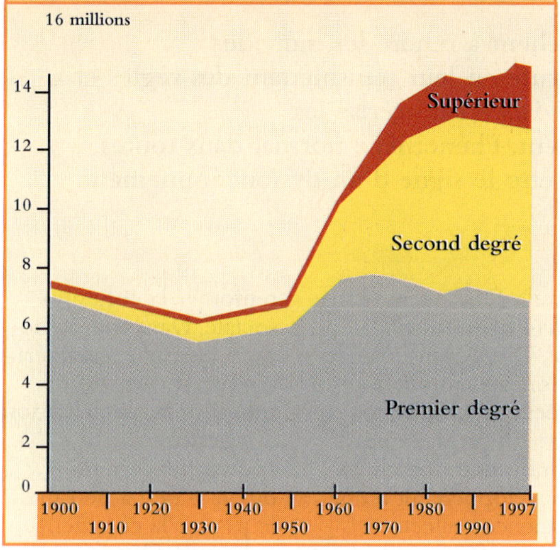

Source : J.-Cl. Emin et P. Esquieu, « Un siècle d'éducation », in Données sociales, 1999 ; ministère de l'Éducation nationale

Respectivement dans les années 1950 et les années 1960, le second degré et le supérieur ont connu une croissance rapide de leurs effectifs.

L'idéal démocratique de l'égalité des chances reste encore éloigné. La standardisation des filières, des programmes et des sectorisations (affectations des élèves dans un établissement scolaire ou dans une université en fonction de leur lieu de résidence) clarifie certes les choix offerts par le système éducatif mais, en dépit de ces efforts, la massification de l'enseignement a aussi ses limites. Le choix parmi toutes les options proposées nécessite souvent de la part des parents une bonne connaissance du système scolaire, ce qui dans une certaine mesure contribue à maintenir les inégalités sociales. Selon Pierre Bourdieu, les familles qui disposent d'un plus grand capital social et culturel sont les mieux placées pour aider leurs enfants à choisir. La reproduction des inégalités d'une génération à l'autre dépasse ainsi le cadre de l'école dont la mission, notamment en période de crise, est essentiellement d'éviter la marginalisation des plus pauvres. ■

La crise de l'État-providence

L'État-providence participe aussi à l'intégration de l'individu dans la société. La mission de protection sociale qu'il remplit vise le maintien de la cohésion sociale. Il cherche ainsi à diminuer les inégalités et intervient dans les domaines économique, politique et domestique. Malgré les efforts des politiques sociales (création en 1988 du RMI), certaines situations de détresse sortent de son champ d'intervention, notamment lorsqu'elles ne sont couvertes ni par l'aide ni par l'assurance sociale.
La progression du poids de l'État-providence n'a ainsi pas suffi à empêcher la fracture du lien social. Malgré les efforts prodigués, la montée du chômage, de l'exclusion et de la précarité n'a pu être véritablement endiguée. Les politiques mises en place peuvent difficilement réintégrer un individu fragilisé. Le système de gestion contribue aussi à remettre en cause son efficacité. L'État-providence évolue aujourd'hui vers un « mieux d'État » censé répondre aux mutations actuelles de la société. ■

Dico → éducation • famille

Points clés

Conformité et déviance

P T

Les agents socialisateurs cherchent à rendre les individus conformes à une certaine norme en leur transmettant des règles et des valeurs. À l'opposé, la déviance caractérise les comportement qui s'en écartent. Phénomène normal dans toutes les sociétés, la déviance peut être le signe d'un dysfonctionnement.

L'évolution du contrôle social

Le rôle du contrôle social est de maintenir les normes sociales et de lutter contre leur transgression, notamment au moyen de sanctions formelles (définies et appliquées par des institutions spécialisées telles que la police et la justice) ou informelles (rôle de la pression sociale). le contrôle s'applique dans une société correspond au niveau d'industrialisation de cette dernière, selon l'analyse d'Émile Durkheim (*De la division du travail social,* 1893). Ainsi, dans une organisation traditionnelle, la similitude des statuts et des rôles des individus contribue au développement d'une conscience collective forte que favorisent encore davantage les relations affectives au sein de petits groupes. Le contrôle social y est informel et l'application publique a pour effet de renforcer la cohésion sociale. Dans une société industrielle, caractérisée par la division du travail et la spécialisation des hommes, la conscience individuelle a peu à peu pris le pas sur la conscience collective. L'autonomie et l'individualisme croissants ont rendu nécessaire l'instauration d'institutions spécifiques pour remplacer le contrôle direct du « tous contre tous ». ■

Le conformisme

Le contrôle social informel s'exerce par la pression sociale. Les hommes peuvent alors être amenés à agir d'une façon qu'ils réprouvent et refuser ensuite la responsabilité de leurs actes. L'individu se conforme à la norme dictée par la pression sociale à travers trois types de comportements. Il peut ne pas avoir la volonté de s'opposer au groupe et fuir les conséquences d'un affrontement (conflit, isolement, sanctions formelles). Il adopte alors un comportement complaisant. Il peut aussi agir par identification car il souhaite s'intégrer pour ne pas s'écarter des normes établies. Enfin, il peut adhérer personnellement à la norme – il s'agit alors de l'étape la plus achevée du conformisme, l'intériorisation. Le mécanisme de « mise en conformité » s'appuie sur des sanctions positives qui récompensent l'individu et le valorisent. ■

La déviance

Par opposition aux conformistes, sont qualifiés de déviants les comportements qui s'écartent des normes sociales dominantes d'un groupe. La délinquance et la criminalité (transgression d'une norme à valeur légale) ne sont qu'un des aspects de la déviance, qui comprend aussi la toxicomanie, l'alcoolisme, le suicide, etc. Les approches méthodologiques centrées l'une sur le système (holisme) et l'autre sur la logique de l'acteur (individualisme) proposent des théories différentes sur la déviance. Pour Durkheim, des êtres placés dans des situations identiques tendent statistiquement à adopter des attitudes analogues. Selon le sociologue américain R. Merton, les individus ne peuvent pas tous atteindre les buts fixés par la société par des moyens légitimes. Certains utilisent donc des méthodes illégales. Merton définit cinq types de comportements (conformiste, ritualiste, innovateur, marginal et rebelle) qui mesurent le degré d'acceptation ou de refus de ces buts et moyens légaux. Dans une approche individualiste, la déviance constitue une réponse rationnelle à une situation donnée. Par exemple, Howard Becker indique dans son ouvrage *Outsiders* (1963) que *« les groupes sociaux créent la déviance en instituant des normes dont la transgression constitue la déviance en appliquant ces normes à certains individus et en les étiquetant comme des déviants. […] Le déviant est celui auquel cette étiquette a été appliquée avecsuccès. »* Selon Albert Cohen (*la Déviance,* 1971), la déviance peut fonctionner comme un signal d'alarme en focalisant l'attention sur des défaillances dans l'organisation. Les déviants peuvent ainsi conduire à de l'innovation sociale nécessaire à la régulation en produisant des conflits qui participeront au fonctionnement de la société. La déviance paraît « normale » au sens durkheimien du terme. Cependant, un nombre excessivement élevé ou faible d'actes déviants peut traduire un état pathologique, un dysfonctionnement de la société. L'anomie (dérèglement ou relâchement des règles sociales) provoquée par l'exclusion d'individus génère des troubles susceptibles de remettre en cause la régulation sociale, surtout lorsque le nombre d'individus non intégrés augmente excessivement dans une société. ■

Les comportements déviants tels que la destruction de véhicules dans les cités révèlent un dysfonctionnement social.

Dico → **mode de vie • norme**

Points clés

Insertion et intégration

?

L'insertion et l'intégration d'individus dans une société dont les valeurs et les normes diffèrent posent des problèmes. Les politiques gouvernementales tentent de résoudre ces difficultés afin de préserver la cohésion nationale.

Des politiques multiformes nécessaires

L'insertion désigne l'acte d'aider des citoyens en difficulté afin de leur permettre de bénéficier d'un niveau de vie décent et de favoriser leur participation à la vie culturelle, sociale et politique de la nation dans des conditions relativement harmonieuses. L'État-providence a développé des moyens croissants pour améliorer l'insertion des groupes défavorisés. Les nombreux domaines concernés, notamment l'urbanisme et l'emploi, nécessitent de repenser la politique d'insertion dans son ensemble. Les organismes de sécurité sociale, les administrations publiques et les collectivités locales interviennent aussi en cas de problèmes de santé, de chômage, de vieillesse, de perte de domicile afin de limiter les principaux risques d'exclusion. Les défaillances de l'État face à la montée de l'exclusion motivent l'action des associations ou des entreprises intermédiaires. ■

Les politiques d'intégration visent à faire partager les valeurs du pays d'accueil

Chaque homme s'intègre en intériorisant les normes et les règles de la société dans laquelle il vit. Il partage alors les valeurs dominantes et conforme sa conduite à celle des autres membres de son groupe. Pour Émile Durkheim, un groupe social est intégré dans la mesure où ses individus possèdent une conscience commune, partagent les mêmes croyances et pratiques, sont en interaction les uns avec les autres et s'orientent vers des objectifs similaires.

Dans un État républicain, les individus appartenant à une culture dominée peuvent préserver certaines de leurs spécificités culturelles tout en devenant partie prenante de l'environnement social dominant. Le pouvoir central exerce cependant une pression constante sur ces minorités culturelles ou religieuses afin de leur faire partager les coutumes et les traditions du pays d'accueil.

Seuls les États totalitaires confondent intégration avec assimilation. Dans ce dernier cas, l'individu doit renoncer totalement à sa culture d'origine et donc à toute identité culturelle propre. ■

Solidarité et lien social

Pour Émile Durkheim, la solidarité des sociétés industrielles est organique (elle s'opère par dépendance mutuelle). Elle est le résultat de la division du travail, qui a engendré une spécialisation des individus, devenus complémentaires les uns des autres. L'individualisme y est favorisé. Max Weber montre que la solidarité se crée entre des hommes qui partagent des goûts et des centres d'intérêt identiques et qui ont des comportements proches. Ces théories diffèrent de celle de Karl Marx, pour qui les rapports sociaux sont source de conflits entre classes opposées. Selon lui, la solidarité ne peut exister qu'entre des individus semblables qui partagent la même situation dans les rapports de production. Elle ne peut donc qu'être partielle car une partie de la société est amenée à s'opposer *« inéluctablement »* à l'autre. ■

L'identité nationale

L'identité nationale se construit autour d'une langue, d'une histoire et de lois communes. Sa spécificité avant tout culturelle peut créer des tensions lorsque des minorités refusent de s'intégrer à l'ensemble. La nationalité est le signe d'une appartenance à une communauté (la nation) ainsi que le lien juridique qui unit l'individu à l'État qui la lui a accordé. En France, la nationalité est fondée à la fois sur le droit du sang (avoir un père ou une mère française) et sur le droit du sol (naître sur le territoire français). Ce dernier droit a été étendu à la fin du XIXe siècle pour que les fils d'immigrés participent à la défense de la nation. Depuis 1789, la France reconnaît le «principe des nationalités», c'est-à-dire le droit à chaque peuple de disposer de lui-même. ■

La participation aux consultations électorales est un des devoirs du citoyen, qui marque par là son intégration au jeu démocratique.

Points clés

TS

L'inaccessible idéal démocratique de l'égalité

Depuis 1973, en France, le PIB a augmenté de près de 3 000 milliards de francs (en francs 1990), le nombre de chômeurs a été multiplié par cinq et les Rmistes sont plus de 1 million. Les richesses sont donc très inégalement partagées. Nouvelle pauvreté, précarité et marginalisation remettent en cause l'idéal démocratique de l'égalité.

L'égalité, un principe démocratique

Pour Tocqueville, la démocratie est avant tout une organisation sociale spécifique. *« Les peuples démocratiques ont un goût naturel pour la liberté [...] mais ils ont pour l'égalité une passion insatiable, éternelle et invincible »* (*De la démocratie en Amérique,* 1835). Selon lui, l'égalité des conditions dépasse le cadre économique et concerne à la fois le juridique (égalité devant la loi), le social (égalité des chances et mobilité sociale) et le respect (égale dignité de chacun). Elle n'implique pas cependant l'égalité réelle, c'est-à-dire la répartition équitable des biens sociaux (richesse, pouvoir et prestige), mais la possibilité pour chacun d'y accéder par la compétition. ■

Des inégalités économiques...

Dans les années 1990, le souci d'égalité se heurte à la montée des inégalités économiques, accentuées par la progression des revenus du capital, qui dépasse très largement celle des revenus du travail. Mais ces disparités ne remettent pas en cause l'idéal démocratique dès lors qu'elles ne nuisent pas au sort des plus démunis. En revanche, l'exclusion des moins qualifiés et des jeunes par un marché du travail discriminatoire nuit à l'efficacité économique et remet en cause la cohésion sociale. Le développement de l'insécurité, de la drogue et de la violence dans les quartiers défavorisés est susceptible de fragiliser la démocratie. ■

Les hommes et la passion de l'égalité

**« Le fait particulier et dominant qui singularise ces siècles, c'est l'égalité des conditions ; la passion principale qui agite les hommes dans ces temps-là, c'est l'amour de cette égalité. [...]
Un peuple a beau faire des efforts, il ne parviendra pas à rendre les conditions parfaitement égales dans son sein ; et s'il avait le malheur d'arriver à ce nivellement absolu et complet, il resterait encore l'inégalité des intelligences, qui venant directement de Dieu, échappera toujours aux lois. »**

Alexis de Tocqueville, *De la démocratie en Amérique,* (1835-1840).

... aux clivages sociaux

Les inégalités économiques ne se cantonnent pas au seul déséquilibre des richesses possédées. Elles touchent largement la sphère sociale. Les enfants de cadres sont toujours favorisés dans la réussite de leurs études comparés aux enfants d'ouvriers. L'égalité des chances reste un idéal lointain en dépit de la massification de l'enseignement. Si la part des enfants d'ouvriers parmi les étudiants s'est accrue depuis 1960, sa progression demeure très lente depuis 1975. Les disparités dans la réussite scolaire s'expliquent, selon Bourdieu, par la transmission d'un capital économique, culturel, social et symbolique différent selon les CSP des parents. Les jeunes des familles aisées profitent d'un capital culturel très valorisé dans le cadre de l'école. De surcroît, les parents connaissent les bonnes filières et possèdent aussi les relations propres à aider leurs enfants au début de leur vie professionnelle. Ainsi, les filières les plus prestigieuses sont encore monopolisées par les enfants des CSP les plus favorisées. Or l'hérédité des inégalités est incompatible avec la démocratie. ■

«Entre 1982 et 1992, le produit intérieur brut (PIB) de la France, qui mesure la totalité de la richesse produite par le travail rémunéré, a augmenté de plus d'un quart en francs constants [...]. Au cours de ces mêmes années, le nombre de pauvres n'a pourtant pas cessé de croître. L'institution du revenu minimum d'insertion (RMI) fournit un indice de cette paupérisation tendancielle d'une partie de la société française. D'ailleurs, à la fin des années 1980, 7 millions de personnes devaient aux seules prestations sociales de ne pas vivre dans la grande pauvreté. Une société de plus en plus riche, des pauvres de plus en plus nombreux : cette contradiction apparente s'explique par une répartition de plus en plus inégale de la richesse nationale.»

A. Bihr, R. Pfefferkorn, *Déchiffrer les inégalités,* © La Découverte & Syros, 1995.

Points clés

La justice sociale

Selon John Rawls, les inégalités sont acceptables tant qu'elles permettent d'augmenter la richesse globale de la société et qu'elles ne se traduisent pas par la dégradation du sort des plus mal lotis. Dans son œuvre la *Théorie de la justice* (1971), Rawls distingue les inégalités positives, qui sont justes (par exemple, payer plus celui qui produit plus), des négatives (baisse de rémunération des plus faibles), qui sont injustes. Il montre qu'on peut concilier efficacité économique, liberté de l'individu et justice sociale. Les disparités sont ainsi acceptables si elles préservent l'égalité des chances selon le principe d'équité et d'efficacité, que Rawls hiérarchise : la liberté prévaut sur l'égalité des chances qui elle-même prévaut sur l'efficacité. En ce sens, les interventions de l'État en faveur des plus démunis sont légitimes. Selon l'auteur, le régime politique qui respecte au mieux ces principes est celui de l'égalité démocratique, assez proche du régime républicain français. ■

Dico → travail

Points clés

T

Le travail est-il toujours un facteur d'intégration ?

Dans une société industrielle ou postindustrielle, l'activité professionnelle est un facteur d'intégration. Elle assure aux individus un revenu, des relations, et une « identité au travail », selon l'expression de Renaud Sainsaulieu. Mais la fracture sociale, qui se matérialise par la montée de la pauvreté et de l'exclusion, remet en cause la fonction intégratrice du travail.

S'intégrer grâce à l'emploi

Selon Émile Durkheim, la division du travail joue un rôle primordial dans le maintien du lien social en engendrant une solidarité organique qui renforce les liens entre les individus. L'augmentation du volume d'une société, conjuguée à l'intensité de ses communications et échanges, participe au développement de la division du travail. Les hommes se spécialisent, deviennent complémentaires et ont besoin les uns des autres pour survivre. Cette approche sociologique est corroborée par l'importance du travail et de l'entreprise comme lieu d'échange. Les individus passent en effet au travail la moitié au moins de leur temps éveillé (repas sur place et transport compris). L'emploi procure des relations et définit en grande partie l'identité sociale. Il fournit aussi un revenu qui assure, dans la plupart des cas, des conditions matérielles d'existence et la possibilité de s'intégrer dans une société de consommation. ■

Les quatre sources de lien social

LE TRAVAIL
L'exclusion de la sphère du travail est la première cause d'exclusion.

L'ÉTAT
En France, l'État-providence doit aider à la cohésion sociale. En a-t-il encore les moyens ?

Il n'existe pas un ciment unique du lien social, mais plusieurs dispositifs d'intégration. L'exclusion se définit en termes de rupture par rapport à un ou plusieurs de ces pôles.

LA FAMILLE
Les divorces et les familles recomposées sont l'expression d'une fragilisation des liens familiaux. En même temps, certaines solidarités familiales tempèrent les effets de l'exclusion économique.

LES COMMUNAUTÉS
L'essor des associations apparaît parfois comme le dernier rempart contre l'exclusion et, pour certains, la base d'un nouveau « contrat social ».

Source : d'après *Sciences humaines,* hs n°13, mai-juin 1996.

Un agent fragilisé

Le chômage et l'augmentation des emplois dits atypiques remettent en cause l'intégration par le travail. Si on comptabilise toutes les situations précaires (chômage, CDD, stages, intérim...), on constate que les postes stables perdent leur hégémonie. La précarité des contrats de travail s'accompagne de l'accroissement de la pauvreté. L'instabilité professionnelle fragilise les liens sociaux et la solidarité. Le chômeur, privé des informations professionnelles nécessaires pour trouver un poste, se trouve rapidement exclu. D'une part, l'effet de file d'attente réduit son employabilité sur le marché et, d'autre part, son réseau de sociabilité se disloque. Plus généralement, les mutations de l'emploi ont conduit à un triple éclatement du monde du travail, d'ordre culturel, spatial et temporel. Ainsi, les rapports à la culture d'entreprise sont souvent très contrastés dans le secteur tertiaire, trop instable et hétérogène pour créer des groupes sociaux solidaires. ■

L'importance du travail dans la vie

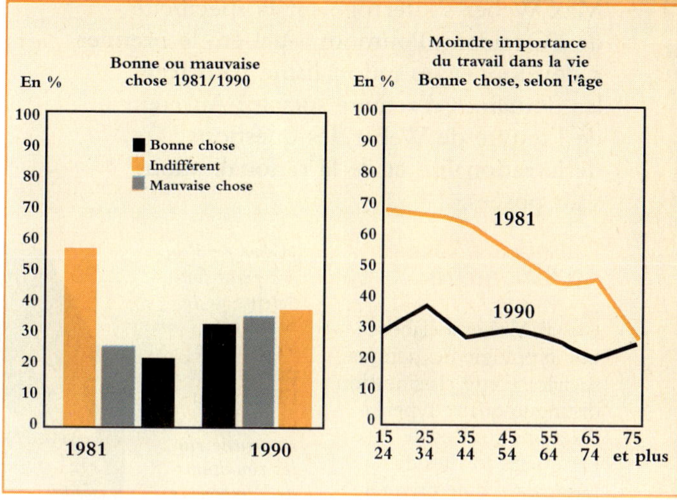

L'importance attachée au travail est un révélateur du climat social. Elle s'est accrue au cours des années 1990.

Le travail est-il toujours au cœur de notre société ?

Dans les sociétés industrielles, l'intégration professionnelle offre une véritable citoyenneté économique et sociale. L'exclu du marché du travail est privé de ce lien fonctionnel. Dans ces organisations modernes, les réseaux de sociabilité se créent de plus en plus durant les loisirs, entre ceux qui partagent le même mode de vie. C'est essentiellement par la consommation que l'individu s'intègre dans ce type de société. L'absence de milieu professionnel, qui donne un cadre de vie, ne lui permet plus de se situer dans la société. Sans ces repères, il ne perçoit plus le bien fondé des règles sociales. L'anomie, une des formes pathologiques de la division du travail, le plonge alors dans une situation de détresse. Ainsi, l'emploi est toujours essentiel à l'intégration, et la lutte contre l'exclusion du marché du travail doit être renforcée. ■

Dico → travail

Points clés

Max Weber

T

Max Weber s'interroge sur la spécificité de l'Occident. Pourquoi a-t-il été le premier à développer un rationalisme dans tous les domaines d'activité sociale ? Au cœur de l'œuvre de Weber, les questions de la rationalité et de la rationalisation sont posées.

Weber est l'un des pères fondateurs de la sociologie. « l'Éthique protestante et l'Esprit du capitalisme » *se penche sur les conditions de l'émergence du système capitaliste.*

Les quatre formes de rationalité

Max Weber a élaboré une typologie des actions sociales. Cette classification distingue quatre types d'actions guidées par quatre formes de rationalité. Une première forme est traditionnelle : l'action est dictée par des coutumes et des habitudes. Une seconde, dite affective, joue sur la gamme des émotions : l'action est définie par une réaction émotionnelle. Une troisième est centrée sur les valeurs, c'est-à-dire que l'action est gouvernée par des valeurs subjectives ou des croyances. Enfin, la dernière forme vise la finalité : l'action est guidée par le but. C'est la rationalité instrumentale. Ces quatre formes de rationalité constituent des types idéaux et n'existent pas à l'état pur dans la société. Ils servent à analyser la réalité et à comprendre les conduites humaines. ■

Le processus de rationalisation

La typologie de Weber constitue aussi un outil pour comprendre l'émergence et le développement de la société moderne. Selon le sociologue, il existe un processus de rationalisation. Ce dernier est caractérisé par un meilleur contrôle des individus sur leur environnement. Il consiste à donner de plus en plus de place à la rationalité instrumentale. Les actions guidées par ce type de rationalité sont celles qui adaptent au mieux les moyens aux fins recherchées. La société moderne se veut ainsi de plus en plus efficace. La rationalisation s'accompagne d'un autre processus : le désenchantement du monde. Auparavant, l'univers était dominé par la magie et les rites : il était « enchanté ». Progressivement, la magie n'a plus permis de répondre aux questions des hommes. Le monde perd de son sens et les hommes perdent leurs illusions. ■

La rationalisation des activités économiques

Le système capitaliste s'inscrit dans un processus de rationalisation des activités économiques. Dans son ouvrage l'*Éthique protestante et l'Esprit du capitalisme*, Weber montre que ce processus trouve son origine dans un changement religieux et culturel. Le goût pour l'argent et l'appétit de profit ne suffit pas en soi à expliquer l'avènement du capitalisme, qui aurait toujours existé. Le capitalisme contemporain a émergé à partir d'une éthique, celle qui a guidé les protestants puritains. Pour obtenir leur salut, ces derniers, qui sont des ascètes, doivent gagner de l'argent en se gardant de jouir de la vie. Ils doivent ainsi rationaliser leurs activités économiques. Même si les liens entre protestantisme et capitalisme ont été discutés par les sociologues et les historiens, la thèse de Weber offre une critique intéressante du matérialisme de Marx. Weber souligne que des transformations économiques peuvent naître de changements culturels. ■

Points clés

Max Weber, fondateur de la sociologie

Max Weber (1864-1920) est considéré comme l'un des fondateurs de la sociologie. À la différence d'Émile Durkheim, il ne considère pas que celle-ci puisse prendre pour modèle les sciences de la nature (la physique et la biologie). En tant que science de la culture, elle a une démarche spécifique. Weber possède à l'origine une formation juridique. Sociologue, il connaît très bien l'économie et l'histoire, et s'intéresse aussi à la religion. Bien qu'engagé politiquement et préoccupé par les problèmes de société il considère que le savant doit rester neutre.

Ses principales œuvres sont :
L'Éthique protestante et l'Esprit du capitalisme (1904-1905)
Le Savant et le Politique (1919)
Essai sur la théorie de la science (1922)
Économie et Société (1922)

L'extension de la bureaucratie

La rationalisation ne touche pas uniquement le domaine économique. Elle concerne aussi le droit, l'art, la science, l'administration et les institutions politiques. Dans les différentes sphères de la vie sociale, la bureaucratie se développe. Les comportements ne sont plus fondés sur la coutume ou dictés par des personnes, mais soumis à l'obéissance à des règles impersonnelles. Processus fécond et libérateur à l'origine, la rationalisation conduit, à terme, à la domination absolue d'un mode de vie bureaucratique déshumanisé. ■

En France, la diffusion du protestantisme a surtout touché les couches urbaines. Le pouvoir royal (ici Henri II en 1559) s'est senti menacé et a répondu par la force.

Dico → bureaucratie • capitalisme

Points clés

T

Émile Durkheim : le lien et ses formes

Fondateur de la revue **l'Année sociologique** *Durkheim a également créé l'école sociologique française.*

Le XIXe siècle est marqué par des transformations sociales rapides : industrialisation, urbanisation, etc. Les déstructurations sociales provoquées par ces changements sont au cœur de l'œuvre du sociologue Émile Durkheim.

Solidarité mécanique et solidarité organique

Dans son ouvrage *De la division du travail social* (1893), Durkheim souligne que le lien social est fondé sur la solidarité. Celle-ci peut prendre notamment deux formes : mécanique et organique. Les sociétés traditionnelles sont soudées par une solidarité mécanique. Dans ce type de société, les membres de la communauté ne se différencient pas, il n'y a pas de division du travail et les individus sont identiques. La cohésion sociale, forte, est assurée par la religion, la morale et le sentiment d'appartenir à une même communauté. La conscience collective est puissante et

La position de Durkheim

Pour Durkheim, la société moderne est caractérisée par la disparition des liens communautaires, ce qui conduit l'individu à la solitude. Mais l'auteur n'est pas un nostalgique de la tradition. Son œuvre cherche, en premier lieu, à cerner comment la cohésion sociale et la solidarité peuvent se reconstituer à partir des nouvelles bases de la société industrialisée. Il tente ainsi d'expliquer de quelle manière les sociétés se transforment. ■

Émile Durkheim

Le poids d'Emile Durkheim dans la constitution de la sociologie en France est considérable. Il peut être considéré comme le père fondateur de la sociologie française. Émile Durkheim est né en 1858 à Épinal dans une famille qui compta de nombreux rabbins. Élève à l'École normale supérieure, il obtient l'agrégation de philosophie. Par la suite, nommé professeur de pédagogie et de sciences sociales à la faculté de Bordeaux, il établit les règles scientifiques qui assurèrent l'introduction de la sociologie à l'Université. Il finit sa carrière à la Sorbonne. Ami du leader socialiste Jean Jaurès, il est politiquement proche de ce mouvement. Il meurt à Paris en 1917.

s'impose aux individus. L'individualité est nulle et les consciences individuelles n'existent pas face à la puissance du groupe. Enfin, dans ce type de société, le droit est répressif : il est conçu pour punir l'individu.
Dans les sociétés industrialisées, la solidarité est organique. La division du travail est accentuée et il existe une diversification des fonctions. Les individus ne se ressemblent pas, bien au contraire ils se différencient. La conscience collective ayant tendance à s'affaiblir, la conscience individuelle de chacun peut émerger.
Le droit est restitutif et il prend majoritairement la forme du droit civil ou du droit commercial, et non celle du droit pénal. Dans ce type de société, la solidarité n'est pas absente mais elle passe par la division du travail. En effet, chacun exerce des activités différentes, mais complémentaires et interdépendantes. La solidarité est dite organique car la société fonctionne comme un être vivant, composé d'organes différents mais complémentaires. ■

Les principales œuvres de Durkheim

1893 : *De la division du travail social* (thèse de doctorat)
1895 : *Règles de la méthode sociologique*
1897 : *le Suicide*
1912 : *les Formes élémentaires de la vie religieuse*

Les passages de forme de solidarité

L'homme n'a pas développé la solidarité organique dans le but de produire plus de richesses. Selon Durkheim, un phénomène social, comme celui de la division du travail, ne peut pas s'expliquer par son utilité. Tout phénomène social doit être expliqué par un autre phénomène social. Ainsi, les causes de la division du travail trouvent leur origine dans les mutations sociales. Durkheim en définit trois : la croissance du volume de la société (nombre d'individus), la hausse de la densité matérielle et l'augmentation de la densité morale (l'intensité des relations et des échanges). ■

Les risques d'affaiblissement de la cohésion sociale

Dans les sociétés à solidarité organique, la cohésion sociale risque de s'affaiblir. Il devient donc nécessaire d'établir de nouveaux liens sociaux. Émile Durkheim propose de renforcer le rôle des groupes intermédiaires (groupes professionnels, corporations, etc.). La morale laïque et l'éducation doivent aussi être développées de façon à pouvoir cimenter à nouveau la société. ■

Les solidarités mécanique et organique se distinguent par des différences de degré dans la conscience collective et individuelle.

Les deux types de solidarité

	Solidarité mécanique	Solidarité organique
Division du travail	Faible	Forte
Conscience collective	Forte	Faible
Conscience individuelle	Faible	Forte
Principale forme de droit	Droit répressif	Droit restitutif

Dico → communauté

Points clés

4

Alexis de Tocqueville

Pour Alexis de Tocqueville, les sociétés les plus développées (États-Unis, France, Grande-Bretagne) évoluent vers un état social démocratique, caractérisé par l'égalisation des conditions. À la différence de Marx, Tocqueville ne pense pas que les inégalités s'accentuent. Au contraire, il prédit l'avènement d'une large classe moyenne aux États-Unis.

De l'état social aristocratique à l'état social démocratique

Pour Tocqueville, il existe une opposition entre deux modèles de société. Celui des sociétés caractérisées par des mœurs, comportements et institutions aristocratiques s'oppose à celui des sociétés démocratiques. Dans les premières, les positions sociales sont héritées et la valeur dominante est celle de l'honneur. Ces sociétés sont traversées par des inégalités importantes et un petit groupe, l'aristocratie, possède l'essentiel des richesses. Dans ce type de société, le problème du politique ne se pose pas, car la légitimité du pouvoir n'est pas mise en cause. Ce sont des sociétés stables.
Dans les sociétés démocratiques, les valeurs dominantes sont l'égalité et la recherche du bien-être. Se développe un processus d'égalisation qui concerne à la fois les droits politiques, les ressources économiques et les mentalités. Le mouvement d'égalisation des conditions ne désigne pas la disparition des inégalités, mais le développement de l'égalité des chances. Les positions sociales ne sont plus héritées. Elles correspondent aux capacités personnelles des individus. La mobilité sociale est forte et émerge une vaste classe moyenne. Se pose alors la question de la légitimité du pouvoir. Celui-ci est perçu comme pouvant être à la portée de tous car chacun se perçoit comme l'égal de l'autre. Avec la croissance du sentiment d'égalité, se développe la rivalité entre les individus. Loin d'être pacifiées, les sociétés démocratiques ont tendance à être instables. ■

Tocqueville, penseur de la démocratie

Né sous l'Empire, Alexis de Tocqueville (1805-1859) est issu d'une famille noble. Paradoxalement, il devient un penseur de la démocratie. Après des études de droit, il se rend en 1831 à New York pour mener une enquête sur le système carcéral aux États-Unis. Il élargit son enquête aux questions de liberté, d'égalité et de démocratie et en tire une œuvre majeure, *De la démocratie en Amérique* (1835). Sa méthode est originale pour l'époque. Il séjourne toute une année dans le pays et en tire des réflexions sur les changements sociaux à l'œuvre. *L'Ancien Régime et la Révolution* est son autre ouvrage important. Il y avance que la Révolution n'a pas constitué une rupture mais s'est s'inscrit dans une continuité historique marquée par la centralisation administrative.

Les problèmes des sociétés démocratiques

Les sociétés démocratiques sont soumises à plusieurs types de problèmes. L'enrichissement provoque un repli des individus sur eux-mêmes. Surtout intéressés par des préoccupations matérielles, ceux-ci ne s'investissent pas dans la vie publique. Se pose alors un problème de désertion civique. Un autre risque est de voir apparaître une tyrannie de l'État. Dans une démocratie, la majorité peut s'imposer face aux minorités, dont les droits sont alors bafoués. Poussés par leur passion de l'égalité, les hommes sont également conduits à accepter un État protecteur trop puissant, liberticide. Tocqueville entrevoit donc une opposition entre la passion de l'égalité et le respect des libertés. La démocratie américaine est, pour Tocqueville, un modèle, car, malgré les risques de dérive matérialiste, elle semble avoir trouvé un équilibre entre l'égalité et la liberté. En effet, elle possède un certain nombre de contrepoids qui l'empêche de sombrer dans la tyrannie. Ainsi, la commune est une institution politique de base. Elle est proche des gens et constitue un remède contre la désertion civique. De même, Tocqueville insiste sur le poids de l'opinion publique et de la liberté de la presse, comme contre-pouvoir. ■

Alexis de Tocqueville (1805-1859), l'un des analystes les plus subtils des sociétés modernes.

La méthode chez Tocqueville

Au cours du XIXe siècle, la connaissance de la réalité sociale prend plusieurs voies. Un certain nombre d'enquêtes sociales et de recensements statistiques sont réalisés. Leur objectif est de décrire précisément la réalité pour intervenir sur celle-ci. Une autre voie est proposée par des penseurs aussi différents que Marx et Tocqueville. Il ne s'agit plus d'accumuler les connaissances statistiques et les enquêtes, mais de saisir des logiques à l'œuvre dans la société. La démarche consiste à cerner quels sont les principes qui organisent les sociétés. Les comportements observés sont rendus compréhensibles par un système de pensée élaboré.

Dico → classe sociale

Points clés

L'héritage culturel

T

Selon le discours égalitaire, l'éducation de masse réduit les inégalités et favorise la mobilité sociale. Les statistiques prouvent que c'est une illusion : les enfants de cadres ont plus de chances d'entrer à l'université et d'y réussir que ceux des ouvriers ou des agriculteurs.

La sélection scolaire

En 1964, les sociologues P. Bourdieu et J.-C. Passeron publient *les Héritiers*, dans lequel, les auteurs avancent que l'école a longtemps reposé sur l'idéologie du don : les différences de réussite seraient dues aux dons naturels et personnels – une idéologie qui nie l'existence d'une inégalité des chances liée à l'origine sociale. Les différences sociales sont transformées en différences individuelles et naturelles. L'objectif des auteurs est de dévoiler les mécanismes sociaux de la sélection scolaire. ■

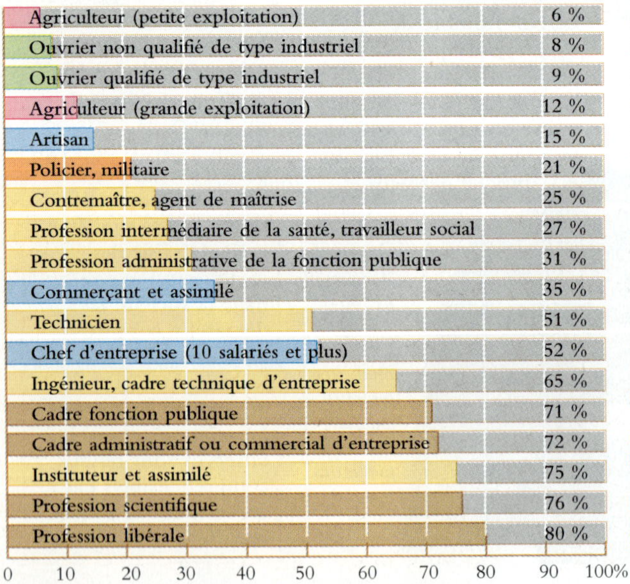

L'héritage culturel

Selon P. Bourdieu et J.-C. Passeron, la suprématie de la classe dominante n'est pas seulement économique. Elle est aussi culturelle, et construite en partie par l'école.
Les jeunes issus des classes favorisées disposent d'un « capital culturel ». Ils ont un accès privilégié aux livres, aux œuvres d'art, aux voyages, etc. Soit un environnement qui facilite la réussite scolaire.
Ces jeunes jouissent donc d'interactions propices à l'apprentissage. Ils acquièrent plus rapidement des outils intellectuels, des manières de s'exprimer et un langage adaptés aux exigences du système scolaire. Ils disposent donc d'un « héritage culturel » qui, bien souvent, se transmet sans qu'aucun effort spécifique n'ait été réalisé. ■

Proportion de fils ayant un diplôme supérieur ou égal au baccalauréat selon la catégorie socioprofessionnelle du père.

- Cadres et professions intellectuelles supérieures
- Professions intermédiaires
- Artisans, commerçants, chef d'entreprise
- Employé, policier
- Agriculteur exploitant
- Ouvriers

Le capital culturel s'acquiert aussi hors de l'école. Le milieu familial joue un rôle prépondérant dans la genèse des goûts et des pratiques.

La « culture libre »

L'héritage culturel n'est pas composé uniquement de savoirs scolaires. En effet, les connaissances dispensées par l'école ne suffisent pas pour réussir. Un certain nombre de savoirs, d'attitudes, de comportements et de goûts s'acquièrent hors de l'école, comme aller au musée, voyager, aimer l'art, le cinéma, etc. Il s'agit ici d'une « culture libre ». La sélection à l'école ne s'opère pas uniquement à partir des savoirs scolaires, mais aussi à partir de cette culture libre, dispensée par la famille. De ce fait, un fils d'ouvrier ou d'agriculteur n'a que peu de chance d'acquérir cette forme de culture. Les enfants issus des milieux sociaux les moins favorisés peuvent faire preuve d'une « bonne volonté culturelle ». Mais la bonne volonté et le savoir transmis par l'école sont, en eux-mêmes, insuffisants pour garantir la réussite. ■

L'habitus

L'école tend à ignorer la diversité sociale des élèves. Elle propose le même discours à tous. L'élève est supposé être spontanément motivé et autonome dans son travail. Pourtant, ces valeurs et attitudes ne sont pas partagées par tous. D'une manière générale, les inégalités devant l'école proviennent aussi de visions du monde différentes, de façons d'agir, de penser et de sentir que l'on hérite de son milieu familial, sans en être conscient. Pierre Bourdieu désigne la transmission sociale de ces manières d'être par le concept d'*habitus*. Pour réussir, les enfants d'ouvriers ou d'agriculteurs doivent rompre avec leur milieu social d'origine car les normes dispensées par l'école sont en décalage avec l'habitus de la famille d'origine. Lorsqu'ils réussissent, ils entrent en état d'« acculturation ». ■

Dans les sociétés occidentales, de plus en plus multiculturelles, les habitus *des différentes générations sont très divers.*

Points clés

4

Raymond Boudon et l'inégalite des chances

Le développement de l'éducation de masse ne garantit pas l'égalité des chances. L'école ne conduirait-elle pour autant qu'à la reproduction des inégalités ? Les partisans du holisme, comme Pierre Bourdieu, et les défenseurs de l'individualisme méthodologique, tel Raymond Boudon, s'affrontent sur ce sujet.

Le clivage entre holisme et individualisme méthodologique

Dans son analyse, Pierre Bourdieu étudie comment la structure du système social détermine les comportements individuels. Le terme holisme peut convenir à son approche. Le holisme est en effet une démarche qui consiste, à partir d'un ensemble (la culture, la société), à étudier les comportements individuels. Ainsi, selon cette optique, l'école assure la reproduction des relations de domination. Raymond Boudon propose une démarche opposée : la société n'existe pas hors des comportements individuels qui la composent. Le point de départ de toute analyse doit donc être l'individu, guidé par des stratégies et des conduites rationnelles. C'est l' « individualisme méthodologique ». ■

L'inégalité des chances liée aux choix rationnels

À l'instar de Pierre Bourdieu, Raymond Boudon constate qu'il existe une inégalité des chances à l'école. Mais cette inégalité n'est que partiellement liée aux mécanismes de domination culturelle. Elle s'explique aussi par les comportements rationnels des individus. Les familles réalisent en effet des prévisions et calculs pour leurs enfants. Elles analysent la situation en termes de coûts et avantages. Elles comparent les avantages (revenus, prestige, etc.) que l'on peut tirer d'un investissement scolaire aux coûts engendrés (frais de scolarité, risques d'échec entraînant une perte d'argent, etc.). Ces calculs diffèrent selon les origines sociales. Pour les enfants des classes favorisées, les avantages espérés de la scolarité sont importants et les coûts réduits. À l'opposé, pour les enfants des milieux défavorisés, les gains espérés sont aléatoires et faibles. De ce fait, les choix en matière d'orientation ne sont pas guidés par l'obtention de diplômes de niveau élevé et les enfants ont tendance à moins s'investir dans l'école. ■

L'individualisme méthodologique

Cette méthode, dont le principal porte-drapeau en France est le sociologue Raymond Boudon, a pour principe de partir des comportements individuels jugés rationnels pour expliquer les phénomènes collectifs de nature économique ou sociale. Cela signifie que l'observateur s'interdit de raisonner à partir de catégories – groupe ou classe –, qui sont dénuées de volonté.

La dévaluation des diplômes

Selon Boudon, l'analyse de l'école et de la réussite scolaire ne suffit pas à expliquer la faible mobilité sociale. Même avec la diminution de l'inégalité des chances, on n'observe pas de mobilité sociale accrue. En effet, la rentabilité des diplômes a tendance à baisser. Le nombre de diplômés est en forte croissance alors que les offres d'emplois correspondants ne suivent pas. Il existe un phénomène d'inflation des diplômes qui explique leur dévalorisation. La démocratisation de l'enseignement depuis les années 1960 a engendré un effet pervers. ■

La baisse du rendement des diplômes

	Salaire relatif (référence : salaire des femmes sans diplôme)			
	1970	**1977**	**1985**	**1993**
HOMMES				
Sans diplôme	1,37	1,36	1,25	1,26
CEP, CAP, BEP, etc.	1,90	1,77	1,57	1,58
BAC ou équivalent	2,73	2,47	2,15	2,02
BAC + 2	2,96	2,30	2,12	2,18
Supérieur à BAC + 2	4,76	4,05	3,34	3,26
FEMMES				
Sans diplôme	1,00	1,00	1,00	1,00
CEP, CAP, BEP, etc.	1,29	1,27	1,25	1,24
BAC ou équivalent	1,70	1,71	1,52	1,48
BAC + 2	1,84	1,79	1,66	1,66
Supérieur à BAC + 2	2,73	2,29	2,04	2,15

Source : enquêtes FQP, 1970, 1977, 1985 et 1993.

Une différence d'approche

Pour expliquer l'inégalité des chances à l'école, Boudon insiste sur les choix rationnels des individus alors que Bourdieu opte pour le désavantage culturel des classes les moins aisées. Ces approches opposées conduisent à des propositions différentes. Pour Bourdieu, le système scolaire doit tenir compte de la spécificité culturelle des milieux défavorisés. Selon Boudon, limiter les choix des familles conduirait à réduire les inégalités. Supprimer les choix des familles reste cependant difficile et non souhaitable. ■

Deux approches différentes de l'inégalité des chances

	Pierre BOURDIEU	Raymond BOUDON
Ouvrage	*les Héritiers* (1964)	*L'Inégalité des chances* (1973)
Méthodologie employée	Holisme	Individualisme méthodologique
Rôle de l'école dans la formation des inégalités	Fort	Faible
Origine des inégalités scolaires	Inégalité de l'héritage culturel	Choix rationnels différents suivant les origines sociales

Points clés

Adam Smith

TS

Adam Smith (1723-1790), économiste écossais, publie en 1776 son principal ouvrage, intitulé, *Recherches sur la nature et les causes de la richesse des nations,* dans lequel il cherche à expliquer la rapide croissance économique de la Grande-Bretagne, à l'aube de la révolution industrielle.

Un penchant naturel à échanger

Adam Smith ouvre la voie de l'analyse classique, qui régnera sur la pensée économique jusqu'en 1870. Les effets de la division technique du travail sont au cœur de sa théorie. Il part du principe que les hommes ont un penchant naturel à échanger. Cette aptitude favorise la division du travail. Parallèlement, le libre-échange et l'ouverture de nouveaux marchés encouragent aussi le développement de celle-ci. Pionnier, Smith fut le premier auteur classique à envisager l'échange en termes de rendements croissants : il montra que, même sans avantage particulier, un pays a intérêt à se spécialiser dans la production de certains biens afin de réaliser des économies d'échelle. ■

Au début du XIXe siècle, le secteur textile connut plusieurs révolutions technologiques. Ici la filature mécanique du lin.

La division du travail au cœur de la croissance

Smith voit dans la division du travail la source de l'accroissement de *la richesse des nations.* Elle permet de réduire les coûts de production et de baisser les prix des biens de consommation par la concurrence que le libre-échange favorise. Les gains de productivité qu'elle génère ainsi sont diffusés dans l'économie sous forme d'augmentation des revenus. Ils vont être aussi utilisés pour constituer de l'épargne et accumuler du capital. Adam Smith prend en exemple une manufacture d'épingles. Partant du principe qu'une tâche simple et répétitive permet à l'ouvrier de travailler plus vite, il propose de décomposer la fabrication d'une épingle en plusieurs étapes successives. Il constate que l'augmentation de la productivité relève de trois facteurs différents : l'accroissement de la dextérité du travailleur, le gain de temps (l'ouvrier ne change plus d'opération) et enfin la mécanisation des activités. Smith valorise ici les effets économiques de la division du travail sur la croissance. Il n'en néglige cependant pas les dangers en termes d'appauvrissement intellectuel. Pratiquer toute sa vie un métier consistant à n'accomplir que de petites tâches conduit à *l'engourdissement de ses facultés morales.* Selon lui, l'État peut pallier ces effets négatifs en développant l'éducation et l'instruction, et en encourageant par exemple l'apprentissage de la lecture, du calcul et de l'écriture. L'économiste n'envisage pas toutefois que les effets répétitifs et abrutissants de la division du travail puissent limiter l'augmentation de la productivité. ■

La division du travail, condition première de la productivité et, par suite, de l'obtention d'un revenu.

Le processus d'accumulation du capital

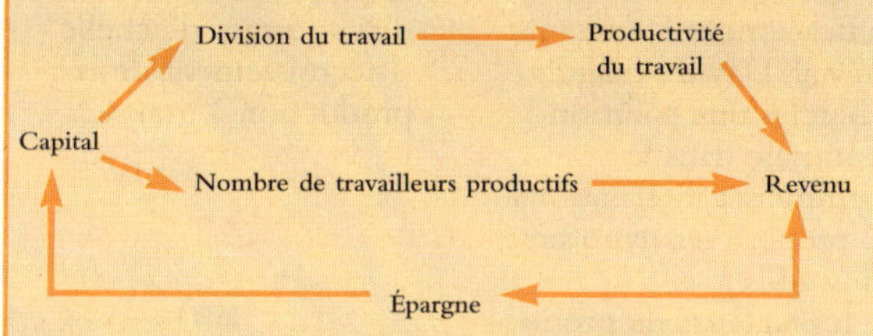

Source : A. Béraud, *Nouvelle Histoire de la pensée économique*, La Découverte & Syros, 1992.

Les limites de la division du travail

Même poussée à l'extrême, la division du travail n'est pas infinie et impose d'autres coûts. Elle nécessite notamment la surveillance du respect des normes par un développement de l'encadrement qui limite les gains de productivité. Son impact social est aussi vivement critiqué par Karl Marx. Alexis de Tocqueville, dans son ouvrage *De la démocratie en Amérique* (1835), dénonce la disparition de tout lien de solidarité ou d'assistance dans l'aristocratie manufacturière, devenue à ses yeux *la plus dure qui ait paru sur la terre* envers les ouvriers. Le sociologue français Émile Durkheim voit poindre dans la division excessive du travail l'anomie, soit un dérèglement des normes sociales généré par l'absence de solidarité organique et donc de cohésion. ■

Points clés

David Ricardo

TS

Économiste classique, David Ricardo (1772-1823) se distingue des principaux auteurs de son époque par le niveau d'abstraction élevé de son analyse. Les néoclassiques s'inscrivent dans le prolongement de sa problématique, notamment concernant la loi de l'offre et de la demande, et la nécessité d'une non-intervention de l'État et d'un libre-échange.

Les hypothèses ricardiennes

Partant du principe que tout le monde gagne à utiliser le plus efficacement le facteur travail, David Ricardo cherche une solution optimale dans le commerce international. Il propose les hypothèses suivantes :
– les facteurs de production sont parfaitement mobiles à l'intérieur d'un pays mais immobiles entre les États ;
– les marchés sont régis par les règles de la concurrence pure et parfaite ;
– la valeur des marchandises dépend de la quantité de travail nécessaire à leur fabrication ;
– la production s'effectue à coefficients fixes ;
– il n'existe qu'une technique possible et les facteurs de production ne sont pas substituables ;
et enfin, un dernier point très important :
– la production s'effectue « à coûts ou à rendements d'échelle constants » ce qui implique l'absence d'économies d'échelle (l'accroissement de la production à grande échelle ne fait pas baisser le coût unitaire d'un bien). ■

La période 1950-1973 a été la plus florissante du capitalisme moderne.

La croissance du PIB réel et celle des exportations (1720-1990)

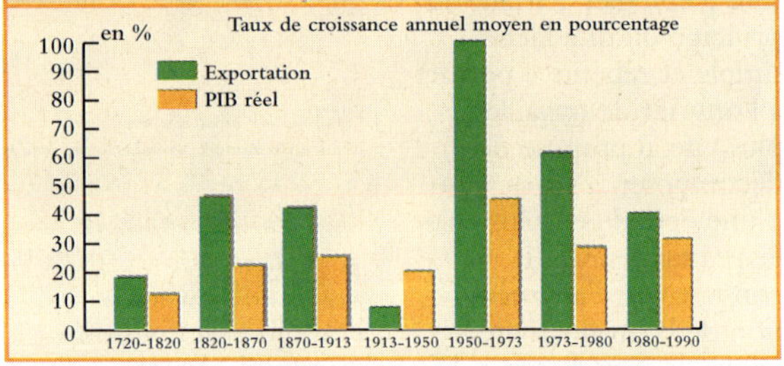

Ricardo dépasse l'analyse de Smith

Pour Smith, un pays gagne à se spécialiser dans la production des biens dont il dégage un avantage absolu, c'est-à-dire dans ce qu'il arrive à fabriquer à un coût inférieur par rapport au reste du monde, et à importer les autres biens. Mais cette approche n'explique pas pourquoi l'Angleterre, qui au XVIIIe siècle possède des avantages absolus dans tous les secteurs et qui donc ne tire aucun intérêt à commercer avec l'étranger, entretient pourtant des relations commerciales avec d'autres pays. La théorie des avantages comparatifs de Ricardo permet d'expliquer cette situation. ■

La théorie des avantages comparatifs

Selon Ricardo, un pays a intérêt à se spécialiser dans la production de biens pour lesquels il dispose d'un avantage relatif et comparatif (c'est-à-dire le plus grand avantage absolu). L'efficacité maximale sera atteinte si chaque pays se concentre sur la fabrication d'un type de produit dont le coût, exprimé en hommes ou en heures de travail, est moindre. L'économie du facteur travail permet de réduire les coûts de production et l'échange international, d'abaisser les prix des biens de consommation, et indirectement des salaires, tout en maintenant le même niveau de pouvoir d'achat. Les entrepreneurs voient ainsi leurs taux de profit augmenter grâce au commerce extérieur. En 1846, l'abolition des *corns laws* marque le triomphe des idées de Ricardo en Angleterre. ■

«Dans un système d'entière liberté du commerce, chaque pays consacre son capital et son industrie à tel emploi qui lui paraît le plus utile. Les vues de l'intérêt individuel s'accordent parfaitement avec le bien universel de toute la société. C'est ainsi qu'en encourageant l'industrie, en récompensant le talent, et en tirant tout le parti possible des bienfaits de la nature, on parvient à une meilleure distribution et à plus d'économie dans le travail. En même temps, l'accroissement de la masse générale des produits répand partout le bien-être ; l'échange lie entre elles toutes les nations du monde civilisé par les nœuds communs de l'intérêt, par des relations amicales, et en fait une seule et grande société.
C'est ce principe qui veut qu'on fasse du vin en France et au Portugal, qu'on cultive du blé en Pologne et aux États-Unis, et qu'on fasse de la quincaillerie et d'autres articles en Angleterre [...]. Si le Portugal n'avait aucune relation commerciale avec d'autres pays, au lieu d'employer son capital et son industrie à faire du vin, avec lequel il achète aux autres nations le drap et la quincaillerie nécessaires pour son propre usage, ce pays se trouverait forcé de consacrer une partie de ce capital à la fabrication de ces articles qu'il n'obtiendrait plus probablement qu'en qualité inférieure et en quantité moindre.»

David Ricardo, *Des principes de l'économie politique et de l'impôt,* 1817, chapitre VII.

Ses limites

L'analyse de Ricardo se heurte à l'hypothèse des rendements constants et au développement actuel du commerce intrabranche. Smith fut le premier auteur classique à «penser» l'échange en termes de rendements croissants. Deux unités de production semblables ont intérêt à se spécialiser : chacune, en produisant davantage, engendre des gains de productivité induits par le changement de dimension (économies d'échelle, effets d'apprentissage). Ces gains expliquent les différences de productivité entre les unités de production. Cette approche permet de comprendre l'évolution actuelle du commerce intrabranche. ■

Dico → coûts

Points clés

T

Karl Marx contre le système capitaliste

Karl Marx, économiste, philosophe et sociologue allemand, né en 1818, a mené de front une vie de militant et de publiciste. Son ouvrage principal, *le Capital,* publié à partir de 1867, est une « critique de l'économie politique » (titre de l'ouvrage qui lui servit d'introduction). Les livres II, III et IV seront publiés après sa mort (1883) respectivement en 1885, 1894 et 1905.

La division sociale du travail

Dans son ouvrage, *Recherches sur la nature et les causes de la richesse des nations,* Adam Smith s'était attaché à montrer les vertus de la division du travail sur la productivité et la croissance. Karl Marx s'oppose vigoureusement à cette approche. Il lui reproche d'une part de ne pas établir la distinction entre division technique et division sociale, et d'autre part de ne pas prendre en compte ses effets aliénants sur l'ouvrier dépossédé de la maîtrise de son travail. *« La manufacture estropie le travailleur »,* qui devient *« stupide, ignorant »,* et incapable de s'intéresser aux affaires publiques. *« La division manufacturière du travail suppose l'autorité absolue du capitaliste sur des hommes transformés en simples membres d'un mécanisme qui lui appartient »* (le Capital, 1867). ■

Karl Marx a consacré son existence à la critique de la société bourgeoise et capitaliste. Il fut un des penseurs du mouvement ouvrier.

La concurrence capitaliste et l'accumulation du capital

La division sociale du travail confronte des producteurs capitalistes indépendants et concurrents. C'est, selon Marx, la guerre de tous contre tous qui conduit à l'anarchie capitaliste : *« Les producteurs indépendants ne reconnaissent pour seule autorité que celle de la concurrence et d'autre force que la pression exercée sur eux par leurs intérêts réciproques. »* La recherche perpétuelle des profits nécessaires à leurs activités les incite à accroître la part du capital fixe dans la combinaison productive et à en réduire celle du capital variable (le travail). Or c'est sur cette dernière – la force de travail –, que repose l'extraction de la plus-value. Notion essentielle dans l'analyse marxiste, la plus-value désigne la part de travail effectuée mais non payée que les capitalistes extorquent aux prolétaires.
La concurrence effrénée que se livrent les entrepreneurs les encourage progressivement à la réduire, ce qui les conduit à leur propre fin économique. ■

Les crises du système capitaliste

L'accumulation du capital est insuffisante pour redresser les profits. La croissance des biens d'équipement n'est pas compensée par une augmentation du taux d'exploitation en dépit des efforts des producteurs pour s'accaparer les gains de productivité des prolétaires. Progressivement, entre luttes sociales et augmentation des salaires réels, les capitalistes perdent du terrain. Les faillites touchent les entreprises les moins rentables et les ouvriers au chômage viennent gonfler *« l'armée de réserve »*. Cette masse de chômeurs exerce une pression à la baisse sur les salaires. Le taux de profit et l'économie se redressent momentanément. Au fur et à mesure que le capital se concentre et que la division sociale du travail s'accentue, les crises sont de plus en plus fortes. La disparition de ce mode de production semble inéluctable. Elle marquera l'avènement de la révolution prolétarienne, la mise en commun des moyens de production et la fin de la division sociale et technique du travail. ■

La grève est une des armes dont disposent les salariés pour défendre leurs revendications.

Dico → capital • travail

Points clés

TS

J. M. Keynes, en rupture avec l'analyse néoclassique

John Maynard Keynes (1883-1946), financier et économiste britannique, publia, en 1936 sa *Théorie générale de l'emploi, de l'intérêt et de la monnaie.* Cet ouvrage révolutionna la conception traditionnelle de l'économie.

Le fondateur de la macroéconomie

Keynes adopte une approche macroéconomique de l'économie fermée, en étudiant son fonctionnement dans son ensemble à partir d'agrégats (consommation des ménages, production globale, investissement global, etc.) et non en termes microéconomiques (marché, consommateur). Il élabore une théorie fondée sur les principes suivants :

– le marché du travail n'est pas comme les autres, son fonctionnement est spécifique ;

– le salaire nominal est essentiellement un revenu, rigide à la baisse du fait de l' action des syndicats et déterminé par les rapports de force entre les facteurs de production ;

– la fonction d'offre de travail varie selon des considérations économiques et des facteurs sociaux et psychosociaux La fonction de demande de travail dépend de celle des biens et services dans le présent et l'avenir. Il introduit ainsi la notion de temps et d'incertitude à travers les anticipations des entrepreneurs ;

– une situation d'équilibre sur les marchés des biens et des services peut coexister avec une situation de sous-emploi durable (pour les néoclassiques, le sous-emploi, dans un contexte de concurrence pure et parfaite, ne peut qu'être temporaire ou volontaire). ■

Brillant économiste, lord Keynes représenta la Grande-Bretagne à la conférence de Bretton Woods, en 1944.

Le niveau de l'emploi et le niveau de la demande effective

La demande effective (ou demande globale anticipée) se trouve au centre de l'analyse keynésienne. Elle comprend la demande anticipée des ménages en produits de consommation, celle des entreprises en biens d'équipement ainsi que celle de l'État en matière de dépenses publiques. Partant du principe que l'emploi dépend du niveau de la production, lui-même déterminé par la demande effective, toute action visant à accroître la demande effective a pour conséquence d'augmenter le niveau de l'emploi. ■

Le schéma keynésien

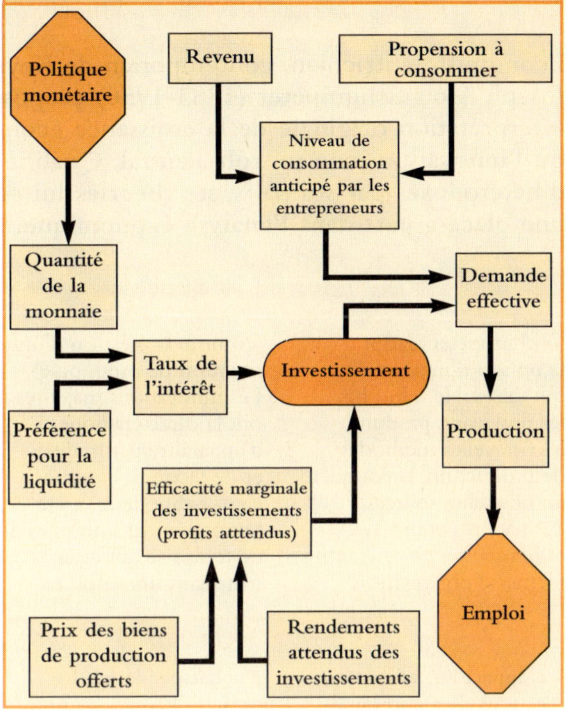

Le jeu des différents agrégats dans le schéma keynésien.

Comment sortir d'une situation de sous-emploi durable ?

Les politiques keynésiennes de relance menées par l'État ont pour objectif de rééquilibrer le marché du travail. Elles agissent sur les bas salaires – ceux dont la propension à consommer est la plus forte – pour accroître la consommation des ménages. Les revenus de redistribution (allocations de chômage) soutiennent la demande, notamment en situation de crise économique. L'État peut imposer une baisse des taux d'intérêt qui, conjuguée à une politique fiscale de discrimination, favorise les investissements productifs créateurs d'emplois et limite la spéculation. Enfin, modifier le budget de l'État peut servir à réamorcer la croisssance. Un déficit public temporaire relance l'économie en diffusant des revenus dans le circuit par vagues successives dont l'intensité dépend du coefficient multiplicateur. Le retour de la croissance permet ensuite au gouvernement de réquilibrer ses finances grâce à de nouvelles rentrées fiscales. ■

Dico → investissement

Points clés

TS

Joseph Schumpeter, en marge des courants traditionnels

Économiste autrichien, contemporain de Keynes, Joseph Alois Schumpeter (1883-1950) propose une interprétation originale de la croissance économique où l'innovation joue un rôle central. Qualifiées d'hétérodoxes par ses pairs, ses théories lui confèrent une place à part dans l'analyse économique.

L'innovation au cœur de la dynamique de croissance

Schumpeter élargit la notion d'innovation, qui rassemble selon lui les nouveaux produits, les nouvelles méthodes de production, la conquête de nouvelles sources de matières premières et la mise en place d'autres formes d'organisation (comme la création d'une situation de monopole). Les innovations majeures ont la caractéristique d'apparaître par grappes et de façon discontinue, c'est-à-dire de manière regroupée dans un espace de temps réduit et en marquant une rupture avec les techniques précédentes. Elles ont des répercussions dans l'ensemble de l'économie et entraînent une suite d'innovations mineures. La révolution technologique qui résulte de ces innovations bouleverse l'ensemble du système productif. ■

Les grappes d'innovations

« L'apparition en grappes de nouvelles combinaisons explique sans artifice les traits fondamentaux de la période d'essor. Elle explique pourquoi les dépôts croissants de capital sont le tout premier symptôme de l'essor commerçant, pourquoi l'industrie des moyens de production est la première à témoigner d'une activité au-dessus de la normale, pourquoi avant tout monte la consommation de fer. Elle explique l'apparition massive d'un nouveau pouvoir d'achat par la hausse caractéristique des prix des périodes d'essor. Elle explique en outre le recul du chômage et la hausse des salaires, la hausse du taux de l'intérêt, l'augmentation du fret, la tension croissante des situations bancaires, comme nous l'avons dit, le déclenchement de vagues secondaires d'essor, bref une prospérité qui atteint toute l'économie nationale. »

J.A. Schumpeter, Théorie de l'évolution économique, *Dalloz, trad. 1935.*

Le processus de « destruction créatrice »

« *L'innovation a pour conséquence essentielle de révolutionner incessamment ses éléments vieillis en créant continuellement des éléments neufs* » (*Capitalisme, socialisme et démocratie,* Schumpeter, 1942). C'est le processus de *« destruction créatrice »*. Le progrès technique rend obsolètes certaines activités, et les entreprises concernées par ces mutations technologiques doivent se reconvertir ou, dans le cas contraire, font faillite et licencient leurs salariés. Ces bouleversements ont également des répercussions sociales avec, par exemple, le développement de l'urbanisation (lié à la hausse des gains de productivité dans l'agriculture, qui a libéré de la main-d'œuvre). Parallèlement à la disparition de certains secteurs et emplois, l'innovation est source de croissance puisqu'elle dynamise l'économie. En effet, les activités nouvelles créant de nouveaux postes dans des branches où la demande est forte, le niveau de vie progresse et les modes d'existence se trouvent bouleversés. Les phases d'expansion et de dépression se succèdent, donnant à l'économie capitaliste son caractère cyclique. *« Les périodes prolongées de gonflement et de dégonflement des prix, des taux d'intérêt, de l'emploi »* se suivent. ■

L'entrepreneur-innovateur a des qualités exceptionnelles

Selon Schumpeter, l'entrepreneur-innovateur n'est pas nécessairement le capitaliste, il peut être aussi salarié. Seul le capitaliste supporte le risque financier en cas d'échec de l'innovation. L'entrepreneur-innovateur est un aventurier qui exécute de nouvelles combinaisons, introduit des changements et rompt avec la routine existante. Cependant, cette fonction n'est accessible qu'à des personnes qui possèdent des aptitudes de chef. Ces qualités étant rares, le système capitaliste peut être fragilisé, voire déstabilisé, si les individus les possédant venaient à manquer. L'entrepreneur est celui qui insuffle les innovations qui génèrent la croissance, mais il représente aussi le talon d'Achille du capitalisme. ■

Les œuvres de Schumpeter

Schumpeter présente dans son ouvrage *Théorie de l'évolution économique* (1912) une analyse en rupture avec les théories néoclassiques traditionnelles. Il publie en 1939 la synthèse de ses différents travaux sur la croissance dans *Business Cycles.* En 1942, dans *Capitalisme, socialisme et démocratie,* il souligne la fragilité du système de production capitaliste tout en reconnaissant son efficacité.

Les trois révolutions industrielles

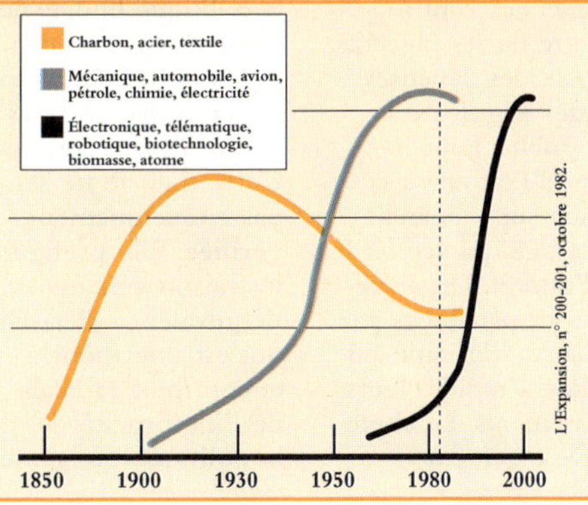

Chaque révolution industrielle est plus rapide à s'imposer que la précédente. Celle que nous connaissons de nos jours continue sa progression exponentielle.

Points clés

TS

Le rôle des pouvoirs publics selon Milton Friedman

Milton Friedman, économiste américain né en 1912, a reçu le prix Nobel d'économie en 1976. Ses idées libérales ont en effet remporté un certain succès à la suite des difficultés rencontrées par les politiques keynésiennes de relance. Conseiller de Richard Nixon et de Ronald Reagan, il prône la lutte contre l'inflation comme objectif prioritaire de toute politique économique.

Milton Friedman contre la politique keynésienne

Friedman s'oppose à la politique keynésienne de relance. À son avis, elle ne peut que générer de l'inflation et exercer un « effet d'éviction » sur les taux d'intérêt. Lorsque le gouvernement finance sa politique budgétaire par un emprunt, il accroît en effet la demande de monnaie sur le marché, ce qui provoque l'augmentation du loyer de l'argent. La hausse des taux d'intérêt qui s'ensuit défavorise les investissements privés puisque leur taux de profitabilité (taux de profit – taux d'intérêt réel) baisse. Ainsi, non seulement l'intervention de l'État ne permet pas de relancer l'économie (car elle se substitue aux investisseurs privés), mais, de surcroît, elle renchérit le coût de l'argent. La consommation des ménages est également pénalisée par cette politique puisque l'emprunt coûte plus cher. De même, lorsque la relance keynésienne est financée par la création monétaire, il s'ensuit une augmentation de l'inflation dont la maîtrise devrait être la priorité absolue. ■

L'effet d'éviction

« Il s'agit d'une tentative pour démontrer que la politique budgétaire est inefficace parce que ses conséquences vont à l'encontre de ses objectifs. La hausse des dépenses publiques augmente le déficit public. Pour le financer, l'État élève sa demande sur le marché financier, ce qui accroît le taux d'intérêt. Les entreprises sont pénalisées par cette hausse du taux qui les oblige à réduire leurs investissements. La chute de l'investissement conduit, via l'effet multiplicateur, à une baisse du PIB qui annihile le regain d'activité procuré par la politique budgétaire. Finalement, une dépense publique a évincé une dépense privée, mais le chômage ne régresse pas. Cette théorie ne semble pas empiriquement vérifiée. Elle préfigure les raisonnements sur l'équivalence ricardienne, qui est une théorie encore plus radicale de l'inefficacité de la politique budgétaire. »

Comment lutter contre l'inflation

Friedman, dans son ouvrage *Inflation et systèmes monétaires* (1968), réhabilite la théorie quantitative de la monnaie. *« L'inflation s'explique par un accroissement anormalement rapide de la quantité de monnaie par rapport au volume de la production. »* La solution qu'il préconise pour lutter contre l'inflation consiste à maîtriser la progression de la masse monétaire afin qu'elle soit uniquement déterminée par l'augmentation de la richesse produite. Il faut néanmoins veiller à ne pas faire naître une situation de déflation (diminution des prix) par une création monétaire insuffisante. Par exemple, si la croissance réelle de longue période est d'environ 3 % et si le taux d'inflation toléré est de 2 %, la banque centrale vérifiera que la hausse de la masse monétaire ne dépasse pas 5 % par an. ■

Points clés

Une politique de «désinflation compétitive» (adoptée par la France en 1983)

La logique recherchée :

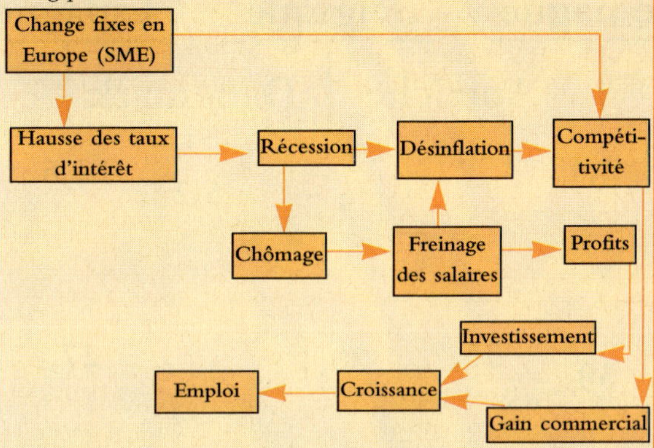

Michel Cabannes, *la Politique macroéconomique*, © éd. Armand Colin, 1994.

La théorie du revenu permanent écartée

Friedman rejette l'approche keynésienne du revenu permanent. Alors que pour Keynes une distribution de revenus supplémentaires accroît la consommation, pour Friedman son effet est très largement atténué par le caractère temporaire de la hausse. Les ménages déterminent leur consommation en fonction de leur revenu sur une longue période, c'est-à-dire ce qu'ils ont touché précédemment et ce qu'ils anticipent de gagner. Toute augmentation temporaire est épargnée et non consommée. La progression de l'épargne correspond à une fuite hors du système. L'effet de relance sera donc largement atténué par les anticipations des agents économiques. ■

La non-intervention de l'État

Pour Friedman, il existe un taux naturel de chômage dû à *« la législation sur les taux de salaires minimaux [...] et [à] la puissance des syndicats [qui le rendent plus fort] qu'il ne le serait autrement »*. Contre ce chômage « naturel », les politiques économiques n'ont aucun recours si ce n'est d'augmenter l'inflation. Les anticipations des agents remettent en cause la courbe de Phillips selon laquelle il existerait une relation inverse entre inflation et chômage. Elles annihilent tous les effets d'une politique de relance sauf celui de générer de l'inflation. En effet, rétrospectivement, les ménages ayant vu fondre leur pouvoir d'achat réclament des hausses de salaire, et les entreprises, dont les coûts de production sont alourdis, augmentent leurs prix. L'interaction prix/salaires se renforce et la situation se détériore du fait de l'intervention de l'État. *« J'ai beaucoup moins de foi que d'autres économistes dans la capacité de l'État à compenser les insuffisances du marché sans empirer les choses »*, dit Friedman dans *la Pensée économique moderne* (1997). ■

Dico → inflation

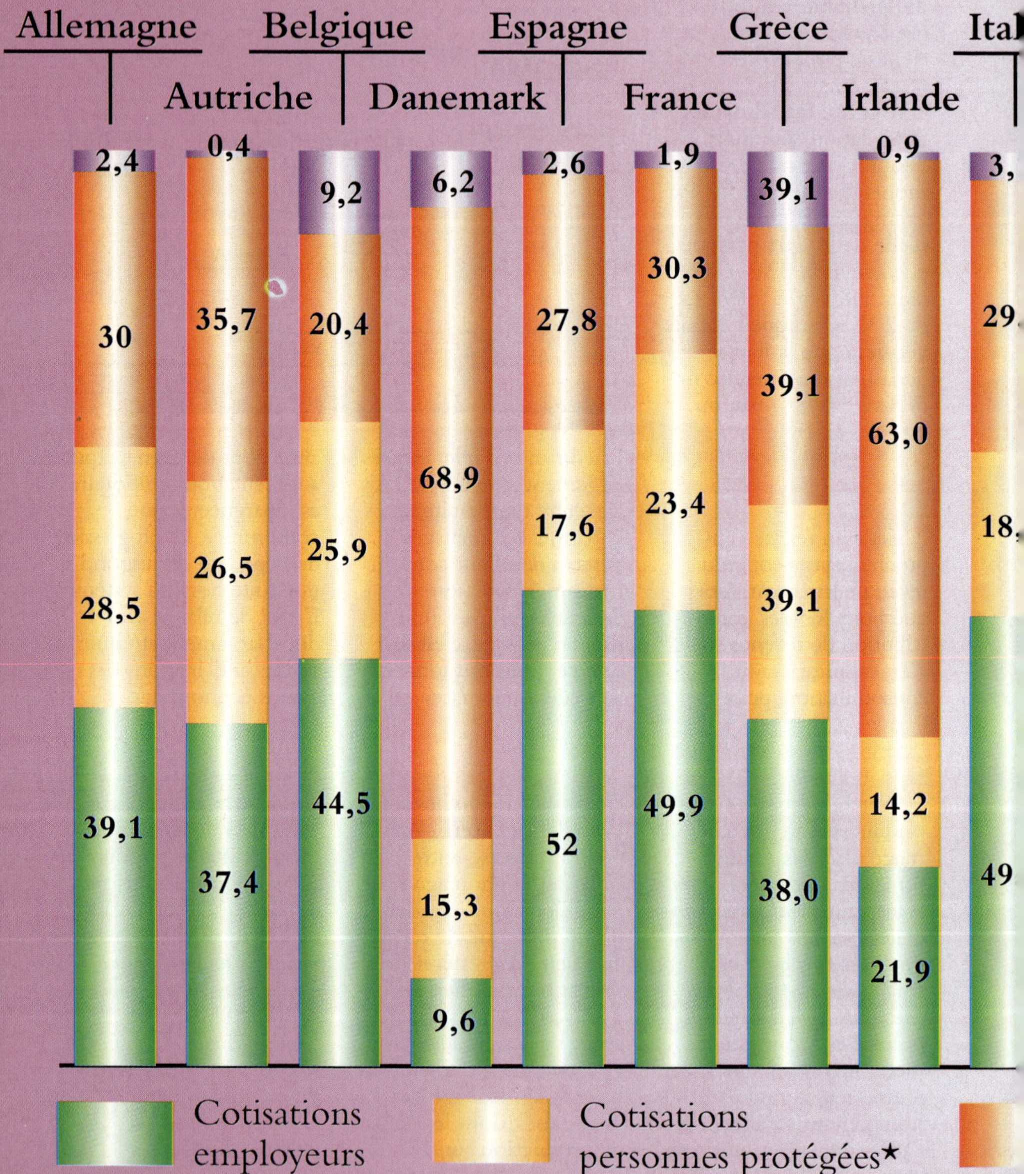

* *Cotisations de salariés, de travailleurs indépants et cotisations perçues sur prestations*

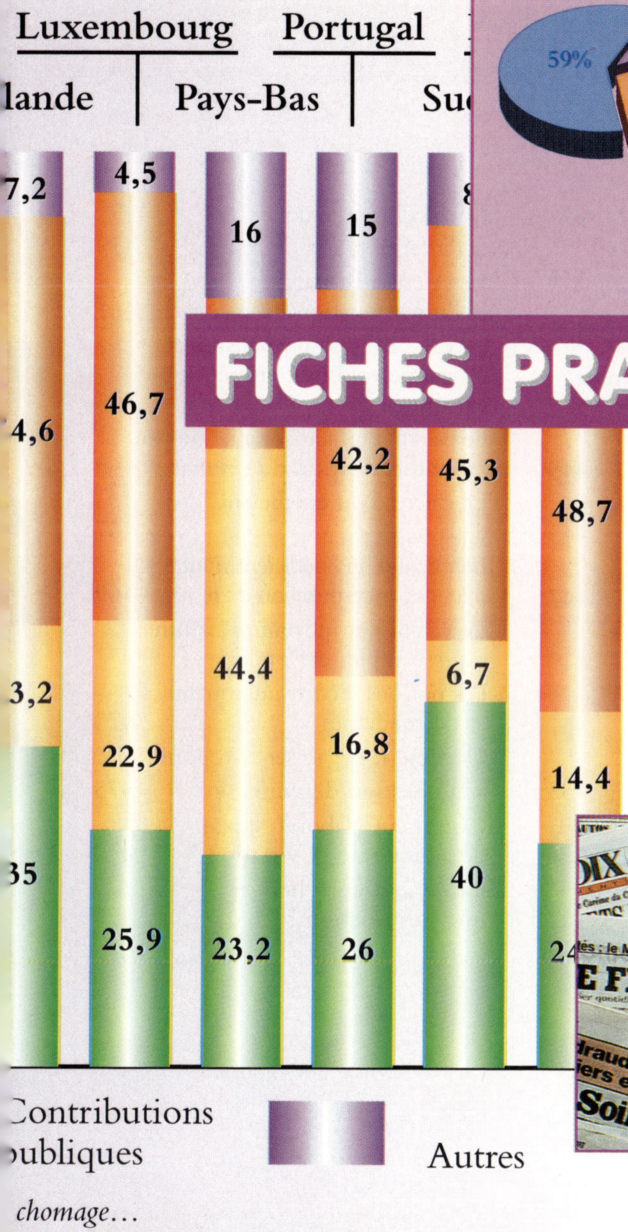

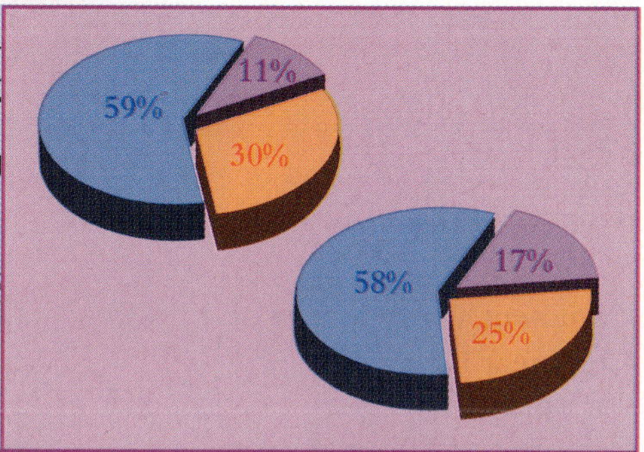

FICHES PRATIQUES

Pour répondre aux épreuves du bac

Une série de conseils pour les différentes épreuves et des pistes pour s'orienter dans l'information économique.

Comment analyser un texte ?

L'analyse d'un texte doit permettre de dégager les idées principales de l'auteur. Texte journalistique ou texte d'auteur, le lecteur doit exercer son sens critique afin d'avoir une certaine distance par rapport au texte et d'éviter la paraphrase.

La lecture d'un texte

Lire le titre du document.
La lecture du titre du document permet d'avoir une indication sur son contenu. Mais le titre ne donne pas toujours le sens exact du texte. Il donne une information générale mais partielle qui a pour objectif d'éveiller la curiosité du lecteur.

Lire la source.
La source du document indique l'origine du document cité. Le nom de l'auteur donne une information essentielle qui permet de le situer et d'en saisir la portée (sociologue, économiste, théoricien, journaliste, etc.). Le support où a été publié le texte livre également des indications. Article de presse (périodicité du support, tendance politique, etc.) ou extrait de livre (œuvre de référence d'un auteur connu ?) sont autant de points de repère à utiliser pour comprendre le texte et en interpréter les informations. La date est également essentielle. Dans quel contexte a été écrit ce texte ? Par exemple, Adam Smith, a écrit son ouvrage *Recherches sur la nature et les causes de la richesse des nations* en 1776, date à laquelle il constate une forte croissance économique amorcée par la révolution industrielle. Mais soixante-douze ans plus tard, Karl Marx coécrit *le Manifeste du parti communiste* (1848), pour expliquer comment l'industrialisation a entraîné la paupérisation d'une partie de la population.

Lire le texte.
Une première lecture permet de comprendre l'idée générale du texte. Un crayon à la main, vous pouvez d'ores et déjà souligner les mots que vous n'avez pas compris sans cependant vous y attarder. Une deuxième lecture plus approfondie permet de comprendre ces mots par le sens des autres phrases ou par l'articulation utilisée.

Savoir dégager le plan.
Sachez repérer les liens (mots ou expressions) qui articulent les idées : « Mais, néanmoins, cependant, en revanche » (opposition), « de même, ainsi, notamment » (renforcement de l'idée), « en effet, car, parce que » (causalité), « donc, de telle sorte » (conséquence). La connaissance du sens de ces articulations vous aidera dans la compréhension du texte même si vous n'avez pas compris certains termes. (Hormis en examen, un terme non compris doit faire l'objet d'une recherche dans un dictionnaire spécialisé de sciences économiques et sociales.) Après avoir dégagé l'idée principale de chaque paragraphe, vous devez faire apparaître le plan du texte grâce à l'articulation des idées.

L'analyse du texte

Extraire des informations du texte.
La lecture d'un texte doit permettre d'analyser les informations données. Pour chaque paragraphe vous devez savoir écrire

Comment analyser un texte?

quelques mots de ce que l'auteur a voulu dire sans faire de paraphrase. Or l'enjeu de l'exercice réside dans cet objectif. Noter les idées qui pourraient enrichir ou contredire le texte. Faites appel à votre réflexion pour donner du relief à votre explication.

Situer le texte par rapport à ses connaissances. La lecture de la source doit vous mettre sur la voie, mais l'analyse d'un texte théorique nécessite de connaître les hypothèses sur lesquelles l'auteur a bâti sa pensée. Par exemple, Keynes et Friedman s'opposent sur l'explication qu'ils donnent des crises économiques car leurs hypothèses sont différentes.

Savoir relier les termes clés avec d'autres débats. Souligner les mots-clés et noter dans quel sens ils sont utilisés. Chaque auteur utilise un vocabulaire spécifique. Pour commenter un texte d'un auteur, il faut faire attention à garder le répertoire de mots qu'il utilise dans son œuvre. Par exemple, les termes de « solidarité mécanique ou organique » est propre au sociologue É. Durkheim. Les termes de légitimité « traditionnelle, charismatique, légale-rationnelle » à Max Weber… Dans l'optique de l'épreuve de sciences économiques et sociales du baccalauréat, le candidat doit savoir relier plusieurs textes entre eux ou relier un texte avec un autre document (tableau, graphique...). Dans un texte journalistique, les mots utilisés témoignent de la plus ou moins grande partialité de l'auteur. Le candidat devra faire attention à garder une certaine distance par rapport au texte afin de faire une analyse critique, solution pour éviter la paraphrase.

Maîtriser l'intensité du travail

« Travailler toujours plus vite : la hâte envahit les bureaux comme les usines, les magasins comme le transport. Nombreux sont les employés et les cadres tenus de respecter des normes de production et des délais stricts. De leur côté, les ouvriers et les techniciens doivent de plus en plus souvent répondre en urgence aux fluctuations de la demande. En même temps, les déterminants traditionnels du rythme de travail subsisent : le travail à la chaîne est toujours aussi répandu dans l'industrie ; et la réponse immédiate au client est plus que jamais un impératif dans les commerces et services. Selon les enquêtes du ministère du Travail, le pourcentage de salariés dont le rythme de travail dépend de "normes oou délais à tenir en moins d'un jour" a crû de 19% à 43 % entre 1984 et 1998. Dans la même période, la proportion de salariés qui doivent «répondre immédiatement à la demanded des clients ou du public» est passée de 29% à 54%. Et la part des salariés cumulant ces contraintes est passée de 4% à 26%. Ce cumul de contraintes anciennes et nouvelles, industrielles et marchandes, entraîne une intensification du travail. Les enquêtes européennes le confirment : le pourcentage de personnes qui connaissent des périodes d'urgence dans leur travail est en augmentation. Ces écolutions pèsent sur l'activité de travail. »

Michel Gollac, sociologue et Serge Volkoff, ergonome, sont directeurs de recherches au Centre d'études de l'emploi (CEE). Le Monde, 4/4/2000.

Comment interpréter une courbe ?

Une courbe permet de visualiser rapidement l'évolution d'un phénomène économique. Cependant, une lecture attentive des données est nécessaire pour éviter des interprétations erronées.

La lecture d'une courbe

Lire et analyser les informations données par le titre et la source.
Déjà, le titre vous indique l'objet du graphique de façon synthétique.
De quoi s'agit-il ?
Que représente-t-il ?
L'analyse de la source, la lecture des annotations et des axes permet d'éviter les erreurs d'interprétation.
Les unités telles que les pourcentage, les milliers, les francs, les termes de volume, de valeur (Cf. l'exemple de la courbe représentée page 438 et qui est consacrée à l'évolution du PIB) qui sont le plus souvent présents en abscisses et/ou en ordonnées doivent être repérés puis étudiés avec attention.

Repérer l'idée principale.
Il faut absolument se garder de retraduire de façon littéraire toutes les informations données par les courbes. Il convient donc de faire ressortir l'idée principale. Quelle est la tendance générale indiquée par la courbe ?

Hiérarchiser les informations extraites.
Essayer de repérer des périodes, des accidents de la courbe qui seraient le signe de ruptures.
Pour ne pas négliger des informations susceptibles d'enrichir l'analyse, une étude plus poussée de la courbe permet d'extraire d'autres informations plus précises.

Ne garder que lesinformations les plus importantes et les classer du général au particulier.
Il faut trier les informations données.
Ce tri est essentiel pour interpréter et utiliser les informations. Trop de chiffres cités nuirait à l'argumentation.
Ne retenir que les plus pertinents pour étayer son analyse.

Savoir faire des comparaisons entre des courbes représentées sur le même graphique.
En général, une courbe traduit une évolution de séries chronologiques.
Plusieurs courbes permettent d'effectuer des comparaisons.
Vous allez alors réfléchir si vous êtes capable d'établir une corrélation entre elles ?

Utiliser ses connaissances pour mieux interpréter le graphique.
Faire les calculs appropriés (taux de croissance par exemple) pour caractériser l'évolution avec précision.
Mobiliser vos connaissances en sciences économiques et sociales.

Savoir éviter les pièges.
Une évolution relative (évolution exprimée en pourcentage) ne donne pas lieu à la même analyse qu'une évolution absolue (différences entre les valeurs d'un indicateur à deux moments distincts).

Comment interpréter une courbe ?

Commentaire de la courbe

Ce graphique de l'Insee retrace l'évolution relative du PIB en valeur (courbe supérieure) et en volume (courbe inférieure) de 1971 à 1995.
Idée générale. En vingt-cinq ans, l'écart entre les deux courbes se réduit.
Idées secondaires : les deux courbes sont liées entre elles. Elles enregistrent des évolutions dans le même sens, sauf, de 1983 à 1987, période pendant laquelle le taux de croissance du PIB en volume augmente alors que la courbe synthétisant l'évolution en valeur diminue. Trois ruptures marquent ces évolutions. 1973, 1981 et 1987.

Évolution du PIB en valeur et en volume de 1971 à 1995 (en milliards de F)

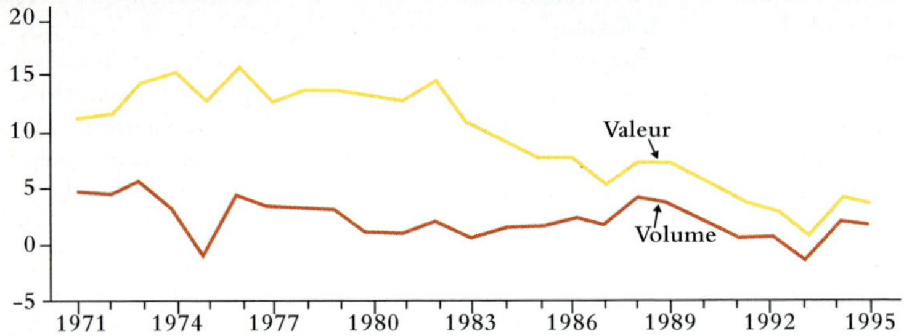

Interprétation de la courbe

La corrélation entre ces deux courbes est la suivante : indice du PIB en valeur/indice des prix = indice du PIB en volume. Donc la diminution de l'écart entre la courbe « valeur » et la courbe « volume » traduit le ralentissement de l'évolution générale des prix. La période de 1983 à 1987, pendant laquelle les données en volume varient en sens inverse des données en valeur, caractérise l'effet de la politique de désinflation compétitive menée par les différents gouvernements qui se sont succédé. Le fort ralentissement de l'inflation pendant cette période se traduit par la réduction de l'écart entre les deux courbes. La maîtrise de l'inflation semble ensuite se poursuivre. En 1995, l'écart entre les deux courbes n'est plus que de 1,5 point environ. Les ruptures de 1975 (choc pétrolier), de 1981 (effet de la politique de relance de Pierre Mauroy conjugué à celui du second choc pétrolier en 1979) et en 1987 (bref retour de la croissance de 1986 à 1988) ne remettent pas en cause cette évolution sur le long terme.

Le piège à éviter

On analyse ici l'évolution du PIB. On ne peut donc pas dire « le PIB baisse de 1973 à 1974..., la courbe ne traduit qu'un ralentissement du taux de croissance ».
Il n'y a qu'entre 1975 et 1993 que l'évolution du PIB est négative.

Comment confronter les informations de deux ou trois sources

Cet exercice sert à vérifier si l'élève est capable de trouver des arguments qui permettent de construire un discours organisé à partir de sources d'informations diverses.

Quelques conseils méthodologiques

Lire successivement les documents en suivant les recommandations énoncées dans les Fiches pratiques consacrées à l'analyse de texte, à la lecture de tableau et à la lecture de graphique. Pour chacun des documents, le titre, l'auteur, la source, l'unité doivent être étudiés avec soin. Vérifier votre bonne compréhension d'un tableau ou d'un graphique en intégrant un chiffre dans une phrase dont vous comprenez le sens. Cette première lecture rapide vous donnera un aperçu des informations dont vous isposerez (en plus de vos connaissances personnelles) pour traiter le sujet proposé. Une deuxième lecture plus approfondie doit permettre de dégager des liens entre les documents. Cette étape est essentielle. Les documents ne doivent en effet pas être étudiés pour eux-mêmes en tant que tels mais par rapport à un sujet, une réflexion. Retenir ce principe doit permettre d'éviter la compilation de documents qui n'a rien à voir avec l'exercice demandé lors du baccalauréat. Équipez-vous de stylos de couleur afin de mettre visuellement en évidence les chiffres d'un tableau statistique, l'évolution d'une courbe ou les mots clés d'un texte qui ont un lien. Il faut savoir en effet correctement utiliser un tableau afin d'étayer (ou contredire) la thèse défendue par un auteur dans un texte.

Travailler les liens entre les documents

Les sujets proposés peuvent tous être traités en deux parties. Vous pouvez ainsi choisir deux couleurs différentes, une pour chaque partie. À chaque fois qu'une indication donnée par le dossier documentaire viendra enrichir l'une ou l'autre des parties, vous entourerez l'information avec la couleur choisie pour la partie concernée. Après la lecture des documents, il vous sera très facile de retrouver différents arguments qui viennent étayer la thèse défendue ou la contredire. Il ne faut pas oublier qu'un document « ne dit rien », « ne parle pas », « ne prouve rien », « ne démontre rien... ». C'est à vous de faire ce travail afin de convaincre votre lecteur en développant un raisonnement logique et bien argumenté.

Application

Sujet de synthèse proposé au bac étranger, groupe 1, Juin 1996. Après avoir montré la persistance des inégalités dans notre société, vous tenterez de les expliquer. Voici trois documents à votre disposition.
Un tableau (page 453 de cet ouvrage), un graphique (page 453) et un texte (en encadré, page 440)

Comment confronter les informations de deux ou trois sources

Analyse des trois documents

L'idée principale qui ressort du document 1 est que les inégalités de patrimoine sont encore plus fortes que les inégalités de revenus. On peut donc dire que les revenus du patrimoine contribuent à renforcer les inégalités économiques. En effet, alors que, en France en 1993, les revenus d'activité des Artisans, commerçants, chefs d'entreprise, Professions libérales sont 2,71 fois plus élevés que celui des ouvriers contre un rapport de 6,01 fois pour le patrimoine.
Le graphique (document 2) représente l'évolution de l'origine sociale (en fonction de la PCS des parents) des étudiants de 1960 et 1990. (Les données indiquées sont exprimées en valeurs relatives, il ne faut pas conclure par exemple que le nombre d'enfants d'agriculteurs est moins important dans l'enseignement supérieur en 1990 qu'en 1960). Il en ressort qu'en dépit de la massification de l'enseignement et de la démocratisation des études, on constate la surreprésentation des enfants de cadres supérieurs à l'université.
Dans le document 3 ci-dessous, J. Affichard introduit le débat «égalité-efficacité» en introduisant la notion d'équité. Ce texte vient étayer le constat économique (document 1) et social (document 2) fait précédemment. Il donne les raisons qui peuvent contribuer à expliquer les difficultés rencontrées par les politiques à réduire les inégalités. Ses arguments principaux sont : l'internationalisation des économies, la crise, la recherche de la maîtrise de l'inflation et le renouveau du libéralisme. Ces quatre facteurs ont contribué à affaiblir le système de redistribution et les politiques d'intervention de l'État d'inspiration keynésienne. Le terme « équité » introduit la notion de justice sociale. Le philosophe américain Rawls montre que les inégalités ne sont pas injustes lorsque l'égalité des chances est respectée et qu'elles contribuent à améliorer le sort des plus démunis. Ces trois documents viennent successivement étayer le devoir avec en première partie les documents 1 et 2 qui permettent de faire un constat sur les inégalités et le document 3 qui permet de les expliquer.

Document 3 : Le débat égalité-efficacité

En 1975, le rapport de la Commission des inégalités sociales de VIIe plan s'ouvrait par une recommandation caractéristique de l'optimisme de l'époque, puisqu'il proposait de subordonner, à l'avenir, les objectifs économiques aux objectifs en matière de réduction des inégalités. la croissance permettait de donner plus à certains sans retirer à d'autres. Aujourd'hui, tout incite au contraire à accentuer la tension entre efficacité et équité. L'internationalisation des économies nous impose un alignement sur les contraintes d'efficacité des concurrents, qui peut se traduire par un affaiblissement de nos régimes de protection spécifique la crise économique entraîne la réduction des budgets consacrés aux services publics et aux politiques sociales. La recherche de l maîtrise de l'inflation conduit à contrôler sévèrement l'augment tion des bas salaires. Le renouve du libéralisme a suscité une remise en cause des mécanismes de redistribution et le recul des dispositifs de protection sociale dans de nombreux pays. J. Affichard, J.-B. de Foucauld, «Justice sociale et inégalités» *Esprit,* 199

Comment interpréter un nombre extrait d'un tableau ?

Extraire un nombre d'un tableau permet de l'intégrer dans une argumentation. Mais il faut être vigilant sur la lecture de ce chiffre afin de pas faire de contresens.

La lecture d'un chiffre extrait d'un tableau

L'épreuve de synthèse du baccalauréat de la série ES contient régulièrement cette phrase : « Interpréter le chiffre entouré » ou « Que signifie le nombre entouré » ou bien encore « intégrer dans une phrase le nombre entouré »... Ces consignes ont pour objectif d'évaluer si le candidat comprend le tableau et s'il sait l'interpréter avec rigueur. La compréhension du tableau est en effet facile à évaluer de cette façon. Une erreur d'interprétation du tableau rend difficile l'élaboration d'une analyse bien construite qui permet de donner un sens au chiffre à expliquer. De la rigueur également parce qu'il ne faut pas oublier d'indiquer la source, l'auteur, la date, l'objet... du document.

Comment construire sa phrase d'interprétation ?
Il faut donc construire une phrase qui répond aux interrogations suivantes : « Quand (date), où (espace étudié), quoi (phénomène observé), selon qui (origine du document), unités (pourcentage, francs, personnes...?) » dans un ordre approprié. La source donne une indication très importante. L'Insee publie des résultats qui portent exclusivement sur la France. Donc, si l'espace étudié n'est pas précisé mais que les données chiffrées proviennent de l'Insee, le lecteur peut conclure que le phénomène est étudié en France. L'interprétation d'un chiffre extrait d'un tableau est également nécessaire lorsque l'on cherche à analyser une statistique. Elle permet de vérifier que l'on en a bien compris la lecture. Ce qui ce conçoit aisément, s'écrit facilement...

Exemple 1 : le poids des prélèvements obligatoires (en % du PIB)

	1980	1995
États-Unis	29,3	27,6
Japon	25,4	27,8
Royaume-Uni	35,3	35,2
Allemagne	28,2	39,1
France	41,7	44,5
Italie	30,2	41,8

Source : OCDE

Exemple 1. Savoir lire les nombres stabilotés d'un tableau statistique simple.
– De 1980 à 1995 (quand ?), le taux (%) de prélèvements obligatoires (quoi ?) en Italie (où ?) est passé de 30,2 à 41,8 % du PIB (unités ?) selon l'OCDE (selon qui ?).

Comment interpréter un nombre extrait d'un tableau ?

Exemple 2 : le financement de la protection sociale

En %	1990	1992	1994	1996
Cotisations sociales	78,3	76,8	74,2	75,1
Impôts et taxes affectés	3,4	4,6	7,5	7,9
Contributions publiques et autres ressources	18,3	18,6	18,3	17
Total	100	100	100	100

Source : Sesi, Comptes de la protection sociale.

Exemple 3 : évolution des coefficients budgétaires des différents postes pour les cadres et les ouvriers

	1956		1995	
	Cadres	Ouvriers	Cadres	Ouvriers
Alimentation	25,9	50,6	14,2	20,2
Habillement	11,6	12,3	5,2	4,9
Habitation	19	16,9	27,7	30,1

Source : Insee

Exemple 4 : Comparaison de la mobilité de père en fils par groupe socioprofessionnel

Groupe socioprofessionel du père	Groupe socioprofessionnel du fils						
	Agriculteur	Indépendant	Cadre	profession interméd.	Employé	Ouvrier	Total
Agriculteur	(258)	81	108	153	84	3365	(1049)
Artisan commerçant chef d'entreprise	14	246	180	168	56	167	831
Cadre et profession intellectuelle supérieure	3	54	266	104	42	34	503
Profession intermédiaire	5	56	225	190	61	97	634
Employé	1	49	148	215	74	180	667
Ouvrier	19	204	228	568	251	1068	2338
Total	(300)	690	1155	1398	568	1911	(6022)

Exemple 2. Intégrer dans une phrase les chiffres entourés afin d'en comprendre le sens. Lecture horizontale : en 1996, les cotisation sociales financent à hauteur de 75,1 % la protection sociale contre 78,3 % en 1990 en France, selon le Sesi. Lecture verticale : en 1996, selon le Sesi, le financement de la protection sociale est assurée est hauteur de 75,1% par les cotisations sociales et par seulement 7,9% par les impôts et taxes affectés en France. Le total 100, obtenu par l'addition des lignes indique la répartition des sources de financement.

Exemple 3. Savoir interpréter un nombre extrait d'un tableau à double entrée.
En 1956, le poste « alimentation » représente 25,9 % du budget des cadres selon l'Insee. Le poste « habitation » dans le budget des ouvriers est passé de 16,9 % en 1956 à 30,1 % en 1995.

Exemple 4. Savoir lire un chiffre extrait d'une table de mobilité.
Interprétation du chiffre entouré : en France, en 1993, 86 % des agriculteurs de 40-59 ans sont fils d'agriculteurs et 29,6% des indépendants sont fils d'ouvriers.

Comment analyser un histogramme ?

Les représentations graphiques permettent de saisir en un seul regard les caractéristiques d'une grandeur.

L'histogramme

L'histogramme permet de représenter des données statistiques continues et regroupées par classes. Il est composé de rectangles dont les surfaces sont proportionnelles aux effectifs de chaque classe. Si le diagramme offre une lecture rapide pour certains types de données de faible amplitude, il n'en est pas de même pour des classes diverses dans la mesure où il est alors plus difficile d'estimer la surface de chaque classe. Respecter la règle de proportionnalité entre aire et effectif, si les intervalles de classes ne sont pas égaux, implique de choisir une unité d'intervalle ou unité d'amplitude. Dans ce cas, la hauteur des rectangles représentent la fréquence ou l'effectif par unité d'amplitude.

Exemple Construisez l'histogramme présentant la taille des SA françaises avec les données suivantes. Nombre de salariés par entreprise, nombre d'entreprises et pourcentage du total : 0 à 9 (87 975, 50 %), 10 à 49 (62 825, 36,3 %) 50 à 199 (17 400, 10 %), 200 à 499 (3 298, 1,9 %), 500 à 999 (982, 0,5 %), >1000 (715, 0,4 %). Total = 173 195 (100 %).
Sur l'axe des ordonnées, graduer en fonction des salariés, le maximum étant plus de 1 000 salariés.Sur l'axe des abscisses, graduer en fonction du pourcentage, le maximum étant 50 %.

La taille des SA françaises

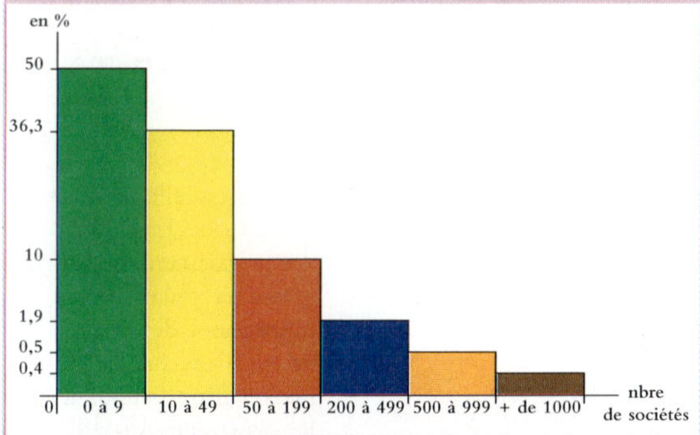

Naissances légitimes et illégitimes

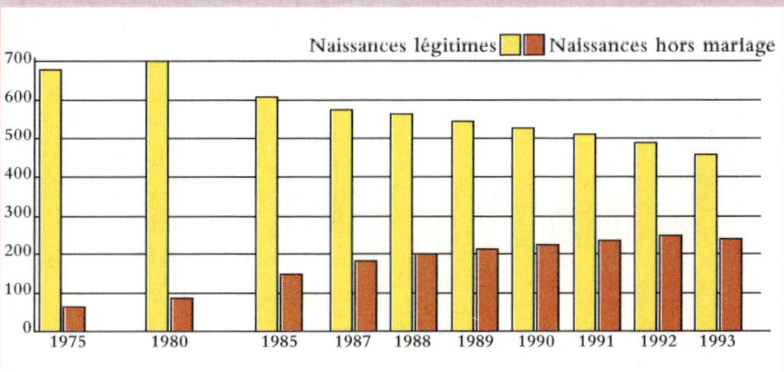

Le diagramme en bâtons

Ce type de représentation est davantage utilisé pour établir une comparaison entre plusieurs données (par exemple, la comparaison d'une grandeur entre plusieurs pays). Les

Comment analyser un histogramme ?

données peuvent être discontinues (par exemple, le nombre d'enfants par famille). La longueur de chaque segment est proportionnelle à l'effectif de la valeur qu'il représente. Sur l'axe des abscisses, graduer en francs (le poste le plus élevé étant l'alimentation avec 3 100 francs. Sur l'axe des ordonnées, représenter des bâtons en indiquant pour chacun, le poste présenté. Faire donc six bâtons de couleur différentes.

Interpréter les informations. L'interprétation nécessite tout d'abord de suivre rigoureusement les étapes d'analyse de document.

Les postes des ménages en 1996 (en francs)

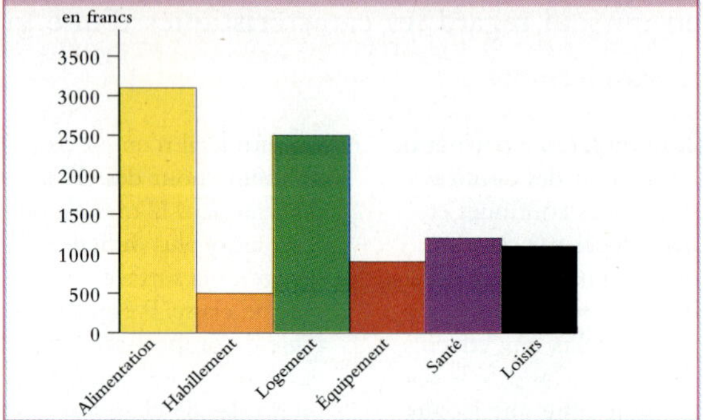

L'analyse du titre, de la source, de la date, l'unité utilisé permet de cerner l'objet du document. **Dégager l'idée principale.** Enrichir d'idées secondaires, à trier. Pour interpréter les données, en mobilisant ses connaissances en sciences économiques et sociales afin de ne pas se cantonner à la phase de description qui n'apporte rien en tant que telle.

La pyramide des âges

Deux histogrammes sont représentés sur cette pyramide des âge, l'un pour les hommes, l'autre pour les femmes. On lit en abscisse les effectifs et en ordonnées, les âges. La forme en ogive, traduit le non renouvellement des générations. En l'analysant plus précisément, on remarque quatre irrégularités qui témoignent des classes creuses liées aux deux guerres mondiales, l'arrivée des classes creuses à l'âge de la fécondité et le baby-boom. Cette pyramide peut être découpée en trois tranches d'âges successives, les 0-20 ans, les 20-60 ans et les plus de 60 ans. La tranche intermédiaire, essentiellement composée d'actifs (+ de 25 millions} est encadrée des deux tranches extrêmes, qui sont composés d'inactifs.

La pyramide des âges

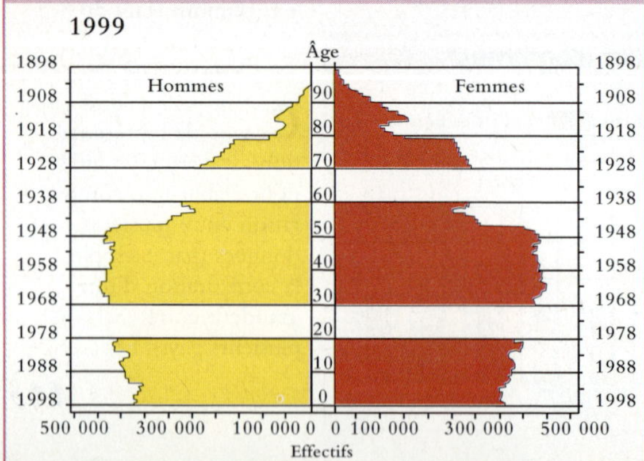

Comment interpréter un tableau statistique simple ?

Un tableau statistique simple a pour intérêt de présenter de façon synthétique un ensemble de données chiffrées dont l'étude permet d'étayer une réflexion économique et sociale.

Les catégories socio-professionnelles en France

	Nombre (milliers)				Évolution	Structure %		Variation relative %
	1962	1975	1982	1990	1962-1990	1962	1990	1962-1990
griculteurs exploitants	**3045**	**1691**	**1475**	**99**	**-2046**	**15,4**	**4,0**	-
tisans, mmerçants, efs d'entreprise	**2084**	**1766**	**1835**	**1826**	**-258**	**10,5**	**7,2**	-
Artisants	1039	865	904	853	-186	5,2	3,4	
Commerçants	941	792	797	800	-141	4,8	3,2	
Chefs d'entreprise) salariés ou plus)	104	109	134	173	69	0,5	0,7	
dres et professions ellectuelles supérieur	**892**	**1151**	**1895**	**2695**	**+1803**	**4,5**	**10,7**	-
Professions libérales	133	183	237	312	+179	0,7	1,2	
Cadres de la fonction blique	157	212	244	286	+129	0,8	1,1	
Professeurs, ofessions scientifiques	98	272	349	560	+462	0,5	2,2	
Professions de formation, et spectacle	59	88	106	144	+85	0,3	0,6	
Cadres d'entreprise	440	774	921	1303	+863	2,2	5,2	
Chômeur	5	22	38	90	+85	-	0,4	
ofessions ermédiaires	**2114**	**3480**	**3971**	**4708**	**+2594**	**10,7**	**18,6**	-
Enseignement, santé, ction publique, clergé	907	1461	1685	1921	+1014	4,6	7,6	
Professions ninistratives et nmerciales d'entreprises	558	844	922	1269	+711	2,8	5,0	
echniciens	285	570	656	717	+432	1,4	2,8	
gents de maîtrise	350	519	550	546	+196	1,8	2,2	
Chômeurs	14	86	158	255	+241	-	1,0	
ployés	**3535**	**5093**	**6248**	**6911**	**+3376**	**17,9**	**27,4**	-
onction publique	1151	1698	2048	2322	+1171	5,8	9,2	
mployés ninistratif d'entreprise	1117	1807	2041	1912	+795	5,6	7,6	
mployés de commerce	389	537	625	729	+340	2,0	2,9	
ersonnel de services ect aux particuliers	809	744	786	935	+126	4,1	3,7	
Chômeurs	69	307	748	1013	+944	0,4	4,0	
vriers	**7488**	**8117**	**7748**	**7614**	**+126**	**37,8**	**30,1**	-
Qualifiés	2933	3745	3736	3714	+126	4,1	3,7	
Non qualifiés	3634	3680	3002	2580	-1054	18,4	10,2	
gricoles	809	355	269	238	-571	4,1	0,9	
Chômeurs	112	337	741	1082	+970	0,6	4,3	
ômeur n'ayant ais travaillé	**76**	**192**	**353**	**284**	**+208**	**0,4**	**1,1**	-
litaires du contingent	557	289	251	230	-327	2,8	0,9	
ALE POPULATION ACTIVE	19791	22179	23776	25267	+5476	100	100	

Comment étudier un tableau ?

Lire et analyser le titre et la source.
Le titre indique la donnée observée et parfois l'unité, que ce soit un taux (toujours exprimé en pourcentage) ou une grandeur absolue (francs, personnes…). Lire avec attention les indications retranscrites en dessous du tableau. Elles donnent des précisions sur le contexte dont il faudra tenir compte dans l'analyse (dates et espace observés).

Lire et comprendre l'intitulé des lignes et des colonnes.
Intégrer un chiffre dans une phrase permet de vérifier sa compréhension du tableau. Entourer la plus forte et la moins forte valeur. Mesurer les écarts, regrouper les valeurs qui semblent proches. Quelques calculs (taux de croissance, moyenne, différence entre deux valeurs) permettent de mettre en évidence l'orientation générale du tableau, d'évaluer l'importance et l'évolution du phénomène. Étudier les lignes ou les colonnes

Comment interpréter un tableau statistique simple ?

« ensemble ». Elles indiquent le sens de lecture du tableau et servent de repère.

Étudier l'ensemble du tableau.

L'analyse doit aller du général au particulier. Dégager une loi générale suivie par la majorité des données. Il est nécessaire de faire un tri dans les données. Utiliser comme exemple les deux données les plus caractéristiques du tableau afin de corroborer la loi générale. Aller ensuite vers le particulier pour mettre en évidence les exceptions, s'il y en a, ou tout au moins les résultats qui permettent de nuancer la loi générale.

Interpréter les résultats.

La loi générale doit donner lieu à une interprétation économique et sociale. Il ne faut pas se limiter à la constatation des chiffres. Mobiliser vos connaissances en la matière pour expliquer le phénomène observé.

Exemple : les transformations du paysage social

Application de la fiche pratique « Comment interpréter un nombre extrait d'un tableau ».

Présentation du document.

Ce tableau synthétise l'évolution des emplois par catégorie socioprofessionnelle (CSP) entre 1962, 1975, 1982 et 1990. Cette évolution est exprimée en valeur absolue (milliers de personnes) et en valeur elative (exprimée par rapport à la population active).

Lecture du tableau.

–- En 1990, la catégorie socioprofessionnelle « Agriculteurs exploitants » ne représente plus que 4 % de la population active selon l'Insee.

Loi générale.

Les « agriculteurs exploitants » et les « artisans, commerçants, chefs d'entreprise » ont enregistré une baisse de 2,3 millions de personnes. Cette catégorie ne représente plus que 11,2 % de la population active en 1990, contre 25,9 % en 1962.

Explications.

Ces deux CSP ont pour point commun leur statut « indépendant », alors que les CSP « cadres et professions intellectuelles supérieures, les professions intermédiaires, les employés et les ouvriers » sont salariés. On peut donc en conclure que, en 1990, 86,8 % de la population active sont des salariés.

Analyse.

L'importance de la baisse enregistrée est essentiellement dûe à la CSP « agriculteurs exploitants » (baisse de 2 millions de personnes en vingt-huit ans). Cette réduction drastique des effectifs s'explique par différents phénomènes qui se sont conjugués. Le progrès technique pendant cette période tout d'abord a permis d'accroître fortement la productivité du secteur primaire. La production a donc pu être maintenue (même accrue) avec moins d'effectifs. La baisse de la demande rentre également en compte. Pendant les « Trente glorieuses », le niveau de vie a augmenté. La demande des ménages s'est portée vers d'autres biens, d'équipement d'abord, puis biens supérieurs ensuite (santé, loisirs...), confirmant la loi d'Engel. Cette loi stipule en effet que la part du budget consacré aux biens de consommation alimentaire baisse lorsque le revenu augmente. Contrairement à une idée reçue, le nombre d'ouvriers entre 1962 et 1990 a continué à augmenter (+ 126 000) mais à un rythme inférieur à celui de la population active (+ 5,4 millions). Leur part a donc diminué, passant de 37,8 % à 30,1 % de la population active.

Comment interpréter un tableau matriciel ?

Interpréter un tableau matriciel nécessite de suivre rigoureusement les étapes méthodologiques afin d'éviter les interprétations erronées.

Qu'est-ce qu'un tableau matriciel ?

Un tableau matriciel a deux ou plusieurs entrées. Il permet ainsi d'étudier deux ou plusieurs caractères d'un phénomène (ou d'une population) ou de montrer une relation entre plusieurs phénomènes. Pour cette raison, on parle souvent de tableau croisé. Il peut être lu à la fois en ligne (puisqu'il y a une entrée horizontale) et en colonne (en raison de l'entrée verticale).
Le tableau croisé comprend souvent une ligne (et une colonne) correspondant à un ensemble. Cela peut s'appeler « le monde », « total », etc… et signifie toujours 100 % du phénomène étudié. Tous les autres chiffres dans ce type de tableau doivent généralement être lus comme des parts de cette totalité. Les caractères, ou critères, peuvent être construits à l'aide de plusieurs modalités.
À titre d'exemple, si vous voulez étudier le critère « exportations mondiales », vous pouvez le décomposer à l'aide des modalités suivantes : produits agricoles, produits énergétiques et manufacturés. Si vous voulez mettre ce critère en relation avec le critère « évolution dans le temps », vous pouvez décomposer ce temps en périodes, années, etc..
Commençons par un modèle très simple d'un tableau à double entrée, soit celui qui vous sera sans doute présenté le plus souvent et qui montre l'évolution dans le temps d'un phénomène X.
Prenons l'exemple, très fréquent, de l'évolution des catégories socioprofessionnelles d'un pays (ou, plutôt, l'évolution de la structure sociale).
L'entrée horizontale, en lignes, concerne les catégories. En général, vous trouverez en bas du tableau une ligne correspondant à la totalité. Dans ce cas, cette totalité devrait correspondre à 100 % de la population active totale.
L'entrée verticale, en colonnes, porte sur l'évolution dans le temps.

Comment interpréter un tableau à double entrée ?

Si vous savez lire un tableau statistique simple comme celui reproduit dans la fiche précédente, ce tableau à double entrée ne devrait guère vous présenter des problèmes de lecture.
Il fonctionne, dans ce cas précis, comme une série de tableaux simples portant sur des périodes différentes.
Dans l'interprétation, vous tiendrez compte surtout de l'évolution et vous essaierez de l'expliquer. La première chose à faire est de transformer les valeurs absolues en valeurs relatives, c'est-à-dire en pourcentage en fonction de la totalité, année par année, si ce n'est pas déjà fait.
Imaginons que le tableau porte sur une quarantaine d'années (par exemple les annnées 1960, 1970, 1980, 1990).
Vous découvrirez alors que la part relative des agriculteurs en particulier mais aussi celle des artisans et des ouvriers diminue.

Comme interpréter un tableau matriciel ?

La part relative des autres catégories augmente, y compris celle des chômeurs. Vous devez ensuite affiner cette analyse en illustrant à l'aide d'exemples que vous avez chiffrés et qui vous semblent particulièrement significatifs, par exemple que la part relative des ouvriers diminue d'environ un tiers ou que celle des employés augmente d'une moitié, etc.... Après, mais seulement après, vous expliquerez cette évolution à l'aide de notions précises acquises en cours, comme la tertiarisation de la société, le postindustrialisme et la rationalisation.

L'interprétation d'un véritable tableau matriciel

Prenons maintenant un tableau matriciel proprement dit, c'est-à-dire un tableau dont tous les chiffres peuvent être soumis à des opérations algébriques. À première vue, ce tableau se distingue de tous les autres en raison de l'apparente identité entre les deux entrées. On peut retrouver, en effet, les mêmes critères en lignes comme en colonnes. Le chiffre mesure alors une relation particulière entre eux au même moment (défini dans le titre du tableau). Parfois les critères varient cependant en fonction du temps. En ligne, nous aurons donc un phénomène X il y a *n* nombre d'années et en colonne le même phénomène X à un moment ultérieur. En économie, on utilise souvent ces tableaux pour étudier l'origine et la destination du phénomène X. Ainsi, par exemple, la mobilité sociale ou professionnelle d'une catégorie socioprofessionnelleou les échanges de produits entre des pays différents.

Un tableau matriciel peut répondre à des questions de ce type : Combien d'agriculteurs sont des enfants d'agriculteur ? Combien un pays exporte-t-il vers un autre pays ? et ainsi de suite.

Pour interpréter ces chiffres, il faut évidemment les comparer aux autres chiffres dans le tableau pour trouver des tendances ou des arguments utiles pour une explication (dont la méthode ne diffère pas de celle décrite dans lafiche précédente). Un très bon exercice consiste à prendre une matrice des échanges industriels mondiaux (entre l'Amérique du Nord, l'Europe de l'Ouest, l'Afrique noire, etc,...) afin de démontrer la polarisation des échanges en faveur des pays développés. Si vous y arrivez, vous savez lire un tableau matriciel.

Comment élaborer et lire un schéma ?

L'utilisation de schémas peut être très pratique pour traduire un énoncé ou un mécanisme théorique complexe. Il faut s'entraîner régulièrement à ce «jeu» économique car il permet généralement d'utiliser les textes proposés sans faire de contresens ni de paraphrase. Les schémas évoqués dans cette fiche sont publiés pp. 453-454.

Exemple de sujet : Quels sont les effets de la productivité sur l'emploi ?

Savoir traduire un énoncé sous forme théorique :
À partir des mots-clés indiqués dans le sujet, il s'agit de représenter la pensée en l'organisant précisément à l'aide d'un schéma.

Texte : Les gains de productivité peuvent être utilisés de différentes manières : ils peuvent servir tout d'abord à augmenter les profits et à financer de nouveaux investissements qui relancent la demande de biens d'équipement. Parallèlement, les gains de productivité ont un impact positif sur les salaires tout en favorisant la baisse sur les prix relatifs (grâce à la baisse du coût unitaire de production). La conjonction de ces deux effets permet d'accroître le pouvoir d'achat des ménages (augmentation du salaire réel) dont l'effet positif sur la consommation se répercute sur la demande et la production, afin d'y répondre, et l'emploi. Dans une économie ouverte, la baisse des prix relatifs se traduit par une amélioration de la compétitivité-prix qui favorise le développement des exportations tout en freinant les importations (devenues relativement plus chères). L'augmentation de la demande étrangère suscite une augmentation de la production nationale et génère de l'emploi. Enfin, la productivité accroît les recettes de prélèvements obligatoires. L'augmentation des dépenses publiques (dans une optique keynésienne) permet de relancer la production et l'emploi. Cependant, ce cercle vertueux des gains de productivité et de l'emploi est plus complexe. En effet, si l'effet sur la demande est insuffisant, les entreprises choisiront essentiellement d'économiser du facteur travail. Si la réduction du temps de travail permet de maintenir l'emploi, en revanche, les licenciements vont réduire le volume de l'emploi. Pendant les « Trente glorieuses », le cercle vertueux (5 % de gains de productivité annuel, conjugués à une croissance forte ont favorisé le quasi-plein emploi). Mais le mécanisme s'est enrayé avec les chocs pétroliers.
Le fort ralentissement de la demande a changé les priorités des entreprises, qui ont davantage choisi la réduction du facteur travail avec toutes les conséquences négatives sur l'emploi.
Ce texte présente les effets de la productivité sur l'emploi. Pour comprendre les différents mécanismes qui jouent pour expliquer l'effet ambigu de ce concept, il faut souligner les mots-clés, les concepts économiques cités : profits, salaires, prix relatifs, prélèvements, investissements, demande, compétitivité-prix...

Lire chaque phrase en suivant l'ordre dans lequel la relation s'établit afin de savoir dans quel sens mettre la flèche.
Par exemple, dans le texte, « Ils [les gains de productivité] peuvent servir tout d'abord à augmenter

Comment élaborer et lire un schéma ?

les profits et à financer de nouveaux investissements qui relancent la demande de biens d'équipements » peut se représenter schématiquement de la façon suivante : Gains de productivité => (flèche vers le haut) Profits => (flèche vers le haut) Investissement => (flèche vers le haut) Demande. L'ensemble du document peut ainsi être décortiqué afin de ne garder que les mécanismes et de faire abstraction du texte. La maîtrise de ces mécanismes permet d'organiser une réflexion logique et rigoureuse sur un sujet d'économie. S'entraîner à faire des schémas est essentiel. Sans le texte sous les yeux, il faut savoir réécrire ces mécanismes complexes. L'avantage d'appliquer cette méthode de travail réside dans le fait qu'un candidat au baccalauréat pourra utiliser toute la « substantifique moelle » du texte sans tomber dans la paraphrase. Il pourra ensuite enrichir son schéma de données indiquées dans les documents joints (exemple, chiffres, citations, éléments théoriques…). La construction du plan s'en trouvera également facilitée.

Voir schéma page 454.

Comment lire un schéma ?

La lecture doit se faire en suivant le sens indiqué par les flèches. Elles peuvent indiquer également une relation d'interdépendance : dans ce cas, la flèche sera à double sens.

Cinq exemples de schémas

Lecture du schéma Ia
Deux secteurs institutionnels et un marché interviennent. Les ménages achètent sur le marché des biens et des services les biens de consommation et d'équipement. Les entreprises produisent les biens et les services offerts sur ce marché et se fournissent également en biens d'équipement.

Lecture du schéma Ib
Les ménages offrent leur force de travail (flux réel) aux entreprises sur le marché du travail, en contrepartie de quoi ils reçoivent un salaire (flux monétaire).

Lecture du schéma II :
Introduction du rôle des administrations publiques afin de montrer les opérations de répartition. Les entreprises et les ménages paient à l'État des prélèvements obligatoires (impôts et cotisations sociales), en contrepartie de quoi les ménages reçoivent des prestations sociales (allocations familiales). Les administrations se procurent également les biens de consommation et d'équipement sur le marché des biens et des services.

Lecture du schéma III
Mise en relation des ménages, entreprises et les administrations avec le marché financier. Le financement de l'économie est assuré par les agents économiques dégageant des capacités de financement vers ceux en besoin de financement. On constate que les ménages en besoins de financement placent sur le marché financiers leurs avoirs monétaires qui servent à répondre aux entreprises et aux administrations qui sont en besoins de financement.

Lecture du schéma IV
Introduction du « reste du monde ». Le circuit économique représenté est en économie ouverte. On y indique les relations avec les autres pays. Le reste du monde vend à la France des produits qui seront vendus sur son marché de biens et services par les entreprises, les ménages et les administrations. Des biens et des services sont également achetés par le reste du monde.

Comment interpréter un indice ?

Un indice permet de comparer des grandeurs économiques et sociales par rapport à une année de référence appelée base.

Transformer une série statistique en indices

Pour transformer une série statistique en indices, il faut rapporter la valeur de chaque année *(t)* à l'année de référence choisie et multiplier par 100 le résultat obtenu. Ainsi l'indice d'évolution est-il égal au quotient de la valeur année *t* par la valeur de l'année de base multipliée par 100.

	PIB en MF (*)	INDICE (**)
1990	6 509 488	100
1991	6 776 231	104
1992	6 999 546	107,5
1993	7 077 087	107,3

(*) PIB en valeur.«Les notes bleues de Bercy», projet de loi de finances pour 1997, hors-série, n° 96.2.

(**) Application de la formule de l'indice d'évolution, année de référence choisie 1990. Par exemple, Indice 1991, base 100 en 1990 : (6 776 231/6 509 488) × 100 = 104.

Comment effectuer un changement de base ?

On peut changer de base même si l'on ne connaît pas les valeurs qui ont été utilisées pour calculer les indices. Pour ce faire, il faut diviser chaque indice de la base d'origine par celui qui lui correspond à la nouvelle base puis multiplier le résultat par 100.
Soit :
(indice base d'origine/indice nouvelle base) × 100.

Exemple : En choisissant l'année 1992 comme base, l'indice pour l'année 1990 est obtenu de la façon suivante :
(100/107,5) × 100 = 93.

	Indice (base 100 en 1990)	Indice (base 100 en 1992)
1990	100	93 (*)
1991	104	96,7
1992	107,5	100
1993	107,3	101,1

Comment interpréter un indice ?

L'interprétation d'un indice

Lorsque l'on veut intégrer un indice dans une phrase, il faut être attentif à ne pas oublier de préciser l'année de base choisie.
Application à partir de l'exemple page 451 :
Intégrer dans une phrase, les nombres stabilotés.
En France, le PIB en valeur est passé de la base 100 en 1990 à l'indice 104 en 1991.
En France, le PIB en valeur est passé de la base 100 en 1992 à l'indice 96,7 en 1991.
Interpréter les résultats obtenus.
Les indices servent à mesurer l'évolution d'une grandeur. Il faut savoir rapidement passer de l'indice à un coefficient multiplicateur ou à un taux de variation.
Coefficient mutiplicateur = (Taux de variation/100) + 1.
Taux de variation = (Indice – 100)/100
Ou encore :
Coefficient multiplicateur = [(Indice – 100)/100] + 1.

Application.
En France, le PIB en valeur a augmenté de 4 % [(104 – 100)/100] entre 1990 et 1991. Il a été multiplié par 1,04 [(104-100) /100] + 1.
Après avoir compris le mécanisme, il faut savoir passer de l'un à l'autre sans hésitation.
Ces trois outils ont chacun leurs intérêts. L'utilisation des indices facilite la comparaison entre plusieurs séries chronologiques. Les coefficients multiplicateurs sont davantage utilisés pour les variations de forte amplitude. Le taux de variation est généralement utilisé pour caractériser une évolution modérée sur une période plus courte.

Savoir « déflater » une série statistique

Certaines données statistiques sont exprimées en valeur, leurs évolutions peuvent être en partie dues aux variations de prix. Ainsi, une évolution du PIB en valeur (exemple ci-contre) ne permet par de dire si la quantité produite a été réellement plus importante ou si l'évolution ne tient pas essentiellement à l'augmentation des prix. Connaître l'évolution réelle d'une grandeur revient à supprimer l'effet des prix. Pour « déflater » une série, on divise l'évolution en valeur par l'évolution des prix. On peut alors parler d'augmentation en volume ou en francs constants. L'outil le plus simple à utiliser pour ce calcul est l'indice. De façon générale, on peut écrire :
Indice en volume = (Indice en valeur/Indice des prix) × 100.
Exemple. Calcul de l'évolution du PIB en volume.

Interprétation. L'évolution du PIB en valeur cache la dépression de l'année 1993. En effet, cette année-là, l'augmentation PIB en valeur est due à l'évolution des prix. Les volumes produits ont en effet été inférieurs (– 0,8 %) à l'année de référence (1990).

	Indice PIB en valeur	Indice des prix	Indice PIB en volume
1990	100	100	100
1991	104	103,3	100,6
1992	107,5	105,5	101,8
1993	107,3	108,1	99,2

Annexes pour les fiches pratiques

Vous trouverez sur cette fiche les tableaux et schémas qui complètent les fiches suivantes : « Comment confronter les informations de deux ou trois sources » (p.439) et « Comment élaborer et lire un schéma » (p. 449).

Tableau (p.439) : disparités de revenu et de patrimoine des ménages selon la catégorie socioprofessionnelle du chef de ménage

(base 100 : ouvriers)

Groupe socioprofessionnel de la personne de référence du ménage	Revenu[1]	Patrimoine
Artisans, commerçants, chefs d'entreprise, professions libérales	291	601
Cadres et profressions intellectuelles supérieures	250	385
Agriculteurs exploitants	210	574
Professions intermédaires	156	187
Inactifs	108	247
Employés	104	104
Ouvriers	100	100

1- Avant prise en compte des prestations sociales et de l'impôt.
Source : Données sociales 1993, INSEE

Schéma Ia

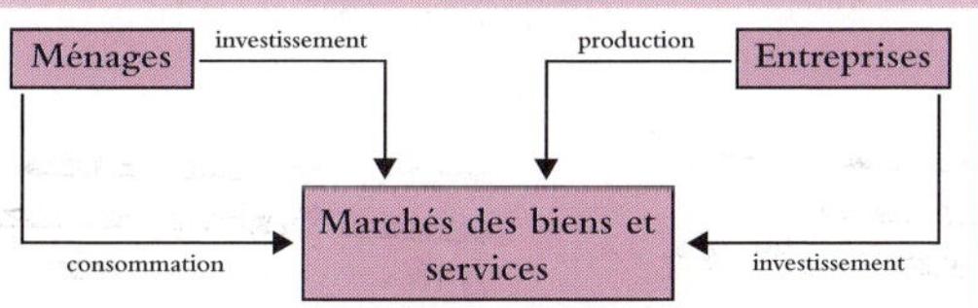

Schéma Ib

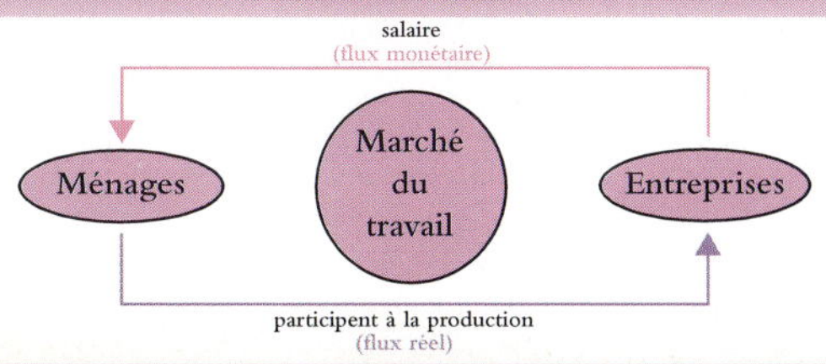

Schéma II

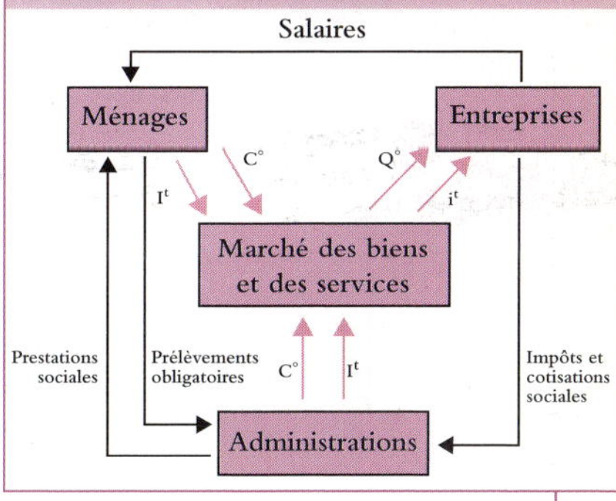

Annexes pour les fiches pratiques

Schéma IV

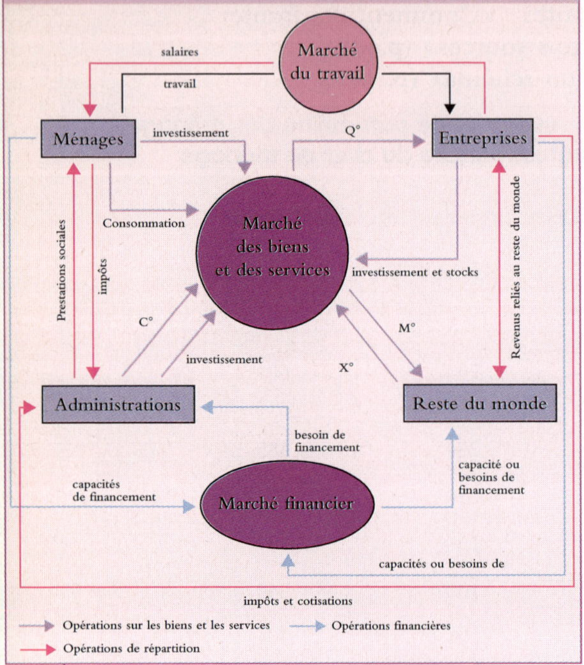

Schéma III

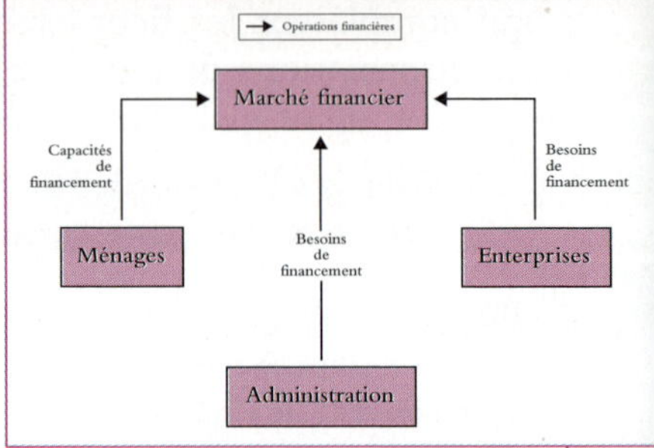

Graphique (p.439)

(Disciplines générales : droit, sciences économiques, lettres, sciences)

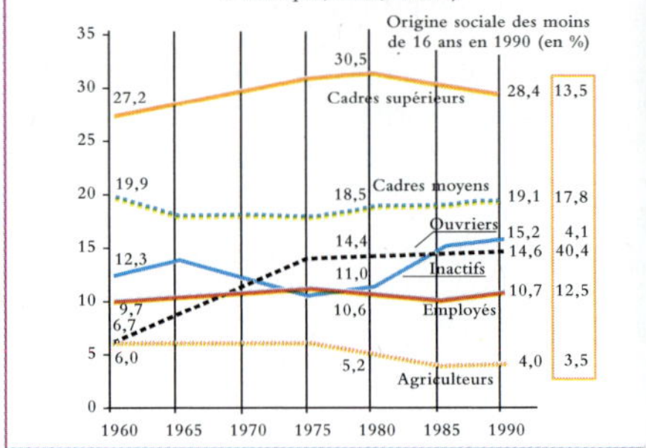

Schéma établi à partir du texte publié (p.449)

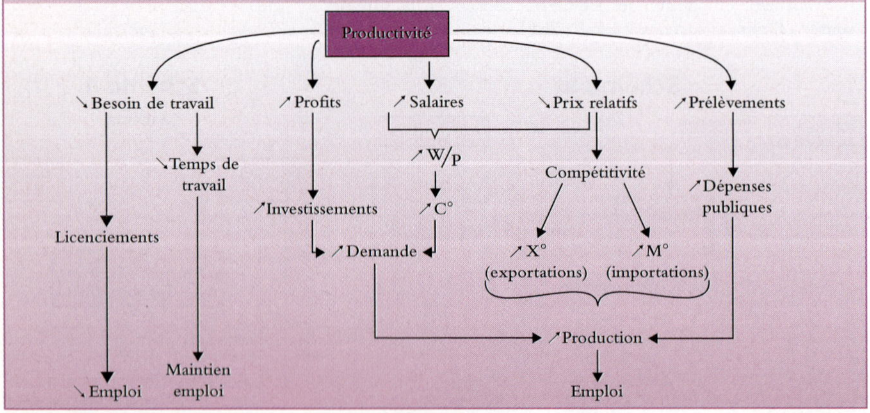

Comment travaille l'économiste ?

L'économie est une réflexion scientifique qui s'appuie sur l'observation des faits de production et d'échange. À l'observation s'ajoutent la collecte et l'étude de données chiffrées.

Le matériel de l'économiste

L'économiste travaille sur des données statistiques qui lui sont fournies par les grands organismes spécialisés dans la collecte d'informations, comme l'Insee. Les résultats du recensement qui a lieu tous les sept ou huit ans par exemple sont mis en forme par le statisticien qui fournit à l'économiste des informations brutes. Le premier travail de l'économiste consiste donc à faire parler ces chiffres, à les mettre en forme afin d'en faciliter l'analyse. Pour ce faire, il peut utiliser des représentations graphiques (circulaire, diagramme en bâtons, histogramme, courbe...), des tableaux statistiques dans lesquels il va ordonner, voire croiser les résultats afin de mettre un phénomène économique en évidence. Les chiffres eux-mêmes ne prouvent rien. Le travail de l'économiste réside dans l'exploitation de ces chiffres pour appuyer ses idées.

Questionner la réalité

Le travail essentiel de l'économiste consiste à savoir se poser les bonnes questions et à bien savoir se les poser. Le questionnement est tout d'abord un impératif dans la mesure où il guide la réflexion. L'économie au lycée et dans les études post-baccalauréat repose sur cette base. En effet, dans les épreuves du baccalauréat, on demande essentiellement au candidat de savoir bien poser le problème en termes économiques, de montrer sa pertinence et sa complexité. La liste des sujets proposés en terminale donne une idée des grands débats d'actualité qui traitent essentiellement les questions suivantes : Quels remèdes apportés pour lutter contre le chômage (flexibilité de l'emploi ? politiques d'aide à l'emploi ? relance par un déficit budgétaire ? réduction du coût du travail ? partage du temps de travail ?). Le progrès technique est-il responsable du chômage ? Le libre-échange favorise-t-il le développement ? La mondialisation doit-t-elle faire redouter la concurrence des nouveaux pays indsutrialisés ou des pays à bas salaires ? La protection sociale permet-t-elle de lutter contre l'exclusion ? Comment peut-on relancer l'activité économique ? Quelle doit être la place de l'État dans l'économie (conséquences du poids des prélèvements obligatoires ? Quelles seront les conséquences des grandes orientations des politiques économiques qui seront adoptées en 2000 ou 2001 par les autorités gouvernementales. Ainsi, l'économiste est-il devenu un des acteurs majeurs des débats politiques contemporains où les enjeux économiques ont pris une place déterminante..

Comment travaille l'économiste ?

Des analyses qui peuvent être regroupées autour de grands courants de pensée

Sur la base de données statistiques, l'économiste cherche à présenter une analyse qui lui semble pertinente au regard des questions qu'il se pose. Pour ce faire, il va poser des hypothèses qui vont lui servir de points de départ pour mener sa démonstration. Lorsque l'on analyse les travaux des économistes sur le long terme, on voit se dessiner des grands courants de la pensée économique qui se rejoignent sur le choix des hypothèses et dont les analyses arrivent à des conclusions proches. Par exemple, au XVIIIe siècle, Adam Smith, Jean-Baptiste Say, David Ricardo, John Stuart Mill et Thomas Robert Malthus proposent des analyses qui se rejoignent. Ces idées seront reprises pour l'essentiel à la fin du XIXe siècle par le courant néoclassique avec des économistes tels que Jevons, Walras, Pareto. De nouveaux courants néolibéraux contemporains ont vu le jour dans les années 1950, le monétarisme sous la plume de Friedman, la théorie du capital humain fondée par Schult et Becker, l'école des choix publics avec Buchanan et Tullock, la nouvelle économie classique (Lucas, Sargent, Wallace, Barro), qui radicalise les critiques monétaristes, ou l'économie de l'offre défendue par Gilder et Laffer.

L'analyse originale d'un économiste ouvre ponctuellement la voie à une nouvelle approche qui, confrontée à la réalité économique, se trouve plus ou moins rapidement nuancée, voire contreversée ou infirmée. Par exemple, Marx (visiblement frappé par les conséquences du développement industriel du XIXe siècle) ou Keynes par la crise de 1929 ont tous les deux influencés d'autres auteurs qui se sont reconnus dans le courant marxiste ou dans le keynésianisme. Après avoir connu leur heure de gloire, ils sont aujourd'hui souvent critiqués, notamment par les économistes américains qui défendent les principes libéraux.

Les grands courants de l'économie

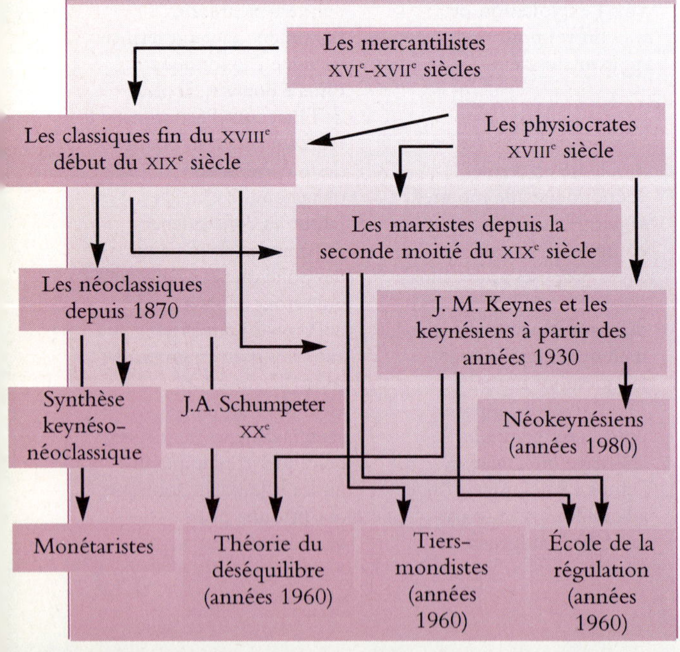

Comment travaille le sociologue ?

Le sociologue tente d'ausculter les mouvements des individus et des groupes sociaux qui forment le tissu social. Comportements, modes de vie, expressions individuelles et collectives, tout intéresse le sociologue pour qui l'enquête sur le terrain et la quantification des faits et gestes des hommes sont les deux instruments de travail préférés.

Les enquêtes sociologiques

Le sociologue dispose de nombreux outils pour mener à bien ses investigations, notamment les sondages, les enquêtes, les entretiens et les statistiques. Les méthodes utilisées peuvent être classées en deux types : les quantitatives (qui utilisent des techniques mathématiques et statistiques) et les qualitatives (qui permettent de faire ressortir les particularités des individus). Les enquêtes sociologiques par questionnement permettent de transformer l'opinion exprimée par les personnes interrogées au travers de leurs réponses aux questions posées en données statistiques. Le sociologue est donc amené à produire et à interpréter des chiffres issus de leurs enquêtes.
La difficulté première tient dans la conception et la réalisation du questionnaire qui comprend en général une trentaine de questions. Dans un premier temps, il faut délimiter le thème des questions. Pour arriver à mesurer des comportements ou des opinions, il faut poser des questions susceptibles de ne recevoir que des réponses précises que l'on peut comparer entre elles. De même, la formulation doit être simple afin de ne pas entraîner d'ambiguïtés.

Le sondage

Lorsque le thème concerne une population très nombreuse, le sondage s'impose et il faut sélectionner un échantillon de personnes pour les interroger. La synthèse de leurs réponses permettra de déduire des résultats pour l'ensemble de la population de référence. Pour que les résultats soient réellement significatifs, il est nécessaire de prendre un échantillon suffisamment grand. L'informatique permet de dépouiller rapidement les questionnaires, d'éviter ainsi un long et fastidieux travail et de donner des chiffres bruts. Le travail du sociologue consiste à transformer les réponses en pourcentage et à faire des croisements afin de connaître l'influence de chaque variable dans la répartition des réponses. L'enquête sociologique peut ainsi mettre en évidence l'effet d'un déterminant social sur un comportement.
Le sociologue peut, grâce à cet outil, passer au stade de l'analyse. Sa démarche méthodologique prend à ce moment une importance prépondérante.

Comment travaille le sociologue ?

La démarche méthodologique

On distingue traditionnellement deux courants qui adoptent des méthodes distinctes, la sociologie du fait social et la sociologie de l'action sociale.

La sociologie du fait social est privilégiée par les sociologues qui considèrent que la société est au centre de toute analyse, qu'elle s'impose à l'individu. Pour Émile Durkheim, les faits sociaux doivent s'expliquer par d'autres faits sociaux, en adoptant une démarche scientifique et non par des motivations individuelles. L'utilisation de données chiffrées, de statistiques, notamment dans *le Suicide* (1897), permet à Durkheim de mettre en évidence les déterminismes sociaux qui s'imposent à l'individu. Bien que Pierre Bourdieu intègre également dans son analyse les stratégies des individus, il montre au travers de sa notion d'habitus le poids de ce que l'on a acquis, intériorisé dans les pratiques sociales. Il montre à l'aide de statistiques que la trajectoire sociale est largement déterminée par le montant et la structure du capital global transmis par la famille.

La sociologie de l'action sociale, avec Max Weber, Alexis de Tocqueville et Georg Simmel, s'attache à mettre au centre de l'analyse l'individu en tant qu'acteur social afin d'en comprendre les motivations individuelles en analysant les relations qu'il entretient avec d'autres individus. Cette approche privilégie donc l'étude des stratégies individuelles dans la compréhension des faits sociaux. Raymond Boudon influencé par les travaux de Max Weber explique les phénomènes sociaux comme le produit de l'agrégation d'actions individuelles, en retenant l'hypothèse que l'acteur est un agent rationnel. Il montre au travers de son analyse sur l'école comment l'agrégation de comportements individuels peut produire des effets pervers et notamment comment la demande sociale conernant l'allongement des études a abouti à dévaloriser les diplômes.

Une orientation permanente de la sociologie : l'anatomie de la vie quotidienne

Les sociologues se penchent avec délice sur les questions relatives à la vie quotidienne. Les études se multiplient et des courants se forment derrière plusieurs auteurs de grand talent. Il y a l'École de Chicago, précurseur au début du siècle avec Nels Anderson et son travail sur le Hobo, ce migrant qui a fait la légende de l'Ouest américain, voyageant d'une ville à une autre au fil des travaux saisonniers. Il y a l'ethnométhodologie sur les brisées du sociologue américain Howard Garfinkel, l'analyse institutionnelle – fondée sur l'observation participante – qui a fleuri en France dans les années 1960 sous la houlette de René Lourau, Georges Lapassade et Rémi Hess. Les réseaux d'interdépendance entre l'individu et la société ont été décryptés par Norbert Elias. Insistant sur la nature «théâtrale» des relations sociales, E. Goffman insiste sur les rôles que les individus jouent entre eux dans leurs relations sociales. À ces cinq courants, il ne faut pas oublier celui très influent inspiré par les travaux et la pratique sociologique de Pierre Bourdieu.

Le calcul d'un ratio et l'interprétation du résultat

Le ratio est défini comme «étant le rapport de deux grandeurs». Le résultat représente donc la part d'une grandeur par rapport à une autre, en termes relatifs. Le calcul de ratio est couramment utilisé en comptabilité nationale afin de traduire la situation économique des ménages et des entreprises et de faire des comparaisons dans le temps et dans l'espace.

Le ratio Excédent brut d'exploitation/ Valeur ajoutée (ou EBE/VA)

Il est en effet aisé d'évaluer l'évolution du ratio Excédent brut d'exploitation/ Valeur ajoutée. (Excédent brut d'exploitation [EBE] = Valeur ajoutée [VA] – Rémunérations versées aux salariés).

Il est également appelé profit brut dans la mesure où il est calculé avant la prise en compte de la consommation de capital fixe, c'est-à-dire de l'amortissement économique.

Ce ratio EBE/VA est appelé taux de marge.

Il indique l'évolution du partage de la valeur ajoutée entre les salariés et les entreprises.

Interprétation. Le taux de marge s'élève quand le salaire réel baisse ou quand la productivité augmente. Mais il est tout à fait possible d'avoir simultanément une augmentation des salaires réels et une augmentation du taux de marge si la productivité augmente plus rapidement que les salaires réels. En effet, pour prendre une notion imagée, un gâteau de taille supérieure (la productivité accroît la valeur ajoutée) permet de distribuer de plus grosses parts sans léser personne.

Mais les entreprises ne peuvent conserver la totalité du profit brut car elles doivent payer des impôts sur leurs bénéfices (cette part est versée à l'État) mais doivent également verser des intérêts à leurs créanciers, distribuer des dividendes à leurs actionnaires lorsqu'elles le décident. Mais elles peuvent également recevoir le paiement des intérêts pour un capital qu'elles auraient elles-mêmes prêté ou des dividendes pour des prises de participation dans le capital d'autres entreprises. Le solde de l'ensemble de ces flux est l'épargne brute.

Le ratio Épargne brute/Valeur ajoutée (ou EB/VA)

Le ratio Épargne brute/ Valeur ajoutée indique le taux d'épargne. Il oscille en général autour de 17 %. L'épargne brute représente la richesse que l'entreprise peut stocker. Mais elle peut également l'utiliser afin d'investir. L'achat de biens durables acquis par les unités de production pour être utilisés pendant au moins un an représente la formation brute de capital fixe (FBCF). L'entreprise peut donc utiliser son épargne brute pour accroître la FBCF.

Le ratio Dette publique/PIB (ou DP/PIB)

Le ratio Dette publique/ Produit intérieur brut indique le poids de la dette de l'État (B) par rapport au produit intérieur brut qui mesure la richesse produite

Calcul d'un ratio et interprétation du résultat

par an. Ce ratio a été considéré par certains acteurs des marchés financiers comme un indicateur essentiel au cours des années 1980. Il révèle en effet des liens étroits entre le déficit bugétaire public, le taux d'intérêt et l'évolution de la croissance de l'économie illustrée par le PIB. Les politiques d'austérité ou de rigueur pratiquées par les pays de l'Union européenne dans les années 1990 avaient pour objectif premier de contrôler le poids de l'endettement public. En fait les taux d'intérêt nominaux se sont avérés supérieurs à la croissance du PIB. L'évolution du ratio a permis de voir que la croissance en a été elle-même affectée. La volonté de baisser le numérateur (la dette) a contribué ainsi au ralentissement du dénominateur (le produit intérieur brut).

Le ratio Formation brute de capital fixe/Valeur ajoutée (ou FBCF/VA)

Le ratio FBCF/VA mesure donc le taux d'investissement (FBCF/PIB). Ce taux oscille en général autour de 16 % à 20 %. Il représente la part de la richesse produite en une année qui est destinée à renouveler et à accroître le potentiel productif. Les déterminants de l'investissement (demande anticipée, niveau des profits, taux d'intérêt réel, profitabilité, structure financière de l'entreprise par exemple) vont jouer sur le niveau de la FBCF.

Le taux d'investissement

	1992	1993	1994	1995	1996	1997	1998
(FBCF/VA en %)	20,4	18,6	18,5	18,2	18,2	17,6	18

Le ratio Épargne brute/Formation brute de capital fixe (ou EB/FBCF)

Le ratio EB/FBCF correspond au taux d'autofinancement. Il mesure la proportion de l'investissement financée par l'épargne brute (épargne mise en réserve). Le financement est assuré de façon interne, sans apports de capitaux extérieurs (emprunts ou crédits par exemple) .

Interprétation.
Un taux d'autofinancement élevé, comme ce fut la cas par exemple en 1988, est à interpréter avec prudence. En effet, cela peut traduire entre autres choses une baisse de l'investissement plus rapide qu'une baisse de l'épargne. En général, le taux d'autofinancement reste inférieur à 100 %.

Les entreprises dégagent donc un besoin de financement pour effectuer leurs investissements quand leurs investissements (FBCF) sont supérieurs à leur épargne brute. Elles peuvent s'endetter auprès des banques ou si leur situation et leur taille leur permet émettre de nouvelles actions sur le marché primaire.

Le calcul à la marge et l'interprétation du résultat

Quand on fait un calcul à la marge, on s'intéresse seulement à une partie d'une grandeur et à son évolution lorsqu'une autre grandeur est modifiée. Abstrait? Non, le calcul à la marge permet de répondre à des questions très pratiques, notamment pour déterminer la profitabilité des activités d'une entreprise.

Les principes du calcul à la marge

Comment évolue la demande – ou la production – d'un produit quand on modifie son prix? Comment évolue la consommation lorsque le revenu augmente? Comment évoluent les coûts de production quand on produit une ou plusieurs unités supplémentaires? Quelle est la marge de bénéfice si on augmente la production de x unités?

Relations entre demande et prix et entre consommation et revenu *(cf. pages 463 et 467).*
Nous allons ici nous consacrer aux coûts de production et à la marge de bénéfice.

Exemple.
Prenons un constructeur de navires marchands qui envisage de produire plusieurs unités d'un bateau d'un certain modèle en un an. Une étude de marketing lui a montré qu'il y a une demande pour six bateaux. Vous allez calculer le coût moyen et le coût marginal pour chaque unité produite et déterminer à partir de combien d'unités l'activité est rentable.

Vous devez également déterminer si l'entreprise peut raisonnablement satisfaire toute la demande.

Voici les données dont vous avez besoin :
– l'entreprise a la capacité de produire six unités ;
– le prix de vente, déterminé par le jeu de la concurrence, est d'environ 1,8 million de francs (MF) ;
– ses investissements de base (bâtiments, machines, outils) lui ont coûté environ 2 MF.
Pour la première unité, le coût total s'élève à 3,6 MF (les coûts fixes + les consommations intermédiaires, le travail, etc.). Si l'entreprise produit deux bateaux, le coût total est de 4,8 MF ; pour trois bateaux, il est de 5,4 MF ; pour quatre bateaux, il est de 6,8 MF ; pour cinq bateaux, il est de 8,8 MF ; pour six bateaux, il est de 11 MF.

Calculons d'abord le coût moyen (ou unitaire) afin de déterminer le moment où l'activité devrait être bénéficiaire. Il faut utiliser la moyenne arithmétique *(cf. page 471).*
– La première unité revient forcément très cher à l'entreprise, puisque son coût unitaire est égal au coût total, soit 3,6 MF ;
– à deux bateaux, le coût moyen est de 2,4 MF.
– à trois bateaux, il est de 1,8 MF ;
– à quatre bateaux, il est de 1,7 MF ;
– à cinq bateaux, il est de 1,76 MF ;
– à six bateaux, il est de 1,83 MF.

Le calcul à la marge et l'interprétation du résultat

Ainsi, sur la base de ces calculs simples, si le prix de vente s'élève à environ 1,8 MF, l'entreprise ne semble guère avoir intérêt à construire six bateaux, puisque, à ce niveau, le coût moyen dépassera le prix à l'unité. Certes, elle peut toujours miser sur une augmentation du prix, en essayant de modifier le modèle par exemple, mais c'est un jeu risqué. Le mieux est donc manifestement de se contenter de produire trois, quatre ou cinq bateaux puisque, dans ces cas, le coût moyen pour ces quantités est égal ou inférieur au prix.

Le calcul du coût marginal

Pour connaître la quantité exacte qu'une entreprise doit produire pour maximiser son gain, il faut calculer le coût marginal. Celui-ci est défini comme l'accroissement de coût de la production de la dernière unité produite. Le gain maximal est atteint lorsque le coût marginal correspond au coût moyen minimal. Mais, dès que le coût marginal dépasse ce niveau, les bénéfices diminuent.

Le coût marginal.
La formule permettant de calculer le coût marginal consiste à soustraire au coût total $q + 1$ le coût total q,
soit :
coût marginal =
coût total $q + 1$
– coût total q,
où q représente la quantité produite.
À un bateau produit, le coût marginal correspond à 1,6 MF (en effet, n'oublions pas que 0 bateau représente 2 MF de coût fixe). À deux bateaux produits, il est de 1,2 MF. Au troisième bateau, il est de 0,6 MF. Au quatrième bateau, il est de 1,4 MF. Au cinquième bateau, il est de 2 MF et, enfin, au sixième bateau, il est de 2,2 MF. Comme vous pouvez le constater maintenant, l'entreprise doit produire quatre bateaux, car à ce niveau elle est sûre de réaliser un bénéfice. Elle ne gagne rien à produire un cinquième bateau puisque celui-ci va lui coûter 2 MF, soit une somme supérieure non seulement au prix moyen minimal mais aussi au prix de vente. En résumé, le calcul du coût marginal s'impose surtout lorsqu'une entreprise affronte un accroissement de la demande. Elle va tendre à la satisfaire, mais seulement tant que l'activité est rentable. Elle va donc augmenter sa production tant que le coût de la $(q + 1)^{\text{ième}}$ unité demeure inférieur à son prix de vente. Vous pouvez, bien entendu, illustrer votre explication par une représentation graphique où l'on voit clairement la courbe du coût marginal croiser (= dépasser) celle du coût moyen au bout d'un certain nombre d'unités produites. Il importe plus particulièrement d'illustrer la tendance décroissante, puis croissante des deux courbes. Celle du coût marginal se trouve au début au-dessous de l'autre avant qu'elle ne la dépasse.

Le calcul d'une propension moyenne et d'une propension marginale

Une propension est une part ou une proportion d'une grandeur – presque toujours le revenu – utilisée pour une fin particulière. Nous nous intéressons essentiellement à la propension à consommer, à épargner et, plus rarement, à exporter ou à importer. Comme il s'agit d'une part, il est forcément question d'un rapport entre deux valeurs absolues ou relatives.

Le calcul de la propension moyenne

On parle de propensions moyennes si les données sont exprimées en valeurs absolues pour une certaine période.

Définitions.

La propension moyenne à consommer (pmc) pour un ménage peut être définie ainsi :

pmc = C/R

où C, consommation et R, revenu.

Si on s'intéresse à la propension moyenne à l'épargne (pme), la définition est

pme = E/R

où E, épargne.

De la même façon, on peut calculer la propension moyenne à exporter (ou à importer) pour un pays en faisant le rapport entre les exportations (ou les importations) et le PIB. C'est un indicateur du degré d'ouverture – ou de dépendance vis-à-vis de l'extérieur – du pays. Dans tous les cas, le résultat est exprimé en pourcentage.

Comme vous le savez, C (consommation) et E (épargne) sont les deux utilisations possibles du revenu disponible pour les ménages et il n'y en a pas d'autres. Ainsi, la somme pmc + pme est toujours égale à 100 % ou à 1. Et si on connaît la pmc, on peut facilement calculer la pme (1 – pmc, par exemple).

Exemple.

Supposons maintenant que vous deviez calculer la pmc et la pme d'un ménage grâce aux données suivantes :

– l'an 1, R = 150 000 F et C = 130 000 ;

– l'an 2, R = 160 000 F et C = 133 000.

Il faut mesurer les propensions pour chaque période.

L'an 1 :

pmc = 130 000/150 000, soit environ 87 %.

La pme pour l'an 1 est donc 1 – 0,87, soit 13 %.

L'an 2 :

pmc = 133 000/160 000, soit environ 83 %.

La pme pour l'an 2 est donc 1 – 0,83, soit 17 %.

Commentaire.

L'exemple doit vous inspirer deux remarques. La première est de constater que, à un revenu faible ou moyen la pmc est toujours largement supérieure à la pme. Un revenu de 150 000 F ou 160 000 F peut être considéré comme intermédiaire en France et ce n'est donc guère étonnant que la pmc dépasse largement la pme. La deuxième observation concerne l'évolution entre les deux dates. La propension à épargner, en passant ici de 13 % à 17 %, augmente avec le revenu. Elle reflète une tendance bien connue en économie : plus le revenu est élevé,

Le calcul d'une propension moyenne et d'une propension marginale

plus on a tendance à épargner. Mais il ne faut pas exagérer le rôle que joue l'augmentation du revenu. D'autres facteurs, comme le taux d'intérêt (notamment par rapport à l'inflation), ou le simple sentiment que le moment est propice – ou pas du tout – pour consommer, peuvent influer sur le choix. N'oublions pas non plus que pour la plupart des ménages à revenu faible, voire moyen, une pmc très élevée ne relève pas d'un choix, mais d'une nécessité vitale qu'une augmentation limitée du revenu ne va pas forcément entamer. Cela ne semble cependant pas être le cas dans l'exemple étudié, puisque la pme augmente nettement. Si vous deviez enfin calculer la pmc et la pme au niveau macro-économique (l'ensemble des ménages), vous pourriez observer une certaine différence entre plusieurs « écoles ». L'économiste britannique J. M. Keynes, comme tous les keynésiens qui se respectent, considère que l'épargne dépend surtout du niveau du revenu ainsi que de facteurs psychologiques (on préfère mettre de l'argent de côté pour une utilisation future, pas forcément déterminée). Les économistes classiques et libéraux mettent, eux, l'accent sur le niveau du taux d'intérêt comme un déterminant absolu de l'épargne.

Le calcul du coût marginal

Étudions maintenant les propensions marginales. Elles correspondent au rapport entre la variation de C (ou de E) et la variation de R.

La propension marginale à consommer (pmac) est donc définie ainsi :

$$\text{pmac} = \Delta C / \Delta R.$$

La propension marginale à épargner (pmae) se définit logiquement de la même façon :

$$\text{pmae} = \Delta E / \Delta R.$$

Calculez la pmac et la pmae entre l'an 1 et 2 à l'aide de ces indications :
– l'an 1, R = 110 000 F et C = 100 000 F ;
– l'an 2, R = 120 000 F et C = 105 000 F.

$$\text{pmac} = \frac{(105\,000 - 100\,000)}{(120\,000 - 110\,000)} = 0{,}5 \text{ ou } 50\ \%.$$

$$\text{pmae} = \frac{(15\,000 - 10\,000)}{(120\,000 - 110\,000)} = 0{,}5 \text{ ou } 50\ \%.$$

Le résultat se lit ainsi : l'augmentation du revenu est consacrée à 50 % à une consommation supplémentaire. Les autres 50 % sont affectés à une épargne supplémentaire. Cela signifie que l'individu ou le ménage en question répartit très équitablement l'augmentation du revenu entre C et E. En fait, c'est assez atypique.

En général, quand le revenu augmente, la pmae a, au contraire, tendance à dépasser la pmac, ce qui correspond à la règle décrite plus haut : l'augmentation du revenu se traduit par une augmentation nette et relative de l'épargne par rapport à la consommation.

Le calcul d'un taux annuel moyen et l'interprétation du résultat

Le calcul d'un taux annuel moyen est nécessaire pour résumer les variations relatives au cours d'une période de plusieurs années. Souvent, on calcule le taux de croissance annuel moyen du PIB, du chômage, ou d'autres indicateurs importants pour un pays, dont on connaît la variation relative pour chaque année dans la période étudiée (par exemple 1991-1995 ou 1996-2000).

Le calcul d'un taux annuel moyen

Si on peut faire ce type de résumé pour une série de mois ou de semaines, ou pour n'importe quelle unité de temps, bien entendu, on s'intéresse, en économie, surtout aux variations annuelles. Le problème principal pour nous est qu'il ne s'agit pas d'une simple moyenne arithmétique *(cf. page 471)*, mais d'une moyenne géométrique. Supposons que nous voulions connaître le taux de croissance annuel moyen du PIB d'un pays sur une période de cinq ans.
Voici les variations relatives : l'an 1 : 2 % ; l'an 2 : 4 % ; l'an 3 : 6 % ; l'an 4 : 2 % et l'an 5 : 3 %.
Comme vous le constatez, il est très facile de calculer la moyenne arithmétique et ainsi parvenir à un taux moyen de 3,4 %.
C'est le résultat de

$(2 + 4 + 6 + 2 + 3)/5$.

Or on ne peut pas utiliser la moyenne arithmétique dans ce cas, tout simplement parce que l'addition des variations relatives n'a aucun sens. Vérifions en calculant le taux de variation globale. On l'obtient non pas en additionnant, mais en multipliant les multiplicateurs des variations relatives. Soit $1{,}02 \times 1{,}04 \times 1{,}06 \times 1{,}02 \times 1{,}03$. Le résultat est 1,1813451, c'est-à-dire 118,13 %, soit une augmentation de 18,13 % environ.
Mais si vous additionnez les taux, vous obtenez seulement + 17 %

$(2 + 4 + 6 + 2 + 3)$,

ce qui ne correspond pas à la réalité.
Pour calculer le taux moyen, vous devez donc d'abord calculer la variation globale (T), qui vous servira comme coefficient multiplicateur global. Pour obtenir le taux de croissance annuel moyen (*r*) pour la période (*n*, ou le nombre d'années), vous devez calculer la moyenne géométrique en appliquant la formule suivante :

$$(1+r)\times(1+r)\ldots(1+r) = 1+\mathrm{T}.$$

c'est-à-dire $(1 + r)^n = 1 + \mathrm{T}$ ou $r = \sqrt[n]{1 + \mathrm{T}} - 1$.
Dans notre cas, $\mathrm{T} = 0{,}1813451$ et $n = 5$.
Donc $r = \sqrt[5]{1{,}1813451} - 1 = 1{,}03389 - 1 = 3{,}389\,\%$.
Le taux de croissance annuel moyen est de + 3,389 %.

Comme vous le constatez, la différence n'est pas énorme entre la moyenne arithmétique et la moyenne géométrique dans ce cas (3,4 n'est pas très éloigné de 3,389). Alors, à quoi bon apprendre une formule si compliquée pour « si peu » ? Parce que non seulement la moyenne arithmétique est inapplicable, comme nous l'avons vu, mais aussi parce que plus

Le calcul d'un taux annuel moyen et l'interprétation du résultat

les variations relatives sont élevées, plus la différence est importante entre la «bonne» et la «mauvaise» moyenne.

Imaginons par exemple l'évolution suivante d'une grandeur : l'an 1 : 1 % ; l'an 2 : 40 % ; l'an 3 : 4 %.
Avec la moyenne arithmétique, le faux taux annuel moyen est de +15 %

$[(1 + 40 + 4)/3 = 15]$.

Pour trouver le vrai taux, calculons d'abord la variation globale qui est de

$1{,}01 \times 1{,}40 \times 1{,}04$,

soit 1,47056.
Appliquez la formule de la moyenne géométrique et vous obtenez

$\sqrt[3]{1{,}47056} - 1$,

soit + 13,718 %.

La différence entre 15 et 13,7 est importante.

L'interprétation du résultat

Quant à l'interprétation de cette moyenne, il faut d'abord se souvenir qu'elle représente une importante perte d'information (*cf. page 471*).
Ni les écarts de la valeur centrale, ni la tendance ne sont visibles.
En l'occurrence, on n'apprend pas que la croissance du PIB étudié a parfois été de 2 % et parfois de 6 % et non pas de 3,389 % tout le temps.
Il faut également garder en tête qu'une moyenne ne sert rigoureusement à rien si on ne peut pas l'utiliser dans le cadre d'une comparaison.
Ainsi, un taux de croissance annuel moyen de 3,389 % ne veut pas dire grand-chose en soi si on ne peut le comparer au taux moyen d'une autre période ou à celui d'un autre pays sur la même période.
Cela étant dit, s'il s'agit d'un indicateur aussi important que la croissance du PIB – dont vous connaissez normalement des exemples et leur signification – vous pouvez faire certaines déductions en ayant recours à un seul taux annuel moyen.
Il peut notamment être utilisé pour faire des prévisions. Si vous connaissez un taux annuel moyen *(r)*, et si vous savez vous servir de logarithmes (étudiés en mathématiques), vous pouvez calculer le nombre d'années *(n)* qu'il faut pour atteindre un doublement de la grandeur du départ (le PIB, par exemple).
Ainsi, si *r* est de 1 %, il faut à peu près soixante-dix ans pour atteindre un doublement.
Mais si *r* est de 5 %, le doublement est atteint en un peu plus de quatorze ans, et ainsi de suite.
De tels calculs appliqués sur le PIB des pays en développement, en particulier, sont d'un intérêt majeur.

Le calcul d'un coefficient d'élasticité

L'élasticité se mesure à l'aide d'un rapport, un coefficient, entre deux variations relatives. L'élasticité indique ainsi une variation d'une grandeur par rapport à une variation d'une autre grandeur. Grâce à elle, vous pouvez par exemple connaître les effets d'une augmentation du revenu sur la consommation d'un bien ou les effets de la croissance du PIB sur les importations.

Les différents coefficients d'élasticité

Au baccalauréat, vous pouvez être amené à calculer l'élasticité (le coefficient) :
– de la demande par rapport au revenu ;
– de la demande par rapport au prix ;
– croisée (en général, la variation relative de la demande d'un bien X divisée par celle du prix d'un bien Y pour mesurer le degré de substituabilité de X) ;
– des importations par rapport aux exportations ;
– des importations par rapport au PIB.

Dans tous les cas, le résultat doit être interprété d'une façon particulière.

Voici deux exercices typiques. Le premier porte sur l'élasticité-revenu.

L'exemple de l'élasticité-revenu

On utilise généralement ce calcul pour connaître les effets d'une augmentation du revenu (même si on peut aussi étudier les effets d'une baisse). Imaginons que vous vouliez connaître la variation relative de certaines consommations d'un ménage lorsque le revenu, à la suite d'une augmentation du salaire, passe de 15 000 F à 18 000 F par mois. Vous savez que les consommations mensuelles de nourriture passent de 2 000 F à 2 300 F, les vêtements de 1 000 F à 1 500 F, les soins paramédicaux de 500 F à 1 000 F, les loisirs de 400 F à 1 000 F, les transports de 1 000 F à 1 100 F, les jouets pour les enfants de 300 F à 360 F et que la consommation d'électricité demeure inchangée à 1000 F.
Pour connaître l'élasticité de ces consommations, il faut calculer le coefficient, en l'occurrence diviser la variation relative de la consommation par celle du revenu, et ceci en pourcentage.
Calculons d'abord les variations relatives respectives *(cf. page 469)*.
Le revenu a augmenté de 20 %. La consommation de la nourriture a augmenté de 15 %, celles des vêtements de 50 %, des soins paramédicaux de 100 %, des loisirs de 150 %, des transports de 10 %, des jouets de 20 % et de l'électricité de 0 %.
Le coefficient de l'élasticité-revenu pour la nourriture est donc de

0,15/0,20, soit 0,75.

Le calcul d'un coefficient d'élasticité

Pour les vêtements, le coefficient est égal à 0,50/0,20, soit 2,5 ; pour les soins paramédicaux il s'élève à
1/0,20, soit 5 ;
celui des loisirs atteint
1,50/0,20, soit 7,5 ;
celui des transports est de seulement
0,10/0,20, soit 0,5 ;
pour les jouets, nous aurons
0,20/0,20, soit 1,
et pour l'électricité
0/0,20, soit 0.

Que signifient ces coefficients ?

Leur valeur peut être schématisée ainsi :

– quand $e > 1$ (*e* pour élasticité), la consommation varie plus que le revenu proportionnellement. C'est le cas des vêtements (2,5), des soins paramédicaux (5) et d'une façon extrême, des loisirs (7,5). Pour ces consommations, on dit que leur élasticité est forte.

– Quand $e = 1$, la variation est parfaitement proportionnelle. C'est le cas des jouets. L'élasticité est dite, dans ce cas, unitaire.

– Mais lorsque $0 < e < 1$, l'élasticité est dite faible. C'est le cas de la nourriture (0,75) et des transports (0,5) dans notre exemple.

Dernière précision. Quand $e = 0$, l'augmentation du revenu n'influence pas du tout la consommation. Alors, l'élasticité est dite rigide. C'est le cas de l'électricité.

Le calcul de l'élasticité-prix

Imaginez maintenant que vous deviez calculer l'élasticité-prix, c'est-à-dire la variation relative de la demande d'un bien divisée par celle du prix de ce bien en pourcentage.

En général, on mesure les effets sur la demande d'une baisse des prix. Suivant une règle générale (qui a cependant des exceptions), la demande augmente lorsque le prix baisse.

Le coefficient d'élasticité-prix est donc très souvent négatif. Il faut savoir que l'élasticité-prix parfaite, ou unitaire, correspond à un coefficient de – 1 (l'augmentation de la demande est inversement proportionnelle à la baisse du prix, ce qui est considéré comme « normal »).

Calculons par exemple dans quelles proportions la baisse de prix d'un ordinateur particulier de 20 % influence les ventes (consommation). Si la consommation augmente de 20 %, vous êtes en face d'une élasticité unitaire, soit – 1 (en l'occurrence 0,2/– 0,2). L'élasticité-prix est forte quand la consommation dépasse une augmentation de 20 %, c'est-à-dire quand $e < -1$. Elle est faible quand *e* se situe entre 0 et – 1, et rigide quand elle est égale à 0.

Règle.

D'une façon générale, faites donc très attention au signe, positif ou négatif, des coefficients d'élasticité et à l'interprétation qui s'impose.

À titre d'exemple, si vous obtenez, en faisant un exercice, une élasticité-prix de 2, et non pas de – 2, vérifiez qu'il s'agit bien d'un cas anormal (à savoir qu'une baisse des prix a pour effet une forte baisse de la demande, un phénomène qui est plutôt rare).

Le calcul d'un coefficient multiplicateur et l'interprétation du résultat

On utilise un coefficient multiplicateur pour calculer des différences relatives. Comparable au taux de variation en pourcentage et à l'indice, le coefficient multiplicateur s'avère pratique lorsqu'on veut exprimer des différences importantes.

Le calcul des différences

Le coefficient multiplicateur est défini comme le rapport entre la variable V*a*, ou valeur d'arrivée, et la variable V*d*, ou valeur de départ. Soit $k = Va/Vd$.
Il est parfaitement égal au taux de variation en pourcentage, défini comme
$r = Va - Vd/Vd \times 100$,
si on utilise la formule suivante :
$k = r/100 + 1$.

Souvent, on peut aussi passer à l'indice (I) en multipliant k par 100.
En effet,
$I = Va/Vd \times 100$.

Mais le calcul de k est souvent la plus simple des trois méthodes et représente aussi l'expression la plus économique pour indiquer une variation relative.
Prouvons-le concrètement en faisant l'exercice suivant.

Exercice 1

Énoncé. Le prix moyen du mètre carré dans la ville de Francebourg est passé de 1 000 F à 8 000 F en vingt ans. Calculez cette évolution et exprimez-la à l'aide d'un coefficient multiplicateur, un taux de variation et un indice.
Réponse.
Calculons d'abord le coefficient multiplicateur.
$k = 8\,000/1\,000 = 8$.
Le prix a été multiplié par 8 en vingt ans. Son taux de variation est
$r = (8\,000 - 1\,000)/1\,000 \times 100 = 700$.
Le prix a augmenté de 700 % en vingt ans.
Le calcul de l'indice aujourd'hui nécessite l'opération suivante :
$I = 8\,000/1\,000 \times 100 = 800$.
Si la base était au départ de 100, l'indice pour le prix est aujourd'hui à 800.
Comme vous le constatez, le cœfficient multiplicateur représente le calcul le plus rapide et, puisque l'augmentation relative est importante dans ce cas, la manière la plus commode d'exprimer l'évolution.
Au lieu de dire que le prix a augmenté de 700 % (ce qui donne en plus souvent lieu à une malheureuse confusion, beaucoup de gens faisant l'erreur d'associer une croissance de 700 % à une multiplication par 7) ou que le prix est maintenant à l'indice 800, vous pouvez dire tout simplement que le prix a été multiplié par 8.
Tout le monde comprendra.
Plus généralement, vous pouvez toujours calculer un taux de variation à l'aide du coefficient multiplicateur pour ensuite passer au pourcentage.
Il faut cependant prendre certaines précautions.
Étudions un autre exercice.

Le calcul d'un coefficient multiplicateur et l'interprétation du résultat

Du coefficient multiplicateur au pourcentage

Exercice 2

Énoncé. Vous devez calculer le taux de variation en pourcentage du cours d'une action qui passe de 193 F à 256 F en deux heures. Pressé, vous prenez donc votre calculatrice pour trouver rapidement le coefficient multiplicateur. Facile : 256/ 193 = 1,326. La valeur de l'action a été multipliée par 1,326. Mais pour exprimer cette évolution en pourcentage, vous devez d'abord retirer 1 (qui correspond à 100 % de la valeur de départ) et garder seulement le chiffre qui représente le changement, soit 0,326. Multiplié par 100 (opération nécessaire pour passer au pourcentage par définition), il correspond donc à une augmentation de 32,6 %.

Imaginons maintenant que la valeur de l'action passe à nouveau de 256 F à... 193 F. C'est une baisse que vous allez impérativement calculer (car vous n'allez pas commettre l'erreur, fréquente, de penser qu'elle est égale à la hausse, + 32,6 %, en valeur relative...). Vous le faites aisément ainsi : 193/256. Soit 0,754. Comme vous pouvez le constater, le coefficient multiplicateur n'est pas et ne peut pas être négatif même s'il correspond effectivement à une baisse dès qu'il passe au-dessous de la barre de 1. Exprimée en pourcentage, cette baisse est non pas de 75,4 % mais de 1 (100 % de la valeur de départ 256) moins 75,4 % (la valeur d'arrivée 193 par rapport à 256), soit 24,6 %.

Chacune des étapes décrites ici est régulièrement source d'erreur, y compris chez les élèves de terminale. Sachez qu'au baccalauréat un passage mal calculé du coefficient multiplicateur au pourcentage conduit à une importante chute de points. Cela n'a rien d'étonnant puisqu'il s'agit des outils parmi les plus simples et les plus utilisés en SES.

Tests de convertion

Apprenez donc par coeur les définitions citées plus haut et exercez-vous à traduire directement des coefficients multiplicateurs en pourcentage. Tout cela deviendra ensuite des automatismes. Voici quelques exemples.

1 À combien correspond un coefficient multiplicateur de 2?

2 Comment exprimer autrement une augmentation de 900%?

3 Comment exprimer un taux de variation si le coefficient multiplicateur est de 1,0378?

4 Comment traiter un coefficient multiplicateur de 0,953?

Réponses

1 À une augmentation de 100%.

2 C'est la valeur de départ multipliée par 10.

3 Il s'agit d'une augmentation de 3,78%.

4 Il est plus commode de dire qu'il s'agit d'une diminution de 1 – 0,953, c'est-à-dire 0,047, soit 4,7% tout simplement, ou une évolution de – 4,7%.

Le calcul des moyennes arithmétiques simples et pondérées

La moyenne est un outil statistique qui permet d'effectuer des comparaisons dans le temps et dans l'espace. Elle est une sorte de valeur centrale pour un ensemble de valeurs. On calcule souvent le revenu moyen, l'âge moyen, la taille moyenne des entreprises, des ménages ou d'une population, etc.

Le poids des variables

La moyenne la plus utilisée est celle dite arithmétique. Elle signifie que l'on additionne d'abord les valeurs observées pour ensuite diviser la somme obtenue parle nombre d'observations réalisées.

On peut la définir ainsi :
$x = (x_1 + x_2 + ... + x_n)\ n.$

Dans cette définition, la moyenne arithmétique est « simple » parce que les variables ont toutes le même poids. Mais lorsque les variables ont des poids différents, il faut les « pondérer », c'est-à-dire leur donner artificiellement un poids particulier en fonction de l'importance relative des variables *(voir page 472).*

Le calcul de la moyenne arithmétique simple

Calculons d'abord une moyenne arithmétique simple. L'exemple le plus proche est évidemment celui de vos notes.

Exemple 1

Imaginons que vous avez 14 en économie, 10 en histoire-géographie, 9 en français et 15 en anglais.
Votre note moyenne pour ces matières est donc 14 + 10 + 9 + 15 divisé par 4 (qui représente le nombre d'observations réalisées).
Soit 48/4 = 12.
Cet exemple, banal, mérite quelques observations.
Premièrement parce que la valeur 12 ne vous apprend pas, en elle-même, que vous êtes « au-dessus de la moyenne » parce qu'elle est supérieure à 10. Si vos camarades de classe font généralement encore mieux que vous, vous êtes au-dessous de la moyenne de la classe et peut-être même de toute l'école.
Pour le vérifier, il faut calculer la moyenne des moyennes de la population (classe, école, pays, etc.) qui vous intéresse. Autrement dit, une moyenne n'est intéressante que quand on peut la comparer à d'autres moyennes pour une population bien définie ou quand on peut mesurer son évolution. Une autre observation porte sur la nature artificielle de la moyenne. Censée représenter une valeur typique pour un ensemble, elle n'a souvent rien de très typique.

Dans l'exemple cité, votre moyenne est 12, mais vous n'avez eu cette note précise dans aucune des matières. Et vous auriez eu cette même moyenne si vos

Le calcul des moyennes arithmétiques simples et pondérées

notes avaient été respectivement 19, 18, 8 et 3 (c'est-à-dire très éloignées de 12). La moyenne se traduit donc par une importante perte d'information : on n'apprendra rien sur la dispersion des valeurs.

Exemple 2
Si vous deviez calculer le salaire moyen des Français (par exemple l'ensemble des salaires nets des 26 millions de Français actifs divisé par 26 millions), vous trouverez un chiffre largement supérieur à 10 000 F, soit un salaire très correct. Ce salaire moyen peut ensuite être comparé à celui antérieur ou à celui des Anglais, des Américains, des Togolais, etc., afin d'en tirer des enseignements.
Or la moyenne va dissimuler la disparité des salaires, pourtant très importante et absolument fondamentale pour comprendre les inégalités économiques et sociales. Parfois, la moyenne correspond à des valeurs absurdes.

Vous pouvez, par exemple, apprendre que les femmes en âge fécond ont en moyenne... 1,9 enfant. D'évidence, une telle valeur ne peut être que statistique. Gardez bien donc à l'esprit les limites de la notion de moyenne.

La moyenne arithmétique pondérée

Calculons maintenant une moyenne arithmétique pondérée.

Exemple 3
Imaginez que vous deviez calculer le salaire moyen des 100 techniciens travaillant dans un secteur très particulier.

Il n'y a que trois entreprises, A, B et C :
– chez A, 50 techniciens gagnent 9 000 F chacun ;
– chez B, 30 techniciens gagnent 11 000 F ;
– chez C, 20 techniciens gagnent 16 000 F.
Selon la définition déjà apprise, vous pourrez être incité à additionner 9 000, 11 000 et 16 000 et puis diviser par 3 (le nombre d'entreprises), soit 12 000 F.
Mais vous n'obtiendriez pas ainsi le salaire moyen des 100 techniciens, mais celui qu'une entreprise, indépendamment de sa taille, paye en moyenne à un technicien. Or, si vous faites partie de ces techniciens, vous constaterez vite que la probabilité de gagner 9 000 F (50 sur 100) ou, encore 11 000 F (30 sur 100), est nettement plus importante que celle de gagner 16 000 F (seulement 20 sur 100).
Il faut en effet prendre en compte le poids, ou l'importance, de chaque entreprise.
Pour pondérer ainsi, vous devez multiplier la valeur (le salaire) par sa fréquence (nombre de techniciens) pour chaque variable (entreprise), les additionner et ensuite diviser cette somme par le nombre de techniciens.

Soit (50 x 9 000) + (30 x 11 000) + (20 x 16 000), le tout divisé par 100.

Résultat. 11 000 F.

Les notions d'écarts interquantiles et de médiane

Les quantiles sont des valeurs d'une grandeur particulière qui divisent une population en parties égales. On s'en sert notamment pour mesurer la dispersion et la concentration – les écarts – des valeurs observées. Grâce à ce type d'indicateur, on peut, par exemple, étudier l'évolution des inégalités, salariales ou autres, d'une population donnée.

La définition des quantiles

Avant de procéder à des exemples concrets, rappelons quelques notions de base. Le quantile le plus fréquemment utilisé est la médiane, qui partage la population en deux parties égales. Elle correspond non pas à un ensemble de personnes, mais à une valeur précise (salaire, note, chiffre d'affaires, taille, âge, etc.) dite centrale. 50 % de la population étudiée se situent en effet au-dessous (ou à égalité) de cette valeur. Les autres 50% se situent au-dessus. Au cas où l'on ne trouve pas de valeur centrale exacte directement, on calcule la moyenne des valeurs les plus centrales.

La définition des déciles, quartiles, vingtiles, centiles...

Parmi les autres quantiles fréquemment utilisés, on distingue
– les déciles, qui partagent la population en dix parties égales ;
– les quintiles, partageant la population en cinq parties égales ;
– et les quartiles, qui supposent quatre parties.
On peut aussi utiliser
– les vingtiles (vingt groupes) ;
– les centiles (cent groupes) et ainsi de suite.
Comme vous l'aurez sans doute déjà constaté, les quantiles permettent de combler certaines lacunes – comme, par exemple, l'importante perte d'information sur la dispersion (ou la concentration) des valeurs – qui résultent du calcul de la moyenne arithmétique *(Voir page 471)*. Pour le vérifier, il suffit de comparer le salaire net moyen au salaire net médian en France. Le premier était, en 1997, à 11 000 F, alors que le second s'élevait seulement à 7 800 F. Si on se demande quel est le salaire le plus représentatif des Français, il vaut évidemment mieux se référer au salaire médian, puisqu'il correspond à la somme que gagne le Français « moyen » réellement existant. À 7 800 F, il y a, en effet, exactement autant de Français qui gagnent moins que de Français qui gagnent plus que lui. Le salaire moyen de 11 000 F est, lui, largement supérieur à ce que gagnent la plupart des

Les notions d'écarts interquantiles et de médiane

Français et il présente donc un intérêt plus limité.
Si l'on veut étudier précisément la dispersion entre certaines parties de la population étudiée, on peut d'abord comparer directement les valeurs des quantiles (quartiles, quintiles, déciles, vingtiles, centiles, etc.) entre elles.

Exemple

Si l'on étudie, par exemple, la répartition des terres entre tous les habitants dans un pays aussi immense que le Brésil, on va ainsi pouvoir constater que 1 % des Brésiliens possèdent plus de 40 % des terres. Ce chiffre est un indicateur économique très intéressant en soi.
Mais on peut aussi aller plus précisément en utilisant un outil statistique spécifique : le rapport ou écart interquantile.

L'écart interquantile

Le rapport ou l'écart interquantile est un rapport entre les deux quantiles extrêmes : quintile 4/quintile 1, décile 9/décile 1, etc.
Vous noterez qu'il ne sert à rien de prendre en compte le dernier quantile dans ce calcul puisque 100 % de la population étudiée sont forcément au-dessous de cette valeur-là.
Connaître l'écart relatif permet, par exemple, de constater que les 10 % les mieux payés en France gagnent au moins plus de trois fois plus que les 10 % les moins bien payés (décile 9/décile 1).
Mais il permet aussi de se concentrer sur la majorité de la population (80 %, si vous utilisez des déciles par exemple) et de se débarrasser du problème des valeurs absolues (puisque c'est un écart relatif).
Vous pouvez vous servir directement de cet indicateur pour faire des comparaisons et mesurer des évolutions.
L'écart interquantile ne se calcule pas seulement entre le dernier et le premier quantile.
Il peut être judicieux de mesurer l'évolution du rapport entre le cinquième décile (la médiane, en fait) et le premier décile, ou entre le neuvième décile et le cinquième.
On pourra ainsi constater si l'évolution se fait plutôt par le bas ou par le haut.
On répondra donc à une question pertinente : la disparité entre les moins biens payés, les catégories intermédiaires et ceux qui gagnent le mieux leur vie augmente-t-elle ou non, et par rapport à quelle catégorie ?
La disparité – ou la concentration – peut aussi être visualisée à l'aide de la courbe de Lorenz. C'est un graphique où les pourcentages cumulés des effectifs (souvent répartis en déciles) sont portés en abscisse et les pourcentages cumulés de la masse globale des valeurs sont portés en ordonnée. Plus cette courbe s'éloigne de la diagonale, plus la distribution (des salaires, notes, etc.) est concentrée d'une façon plus ou moins inégalitaire.

Comment organiser la réponse à la question de synthèse ?

La question de synthèse, notée sur 10 points, est précédée par un travail préparatoire, noté également sur 10 points. L'épreuve se distingue donc nettement de la dissertation pour cette raison, mais aussi parce qu'il s'agit d'un travail beaucoup moins libre.

Le travail préparatoire et la synthèse

Le plan d'ensemble est toujours présent dans l'énoncé de la question de synthèse et vous n'aurez donc pas à construire votre propre problématique. En revanche, vous devez impérativement utiliser tous les documents qui vous seront présentés. D'ailleurs, au cours du travail préparatoire – 5 à 7 questions – vous serez amené à travailler sur ces documents, à effectuer des calculs et ainsi répondre à des questions destinées à vérifier votre maîtrise de certains concepts, notamment des instruments statistiques. Dans la synthèse – qui ne comporte que trois pages – vous devez notamment présenter les résultats, mais seulement les résultats, de votre travail préparatoire. Néanmoins, la question de synthèse proprement dite présente quelques similitudes avec la dissertation. Il vous faut notamment rédiger une introduction, un développement et une conclusion, même si l'introduction et la conclusion devront tenir seulement en une demi-page. Vous devez également présenter un plan (dans l'introduction) et donc bien structurer vos idées pour le développement avant de commencer à rédiger.

Les types de sujets

Selon les sujets, vous pouvez utiliser des plans typiques pour une dissertation, comme par exemple « constat, causes, conséquences », « théorie, pratique », « conjoncturel, structurel », « il est vrai que..., mais... » (plan dialectique), etc.. Pour le travail préparatoire, des thèmes aussi généraux que *« La mondialisation »* ou *« Le rôle économique de l'État »*, que vous avez forcément abordés en cours, peuvent vous être proposés. Vous aurez ensuite à répondre à des questions très précises portant sur des documents, des graphiques et des textes. Il peut être question d'expliquer un nombre extrait d'un tableau, analyser une phrase soulignée, calculer des valeurs relatives et définir des notions utilisées dans les textes.
À titre d'exemple, des termes comme commerce intrabranche, régionalisation, gains de compétitivité, taux d'investissement, etc, devront être pour vous parfaitement clairs s'il est question, par exemple, de mondialisation. Autrement dit, vous ne pouvez pas cacher vos insuffisances, comme cela peut être possible dans une dissertation.

Comment organiser la réponse à la question de synthèse ?

Gérer son temps et travailler avec méthode

Si vous ne connaissez pas la réponse exacte à une question donnée, ne perdez surtout pas votre temps (et celui du correcteur) à essayer de faire semblant. Passez plutôt à la question suivante, allez droit à l'essentiel et ne dépassez pas une dizaine de lignes pour chacune des questions.

• **La problématique**

Pour aborder la synthèse, vous bénéficierez d'emblée d'un intitulé tellement précis qu'il vous servira de problématique et de plan général. Vous pouvez reformuler cet intitulé, mais vous devez en respecter le sens. En voici un exemple : *« Après avoir montré le rôle fondamental que joue le progrès technique pour le développement, vous montrerez qu'il n'est pas le seul facteur de développement. »*

• **Les étapes du plan**

Le plan détaillé peut dans ce cas comprendre deux parties :
1.– *« Pas de développement sans progrès technique »* et
2.– *« Mais le progrès technique doit être combiné avec d'autres facteurs pour qu'il y ait développement. »*

Pour définir ensuite des sous-parties pertinentes, vous devez d'abord faire l'inventaire des éléments que vous possédez.

– Commencez par les apports du travail préparatoire en cherchant des éléments qui conviennent pour les parties 1 et 2 respectivement.

– Cherchez ensuite d'autres apports possibles dans les documents étudiés (ils sont souvent très riches en données brutes).

– Complétez enfin avec vos propres connaissances extérieures aux documents.

– Après cette étape, qui devrait prendre environ une demi-heure, vous essayerez de trouver une certaine logique interne dans les deux parties.

1. – Vous pourrez, par exemple, commencer par dresser un constat empirique : aucun pays dit « développé » n'a pu se passer de progrès techniques considérables. Vous démontrerez ensuite que ce progrès stimule grandement la croissance économique, etc.

2. – Vous mettrez l'accent sur l'insuffisance de cette explication en démontrant que le développement d'un pays suppose bien d'autres facteurs que le progrès technique : redistribution, éducation, etc.

– Enfin pour ce qui concerne la rédaction, vous résumez les arguments en vous référant aux questions traitées dans le travail préparatoire.

Comment élaborer le plan détaillé d'une dissertation ?

Une bonne dissertation repose sur des idées structurées, organisées entre elles. Le plan détaillé de ces idées, c'est comme la charpente d'une maison. Sa construction suppose non seulement une bonne compréhension du sujet, mais aussi une capacité d'articuler une pensée personnelle.

Introduction, développement et conclusion

Rappelons d'abord les éléments nécessaires d'une dissertation. Elle comporte impérativement trois parties : introduction, développement et conclusion.

- **La problématique**

C'est dans l'introduction que vous devez montrer l'intérêt du sujet, par exemple en évoquant son éventuel lien avec l'actualité, définir le sujet et expliquer la problématique. Vous devez ensuite, toujours dans l'introduction, clairement annoncer le plan du travail que vous effectuerez ensuite dans le développement.

- **Le développement**

Celui-ci traite de la problématique et contient vos arguments. Il peut comporter deux ou trois parties et des sous-parties que vous choisirez en fonction du sujet *(voir plus bas).*

- **La conclusion**

La conclusion constitue la fin de votre démonstration et elle doit donc répondre à la problématique décrite dans l'introduction. Évitez ici de résumer le développement, dites simplement ce que vous avez démontré et essayez éventuellement d'imaginer d'autres champs d'exploration possibles sur le même thème.

Quelques exemples

Mais comment élaborer concrètement le plan ? Où commencer ? Par la définition du sujet, bien sûr. *« Le rôle de l'école dans la mobilité sociale », « Travail et lien social », « Croissance économique et emploi »* sont des exemples de sujets typiques pour le bac. Comme vous le constatez, le libellé contient deux ou plusieurs mots-clés que vous aurez vous-même à analyser. Souvent, il s'agit ensuite d'explorer le lien entre eux. À titre d'exemple, croissance économique et emploi, objets d'étude majeurs en SES, peuvent être rapprochés, mais pas n'importe comment. Suivant une idée simple, c'est la croissance économique qui stimule la création d'emplois et non l'inverse. Vous allez ensuite consulter les documents qui accompagnent toujours le sujet (textes, illustrations graphiques, etc.). Ils vous fourniront des données brutes, des chiffres et parfois des idées de différents économistes. À vous d'en dégager l'intérêt. Faites attention à l'espace évoqué (France, Europe, monde, etc.), aux années étudiées et, éventuellement,

Comment élaborer le plan détaillé d'une dissertation ?

aux secteurs concernés dans les documents. Ils peuvent permettre de définir les bornes pour bien délimiter le sujet. Une fois que vous avez effectué l'analyse des documents, vous procéderez à la formulation de la problématique. Il faut trouver une question pertinente à laquelle vous chercherez à répondre tout au long du développement. Cette problématique doit être contenue dans une seule phrase. Sur un thème aussi vaste que croissance économique et emploi, une multitude de possibilités vous sont offertes : *« Dans quelles conditions la croissance a-t-elle stimulé l'emploi en France ? » « La croissance suffit-elle pour créer des emplois en France ? »* sont des problématiques envisageables assez simples. Avec un peu de recherche, vous pouvez aller plus loin : *« Pourquoi la croissance n'a-t-elle pas résorbé le chômage en France ? »* En ce qui concerne le plan proprement dit, il existe, en fonction de votre problématique, une très grande variété de choix.

Trois modèles de plans de dissertation

Sachez tout d'abord que le plan type le plus connu, le fameux thèse-antithèse-synthèse, est un des moins utilisés en Sciences économiques et sociales. Pour ces plans dits dialectiques, on se contente généralement de deux parties :
1. – « On peut dire que... »,
2. – « Mais... »

Dans notre exemple, on peut donc imaginer les parties suivantes :
1. – *« La croissance stimule traditionnellement la création des emplois. »*
2. – *« La croissance actuelle et ses effets limités sur l'emploi. »*

Étant donné que le temps semble être une variable intéressante pour notre sujet, on peut aussi utiliser un plan chronologique (qui comportera autant de parties que de périodes étudiées).

Par exemple :
1. – *« Croissance et emploi pendant les "Trente glorieuses" »*,
2. – *« Croissance et emploi 1973-1997 »*,
3. – *« Vers une nouvelle donne aujourd'hui ? »*

Il existe finalement un ensemble de plans-types qui reposent sur l'analyse des facteurs d'un phénomène, notamment : constat, causes et conséquences, causes structurelles et causes conjoncturelles, conséquences directes et conséquences indirectes, etc.
Dans notre exemple, imaginons ceci :
1. – (Constat)
« La croissance crée des emplois mais ne résorbe pas entièrement le chômage. »

2. – (Causes)
« Les effets sur l'emploi de la substitution capital-travail et de l'introduction de la flexibilité ».

3. – (Conséquences)
« La nécessité des politiques d'emploi dans un monde de plus en plus productiviste ».

Comment chercher une information ?

En sciences économiques et sociales, nous étudions la réalité qui nous entoure. Les informations dont nous avons besoin doivent donc nous aider à comprendre cette réalité. Nous nous posons souvent des questions comme : « Quel a été le taux de croissance moyen en France ces dernières années ? » ou « Quel a été le taux d'activité ? » Ensuite, nous nous demandons, par exemple, comment on peut analyser l'évolution de ces indicateurs.

Des sources en fonction des sujets

Pour connaître la réponse, nous avons recours à des sources officielles, à certains médias et à des observations faites par des économistes et des sociologues. Dans cette fiche, nous allons d'abord décrire la démarche nécessaire et ensuite établir une hiérarchie entre les sources différentes.
Imaginez que vous êtes en train de préparer un exposé, une revue de presse ou un autre type de devoir à la maison. Cet exercice est basé sur votre capacité à trouver et à sélectionner des informations utiles.
Il exige une méthode dont vous aurez besoin, et pour la synthèse et pour la dissertation au baccalauréat.
Il vous faut d'abord savoir exactement ce que vous cherchez et pourquoi.
À titre d'exemple, le traitement d'un sujet comme *« Les spécificités culturelles et la mondialisation »* nécessite notamment des données dites « qualitatives », c'est-à-dire peu mesurables, fondées sur le vécu des gens et des analyses argumentées de chercheurs ou d'autres observateurs (qui peuvent ne pas être d'accord entre eux...).
Un sujet comme *« L'évolution des prélèvements obligatoires »* suppose au contraire des données dites quantitatives, chiffrées, exactes, statistiques.
Ne perdez donc pas votre temps en essayant de trouver des chiffres sur la mondialisation des échanges culturels pour le premier sujet (il y en a très peu), ou, pis encore, en scrutant, pour le deuxième sujet, « les opinions des Français » sur la pression fiscale (ce qui serait un hors-sujet). Essayez plutôt, dans le premier cas, de saisir la problématique centrale (la mondialisation, souvent vue comme une occidentalisation, menace-t-elle les spécificités culturelles ou non ?) et, dans le deuxième cas, de trouver surtout les statistiques adéquates.

Où chercher de l'information ?

S'il s'agit d'un devoir « à la maison », il vous faut une bibliothèque ou un centre de documentation où vous pouvez travailler à l'aide de mots-clés (« mondialisation » et « prélèvements obligatoires », par exemple) en vous servant des différentes ressources (recherche par ordinateur, notamment).
Vous pouvez aussi tenter une recherche dans de grandes encyclopédies,

Comment chercher une information ?

qui vont vous donner des références pour aller plus loin. Sur des thèmes liés à l'actualité, il peutêtre judicieux de faire une recherche sur l'Internet.

• L'Internet
Cet outil vous permet notamment d'accéder à des organes de presse, dont certains forment une source majeure pour vous :
Le Monde pour les quotidiens généralistes ;
Les Échos et *La Tribune* pour les quotidiens économiques ;
Le Point, L'Express et *Le Nouvel Obs* pour les hebdomadaires ;
Alternatives économiques et *Le Monde diplomatique* pour les mensuels.
Vous vous servirez des archives de ces journaux, mais toujours en effectuant une recherche par mots-clés (pour ne pas perdre de temps).

• Les sources officielles
Un autre type de source est celui dit officiel.
Il s'agit des chiffres, observations et analyses communiqués par les ministères, à commencer par celui de l'Économie et des Finances, bien entendu, que vous pouvez consulter par Internet (vous y trouverez presque tout sur les prélèvements obligatoires, par exemple.)
Il en va de même pour l'Union européenne, qui développe sa communication, et les organismes de l'ONU, dont notamment l'Unesco, le Pnud et le BIT (Bureau international du travail).
En ce qui concerne le commerce international et la santé financière des pays, n'hésitez pas à consulter le FMI (Fonds monétaire international) et l'OMC (Orgamisation mondiale du commerce), là encore *via* Internet.
Pour les statistiques en France, l'adresse de loin la plus utile et la plus accessible est celle de l'Insee. Si toutes les sources citées ici sont valables, il existe néanmoins une hiérarchie entre elles.
Ainsi, pour toute statistique, il convient impérativement de la chercher à sa source originelle. En général, il s'agit de l'Insee ou d'un autre organisme officiel, mais très rarement de la presse qui ne fait que citer (parfois mal) les mêmes sources que vous.
Inversement, les journaux et tout observateur (notamment les chercheurs) doivent être lus et cités en toute priorité lorsqu'ils sont vraiment à la source de l'information que vous cherchez. Il convient ici de noter qu'une information donnée doit au moins être vérifiable et argumentée et non pas fondée sur un simple jugement de valeur.
Attention aux phrases qui commencent par « tout le monde sait que... » ou toute autre formule rhétorique. En somme, ne perdez jamais votre esprit critique.

Quelques adresses

B.I.T. 1, rue Miollis,
75732 PARIS Cedex 15
4 route des Morillons,
CH 1211 GENEVE 22

I.N.S.E.E. 18, boulevard
Adolphe Pinard,
75014 PARIS

BANQUE MONDIALE
66 avenue d'Iena,
75016 PARIS

C.R.E.D.O.C. 142, rue
Chevaleret, 75013
PARIS

DICO

Pour retrouver une définition, une notion

De A à Z, l'explication des mots difficiles et des notions importantes.

Acculturation

→ pages : *230, 310, 416.*
→ *Culture.*

Achat (pouvoir d')

Quantité de biens contre laquelle une certaine somme de monnaie peut être échangée.

• « Le » pouvoir d'achat de la monnaie s'apprécie par l'intermédiaire d'un indice des prix des biens existants. Si l'indice des prix passe, au cours d'une période, de 100 à 120, on dira que le pouvoir d'achat de la monnaie a diminué de 20 %.

• La difficulté de la mesure du pouvoir d'achat est de bâtir un indice qui soit vraiment représentatif des usages que le détenteur de monnaie fait habituellement de celle-ci. Aussi retient-on désormais plusieurs indices de prix (biens de consommation seuls, biens de production seuls, tous les biens...) dont les variations mesurent les pouvoirs d'achat de la monnaie en ces différentes catégories de biens.

Activité économique

Activité que les hommes déploient dans leurs relations avec les biens, matériels et immatériels, pour satisfaire leurs besoins.

• À l'époque de l'*Homo sapiens*, l'activité économique était fort simple. L'homme s'active pour satisfaire ses besoins physiologiques essentiels, la nourriture en particulier : il chasse, pêche et récolte.

• Aujourd'hui, la satisfaction de ses besoins est beaucoup plus complexe. Le rapport entre les satisfactions et les efforts n'est plus direct mais se scinde en trois opérations distinctes :

– les efforts de l'homme sont consacrés à la production de biens destinés à produire d'autres biens : les actifs de production ou biens d'investissement ;

– ces biens sont à leur tour utilisés, avec de nouveaux efforts, pour créer d'autres biens qu'il consomme ;

– la satisfaction (ou « utilité ») naît alors de la destruction ou de la détention de ces biens de consommation.

• Est « économique » toute activité que les hommes, seuls ou en groupes, consacrent à l'une de ces trois transformations partielles. L'analyse des activités économiques est l'objet même de la science économique.

Trois domaines généraux correspondent à ces trois types de transformation partielle :

– la correspondance entre le travail et la production de biens de production définit une *fonction d'effort* qui voit l'homme comparer la pénibilité du travail avec le revenu qu'il en tire, donc avec les possibilités de consommation que celui-ci lui procure ;

– la correspondance entre les biens de production (et de nouveaux efforts) et les biens de consommation n'est autre qu'une *fonction de production* qui voit l'homme tenter d'apprécier l'utilité qu'il y a pour lui à produire et à transformer des biens (les biens de production) pour en créer d'autres (les biens de consommation) ;

– la correspondance entre biens et satisfactions voit l'homme apprécier, dans le cadre d'une *fonction de satisfaction*, les relations qui unissent ses besoins aux biens.

● Ces trois grands types d'activité peuvent être analysés de trois façons :
– la première est celle de l'activité économique d'une nation, dite macroéconomie. Il faut alors des outils de mesure, fussent-ils grossiers et approximatifs, de la quantité d'efforts déployés par tous les individus d'une nation que l'on comparera avec celle des biens affectés, en définitive, à leur satisfaction. Tel est l'objet essentiel de la *comptabilité nationale* ;
– la seconde est celle de l'activité économique de l'entreprise. Celle-ci constitue, en effet, l'unité technique homogène, le lieu où se décide et s'exécute l'affectation d'une certaine quantité de ressources (les biens et le travail) à la production d'autres biens. Cette analyse, appelée microéconomie, a disposé bien avant l'économie nationale d'un outil de mesure qui n'est autre que « la comptabilité d'entreprise » ;
– la troisième est celle de consommation. Le lieu où il faut l'apprécier est l'individu ou le ménage. La mesure des satisfactions tirées par le ménage de la consommation des biens se heurte à la diversité et à la versatilité des goûts.

● Pour certains, le début de la «science» économique date du moment où il a été possible, au moins dans certains cas très limités, de déterminer la plus grande production pouvant être obtenue avec une quantité déterminée de ressources ou la meilleure gamme de différents produits pouvant naître d'un effort ou d'une gamme d'efforts déterminés.

→ **page** : *206.*

→ *Agent économique, Comptabilité nationale, Consommation, Travail.*

Agent économique

Individu ou groupe d'individus exerçant un nombre limité de fonctions économiques précises.

● Il existe cinq grandes catégories d'agents économiques :
– la première est celle des *ménages* qui comprend tous les individus existant dans une économie nationale, étudiés uniquement dans l'utilisation du revenu qu'ils tirent de leur activité productive ;
– la deuxième est celle des *entreprises non financières* qui comprend toutes les entreprises d'une économie nationale dont l'activité est de produire des biens ou des services à l'exclusion des biens ou services financiers ;
– la troisième est celle des *entreprises financières* qui comprend toutes les entreprises dont l'activité est de fournir des services financiers (banques, caisses d'épargne, compagnies d'assurances...) ;
– la quatrième n'est autre que l'*État* et, par extension, le *secteur public* : fonctions traditionnelles (ministères) et nouvelles (entreprises publiques et parapubliques : la Sécurité sociale par exemple) ;
– le cinquième agent est le *secteur extérieur :* toutes les opérations que les individus d'une économie nationale entretiennent avec le « reste du monde ».

● Ces cinq agents assument chacun une fonction spécifique : l'utilisation des revenus, la production des biens et services non financiers, la production des services financiers, la fonction « publique » et la fonction de commerce international. Ils sont définis de façon à permettre la mesure des relations qu'ils entretiennent entre eux. Dans la comptabilité nationale, les dissociations sont désormais poussées assez loin et permettent de distinguer par exemple plusieurs catégories de ménages, d'entreprises financières et non financières, etc.

➜ *Activité économique, Comptabilité nationale, Entrepreneur, Revenu.*

Anomie

Absence de normes.

- Que ces normes soient morales, définissant donc ce qui est bien et ce qui est mal, qu'elles soient juridiques, établissant ce qui est conforme à la loi et ce qui lui est contraire, ou qu'elles soient sociales, faisant la part entre les comportements habituels ou normaux, exceptionnels ou déviants.
- L'anomie occupe une place fondamentale dans l'analyse du suicide par Durkheim.

➜ page : *304.*

Anthropologie

Science de l'être humain.

- Le terme a été inventé par Broca qui s'intéressait à l'étude des causes de la criminalité et qui pensait les trouver essentiellement dans des dispositions biologiques.
- Le mot change de sens avec Malinowsky et Radcliffe-Brown. Ce dernier, étudiant les sociétés primitives, il lui donne un sens plus large : l'étude de tout le champ humain. Avec Malinowsky, l'anthropologie englobe toutes les connaissances socioculturelles c'est-à-dire l'ethnologie, la sociologie, la linguistique et même l'archéologie. La distinction entre anthropologie et science de l'être humain devient alors de plus en plus floue.

Automatisation

Processus productifs impliquant des machines. Ils sont au nombre de trois.

- Le premier, dit « intégration de Detroit », consiste à combiner des stades de production antérieurement séparés par une intervention humaine en assurant automatiquement le transfert, d'une machine à l'autre, des pièces en cours d'usinage.
- Le second processus consiste à employer des machines électroniques, pneumatiques ou utilisant divers fluides dans des tâches de gestion et d'administration, de travaux de recherche scientifique et de commande directe d'outils de production. Les tâches consistent en un centre de calcul muni d'organes d'entrée (pupitre de commande) et de sortie (organe d'impression par exemple) de l'information, ainsi que de « mémoires ».
- Le troisième processus comporte des dispositifs appelés « servomécanismes », ou système asservi, qui est un système de commande possédant les deux propriétés d'amplification de puissance et de réaction. Il comprend, d'une part, l'ensemble des éléments, mécaniques ou autres, d'intervention sur le réel et, d'autre part, les circuits par lesquels se transmet l'information qui commande le système « mécanique ».
- Deux critères caractérisent le fonctionnement de systèmes régulés : le critère de stabilité (la capacité du sys-

tème de revenir à un état d'équilibre après qu'il a été affecté par une perturbation momentanée) et le critère de précision (capacité du système de remplir la fonction qui lui est assignée). Les performances d'un système asservi quelconque seront généralement mesurées par rapport à ces deux critères.

● L'automatisation des processus de production crée, en particulier à cause de sa diffusion rapide, des problèmes économiques et sociaux traditionnels.

Balance

Comparaison entre deux phénomènes économiques connexes.

● Les balances les plus importantes sont la balance commerciale, la balance des capitaux, la balance des comptes, la balance des paiements, la balance des revenus et la balance de la main-d'œuvre.

● La balance commerciale contient la totalité des transactions relatives à des biens et services qu'un pays a, pendant une période, réalisé avec le reste du monde. Elle est une comparaison entre ses achats (importations s'il s'agit de biens ; prêts, tourisme, s'il s'agit de services) et ses ventes (exportations et services divers). Le solde de cette balance est dit positif si les ventes excèdent les achats et négatif dans le cas contraire.

● La balance des capitaux concerne les mouvements de capitaux qui ont pour objet l'achat ou la vente de la monnaie nationale contre d'autres monnaies. On peut les distinguer selon leur durée (court terme ou long terme) et leur régime (privé ou public). Ce solde peut être, comme le précédent, positif, négatif ou nul.

● La balance des comptes rassemble les deux balances précédentes. Son solde exprime donc ce qu'à la fin d'une période un pays doit au reste du monde ou, au contraire, ce qu'on lui doit.

● La balance de la main-d'œuvre était l'une des principales balances de l'économie socialiste planifiée. Elle avait pour but les objectifs de production des différents secteurs définis par un plan et de déterminer les besoins et ressources en main-d'œuvre de chaque secteur et/ou de chaque région.

● Le terme de balance tend aujourd'hui à être associé à toutes les variables dont le chef d'entreprise ou le comptable national a besoin pour observer l'évolution à court, moyen ou long terme de son action et de ses résultats.

➜ **page** : *340*.

Banque

Institution financière qui concentre des moyens de paiement et assure la distribution du crédit.

● Sa naissance est liée au grand commerce maritime (banques italiennes du XVIe siècle, comme la Casa di San Giorgio) puis à l'essor industriel du XIXe siècle. À cette époque, les banques avaient le monopole à peu près total des opérations de crédit. Depuis, leur rôle a décru. De nouvelles institutions financières ont vu le jour, qui ont concurrencé les banques dans leur domaine traditionnel ou ont acquis le monopole de certains crédits spécialisés ou opérations financières spécifiques. Il existe quatre types de banques.

Banque d'émission

● Chargée de l'émission des billets, elle était à l'origine une banque de dépôt, le billet de banque n'étant qu'un certificat de dépôt d'espèces métalliques.

● La Banque de France, créée en 1800, a le monopole de l'émission depuis 1848. Elle était, à l'origine, un établissement privé qui accordait cependant une place privilégiée à l'État ; ses statuts modifiés en 1936 et sa nationalisation en 1945 lui donnèrent le caractère définitif d'une banque d'émission d'État.

● L'émission de la monnaie n'est pas sa seule fonction ; la Banque de France est aussi un organisme de crédit qui fait des avances à l'État et qui accorde des crédits à court terme à des particuliers, par l'intermédiaire des banques de dépôt. Ces avances ont lieu, par exemple, lors des opérations de réescompte d'effets de commerce déjà escomptés par ces banques secondaires.

● Avec la création de l'euro, la Banque de France aura perdu l'essentiel de ses fonctions traditionnelles au profit de la Banque centrale européenne, qui siège à Francfort.

Banque de dépôt

Elle est spécialisée dans la distribution du crédit à court terme à laquelle donnent lieu plusieurs opérations dont :

1. L'escompte.

2. Les avances en compte courant ou découverts (ouverture de crédit que le titulaire du compte est libre d'utiliser ou de ne pas utiliser).

3. Les avances consenties contre la remise en gage de valeurs mobilières, d'effets de commerce ou de marchandises.

● Les trois plus grandes banques françaises de dépôt – la Société générale, la Banque nationale de Paris et le Crédit Lyonnais – ont été successivement privatisées.

Banque d'affaires

● Elle fournit du crédit à long terme aux entreprises et contribue à financer leurs projets d'investissement.

● Elle trouve ses ressources dans ses capitaux propres et n'utilise jamais les dépôts qui lui sont confiés. Ce principe fort strict s'est assoupli progressivement du fait de l'évolution de la législation qui rapproche les banques d'affaires et les banques de dépôt.

● Les banques d'affaires ne furent pas nationalisées en 1945 ; la Banque de Paris et des Pays-Bas (Paribas) était l'une des plus importantes banques d'affaires du monde avant d'être absorbée par la BNP.

Banque spécialisée (ou établissement financier)

Organisme public ou semi-public qui distribue les crédits spéciaux que nécessitent certaines activités : les caisses de Crédit agricole, le Crédit foncier, les Banques populaires.

Banques spécialisées à compétence internationale :

la Banque internationale pour la reconstruction et le développement (BIRD) et la Banque des règlements internationaux (BRI).

➜ *Monnaie.*

➜ page : *290.*

Besoins

Désir de disposer d'un moyen (biens ou services) pour faire cesser (ou diminuer) une sensation désagréable ou accroître une sensation agréable, et qui est moteur de l'activité économique.

● Ces besoins sont évidemment très divers. Longtemps on a opposé des besoins de nature purement biologique (nourriture minimale pour survivre, protection face aux phénomènes naturels – logement –, etc.) à des besoins « psychologiques » ou « sociologiques », ou encore, comme au milieu du XIXe siècle, les besoins « fondamentaux » aux besoins « superflus ».

● Ces distinctions sont normatives, au sens où elles contiennent un jugement d'ordre personnel et moral sur les besoins qu'éprouvent les êtres humains dans une société donnée. À chaque moment du développement social, de nouveaux besoins apparaissent. Les besoins superflus d'hier s'imposent comme fondamentaux aujourd'hui, à commencer par celui d'être branché sur le réseau mondial d'information qu'est l'Internet.

● Dans la mesure où l'activité économique est déterminée, en intensité et en nature, par les besoins, une fois les besoins de survie biologique satisfaits, les besoins restants se modifient au fur et à mesure qu'ils commencent à être satisfaits.

● L'intensité d'un besoin qui reçoit satisfaction diminue progressivement jusqu'à devenir nulle ; d'autre part, lorsqu'une sensation agréable se répète, l'intensité et la durée du plaisir décroissent à chaque nouvelle satisfaction.

● Cette décroissance de l'intensité du besoin a donné naissance à la « loi de satiabilité des besoins ». Les modalités de cette décroissance (vitesse et durée) dépendent évidemment des individus et des besoins eux-mêmes.

● La décroissance du plaisir à chaque nouvelle satisfaction fait elle aussi l'objet d'une « loi de répétition » qui est une variété de la loi précédente dans la mesure où elle exprime la saturation par répétition.

● Par définition, il semblerait qu'une fois la satiété des besoins biologiques fondamentaux atteinte, l'activité économique doive rester constante – exception faite des variations de la population. Mais depuis près de deux siècles ont successivement vu le jour, en nombre croissant, des besoins de transport (chemin de fer, routes), de communication entre les hommes (radio, télévision) et de loisirs. Avec la propagation des réseaux d'information permettant une intense communication sociale, le besoin a définitivement échappé à une détermination strictement physiologique.

Aussi n'est-il plus tout aussi certain que la loi de la satiabilité joue avec autant de force qu'auparavant. Le nouveau besoin, de plus, se propage d'individu à individu selon des modalités nouvelles, sous l'influence combinée d'un effet de frustration et d'un effet de démonstration. Il y a effet de frustration dans la mesure où le besoin naît surtout de ce qu'un individu souffre de ne pas posséder un bien que d'autres possèdent déjà. Il y a effet de démonstration dans la mesure où l'individu a tendance à lier sa situation personnelle dans une société donnée au nombre et au genre de biens qu'il détient. Le besoin qui naissait auparavant d'une sensation physiologique naît désormais d'une sensation psychologique – que la Genèse connaissait déjà sous le nom d'« Envie » – dont les manifestations sont organisées par les multiples moyens d'information (publicité).

● La distinction entre besoins fondamentaux et besoins superflus réapparaît périodiquement lorsque l'inégalité des situations individuelles est telle que, dans une société donnée, certains individus ont la possibilité de satisfaire les besoins « psychologiques » alors que d'autres, les exclus, ne peuvent même pas satisfaire certains besoins physiologiques. Cette distinction traduit l'inégalité des conditions humaines à l'intérieur des nations ou entre les nations.

➜ **pages** : *258, 276, 322.*
➜ *Bien économique.*

Bien économique

Ce qui, né d'un effort, est propre à satisfaire un besoin.

● L'existence d'un bien économique suppose les trois conditions suivantes :

1. L'existence d'un besoin.
2. L'existence d'un moyen de le satisfaire.
3. La nécessité d'un effort, d'un coût de production.

● Cette troisième condition exclut donc des biens économiques ce qui est gratuit, ce qui est donné par la nature (par exemple l'air, l'eau dans certains cas...). Elle a tendance à devenir caduque car la nature suffit de moins en moins à satisfaire spontanément les besoins (invention de l' air conditionné).

● Les distinctions fondamentales entre les biens ont trait à leur réalité physique (matériels ou immatériels), à leur fonction (biens de consommation, biens de production, biens financiers), à leur durée (biens durables ou non durables), à la date où ils seront disponibles (biens présents ou futurs), à leurs relations réciproques (substituables ou complémentaires), ainsi qu'aux types de besoins qu'ils satisfont (biens individuels ou collectifs).

● La distinction relative à la réalité physique fonde la distinction entre biens et services. Celle entre biens matériels et biens immatériels (information) est devenue essentielle avec le développement de la communication sociale, principale caractéristique des sociétés industrielles contemporaines.

● La distinction relative à la durée de vie présente un intérêt toujours plus grand étant donné la transformation continue des biens économiques dans le sens d'une complexité et d'une durée croissantes. On distingue trois grandes catégories de biens de consommation :

– les biens non durables (durée de vie inférieure à 1 an) ;
– les biens semi-durables (durée de vie entre 1 et 3 ans) ;
– les biens durables (plus de 3 ans).

● La distinction relative à la date de disponibilité des biens a donné naissance aux techniques de l'actualisation qui permettent l'évaluation d'un bien qui ne sera disponible que dans 1, 2 ou *n* années.

● Les distinctions relatives aux relations réciproques entre les biens sont, elles, indispensables pour comprendre les problèmes que posent leur production et leur consommation. Ainsi, du point de vue de la production, les biens peuvent être alternatifs, conjoints ou simultanés. Du point de vue de leur consommation ou de leur utilisation aux fins de nouvelles productions, ils peuvent être complémentaires ou concurrents. Concurrents si l'utilisation de l'un exclut celle de l'autre ; complémentaires si l'utilisation de l'un suppose celle de l'autre.

● Enfin, la distinction entre biens individuels et biens collectifs est la plus importante. Le développement économique accroît, en effet, l'importance relative des « biens de consommation collectifs » dont la nature est de servir à plusieurs individus à la fois et, dans certains cas (autoroute sans péage), de pouvoir être utilisé sans dépense par tous ceux qui le désirent.

● Les marchés de ces biens collectifs matériels ou immatériels sont devenus bien différents des marchés traditionnels des biens individuels, fongibles ou non.

→*Besoins.*

Bien-être

Situation heureuse liée à la satisfaction des besoins.

● Terme de plus en plus souvent utilisé pour caractériser une économie ou une société de bien-être.

● Depuis une trentaine d'années se développe une branche de la recherche en sciences sociales dont l'objet est d'examiner s'il est possible de concevoir et de préciser une situation « optimale ». Cette situation est définie telle que, une fois atteinte, il est impossible d'accroître la satisfaction d'un individu sans faire décroître celle d'un autre.

● Cette définition a suffi quelquefois pour justifier les réformes économiques relatives à l'inégalité – des revenus ou des fortunes notamment. Il est dans certains cas bien évident qu'une redistribution des revenus des plus riches aux plus pauvres accroît la satisfaction totale parce que celle retirée de l'usage du revenu supplémentaire par les plus pauvres est sans aucun doute supérieure à la diminution de la satisfaction des plus riches. Mais une telle définition, ainsi utilisée, n'aboutit pas à des résultats suffisamment précis. Aussi cette recherche de « l'optimum » a-t-elle été, voici quelques années, systématique dans le domaine de la production.

Bilan

Présentation simultanée, ordonnée et synthétique de l'ensemble des biens possédés par une unité économique ainsi que l'ensemble de ses dettes. L'ensemble des biens est appelé l'actif ; l'ensemble des dettes, le passif.

● Ce terme est d'abord apparu à propos de l'entreprise dans la mesure où l'élaboration de son bilan, d'année en année, est l'objet même de la comptabilité générale. Celle-ci est née du besoin éprouvé par le chef d'entreprise de savoir périodiquement quelles étaient ses richesses et ses dettes.

● La difficulté essentielle de l'établissement du bilan réside dans l'évaluation des biens (cf. Évaluation). L'ordre de présentation des biens et des dettes n'est pas sans importance. Il est celui de la liquidité croissante pour les actifs et de l'exigibilité croissante pour les dettes. Aussi l'actif du bilan contient trois catégories principales correspondant à différents biens : les biens de production durables (valeurs immobilisées) ; les biens de production non durables ou matières premières (valeurs d'exploitation) ; enfin, les biens financiers (valeurs réalisables à long et court terme). Le passif du bilan range les dettes dans l'ordre de l'exigibilité : dettes à long terme et dettes à court terme.

● Lorsque l'entreprise est une personne morale distincte juridiquement et pratiquement du chef d'entreprise et des actionnaires, la différence entre l'actif total et l'ensemble des dettes (long et court terme), appelée *actif net,* n'a pu être acquise que par l'intermédiaire soit des apports du chef d'entreprise (ou des actionnaires), soit de l'utilisation interne du profit. Dans les deux hypothèses, il s'agit de dettes d'un genre particulier : celles de l'entreprise à l'égard de ses actionnaires (capitaux propres).

● La modification du bilan d'année en année se révèle d'abord à celles, égales, de l'actif et du passif total. L'accroissement des biens détenus par l'entreprise correspond à celui de ses dettes, soit que celles-ci aient été contractées à l'égard des tiers (accroissement des dettes à long ou court terme), soit qu'elles l'aient été à l'égard des actionnaires (accroissement des capitaux propres après mise en « réserve » des profits). Cette modification se révèle plus encore par l'examen des biens qui ont été la cause de l'enrichissement. Une même augmentation de l'actif peut être obtenue de façon très différente selon le rôle pris par celle des valeurs immobilisées, des valeurs d'exploitation ou des valeurs réalisables. L'établissement périodique du bilan est donc, pour l'entreprise, la première condition de son activité.

● Le bilan national contient toutes les richesses et les dettes d'une nation à l'égard des tiers. À son actif l'ensemble des biens physiques et le seul bien monétaire physique : l'or. À son passif l'endettement de la nation (à court et long terme) à l'égard des autres nations. La différence avec le bilan de l'entreprise tient à la disparition des biens financiers. Cette disparition est inévitable puisque tout bien financier est un actif pour le créancier et une dette pour le débiteur. Le bilan national s'obtenant en ajoutant les bilans des différents agents économiques (firmes, ménages et État), les biens financiers disparaissent dans l'opération d'addition à l'exception des créances et dettes à l'égard de l'étranger.

➜ *Capital, Évaluation.*

Bourse

Lieu où s'effectuent les transactions relatives à certains biens.

● Les premières Bourses on été celles de *marchandises* dont la fonction est de centraliser toutes les transactions relatives aux matières premières industrielles (métaux, pétrole...) et agricoles (blé, soja...). Ces Bourses sont libres ou réglementées. Les règlements généraux et particuliers déterminent les conditions de leur fonctionnement, après approbation par arrêtés ministériels. En France, la principale Bourse de marchandises est à Paris. Le rôle et l'importance de ces Bourses de marchandises nationales n'ont cessé de diminuer au profit de ceux des Bourses mondiales (Chicago).

● Les Bourses importantes sont celles dont les transactions portent sur les valeurs mobilières : fonds d'État, actions et obligations. Les opérations de Bourse sont strictement réglementées. De nombreuses modifications ont eu lieu sur toutes les places financières. Elles se sont accélérées avec l'intégration européenne, et à Paris on a désormais plusieurs lieux de cotation, le marché dit du règlement mensuel, le marché au comptant, le second marché, le nouveau marché et le marché libre.

● Les modalités des transactions sont multiples. On doit distinguer d'abord les opérations au comptant des opérations à terme. Les opérations au comptant impliquent la livraison immédiate des titres, les opérations à terme leur livraison à terme. Ce terme s'appelle la liquidation (l'avant-dernier mercredi de chaque mois). À cette date l'acheteur est obligé de prendre livraison des titres même si leur cours a baissé entre le moment où il a acheté à terme et le jour de la liquidation. Il peut cependant les revendre le même jour : par là même il peut soit encaisser la différence des cours (si celui-ci a augmenté), soit la débourser (si celui-ci a baissé). Il a, de toute façon, la possibilité de faire reporter sa position, c'est-à-dire de prolonger jusqu'à la liquidation suivante l'échéance de la livraison. Cette faculté est appelée report. Elle vaut aussi pour le vendeur.

● Les livraisons sont, aujourd'hui, dématérialisées. Des organismes spécialisés (Sicovam) réalisent ces transferts de façon purement scripturale.

● On distingue ensuite parmi ces opérations à terme les opérations fermes et les opérations à prime qui ont donné lieu aux marchés dits de produits dérivés. Les transactions sur ces produits dérivés qui n'ont pas cessé de se multiplier ces dernières années sont devenues considérables, plusieurs centaines de fois supérieures à celles des opérations fermes.

● L'ensemble de ces transactions permet, d'une part, la transformation en monnaie des valeurs mobilières existantes (et *vice versa*) et, d'autre part, la souscription de nouvelles valeurs par émission d'actions ou d'obligations nouvelles par les entreprises. La première fonction est de mobilité financière. La seconde est de mobilisation de l'épargne liquide : elle assure le financement externe de la croissance des entreprises.

Budget

*Terme venu d'un anglicisme (*budget*, en anglais, signifiant «petite bourse») appliqué à toute présentation synthétique et simultanée des recettes et des* *dépenses d'une organisation (entreprise, État, ville).*

- Préféré au terme de « balance » lorsque la division des recettes et des dépenses dépend seulement de celui qui les compare.
- *Les budgets familiaux*. Le budget familial est l'affectation des recettes du ménage à un certain nombre de dépenses significatives. L'analyse des budgets familiaux permet de connaître la consommation (et les types de consommation) ainsi que l'épargne des ménages. Elle est donc à la base de l'élaboration de la comptabilité nationale. Elle sert aussi à d'autres usages (par exemple la détermination du Smic repose sur un budget type).
- *Le budget de l'État*. C'est la comparaison des recettes et des dépenses annuelles de l'État. Un budget est dit en « équilibre » si les recettes et les dépenses sont égales, en déficit si les dépenses excèdent les recettes et en excédent dans le cas contraire. Ce budget est devenu l'un des éléments les plus importants de la conjoncture économique pour qui les recettes publiques (et donc les dépenses) constituent une part importante du produit national.
- Les recettes publiques comprennent deux grands postes : les recettes fiscales d'une part (les impôts) et les recettes financières (les emprunts) d'autre part.
- Parmi les dépenses (outre la distinction entre dépenses extraordinaires et ordinaires) on doit distinguer les dépenses de fonctionnement des services civils, les dépenses militaires et les dépenses d'investissement.
- Étant donné la redistribution croissante des revenus, un nouveau budget a pris une importance croissance au point d'être devenu supérieur à celui de l'État. Il sagit du budget social de la nation. On y trouve toutes les dépenses publiques à caractère social (assurances sociales, assistance, retraites, indemnités chômage, RMI) ainsi que les recettes correspondantes, soit les charges sociales versées par les employeurs ou les salariés.

Bureaucratie

La bure, d'où vient bureau, est en vieux français un tissu dont on recouvre une table. Cette table elle-même prend naissance avec la généralisation des opérations monétaires. Table de comptes, elle devient table des négociations, le lieu où se prennent les décisions.

- Sont bureaucrates tous ceux qui n'exercent pas de métier manuel. Aussi le terme est-il très lié à celui d'employé qui se différencie du terme ouvrier à partir du début du XXe siècle. L'employé travaille dans un bureau, l'ouvrier dans l'usine. Max Weber, sans doute inspiré par le rôle de la bureaucratie en Allemagne, a étudié longuement son fonctionnement. Il en fait une des manifestations essentielles de la montée de la rationalité actuelle dans la société moderne. Il a même proposé un idéal type de la bureaucratie, mode d'administration sociale mais aussi ensemble d'individus qui exercent leur pouvoir par les voies multiples des procédures administratives.
- À partir du moment où les inter-

ventions de l'État se multiplient dans les sociétés occidentales, le terme bureaucratie prend le sens d'un mode d'organisation sociale où l'essentiel des pouvoirs est détenu par les fonctionnaires.

● Aujourd'hui et par extension, ce mode d'organisation sociale englobe avec les fonctionnaires tous ceux qui, dans les entreprises et autres organisations, prennent des décisions à l'issue d'un processus complexe de débats, de discussions, elles-mêmes suivies de tout un arsenal de réglementations mettant en branle des formalités administratives.

● Le terme est devenu péjoratif. Il est censé évoquer l'irresponsabilité, la lenteur et l'inutilité d'un grand nombre de normes administratives, contraires à tout dynamisme économique et autres changements sociaux.

➜ **page :** ***410.***

Cadre

Acteur de l'entreprise qui encadre les exécutants. Personne pouvant cotiser à la caisse des cadres et, à ce titre, bénéficier d'un certain nombre d'avantages sociaux (retraite, etc.).

● Depuis la seconde moitié du XXe siècle, le terme de dirigeant est apparu, manifestant qu'au-dessus du cadre certains individus avaient pour fonction non pas simplement de faire faire, mais aussi et avant tout de décider quoi faire. Dans toutes les organisation, la distinction entre ceux qui décident, ceux qui font faire et ceux qui font est devenu essentielle. Certes, les frontières entre ces trois sous-ensembles d'individus sont floues, en particulier celles qui séparent les cadres des dirigeants. En pratique, on voit bien pourtant comment s'opère progressivement le passage de la fonction d'encadrement à la fonction de décision.

➜ **page :** ***212.***

Calcul économique

Rassemble toutes les techniques de présentation des choix économiques et la définition des solutions optimales à apporter aux différents problèmes qu'affrontent les individus dans leurs vies quotidienne, individuelle et sociale.

● Il s'est développé surtout à partir des travaux des marginalistes et « théoriciens de l'équilibre » (Walras et Pareto), qui ont émis quelques hypothèses simples :

1. La satisfaction tirée d'un bien décroît lorsque la quantité de ce bien augmente (cf. Utilité).

2. L'effort impliqué par la production d'une unité de bien, après avoir décru, augmente lorsque la quantité de ce bien augmente (cf. Coûts).

3. Tout individu, face à tout choix d'une décision parmi d'autres possibles (décision de consommation, de production, d'épargne...), compare les avantages et les inconvénients de chaque éventualité et choisit de façon telle qu'il rend maximale sa satisfaction totale.

Trois exemples

1. Soit un individu qui doit déterminer l'utilisation de son revenu entre épargne et consommation : il doit choisir une consommation telle que le dernier franc consacré à la consommation lui apporte autant de satisfaction que celui qu'il consacre à l'épargne, c'est-à-dire à l'attente d'un revenu futur.

2. Soit un individu qui doit choisir, entre quels produits affecter la somme totale qu'il consacre à la consommation. Il doit, pour obtenir une satisfaction maximale, choisir une répartition de sa consommation telle que les satisfactions qu'il tire de chaque dernière unité de bien soient égales.

3. Soit un entrepreneur qui se demande quelle quantité produire, étant donné le prix de vente de son produit et son coût de production. Il doit produire la quantité telle que le coût de la dernière unité produite soit égal au prix de vente.

● Ces trois exemples, parmi les plus simples, suffisent pour comprendre à la fois l'esprit et les techniques du calcul économique ainsi que la plupart de ses généralisations. Les techniques du calcul économique empruntent aux mathématiques : la connaissance des fonctions de demande (cf. Demande) et des fonctions de coût (cf. Coûts) est à la fois nécessaire et suffisante pour déterminer la quantité optimale à produire pour une entreprise. Celles de la fonction d'effort et de la fonction de satisfaction le sont pour éclairer la décision individuelle de travail et de consommation.

● La généralisation de ces techniques amène à considérer tout choix économique comme devant être, moyennant certaines hypothèses, justiciable de la recherche et de la découverte d'une solution optimale. L'objectif ultime de la méthode du calcul économique est la recherche d'une économie de bien-être (cf. Bien-être).

● Les critiques présentées à la méthode portent essentiellement sur les hypothèses relatives au comportement des êtres humains ainsi que sur la nature des solutions recherchées. La critique du calcul économique est le fait des psychologues et des sociologues estimant qu'il est faux de prêter à l'homme une stricte rationalité.

● De nombreuses situations sont telles que les données de choix sont absentes. Les solutions échappent ainsi à toute considération préalable des avantages et des inconvénients tant ceux-ci demeurent imprévisibles (par exemple le choix du nombre d'enfants ou la politique militaire).

● Ces critiques n'ont pas pour autant enrayé les progrès du calcul économique, auquel les spécialistes ont apporté nombre d'améliorations. La difficulté croissante des phénomènes de production explique, par exemple, les succès enregistrés, en particulier dans le domaine de la gestion des entreprises :

– la détermination d'une politique optimale des stocks dans l'entreprise ; – l'amélioration des politiques de remplacement du matériel d'exploitation ;

– la définition du temps d'attente (la théorie des files d'attente) ;

– les choix entre plusieurs méthodes de production d'un même bien (entre électricité thermique ou hydraulique).

Ces techniques rencontrent néanmoins des difficultés croissantes à mesure qu'elles sont appliquées à des problèmes plus généraux et moins techniques.

→ *Bien-être, Coûts, Demande, Utilité.*

Capital

Le capital de toute organisation se définit comme la totalité des actifs qu'elle possède.

● Le capital du ménage, comme celui de l'entreprise, représente la totalité des biens possédés par le ménage, ou l'entreprise, à un instant donné. Celui du secteur de production ou de la nation est la totalité des biens existants dans ce secteur ou dans la nation à un instant donné.

● Le capital permet de saisir l'unité des biens hétérogènes que sont les biens de production, les biens de consommation durables, les biens financiers, etc., lorsque, réunis, ils sont utilisés pour mettre en œuvre une stratégie. L'unité du capital tient, au surplus, au fait que les biens qui le constituent sont complémentaires. Ainsi, le capital du ménage comprend des biens financiers et des actifs de jouissance ; celui de l'entreprise des actifs de production et des actifs financiers.

● La structure du capital est définie par l'importance relative qu'y occupe chaque type de bien. Ainsi, pour l'entreprise, cette structure est donnée par les trois rapports mesurant le quotient des trois catégories d'actifs : immobilisations, valeurs d'exploitations et valeurs réalisables sur l'actif total. Caractéristique essentielle de l'unité économique considérée, la structure du capital d'une nation développée se distingue à l'importance élevée des biens de production ; celle d'une firme (entreprise minière, électrique, de services...) dépend du secteur de production auquel celle-ci appartient.

● La formation du capital et son évolution contiennent toute « l'histoire économique » de l'unité considérée. Celle-ci naît d'ailleurs avec la constitution d'un capital : l'ensemble des biens qui en permettent la naissance. La croissance permet l'accumulation de biens supplémentaires, elle-même issue de trois sources : le don (l'héritage notamment), l'endettement et un prélèvement sur le revenu appelé épargne. Dons et héritages ne jouent un rôle que dans certains cas, et pour le capital des ménages seulement. Pour le capital de l'entreprise, l'augmentation n'a pour origine que l'autofinancement (épargne de l'entreprise), et le financement externe (endettement nouveau). De même pour la nation, où l'accroissement du capital total comprend celui des actifs de jouissance, celui des actifs de production (l'investissement) et celui des actifs financiers.

● Tout bien physique se déprécie au cours du temps plus ou moins vite. On a longtemps appelé « capital circulant » les biens dont la vie était courte (moins de 1 an) notamment parce que détruits au moment de leur utilisation (les matières premières), et « capital fixe » et les biens dont la dépréciation était plus lente (machines, infrastructures de transport). La dépréciation de ces biens, non détruits par le premier usage, est due à deux catégories de phénomènes : une détérioration physique (l'usure, la destruction par cataclysme naturel...) ; une détérioration fonctionnelle (obsolescence). Une machine nouvelle déprécie une machine ancienne à même utilisation parce qu'elle améliore la qualité des produits ou les fournit à un moindre coût unitaire. Ainsi, l'augmentation du capital total ou de ses diverses composantes est difficile à calculer. De la somme de tous les biens nouveaux créés pendant la période séparant deux évaluations il faut déduire la dépréciation du capital, c'est-à-dire l'amortissement. Cette dépréciation est encore plus difficile à évaluer que ne le sont les biens qui composent le capital (cf. Évaluation).

● On appelle coefficient de capital le rapport existant entre l'évaluation du capital national et celui du revenu ou produit national. Pour ce genre d'évaluation on ne retient dans le capital national que les biens de production (encore exclut-on fréquemment la terre, pour des raisons de difficulté d'évaluation) et les actifs militaires. Le coefficient de capital, dans les pays développés (États-Unis, Royaume-Uni, France), se situe aux alentours de 3 : il faut donc trois unités de capital (ou 3 francs) pour donner naissance à 1 unité de produits (ou 1 franc). Cette grandeur moyenne a évolué fort peu jusqu'au développement récent des services et, plus récemment encore, de celui des activités de communication. Étant donné le caractère très global de ce coefficient, sa mesure est aujourd'hui entreprise dans des secteurs de production variés. On a relevé une extrême diversité des valeurs des coefficients (de 11 à 1) ainsi qu'une baisse assez continue, bien qu'irrégulière, lorsque le secteur de production s'agrandit.

→ pages : *224, 226, 250, 420, 424.*
→ *Évaluation.*

Capitalisme

On appelle capitalisme le système économique où la propriété des actifs de production peut être privée, c'est-à-dire le fait d'un individu ou de plusieurs propriétaires d'une même organisation (actionnaires d'une entreprise).

● Comme tout système, le capitalisme est caractérisé par un esprit, une forme et une substance. L'esprit d'un système se définit comme étant l'ensemble des mobiles déterminants de l'activité économique. La forme est constituée par l'ensemble de ses éléments sociaux, culturels, institutionnels, etc. La substance enfin tient essentiellement au genre de technique utilisé.

● L'esprit du capitalisme n'a que peu varié depuis le XVIIIe siècle, et c'est toujours lui qui anime l'économie des pays d'Europe occidentale et celle des États-Unis. Cet esprit se caractérise par la recherche du plus grand profit possible et par l'esprit de concurrence. La propriété privée est la caractéristique essentielle du système, du moins en ce qui concerne « sa forme ». Force nous est de reconnaître qu'il ne s'agit pas là d'un critère absolu, puisque dans nombre d'États capitalistes la notion de propriété publique s'est peu à peu installée. Cependant, il importe que le régime de la propriété privée demeure, et qu'il demeure plus important que celui de la propriété publique pour que l'on puisse parler de capitalisme.

Le rôle essentiel de l'entrepreneur est également une des principales caractéristiques du système capitaliste. Enfin, en ce qui concerne la substance du capitalisme, on peut sans crainte avancer qu'elle se traduit dans l'utilisation d'une technique progressive, basée sur l'utilisation intensive du capital en tant que facteur de production. Aucun de ces éléments – esprit, forme, substance –, n'est spécifiquement propre au capitalisme. C'est de leur assemblage que naît le capitalisme.

- Avant d'être industriel, le capitalisme fut commercial. La nation qui fut la première à s'industrialiser fut l'Angleterre. Au cours du XVIIIe siècle, le capitalisme devint majeur, c'est-à-dire qu'il se présenta comme un tout possédant ses caractéristiques propres. Né d'une double révolution industrielle (machinisme) et institutionnelle (libéralisme), le système atteignit son apogée au XIXe siècle sous le nom de capitalisme libéral. Les économistes de l'époque nous ont dépeint ce capitalisme triomphant à l'aide des modèles de la concurrence pure et parfaite et du monopole. Ses caractéristiques principales sont les suivantes : accroissemement de la division du travail ; recherche du profit, mobile principal des entreprises ; concurrence active. De plus, l'État est absent du marché, tant sur le plan des échanges intérieurs que sur celui des relations extérieures.
- Le capitalisme se caractérise ensuite par l'expansion de la production de masse dont l'une des conséquences les plus défavorables fut l'apparition à des intervalles plus ou moins réguliers de crises affectant l'économie tout entière : crises de surproduction pour les uns (Malthus, Sismondi...), de sous-consommation pour les autres (Marx). Tous les auteurs ont admis qu'elles étaient inhérentes au système. Pour certains, ces crises étaient chose normale, voire salutaire. Pour d'autres, elles étaient néfastes et affaiblissaient le capitalisme.
- La Première Guerre mondiale marqua le début d'une crise profonde du système libéral. De nombreux pays connurent l'avènement du régime collectiviste ou du système corporatiste. Une ère nouvelle s'ouvrait, pleine de menaces pour la petite entreprise individuelle et favorable à l'apparition d'un agent économique nouveau : l'État. Tandis qu'à l'intérieur apparaissaient des firmes géantes transformant le capitalisme traditionnel en un capitalisme de grandes unités, que, d'autre part, les gouvernements intervenaient de plus en plus fréquemment dans la réglementation des prix, des conditions de travail, dans la répartition des matières premières, etc., on vit se dresser entre les nations un nombre croissant de barrières douanières.
- Surtout après la crise de 1929, le capitalisme a subi une mue profonde, comme en témoigne l'évolution des États-Unis avec la politique du « New Deal » de Roosevelt prévoyant des contingentements par producteur pour certains produits de base.
- Alors qu'en Europe on parlait encore de monopoles, les économistes américains avaient déjà vu

toutes les possibilités que l'on pouvait tirer d'une situation oligopolistique. Des géants nouveaux se sont alors dressés face aux grandes unités : syndicats, groupements de consommateurs, État. Chefs d'entreprise et représentants des syndicats parlent aux États-Unis le même langage, connaissent, à la limite, des désaccords, mais en aucune façon ne sont en guerre. Si les États-Unis d'Amérique ont pu conserver un capitalisme refusant de tomber dans un système mixte, à mi-chemin entre le capitalisme et le socialisme, c'est parce que les responsables ont toujours eu conscience du fait que les réformes sociales n'étaient pas incompatibles avec la liberté économique, ce qui ne fut pas le cas partout en Europe.

- Depuis l'éclatement de l'URSS (1985), le capitalisme a désormais acquis un monopole tel que sa différenciation tend à diminuer. Il fut un temps où le capitalisme japonais était plus proche du français que de l'américain. Désormais le mouvement de mondialisation des échanges économiques s'est accompagné d'une intensification du libéralisme. L'entreprise a acquis davantage de pouvoir alors que celui des États a régressé. Le capitalisme est aujourd'hui plus que triomphant. Il a acquis un monopole de fait qui ne connaît plus de contestation idéologique – significative – ni même de contestations sociales, ce qui pourrait étonner, étant donné les inégalités croissantes, de tous ordres, qui se font jour.

➜ **pages :** *272, 410.*

Caste

Vient du portugais casta *signifiant « race ». Dans la société hindoue, ce sont des sous-ensembles d'individus vivant entre eux, ayant des comportements communs, abrités de leur environnement social par un esprit d'exclusion à l'encontre de tout individu qui n'appartient pas à leur groupe.*

- Le passage d'une caste à une autre est presque toujours impossible.
- Par analogie avec ce système social particulier au continent indien, le terme de caste s'applique, dans les sociétés occidentales, à tout ensemble d'individus ayant le sentiment de constituer une communauté particulière qui les discriminent nettement du reste de la société à laquelle ils appartiennent. Ce sentiment peut être justifié par l'acquisition de diplômes particuliers (caste des grandes écoles), par l'exercice d'une activité professionnelle (on parle de la caste des banquiers par exemple) ou par toute autre considération. Toute caste a son esprit de corps qui lui assure sa cohésion, un code qui s'impose au comportement de ses membres et des instances internes de contrôle qui assurent sa force et sa pérennité.

➜ **page :** *278.*

Catégorie socioprofessionnelle

Ensemble d'origine statistique.

- En 1951, l'Institut national des statistiques économiques (Insee), désirant élaborer un instrument permettant d'étudier la consommation des biens et des services des ménages, est amené à définir la catégorie socioprofessionnelle comme l'ensemble des individus présentant une certaine homogénéité sociale.

● Cette homogénéité est établie compte tenu d'un certain nombre de critères : la profession individuelle, le secteur d'activité, le statut professionnel, la qualification professionnelle, la position hiérarchique dans l'entreprise, la dimension de l'entreprise. L'Insee parle désormais d'un code de catégories socioprofessionnelles qui s'impose de plus en plus pour le recueil et l'exploitation de toutes les données statistiques sociales.

→ **pages :** *214, 222.*

Change

Opération qui permet de convertir une certaine quantité de monnaie nationale en une autre quantité de monnaie étrangère.

● Le nombre d'unités de monnaie étrangère échangées contre une unité de monnaie nationale s'appelle le taux de change (ex. : 1 $ = 6,70 F en mars 2000). Cette opération permet à un débiteur à l'égard d'un pays étranger de se procurer des moyens de paiement en monnaie de son créancier, ou en une autre monnaie étrangère acceptée par son créancier.

● Par exemple, un importateur français devant régler une dette à l'égard d'un exportateur allemand doit se procurer des deutsche marks, ou des dollars, ou des livres sterling si l'exportateur accepte d'être payé en l'une ou l'autre de ces deux dernières monnaies.

● Pour se procurer des monnaies étrangères, il s'adressera au marché des changes. Le marché des changes est donc le marché sur lequel vendeurs et acheteurs de monnaies étrangères se rencontrent. Ils y vendent ou achètent monnaies manuelles, scripturales et tous les titres de créance libellés en monnaie étrangère, les chèques, les lettres de change, les transferts de tous ordres. Souvent, seules les banques, par l'intermédiaire de leurs représentants appelés cambistes, ont accès à ce marché.

● L'organisation du marché des changes a considérablement évolué depuis le XIXe siècle.

– Jusqu'en 1914 prévalait la convertibilité interne de la monnaie contre de l'or. Par là même, toutes les monnaies étaient convertibles entre elles, le taux de change entre deux monnaies n'étant que le rapport des quantités d'or auxquelles elles pouvaient être échangées à l'intérieur de chaque pays. L'or était, de ce fait, ce qu'on a coutume d'appeler un *étalon de change international*. Ce régime de l'étalon or assurait le « rééquilibrage automatique » des balances des comptes de tous les pays. Un pays en déficit qui, par exemple, importait plus qu'il n'exportait voyait son taux de change décroître jusqu'au moment où ses créanciers demandaient de l'or. L'or sortait du pays. Comme la circulation monétaire supposait la convertibilité interne de l'or, la masse monétaire décroissait de même que les prix et l'activité économique, en général. La baisse des importations permettait alors la

résorption du déficit.
– Après 1914, l'étalon or s'est révélé insuffisant pour assurer les besoins de l'échange international. D'une part, la convertibilité or de la monnaie à l'intérieur de chaque pays cessa. D'autre part, la crainte d'une pénurie d'or fit accepter par la conférence de Genève (1922) l'étalon de change or, nom donné au système selon lequel deux monnaies devinrent internationales : le dollar et la livre sterling. Tout pays pouvait conserver ses créances indifféremment en or, en dollars ou en sterling. La liquidité internationale fut alors constituée en ces deux monnaies et les taux de change leur firent systématiquement référence.
– Durant la Seconde Guerre mondiale, la convertibilité fut supprimée.
– Depuis 1945, plusieurs « zones monétaires » ont été constituées à travers l'espace mondial. Elles regroupent l'ensemble des nations qui, pour leurs échanges internationaux, admettent une monnaie commune. Ainsi sont nées et se sont organisées, la zone sterling (Defence Finance Regulation du 3 septembre 1939 et Exchange Control Act de 1947), la zone dollar, la zone franc, la zone rouble. Chacune de ces zones admet une politique différente à l'égard de toutes les autres.
Depuis 1945, l'évolution fut incontestablement celle d'un retour à une convertibilité aussi large que possible qui est, aujourd'hui, générale, à quelques exceptions près.
– Le début des années 1990 aura même vu s'imposer la volonté de limiter les fluctuations de change à l'intérieur du continent européen. La création de l'Ecu puis de l'euro marque la naissance d'une monnaie commune qui devrait remplacer toutes les monnaies nationales en 2002. Le même mouvement d'unification monétaire apparaît en Asie et en Amérique du Sud.
➜ **pages :** ***328, 342.***

Chômage

Situation de l'individu privé de travail.

● On distingue le chômage volontaire du chômage involontaire. Seul le chômage involontaire doit être pris en considération dans le jugement porté sur la situation économique d'un pays et doit être combattu au moyen de politiques appropriées dites de lutte contre le chômage.

● Durant le XIXe siècle, le chômage était un des indices les plus visibles de la dépression. Le taux de chômage (rapport entre le nombre de chômeurs involontaires et la population active totale) pouvait croître jusqu'à 20 %. Une des premières mesures de la politique sociale fut le « secours aux chômeurs ». Durant la grande crise de 1929, le taux du chomage augmente, aux États-Unis comme en Europe, jusqu'à 30 %. L'efficacité des politiques économiques fut telle jusqu'au début des années 1980 que ce taux dépassa rarement, même au cours des plus fortes récessions, 6 à 7 %. On admettait alors qu'il était impossible de faire descendre ce taux au-dessous de 3 %, correspondant au nombre nécessaire des

« chômeurs frictionnels », c'est-à-dire des individus qui sont momentanément en chômage parce qu'ils doivent changer d'entreprise, de secteur ou de région géographique compte tenu de l'évolution de l'activité économique.

● Durant ces vingt-cinq dernières années, le taux de chômage, à la suite des deux chocs pétroliers, a augmenté considérablement dans tous les pays européens, où il a dépassé 10 % (11 % en France...). Aux États-Unis, il a, au contraire, diminué.

➜ **pages : *202, 208, 210, 244, 246, 386.***

Classe sociale

Ensemble d'individus possédant des caractéristiques communes.

● Le terme de classe doit beaucoup à l'usage qui en a été fait par Karl Marx. L'origine du terme est militaire et fort ancien puisqu'il remonte au mode de la conscription sous l'Empire romain, certains individus devant intégrer l'armée pour y faire leurs « classes » et d'autres en étant dispensés.

● Dès le XVIIIe siècle, le terme est utilisé pour définir une catégorie d'individus ayant des caractéristiques communes. La classe sert alors au classement (taxinomie) dans les premières œuvres des botanistes, des zoologistes ou des démographes. On parle alors des classes de végétaux, de classes d'animaux et de sous-ensembles de population.

● Le premier économiste a donner un contenu social au mot classe et le Français Quesnay, qui décrira la société de la fin du Moyen Âge en faisant une distinction fondamentale entre deux classes, la classe productive, celle des individus dont le travail multiplie les choses, les agriculteurs, et la classe stérile, comprenant notamment les nobles mais aussi tous ceux qui transportent, échangent, stockent les biens réels, ce que nous nommons aujourd'hui les services. Quesnay fait de cette distinction l'instrument essentiel pour analyser le développement des sociétés agricoles dans la seconde moitié du XVIIIe siècle.

● Un demi-siècle plus tard, Marx, comme Quesnay, distingue deux classes sociales, les prolétaires, ouvriers et paysans qui fabriquent et créent les biens matériels, et les capitalistes, qui, possédant les moyens de production industrielle, prélèvent sur la production des premiers de quoi vivre le mieux possible.

● Chez Marx la propriété devient le critère essentiel de distinction entre les deux classes. Il ajoute également une dimension révolutionnaire qui légitime, au nom de la justice, la volonté de révolution sociale, et même prophétise son caractère inéluctable.

● Depuis, le terme de classe a été utilisé par des sociologues non-marxistes dans un sens qui est finalement assez voisin, en tout cas indissociable de la notion de groupe ou de celle de strate. Ainsi, Max Weber définit la classe à partir de la « situation de classe » qui, elle-même, dépend des chances qu'un ensemble d'individus a de se procurer plus ou moins de biens et de services et de disposer de différents moyens pour ce faire. La classe, elle-même, est le groupe des individus qui se trouvent dans la même situation de classe.

- Les sociologues américains ont plutôt développé la notion de strate, définie selon un certain nombre de critères quantifiables tels que tout individu appartient à une strate et occupe une place dans une échelle de stratification.

→ **pages :** *216, 218, 224, 226, 398, 414.*

Collectivisme

Système ayant pour but la réalisation d'un certain nombre de fins collectives dont des organisations publiques émanant de l'État sont chargées d'assurer l'exécution.

- Le collectivisme est généralement présenté comme un régime où les moyens de production ne sont plus entre les mains de propriétaires privés mais font l'objet d'une appropriation collective. Les économies de l'Est (URSS et pays satellites) étaient soumises au régime collectiviste. L'État, par le biais de la planification, assurait la production et la répartition, évitant, du moins en théorie, les fluctuations de l'activité du marché et l'inégalité de la répartition. Tous les moyens de production ne faisaient cependant pas l'objet d'une appropriation collective. Dans le secteur agricole soviétique par exemple, une large part des exploitations était soumise à un régime coopératif (le système kolkhozien) et des parcelles individuelles subsistaient en marge des zones publiques.
- La question de savoir si les régimes collectivistes étaient ou non économiquement viables a fait l'objet d'une longue querelle entre économistes. Pareto et von Mises déniaient la possibilité de maintien d'un tel régime dans la longue durée en arguant l'impossibilité d'une allocation efficace des ressources productives dans un régime sans marché, donc sans système de prix naturels. La thèse contraire fut dans l'ordre théorique défendue par des auteurs de grand renom comme Lange, Taylor et Lerner.
- Désormais la cause est entendue : les régimes collectivistes ont vécu. La Chine notamment s'est ralliée dans le domaine économique à des formes d'économie de marché.

→ **page :** *372.*

Communauté

Groupe d'individus ayant un ou plusieurs liens en commun.

- Une communauté religieuse existe lorsque des individus, ayant la même religion, décident d'observer de façon particulière un ou plusieurs rites. On parle de communauté économique, comme par exemple la Communauté économique européenne (CEE), lorsque plusieurs pays ont décidé d'obéir à un certain nombre d'obligations identiques. La communauté est donc davantage qu'un groupe : c'est une organisation, de nature, il est vrai en général, peu contraignante.

→ **pages :** *300, 370, 412.*

Comptabilité

Ensemble des techniques de mesure des phénomènes économiques.

● La comptabilité d'entreprise est celle qui mesure les éléments de l'activité économique de l'entreprise. La comptabilité publique mesure les opérations du secteur public. La comptabilité nationale mesure l'activité économique d'une nation.

➜ **page :** *194.*

Comptabilité d'entreprise

● Née au XVe siècle avec l'énoncé des principes essentiels de la comptabilité en partie double par Pacciolo, elle a donné lieu aujourd'hui à au moins trois comptabilités spécifiques par leurs objectifs et leurs moyens : la comptabilité générale, la comptabilité du prix de revient et le contrôle budgétaire.

● La *comptabilité générale* a un double objectif : recenser l'ensemble des dépenses et des recettes de l'entreprise de façon à en mesurer le profit (ou la perte) d'une part, et recenser et évaluer périodiquement tous les actifs et toutes les dettes de l'entreprise, pour permettre de suivre l'évolution et la composition de son capital total, d'autre part. La comptabilité est dite en partie double à partir du moment où les deux objectifs, bien que distincts, sont atteints simultanément au terme de l'exercice. L'exercice comptable est la période pendant laquelle le recensement de toutes les opérations est effectué.

● Le *compte d'exploitation générale* répertorie toutes les recettes (au débit) et toutes les dépenses (au crédit). Le solde du compte d'exploitation générale n'est autre que le profit ou la perte. La connaissance du capital total de l'entreprise naît de l'établissement périodique du bilan. Le profit ou la perte (solde du compte d'exploitation générale) se retrouve au bilan dans la mesure où la variation de l'actif net de l'entreprise est égale à ses résultats.

● Cette comptabilité générale, dont les principes sont communs à toutes les entreprises mais dont les modalités d'application divergent selon la nature des activités, a été normalisée par l'élaboration de plusieurs plans comptables successifs que les entreprises doivent appliquer sous peine de sanctions pénales.

● La comptabilité analytique d'exploitation, ou comptabilité du prix de revient, a pour objectif le calcul du coût de production. Cet objectif est simple à atteindre lorsque l'activité de l'entreprise est homogène, lorsque, par exemple, elle n'élabore qu'un produit. Mais dès qu'elle est multiproductrice, ce qui est presque toujours le cas, le coût de chacun des biens fabriqués ne peut être connu qu'au terme d'un effort de mesure particulier.

● Le principe de cette comptabilité est de distinguer deux sortes de coûts de production : les coûts de production directs et les coûts de production indirects. Les premiers sont directement imputables à chaque produit (telle quantité de matière première, de travail, etc.), les seconds sont des coûts communs à plusieurs productions. Ils doivent donc leur être imputés : telle est la fonction de la méthode dite des sections homogènes où s'effectue la répartition des coûts communs entre plusieurs produits.

● Le raccordement entre cette comptabilité et la comptabilité générale est aisé dans la mesure où le profit (solde du compte d'exploitation) n'est autre que le produit des quantités vendues par la différence entre le prix et le coût de production (prix de revient).

● Le *contrôle budgétaire* constitue la branche prévisionnelle de la comptabilité. Compte tenu d'un certain nombre de prévisions – celle du prix de revient (et de ses éléments), celle des ventes... – elle permet de prévoir le profit de la période en cours et, quelquefois, son affectation. Le « contrôle budgétaire » doit son appellation au fait qu'il permet à l'entrepreneur de contrôler son activité en comparant les données prévues et réalisées. Les écarts entre le prévu et le réalisé sont alors analysés pour juger des raisons des erreurs de prévision et les corriger. Cette comptabilité porte, ainsi, quelquefois le nom de « comptabilité des écarts ».

Comptabilité nationale

Ensemble des techniques permettant de mesurer l'activité économique d'une nation pendant une période donnée (en pratique, l'année).

● Son objectif est la mesure du produit national et de ses décompositions principales. Étant donné l'extrême complexité des objectifs poursuivis et des techniques utilisées, aujourd'hui, par les comptables nationaux (l'exposé de leur méthodologie fait l'objet d'un ouvrage spécialisé de trois cents pages), on ne donnera ici que les grandes lignes de l'effort poursuivi en suivant une méthode d'exposition historique.

● La période de la comptabilité sommaire du produit national et de ses composants fait suite (1935-1945) à la parution de la *Théorie générale de l'emploi, de l'intérêt et de la monnaie* (Keynes, 1936) où se trouvent explicitées toutes les variables qui vont faire l'objet de la mesure. Le « produit national » y est défini comme la totalité des biens et des services finaux produits dans une économie nationale pendant l'année. Au produit national, composé de biens de consommation et de biens d'investissement (cf. Biens), correspond un flux de revenus monétaires, le revenu national (salaires, traitements, profits...) qui vont faire l'objet d'une affectation en consommation ou épargne : la dépense nationale. Ainsi se trouvent définies les trois voies que vont prendre les comptables nationaux : répertorier les productions physiques (optique du produit), les revenus (optique du revenu) et les dépenses (optique de la dépense).

● De 1945 à 1955, on recherche systématiquement un certain nombre de nouvelles variables caractéristiques de l'économie nationale. Cet effort d'approfondissement et de précision eut lieu dans plusieurs directions parmi lesquelles :

1. La décomposition de l'économie nationale en quatre grands agents – entreprises, ménages, État, extérieur –, pour lesquels des comptes séparés furent dressés qui permettaient d'apprécier leur production, leur consommation et leurs investissements respectifs en même temps que de mesurer l'étendue et la nature de leurs relations.

2. La précision donnée à la notion de « produit final » qui fonde la définition du produit national. Est final le produit qui est acquis sur le « marché final » pour être consommé (biens de consommation) ou utilisé durablement à la production d'autres biens (biens d'investissement). Est « non final » ou « bien intermédiaire », le produit qui est immédiatement utilisé aux fins d'une autre production et qui, de ce fait, disparaît complètement, comme les matières premières. Tout secteur produit ainsi deux sortes de biens : les biens finaux et les biens intermédiaires (achetés et utilisés aussitôt par les autres secteurs).

La totalité de cette production intermédiaire qui n'est pas comptabilisée dans la production finale apparaît dans le tableau des échanges interindustriels.

3. La connaissance des flux monétaires. On découvre sans peine qu'il existe deux sortes de flux monétaires : des paiements qui correspondent à la production et à l'échange des biens, mais aussi des paiements qui correspondent à des émissions ou échanges de créances (l'escompte par exemple).

La poursuite de cet effort de clarification devait permettre une présentation synthétique et générale de la comptabilité nationale qui fut l'œuvre des comptables nationaux français.

- À partir de 1955 apparaît une présentation synthétique de la comptabilité nationale : le tableau des ressources et emplois, mis au point par les services du ministère des Finances (le SEEF) dirigé à l'époque par M. Gruson. Ce tableau permet, en effet, de connaître : les agrégats classiques (Produit, C, I) de la comptabilité nationale et leur décomposition par secteurs, la nature et l'étendue des comportements de production, d'affectation du revenu, d'investissement et de placement des agents ; le tableau des échanges interindustriels ; les relations existant entre les différents agents (transferts, transactions, etc,).

Comptabilité publique

Ensemble des écritures qui enregistrent les opérations financières et comptables résultant de l'exécution des budgets, ou des états de prévision de recettes et de dépenses, des organismes publics.

- Le décret du 29 décembre 1962 reprend la distinction entre ordonnateurs et comptables publics.
- Les ordonnateurs prescrivent l'exécution des recettes et des dépenses : d'une part, ils constatent les droits des organismes publics et en liquident les recettes ; d'autre part, ils engagent et liquident les dépenses conformément au budget de ces organismes.
- Les comptables prennent en charge et recouvrent les ordres de recettes ainsi que toute autre créance publique qui leur sont remis par les ordonnateurs ; ils sont tenus d'exercer un contrôle de la régularité et de la qualité des recettes et des dépenses.
- L'ensemble de ces opérations se

subdivise en deux catégories :
– les opérations d'administration : engagement, constatation de l'exécution du service, liquidation, ordonnancement ;
– les opérations comptables : contrôle de la qualité des titres, encaissement ou paiement.
Le budget de l'État et des principaux organismes publics comporte soit des autorisations d'engagement et de paiement qui fixent un montant à ne pas dépasser au cours de l'exercice annuel ; soit des prévisions de recettes d'un montant nécessairement approximatif. Dans un cas comme dans l'autre, l'exécution des opérations inscrites au budget impose des délais qui peuvent dépasser un an. Pour régler cette difficulté, la comptabilité publique française a connu le « système de l'exercice », qui considère comme recettes et dépenses d'une année déterminée toutes les créances acquises et toutes les dettes nées au cours de cette année, quel que soit le moment où intervient le règlement effectif ; et le « système de la gestion », qui enregistre les dépenses et recettes effectuées au cours de l'année sans tenir compte de la date d'origine de la dette ou de la créance.

● L'engagement est l'acte par lequel un organisme public crée, ou constate à son encontre, une obligation de laquelle résultera une charge. L'engagement est donc, d'une part, l'ensemble des dispositions législatives ou réglementaires entraînant une charge financière pour l'État – emprunts, dettes viagères, création et organisation de services, nomination d'agents de l'État, adjudications, marchés, subvention, etc. – et, d'autre part, l'inscription d'une dépense dans la comptabilité des dépenses engagées contradictoirement entre une administration centrale et le service du contrôle du ministère des Finances.

● La liquidation est l'opération triple par laquelle la preuve de la prestation est rapportée, la constatation est faite que la dette est exigible le montant de la dette est calculé exactement.
L'ordonnancement, ou le « mandatement », est l'acte par lequel l'ordonnateur ordonne au comptable de payer une dépense publique

Concurrence

Contrainte essentielle de tout entrepreneur.

● Elle réunit l'ensemble de ceux qui produisent et vendent un produit semblable ou voisin du sien. La notion de concurrence resta longtemps limitée à celle de la concurrence par le prix mettant en lutte de « petits entrepreneurs » également soumis à une demande sur laquelle ils n'avaient aucune prise.

● Le modèle traditionnel dit « de concurrence pure et parfaite » s'appuie sur les hypothèses suivantes :
— atomicité du marché : qu'il s'agisse de l'offre ou de la demande, les unités qui se manifestent sur le marché sont en très grand nombre, et de « dimension » sensiblement égale, de telle sorte qu'aucune d'entre elles ne puisse influencer les autres ;
— homogénéité du produit : les entrepreneurs présentent tous sur le

marché un produit identique ou très voisin, de telle sorte que les acheteurs ne soient pas tentés d'acheter le produit de telle firme plutôt que celui de telle autre ;

— libre entrée dans l'industrie : aucune barrière ne s'oppose à un individu qui désire produire et vendre ;

— parfaite « transparence » du marché : l'information sur le marché est telle qu'acheteurs et vendeurs ont une connaissance parfaite et instantanée de tout ce qui se produit sur le marché, à commencer par le prix.

● Sur le marché ainsi décrit, la rencontre offreurs-demandeurs aboutit à la détermination d'un prix unique qui s'impose à toutes les entreprises. Ce prix est un prix d'équilibre qui satisfait à la fois les offreurs et les demandeurs. De plus, toute quantité produite est automatiquement vendue à ce prix.

● Depuis une vingtaine d'années, on s'efforce de donner une image plus concrète de la concurrence, mettant en présence des firmes de tailles différentes, utilisant des procédés distincts et dont les produits ne sont pas identiques ni très voisins. On admet que la concurrence peut prendre des aspects divers : en variant le prix ou la qualité des produits. De la même façon, on admet que dans certaines industries la concurrence est plus fermée que dans d'autres.

● Les situations de concurrence les plus courantes et les mieux étudiées concernent les types de concurrence dite « monopolistique ». *La Théorie de la concurrence monopolistique* (1935) révolutionna la conception traditionnelle de la concurrence. Dans cet ouvrage, Chamberlin adoptait une conception plus réaliste en tenant compte des phénomènes de différenciation des produits, de concentration, etc. La concurrence devient un comportement d'ensemble dont les moyens sont nombreux (le prix, la présentation du produit, la qualité du produit, la publicité).

● Lorsque le degré de concentration est tel qu'un petit nombre de grandes entreprises assure la plus grande partie de la production du secteur, on parle d'« oligopole ». Bien que la recherche des mobiles, des objectifs et des résultats des comportements des entreprises en situation d'oligopole soit délicate, un fait est certain : l'oligopole peut accepter ou refuser la concurrence totale (oligopole sans entente ou avec entente). Il peut être concurrentiel ou non concurrentiel, de façon générale ou limitée à certaines armes (prix, réseau de distribution...).

● La concurrence entre les entreprises reste en pratique un des plus sûrs moyens de voir les entreprises évoluer en tentant de satisfaire la demande des ménages (ou de l'État) sans abuser de leur pouvoir en pratiquant des prix excessifs. Sous les expressions d'économie de libre entreprise ou de concurrence subsiste l'affirmation incontestable que la concurrence entre les entreprises demeure une nécessité vitale de la croissance et la seule protection efficace des consommateurs.

➜ **pages :** ***316, 320, 322.***
➜ ***Calcul économique, Demande.***

Conscience

À l'origine. la conscience est un ensemble de connaissances partagées en commun (savoir avec). Très rapidement, le contenu du terme devient moral. La conscience fait référence à la connaissance du bien et du mal qui doit orienter le comportement de chacun.

● À partir de Descartes (XVIIe siècle), le terme conscience s'applique aux phénomènes d'appréhension immédiate par tout être humain de son environnement et de sa propre réalité. La conscience individuelle va se coupler avec la notion d'inconscient à partir de Freud. Les actes individuels deviennent alors ou conscients ou inconscients ou, entre les deux, subconscients.

● Avec Marx, la vieille racine collective s'affirme à nouveau. Chaque individu doit avoir conscience qu'il appartient à une classe bien déterminée : c'est la conscience de classe. Ainsi, la notion de conscience est pour Marx le fruit d'une médiation et non pas celui d'une quelconque référence purement idéale.

→ **page** : *218*.

Consommation

Destruction plus ou moins longue, aux fins de satisfaction personnelle, d'un bien économique. On distingue les biens de consommation non durables (biens alimentaires), les biens semi-durables (les vêtements), les biens durables (le logement).

● L'évaluation des biens détruits pendant une période donnée définit la consommation totale d'un individu, d'un groupe d'individus ou de la nation tout entière.

● L'évaluation de la consommation est l'un des tout premiers objectifs de la comptabilité nationale. Elle est aussi un objectif difficile à établir dans la mesure où un même bien (une voiture par exemple) peut être un bien de production (si elle est utilisée par une entreprise) ou un bien de consommation (si elle l'est par un ménage). De plus, la longévité des biens de consommation, croissante depuis de nombreuses années, rend plus difficile l'appréciation de ce qui est effectivement détruit dans une période donnée. Des hypothèses contraires à la définition sont faites dans le seul but de simplifier la mesure : d'une part, les biens semi-durables (vêtements) acquis durant une période sont censés être entièrement détruits, donc consommés durant cette période ; d'autre part, certains biens durables (le logement) sont considérés comme un « investissement » et non une « consommation ».

● La consommation totale fait l'objet, outre d'une mesure globale, de nombreuses décompositions. La première est celle de la séparation entre consommation privée (les ménages) et consommation publique (l'État). La seconde est la séparation des diverses consommations privées et publiques. La décomposition par types de produits est la plus fréquemment utilisée (aliments, textiles, dépenses de loisirs, de transports, de santé...). Elle permet de suivre les modes de consommation collective.

● On observe, à court terme, que le rapport entre consommation et production nationale est à peu près stable (0,8). C'est du revenu individuel, en effet, que dépendent l'importance et les modes de consommation. La consommation des titulaires de revenus élevés n'a pas la même structure que celle de la classe moyenne et encore moins que celle des exclus. La part des biens alimentaires, par exemple, décroît lorsque le revenu individuel croît ; il en va de même pour les dépenses de loyer, etc. Si l'on dissocie plus encore les types de consommation, on retrouve leur dépendance à l'égard du niveau des prix, de la différenciation du produit, de la publicité, etc.

● À long terme, les produits nouveaux s'ajoutent ou se substituent aux produits anciens (l'avion a largement évincé le chemin de fer aux États-Unis). On note depuis vingt ans l'importance croissante, devenue essentielle, des dépenses de santé, des loisirs, et plus récemment encore de communication. L'analyse de la composition des consommations révèle le niveau de développement atteint par un pays.

→ **pages :** *254, 348.*

Corporatisme

Idéologie se posant comme une voie moyenne entre capitalisme et communisme.

● Afin de ne tomber ni dans les abus du libéralisme ni dans ceux du collectivisme, les professions et industries y sont organisées en corporations. Ces corporations, autonomes en théorie, sont en fait placées sous la dépendance directe de l'État, celui-ci se posant en arbitre soucieux du bien commun. Chaque corporation élit ses représentants, choisis parmi les employeurs, les employés et les consommateurs.

● Plusieurs expériences corporatistes ont été tentées depuis la fin du premier conflit mondial : en Italie fasciste, en Allemagne sous le nazisme, en France sous le régime de Vichy, au Portugal avec le régime Salazar, en Espagne sous Franco enfin.

● On peut découvrir dans les différentes formes actuelles du capitalisme des traits caractéristiques du corporatisme. Certaines professions sont fortement organisées pour obtenir des avantages propres, catégoriels, fût-ce au détriment de l'intérêt général. L'arbitrage de l'État est alors sollicité et d'autant plus facilement obtenu que ces professions disposent d'un pouvoir de négociation qui impose l'attention, voire le respect (les transporteurs routiers par exemple).

Coûts

Évaluation des efforts indispensables à la réalisation d'un acte économique déterminé et, notamment, celui de production.

● L'homme ne peut pas comparer plusieurs propositions d'un choix sans avoir, au préalable, apprécié les avantages et les inconvénients (coûts) de chacune d'entre elles. De tous les coûts, le coût de production est celui dont la connaissance est la plus utile.

● Le calcul des coûts pose un problème général d'évaluation. Trois évaluations sont, en effet, possibles :

— Le coût réel : somme des quantités de biens et de la quantité de travail (facteurs de production) nécessaires à la production d'un bien.
— Le coût monétaire : somme des évaluations en monnaie (prix d'acquisition des facteurs de production) du coût réel.
— Le coût d'opportunité, ou coût de substitution : évaluation des quantités de biens qui ne pourront pas être produits du fait de la production d'un bien déterminé.

● Seule l'évaluation monétaire est, aujourd'hui, généralisée et constitue l'objectif essentiel de la comptabilité analytique d'exploitation dans les entreprises.

● La considération des coûts de production conduit à l'examen et au calcul de la fonction de coût : la relation existant entre le coût total d'une production donnée et la quantité des biens produits. Cette fonction, variable selon les entreprises, gouverne les décisions de production. Son étude conduit à distinguer, au moins, deux sortes de coûts : d'une part, les coûts dits fixes (indépendants du volume de production : loyers, assurances...) et, d'autre part, les coûts variables (qui varient avec le volume de la production). Parmi ces derniers, certains sont à proportionnalité constante (les salaires et les matières premières) et d'autres à proportionnalité croissante ou décroissante.

● L'évolution à long terme du coût de production d'un bien donné est déterminée par l'intensité des progrès techniques dont l'effet est de faire baisser le prix de revient. Cette baisse est irrégulière, due aux modalités des progrès techniques (diminution du travail, ou du capital, ou des deux facteurs nécessaires à la production d'un bien donné). Cette baisse a cependant des limites : certains éléments du coût finissent par augmenter lorsque la production augmente : les coûts administratifs notamment. Il existe donc un minimum du coût en longue période ainsi que le postule la loi des rendements croissants puis décroissants (autrement dit d'un coût d'abord décroissant puis croissant).

➜ **pages :** ***234, 318, 422.***
➜ *Comptabilité, Calcul économique.*

Crise

Survenant après une période de prospérité, la crise se caractérise par la substitution brutale des mouvements de baisse à des mouvements de hausse : chute rapide des prix, du volume de la production et des revenus. Elle s'accompagne de chômage, de faillites et, très généralement, d'effondrement des cours boursiers.

● Au XVIIIe siècle, les crises apparaissent comme liées à des événements exceptionnels : la guerre (la crise de 1763 en Angleterre succède à la guerre de Sept Ans ; la crise de 1783 aux États-Unis suit la guerre d'indépendance), la spéculation financière (crise du système de Law en 1718) et la disette (crises de 1770, de 1789, en France).

● À partir du XIXe siècle, les crises deviennent globales et se succèdent à des intervalles réguliers (crises en 1825, 1836, 1847, 1857, 1866, 1873,

1882, 1890, 1900, 1907, 1913, 1920...) de l'ordre de sept à dix ans.

La crise de 1929

- C'est dans un climat d'euphorie qu'éclate le 24 octobre par un effondrement de la Bourse de New York la crise de 1929 : en dix jours, les cours s'effondrent de 30 % et, en un mois, la Bourse subit une perte de 32 milliards de dollars. La crise se propage en Grande-Bretagne, aux Pays-Bas, puis dans toute l'Europe. La France ne sera atteinte qu'au second semestre de 1931 et ne s'en relèvera pas avant 1939 (aux États-Unis, la dépression durera quarante-cinq mois).

La longue période de dépression qui suivit la crise fut marquée par les phénomènes habituels (chômage, diminution de la production, baisse des prix de gros, faillites...) mais à une intensité jamais rencontrée :

1. *Chômage*

En 1931, le nombre de chômeurs visibles est de 31 millions (États-Unis : 13 millions ; Allemagne : 6 millions ; Angleterre : 2,6 millions ; Italie : 1 million ; France : 0,4 à 0,5 million entre 1935 et 1938). À ces 31 millions il faut ajouter les ouvriers travaillant au ralenti et les chômeurs « invisibles ». On atteint alors le chiffre de 40 millions.

2. *Production industrielle*

En 1932, la production industrielle mondiale est inférieure de 38 % à ce qu'elle était en juin 1929. Si, en 1929, l'indice de la production industrielle est 100, il devient, en 1932 :

États-Unis : 53,8 ; Allemagne : 53,3 ; France : 71,6 ; Grande-Bretagne : 83,5 ; Japon : 97,8 ; Italie : 66,9.

3. *Prix de gros*

Soit 100 l'indice des prix de gros en 1929 ; en 1932, il est de 67 en Grande-Bretagne, 68 en France, 68 aux États-Unis, 70 en Allemagne.

4. *Multiplication des faillites*

Des entreprises que l'on croyait particulièrement solides s'écroulent ou doivent être réorganisées. Tel est le cas en France de la Compagnie générale transatlantique, de la société Citroën, de la BNC.

5. *Commerce extérieur*

Il accuse une chute de 60 % entre 1929 et 1933.

- La conjonction d'une crise de surproduction industrielle et agricole et d'une crise de crédit peut expliquer la gravité de cette grande dépression qu'accentuent par ailleurs certaines erreurs de politique économique.
- L'État est alors amené à intervenir de plus en plus profondément dans la vie économique : fixation de la durée du travail, des prix, lutte contre les monopoles, achats de stocks ; par ailleurs, le réarmement mondial augmente le rôle de l'État qui, par d'abondantes commandes, absorbe certains surplus et réduit le chômage. Afin de lutter contre la concurrence des produits étrangers, les économies nationales se replient sur elles-mêmes : les droits de douane s'élèvent (la Grande-Bretagne adopte le protectionnisme) ; la vente à perte (dumping) est pratiquée essentiellement par les pays qui ne peuvent recourir au commerce colonial.
- Cette crise à marqué profondément les esprits. Devant sa gravité exceptionnelle, certains envisagèrent qu'il s'agissait d'une crise de structu-

re inhérente au fonctionnement du système capitaliste.

● L'expansion économique durable depuis la dernière guerre aura éloigné cette perspective.

Les crises pétrolières de 1973 et 1979

● Les deux chocs pétrolier de fin 1973 et de 1979 consistent en une augmentation brutale et considérable du prix du pétrole (multiplié par 4 en deux mois en 1973 et multiplié par 3 sur une période plus longue en 1979).

● En 1973, près de 60% de l'énergie consommée par certains pays industrialisés (la France et le Japon par exemple) était fournie par la combustion du pétrole. Ces pays ont dû verser des sommes considérables aux pays producteurs de pétrole. Leur croissance très élevée avant le premier choc (6% en rythme annuel) a diminué aussitôt après à 3%, puis à 1% après le second. Simultanément, le chômage a considérablement augmenté, au point de devenir supérieur à 10% dans la majorité des pays européens et s'accompagne d'un approfondissement des inégalités sociales. La diminution du taux d'inflation n'aura pas permis avant la fin du siècle de retrouver le sentier d'une croissance élevée.

➜ **page** : *278.*

Croissance

La croissance d'une unité économique consiste en l'augmentation durable de ses activités.

● Le terme de croissance fait référence à l'observation de l'évolution à long terme d'une unité donnée (firme, économie nationale, secteurs…). Elle se réfère, tout d'abord, à l'accumulation des biens et à l'augmentation de la force de travail consacrées à l'augmentation de la production (en termes réels et/ou en termes monétaires).

● L'observation statistique se porte essentiellement sur les économies nationales depuis l'avènement des comptabilités nationales grâce à de recherches constantes et détaillées. Les résultats descriptifs les plus importants sont les suivants :

1. Les croissances des secteurs de production sont d'allures très diverses. Les unes sont de croissance continue à taux constant (évolution exponentielle) : matières premières... ; certains sont de croissance croissante puis décroissante (biens durables tels que voitures, appareils électroménagers…) ; d'autres, enfin, ont un taux de croissance continuellement décroissant (secteurs agricoles...).

2. La croissance des économies nationales, une fois éliminées leurs irrégularités saisonnières ou cycliques, est exponentielle. Le produit national des économies aujourd'hui développées s'est accru à un taux voisin de 3% par an depuis 1800 – ce qui implique un doublement du produit national en vingt-deux ans.

3. La croissance a eu tendance à s'accélérer depuis la Seconde Guerre mondiale. De 1950 à 1973, le taux de croissance de nombreux pays (France, Allemagne, Italie) a été voisin de 5%.

4. Depuis le premier choc pétrolier (1973), la croissance a marqué le pas en descendant au-dessous de 2% dans les principaux pays européens. La croissance est un processus renouvelé : de nouveaux produits apparaissent, s'ajoutant quelquefois aux anciens mais aussi les remplaçant. La part des revenus reste sensiblement constante : les salaires représentant toujours entre 65 et 70 % du revenu national.

● La croissance est évidemment due, en premier lieu, à l'accumulation des facteurs de production. Celle du capital est due à l'investissement ; celle de la force de travail accompagne l'expansion démographique que les nations ont connue depuis 1800. À ces facteurs traditionnels s'ajoutent tous ceux qui continuent et expliquent le progrès technique, c'est-à-dire l'art de produire davantage à quantités de facteurs égales. Le progrès technique est fonction de l'accumulation des connaissances, elle-même fonction de l'importance des efforts d'éducation, de formation professionnelle et de recherche.

● Il faut noter, enfin, que toute croissance pose toujours des problèmes d'organisation et surtout de réorganisation des différentes activités et de leurs relations. Ceci est le cas des entreprises, où les problèmes « humains » de la croissance sont parmi les plus contraignants, des secteurs dont la croissance s'accompagne presque toujours de concentration et plus encore de l'économie nationale où la croissance est indissociable des modifications dans la répartition des revenus, dans celles des modes de vie et de consommation, et même des changements dans la nature et la répartition des pouvoirs de décision.

➜ pages : *196, 228, 236, 238, 242, 270, 276, 338, 428.*
➜ *Inflation.*

Culturalisme

Théorie sociale qui affirme la détermination des comportements individuels par l'état de la culture, c'est-à-dire par l'ensemble des normes qui sont imposées par les pratiques sociales.

● Le culturalisme s'oppose en cela au naturalisme qui, au contraire, soutient qu'il existe une nature humaine d'origine biologique qui détermine ces comportements individuels, en dehors de toute considération culturelle. Ainsi, le naturalisme affirme l'existence d'un invariant des comportements humains alors que le culturalisme cherche à expliquer leur diversité, leur évolution par celles des cultures spécifiques.

➜ pages : *304, 306, 308.*

Culture

Dans son usage à des fins d'analyse économique et sociale, le terme de culture a deux sens distincts.

● Dans son premier sens, la culture concerne l'éducation de l'esprit et le développement des facultés intellectuelles. En ce sens, la culture relève à la fois de la conscience et de la mémoire.

● En un second sens, plus récent, le terme a une portée beaucoup plus générale. Il concerne les comportements usuels des individus qui composent une société donnée. Ces comportements vont bien au-delà des échanges économiques puisqu'ils englobent toutes les habitudes de la vie quotidienne (ainsi la cuisine apparaît comme un fait culturel d'une grande importance) et toutes les pratiques sociales, qu'il s'agisse des festins, des fêtes, des rites. La culture, en ce sens, se rapproche de cet ensemble de faits sociaux qui caractérisent une civilisation donnée. Culture, civilisation et anthropologie forment alors un tout scientifique. Une civilisation se manifeste essentiellement par sa culture. L'anthropologie se donne pour objectif d'étudier la diversité des civilisations et des cultures.

● L'acculturation est l'état d'un individu qui n'a pas de culture, au premier sens du terme, puisque tout individu quelle que soit la société dans laquelle il vit, n'en a pas moins ses habitudes de vie. Aussi une société ne peut pas être acculturée, c'est-à-dire privée de toute mémoire individuelle et collective ainsi que de toutes normes de comportement.

➜ **pages : *220, 296, 298, 404.***

Cycle

Type de fluctuations de l'activité économique.

➜ *Fluctuation.*

Demande

La demande à une unité économique (firme, secteur, économie nationale) est celle des produits qui en sont issus, à un certain prix.

● Ainsi, ce qu'il est coutume d'appeler « la demande » est, en réalité, une fonction de demande, c'est-à-dire la relation existant entre les quantités demandées et les différents prix possibles. Pour des raisons historiques, c'est la demande au secteur de production qui a fait l'objet des études les plus poussées.

Demande au secteur de production ou demande au marché

● Tout marché est censé, par définition, être constitué de produits relativement homogènes. La demande au marché dépend évidemment des prix dans le sens suivant : plus le prix est faible, plus la demande est importante. La demande à un marché ne dépend pas seulement du prix (absolu et relatif) du produit mais aussi du revenu disponible des consommateurs.

Demande à l'entreprise

La demande qui s'adresse à un marché concerne la demande à toutes les entreprises qui composent ce secteur. Cette demande va donc donner lieu à plusieurs demandes (autant qu'il y a d'entreprises). Cette transformation s'opère compte tenu du nombre et du genre d'entreprises existantes.

● S'il y a une multitude d'entreprises toutes égales, le prix du marché étant fixé par affrontement de l'offre et de la demande, chaque entreprise pourra vendre à ce prix autant qu'elle le désire.

● S'il y a monopole, la demande au marché est la demande à l'entreprise. S'il y a plusieurs entreprises de dimension importante (oligopole), tout dépend d'éventuelles ententes sur le prix ou sur les parts de marché, voire les deux.

Demande à l'économie nationale
Somme de toutes les demandes au marché.

● Cette demande globale, appelée souvent « demande effective », est la somme de la demande de biens de consommation (C) et de la demande de biens d'investissement (I).

● La relation entre cette demande globale et le niveau général des prix est plus difficile à mesurer. D'une part, en effet, le niveau général des prix est une donnée bien composite. D'autre part, tout dépend des prévisions faites sur les prix futurs. Si les individus s'attendent à ce que les prix continuent à augmenter de plus belle, leur demande va croître d'autant plus que les prix s'élèvent (inflation galopante). Si, au contraire, ils s'attendent à ce que les prix baissent, leur demande va décroître. Peut-être même continuera-t-elle à le faire lorsque les prix auront commencé à baisser.

● En fait, la détermination du niveau de la demande à l'économie nationale est l'une des questions qui ont, toujours, le plus divisé les économistes. Ceux-ci peuvent être répartis en trois catégories. Les uns soutiennent que toute production préalable crée sa propre demande (lois des débouchés). Certains que la demande détermine la production (Keynes). D'autres, enfin, qu'il y a interdépendance entre offre et demande (Walras).

➜ pages : *276, 284, 288, 312, 384.*

Démographie
Science de la population humaine, la démographie étudie les mouvements de population.

● L'Ined (Institut national des études démographiques) procède en France à l'analyse des phénomènes démographiques.

● Toute étude démographique s'opère en deux phases : dans un premier temps, on s'efforce de rassembler les éléments de base par des recensements. Cette réunion effectuée, on passe à la seconde phase qui consiste en leur analyse approfondie.

● Les recensements généraux effectués à intervalle régulier, complétés par des sondages partiels, fournissent la matière première de toute étude démographique. Ils permettent de déterminer la structure de la population selon divers aspects :

1. La structure par âge : elle est présentée graphiquement sous forme d'une pyramide des âges. En ordonnée figurent les âges, en abscisse les effectifs de chaque âge.

2. La répartition suivant le lieu de naissance fournit également des renseignements intéressants puisqu'elle permet de suivre le mouvement des migrations intérieures, et celui de l'immigration étrangère.

3. La répartition géographique est intéressante dans la mesure où elle permet de mesurer les différences de densité de la population.

4. Enfin, le rapport population active sur population totale donne une information essentielle quant aux possibilités de croissance.

● Des éléments dynamiques peuvent être introduits dans l'étude démographique par le biais de l'étude de certains taux : taux de mortalité et taux

de natalité.
– Le taux de mortalité générale s'obtient en rapportant pour une période donnée (le plus souvent l'année) le nombre de décès au total de la population.
– Le taux général de natalité s'obtient en rapportant le nombre des naissances vivantes au nombre d'habitants.
– Le rapport du nombre en âge de procréer (entre 15 et 49 ans) au nombre des naissances donne le taux de fécondité générale. Enfin, l'établissement de tables de fécondité permet de connaître la répartition des naissances en fonction de l'âge des mères.
• L'ensemble de tous les renseignements que fournit l'analyse démographique permet d'expliquer les mouvements généraux d'une population et de déterminer (avec une marge limitée d'erreur) son évolution dans un avenir proche.
• Le phénomène démographique fait dorénavant partie des dynamismes économiques et sociologiques fondamentaux, au même titre que le dynamisme de l'innovation ou celui de la domination.
• La croissance démographique a pu être qualifiée de créatrice, en ce qu'elle est une des incitations les plus efficaces à la production. Elle est en effet à l'origine d'un accroissement de la demande en même temps qu'elle rend nécessaires des investissements « démographiques » qui ont pour seul but d'« assurer aux nouveaux venus le même niveau d'existence que celui de la population existante».
• Les avantages économiques que procure une nation peuplée sont désormais bien connus, concentration et division plus poussée du travail notamment... Mais il faut aussi être conscient des difficultés insurmontables d'une surpopulation évidente, ainsi que le montrent certains pays sous-développés.

Déviance

Comportement en dehors des normes sociales existantes.

• La normalité faisant par nature référence à une moyenne, est déviant d'une norme le comportement qui s'en écarte de façon très significative et, en particulier, celui qui y est contraire (l'athée dans un milieu religieux, l'ascète dans une société de consommation, le reclus dans une société de loisirs).

Distribution

Ensemble des opérations qui permettent d'acheminer un produit du stade final de la fabrication à sa prise en possession par le consommateur ou l'utilisateur.

• La fonction de distribution comprend les opérations de transport, de fractionnement ou de groupage, d'assortiment ou de tri, de stockage, de conditionnement, de publicité et de promotion des ventes en général.
• On appelle état distributif l'état dans lequel se trouve un produit à un certain stade de sa distribution. Cet état se caractérise par le lieu, le lot, l'assortiment et la date.
• Les circuits ou canaux de distribution d'un produit représentent les chemins, composés d'intermédiaires commerciaux, suivis par le produit de

la production à la consommation. La séquence producteur-grossiste-semi-grossiste-détaillant-consommateur constitue un circuit de distribution.

● À partir des années 1960, la distribution commerciale connaît, en France, une évolution rapide et profonde. Sous l'égide de quelques innovateurs qui font presque scandale à l'époque, le commerce traditionnel cède peu à peu la place à des centres de distribution dont les noms varient selon leur dimension : supérette, supermarché, hypermarché. Le succès de cette distribution nouvelle repose d'abord sur la baisse des prix qu'elle rend possible puis sur les commodités offertes aux consommateurs, notamment celles d'une plus grande variété des produits disponibles qui permet d'éviter de s'adresser à des grands magasins. Les distributeurs créent alors de grandes chaînes (Carrefour, Auchan, Promodès, Leclerc) qui, assez vite, essaiment à l'étranger, manifestant un savoir-faire français particulier dans ce domaine.

Division du travail

Processus social au terme duquel chaque individu exerce des activités différentes dont le concours simultané assure la vie et le développement d'une société donnée.

● Il n'y a pas de société sans division du travail, quelle que soient les modalités de ce travail et quelle que soient celles de sa division qui peut être établie par des normes sociales (cas des sociétés primitives et féodales), mais aussi naître de façon plus spontanée à partir des choix individuels.

➜ *Travail.*

Économétrie

Étymologiquement : mesure des phénomènes économiques.
L'économétrie est une branche des sciences économiques qui a pour but d'exprimer en termes mathématiques les théories de façon à pouvoir les vérifier statistiquement.

● Elle concerne donc la mesure empirique de toutes les relations économiques qui peuvent s'exprimer sous une forme mathématique.
L'économétrie a connu au cours des vingt dernières années un développement considérable. La méthode économétrique, empirique à ses débuts, s'est peu à peu améliorée, jusqu'à permettre aujourd'hui la construction de modèles complexes où il est fait appel plus ou moins largement à la théorie. Traditionnellement, c'est un Français, Augustin Cournot (1801-1877) que l'on considère comme le créateur de l'économétrie.

● L'économétrie cependant n'est pas immédiatement née des travaux de Cournot ni de ceux des pionniers que furent en la matière Moore et Engel. Les travaux de ce dernier sur la fonction de consommation sont pourtant déjà très modernes dans leur présentation puisque, à partir de données concrètes tirées d'une étude sur les budgets de famille, cet auteur en déduisait la loi générale, universellement connue, de l'évolution de la consommation en fonction du niveau de revenu.

- Ce n'est qu'aux alentours des années 1930 que les recherches économétriques se firent systématiques. À cette époque fut créée à Cleveland la Société internationale d'économétrie, présidée par Irving Fisher. Cette société publia sa revue, *Econometrica*, dont le rédacteur en chef, Ragnar Frisch, devait par la suite devenir le chef de file de l'école scandinave.
- Le but de ces économètres était de fixer les formes modernes de l'économétrie afin de dégager un ensemble de lois statistiques à partir des données disponibles.
- La recherche économétrique donne lieu suivant les cas à trois ou quatre phases de travail qui sont : la formalisation, l'estimation, la vérification, la prévision.
- À l'heure actuelle, tous les pays développés disposent de modèles économétriques permettant la prévision à court terme et, surtout, l'action puisque l'on peut suivre les effets sur l'économie tout entière de la variation d'une des variables (par exemple l'investissement public).
- L'économétrie connaît depuis quelques années des difficultés dues surtout à la fiabilité décroissante de la mesure des phénomènes économiques dont les causes sont multiples : évasion et fraude fiscales, travail au noir et activités mafieuses, comptabilité de plus en plus approximative, dissimulation volontaire des données sollicitées par voie d'enquête...

Éducation

Activité qui consiste à transmettre la connaissance.

- Le contenu et les modalités de l'éducation dépendent essentiellement du nombre et de la nature des connaissances ainsi que du nombre des individus à qui elles sont transmises. Dans la mesure où la croissance économique et le développement social sont affaire de connaissance (cf. Croissance), l'éducation est une activité stratégique de l'évolution sociale.
- L'éducation est généralement divisée en autant d'activités spécialisées qu'il y a de groupes de connaissances complémentaires. Ainsi, on distingue l'enseignement primaire (celui des connaissances fondamentales que sont le langage, l'écriture et le calcul sommaire), l'enseignement secondaire (celui des connaissances courantes : géographie, histoire, littérature) et l'enseignement supérieur (celui des connaissances qui permettent une spécialisation).
- L'éducation apparaît aujourd'hui, dans les pays déjà développés, comme un des facteurs de croissance les plus importants. Étant donné la rentabilité diffuse et lointaine des dépenses d'éducation, cette activité est toujours, au moins pour partie, le fait du secteur public. Dans les pays sous-développés, toute croissance est impossible aussi longtemps que la population n'a pas reçu l'enseignement conforme aux niveaux de développement qu'elle désire atteindre.
- Aussi la politique de l'éducation, qu'elle soit simple prévision ou programmation des enseignements et de leurs moyens, devient un des éléments les plus importants de la poli-

tique économique et sociale.

➜ **pages :** ***298, 400, 416.***
➜ *Croissance.*

Employé

Activité professionnelle de prestation de service, qui s'exerce généralement dans un bureau.

● L'accroissement du nombre des employés dans la société industrielle a été continue depuis un siècle. Elle constitue une des caractéristiques essentielles de la modification des formes, du contenu et du statut social du travail. À partir d'un certain état de développement, le secteur tertiaire, qui justement occupe les employés se substitue progressivement, quant au nombre des emplois, mais aussi quant à l'importance de ses effectifs aux secteurs primaire et secondaire. Ainsi, dans les sociétés développées, dont la France, les employés sont devenus majoritaires. À peu près deux individus sur trois sont aujourd'hui des employés ; aux États-Unis, ils sont plus de 75 %.

● Ces employés possèdent évidemment leur hiérarchie économique et sociale. Leur rang dans cette hiérarchie est déterminé par deux critères essentiels : la part de l'activité manuelle et intellectuelle dans leur poste de travail et celles des tâches d'exécution comparées à celles d'autorité et de commandement. À mesure qu'ils s'élèvent dans leur hiérarchie, les employés finissent par changer de nom : ils deviennent cadres puis dirigeants d'entreprise. Ils n'en restent pas moins au sens général des employés d'une entreprise ou d'une organisation. Le fait qu'ils cessent d'être appelés employés témoigne de ce que le terme n'est aujourd'hui utilisé que pour les activités de service, d'exécution et non de décision.

● La prolifération du nombre des employés est indissociable de la montée des classes moyennes en même temps d'ailleurs que de la bureaucratie.

➜ **page :** ***204.***

Endogamie, exogamie

Obligation de se marier dans un groupe social déterminé (endogamie) ou hors de ce groupe (exogamie).

● L'exogamie se justifie par la prohibition de l'inceste qui elle-même s'explique par les troubles biologiques qui accompagnent la reproduction consanguine. Mais cette prohibition de l'inceste est aussi une règle de réciprocité (Lévi-Strauss). La femme que l'homme d'un groupe se refuse et que le groupe lui-même lui refuse est par là même destinée à être épousée et fécondée par un homme appartenant à un autre groupe. Endogamie et exogamie ne font donc que définir les domaines du rapprochement entre des êtres de sexe opposé.

Entrepreneur, entreprise

Organisation où un ensemble de facteurs de production est constitué sous l'autorité d'un individu (l'entrepreneur) ou d'un groupe (conseil administration, directoire, comité de direction), afin de produire des biens ou des services.

Dico

Entrepreneur, entreprise

● L'entreprise se différencie de l'établissement (usine, fabrique, fonds de commerce, succursale, agence...), dont le contenu est purement technique. Une entreprise peut compter un ou plusieurs établissements.

● Le type de production est la caractéristique essentielle d'une entreprise. On en compte quatre principales – agriculture, industrie, services non financiers, services financiers – qui définissent quatre catégories d'entreprises : les entreprises agricole, industrielle, commerciale et financière. Chacune de ces entreprises a des modes de fonctionnement particuliers. L'entreprise agricole est, plus que toute autre, soumise aux caprices de la nature. L'entreprise industrielle a une organisation dont la complexité dépend, dans une très large mesure, de la nature des produits qui en sont issus. L'entreprise commerciale rencontre moins de problèmes techniques (ceux de la fabrication) que des problèmes de distribution. L'entreprise financière, enfin, qui fait commerce des actifs financiers, échappe à la fois aux problèmes techniques et à ceux de la distribution; Ses problèmes sont de sécurité et de contrôle.

● L'entreprise se caractérise par son statut juridique. Elle peut être privée ou publique. L'entreprise publique appartient à l'État ou à des personnes morales de droit public (dont le nombre et la variété s'accroissent sans cesse). L'entreprise privée appartient à des individus (entreprises individuelles) ou à des personnes morales de droit privé, essentiellement des sociétés.

● Les différents types de sociétés (en nom collectif, SARL, société anonyme) ne sont pas sans importance pour apprécier les modes de fonctionnement : le statut fiscal, notamment, propre à chacune de ces formules juridiques, exerce une influence notable sur la dévolution du profit.

● Il existe, cependant, une relation entre le statut juridique et la nature des activités. Dans la mesure où celle-ci implique une certaine dimension, elle appelle aussi un statut juridique particulier. Dès que l'entreprise atteint une grande dimension, elle est, presque toujours, la propriété d'une personne morale (les sociétés).

● L'activité de l'entreprise consiste à utiliser au mieux ses facteurs de production (biens matériels, force de travail et connaissances) pour créer un flux de produits ou de services dont la vente lui assure un profit. L'ensemble des opérations de ventes et d'achats est recensé au moyen de la comptabilité, dans le compte d'exploitation.

● La continuité de l'entreprise dépend de l'existence des profits. Une différence importante existe, à cet égard, entre l'entreprise privée et l'entreprise publique. L'obtention d'un profit est, pour l'entreprise privée, le premier mobile de son activité. On doit donc considérer que l'entrepreneur cherche à rendre maximal son profit, dans le court et dans le long terme. Il y parvient en mettant en œuvre toutes les actions qui abaissent ses coûts à long comme à court terme et augmentent ses ventes à un prix donné. La politique des coûts est du domaine technique : amélioration des conditions d'utilisation des facteurs de production existants, achat de nouveaux facteurs (investissement). La politique des ventes comprend la publicité, l'amélioration des canaux de distribution et la production de nouveaux produits. Un délicat problème de choix entre ces différentes politiques se pose toujours. Ainsi s'explique le développement des techniques appliquées du calcul économique (cf. Calcul économique).

● La création des entreprises publiques obéit le plus souvent, à deux motifs : produire les biens et services négligés par l'initiative privée (transports, enseignement), ou se substituer à elle pour des raisons diverses allant de la pénalisation jusqu'au souci de l'intérêt collectif (nationalisation).

● L'entreprise publique peut déterminer une politique de prix qui ne lui assure aucun profit et même qui la mette en perte. Exemple : certains tarifs publics en France à l'heure actuelle (RAT., chemins de fer). Les pertes éventuelles sont alors prises en charge par les finances publiques.

● Une évolution très nette de la politique des entreprises publiques se dessine aujourd'hui. Dans les économies où elles coexistent avec des entreprises privées, la résistance se fait chaque jour plus grande à l'emploi de politiques qui négligent le profit. Désormais, on s'attache à mener une politique de « vérité des prix » qui n'est autre que de refléter le souci des entreprises publiques de voir leurs recettes devenir supérieures à leur coût de production.

● En fait, c'est à une évolution rapide de la fonction d'entreprise, qu'elle soit privée ou publique, que l'on assiste aujourd'hui, celle qui met en cause l'entrepreneur lui-même. Le terme d'entrepreneur suggère, en effet, un centre de décision individuel et responsable de ses décisions. Tel était, en effet, l'entrepreneur des débuts de la révolution industrielle et même d'une bonne moitié du XIXe siècle : un homme, généralement propriétaire de la totalité du patrimoine de l'entreprise, qui prenait, seul, des décisions et en enregistrait, seul, les résultats. Aujourd'hui, il n'est plus de doute : l'entrepreneur n'est plus cet homme seul que l'on se plaît encore à évoquer. La fonction d'entrepreneur connaît en raison du progrès technique et des faits de concentration :

– une complexité croissante : le nombre des informations nécessaires à l'élaboration de la politique de l'entreprise croît sans cesse ; celles-ci au surplus deviennent d'une manipulation difficile et automatisée ;

– une collectivisation croissante : l'ampleur de la tâche est telle que l'entrepreneur ne peut plus préparer seul sa décision. Il en confie le soin à d'autres, les cadres supérieurs de l'entreprise, chargés de suivre les problèmes posés par les divers aspects techniques, financiers, comptables, commerciaux de la gestion. Par là même, la décision a souvent beaucoup plus l'allure d'un arbitrage entre

les désirs des divers cadres supérieurs que d'une décision entièrement personnelle ;
– une dépendance croissante à l'égard d'autres centres de décision parmi lesquels l'État joue un rôle de choix.
➜ **pages : *206, 256, 262, 266.***

Épargne

Partie du revenu qui n'est pas utilisée à consommer.

• Dans une économie sans monnaie, le revenu d'un individu n'est autre que la somme des biens réels que son travail lui permet d'acquérir. L'épargne est alors la totalité des biens réels non utilisables aux fins de consommation. Si Robinson sur son île consacre, pendant un jour, huit heures de travail à satisfaire ses besoins physiologiques et trois heures de travail à l'édification d'un chemin d'accès à la mer, ce chemin est à la fois l'investissement et l'épargne du jour.

• Dans une économie où le revenu est monétaire, celui qui épargne n'est pas forcément celui qui investit. Tout individu, en effet, peut utiliser son revenu monétaire des quatre façons suivantes : il peut consommer ; il peut acheter des biens de production ; il peut acheter des créances (actions ou obligations) ; il peut thésauriser.

• Si on envisage le phénomène non plus individuel mais collectif de l'épargne, on retrouve une stricte égalité entre l'investissement national et l'épargne nationale.

• En effet, la production nationale mesure la totalité des biens réels produits, biens de consommation (C) et biens d'investissement (I) ; le revenu national mesure la totalité des revenus dont l'affectation peut être de consommer (C) et de ne pas consommer, c'est-à-dire épargner (S).

• On appelle fonction d'épargne la relation existant entre l'épargne et le revenu. Cette relation peut être individuelle (fonction d'épargne individuelle) ou collective (fonction d'épargne nationale). On observe que l'épargne individuelle varie suivant les classes de revenu et qu'au plan national l'épargne est une proportion variable du produit national selon les pays (6 % aux États-Unis et plus de 30 % au Japon).

• L'épargne dépend d'autres variables que le revenu national courant, notamment du niveau attendu des prix (l'inflation attendue diminue le taux d'épargne) et du niveau de revenu le plus haut jamais atteint (ce facteur ne jouant qu'en cas de récession ou de dépression). Elle dépend aussi du niveau de sa rémunération (taux d'intérêt ou de la rentabilité des actions, faite des dividendes et des plus-values éventuelles.)

• L'évolution des nations développées montre le rôle croissant de l'épargne non individuelle (sociétaire et publique). Elle montre aussi l'importance permanente de l'épargne involontaire (ou forcée) comparée à celle de l'épargne volontaire (celle des ménages notamment). L'épargne forcée est celle qui est imposée à l'ensemble des individus par des décisions (la fiscalité) ou des événements (l'inflation). L'inflation, lorsque la hausse des prix est plus rapide que celle des revenus, diminue les possibi-

lités de consommation des individus.
- La situation actuelle des économies nationales montre enfin l'accroissement constant d'une épargne dite non discrétionnaire, faite de versements contractuellement obligatoires sur une longue durée (assurance vie, plan d'épargne logement...).

➜ **pages** : *282, 348, 358, 360.*

Équilibre économique

On dit d'un système constitué par les interrelations de plusieurs variables qu'il est en équilibre lorsque ce système revient à son état initial après s'être modifié sous l'influence de la variation d'une ou de plusieurs de ces variables.

Deux équilibres, au moins, méritent d'être décrits en détail :

- Le premier est l'*équilibre de l'école néoclassique* (dit aussi équilibre concurrentiel). Il est la description de la situation finale vers laquelle tend, plus ou moins vite, une économie qui connaît à la fois la totale liberté de choix du consommateur et la multiplicité des entreprises dans chaque secteur de production.
– Si les goûts ou les nombres de biens changent, l'équilibre initial est détruit mais un nouvel équilibre s'instaure. Si, par exemple, un nouveau bien apparaît et si sa production assure, du fait des goûts des consommateurs, un profit élevé à la première entreprise qui songe à le produire, la répartition de la consommation va se modifier, ainsi que le nombre des entreprises produisant le produit nouveau (les nouvelles entreprises sont attirées par les profits) jusqu'à ce qu'un nouvel « état d'équilibre » s'établisse.
- Le second est l'*équilibre keynésien*. Il peut être décrit comme une situation déterminée uniquement par l'investissement. Keynes énonce, en effet, que le produit national est déterminé par l'investissement qui, à son tour, détermine l'épargne. Ainsi, le sous-emploi est possible si le niveau d'investissement n'est pas suffisant.
Pour Keynes, tous les « équilibres » sont possibles aussi bien bons que mauvais (chômage). Aussi est-il du devoir du gouvernement d'assurer par des politiques économiques appropriées (augmentation de l'investissement, public et privé) l'instauration d'un « bon » équilibre (plein emploi).
- Chacun de ces deux « équilibres », contient un grand nombre d'équilibres partiels, ceux des différents agents de l'économie nationale.
Ainsi, on appelle :
– ***équilibre partiel*** la situation d'un marché (ou secteur) où la confrontation de l'offre et de la demande a déterminé à la fois le prix et la quantité produite. Le contenu de l'équilibre (le prix et la quantité) dépend de l'offre et de la demande ;
– ***équilibre de l'entreprise*** la situation stable où le prix de vente et le volume de la production sont déterminés. Le contenu précis et les modifications de cet équilibre dépendent du type d'entreprise et du secteur ;
– ***équilibre du ménage*** la situation stable où, pour un revenu individuel donné et à des prix donnés, la répartition du revenu entre consommation et épargne d'abord, puis entre diffé-

rents types de consommation et différentes formes d'épargne est déterminée. Cette situation change évidemment avec la modification du revenu et des prix ;

– *équilibre international* la situation où la balance des paiements est telle qu'un pays peut effectuer tous ses paiements à l'extérieur avec le seul usage des paiements qui lui sont faits (absence de solde positif ou négatif) ;

– *équilibre budgétaire* la situation où les dépenses publiques égalent exactement les recettes publiques ;

– *équilibre social* la situation d'une société dans laquelle l'ensemble des individus et des organisations qui la composent vivent sinon en harmonie totale du moins sans y provoquer de conflits d'une intensité telle qu'ils dégénèrent en violence verbale et surtout physique.

→ **page** : *356*.

Ethnologie

Science sociale qui étudie les groupes humains.

• Son objet consiste donc à recenser, classer et, surtout, à éclairer le rôle des groupes humains dans divers domaines : la biologie, la sociologie, l'espace... Aussi parle-t-on d'ethnobiologie, d'ethnosociologie. La frontière entre ethnologie, sociologie et anthropologie n'est pas franche.

Euro-monnaie, euro-dollars (marché des, du)

Monnaie détenue par un ressortissant d'un autre pays que celui d'émission ou, si le détenteur et la monnaie ont la même nationalité, qui est déposée dans une banque étrangère.

• Ainsi, un euro-dollar est un dollar qui appartient à un non-Américain ou à un citoyen américain mais déposé dans une banque autre qu'américaine. Malgré leur nom, les euro-monnaies ne concernent donc pas que l'Europe mais tous les pays.

• À l'origine (vers 1960), c'est-à-dire au moment où les grands pays industriels instauraient la liberté des changes, le marché des euro-monnaies était un marché financier à court terme dont les opérations consistaient essentiellement en des arbitrages entre les différents taux d'intérêt de chacun des marchés nationaux.

• Aujourd'hui, le terme s'est banalisé sous l'effet de la mondialisation et de la libre circulation généralisée des monnaies. Si un dollar peut se promener quand il veut, où il veut dans le monde, s'il peut notamment entrer et sortir à volonté des États-Unis, un dollar est un dollar. La création de l'euro devrait s'accompagner de celle d'euro-euros, soit d'euros détenus ailleurs que dans la partie de l'Europe dont il est la monnaie.

Évaluation

Procédé de mesure de la valeur d'un bien.

• On compte quatre modes d'évaluation d'un bien : évaluation au prix du marché, évaluation comptable, évaluation au coût de remplacement et évaluation subjective.

• *L'évaluation au prix de marché* n'est autre que le prix auquel un bien donné est vendu, ou pourrait être vendu sur un marché donné. Cette évaluation se heurte cependant aux difficultés suivantes :

1. Il est des biens dont le prix de marché est contrôle ou fixé par la puissance publique.

2. Il est des biens dont un tout petit nombre seulement, comparé à celui des biens existants, fait l'objet de transactions sur un marché (par exemple un terrain). L'évaluation de tous les biens existants, à un prix qui se détermine à partir d'un petit nombre de transactions, est contestable puisque, si tous les biens étaient offerts, le prix ne serait pas celui auquel on les évalue.

3. Il est des biens qui n'ont pas de marché : les biens usagés en nombre insuffisant pour être l'objet d'un marché d'occasion.

L'évaluation comptable

- Celle-ci a pour objet de résoudre le problème de l'évaluation continue d'un bien au fur et à mesure de son vieillissement. Elle permet de lever l'objection précédente (3). Il s'agit d'estimer la décroissance continue de l'évaluation du bien à partir de sa date d'acquisition. Les procédures d'évaluation dépendent des modalités de la dépréciation (linéaire, croissante...) retenues.
- Cette évaluation se heurte aux objections suivantes :

1. Les procédés d'amortissement ne reposent pas sur l'observation de la réalité, mais dépendent essentiellement de considérations fiscales. L'amortissement étant déductible du profit taxable, le taux d'amortissement est généralement plus élevé qu'il ne devrait.

2. En revanche, la référence à ce prix d'acquisition devient très imparfaite dès que le niveau général des prix varie, notamment en cas d'inflation. L'évaluation comptable est alors trop faible.

3. Enfin, certains biens n'ont pas d'évaluation comptable alors qu'ils constituent un élément essentiel de la richesse de l'entreprise : les connaissances détenues par les êtres qui les utilisent.

L'évaluation au coût de reproduction

- Pour les biens qui n'ont pas de marché ou dont l'évaluation comptable est sans signification, l'évaluation au coût de reproduction est alors celle de la somme des facteurs de production qu'il faudrait pour le produire. Elle intéresse donc les biens anciens, sans marché, non produits au moment de l'évaluation.
- Les critiques qui lui sont adressées sont :

1. Il est des biens dont le coût de reproduction n'est pas calculable, par exemple parce que les facteurs de production ont disparu.

2. Le coût de reproduction est souvent beaucoup trop élevé – ce qui explique précisément pourquoi un bien n'est pas reproduit sous son ancienne forme mais sous une nouvelle.

3. L'évaluation au coût de reproduction fait fi des progrès techniques dans la mesure où « ce qui n'est plus produit » a été remplacé par des biens nouveaux préférables, soit parce que leur coût est inférieur, soit parce qu'ils satisfont mieux, à coût constant ou croissant, la demande.

L'évaluation subjective

- C'est l'évaluation « théorique » : la valeur d'un bien est la somme des satisfactions (ou recettes) escomptées qu'il apporte à un individu.
- Les limites et défauts de cette évaluation tiennent aux points suivants :

1. Il est bien difficile à un individu d'associer une quantité donnée de satisfactions ou de recettes à un bien donné.

2. La prévision est toujours aléatoire.

3. Le taux d'escompte (ou d'actualisation), par essence subjectif, est indéterminé.

Aussi cette évaluation reste très théorique et plus propre à des discussions sur la valeur qu'à sa mesure.

Expansion

Phase de la fluctuation caractérisée par la prédominance des mouvements de hausse des prix, des profits, des dépenses d'investissement, de la production, de l'emploi, du revenu et de la consommation.

- La phase d'expansion se déroule selon un processus cumulatif lié à l'accroissement de l'investissement, de la consommation ou des exportations. La poursuite de l'essor concerne en général les industries de biens d'équipement et de biens de consommation durables ; l'investissement est favorisé par des anticipations favorables de profit que suscitent les hausses de prix. La demande croissante incite les entreprises à augmenter la production nécessaire à la vente et à la formation de stocks. Il leur faut alors faire appel à des organismes de crédit pour couvrir leurs besoins de financement.
- Puis suivent une phase d'essoufflement, alors que s'accroissent avec un délai inévitable les possibilités de production et que la consommation tend à croître moins rapidement qu'au premier stade de l'essor ; les entrepreneurs vont être ainsi amenés à réduire leurs ambitions. Les banques qui au début de l'expansion prêtaient généreusement deviennent plus prudentes et prêtent désormais à des taux d'intérêt plus élevés.
- Ces raisons conduisent à l'arrêt de l'expansion puis soit à la crise (XIXe et première moitié du XXe siècle), soit à la récession, qui voit seulement la diminution du rythme de croissance.

Fait social

Concept de base censé définir l'objet de la sociologie et contenu déjà de façon implicite dans l'œuvre d'Auguste Comte.

- Chez Durkheim, considéré comme ayant définitivement établi la sociologie dans le champ des recherches sociales, on trouve une définition du fait social. Est fait social toute manière de faire, fixée ou non, susceptible d'exercer ou non sur l'individu une contrainte extérieure. Le fait social s'impose donc de l'extérieur sur les comportements individuels. Il est le produit de la vie des groupes. Il alimente les représentations collectives qui encadrent et englobent les consciences individuelles.
- Les faits sociaux sont considérés et traités par le sociologue comme des choses. Pour Durkheim, « ces choses » s'expliquent les unes par les autres, ce

qui justifie l'existence même de la recherche sociologique.

● Le fait social total est une notion qui a été développée plus tard en particulier par Marcel Mauss. Ces faits sociaux totaux ou généraux sont à la fois juridiques, économiques, religieux, culturels et même artistiques. Ce sont d'après Mauss des « touts », des systèmes sociaux entiers qui ont leurs modalités propres de fonctionnement et d'évolution.

Famille

Organisation de nature biologique qui comprend deux êtres de sexe opposé (en règle très générale) et leur descendance. Organisation sociale de base, elle a reçu à ce titre reconnaissance et protection juridique (droit de succession, régimes matrimoniaux...).

● La dimension de la famille a évolué au cours des âges au gré des phénomènes démographiques et socioculturels, de plus en plus dépendant de considérations économiques à partir de la révolution industrielle. En deux siècles, sa dimension s'est réduite : grande famille à plusieurs enfants puis aujourd'hui famille limitée à un ou deux enfants, dite famille nucléaire.

● Depuis une vingtaine d'années environ, d'autres formes de cohabitation affective se sont ajoutées plus que substituées à la famille traditionnelle. Aux États-Unis, il s'agit surtout de familles recomposées et de formes de vie communautaire entre des personnes de même sexe. Ces nouvelles unités affectives viennent de recevoir en France une reconnaissance juridique : le Pacs.

➜ **pages :** ***198, 200, 400.***

Fécondité

Aptitude à se reproduire.

● Pour ce qui concerne l'être humain, les démographes caractérisent l'intensité de cette disposition par l'intermédiaire du taux de natalité (nombre d'enfants rapporté à la population totale) et surtout les taux de reproduction brute et nette (nombre de femmes en âge d'en avoir).

➜ **page :** ***200.***

Filiation

Lien qui unit le père et la mère à leurs enfants.

➜ **page :** ***198.***

Fluctuation

Mouvement oscillatoire de l'activité économique.

● L'analyse statistique des mouvements économiques a mis au jour l'existence de fluctuations de durée variable :
– des fluctuations longues (50 à 60 ans);
– des fluctuations intermédiaires (18 à 20 ans);
– des fluctuations courtes (1 à 12 ans).

Les fluctuation longues

● L'étude des mouvements économiques sur plus d'un demi-siècle fait apparaître pour tous les pays industrialisés une tendance fondamentale à l'accumulation. Cependant, cette tendance connaît des oscillations à long terme, d'une période d'une cinquantaine d'années, appelées quelquefois cycles de Kondratieff.

Dico Fluctuation

● Les fluctuations longues sont les fluctuations typiques de la production et des prix, dont les phases alternées de hausse et de baisse apparaissent nettement dès 1790 :
Hausse de 1790 à 1815. Baisse de 1815 à 1849. Hausse de 1850 à 1873.
Baisse de 1873 à 1896. Hausse de 1896 à 1925. Baisse de 1925 à 1940. Hausse de 1940 à 1973. Baisse de 1975 à 2000. Hausse de 2000 à 2025 ?
Certains expliquent ces fluctuations en remarquant que chaque phase d'essor est liée à une innovation importante (1790-1815 : début des fours à bois dans la métallurgie ; 1849-1873 les chemins de fer ; 1896-1925 : électricité, automobile ; 1940 : l'énergie atomique...). D'autres ont recours à des facteurs monétaires : ainsi, la hausse de 1850-1873 serait due à la découverte des mines d'or de Californie, et la baisse de 1873-1896 au fléchissement de la production d'or et à l'abandon de l'argent comme monnaie par certains pays. La hausse qui commence en 1896 est expliquée par l'émission de papier-monnaie et l'afflux de l'or du Transvaal. La baisse de 1925 à 1940 apparaît comme la suite de la Première Guerre mondiale. Et la hausse de 1940 à 1973 comme celle de la Seconde.

Les fluctuations courtes

● Les fluctuations courtes sont les mieux connues. À partir de 1945, l'ère des crises et des dépressions semble terminée, les contractions économiques durent moins longtemps et leur intensité est moindre ; la récession devient l'accident le plus fréquent de la croissance des économies développées, et toute étude des fluctuations courtes s'intègre désormais à une théorie de la croissance.

● Les fluctuations courtes sont formées de phases alternées d'expansion et de contraction de l'activité économique se déroulant selon un processus cumulatif : les phases de hausse et de baisse s'entretiennent et se renforcent d'elles-mêmes (la hausse engendre une hausse plus forte, la baisse suscite une baisse plus profonde ; le point haut s'appelle l'acmé, le point bas la reprise). Les fluctuations courtes sont récurrentes. Elles se succèdent avec une régularité de 7 à 10 ans.

● La complexité et la diversité caractérisent la fluctuation courte : toutes les activités économiques ne suivent pas le rythme général de la fluctuation (les activités agricoles par exemple, liées à la nature, au temps, sont indépendantes). Si quelques mouvements sont synchronisés (profits des sociétés, produit national brut, chômage), certains sont en avance (indice des prix de gros, production automobile, commande des biens d'équipement industriels...), d'autres en retard (les revenus des particuliers, les stocks, les ventes au détail).

● La diversité de ces fluctuations s'apprécie particulièrement dans sa durée (durée différente de chacune des phases, durée variable pour un même pays et de pays à pays) et dans son amplitude (l'amplitude du mouvement de la production est le double de celle du mouvement des prix).

● Aussi a-t-on été amené à concevoir, à l'intérieur des fluctuations courtes, des fluctuations majeures à durée longue (6 à 11 ans) et à amplitude forte, et des fluctuations mineures de durée plus courte (2 à 5 ans) et de faible amplitude.

● Depuis la Seconde Guerre mondiale, l'influence de la conjoncture américaine s'est faite plus sensible, que ses partenaires soient des pays développés ou en voie de développement ; en effet, selon leur structure économique, les pays sont plus ou moins dépendants des fluctuations extérieures :

– Pays peu sensibles aux fluctuations extérieures : ils se caractérisent par la faible importance du secteur international dans leur économie (pourcentage réduit des importations dans la production intérieure). Les États-Unis et le Japon ont des économies qui tendent à se suffire à elles-mêmes ; leurs fluctuations sont d'origine purement interne. Elles constituent souvent des foyers de propagation internationale de la fluctuation. Ainsi, l'accroissement de l'activité économique des États-Unis peut stimuler l'activité d'autres pays, et la baisse de son revenu national est susceptible d'entraîner, par la chute de ses importations, leur dépression.

– Pays sensibles aux fluctuations extérieures : les économies développées dont l'activité interne dépend assez étroitement de leurs exportations (Royaume-Uni, France, Allemagne) et dont la production exige d'importantes importations. Également les économies des pays en voie de développement où les récessions des pays développés provoquent la chute de leurs exportations de matières premières et de leurs prix. Ces économies ont besoin des investissements de pays étrangers dont l'importance dépend de la propre conjoncture de ces pays.

➜ *Croissance.*

Fonction

L'établissement de fonctions entre les variables économiques est apparu très tôt comme l'un des objectifs de la science économique.

● Ce n'est qu'avec les développements de l'économétrie que de telles fonctions sont mesurées. La difficulté de leur élaboration, outre celles inhérentes à la mesure des phénomènes, provient de la multiplicité des variables qu'il faut retenir pour expliquer la détermination et la variation de l'une d'entre elles. Les principales fonctions mesurées aujourd'hui sont les fonctions de consommation, d'investissement, de production, d'épargne et d'importation.

L'utilisation de ces fonctions doit être faite avec précaution, étant donné leur modification souvent rapide.

➜ *Consommation, Économétrie, Épargne, Investissement.*

Gaspillage

Mauvaise utilisation des ressources économiques.

● Une situation de gaspillage est celle où les facteurs de production ne sont pas totalement utilisés (sous-emploi des facteurs) ou mal utilisés (des productions socialement ou individuellement très utiles sont négligées au profit de productions superflues).

● Le respect du « principe de non-gaspillage » signifie que, pour une production donnée, on rende la consommation des facteurs minimale, ou que pour une combinaison donnée de facteurs, on choisisse le procédé délivrant la production maximale. Le chômage et la sous-utilisation des moyens de production sont considérés comme un gaspillage social devant être combattu. De plus, le chômage présente des effets sociaux particulièrements nocifs.

→ page : *258.*
→ *Calcul économique.*

Habitus

Ensemble des dispositions qui trouvent en général leurs racines dans la mémoire (individuelle ou collective).

● Ces dispositions déterminent les modes de perception, d'évaluation et d'action des individus.

● Plus simplement exprimé que dans l'analyse sociologique rationelle, l'habitus est une manière d'être.

→ pages : *296, 416.*

Historisme

Doctrine faisant de la connaissance historique le moyen privilégié de la recherche économique et sociale.

● Ce mouvement eut comme précurseur en France Sismondi et Comte ; ce dernier, en réaction contre les méthodes déductives abstraites des classiques anglais, voulait replacer les sciences sociales dans leur contexte historique. C'est en Allemagne, toutefois, que le mouvement historiste se développa et prit toute son ampleur en réaction contre l'école classique anglaise.

● Les chefs de file de l'école historique allemande, Roscher, Hildebrand et Schmoller, optèrent pour une approche empirique basée sur une analyse des faits concrets. Ils s'attachèrent à analyser les activités de groupe. Cette tendance s'accentuant peu à peu, le mouvement en vint à accorder une importance capitale au nationalisme (List). C'est là sans doute la raison pour laquelle le mouvement historiste est resté un mouvement proprement germanique.

Holisme

Postulat méthodologique selon lequel un ensemble de choses, d'êtres, de groupes, d'institutions…, présente un fonctionnement et une évolution qui ne peuvent être expliqués par quelque combinaison que ce soit (addition, multiplication, association…) des éléments qu'il contient.

● Il s'agit bien d'un postulat qui admet que tout ensemble, du simple fait qu'il existe, a un comportement qui lui est pour partie propre et qui ne saurait être rapporté réduit à ceux des éléments qui le constituent.

● L'attitude holiste est d'une certaine

façon anthropomorphique : elle prête à un ensemble, à un groupe, à une organisation, une espèce de vie intérieure comparable à celle des êtres vivants.

➜ **page** : *418.*

Homo-oeconomicus

Homme idéal, «parfaitement» rationnel, utilisé par de nombreux économistes du XIXe siècle.

● L'*Homo-oeconomicus* abstrait a servi à l'élaboration des théories économiques qui ont décrit la façon dont l'individu calcule et agit, au sein d'un environnement sur lequel il est sans action, de façon à optimiser sa satisfaction.

● C'est à juste titre que l'on a critiqué cet automate, vivant dans un monde d'égaux réagissant tous de la même façon aux signaux du marché.

● Chacun admet aujourd'hui que tout être humain est avant tout un sujet agissant, et non plus passif, qui, face à un avenir incertain, essaie de prévoir et d'anticiper et qui, de plus, appartient à un groupe social qui détermine en partie ses actes. De la même façon, on distingue maintenant différents degrés de rationalité dans le comportement économique des individus.

➜ ***Calcul économique.***

Idéologie

Terme apparu en 1796 sous la plume de Destutt de Tracy (1754-1836) dont l'ambition était de fonder une science de l'étude des idées. Les idées étaient alors définies dans leur sens général de faits de conscience.

● L'idéologie, dès sa naissance, appartient donc à l'histoire de la philosophie. Elle se donne comme objectif d'étudier l'origine, la nature, le contenu et l'usage de toutes les idées sociales, c'est-à-dire ayant une existence propre dans une société donnée à un moment donné.

● Avec Marx, le terme prend un contenu spécifique à la fois plus général et plus particulier. Plus général en ce sens que pour Marx l'idéologie n'est pas propre à une société mais à tout groupe, en particulier aux classes sociales et aux partis politiques. L'idéologie a donc par nature un contenu engagé. Elle est un ensemble d'idées légitimant l'action d'une classe, d'un groupe, d'un parti et, pour ce faire, discréditant les partis ou les groupes dont les intérêts lui sont opposés. L'idéologie prend alors un sens beaucoup plus politique qui, à l'apparition de tous les moyens de communication actuels, s'impose lentement au détriment des autres sens.

● Avec Max Weber, l'idéologie revient à ses origines, à l'abstraction et à la philosophie. Cet auteur propose un concept nouveau – l'idéal type – qui doit être considéré aujourd'hui comme l'ancêtre du paradigme. L'idéal type de Max Weber n'a rien à voir avec l'action. Il concerne la compréhension du monde qui contient toujours une part de subjectivité, celle du chercheur, et une spécificité dont on ne peut jamais percevoir tous les détails. Tout chercheur en sciences sociales a besoin d'un instrument purement intellectuel pour organiser, évaluer, ordonner la réalité ; il a besoin d'une construction théorique, d'un tableau idéal, disait Weber, d'un cadre général de référence, d'un paradigme dit-on plus volontiers aujourd'hui.

➜ *Paradigme.*

Impôt

Prélèvement pécuniaire obligatoire, définitif et sans contre partie immédiate sur les ressources des personnes physiques et morales, propre à couvrir les dépenses d'intérêt général d'une collectivité.

● L'impôt a longtemps été conçu comme une sorte de contrat passé entre les individus et l'État en vue d'une garantie d'ordre et d'organisation (les « contributions »). Aujourd'hui, il est perçu par voie de contrainte et représente davantage les nécessités de la solidarité collective. Il a d'autre part perdu son caractère strictement financier et devient de plus en plus un instrument de politique économique et sociale.

● Techniquement, la perception de l'impôt suppose trois opérations successives :

1. La détermination de la matière imposable (assiette de l'impôt) ;

2. La fixation du tarif applicable et la mesure du prélèvement (liquidation de l'impôt) ;

3. La rentrée de l'impôt dans les caisses publiques (recouvrement de l'impôt).

● Selon la matière imposable, on distingue :

– les impôts sur le capital : plus-values, droits de succession, impôt sur le patrimoine (ISF) ;

– les impôts sur le revenu : revenu individuel et profits des sociétés ;

– l'impôt sur la dépense (TVA).

● Une distinction plus commune oppose les impôts directs et les impôts indirects. L'impôt direct est perçu par l'administration des contributions directes par voie de rôle nominatif, à date fixe et ne peut être répercuté.

L'impôt indirect (TVA) est perçu par l'administration des contributions indirectes à l'occasion de faits ou de circonstances et de manière intermittente, le contribuable pouvant le rejeter sur d'autres.

● Avec la hausse des niveaux de développement se produit souvent un déplacement dans l'origine des ressources fiscales nationales au profit des impôts directs et aux dépens des impôts indirects.

● Selon l'usage fait par l'État des ressources qu'il tire de l'impôt, celles-ci peuvent être considérées :

– soit comme le coût de fonctionnement des services collectifs mis à la disposition du pays (éducation, défense, administration générale) ;

– soit comme un moyen de transfert et de redistribution des revenus (dépenses d'assistance) ;

– soit enfin comme une épargne forcée lorsqu'elles servent à financer des investissements d'infrastructure.

➜ *Budget.*

Individualisme méthodologique

Prise de position méthodologique selon laquelle les phénomènes

sociaux ne doivent pas être considérés comme déterminés par des groupes mais par des actions, des comportements, des stratégies d'un grand nombre d'acteurs individuels.

● Ce principe considère que tous les phénomènes sociaux doivent être interprétés dans leur origine, leur contenu et leur évolution comme le résultat d'interactions entre des comportements individuels ; il s'agit d'une critique de l'utilisation presque exclusive du groupe dans l'analyse sociologique prévalante. Elle ouvre la voie à la théorie des organisations.

➜ **page :** *418.*
➜ *Organisation.*

Industrie

Ensemble des unités économiques de production qui, par l'usage de facteurs (capital et travail), transforment des biens réels (matières premières) en d'autres biens réels d'une utilisation à des fins intermédiaires (biens semi-finis) ou finales (biens de consommation ou d'investissement).

● On distingue communément l'industrie lourde de l'industrie légère. L'industrie lourde suppose des équipements complexes et coûteux, nécessaires à la transformation des matières premières (la sidérurgie). L'industrie légère, mécanique par exemple, implique, elle, moins d'installation et élabore des produits plus proches de la demande finale.

● Le terme d'industrie s'utilise également pour désigner des types spécifiques d'activités (industrie chimique, alimentaire, spatiale, etc.). La notion tend alors à rejoindre celle de secteur d'activité.

➜ **page :** *420.*
➜ *Entrepreneur, Entreprise, Secteur.*

Inflation

Processus cumulatif et durable de hausse des prix.

● Pendant le XIXe siècle, l'inflation était limitée aux moments d'essor. Les prix baissent durant la crise, les prix restaient stables à long terme. Durant l'entre-deux-guerres, l'inflation a pu connaître des rythmes particulièrement élevés, inconnus jusque là ; ainsi, en Allemagne, qui connut une hyperinflation durant les années 1920, les prix ont pu être multipliés par cent, voire mille en une seule journée.

● Depuis 1945, l'inflation a connu trois périodes. Relativement stable et limitée (entre 3 et 6 %) jusqu'en 1968, puis accélérée entre 1968 et 1980, elle a connu cette dernière décennie une décélération notable (désinflation). Depuis dix ans, les prix ont cessé de monter de façon significative dans les pays développés.

● L'inflation est causée par un excès de la demande effective par rapport à l'offre réelle de biens et services ou par une augmentation des coûts ; ces deux phénomènes ne s'excluant évidemment pas, leurs combinaisons au cours du processus inflationniste dépendent des structures de l'économie.

Inflation par excès de la demande

● L'inflation naît de l'incapacité où se trouve l'offre de biens et services à satisfaire la demande aux prix courants. On peut dans un premier temps envisager cet excès à l'échelle de l'économie tout entière, puis pour plus de précisions le dissocier par secteurs d'origine.

– Excès de la demande globale

Il résulte d'un supplément de pouvoir d'achat que les agents économiques ont pu se procurer, soit en acceptant d'écouler des liquidités thésaurisées, soit en vendant des éléments de leur patrimoine (effet de richesse), soit en bénéficiant de monnaie supplémentaire mise en circulation par le système bancaire, lors de l'accroissement par exemple des dépenses publiques, des dépenses d'investissements privés financés par le crédit bancaire, ou lors d'un échange de devises contre de la monnaie nationale.

Que l'initiative vienne du système bancaire ou des agents économiques, le gonflement de la demande n'entraînera une hausse de prix que si l'offre (production ou importation) ne peut s'accroître d'une quantité suffisante. L'utilisation complète des capacités de production, le plein emploi de la main-d'œuvre, l'insuffisance des stocks, l'impossibilité de faire appel à l'importation, contribuent à des degrés divers selon les circonstances à freiner l'augmentation nécessaire de l'offre et à faire naître puis se développer l'inflation.

– Excès sectoriels de la demande

L'excès de la demande sur l'offre dans un ou plusieurs secteurs peut s'accompagner d'inflation lorsque des hausses de prix qui s'y manifestent se propagent dans l'économie tout entière.

Inflation par les coûts

• L'inflation trouve son origine dans l'augmentation des coûts de production, indépendamment de tout excès de la demande globale. La hausse des coûts de production peut provenir de différentes sources. Hausse des prix d'importation des matières premières, relèvement du prix de certains services (prix des transports, prix des loyers), hausse des revenus (salaires ou profits).

– La hausse des salaires

Lorsque la productivité du travail s'accroît dans une économie, on peut envisager une augmentation correspondante des taux de salaire, les prix demeurant stables ; on peut même ne pas changer les taux de salaire mais opérer une baisse des prix, et éviter dans ces deux cas l'inflation. Alors que le XIXe siècle et les auteurs libéraux préfèrent la seconde solution, le XXe siècle retient la première ; la préférence pour une baisse des prix se justifie par le fait que celle-ci profite à tous alors que la croissance des salaires n'est bénéfique que pour les seuls salariés. En croissance rapide, la hausse des salaires dans les secteurs dynamiques va se propager dans les secteurs dynamiques. Les salariés de ces secteurs constatant le retard pris par leurs salaires réclameront et obtiendront probablement des ajustements.

– L'inflation peut être provoquée par la hausse de certains prix fixés par les pouvoirs publics (ainsi certains loyers en France).

– L'inflation peut enfin trouver naissance dans le prix des importations, soit que leur prix en monnaie étran-

gère augmente (pétrole en 1973 et 1979 par exemple), soit que la monnaie nationale se déprécie par rapport à leur monnaie de facturation.
Cette inflation par les coûts se propage d'autant plus vite que les autorités monétaires consentent des crédits supplémentaires aux entreprises, ou acceptent l'augmentation du déficit des finances publiques.

Inflation structurelle
Les circonstances dans lesquelles se forment les prix sur certains marchés provoquent spontanément la hausse du niveau général des prix. Retenons trois exemples :

- Afin de rendre leurs prix de vente les plus indépendants possibles du jeu de la loi de l'offre et de la demande, les chefs d'entreprise de certains secteurs peuvent créer des ententes ; ces ententes aboutissent à l'établissement de prix dits « administrés », supérieurs aux prix qui se seraient établis en marché concurrentiel. Ce phénomène fut à l'origine des hausses de prix aux États-Unis entre 1953 et 1958 (principaux prix administrés : acier, automobile, caoutchouc, industries mécaniques...).
- Les exploitants agricoles peuvent obtenir des mesures de régularisation des marchés qui substituent aux prix de concurrence des prix arbitrés par les pouvoirs publics (politique agricole commune). Ces prix, évidemment plus élevés que les prix de concurrence, contribuent à l'élévation du coût de la vie, laquelle peut entraîner une hausse des salaires.
- Enfin, des achats spéculatifs (construction immobilière ou autres éléments de patrimoine) ont donné lieu à une inflation d'autant plus importante que l'offre des terrains, appartements, tableaux de maîtres et tous biens anciens non reproductibles est évidemment limitée.
- Ainsi, depuis dix ans, la hausse des prix ne concerne plus les biens nouvellement produits mais les biens qui composent le patrimoine. Comme les actions dont le prix a augmenté de plus de 20 % par an aux États-Unis et en France en 1999. L'inflation du patrimoine a remplacé celui du produit national.

➜ **pages :** ***356, 386, 430.***
➜ ***Politique économique.***

Information

Connaissance des faits et/ou des comportements d'autrui, passés, présents ou projetés.

- Le rôle de l'information a été longtemps négligé ou, plutôt, considéré de façon indirecte. Ainsi, l'étude du comportement de l'entreprise en situation d'oligopole dépendait, certes, de l'information qu'elle détenait (et donc de celles qu'elle ne détenait pas) sur le comportement, passé, présent ou projeté des autres entreprises. Mais on ne prêtait pas à chacune des entreprises la volonté délibérée de se procurer et d'utiliser cette information. De même, l'analyse d'une économie concurrentielle supposait une information, largement répandue par l'intermédiaire du prix, relative aux goûts des consommateurs et aux conditions de la production (le coût notamment).

● Plus récemment, l'information a été considérée comme un bien économique, ayant une valeur propre puisqu'elle permet précisément de fonder les décisions individuelles et collectives. Ainsi, des organismes dont la fonction est de récolter et de propager l'information pour les consommateurs ont vu le jour. De même, soit directement, soit indirectement par l'intermédiaire des organisations professionnelles spécialisées, l'information utile aux chefs d'entreprise a vu sa création et sa propagation s'étendre.

● Une politique de l'information devient un élément important de la politique de croissance, surtout dans les pays – comme la France – où, d'une part, le degré de culture économique reste faible et où, d'autre part, le secret jouit encore d'un prestige très usurpé.

● Depuis dix ans, on assiste à une véritable explosion de ces activités qui occupent une place centrale dans le processus de mondialisation. L'émergence du réseau mondial Internet permet désormais à tout individu, à un coût relativement faible, de communiquer avec tous ceux qui peuvent lui fournir l'information dont il a besoin, sans compter tous ceux avec lesquels il désire s'entretenir ou jouer. L'information, naguère bien d'investissement réservée aux entreprises, a tendance à devenir aussi un bien de consommation à usage démocratique.

→ *Biens, Consommation, Média.*

Institutionnalisme

Mouvement de réaction contre la théorie économique abstraite des classiques.

● Considérant que la société, au travers des institutions qui la composent, peut modifier le comportement psychologique des individus, les institutionnalistes envisagèrent comme une nécessité l'étude des institutions et de leur évolution (Commons et Veblen aux États-Unis à la charnière du XXe siècle). En 1931, paraissait *The Economic Behavior*; cet ouvrage collectif est la véritable charte de l'institutionnalisme. Les auteurs énoncent que toute étude économique valable doit replacer les sujets économiques dans leur cadre institutionnel et social.

● Les travaux des institutionnalistes ont reçu un grand écho de la part des tenants de la théorie des organisations qui les intègre pour partie.

→ *Organisation.*

Interactionnisme

Méthode d'analyse sociologique mise au point par le sociologue allemand Simmel.

● Cette méthode s'appuie sur la nécessité de définir des catégories ou des modèles abstraits préalables à l'analyse d'une situation sociale.

● L'analyse sociologique doit absolument remonter aux actions et interactions dans leur situation concrète, qui lui paraissent être à l'origine de la naissance et de la disparition des formations sociales.

Invention

Fruit de la recherche, l'invention est la découverte de quelque chose de nouveau (produit ou processus de production).

● Il importe de bien distinguer l'invention de l'innovation ; la première précède toujours la seconde, et le passage de l'une à l'autre nécessite l'écoulement d'un laps de temps essentiellement variable, car il est rare qu'une invention quelle qu'elle soit puisse être directement commercialisée. Ce n'est qu'au terme d'un processus dit de développement que le produit et le nouveau procédé de fabrication seront enfin prêts à être commercialisés et deviendront source d'innovation.

● Les inventions furent pendant très longtemps le fait de quelques chercheurs isolés. De nos jours, les grandes firmes s'efforcent de découvrir elles-mêmes les produits et procédés nouveaux qui feront demain l'objet d'innovation. Le processus de création compte désormais une étape supplémentaire : l'étape recherche-développement, qui fut négligée jusqu'à une époque relativement récente.

● L'investissement en recherche prend place désormais dans le détour productif au même titre que l'investissement en capital et devient une variable explicative essentielle du processus de croissance.

➜ **pages :** *274, 276, 280.*

Investissement

L'investissement est l'acte de création des biens de production : investir, c'est créer un nouvel actif de production.

● La naissance et l'utilisation du terme investissement sont indissociablement liés à l'œuvre de Keynes. L'incitation à investir est l'ensemble des mobiles que les individus ont de le faire ; l'investissement dans l'économie nationale ou l'entreprise est l'ensemble des actifs de production nouvellement créés où plus précisément créés pendant une unité de temps, en pratique l'année. Pour toute unité économique considérée, l'investissement se confond avec la variation du capital pendant une période donnée. Si le capital a décru, on parle de désinvestissement.

● Étant donné que toute production supplémentaire implique, la plupart du temps, un actif de production, une machine supplémentaire, l'investissement est une des explications majeures de la croissance.

Les différents types d'investissement

– Une des distinctions les plus habituelles est celle d'investissement brut et d'investissement net.

– On appelle investissement brut l'évaluation de tous les biens de production acquis ou créés durant l'année.

● L'investissement net est cet investissement brut diminué de la dépréciation (usure et obsolescence) du capital existant au début de l'année d'évaluation.

● Seul l'investissement net doit donc être pris en considération pour évaluer la croissance du capital. Son calcul serait facile si les biens de production nouveaux étaient analogues aux biens anciens qui se sont dépréciés. Or tel n'est pas le cas. Les biens nouveaux sont souvent très différents des biens anciens. Aussi le calcul de l'investissement net est-il plus une approximation utile qu'une mesure précise d'un investissement original.

- Plusieurs autres distinctions doivent être opérées. Il faut retenir d'une part la dissociation de l'investissement par secteur de production et d'autre part celle qui distingue :

– l'investissement en construction à usage industriel, à usage agricole et à autres usages ;
– l'investissement en stocks (variation des matières premières entre le début et la fin de période) ;
– l'investissement en matériel à usage agricole et à usage industriel.

- On doit, enfin, distinguer l'investissement public de l'investissement privé.

Les fonctions d'investissement

- La fonction d'investissement est celle qui relie l'investissement aux variables dont il dépend. Alors que, pour la fonction de consommation, le choix des variables (revenu et prix notamment) ainsi que la détermination de leur influence réciproque sont deux problèmes désormais assez bien résolus, il n'en va pas de même pour la fonction d'investissement, qui échappe encore à toute vérification statistique.
- Deux grands types de fonction sont proposés. L'une, applicable à l'entrepreneur, suppose qu'il dépend positivement du profit. L'autre, propre à l'économie nationale, suppose qu'il s'accroît ou diminue selon le rythme de croissance de la consommation.
- La difficulté de l'explication et de la prévision de l'investissement tient à la multiplicité des facteurs qui jouent un rôle dans la décision d'investir : le taux de profit anticipé, le taux de l'intérêt (lorsque l'entrepreneur doit emprunter pour investir), l'augmentation préalable de la production, le taux d'inflation, et ce qu'il est convenu d'appeler « la confiance », c'est-à-dire l'ensemble des dispositions psychologiques qui font bien augurer de l'avenir.

Investissement et croissance

La connaissance des fonctions d'investissement est d'autant plus nécessaire que le rythme et les fluctuations de la croissance en dépendent.

- Pour certains, le taux de croissance d'une économie nationale dépendrait exclusivement du taux d'investissement défini comme l'importance relative de l'investissement dans le produit national.
- Pareille dépendance semble à d'autres auteurs beaucoup trop stricte. Pour ceux-ci, la croissance n'est pas seulement affaire de « capital » mais aussi de travail (volume et intensité).

Aujourd'hui, la majorité des économistes pensent même que la croissance du produit national dépend non seulement de l'augmentation de la quantité de facteurs de production mais aussi de progrès techniques et de l'information qui circule entre les agents.

Financement de l'investissement

Tout investissement, public ou privé, étant l'acquisition (ou la création) d'un bien capital, il implique une dépense monétaire donc, au préalable, la détention de cette somme, soit que l'investisseur la possède soit qu'il l'emprunte.

● On appelle financement de l'investissement l'ensemble des moyens par lesquels cette quantité de monnaie est mise à la disposition de ceux qui investissent. Les grands moyens sont, à l'heure actuelle, dans les économies capitalistes :

– les ressources publiques (pour l'investissement public) ;

– l'autofinancement et l'emprunt à des organismes spécialisés ;

– le marché financier.

● Évolution du sens. On doit noter l'évolution extrêmement rapide de l'usage du terme investissement. Jusqu'à ces vingt dernières années, le terme était utilisé uniquement, ou presque, par les économistes et par les comptables nationaux. Depuis, son usage est devenu de plus en plus fréquent.

● Par investissement le langage courant désigne désormais des dépenses diverses (investissement en publicité, en formation professionnelle, investissement en livres, en matériel audiovisuel). La prolifération de l'usage du terme est inquiétante dans la mesure où il paraît s'étendre à toute dépense, même de consommation habituelle et fongible (on investit dans l'achat des vêtements...). Si cet usage du terme devait se confondre avec toute dépense, on assisterait à la séparation définitive du sens courant et du sens scientifique.

➜ **pages** : ***230, 282, 284, 286, 288, 290, 292, 294, 340.***

Légal, légitimité

Est légal tout ce qui est conforme au droit et illégal ce qui lui est contraire.

● Est légitime tout ce qui est conforme à une norme donnée. Aussi peut-on parler d'autant de légitimité, qu'il y a de normes : une légitimité juridique, une légitimité morale, une légitimité sociale, une légitimité économique, etc.

➜ **page** : ***364.***

➜ *Norme.*

Légitimation

Action qui consiste à légitimer son comportement. Ce comportement est d'un usage aussi bien individuel que collectif permanent. Tous les êtres légitiment de façon implicite ou explicite, consciente ou inconsciente, leur comportement : ils ont toujours de bonnes raisons de faire ce qu'ils font.

● C'est dans le domaine collectif et en particulier celui du pouvoir que la notion de légitimation est la plus intéressante. En effet, tout pouvoir exercé sur autrui implique, pour celui ou ceux sur lesquels ce pouvoir est exercé, le plus souvent un coût, un désagrément qu'il convient de diminuer, d'apaiser ou de faire disparaître. Telle est la fonction de la légitimation par un pouvoir de ses actes et d'abord de son existence.

● Max Weber a proposé trois types de légitimation « idéale », au sens de l'« idéal type », soit la légitimité légale rationnelle, la légitimité traditionnelle et la légitimité charismatique. La première repose sur la référence à des lois et des règlements. La seconde invoque la multiplicité, les vertus, la « sainteté » de la tradition. La troisième naît spontanément des qualités particulières de séduction de ceux qui exercent le pouvoir.

● Toute légitimation a elle-même un coût de production qui est d'ailleurs croissant à mesure que les sociétés se développent et que la multiplicité des médias est utilisée par le pouvoir pour donner une image flatteuse et se justifier dans les esprits.

➔ **page :** ***366.***

Libéralisme

Doctrine qui prône et justifie la liberté des comportements individuels en particulier de nature économique.

● Les racines du libéralisme se trouvent dans le premier ouvrage économique à ambition générale : *Recherches sur la nature et les causes de la richesse des nations,* d'Adam Smith (1776).

● Une des conclusions essentielles d'Adam Smith est la concordance spontanée entre l'intérêt général et les intérêts individuels. La liberté de tous les comportements économiques (celui du consommateur, du producteur...) assure selon lui la plus grande et la meilleure production possible au moindre coût.

● C'est toujours la même démonstration qui est aujourd'hui proposée par certains auteurs avec, il est vrai, beaucoup plus de moyens et de raffinement. Sous certaines conditions (concurrence pure et parfaite, divisibilité des biens notamment), il est aisé de démontrer qu'un optimum collectif se dégage spontanément des comportements individuels fondés sur la maximisation rationnelle du rapport satisfactions/efforts liés à un acte. Par là même, une situation de liberté totale laissée à des individus rationnels peut être présentée comme l'optimum par excellence et donc justifie un libéralisme total.

● Or, déjà durant tout le XIXe siècle, un libéralisme généralisé, le « laisser-faire », avait été non seulement difficile à instaurer, mais plus encore impossible à maintenir. La liberté totale dû être soit provisoirement et partiellement suspendue (guerres), soit restreinte (interdiction des productions physiologiquement nuisibles, interdiction de l'emploi de certaines personnes, notamment les enfants, contrôle des échanges extérieurs, etc.).

L'intervention de l'État se justifiait, plus généralement, soit pour interdire certains comportements préjudiciables à l'intérêt général, soit pour en tempérer d'autres, soit pour substituer l'action des pouvoirs publics à une action individuelle défaillante (enseignement, infrastructure...). La reconnaissance des exigences d'une intervention publique, notamment d'interdiction (l'État-gendarme), n'en laissait pas moins subsister les traits essentiels du libéralisme.

● Ce qu'il a été convenu d'appeler le néolibéralisme est né avec la multiplication des interventions publiques, notamment dans le domaine social. Toutes ces interventions (assurances sociales, congés payés...) ont essentiellement pour but de limiter les inégalités. L'État aménage les mécanismes de production et de répartition. Le néolibéralisme, s'il reconnaît la nécessité de l'intervention sociale, n'en affirme pas moins les dangers, notamment ceux qui consisteraient à sacrifier, au prétexte d'une meilleure ou du moins plus tolérable répartition des revenus, le rythme de la croissance. Après la Seconde Guerre mondiale, les interventions publiques se multiplient non seulement dans le domaine social, mais encore dans le domaine économique. L'État, directement ou indirectement, produit. Le néolibéralisme réaffirme, avec autant de force que le faisait Adam Smith, la supériorité de la décentralisation des décisions *économiques* sur leur trop grande centralisation.

● Au début des années 1980, le libéralisme revient en force au point d'être aujourd'hui aussi impérial que l'interventionnisme étatique le fut entre 1945 et 1973. La mondialisation des activités économiques industrialisées, financières puis de communication se fait au nom d'un libéralisme désormais sans frontières.

● Le triomphe actuel du libéralisme (on peut évoquer un ultralibéralisme) ne doit pas faire oublier la permanence des raisons d'être des interventions publiques nécessaires, demain comme hier, pour participer à un ordre économique et surtout social que le jeu solidaire des marchés n'a jamais assuré tout seul. Le piratage d'Internet vient de montrer que le marché a toujours besoin de l'intervention publique.

➜ **pages : *208, 376, 380, 390.***

Marché

Lieu de rencontre, réel ou idéal, de la demande et de l'offre d'un produit ou d'un service.

● À l'origine, le « marché » faisait référence au lieu réel (géographique) où s'opérait l'ensemble des transactions portant sur un produit ou un groupe de produits : les foires agricoles par exemple.

● Le terme a été utilisé, de façon abstraite, pour analyser d'une façon générale comment se déterminaient le prix et la quantité d'un bien déterminé. Le « marché » devient alors le lieu « idéal » de la confrontation de l'offre et de la demande de ce bien.

● Si l'on admet que la demande diminue lorsque le prix augmente et que l'offre augmente lorsque le prix augmente. Il existe un prix et une quantité échangée qui permettent l'égalité de l'offre et de la demande.

Les types de marchés

● On peut classer les types de marchés soit d'après la nature physique des produits échangés (marché du sucre, du cuivre), soit d'après la nature économique des produits échangés (marchés des actifs financiers, marchés des actifs réels), soit d'après l'étendue de l'espace géographique qui délimite l'offre et la demande (marché international, marché national, marché commun...).

Les formes de marchés

● La forme d'un marché est définie par le nombre des acheteurs et celui des vendeurs.

• Chacune de ces formes de marchés est importante, non pas pour définir les résultats de la confrontation générale de l'offre et de la demande, mais pour expliquer les problèmes qui se posent à chaque offreur ou à chaque demandeur sur le marché.

• Les trois formes de marchés sont la concurrence, le monopole et l'oligopole :

– en situation de concurrence pure et parfaite, la demande totale est le fait d'une quasi-infinité de demandes individuelles. L'offre est aussi celle d'une infinité d'entreprises. Le prix du marché s'impose à toutes les entreprises. Celles-ci devront donc toutes vendre à prix coûtant ou ne rien vendre du tout ;

– en situation de monopole, la demande au marché est par définition la demande à l'entreprise. Celle-ci peut imposer le prix qui rend son profit le plus élevé possible et s'y tenir ;

– en situation d'oligopole, les comportements de chaque entreprise sont déterminés par ce que chacune anticipe des réactions de toutes les autres à sa propre décision relative à son prix de vente.

• De plus en plus fréquemment, les marchés sont réglementés, si bien que leur évolution dépend aussi des mesures législatives qui manifestent l'intervention publique.

→ **pages** : *236, 320, 328, 330, 332, 334, 342, 376, 380.*

→ *Demande, Entreprise, Secteur.*

Marché financier

Marché des capitaux disponibles à long terme.

• La demande y est le fait essentiellement des entreprises et de l'État (emprunts) et l'offre réunit les banques d'affaires, les particuliers par l'intermédiaire de la Bourse et les institutions de gestion collective de l'épargne.

• La Bourse permet ainsi de mobiliser l'épargne individuelle et d'accroître la mobilité du capital de production.

Marché monétaire

Marché où l'on échange des liquidités.

• Marché des capitaux à court terme où se rencontrent une demande provenant des emprunteurs privés de l'État (bons du Trésor) et une offre de la part des particuliers, des entreprises et des institutions financières.

Marginalisme

Élaboré à partir de 1870 environ, ce terme a été repris par de nombreuses écoles qui ont en commun la méthode de raisonnement dite « à la marge ».

• Cette méthode suppose connus et appréciés les avantages et les inconvénients qui naissent d'une petite modification d'un comportement donné.

• En matière de production, par exemple, la recette qu'un entrepreneur escompte de la production d'une unité supplémentaire est le prix unitaire auquel il pourra vendre cette unité (avantage). Le coût de cette unité supplémentaire est la

variation du coût total qui suit la production de cette unité. L'entrepreneur « rationnel »est celui qui choisira un volume de production tel que le coût marginal sera égal à la recette marginale.
Cette méthode d'éclairage des choix individuels ou collectifs peut être appliquée à toute activité économique, puisqu'à toute activité on peut associer un avantage et un inconvénient.

● Les écoles marginalistes se sont succédé au XIXe siècle où l'on distingue chronologiquement les écoles de Vienne, de Lausanne et de Cambridge.

● L'école de Vienne s'est développée à partir de 1870 avec pour chef de file Menger. Elle étudie essentiellement l'utilité d'un bien et reconstruit l'activité économique des échelles de préférence individuelles. Elle s'oppose à la conception classique et marxiste de la valeur objective des biens (quantité de travail incorporée) et montre que l'utilité subjective d'un bien dépend de la quantité détenue et de la capacité de ce bien à satisfaire des besoins économiques.

● L'école de Lausanne fut marquée par Walras (1834-1910) et Pareto (1848-1923). On l'appelle aussi l'école de l'équilibre général. Walras distingue le marché des produits et celui des services. Après avoir montré que les utilités des biens et services se déterminent mutuellement, Walras définit l'interdépendance des deux marchés. L'interdépendance générale permet l'établissement de l'équilibre général : état pour lequel en concurrence pure et parfaite et pour des prix donnés il y a égalité de l'offre et de la demande, des produits et des « services productifs ».

● Pareto analyse le comportement des consommateurs en utilisant les notions d'utilité et de courbe d'indifférence entre deux biens.

Matrilinéaire

Organisation familiale telle que le nom de la mère se transmet à l'enfant.

● Cette transmission du nom manifeste l'existence d'un pouvoir maternel supérieur à celui du père (le matriarcat). Le pouvoir habite le nom et se transmet en même temps que lui.

Média

Ensemble des moyens de communication.

● Ces moyens n'ont pas cessé d'évoluer depuis que les êtres humains utilisent, outre le langage – premier moyen de communication – des signaux pour s'informer à distance (sémaphores, tam-tam, jeux...). Depuis ces derniers siècles, les moyens de communication ont connu un incroyable développement en nombre, en genre et en efficacité. L'imprimerie pendant la Renaissance, le télégraphe, la photographie et le téléphone au XIXe siècle, le gramophone et la télévision au XXe siècle, avant que la commutation binaire (passage instantané de l'image au son et *vice versa*) ne vienne justifier le terme de média, qui manifeste l'unification technique de la production des moyens de communication, sons et images.

● Le mariage à trois de la commutation binaire, de l'ordinateur et des satellites vient de donner naissance à une troisième révolution industrielle, celle d'une communication qui n'a plus de frontières, dont le coût de transmission est limité et dont le pouvoir d'information est considérable, sans commune mesure avec les capacités naturelles de l'être humain. Chacun peut, aujourd'hui, avec l'Internet correspondre avec qui il désire, jouer avec lui, vendre ou acheter ce qu'il veut sans quitter son domicile, obtenir toutes les informations souhaitées et les imprimer instantanément. Choisir ainsi ses interlocuteurs, définir lui-même son espace social et affectif.

➜ **page :** *394.*

Mobilité

Disposition d'une société telle que les individus puissent facilement passer d'un état à un autre.

● La mobilité professionnelle implique que l'on puisse changer facilement de profession ou de métier.

● La mobilité géographique veut que, comme aux États-Unis, on se déplace facilement et fréquemment sur un territoire donné.

● La mobilité économique implique que l'on change rapidement de statut (ouvriers, employés, cadres moyens, cadres supérieurs...).

● La mobilité sociale trouve son origine principale dans ces trois domaines. Cette mobilité est dite ascendante lorsqu'on s'élève dans la hiérarchie sociale ; elle est descendante dans le cas contraire.

➜ **page :** *222.*

Mode de vie

Ensemble des habitudes de l'individu dans sa vie quotidienne.

● Dans le domaine économique, le mode de vie s'est longtemps apprécié en observant la répartition du revenu entre consommation et épargne d'abord, puis entre différentes formes de consommation.

● On a tendance à caractériser aujourd'hui le mode de vie sociale en considérant le temps que chaque individu consacre à ses différentes activités, hors le sommeil. Temps de travail mais aussi temps consacré à la vie familiale, à la vie sociale, à l'engagement politique et à la pratique religieuse.

● Les pratiques de consommation dépendent assez largement des habitudes propres à une catégorie sociale. Ainsi en est-il des pratiques alimentaires, vestimentaires mais aussi des activités ludiques (jeux, loisirs).

➜ **page :** *402.*

Monnaie

Instrument de mesure et d'échange des biens réels.

● La raison d'être de la monnaie réside dans la possibilité qu'elle porte en elle d'acquérir n'importe quel bien ou service. Trois fonctions lui sont généralement reconnues :

1. La monnaie est un étalon de valeur. Elle permet d'évaluer les valeurs des différents biens en une même unité de compte, dite unité monétaire, et de les comparer.

2. La monnaie est un intermédiaire des échanges. Elle remplace l'échange en nature dont les inconvénients sont évidents.

3. La monnaie est une réserve de valeur. Les sujets économiques préfèrent garder une certaine partie de leur revenu en monnaie ; elle représente un pouvoir d'achat qui pourra être immédiatement utilisé au moment voulu.

● On distingue trois motifs de détention de la monnaie :

– *Le motif de transaction*

La perception des revenus s'opère de façon discontinue (tous les mois par exemple), alors que les dépenses sont continuelles. Cette discordance impose aux individus la constitution de réserves de monnaie variables selon l'importance du revenu et la périodicité de sa perception. Cette encaisse-transaction est active.

– *Le motif de précaution*

Il s'explique par la volonté de faire face aux besoins imprévus, aux risques. Comme précédemment, cette encaisse varie avec l'importance du revenu ; elle est liée aussi à des facteurs sociologiques, institutionnels (par exemple l'assurance) et à la conjoncture (période de guerre). C'est une encaisse d'attente oisive.

– *Le motif de spéculation*

Il résulte des anticipations. L'encaisse des spéculations permet d'acheter des biens réels ou des valeurs mobilières lorsque leur prix a baissé pour les revendre lorsque leur prix aura augmenté.

● La masse monétaire forme un ensemble hétérogène composé de monnaies très différentes.

● L'évolution des systèmes monétaires se caractérise par une dématérialisation continue de la monnaie : à la monnaie métallique s'est peu à peu substituée la monnaie de papier, que remplace assez largement désormais la monnaie scripturale.

Les variations de la masse monétaire

1. La masse monétaire s'accroît à certaines périodes de l'année, au moment des paiements de fin de mois et lors des fêtes.

2. Le volume de la masse monétaire est sensible aux changements de politique économique. Selon que la politique du crédit est expansive ou restrictive, le volume des dépôts s'accroît ou diminue.

3. Les variations de la masse monétaire d'un pays peuvent avoir pour origine les relations de ce pays avec l'extérieur : un excédent de la balance des paiements entraîne un gonflement des devises étrangères, provoquant un accroissement de la masse monétaire ; la sortie de devises se traduit par une contraction de la masse monétaire.

● Les variations de la masse monétaire reflètent celles de l'activité économique. Lorsque le volume des affaires augmente, le volume de la masse monétaire s'accroît ainsi que sa vitesse de circulation.

La vitesse de circulation de la monnaie

● Elle fait référence au délai qui s'écoule entre la perception et la dépense de monnaie par les sujets économiques. On peut l'appréhender

de manière globale en rapportant l'ensemble des transactions monétaires durant une période donnée à la masse monétaire.
Le volume de la masse monétaire et sa vitesse de circulation sont des indices de la situation économique. La monnaie n'est plus un simple reflet de l'activité économique ; elle intervient sur son développement.

- Les classiques considéraient qu'« il n'est pas dans l'économie de bien moins important en elle-même que la monnaie » et limitaient son rôle à celui d'un instrument pratique et neutre. Ils estimaient que toute variation de la quantité de monnaie avait une action automatique sur les prix ; les variations des prix étant proportionnelles aux variations du volume de la masse monétaire, et le volume des transactions restant constant, seule la surabondance de la monnaie expliquait la croissance des prix. Cette théorie quantitative de la monnaie souleva de nombreuses critiques au début du XIXe siècle ; on contesta la liaison causale monnaie-prix et on s'intéressa plutôt à la confrontation production-volume des dépenses. Avec Keynes, la monnaie joue définitivement un rôle actif puisqu'elle détermine aussi le volume de la production nationale, du moins jusqu'au moment où celui-ci atteint le plein emploi.

→ **pages :** ***334, 342, 354, 356.***

Monopole

Le monopole est un marché où un seul vendeur (appelé monopoleur) se trouve face à une multitude d'acheteurs.

- Dans le monopole, par définition, la demande au secteur est aussi la demande à l'entreprise. En supposant le comportement rationnel du monopoleur, le prix et la quantité de production choisie par celui-ci seront tels que sa recette marginale est égale à son coût marginal. Le prix et la quantité choisis sont ceux pour lesquels le profit total est maximal.
- La situation stricte de monopole est très rare si l'on s'en tient à sa définition rigoureuse et notamment dans le cadre d'un marché national (cas de l'aluminium aux États-Unis).
- Plus nombreux sont les cas de *monopole temporaire :* situation de l'entrepreneur qui, le premier, se lance dans une production nouvelle et qui sera le seul offreur aussi longtemps que d'autres (appelés imitateurs) n'auront pas imité ses actes. Le prix et la quantité dépendent de la politique générale de l'entrepreneur qui varie entre deux extrêmes : une politique dite de pénétration (bas prix, grande quantité, petit profit) destinée à s'implanter sur le marché en décourageant les imitateurs éventuels ; une politique de prestige (haut prix, petite quantité, grand profit unitaire) destinée à récolter le plus grand profit, le plus rapidement avec le minimum de risques financiers.
- *Le quasi-monopole :* situation de l'entreprise dont la production constitue un pourcentage très élevé de la production totale. Ce cas est beaucoup plus fréquent. Il correspond au souci de l'entreprise monopolistique de conserver une frange de petites entreprises qui l'empêche

ainsi d'être considérée comme un pur monopoleur. Dans ce cas, le prix fixé par le monopoleur s'impose aux petites entreprises. Souvent même, le prix choisi est celui du coût de production le plus élevé des petites entreprises, si bien que la grande entreprise réalise de hauts profits en « s'abritant » derrière les petites.

● *Le monopole bilatéral :* situation où un seul vendeur est face à un seul acheteur.

En ce cas, il est bien difficile de dire, à priori, quel est le prix et la quantité produite. Parmi les différentes combinaisons prix-quantités possibles qui assurent à chacune des deux parties un profit positif, celle qui se réalise dépend de nombreuses variables telles que les ressources financières, les capacités respectives d'engager et de soutenir un combat, l'existence ou l'absence d'entente.

● Les attaques dont sont fréquemment victimes les monopoles (ou les monopoleurs) reposent, toutes, sur le sentiment que le prix serait plus bas et la quantité produite plus élevée sous d'autres formules de marchés, la concurrence par exemple. La défense des politiques des entreprises en situation de monopole insiste sur leur capacité à investir beaucoup plus forte que celle d'autres entreprises. En fait il y a là le plus souvent un abus de langage dans la mesure où on appelle « monopole » ce qui est oligopole.

→ *Concurrence, Marché, Marginalisme, Oligopole, Secteur.*

Mouvement social

Conduite collective organisée, adoptée par plusieurs individus, une profession, une catégorie sociale, un groupe, destinée à améliorer leurs sorts dans le cadre d'un conflit.

● Tout individu, comme tout groupe d'individus ayant des intérêts communs, tente en permanence d'améliorer son sort, qu'il s'agisse de son revenu, de la durée ou de la qualité de son travail, de ses prérogatives, dans tous les domaines, y compris affectif.

● Les mouvements sociaux sont aussi divers que leurs acteurs, que les intérêts en cause et surtout que les conflits y sont plus ou moins violents.

● La gradation de l'intensité de ces conflits va de la discussion privée ou publique jusqu'à la violence révolutionnaire en passant par de simples tensions qui peuvent ou non dégénérer en violence physique. L'intensité des conflits se combine avec l'importance démographique de ses acteurs pour donner aux mouvements sociaux leur amplitude. Seuls les mouvements sociaux de grande amplitude, révolutionnaire ou non (Mai 1968) restent dans les consciences, individuelles et collectives.

→ **pages :** *226, 248.*
→ *Conscience, Fait social.*

Nation

Ensemble d'individus vivant sur un même territoire, soumis aux mêmes contraintes politiques et institutionnelles, notamment d'ordre juridique et réglementaire.

● Pour les auteurs classiques, la nation

est un espace géographiquement délimité et à l'intérieur duquel les marchandises comme les facteurs de production peuvent librement circuler. Mais c'est un espace clos pour les facteurs de production (hommes et capitaux) qui ne peuvent pas franchir les frontières en toute liberté. La nation à l'intérieur de laquelle le système de prix est homogène est vouée à une spécialisation définitive et avantageuse. Cette spécialisation internationale est fonction de la dotation en facteurs de production et en ressources naturelles.

● Cette conception profondément libérale est contestée aussi bien par les nationalistes, qui rejettent la spécialisation automatique, que par ceux qui considèrent le cadre national comme étant trop étroit et préfèrent parler de zones sinon de continents.

● La sociologie en fait un cadre de référence explicite ou, le plus souvent, implicite.

● Le mouvement actuel de la mondialisation des échanges économiques se heurte de plus en plus à des résistances de tous ordres, en particilier politique qui plaident pour le maintien de la souveraineté nationale.

→ **pages :** ***238, 308, 362.***

Norme

Terme possédant deux sens liés bien que d'origine et d'usage différents : caractéristique ou ensemble de caractéristiques habituelles d'un phénomène donné.

● En ce premier sens, la norme procède d'une observation (ce qui est normal ou pas) devenue désormais de plus en plus statistique. Le normal est aujourd'hui en général mesuré.

● En un second sens, la norme a un contenu d'ordre moral, ethique. La norme est ce qui est conforme à la règle, au droit, au bien ; à ce titre, elle oriente l'action et le jugement sur le comportement de tout individu.

● La règle entre ce qui est normal à l'observation et ce qui doit être (normes juridiques, normes sociales, normes religieuses) est évidente. Les normes sociales ne peuvent pas s'écarter indûment des normes juridiques ou morales bien qu'il y ait entre la morale, le droit et les modes de vie une relation circulaire évidente.

→ **pages :** ***310, 396, 402.***

→ ***Anomie, Déviance.***

Oligopole

Forme de marché dans lequel un petit nombre de grandes entreprises offrent un bien ou un service à un grand nombre d'acheteurs.

● L'oligopole se caractérise par l'interdépendance des décisions des chefs d'entreprise et plus particulièrement celles relatives au prix. On peut distinguer trois formes d'oligopole : l'oligopole en guerre, l'oligopole avec accord implicite et l'oligopole avec accord explicite.

– *L'oligopole en guerre* est dans sa forme traditionnelle de moins en moins fréquent. La concurrence s'opérait le plus souvent par les prix. À l'heure actuelle la concurrence au sein des oligopoles se fait de plus en plus par différenciation des produits.

– *L'oligopole avec accord implicite* suppose

que l'ensemble des entreprises de l'oligopole se réfèrent à une firme leader et ne cherchent pas à modifier la répartition de la demande totale à la branche, donc leur propre part de marché.
– *L'oligopole avec accord explicite* suppose un accord, soit sur les prix, soit sur la répartition de la demande, soit sur les deux. Lorsqu'elles existent, ces ententes sont rarement connues du public.
● L'oligopole est de moins en moins souvent pur. La réalité offre des cas « impurs » où l'oligopole se trouve, lui-même, face à un autre oligopole (oligopole bilatéral) ou n'a qu'un acheteur (oligopole contrarié).
● Les effets économiques et sociaux de cette forme de marché ont fait l'objet de débats multiples. Ainsi a-t-on affirmé que les entreprises d'un oligopole hésiteront d'autant plus à innover que le capital susceptible de devenir obsolescent est fort important, phénomène qui est d'ailleurs propre à toutes les entreprises de grande taille. En revanche, seules de grandes entreprises ont la capacité financière suffisante pour financer les investissements requis désormais par l'application du progrès technique.
● La fusion de deux oligopoles peut conduire à des situations de quasi-monopole (par exemple à la suite de la récente fusion de Carrefour avec Promodès) donc le pouvoir sur les consommateurs risque d'être excessif (prix trop élevé, innovations trop lentes ou trop rapides). Ceci explique l'existence, dans tous les pays et, en particulier aux États-Unis ou dans le cadre du marché européen, d'un système de contrôle des « ententes » et des fusions qui peuvent donner lieu à des abus de position dominante.
➜ **page :** ***320.***

Opinion publique

État des jugements des membres d'une communauté donnée (une profession, une ville, tous les Français) sur un phénomène réel ou éventuel. Il se limite souvent à un jugement plus ou moins favorable ou défavorable à une réalité ou éventualité précise.
● L'expression « opinion publique » est née avec la technique des sondages dont l'usage s'est développé dans le domaine économique et surtout politique. L'opinion publique apparaît désormais non comme un jugement d'ensemble, mais comme une répartition de jugements (positif, négatif ou indifférent) à l'égard de tel produit, de telle personnalité politique ou de telle décision.
➜ **pages :** ***368, 370, 374, 394.***

Or

Métal précieux.
● Outre son usage industriel, l'or sert surtout comme étalon monétaire. Dans un régime d'étalon-or et même d'étalon de change-or pour les monnaies clés, chaque monnaie était définie par une certaine quantité d'or fin. Par exemple, le franc contenait avant 1914 322,5 mg d'or. L'or peut se trouver incorporé dans la monnaie elle-même, c'est le cas de la pièce d'or comme le napoléon, ou bien entreposé sous forme de lingots de 1 kg ou de barres de 12 kg dans une

banque comme garantie des billets en circulation ou des liquidités internationales. Les pièces d'or ont disparu comme monnaie en circulation depuis 1914.

- À la fin de la Première Guerre mondiale, la production d'or ne suffit plus à assurer le financement des transactions internationales. Cette insuffisance avait été amenée par l'adoption du régime du Gold Exchange Standard où d'autres monnaies nationales (le dollar notamment) pouvaient jouer le même rôle que l'or.
- Après la Seconde Guerre mondiale, seul le dollar reste convertible en or, au prix fixe de 35 dollars l'once. Cette convertibilité est abandonnée en 1971.
- Le choc pétrolier de 1973 interrompt le mouvement, provoquant le renouveau de l'or dont le prix augmente presque autant que le prix du pétrole.
- Depuis une dizaine d'années, son effacement a repris. Son prix a baissé de près de 80 % par rapport à son niveau maximal des années 1970. Personne ne parle plus de lui attribuer le moindre rôle. Les banques centrales, elles-mêmes, vendent leur or.

Organisation

Ensemble d'individus reliant leurs activités sous l'autorité d'un pouvoir de commandement et de coordination pour atteindre un ou plusieurs objectifs, en aménageant les contraintes qui en limitent la réalisation.

- L'organisation se situe entre l'individu et le groupe. Réunissant des individus, l'organisation doit compter avec leurs aspirations, leurs besoins et leurs compétences, ce qui légitime pour partie l'individualisme méthodologique, mais s'impose à eux en créant une solidarité de fait, ce qui la limite.
- L'organisation se différencie totalement du groupe parce qu'elle possède ses frontières très nettes, d'ordre juridique, et surtout un pouvoir qui en définit la stratégie, ce qui n'est point le cas du groupe. L'observation et l'analyse des organisations suffit largement à éclairer toute la vie sociale. Lorsque les raisons d'appartenance à un groupe deviennent très fortes, on voit naître les organisations qui défendent précisément ses intérêts : syndicats ouvriers, organisations de défense des consommateurs, des retraités, des contribuables...

→ **page :** ***398.***

Paradigme

Représentation d'un domaine de recherche qui en permet une interprétation d'ensemble.

- Le paradigme est plus prosaïquement une manière de voir les choses. Le terme est très lié à un courant dominant de l'épistémologie, le positivisme logique, selon lequel tous les paradigmes sont bons à la seule condition qu'ils permettent d'atteindre les objectifs souhaités par des actions appropriées.

Parenté

Rapport entre des personnes qui descendent les unes des autres soit directement parent/enfant soit

indirectement grands-parents/cousins, etc.

● La parenté est une relation entre les membres d'un groupe familial.

➜ page : *200.*

Patrilinéaire

Situation où l'enfant reçoit le nom du père.

● Cette situation implique l'existence du pouvoir dominant du père dans l'organisation familiale (patriarcat).

➜ *Matrilinéaire.*

Politique économique

Ensemble coordonné des interventions publiques destinées à atteindre certains objectifs.

● Durant tout le XXe siècle et le début du XXe siècle, il est difficile de parler, dans les économies occidentales, d'une véritable politique économique. L'intervention publique se limite soit à des mesures fragmentaires et incoordonnées dans le domaine social, soit à l'aménagement des conditions des paiements internationaux. L'État gendarme n'a pas de politique économique, l'État providence n'en a pas encore.

● C'est à partir de la fin de la crise de 1929 que l'on voit l'État définir et appliquer une véritable politique économique. La « révolution » keynésienne justifie de nouveaux objectifs et précise les moyens permettant de les atteindre.

● La politique keynésienne est définie dans la *Théorie générale* : l'accroissement du produit national (et donc de l'emploi) jusqu'au point de plein emploi peut être obtenu par des moyens fiscaux (politique fiscale), par des mesures d'intervention directe (contrôle des prix), par des moyens financiers de redistribution des revenus, par l'intermédiaire du budget (politique financière), par des moyens monétaires destinés à accroître le volume de la masse monétaire (politique monétaire).

● À partir de 1948, les États se heurtent à de nouveaux problèmes : l'inflation et l'inégalité sociale. L'apparition d'une inflation continue (de 3 % à 6 % selon les pays) devait provoquer la renaissance des politiques monétaires d'inspiration libérale, destinées non pas à augmenter la masse monétaire, mais au contraire à la limiter. Simultanément, de nouveaux moyens étaient mis en œuvre pour comprimer l'augmentation de la demande de consommation privée et de la demande publique.

● De même, l'inégalité sociale devint un problème spécifique dans la mesure où la croissance rapide amène plus de risques d'inégalité croissante qu'une croissance lente ou une stagnation. Cette politique sociale est donc devenue en même temps qu'une « nouvelle » politique monétaire un des éléments importants de la politique économique. Désormais, de nombreux moyens ont permis d'atteindre des objectifs aussi différents que ceux rendus nécessaires par l'évolution toujours difficile à prévoir des conjonctures économiques.

● La politique économique et sociale s'est modifiée durant le dernier quart de siècle. Le choc pétrolier a plongé les nations européennes et le Japon, notamment, dans une phase de récession très longue, généralisée, d'un chômage très élevé et durable. La politique sociale a eu pour objectif de rendre ce chômage tolérable. L'aide au chômage a atteint en France près de 2 % du produit national.

• À partir de la fin des années 1980, la politique économique a, elle aussi, changé de cap. Le rôle de l'État a été diminué au profit des entreprises engagées dans un processus de mondialisation de leurs activités. La politique monétaire, sous l'égide des banques centrales a pris le pas sur les politiques budgétaires de l'État.

→ **pages** : *366, 378, 382, 388, 390, 392.*

Prix (absolu, relatif)

Nombre d'unités monétaires (prix absolu) ou quantités d'autres biens (prix relatif) contre lesquelles une unité d'un bien donné peut être échangée.

• Le prix est la caractéristique essentielle d'un bien, une de ses évaluations significatives avec le coût et la valeur subjective. Sous certaines conditions, les diverses évaluations coïncident au point de faire du prix l'indice par excellence de la valeur d'un bien.

• À cet égard, le prix le plus significatif est le prix relatif d'un bien par rapport à un autre c'est-à-dire le rapport d'échange d'une unité de ce bien avec cet autre (1 table « vaut » quatre chaises si la table vaut 100 francs et la chaise 25). Un bien a donc autant de prix relatifs que d'autres biens avec lesquels il peut être comparé.

• La détermination du prix des différents biens a lieu sur différents marchés et dépend donc :
– de leur coût de production, c'est-à-dire du prix et de la quantité des autres biens et du travail nécessaire à leur création ;
– de l'intensité des besoins qu'ils satisfont qui expliquent la fonction de demande ;
– de la forme du marché (concurrence, oligopole).

• Les variations du prix obéissent aux variations des phénomènes qui les déterminent (différentes demandes, coûts et formes de marchés). En régime de concurrence pure et parfaite (où le prix, le coût et l'évaluation subjective coïncident), il n'y a aucune peine à montrer que les variations des prix permettent l'égalisation permanente de l'offre et de la demande de tous les produits – ce qu'il est convenu d'appeler une situation d'équilibre. Cette référence très hypothétique fonde le jugement selon lequel une totale liberté des prix est nécessaire au bon fonctionnement d'une économie nationale à court comme à long terme.

• En réalité, on est toujours loin de cette situation de référence. Les situations d'oligopole et de concurrence monopolistique dominent de sorte que les variations de prix ne suivent pas toujours celles de la demande ou des coûts de production. On note même que les prix, s'ils augmentent lorsque la demande ou les coûts le font, ne baissent pas dans l'hypothèse contraire. Cette inélasticité des prix à la baisse explique, en partie, l'inflation permanente connue par les économies développées.

→ *Activité économique, Comptabilité nationale, Demande, Évaluation, Inflation, Marché.*

→ pages : *230, 254, 312, 314, 316, 350.*

Profit

Différence entre les recettes résultant de la vente de produits ou de services et les dépenses occasionnées pour leur obtention.

- Le profit est un revenu aléatoire ou, si l'on préfère, résiduel.
- On appelle taux de profit le rapport du profit total à l'importance des sommes mises en œuvre pour l'obtenir.
- L'origine du profit dépend du comportement de l'entrepreneur.
- Schumpeter montre que l'entrepreneur qui innove obtient un profit. En effet, l'innovation procure à l'entrepreneur un monopole partiel et temporaire, ce monopole lui assure un profit qui ne peut être durable que si les innovations se succèdent de période en période.
- Pour Knight, l'entrepreneur assume le risque de l'incertitude et le profit est la rémunération du risque.
- Chez Marx, le profit est lié au pouvoir d'exploiter les ouvriers. Cette exploitation donnerait naissance à la plus-value d'où naît le profit.
- Pour Walras, en régime de concurrence pure et parfaite, le profit est nul. Dès l'instant où le marché n'est pas en situation de concurrence, le profit apparaît. Ce sont les formes non concurrentielles de marché qui font le profit.
- Les profits peuvent enfin résulter de phénomènes indépendants de la volonté de l'entrepreneur, une baisse des prix des matières premières par exemple.
- L'attribution du profit est liée aux droits de propriété. Dans une firme individuelle, le propriétaire de l'entreprise est aussi titulaire du profit. En revanche, dans une firme sociétaire, les actionnaires reçoivent une partie des profits, ce dont le conseil d'administration décide en même temps que du montant des réserves.
- Depuis quelques années, le profit tend à être distribué, en partie, aux membres de l'entreprise. Soit à tous par l'intermédiaire de pratiques réglementaires visant à associer le capital au travail. Soit, surtout, par la voie des stock-options distribuées à quelques salariés seulement, cadres supérieurs et dirigeants de l'entreprise. Ceux-ci ont droit, à certaines échéances prédéterminées, de vendre les actions qui leur ont été attribuées au cours atteint sur le marché boursier et à faire ainsi un gain égal à la plus-value de ce cours sur le prix d'attribution de leurs actions. Il s'agit là d'un intéressement à la croissance de l'entreprise plutôt qu'une distribution d'une partie des profits.

Propension

Rapport entre deux variables dont l'une dépend de l'autre par l'intermédiaire d'une ou de plusieurs autres.

• Notion mise en lumière par Keynes qui distingue la propension à épargner et la propension à consommer, respectivement égales à la fraction du revenu épargné et consommé.

• La notion de propension est désormais étendue à celle d'innover, d'importer, d'exporter...

→ *Consommation, Investissement.*

Rationalité

Caractère de ce qui est rationnel, conforme à la raison.

• En économie, la rationalité peut se définir comme la recherche du maximum de satisfaction au moindre coût. Lorsque l'appréciation de ce maximum vaut pour un individu, on parle de rationalité individuelle.

• Lorsque l'appréciation vaut pour un groupe ou une société tout entière, on parle alors de rationalité collective. En particulier, lorsque la satisfaction de chacun des membres du groupe ou de la société peut être augmentée sans que celle d'un autre membre ne soit diminuée, tout comportement visant à accroître cette satisfaction est dit conforme au principe de rationalité collective.

• L'évolution des sociétés développées depuis la révolution industrielle témoigne de la force et de la permanence d'un processus de rationalisation. À la fin du siècle dernier, Max Weber lui accorda une attention toute particulière. Pour lui, le capitalisme moderne (il écrivait aux alentours de 1910) était rationnel au sens où il était essentiellement le fait d'entreprises soumettant leur acte à la mesure comptable donc capable de comparer inconvénient et avantage (coût et recette). De surcroît, ce capitalisme moderne avait absolument besoin d'un ensemble de normes juridiques et de règlements administratifs qui assignent des contraintes précises à ces membres. Cette rationalisation fut qualifiée d'externe par Max Weber. Elle s'ajoutait à ce qu'il appelait une rationalisation interne soit une autodiscipline essentiellement religieuse.

• La rationalisation est indissociable de l'évolution scientifique et technique. Elle a d'ailleurs marqué des points nouveaux sous l'influence des économistes et du courant marginaliste en particulier, qui ont soumis tous les avantages comparatifs humains individuels et collectifs à leur calcul. Ainsi, que l'on suppose la rationalité limitée ou non, les processus de rationalisation ont envahi tout le domaine social.

Récession

Diminution de taux de croissance.

• On dit qu'il y a récession lorsque le taux de croissance baisse. Il s'agit d'un ralentissement de la croissance, mais non d'une diminution en termes absolus (dépression).

• L'intervention de l'État dans la vie économique et notamment dans le domaine des investissements explique cette substitution des récessions aux graves contractions d'avant la Seconde Guerre mondiale.

• Certaines récessions se déclenchent dans un climat de déséquilibre de la balance des paiements et d'inflation (c'est le cas de toutes les récessions françaises). D'autres trouvent leur origine dans le ralentissement de l'investissement, des stocks, de la consommation ou de l'exportation (Japon notamment).

● Les politiques mises en œuvre pour les combattre sont délicates : la lutte contre la récession peut augmenter le taux d'inflation, et l'effort pour diminuer ce dernier est susceptible de conduire à la récession.

Rendement

Synonyme de productivité.

● Le terme de rendement est intimement associé à la loi des rendements décroissants (ou non proportionnels), formulée par les premiers économistes classiques, selon laquelle le rapport de la quantité produite à celle d'un (ou de plusieurs) facteur(s) de la production avait tendance à décroître lorsque la production augmentait.

● Cette loi, qui avait trouvé son inspiration dans les processus de production agricole pour lesquels elle se vérifie, souffre de nombreuses exceptions pratiques. Dans le domaine industriel, outre que le seuil de production où commence la décroissance du rendement est rarement atteint, le progrès technique (autrement dit la substitution d'une nouvelle courbe de coût à l'ancienne) en retarde toujours le jeu effectif.

→ *Coûts.*

Rente

Revenu tiré de l'exploitation foncière. Par extension : revenu différentiel d'une activité par rapport à une autre activité de même nature. Puis revenu indépendant de toute activité, de tout travail.

● Originellement, au début de la révolution industrielle, la rente désignait le revenu tiré de la mise en culture du sol (le fermage étant le loyer du sol, lorsque son propriétaire n'était pas son exploitant). Ricardo, s'inspirant de la situation anglaise, définit (1810) la différence entre rente absolue et rente différentielle. La rente absolue est le revenu lié à l'exploitation agricole. La rente différentielle est la différence entre le revenu lié à une exploitation quelconque et celui de l'exploitation la moins productive néanmoins nécessaire à la satisfaction de la demande.

● Rapidement, la notion de rente fut appliquée aux autres revenus. On dit ainsi que le profit est une rente s'il correspond au simple fait qu'une entreprise travaille dans des conditions de coût bien meilleures que celles de l'entreprise la moins productive en activité (appelée aussi entreprise marginale). On peut dire aussi qu'un salaire déterminé est, pour partie, une rente dans la mesure où le travail effectué est inférieur en quantité ou en qualité à celui d'un autre individu à même salaire.

● Le terme de rente est indissociable du caractère péjoratif qui s'attache à l'idée d'un revenu injuste.

● Après la Seconde Guerre mondiale, les rentes ont diminué au point de devenir négligeables à la suite de l'inflation, du blocage des loyers et du marasme des Bourses de valeurs. Mais depuis une dizaine d'années, ces rentes ont à nouveau considérablement augmenté, l'arrêt de l'inflation, la fin des blocages des loyers et surtout, ces dernières années, la croissance ininterrompue des valeurs mobilières ont redonné à la rente son importance d'antan. Il faut noter cependant qu'elle a changé de nature. La rente mobilière a presque totalement remplacé la rente immobilière et foncière.

Répartition

Importance relative des différents types de revenus dans le revenu national.

• Dans les économies occidentales, quatre types de revenus – le salaire, le profit, l'intérêt et la rente –, ont été distingués dès l'origine de la croissance. La part relative de l'intérêt et de la rente n'a pas cessé de diminuer et, l'intérêt ayant une importance réduite par rapport au profit et au salaire, la répartition des revenus se limite souvent à une opposition entre salaires et profits.

• Au cours du XXe siècle, la répartition des revenus a évolué de la manière suivante :

1. Décroissance continue des revenus agricoles – la rente – dans le revenu national total et la croissance des revenus traditionnels de nature industrielle (salaires et profits).

2. Faible variation de 1945 à 1980 de l'importance relative des salaires et des profits dans le revenu national.

3. Part croissante de l'intérêt et de la rente depuis 1980.

4. Diversification croissante à l'intérieur des catégories traditionnelles des salaires et des profits.

• L'explication des modalités de la répartition a donné lieu à plusieurs tentatives.

– La première est celle qui consiste à considérer chaque catégorie de revenus comme le prix d'un service particulier se déterminant sur un marché au terme de la confrontation de l'offre et de la demande. Le salaire serait le prix du travail, le profit celui du capital ou de l'activité d'entreprise, l'intérêt celui du prêt d'argent, la rente celui de l'exploitation du sol. Les revenus nominaux, évalués en monnaie, se détermineraient et évolueraient à la mesure des caractéristiques particulières de l'offre et de la demande des facteurs, dont ils mesurent la valeur.

– La deuxième, la plus séduisante du point de vue formel, applique la méthode marginale à la détermination du revenu (Cf. Marginalisme). Ainsi, le taux de salaire n'est autre que le salaire marginal, celui du dernier travailleur qui consent à participer à l'activité économique ; le taux de l'intérêt est la rémunération marginale, celle du dernier prêteur acceptée par le dernier emprunteur... Les revenus, en valeur absolue et relative, se déduisent alors de la fonction de production.

– La troisième s'oppose aux deux précédentes dans la mesure où elle cherche à expliquer directement la diversité des différents types de salaires et de profits. Elle estime que la distinction entre deux revenus (salaires, profits) ne rend pas compte de la différenciation actuelle des revenus (salaires, traitements des fonctionnaires, honoraires des professions libérales...) et ne permet pas d'introduire dans l'analyse des phénomènes qui, avec évidence, agissent sur la détermination des revenus (grèves, groupes de pression...).

● La répartition du revenu dépend, avant tout, du statut juridique de la propriété. Toutes les économies connaissent des inégalités de revenu considérables et très diverses selon les pays (aussi difficiles à connaître d'ailleurs que les nôtres).

→ *Comptabilité nationale, Profit, Rente, Salaire.*

Revenu

Flux de biens (revenu réel) ou de monnaie (revenu nominal) perçu par une unité économique durant une période donnée.

● Le revenu individuel se présente désormais presque toujours sous sa forme nominale (salaires, intérêts, profit).

● Il peut être défini comme la somme totale des rémunérations (ou revenus partiels) perçues par unité de temps (semaine, mois ou année). On distingue le revenu brut du revenu disponible pour tenir compte des impôts directs et autres prélèvements. Le revenu réel (ou niveau de vie) correspond aux diverses combinaisons de dépenses que le revenu nominal permet.

Le revenu national est la somme des revenus perçus par tous les membres de la collectivité nationale en un an.

→ *Comptabilité nationale, Profit, Rente, Répartition, Salaire.*

→ **pages :** ***250, 252, 254, 314, 348, 350.***

Robotique

→ *Automatisation*

Rôle

Une des notions de base de l'analyse fonctionnelle attribuée à une entité sociale (organisation, groupe, classe).

● Une fonction implique qu'on ait d'abord découvert, identifié et précisé son rôle. Tel type d'organisation, par exemple la famille, a un rôle biologique et un rôle affectif. Celui de l'entreprise est de nature économique. Le rôle des institutions politiques est d'organiser les conditions de la vie monétaire à l'intérieur d'un espace ou d'une institution donnée, etc.

● La même notion sert aussi à définir une personnalité individuelle. On peut en effet attribuer à tout individu tout un ensemble de rôles dans un certain nombre d'entités sociales. On peut même définir cette personnalité comme l'ensemble de ses rôles.

→ **page :** ***300.***

Salaire

Rémunération du travailleur dépendant, ayant en général une activité d'exécution au sein d'une entreprise privée ou publique.

● On peut distinguer les salaires selon leur origine ou leur nature :

– *Le salaire direct, ou net,* est le revenu que reçoit le salarié ; il est lui-même égal à son salaire brut déduction faite des prélèvements fiscaux ou para-fiscaux (près de 20 % aujourd'hui).

– *Le salaire indirect, ou social,* est le salaire direct auquel il faut ajouter toutes les prestations dont bénéficie le salarié du fait de la politique sociale (soins de santé gratuits, allocations familiales...). L'écart entres les deux salaires n'est plus très loin du simple au double, ce qui correspond au montant des prélèvements obligatoire (près de 50 % du produit national brut).

- La détermination du salaire peut se faire sans ou avec intervention de l'État. Lorsque l'État n'intervient pas, la fixation du salaire résulte de discussions individuelles ou de conventions collectives. Aussi longtemps que les ouvriers n'ont pas été organisés en syndicats, la fixation des salaires était le résultat d'un débat entre l'ouvrier et l'entrepreneur.
- L'apparition des syndicats et l'accroissement de leur pouvoir a substitué une discussion collective aux débats individuels. Pour certaines catégories de travailleurs ou certains secteurs d'activité, le salaire est fixé par des conventions collectives établies entre syndicats ouvriers et entreprises ou syndicats patronaux.
- L'État intervient souvent dans la détermination des salaires. En fixant un salaire minimum interprofessionnel garanti, l'État assure un minimum vital aux catégories professionnelles les plus défavorisées et détermine un terme de référence. De plus, dans certains secteurs d'activité, l'État détermine une procédure de fixation des salaires. Enfin, dans les entreprises publiques et les secteurs nationalisés, la fixation comme les modifications de salaires sont le fait de l'État.

→ **pages** : *204, 252, 268.*

Santé (économie de la)

Domaine récent d'analyse pour les économistes. Cette intervention s'avéra nécessaire pour tempérer la force du « mythe » selon lequel « la santé n'a pas de prix ».

- Le calcul économique des activités dans ce domaine est très délicat par le fait que, si les coûts d'un système de soins peuvent être connus, l'appréciation de son rendement est plus difficile.
- Le rendement est soumis soit à des essais de mesures quantitatives généralement peu satisfaisants (statistiques de morbidité, appréciation des gains de temps ou de production dus aux soins, appréciation du prix de la vie humaine), soit à des estimations qui restent franchement qualitatives. Quant au coût, son appréciation au niveau global est rendue possible par les éléments fournis par les comptes nationaux ou la Sécurité sociale.
- En France, on estime à 10 % du produit national les dépenses consacrées aux services de santé. Une grande partie de cet effort est assurée de manière collective (Sécurité sociale et autres régimes de couverture), le taux de couverture variant de 45 à 85 % selon les pays, pour un stade de développement comparable. L'accroissement rapide de ce coût pose des problèmes très graves d'équilibre financier du budget social des différentes nations – notamment celui de la Sécurité sociale.
- Liée au développement économique et culturel, à l'évolution démographique et à l'extension de sa prise en charge par la société, cette

demande s'accroît en France comme partout à un rythme nettement plus élevé que celui du produit national.

● Les seuls facteurs limitatifs de l'offre sont liés soit à des phénomènes de structure, soit à l'évolution imprévisible du progrès technique :

– Les premiers tiennent au choix souvent mal défini des processus de production ou à celui des statuts publics ou privés. Il en est ainsi des médecins, des hôpitaux ou des cliniques. Ils tiennent aussi à des considérations de structure économique, comme c'est le cas pour l'industrie pharmaceutique où interviennent les phénomènes de concentration et de concurrence étrangère.

– Les seconds tiennent au progrès technique et à ses possibilités d'application à un coût supportable pour la société, par exemple la biotechno-logie.

● Aujourd'hui, le recensement des gènes humains devrait modifier tous nos systèmes de soins. La thérapie génique impliquera l'usage généralisé de nouveaux moyens techniques et de nouveaux traitements.

Secteur

Ensemble des entreprises qui produisent des biens voisins.

● L'analyse des différentes activités a permis de dégager trois grands secteurs :

– le secteur primaire comprend toutes les activités agricoles, la pêche, la chasse ;

– le secteur secondaire recouvre les activités industrielles, les activités de construction, les mines, la production d'énergie ;

– le secteur tertiaire, enfin, regroupe toutes les activités commerciales, les transports, les activités administratives, c'est-à-dire tous les services.

● Au fur et à mesure qu'un pays se développe, la répartition de sa population active entre ces trois secteurs se modifie : la part du secteur primaire dans le produit national diminue, la part du secteur secondaire augmente puis diminue, la part des services s'accroît régulièrement.

➜ **pages : *202, 212, 216, 236, 260, 264.***

Secteur d'amont, d'aval

Qualification des secteurs selon la nature de leur demande

● Un secteur est d'aval lorsque l'essentiel de ses ventes s'adresse à la demande finale et l'ensemble de ses achats à la majorité des autres secteurs.

● Un secteur d'amont est celui dont les achats se limitent à un petit nombre de secteurs alors que ses ventes s'adressent à de nombreux autres.

Secteur public

Ensemble des organisations soumises au pouvoir tutélaire de l'État ou d'autres collectivités publiques, voire parapublique.

● Le secteur public a pris en France une place de plus en plus considérable et notamment depuis la fin de la Seconde Guerre mondiale.

● Sa formation n'est pas due à la défaillance économique du secteur privé : la nationalisation des usines Renault s'explique par des raisons historiques et politiques, le monopole des tabacs et allumettes par des raisons financières, la nationalisation du crédit en 1945 et des grandes compagnies d'assurances par des raisons sociales et doctrinales, l'exploitation publique des voies ferrées peu rentables par le désir de servir l'intérêt général, la prise en charge de certaines activités (énergie atomique, centrales électriques) par la nécessité de fournir d'immenses capitaux que ne pourrait se procurer une entreprise privée.

• Par l'importance de ses investissements, le secteur public permit à l'État, durant la période de reconstruction d'après la Seconde Guerre mondiale, d'assurer une certaine direction de l'économie, et de compenser l'insuffisance des investissements privés en période de dépression.

Les formes du secteur public

• Les administrations, les entreprises et services publics constituent le secteur public.

• Les administrations sont formées par les services administratifs de l'État, les administrations locales des départements et des communes, et par les services de la Sécurité sociale.

• Les exploitations publiques peuvent revêtir l'une des trois formes principales suivantes :

– la société d'économie mixte (société par action dans laquelle l'État ou une collectivité publique détient une partie du capital social et participe à la gestion de la société) ;

– l'exploitation publique (l'État ou une collectivité publique détient tout le capital de l'exploitation dont il dirige seul l'activité) ;

– l'établissement public industriel et commercial (lequel bénéfice d'une large autonomie financière).

• Depuis 1983, un grand nombre d'entreprises publiques ont été privatisées (banques, assurances, Thomson, Dassault, Matra...). Le rôle de l'État a sensiblement décru.

→ **page :** ***324.***

Sécurité sociale

Institution qui fournit l'ensemble des prestations sociales dont les assurés sociaux bénéficient.

• L'ordonnance du 5 octobre 1945 organise, en France, les prestations sociales, qui comprennent les assurances sociales, les allocations familiales, les allocations vieillesse...

• L'objet de la Sécurité sociale est de procurer aux membres d'une collectivité, notamment aux travailleurs, un ensemble de garanties contre un certain nombre d'éventualités susceptibles soit de réduire ou de supprimer leur activité, soit de leur imposer des charges indues, soit de leur créer des dommages insupportables. Dans ce cadre général, les définitions qui ont été données de la Sécurité sociale sont diverses. On se bornera aux principales :

Le Bureau international du travail (BIT)

• Dans son enquête sur le coût de la Sécurité cociale, le BIT a été amené à proposer les critères suivants :

1. Le système doit avoir pour objet soit d'accorder des soins médicaux curatifs ou préventifs, soit de garantir les moyens d'existence en cas de perte involontaire du revenu du travail ou d'une partie importante de celui-ci, soit encore d'accorder un revenu supplémentaire aux personnes ayant des charges familiales.

2. Le système doit être institué par un acte législatif qui attribue des droits individuels déterminés ou qui impose des obligations définies à un organisme public, para-étatique ou autonome.

3. Il doit être administré par un organisme public, para-étatique ou autonome. Toutefois, tout régime de réparation des accidents de travail ou de maladies professionnelles doit être compris dans ce secteur.

Le système normalisé de comptabilité nationale de l'OCDE

- Sa définition retient quatre critères, outre celui de « pouvoir être considéré comme un instrument de la politique sociale de l'État » :

– le versement obligatoire des cotisations ;
– le caractère général d'un régime ;
– l'existence d'une réglementation d'un contrôle public ;
– l'attribution par l'État de subventions.

Les comptes nationaux français

- Ils donnent de la Sécurité sociale une définition très brève : ensemble d'administrations dont l'objet principal est le versement de prestations sociales.
- Le financement du système français de Sécurité sociale se réalise en majeure partie par la parafiscalité – cotisations ouvrières et patronales – et par subventions étatiques – financement de son déficit chronique.
- Malgré ce déficit chronique imputable à une multitude de causes, à commencer par l'extension progressive des diverses prestations, la Sécurité sociale fut étendue progressivement à de nombreuses professions : distribution, professions libérales. Directement ou indirectement la quasi-totalité de la population bénéficie de nos jours de la Sécurité sociale.
- La gestion des organismes de Sécurité sociale associe le secteur public au secteur privé, les cadres aux employés au sein des caisses primaires et générales de Sécurité sociale.

→ **page :** ***378.***

Services

Satisfaction directe d'un besoin par la prestation d'une activité, utilisant ou non des biens pour s'exercer.

- On distingue les services individuels et les services collectifs :

– les premiers sont définis comme l'ensemble des activités qui satisfont un individu seul ;
– les seconds comme l'ensemble des activités qui, par nature, satisfont collectivement les individus (transport individuel et transport en commun).

- On distingue également les services selon les types de satisfaction auxquels ils correspondent : transports, logement, loisirs, santé. Cette classification peut évidemment être précisée autant qu'il est désirable.
- Une distinction s'impose entre services purs et services mixtes. L'homme peut en effet satisfaire ses besoins de trois façons :

– par la destruction d'un bien (la consommation) ;
– par le travail d'autrui (le service pur : service domestique par exemple) ;

– par l'usage combiné d'un bien et d'un travail (service mixte).

● Aussi longtemps que les biens de consommation étaient non durables, la consommation était exclusivement composée de biens non durables ou par le service pur, et de ce fait l'importance relative des services était faible. L'apparition du « service » tel qu'il est aujourd'hui utilisé pour de nombreuses consommations ne fait que traduire l'avènement des biens de consommation durables dont l'utilisation implique un travail spécialisé. Par exemple, le « service de santé » implique l'usage de nombreux biens (hôpital, matériel sanitaire) ainsi que le travail du personnel hospitalier.

● L'importance croissante des services a été soulignée par Colin Clark qui les a rangés dans le secteur tertiaire. Conscience était prise des modifications de la structure des consommations et de l'influence que celles-ci pouvaient avoir dans de nombreux domaines, à commencer par celui de la nature du travail (diminution de l'importance relative du travail affecté à la production des biens et croissance du travail affecté à la prestation de services).

● La production des services sous-entend la création des actifs de jouissance qui seuls ou avec l'utilisation postérieure du travail permettent la prestation des différents services : hôpitaux pour services de santé, routes ou lignes aériennes pour les services de transport, aménagements des sites pour services de tourisme...

● Les problèmes communs aux branches nouvelles de l'analyse économique et sociale (santé, bien-être) sont des problèmes de prix et de choix entre la production des différents services. La tarification des services est d'autant plus délicate que :

1. La plupart d'entre eux sont collectifs et non individuels.

2. La demande doit être soit totalement satisfaite, soit totalement insatisfaite (une route existe et tout le monde l'emprunte, ou elle n'existe pas).

3. La plupart des biens nécessaires à la fourniture d'un service ont une double fonction puisqu'ils peuvent être utilisés à la fois à des fins de consommation et à des fins de production (la route).

4. Certains sont très vite considérés socialement comme indispensables dès qu'ils existent en faible quantité ou dès que l'on sait qu'ils existent ailleurs (la « mode » en matière de tourisme).

● Les tarifications actuelles des services, que ceux-ci soient ou non publics – ce qu'ils sont dès que leur caractère collectif décourage à priori l'initiative individuelle (par exemple l'enseignement) –, est toujours un compromis entre les exigences nées des coûts de production (« la vérité des prix ») et celles nées des pressions sociales ou des nécessités, à court terme, de la politique économique (manipulation conjoncturelle des tarifs publics).

● La prolifération des services, l'étendue et la complexité des problèmes qu'ils posent à ceux qui décident (entrepreneurs privés ou autorités publiques) des modes de la croissance n'est pas étrangère à la nécessité de l'introduction du calcul économique dans l'analyse des projets publics et privés d'investissement.

➜ *Bien économique, Éducation, Politique économique, Santé.*

Socialisme

Doctrine économique et sociale dont les formes et le contenu sont très divers : il y eut le socialisme d'État, le socialisme marxiste, le socialisme chrétien, le socialisme de la chaire, etc.

● Toutes ces doctrines ont pour ambition de diminuer les inégalités sociales, en améliorant la condition des plus pauvres (ouvriers au XIXe siècle, exclus aujourd'hui) et d'autre part d'accroître les activités collectives par rapport aux activités individuelles.

La première ambition explique le développement de la doctrine socialiste durant près d'un siècle (1840-1940 environ) ; les objectifs varient cependant depuis sa forme extrême chez Marx (la dictature du prolétariat) jusqu'à ses formes très tempérées (la lutte contre le chômage par le système des ateliers nationaux). Entre ces deux extrêmes le clivage essentiel est le maintien ou le rejet de la propriété privée des moyens de production. Déjà vers la fin du XIXe siècle et durant les débuts du XXe siècle, l'intervention publique avait constamment tendu à limiter les inégalités, voire à les faire diminuer. Mais avec l'avènement d'une politique sociale keynésienne devait disparaître l'essentiel de l'inspiration « ouvriériste ». Au demeurant, la croissance des économies occidentales provoqua à la fois l'élévation du niveau de vie général et la modification de la nature du travail si bien que la contestation prolétarienne ne cesse de diminuer, avec le nombre absolu et relatif des prolétaires.

● Après la Seconde Guerre mondiale, la seconde ambition réside dans l'insistance mise à accroître les activités collectives et conduit à des prises de position dans des domaines divers : tout d'abord la préférence accordée à l'entreprise publique, ce qui explique les nationalisations passées et les nationalisations souhaitées ; ensuite, l'intérêt particulier manifesté à l'égard des services collectifs à commencer par l'éducation ; enfin, plus généralement, la croyance que seule l'initiative publique peut amener à définir et à réaliser un bien-être collectif maximal.

● L'évolution récente des économies occidentales montre que le sort de cette seconde ambition fut semblable à la première. La tâche de tout gouvernement et de ses conseillers est aujourd'hui dans tous les pays d'opérer des choix, par nature, collectifs.

● L'amélioration absolue du niveau de vie, la mondialisation des grandes entreprises, le rôle croissant des grands groupes privés face aux États nations dont de nombreuses prérogatives sont passées dans le giron d'organisations communautaires (Europe des Quinze), la rapidité de plus en plus élevée du progrès scientifique et technique et la fin de la guerre froide remplacée par un quasi-monopole du pouvoir mondial des États-Unis ont contraint le socialisme à abandonner sa préférence pour l'activité publique qui n'a pas cessé de régresser. Le socialisme se limite ainsi de plus en plus à une volonté d'empêcher les inégalités sociales croissantes de mettre en cause la paix sociale.

→ **page** : *272.*
→ *Services, Travail.*

Sous-développement

Situation économique des nations pauvres.

• Le terme de sous-développenent a été de plus en plus utilisé, depuis la fin de la Seconde Guerre mondiale pour exprimer l'extrême inégalité des degrés de développement et de richesse des différentes nations dans le monde.

• Les principaux critères du sous-développement sont :

1. Une industrialisation faible ou nulle, donc prédominance des activités agricoles.

2. Une utilisation très faible du capital technique, notamment dans le domaine agricole.

3. Une mentalité non orientée vers le progrès économique (dite archaïque).

4. Un revenu individuel moyen faible, nettement en dessous de la moyenne du revenu individuel mondial. On a coutume de rappeler que 80% du produit mondial est approprié par moins de 20% de la population mondiale.

5. Des phénomènes de sous- ou de malnutrition avec pour corollaire un taux de mortalité infantile élevé.

6. Une évolution démographique qui se caractérise par un taux de natalité très élevé (20 à 25%) et un taux de mortalité beaucoup plus proche de celui des pays développés.

7. Un passé colonial d'où la présence de deux secteurs économiques : l'un moderne sous contrôle extérieur; l'autre traditionnel qui est celui de l'activité de la population autochtone.

8. Enfin, la plupart des pays sous-développés sont spécialisés dans une ou un petit nombre de productions primaires, soit agricoles (cacao), soit de matières premières (cuivre, pétrole), le plus souvent sous contrôle étranger.

• L'emploi du terme de sous-développement a pour but de faire admettre que ces pays peuvent et doivent se développer : inscription du droit au développement dans la charte de l'ONU. Ce droit a été reconnu d'autant plus volontiers que le souci de développer les nations actuellement pauvres s'est imposé à tous, ne fût-ce que pour une raison morale.

• En dépit d'un effort interne, une aide externe est nécessaire, dans la plupart des cas, pour rendre possibles les débuts du développement.

• Les critiques que suscitent ces aides externes de la part des pays sous-développés sont les suivantes :

1. Une trop grande partie de l'aide est de nature politique (militaire) et non économique.

2. L'aide pourrait être moins grande, sous forme de dons, si les pays développés consentaient à mieux organiser leurs relations économiques avec les pays sous-développés, notamment s'ils s'engageaient à soutenir et à stabiliser les cours des matières premières dont ces pays sont producteurs.

→ **pages** : ***228, 326, 336, 346.***

Spéculation

Tout comportement inspiré par la seule anticipation d'une évolution à court ou plus long terme, du niveau général des prix ou d'un prix particulier.

● Qu'il s'agisse de marchandises ou d'actions, le spéculateur achète en Bourse pour revendre s'il pense que le prix du bien acquis va s'élever et vend dans le cas contraire.

● Par extension, le comportement de spéculation concerne d'autres domaines, le domaine immobilier ou les œuvres d'art.

Stagnation

Évolution à long terme d'une économie caractérisée par la constance du produit national, global ou individuel.

● Cette situation est infiniment rare à long terme où l'emporte, soit la croissance, soit la régression. À moyen terme (vingt ans), l'histoire offre des exemples de stagnation ou quasi-stagnation (France : 1920-1940). Les causes de la stagnation sont multiples (par exemple l'absence d'investissements nouveaux, la stabilité de la population...).

Structure

Élément des dissociations caractéristiques d'un ensemble.

● Les structures économiques les plus souvent étudiées concernent le produit national. La structure de cet ensemble est la totalité des dissociations qu'il est possible de lui faire subir, par exemple :

– juridique selon la nature publique ou privée des productions ;
– fonctionnelle sommaire, par nature de produits (consommation, investissements et exportations) ;
– fonctionnelle détaillée par secteurs de production (secteurs) ;
– géographique : la localisation régionale des productions ;
– physique détaillée par types de produits et types de services ;
– physique entre biens et services, etc.

● Il n'y a donc aucune limite à la définition du contenu de la structure des ensembles, d'une part, parce que le nombre des dissociations possibles est infini, d'autre part, parce que toute dissociation peut être plus ou moins détaillée.

● La connaissance et l'analyse systématique des structures (ce que l'on nomme parfois l'analyse structurelle) est, en réalité, tout entière déterminée (existence, contenu et champ d'application) par les nécessités de l'action. Toute dissociation nouvelle est imposée par des problèmes concrets.

La dissociation entre consommation, investissement, dépenses publiques et exportations, traduit la nécessité de maîtriser les problèmes de croissance (C et I) et de commerce international (X). Les limites auxquelles est poussée chaque dissociation dépendent de la qualité d'information nécessaire à l'action.

La mesure des principales structures traduit l'amélioration continue de nos connaissances et notre besoin de nouveaux concepts aux fins de l'action.

Les structures sociales, elles aussi, caractérisent la situation sociale. Les classes, les catégories socioprofessionnelles, les lieux et habitat, les croyances religieuses, sont autant de critères qui permettent d'étudier et de préciser les caractéristiques et les modes de fonctionnement d'une société donnée.

→ *Comptabilité nationale.*

Subvention

Sommes versées sans contrepartie directe par l'État, à des entreprises privées, à des entreprises publiques ou à toute autre organisation.

- On peut distinguer des subventions d'exploitation et des subventions d'équipement.
- Pour permettre à des organisations de vendre leurs prestations (biens ou services) à un prix déterminé inférieur au coût de production, l'État leur accorde des subventions qui sont censées compenser tout ou partie du déficit.
- Pour permettre la réalisation d'investissements que des entreprises ou des secteurs (agriculture) n'ont pas la capacité financière de faire, l'État leur accorde des subventions qui ont souvent pris la forme de primes : primes à la conversion, à la construction, etc (les subventions d'expansion ou d'équipement).

Système

Esprit et forme des activités économiques et sociales de toute communauté humaine.

- À côté du système d'économie fermée, d'économie artisanale et d'économie corporatiste de type allemand et italien avant 1945, deux grands systèmes économiques ont dominé le monde jusqu'à l'éclatement de l'empire soviétique en 1985 : le système capitaliste et le système collectiviste.
- Le système capitaliste se caractérise par l'appropriation privée des facteurs de production et par la recherche du plus grand profit monétaire pour l'entreprise.
- Le système collectiviste, ou socialiste, se caractérisait par l'appropriation collective des facteurs de production, et par la maximisation de la production physique de certains biens (biens militaires notamment).
- Aujourd'hui, le système capitaliste possède un monopole systémique. Certains systèmes sont « plus » capitaliste et libéraux que d'autres. Le Japon et la France ont toujours fait à l'État une place beaucoup plus grande que les États-Unis ou le Royaume-Uni. La Russie connaît désormais un capitalisme tout à fait anarchique où coexistent État, mafias, entreprises privées et anciennes entreprises publiques.

Le système capitaliste se différencie et devient toujours plus complexe.

- Le système social a lui aussi fait l'objet d'analyses multiples et de classifications qui empruntent soit à des considérations politiques (Tocqueville, Montesquieu) soit à des réflexions sociales (les idéaux types de Weber) soit à une analyse structuraliste (Parsons).

Taxe

Prélèvement pécuniaire qui rémunère un service précis et déterminé et qui n'est payé que par les individus qui

reçoivent de l'État un avantage spécifique (taxe radiophonique).

● En dépit de son nom, la taxe à la valeur ajoutée (TVA) est un impôt.

➜ *Valeur.*

Travail

Effort individuel ou collectif en vue de produire un bien ou un service.

● Le travail individuel est consenti au terme d'un processus biologique qui rend l'homme apte à assumer des tâches diverses (commandement ou exécution). Le prix de cet effort (ou revenu) se détermine selon des mécanismes complexes où il est bien difficile de voir la simple comparaison, par l'individu, de l'utilité ou de la non utilité de l'effort

● Le travail collectif est déterminé par l'étendue de la population active et la durée socialement acceptée du travail. Il varie donc sous la pression de l'évolution démographique. Sa durée est allée sans cesse en décroissant depuis le début de la révolution industrielle.

● La durée du travail est un des domaines privilégiés de la législation sociale qui sanctionne ainsi le désir collectif relatif au temps de travail. On sait que la semaine de 35 heures est aujourd'hui, en France, considérée comme un maximum au-delà duquel le salaire doit croître.

● Cette activité sociale et individuelle majeure a donné naissance à des disciplines et des techniques variées. Ainsi, toute une branche de la médecine (la médecine du travail) se consacre à l'étude des maladies nées du travail et à leur guérison. La surveillance des conditions de travail et le règlement des conflits sociaux ont donné naissance à un « travail » spécial (celui de l'Inspection du travail en France) s'appuyant sur le droit du travail.

● Le travail est indissociable des possibilités physiques de l'individu et appelle la fatigue qui en est la limite biologique. Des phénomènes « psychologiques » jouent cependant un rôle longtemps sous-estimé dans la mesure où la sensation de la fatigue est très différente (intensité et existence) selon les types et les conditions de travail. La sensation de la fatigue est intimement liée à l'ennui éprouvé durant le travail, celui-ci, à son tour, dépendant étroitement de la finalité du travail. Le terme marxiste d'aliénation contient à lui tout seul le sentiment éprouvé par l'homme pour lequel le travail est un effort dont l'objet lui échappe.

● Depuis près de cinquante ans, les bases d'une nouvelle révolution technique, celle de la communication et de l'information, ont été jetées. En ce début de siècle, elle s'est définitivement imposée. Les tâches musculaires disparaissent peu à peu sous l'influence de la robotique et de tous les automatismes d'asservissement. En même temps se développent à un rythme très rapide les communications entre les êtres dont les contenus se sont multipliés et l'espace devenu mondial. Ainsi, les activités de communication (saisie des données de l'information, traitement, émission, circulation et réception des messages) ont-elles supplanté définitivement le

« vieux » travail musculaire du XIXe siècle. Comme, d'autre part, il semble que l'homme – pour des raisons tout aussi psychologiques – soit incité à produire toujours davantage, le travail ne pourra jamais qu'être aménagé.

→ **pages :** ***202, 204, 232, 240, 242, 244, 250, 266, 268, 352, 406, 408, 424.***

→ ***Information.***

Utilité

Qualité d'un bien ou d'un service qui le rend apte à satisfaire les désirs des agents économiques.

• L'utilité a été considérée par le marginalisme comme la raison essentielle de la valeur d'un bien et d'un service.

• De cette notion d'utilité individuelle est née, par extension, celle d'utilité collective des biens ou des services qui satisfont simultanément les désirs de deux ou plusieurs agents (les biens collectifs).

→ ***Besoins, Bien économique, Bien-être, Marginalisme.***

Valeur

Qualité essentielle d'un bien ou d'un service qui le fait apprécier par ceux qui l'utilisent ou le possèdent.

• On ne compte plus les distinctions ou les explications « définitives » présentées sur la valeur. Pendant plus d'un siècle (tout le XIXe siècle) une très grande partie de la littérature économique fut consacrée à la valeur : Pourquoi tel bien a-t-il de la valeur ? Pourquoi plus ou moins qu'un autre ? Qu'est-ce qui explique la valeur et ses variations ? Qu'est-ce au fond que la valeur ?

• De ces controverses sont au moins nées quelques distinctions importantes. Ainsi, on appelle désormais valeur objective celle qui est mesurée par rapport à un critère objectif (unités monétaires, heures de travail...) et valeur subjective celle qui est ressentie, appréciée par un individu ou un groupe d'individus.

• Plus précisément encore, on distingue la valeur d'échange et la valeur d'usage. Cette distinction est fondée sur la destination du bien. Aussi longtemps qu'il est utilisé par un individu il a une valeur d'usage. Si celui-ci désire l'échanger contre d'autres, il a une valeur d'échange (par exemple un prix si l'échange s'opère contre une somme de monnaie).

• Pendant la première moitié du XIXe siècle la valeur d'échange eut la faveur des économistes, cette valeur d'échange (exprimée par le coût ou le prix) dépendant du travail nécessaire à la création d'un bien. Cette thèse culmine chez Marx pour lequel la valeur d'un bien est la quantité de travail incorporée dans un bien (ou socialement nécessaire à la production).

• Durant la seconde moitié du siècle, le marginalisme fait, au contraire, de la valeur d'usage, déterminée par l'utilité, la notion même de la valeur. La valeur d'échange naît du coût de production – elle explique les fonctions d'offre de tout bien. La valeur d'usage naît du besoin – elle explique la demande. Il est plus encore, évident que le terme de valeur est le prototype de ceux dont il vaudrait mieux que les économistes et les sociologues se

passent définitivement puisqu'il n'est en fait définissable que par son contenu et que ce dernier est laissé à la discrétion de l'utilisateur, est aussi différent que le sont les jugements subjectifs, les préceptes moraux ou les intentions personnelles des intérressés.
Plutôt que de discourir sur la valeur, mieux vaut chercher les moyens d'évaluer les biens et les moyens de les produire, laisse ainsi aux moralistes le soin de disserter de la « valeur » de chacun d'entre eux projettant avec une vanité presque toujours inconsciente ses propres jugements sur l'être humain et les sociétés qui les ressembles.

➜ **pages :** ***220, 302, 308, 310.***

Valeurs (morales)

Ensemble des règles de conduite, des lois jugées conformes à un idéal par quelqu'un ou par une collectivité.

➜ **page :** ***220, 302, 311.***

INDEX

Crédits photographiques

AFP PHOTO 334 / 335 / 481d / **AKG PARIS** 44 / 65 / 143 / **BNP** 359 / **BRITISH COUNCIL** RAMSEY & MUSPRATT 426 / **CHARMET J-L.** 410 / 412 / 415 / **CINESTAR** 248 / 425 / **COSMOS** BEZIAT 383 / BOUVIER 227 / BUTHAULD 273 / 323 / FISHMAN 386 / HENLEY 238 / PERRI 310 / THOMAS/INTERNATIONAL ST / VALESKA/VISIONS 1985 234 / WEST/IMPACT 199b / **DIAF** DURAND 88 / FOUBERT 311b / GYSSELS 22 / IFA BILDERTEAM 346 / LE BOT 25 / REPORTERS 303 / ROZENCWAIG 13h / ÉDIMÉDIA 52 / 79 / 224 / 232 / 362 / UNIVERSAL PHOTO 242 / **EXPLORER** 229 / 481g / AUTENZIO 253 / 299b / 351 / 417 / BERTRAND 16 /420 / BOHIN 12-13 / 38 / 417b / BORREDON 192-193 / 312 / 330 / 331 / BOUTIN 228 / BRAMAZ/SCHUSTER 193h / 275 / BRAMAZ/SCHUSTER BILDAGENTUR 26 / CAMBAZARD 260 / CHARMET 121 / 167 / 398 / 424 / CHAZOT 43 / 124 / 173 / 241 / 270 / 361 / DAMAZE 306 /DE FOY 198 / DE MALGLAIVE 285 / DELIMAGE 217b / ELLIS/PHOTO RESEARCHER 217h / EVANS 49h / 133/ 135 / FAGOT 28 / FORGET 162 / FRANCES 259h / GARNIER 258 / GIRARD 289 / 307h / GLEIZES 31 / 233 / GOUDOUNEX 34 / GRANDADAM 371 / HACHE 328 / HALASKA 153 / JALAIN 314 / LE BACQUER 185 / 405 / LE TOQUIN 325 / LISSAC 220 / 308h / MANIX 282 / 317 / MATTES 308b / MAULAVE 99 / NACIVET 199h / 295 / NICKELSBERG 218h / NINAL 111 / OVERSEAS 214 / PERNO 307b / PERRET 223 / PREBOIST 33 / QUENTIN 397 / ROUCHON 193b / 216 / 218 / 305b / ROY 200 / 324 / SCHILLER/SCHUSTER 299h / SIMON 116 / SMITH 256 / STRAITON 215 / THOUVENIN 30 / TROIS 298 / VARIN 300 /VILLEGER 201 / WOLF 304 / WYSOCKI 39 / 107 / 159 / 297 / 32/ **GAMMA** APESTEGUY 373 / API 364 / BASSIGNAC 47 / BRASSIGNAC/BUU 49b / 55 / BUU 255 / 365b / DE KEERLE/UK PRESS 369 / DEMANGE 366 / DOCLOS 236 / 345 / FOLCO 380 / GAILLARDE 396 / GREENPEACE/BELTRA 375 / KHALIL 301h / KORGANOW LIAISON 370 / LAINE 399 / LAMBERT 226h / LAWRENCE 67 / LAWRENCE 378 / LOCHON 230 / MAITRE 219 / MERILLON 95 / 363 / 381 / NOVOSTI/RIA 48-49 / 72 / NOVOVITCH 292 / ORAND 225h / 225b / 344 / PIEL 365 / REGLAIN 376 / ROSE/LIAISON 250 / SIMON 226b / V. DER STOCK 265h / VIOUJARD 367 / **KEYSTONE L'ILLUSTRATION** 145 / 175 / 309 / 372 / 377 / 390 / **MANPOWER** 210 / **PHOTOTHÈQUE DU MUSÉE DE L'HOMME** 60 / **PHOTOTHÈQUE EDF** MORCEAU 320 / **RAPHO** DUCASSE 353 / FRANEY 327 / GRISON/GOIVAUX 348 / LEWIS/NETWORK 302 / SETBOUN 403 / **RENAULT COMMUNICATION** DR 294 / **RMN** BELLOT 411 / **RUE DES ARCHIVES** EVERETT 319 / **SIPA IMAGE** BACHMANN 311h / CHESNOT 249 / JAUBERT 20/ MEIGNEUX 263h / 263b / NANA PRODUCTIONS 240 / **SUPERSTOCK** 305h / **SYGMA L'ILLUSTRATION** 296 / ASTIER 316 / CORBIS 301b / DURAND 208 / ELIPSA 356 / GYORI 395 / MARKOW 355 / MERLIAC 15b / PAVLOVSKY 394 / 428b / VERNIER 374 / **TOP** SETBOUN 337.

Liste des œuvres reproduites

44 W. Holl I, *Portrait de A. Smith* / **49** h / **135** Illustration Robinson Crusoé, *l'Empreinte dans le sable.* / **52** *Portrait de François Quesnay,* Bibliothèque nationale de France, Paris / **65** C.H. de Rouvroy, comte de Saint-Simon, gravure sur bois vers 1880, d'après un portrait d'époque. **79** Photographie de **Nadar,** XIXe siècle, I. Péreire in *la Galerie Contemporaine*, collection particulière / **133** Illustration Robinson Crusoé, *Construction d'un bateau.* / **232** Attribué à **J. PERISSIN,** *Temple de Lyon nommé Paradis* (vers 1565) / **296 A. BETTANNIER,** *la Tache noire,* fin XIXe siècle / **362 J. TRUMBULL,** *Déclaration d'indépendance des États-Unis, le 4 juillet 1776,* Collection University Art Gallery / **411 J. PERISSIN,** *la Mercuriale tenue aux Augustins à Paris, le 10 juin 1559,* musée Jean Calin, Noyon / **415** Lithographie d'après **L. NOEL** (vers 1840), musée Carnavalet, Paris

N° de projet 10075358 (I) - (15) - (CSBP 70) ATE
Dépôt légal : juin 2000
Imprimé en Italie par G. Canale & C. S.p.A. - Turin